JILPT 調査シリーズ No.187
2019年3月

「独立自営業者」の就業実態

独立行政法人　労働政策研究・研修機構
The Japan Institute for Labour Policy and Training

まえがき

　昨今、フリーランスなどの企業に雇われない働き方に対する関心が高まっている。将来的には雇用は縮小し、フリーランスがそれを代替すると主張する論者もいる。近年の政府における動きを確認してみても、例えば、働き方改革実現会議においては、「柔軟な働き方がしやすい環境整備」の箇所で、非雇用型テレワークが取り上げられ、クラウドソーシングなどの仲介組織の存在を想定したガイドラインの策定の必要性が指摘されている。また、厚生労働省においても、雇用類似の働き方の現状や問題点、および、保護施策の必要性について検討が行われている。

　上記のような関心の高まりを受けて、労働政策研究・研修機構は、2017年に、特定の組織に雇用されず、かつ、人も雇わずに働いている者達の就業実態を明らかにすることを目的として、課題研究「雇用類似の就業形態に関する研究会」を立ち上げた。本報告書は、当研究会で実施した「独立自営業者」の就業実態に関するアンケート調査の結果をまとめたものである。

　本報告書では「独立自営業者」の就業実態をより多面な側面からは把握することを試みている。具体的には、仕事別、専業／兼業別、ならびに、働き方の特徴別に彼らや彼女らの就業実態の把握を試みた。加えて、兼業「独立自営業者」の兼業先での実態についても取り扱っている。これらの多様な面から「独立自営業者」の報酬、作業時間、取引相手からの指揮監督の頻度、業務の実施に必要なスキルの獲得方法、今後のキャリア展望、経験したトラブルとその対処などについてその状況を紹介している。

　本報告書が政労使三団体の関係者をはじめとする多くの人々に活用され、今後の労働法政策に関わる政策論議に役立てば幸いである。

2019年3月

独立行政法人 労働政策研究・研修機構
理事長　樋口　美雄

執筆担当者

氏名	所属	執筆箇所
西村　純（にしむら いたる）	労働政策研究・研修機構　副主任研究員	序章、第1章、第4章、第5章
前浦　穂高（まえうら ほだか）	労働政策研究・研修機構　副主任研究員	第2章、第3章、第6章、第7章

全体の取りまとめは、西村と前浦の2名が行った。

その他の研究参加者

  小野　晶子（おの あきこ）　　労働政策研究・研修機構　主任研究員
  河野　尚子（こうの なおこ）　（公）世界人権問題研究センター　研究員
  髙橋　陽子（たかはし ようこ）　労働政策研究・研修機構　研究員
  森山　智彦（もりやま ともひこ）　下関市立大学経済学部　特任教員
  山本　陽大（やまもと ようた）　労働政策研究・研修機構　副主任研究員

  ※五十音順、所属・肩書きは2019年3月時点のもの

独立自営業者の就業実態
目次

序章　調査の目的と調査結果の概要 ···································· 1
　第1節　問題関心 ·· 1
　第2節　先行研究と調査課題 ·· 3
　第3節　調査概要 ·· 6
　第4節　本報告書の構成と各章の概要 ·································· 7
　第5節　おわりに ·· 22

第1章　「独立自営業者」の働き方—業務の受注から作業の進め方に注目して ········· 30
　第1節　はじめに ·· 30
　第2節　提供している業務の特徴／受注方法／業務の分担 ················ 33
　第3節　受注後の仕事の進め方 ·· 40
　第4節　おわりに ·· 53

第2章　「独立自営業者」の作業量／報酬 ···································· 56
　第1節　はじめに ·· 56
　第2節　契約に関わる事柄 ·· 56
　第3節　作業日数／作業時間 ·· 58
　第4節　報酬に関わる事柄 ·· 62
　第5節　おわりに ·· 69

第3章　「独立自営業者」のキャリアやスキル形成 ···························· 71
　第1節　はじめに ·· 71
　第2節　「独立自営業者」のキャリア ·································· 71
　第3節　スキル形成 ·· 79
　第4節　おわりに ·· 85

第4章　トラブル経験／整備・充実を求める保護施策 ························ 89
　第1節　はじめに ·· 89
　第2節　トラブル経験 ·· 89
　第3節　整備・充実を求める保護施策 ·································· 101
　第4節　おわりに ·· 106

第5章　働き方別に見た「独立自営業者」の特徴　111
第1節　はじめに　111
第2節　労働者性スコア　111
第3節　「労働者性スコア別」に見た「独立自営業者」の就業実態　118
第4節　キャリア／スキル形成　128
第5節　トラブル　133
第6節　求める保護施策　139
第7節　おわりに　142

第6章　「クラウドワーカー」の就業実態の特徴　146
第1節　はじめに　146
第2節　「クラウドワーカー」の仕事の受注／仕事の特徴　148
第3節　「クラウドワーカー」の働き方／報酬　152
第4節　「クラウドワーカー」のキャリア観とスキル形成　166
第5節　トラブル対応と望ましい保護政策　172
第6節　おわりに　182

第7章　兼業者の兼業先の就業実態　188
第1節　はじめに　188
第2節　兼業先でのキャリア　189
第3節　兼業先の仕事に関わる事柄　191
第4節　働き方／年収／申告の有無／仕事の満足度　193
第5節　おわりに　197

付属資料
調査票
アンケート調査画面　203

付属統計表
クロス集計表　257

序章　調査の目的と調査結果の概要

第1節　問題関心

1．背景

　本報告書の目的は、「独立自営業者[1]」の就業実態の一端について明らかにすることである。昨今、フリーランスなどの企業に雇われない働き方に対する関心が高まっている。将来的には雇用は縮小し、フリーランスがそれを代替すると主張する論者もいる[2]。近年の政府における動きを確認してみても、例えば、働き方改革実現会議においては、「柔軟な働き方がしやすい環境整備」の箇所で、非雇用型テレワークが取り上げられ、クラウドソーシングなどの仲介組織の存在を想定したガイドラインの策定の必要性が指摘されている（働き方改革実現会議 2017）。また、厚生労働省においても、雇用類似の働き方の現状や問題点、および、保護施策の必要性について検討が行われている（例えば厚生労働省 2018）。

　また、政策上の関心だけでなく現実の労働市場においても業務請負として労務を提供している者は増加傾向にあるという指摘もある[3]。ややデータは古いが、例えば、山田（2007）は、個人業務請負が多く含まれていると想定される層として「雇人のいない事業主」を取り出し、国勢調査より個人業務請負の数を推察した。山田（2007）は、2000年から2005年にかけて、その数が増加傾向にある可能性が高いことを指摘している。また、浅尾（2007）は、そのような就業者は、景気変動によって上下しているものの、緩やかな増加傾向にあることを指摘している。

　上記のような現実の労働市場の動きに対する指摘、ならびに、政策上の関心の高まりを受けて、労働政策研究・研修機構（以下 JILPT）は、2017年に、特定の組織に雇用されず、かつ、人も雇わずに働いている者達の就業実態を明らかにすることを目的として、課題研究「雇用類似の就業形態に関する研究会」を立ち上げた。本報告書は、当研究会で実施したアンケート調査の結果に基づき、「独立自営業者」の就業実態について紹介するものである[4]。

---

[1] 本報告書で用いている「独立自営業者」の定義は第1節2項において後述する。
[2] 例えばピンク（2014）。
[3] 一方、神林（2017）では、自営業者のトレンドは減少傾向にあることが示されている。個人業務請負が就業者全体の中で増加傾向にあるのか、それとも減少傾向にあるのかは引き続き調査していく必要があると思われる。
[4] なお、当アンケート調査の速報値は、厚生労働省（2018）で取り上げられている。また、一部のデータについては、西村・前浦（2018a,b,c）において先行的に紹介されている。本報告書はより広範囲のデータを扱い、その内容を紹介するものである。

2．本報告書で用いている用語の定義について
（1）本報告書における「独立自営業者」

　調査概要や調査結果の紹介に入る前に、本報告書における「独立自営業者」の定義について述べておきたい。管見の限り現状では組織に雇われず、かつ、人も雇わない就業者に対する呼称についての共通の見解はないように思われる。例えば、三菱UFJリサーチ＆コンサルティング（2008）では「業務委託契約者」と呼ばれており、連合総研（2017b）では「個人請負就業者」と呼ばれている。各呼称における定義の細かな違いを検討し整理することが本報告書の目的ではないため、そのような作業は別の機会に譲るとし、ここでは、本報告書における「独立自営業者」の定義について指摘しておきたい。

　本報告書では、「独立自営業者」を「雇用されない形で業務を依頼され、かつ、自身も人を雇わずに報酬を得ている者のうち、個人商店主、雇用主、農林業従事者を除く、自営業・フリーランス・個人事業主・クラウドワーカーの仕事で収入を得た者」に該当する者達としている。なお、すでに何度か表記している通り、本調査報告書の独自の定義であることを明確にするために、括弧つきの「独立自営業者」と表記している。

　調査対象者に関する本報告書の特徴を一つ指摘すると、事業者に業務を提供する者に加えて、一般消費者に対して業務を提供している者もその対象としていることが挙げられる。このように、本調査では、例えば独立したフリーランスとして法人格を持った事業者に業務を提供する者、クラウドソーシングの会社を通じて業務を提供している者（クラウドワーカー）に加えて、一般消費者へ直接サービスを提供しているような者達も対象に含まれている。

（2）本報告書における「主要な取引先事業者1社」

　本報告書では質問の内容によっては、「主要な取引先事業者1社（以下主要な取引先事業者）」との関係に限定してその実態を尋ねている項目がある。その際の「主要な取引先事業者」とは、上記の「独立自営業者」が成果物やサービスを直接納品、もしくは、提供している相手のことを指している。

　したがって、例えば、クラウドソーシングの会社や仲介会社など何らかの仲介組織を経て仕事を受注している「独立自営業者」における「主要な取引先事業者」とは、クラウドソーシングの会社や仲介会社ではなく、それらの仲介組織を介して紹介された事業者、つまり、クラウドワーカーなどが、直接業務を提供している相手のことを指している。以上のことを簡単に図示したものが図表序－1－1である。なお、この際の対象サンプルは、調査概要の箇所で後述するサンプル全体の8326サンプルから、一般消費者のみに業務やサービスを提供していた者達を除く6329サンプルとなっている。

図表序－1－1 「主要な取引先事業者」と「独立自営業者」の関係

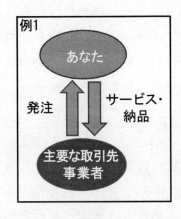
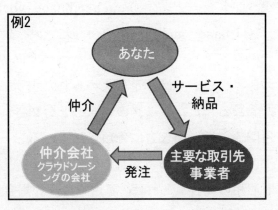

第2節　先行研究と調査課題

1．先行研究

　企業に雇われない働き方は、ここ数年で突然出てきたものではない。古くは家内労働者（いわゆる内職）として確かに存在していた。2000年代以降も、正規雇用以外の多様な働き方の一つの形態として、定期的に雇われない働き方を対象とした調査が実施されてきた（例えば、三菱UFJリサーチ＆コンサルティング（2008）や連合総研（2017b）など）。また、女性の就業継続を進める一つの方法として、SOHOを通じた自営の働き方に関心が向けられることもあった（労働政策研究・研修機構 2005）。

　企業に雇われない働き方の特徴を明らかにしようとしたものとして、例えば山田（2007）は、自営業者と雇用者の中間形態としての個人業務請負への注目の高まりを指摘した上で、個人業務請負の中でも使用従属性の低い者をインディペンデント・コントラクターとし、その仕事内容、契約企業数、開業年数、および個人の学歴や性別等の属性の特徴を明らかにすると共に、熟練の特徴（企業特殊的か／職業特殊的か）と業務の特徴（創造的か／定型的か）の二軸を設定し、米国との比較において、日本のインディペンデント・コントラクターの特徴を指摘している。そこでは、米国と比べると、日本のインディペンデント・コントラクターは、定型的業務に携わっていることが指摘されている。

　上記の山田の指摘は、より自営に近い働き方を実践していると想定される個人業務請負であるインディペンデント・コントラクター一つを見てみても、その働き方は多様であることを示唆するものであると言える。こうした本報告書が対象としている企業に雇われない働き方の持つ多様性については、海外の調査報告書においても同様の傾向が窺われる。例えばEurofound（2015）は、報告書『新たな就業形態（New forms of employment）』の中で11のタイプの働き方を挙げており、それを「雇用／自営」と「伝統的な雇用関係／新たな働き方」の二軸に基づいて分類している。それに基づくと、11のタイプのうち、自営に分類されるものととして、「ポートフォリオ・ワーク」、「クラウドワーク（crowd employment)」、「共同雇用（Collaborative employment）」があり、雇用と自営の中間のタイプとして「バウチャーワーク（Voucher-based work）[5]」と「情報通信技術を利用したモバイルワーク（ICT-based mobile work）」の二つを挙げている。また、上記の五つのうち、「ポートフォリオ・ワーク」、「クラウドワーク」、「共同雇用」、「情報通信技術を利用したモバイルワーク」の四つについては、予め決められた場所で決められた時間作業するというような雇用関係とは異なる新たなタイプの働き方と分類されている一方で、「バウチャーワーク」は、伝統的な雇用関係に近い働き方に分類されている。

このように、自営業者であってもその作業提供の方法は様々であり、また、同じような呼称であっても雇用の場合もあれば、雇用ではない場合もある[6]。こうした指摘から、自営業者の一つの形態である「独立自営業者」においても、その働き方は多様であることが推察される。

こうした働き方に関する関心にかかわり、比較の対象としての労働者とはいかなる就業者なのかについての議論も、この間活発に行われてきた。使用従属性の観点から労働者についての検討を実施した池添（2007）、労働者と自営業者の相違点を他分野の研究者に対して分かりやすく簡潔に示した大内・内藤（2010）、各国における労働者概念の生成を取り扱った鎌田（2012）や、経済学における契約の議論に基づき検討を行った江口（2007）などがこうした関心に沿って議論を展開している。

加えて、新たなタイプの働き方であるクラウドワークに対する関心も高まっている。日本においても、クラウドワーカーに対する関心が労働法学者を中心に高まっている。諸外国のプラットフォームビジネスの状況を紹介するとともに、そうしたモデルの中で働く者達に対する労働法や労働協約による規制の可能性を検討した連合総研（2017a）やクラウドワーカーの就業実態を調査しようと試みた連合総研（2017b）は、先駆的な調査研究である。もっとも、連合総研（2017a）や山本（2018）によると、ドイツにおいては、クラウドワークは、雇用労働者や学生の副業という位置づけであり、それほど大きな問題とはなっていないようである。

大内・内藤（2010）が指摘するように、労働者と自営業者の境界を設定することは簡単なことではない。労働政策研究・研修機構（2004）においても雇用と自営の間に自営的雇用や雇用的自営といった中間領域の存在が指摘されている。こうした中間領域をどのような就業者として取り扱うかについての議論は、IoTの発展に伴うギグ・エコノミーの普及と共に、海外でも行われているようである。例えば、Harris&Krueger（2015）は、ギグ・エコノミーにおける就業者について、自らの意思で働きたいときに働きたい分だけ働けるという点において個人事業主（independent contractor）の持つ性質を有する一方で、業務の受注

---

[5] 「バウチャーワーク」とはサービス提供の対価が、権限を与えられた組織からのバウチャーによって支払われるような働き方のこと（Eurofound2015）。
[6] 例えば「モバイルワーク」は、雇用と自営（self-employed）の双方が従事している働き方であることが指摘されている（Eurofound2015）。

において特定のインターネット上でのアプリによる仲介者（intermediary）が必要不可欠（integral）になっている点や仲介者が仕事を管理しているという点において被用者（employee）としての性質を有していると指摘している。このようなギグ・エコノミーにおける就業者の特徴を考慮した上で、Harris&Krueger（2015）は、被用者（employee）と個人事業主（Independent Contractor）の中間形態として、法的に認められた「独立労働者（independent worker）」という新たなカテゴリーを設けることを提案している。

こうした中間形態はドイツなどでは「労働者類似の者」としてすでに認められているようであり、放送業界などでは「労働者類似の者」向けの労働協約も締結されているようである[7]。いずれにせよ、この雇用と自営の間に位置づけられる中間形態にかかわる議論は、今後さらに深めていく必要があるところであろう。

上記のような多様性を念頭におき使用従属性の概念に基づき個人請負就業者の意識や育成投資の現状について分析したものとして佐野・佐藤・大木（2012）がある。そこでは労働者性の高い個人請負就業者ほど、①働き方に対する満足度が低い、②個人請負就業者を継続する意志が弱く雇用者への転換を望んでいる、③取引先からOff-JTを受ける機会が多い傾向が指摘されている。もっとも、労働者性が高い個人請負業者であっても、その多数はこの働き方を継続することを望んでいることも併せて指摘されている。このように、働き方の特徴に応じて個人請負就業者の中においても、その意識や将来のキャリア展望に違いがある。こうした分析結果は、企業に雇われない働き方を選択している就業者の就業実態や意識は、実際の働き方のタイプによって相違があることを物語っている。したがって、そうした多様性を鑑み、いくつかのタイプにおける就業実態や意識の検討を進めていくことが必要となろう。本調査研究もこうした視点に沿って実施された。

2．調査課題

本調査プロジェクトでは大きく二つのことを目的に調査を実施した。一つは、より規模の大きなクロス・セクションデータの作成である。連合総研（2017b）も指摘している通り、母集団の特定ができていないことから、雇われない働き方に従事している者達の正確な数を把握することは困難であり、この点が彼らの就業実態の把握を困難にしている一つの要因となっていると思われる。そのため、より多くのサンプルを収集した上で、彼らの就業の実態の把握を試みる必要があると考えた。

二つは、雇われない働き方の者達の就業実態について、より多様な側面からの把握を試みることである。先の先行研究の検討から窺われることは、本調査で取り上げる「独立自営業者」の働き方には多様なタイプが存在する可能性が高いことである。就業の実態を明らかにする際、先行研究では主に対象サンプルの仕事内容や労働者性（使用従属性）の程度に基づ

---

[7] 中間形態に対する労働協約の紹介は連合総研（2017a）に詳しい。労働協約では契約打ち切りの際の報酬の補填等の各種補填に関するルールが取り決められている。

き議論が展開されてきたと思われる。本報告書においてもそうした関心にそってサンプルをいくつかのカテゴリーに分け、それぞれの就業実態を見ている。第1章から第4章の就業実態については、サンプル全体のデータを紹介すると共に、仕事別に見た特徴を明らかにしている。また、本報告書第5章では、使用従属性の概念を参考に働き方のタイプを分類し、それぞれの分類ごとの特徴を明らかにすることを試みている。

本報告書ではそれらに加えて、専業と兼業による違い（第1章～第4章）および兼業者の兼業先での働き方の特徴（第7章）といった点にも注目し、議論を展開している。例えば、同じ兼業であっても、「独立自営業者」を本業として行っている者と副業として行っている者とでは働き方に違いが生じるかもしれない。この点からも雇われずに働く就業者の就業の実態を確認することは、労働政策の検討において、少なくない意義があると思われる。

また、働き方の形態という面からは、クラウドワーカーについて注目し、そうしたタイプの「独立自営業者」の働き方も取り上げている（第6章）。以上のように、より多様な側面から雇われない働き方の者達の就業実態の把握を試みたのが本調査報告書である。

第3節　調査概要

本調査は、楽天リサーチ株式会社のモニターを対象に実施された。対象は、2017年の1年間に自営業、フリーランス、個人事業主、クラウドワーカーとして、仕事をして収入を得ていた者である。ただし、次の①農林業の仕事をしている者、②人を雇用している者、③個人商店主は、調査対象からは除かれている。

楽天リサーチ株式会社のモニターから上記の条件に該当する者で、調査協力に合意した者に調査を実施した。調査期間は、2017年12月15日から12月26日であり、最終的に集まったサンプルは8256サンプルである[8]。なお、調査にあたり専業者と兼業者をそれぞれ最低3000サンプルずつ回収するという割当てを予め行った上で実施している。

本調査で得られたサンプルの特徴を確認するために、本調査の対象に近いと考えられる2017年の就業構造基本統計調査（以下就調）の自営業主のうち普段従業員を雇っていない者（雇い人のない業主）を取り出したデータと本調査のサンプルにおける性別や年齢を対比すると図表序-3-1の通りとなる。まず、本調査のサンプルは、就調のサンプルと比べると、女性比率がやや多くなっている。次に、年齢の構成を見てみると、25歳から54歳までの層が本調査のサンプルでは多くなっている一方で、65歳以上の層は本調査では少なくなっている。このように構成に齟齬が生じている消極的な理由としては調査方法がインターネット調査であることが考えられる。一方こうした齟齬が生じた積極的な理由としては、労働行政がターゲットとする現役世代の年齢層のデータをできる限り集めようとしたことによる。

---

[8] なお、本調査では項目によっては無回答が生じている。Webモニター調査で回答がなされているものの明らかに矛盾が生じているような回答についてはデータクリーニングの際に無回答処理を実施した。

図表序－3－1　回収サンプルの特徴

	就業構造基本統計調査（2017）	JILPT調査
n	4020000	8256
男性	73.2%	62.9%
女性	26.8%	37.1%
15～24歳	1.2%	1.1%
25～34歳	6.1%	15.2%
35～44歳	14.0%	26.0%
45～54歳	16.6%	28.0%
55～64歳	19.6%	18.0%
65～74歳	28.4%	10.5%
75歳以上	14.0%	1.0%
計	100%	100%

第4節　本報告書の構成と各章の概要

　本報告書の構成は次の通りとなっている。まず、サンプル全体の調査結果について、第1章から第4章で取り上げる。その際、全体の結果に加えて、仕事別、ならびに、専業／兼業別の結果も併せて確認し、そこから窺われる傾向を指摘している。第5章から第7章は先にも指摘した雇われない働き方における多様性を考慮し、いくつかの働き方のタイプを取り上げその就業実態を紹介している。指揮命令の程度といった使用従属性を念頭においた働き方のタイプ別に見た就業実態や、「クラウドワーカー」と呼ばれるデジタル化が進む中で注目が高まっている働き方の就業実態、および、兼業者の兼業先での就業実態を取り上げている。各章の概要は以下の通りである。

1．第1章「『独立自営業者』の働き方―業務の受注から作業の進め方に注目して」の概要

　第1章では「独立自営業者」の就業実態にかかわり、仕事の受注方法や受注後の作業の進め方が取り上げられている。その実態について、独立自営業者の仕事別、ならびに、専業／兼業別にそれぞれ確認し、その特徴が示されている。

（1）主な事実発見

① 属性にかかわる特徴のうち、主な仕事と専業／兼業の関係については、サンプル全体の傾向と比べると、「IT関連」では専業が多い。逆に「事務関連」は兼業が多い。

② 作業内容の特徴について見てみると、「デザイン・映像製作関連」や「専門業務関連」

は、他の仕事に比べると、自分にしかできない作業を行っている傾向がある。逆に「事務関連」や「現場作業関連」の仕事は、他の人でもできる作業を行っている傾向がある。この点について専業／兼業別に見てみると、「兼業（独立自営業が副業）」は、他の場合（専業および兼業が本業）と比べると、他の人でもできる作業を行っている傾向がある。

③ 取引相手数については、「デザイン・映像製作関連」、「IT関連」、「専門業務関連」は、他の仕事と比べると、特定の取引相手と仕事をする傾向がある。逆に、「事務関連」や「生活関連サービス、理容・美容」は、他の仕事と比べると、様々な取引相手と仕事をする傾向にある。この点について専業／兼業別に見てみると、「兼業（独立自営業が副業）」は、他の場合と比べると多くの取引先と仕事をしている傾向がある。

④ 仕事の受注方法について見てみると、対象サンプル全体では「自分で営業活動をして」、「現在の取引先から声がかかった」、「知人・親戚等から紹介された」が上位の三つに挙げられている。仕事別に見てみると「デザイン・映像製作関連」は、特にこれらの上位三つの方法によって仕事を受注していることが多いようである。また、仕事別に見た場合の受注方法の特徴として、「事務関連」は、他の仕事に比べるとクラウドソーシングの会社や仲介企業などの仲介組織を活用している傾向が見られる。

⑤ 契約内容の決定パターンについて見てみると、対象サンプル全体では、契約内容の決定において、発言する機会を得ていないと考えられる独立自営業者が4割弱いる。とはいえ、何らかの発言をしている者も5割程度いる。仕事別に見てみると、「IT関連」や「専門業務関連」は、他の仕事と比べると、契約内容の決定において取引相手に対して発言する傾向がある。また、他の仕事と比べると、「事務関連」は、「第三者[9]の定めるルールに沿って決定した」が多くなっている。

⑥ 作業内容や範囲に関する取引先からの指示の有無について見てみると、対象サンプル全体としては、指示を受けていない傾向がある。この点について主な仕事別に見てみると、六つの仕事の中でより指示を受けない傾向にあるのは、「専門業務関連」であり、一方、指示を受ける傾向にあるのは、「事務関連」、「デザイン・映像製作関連」、「IT関連」となっている。

⑦ 作業を行う日や時間に関する取引先からの指示の有無について見てみると、サンプル全体としては、指示を受けない傾向にある。この点について主な仕事別に見てみると、六つの仕事の中でより指示を受けない傾向にある仕事として、「事務関連」や「IT関連」が、逆に指示を受ける傾向にある仕事として、「現場作業関連」が挙げられる。

⑧ 作業場所に関する取引先からの指示の有無については、対象サンプル全体としては、

---

[9] ここでいう第三者とは、クラウドソーシングの会社や仲介企業などのことを指している。

指示を受けない傾向にある。仕事別に見てみると、「事務関連」や「デザイン・映像製作関連」は、他の仕事に比べて、より指示を受けない傾向にある。一方で、「生活関連サービス、理容・美容」や「現場作業関連」は、他の仕事と比べると、指示を受ける傾向にある。

（2）若干の考察

第1章で明らかになったことから、まず、①仕事の進め方の特徴は、専業／兼業別というよりは、行っている仕事によってその違いが表れていることが窺われる。次に、②仕事別に見た場合に見られた特徴として、特に仕事の受注方法や取引先との契約内容や報酬額の決定において、「事務関連」の仕事は他の仕事と比べると、仲介組織（クラウドソーシングの会社や仲介企業）を活用している傾向が見られた。クラウドソーシングは、主に事務関連の仕事の外注化として活用されているのかもしれない[10]。

一方、③「IT関連」は、他の仕事と比べても、契約内容や報酬額の決定において取引先に対して発言していることが窺われた。もちろん、より詳細な分析を必要とするが、「IT関連」が取引相手によく発言できている背景には、彼らの行っている業務が特別な業務であるというよりは、顔なじみの者が取引相手となっているといった取引相手との関係性による部分があるのではないか、と予想される。

最後に、④取引先からの指揮命令の程度について触れておくと、サンプル全体の傾向として取引先から頻繁に指示を受けているケースは少ないと考えられる。このことから、働き方については比較的自由な働き方を享受していることが窺われる。

2．第2章「『独立自営業者』の作業量／報酬」の概要

第2章では「独立自営業者」の就業実態のうち、作業量や報酬額に関わる事柄について取り上げている。

（1）主な事実発見

① 「独立自営業者」が取引をする企業数は、「1社」と「2～4社」の割合が高い。「独立自営業者」は、多数の企業と取引するというよりは、特定の企業と取引をしていることが窺われる。

② 「独立自営業者」が取引相手と締結する契約期間では、契約期間や納期を定めていないか、短期間の契約が多いという傾向が見られた。「独立自営業者」の仕事を専業、もしくは兼業（本業）としている者は、兼業（副業）の者と比べると、契約期間が長い（期間の定めが無いを含む）傾向が見られた。

---

[10] 「クラウドワーカー」については、本報告書第6章で取り上げている。また、その概要は本節の6で触れている。

③ 1ヵ月あたりの平均的な作業日数を見てみると、サンプル全体では「7日以下」の割合が最も高くなっている。仕事別に見ると、多くの仕事において、「7日以下」の割合が最も高い。特にその割合が高いのは「事務関連」である。専業／兼業別に見ると、「専業」と「兼業（独立自営業が本業）」では「15～21日」の割合が最も高く、「兼業（独立自営業が副業）」では「7日以下」の割合が最も高い。

④ 1週間あたりの平均的な作業時間について見てみると、サンプル全体では「1時間以上10時間未満」、「20時間以上40時間未満」、「40時間以上60時間未満」の割合が高い。仕事別に見ていくと、「事務関連」は、他の仕事に比べて、作業時間が短い傾向にあり、「IT関連」と「現場作業関連」は、他の仕事に比べて、作業時間が長い傾向が見られた。専業／兼業別では、「兼業（独立自営業が副業）」は、「専業」と「兼業（独立自営業が本業）」に比べると、短い傾向が見られた。

⑤ 報酬総額について見てみると、200万円未満の割合が6割を超えている。仕事別に見ると、特に「事務関連」の報酬が低い。専業／兼業別に見ると、「兼業（独立自営業が副業）」は、専業や兼業（独立自営業が本業）に比べると、報酬総額が低い傾向にある。なお、この結果は、「主要な取引先事業者1社」からの報酬額にもあてはまる。

（2）若干の考察

第2章の内容より、「独立自営業者」の働き方の特徴として指摘しておきたいこととして、①特定の取引先に対して業務を提供している傾向があること、②契約期間が定まっていない場合が一定程度存在していることが挙げられる。取引相手が1社のみと回答した者は、4割を超えている。また、「契約期間、納期はない」と回答した者が2割強に上っており、これらの結果は、少数の継続的な取引を前提に業務を提供している者が一定数いることを示唆していると思われる。

また、こうした1社のみに業務を提供している者が一定数存在していることは、例えばドイツ[11]などで「労働者類似の者」を判定する上での一つの要素である経済的従属性の視点から見た際に、日本においても労働者と事業者の中間形態に位置づけられる層が、実態として一定程度存在していることを窺わせる[12]。

3．第3章「『独立自営業者』のキャリアやスキル形成」の概要

第3章では「独立自営業者」のキャリアや業務を提供する上で必要なスキルの獲得方法に関する事柄について取り上げている。

---

[11] ドイツの「労働者類似の者」に関する知見については、連合総研（2017a）を参照。
[12] もっとも、ここでいう1社のみに業務を提供している者の中には短期間のみ独立自営業の仕事に携わった兼業者も含まれている。この点については留意が必要である。

（1）主な事実発見
① 「独立自営業者」になった理由の上位三つは、「自分のペースで働く時間を決めることができると思ったから」、「収入を増やしたかったから」、「自分の夢やキャリアアップのため」となっている。この点について専業と兼業別に見てみると、「専業」と「兼業（独立自営業が本業）」は、「自分のペースで働く時間を決めることができると思ったから」が最も多かった回答で、「兼業（独立自営業が副業）」は、「収入を増やしたかったから」が最も多かった回答であった。

② 経験年数について見てみると、「1年未満」と「1～5年未満」が多く、この二つで5割を超える。専業／兼業別に見ると、「兼業（独立自営業が副業）」は、「専業」や「兼業（独立自営業が本業）」に比べて、「1年未満」と「1年～5年未満」の割合が高い。

③ 今後（約3年後）のキャリア展望について見てみると、「独立自営業者としての仕事を専業とする」の割合が最も高く、これに「独立自営業者の仕事を兼業とする」、「分からない」が続く。「独立自営業者」を辞めようと考えている者は、1割未満となっている。

④ 専業「独立自営業者」の「独立自営業者」になる前のキャリアを見てみると、雇用労働者であった者が多いことが窺われる。「正社員・正規職員」と答えた者は、6割を超えており、「非正規雇用・非正規職員」と併せると8割弱になる。

⑤ 前職が「正社員・正規職員」や「非正社員・非正規職員」だったものの中で、当時の仕事と類似の仕事を「独立自営業者」として行っている者は、5割程度に上る。仕事別に見てみると、六つの仕事のうち、仕事が同じであった割合が高いのは、「デザイン・映像製作関連」、「IT関連」、「専門業務関連」となっている。逆に前職とは異なる仕事に従事している割合が高かったのは、「事務関連」、「生活関連サービス、理容・美容」、「現場作業関連」となっている。

⑥ 「独立自営業者」として必要なスキルを身につけた場所について見てみると、上位三つは、「会社（以前の会社を含め）での経験、研修及び勉強会」、「特にない」、「関連書籍等を使って自学自習」となっている。特に、「IT関連」は、他の六つの仕事と比べると、会社での経験や自学自習で必要なスキルを獲得している。

⑦ 役立った資格の有無について尋ねた結果を見ると、あると答えた回答者は35.4%となっている。仕事別に見ると、他の仕事に比べると役立った資格があると回答した割合が高かった仕事は、「専門業務関連」、「生活関連サービス、理容・美容」となっている。

（2）若干の考察
「独立自営業者」は今後どのようなキャリアを歩んで行こうと考えているのであろうか。

この点について専業／兼業別にそのキャリア展望をまとめたものが、図表序－4－1である。図表より、まず、専業者について見てみると、第一に、専業者の6割程度は今後も「独立自営業者」を続けていこうと考えている。また、第二に、「独立自営業者」を継続しようと考えている場合は、引き続き専業者としてキャリアを歩もうと考えている者が多いことが窺われる。

　一方、兼業者について見てみると、専業者と同様に「独立自営業者」を継続しようと考えている者が6割を超えている。兼業者において興味深いのは、「兼業（独立自営業が本業）」の者達である。他の二つのカテゴリーがどちらかと言えば現状の「独立自営業者」としての働き方を継続しようとしている一方で、このカテゴリーは、兼業から専業という具合で、「独立自営業者」としての働き方を変更しようと考えている者が3割程度いる。このことは、兼業をステップとして、専業の「独立自営業者」となろうとしている者が一定程度存在していることを示唆する。兼業から専業へというキャリアステップが、「独立自営業者」の世界において存在することが、この点から窺われる。

図表序－4－1　今後（約3年後）のキャリア展望のまとめ（n=8256）

	独立自営業者としての仕事を専業とする	独立自営業者としての仕事を兼業とする	独立自営業者としての仕事をやめる	分からない	計
専業（n=4083）	52.9%	13.0%	8.2%	25.9%	100.0%
兼業（独立自営業が本業）（n=1335）	33.5%	34.7%	8.5%	23.4%	100.0%
兼業（独立自営業が副業）（n=2838）	12.5%	49.0%	9.4%	29.0%	100.0%

4．第4章「トラブル経験／整備・充実を求める保護施策」の概要

　第4章では、「独立自営業者」が遭遇したトラブル、ならびに、整備や充実を求める保護施策について取り上げている。ここまでの章と同様に、サンプル全体の傾向に加えて、仕事別、兼業別に見た場合の傾向も取り上げている。まず、本章で明らかになった主たる内容を示すと以下の通りとなる。

（1）主な事実発見

① サンプル全体の傾向として約半数の者はトラブルを経験していない。仕事別の傾向を見てみると、「事務関連」は、六つの仕事の中ではトラブルを経験している傾向がある。一方、トラブルを経験しない仕事としては、「専門業務関連」が挙げられる。また、専業／兼業別に見てみると、「兼業（独立自営業が本業）」は、他の場合と比べるとトラブルを経験している傾向が見られる。

② 2017年にトラブルを経験したサンプル全体の傾向として、「作業内容・範囲につい

てもめた」、「仕様を一方的に変更された」、「一方的に作業期間・納品日を変更された」が経験したトラブルの上位三つとなっている。これらの項目について仕事別に見てみると、「IT関連」は、六つの仕事の中では、作業内容や範囲に関するトラブルを経験していることが窺われる。「仕様を一方的に変更された」についても、他の仕事に比べると、「IT関連」は、この種のトラブルに遭っていることが窺われる。

③ 経験したトラブルについて、仕事内容別に見た場合の興味深い点として、「生活関連サービス、理容・美容」は、「取引相手と連絡が取れなくなった」や「セクハラ・パワハラ等の嫌がらせを受けた」といった何らかのトラブルを経験したサンプル全体（4117サンプル）では少数派のトラブルを経験している点が挙げられる。また、「デザイン・映像製作関連」は、他の仕事と比べると報酬にかかわるトラブルを経験しやすい傾向が窺われる。

④ トラブル解決の困難さについて確認すると、2017年にトラブルを経験した者のうち、「全て解決した」が6割以上のトラブルは、「作業内容・範囲についてもめた」、「一方的に作業期間・納品日を変更された」、「報酬の支払いが遅れた・期日に支払われなかった」、「予定外の経費負担を求められた」となっている。これらのトラブルは、トラブルになったとしても解決に繋がりやすいようである。逆に「全て解決した」が4割以下のものは、「報酬が支払われなかった・一方的に減額された」、「自分の案が無断で使われた」、「セクハラ・パワハラ等の嫌がらせを受けた」となっている。これらのトラブルは、トラブルになった場合に解決しづらいようである。

⑤ トラブルに遭った際の対処方法について見てみると、対象サンプル全体で上位に挙がっているのは、「取引相手と直接交渉した」と「特に何もしなかった」である。それらの後に、仲介組織（クラウドソーシングの会社や仲介会社）の活用や取引の中止が続く。仕事別の傾向を見てみると、「事務関連」は、他の仕事と比べると直接交渉しない傾向が見られる。加えて、「事務関連」では、他の仕事と比べると、仲介組織が活用されているようである。また、専業／兼業別に見てみると、「専業」は、「兼業」に比べると相手と直接交渉することでトラブルに対応している傾向が窺われる。

⑥ 「独立自営業者」を続ける上での問題点について確認してみると、サンプル全体で上位に挙げられている三つは、「収入が不安定、低い」、「仕事を失った時の失業保険のようなものがない」、「仕事が原因で怪我や病気をした時の労災保険のようなものがない」となっている。これら上位の回答について仕事別に見てみると、第一位の収入については、「デザイン・映像製作関連」が、他の仕事に比べると、問題点として挙げている傾向がある。第二位の「仕事を失った時の失業保険のようなものがない」については、「IT関連」や「デザイン・映像製作関連」が、他の仕事と比べると、問題点として挙げている傾向がある。第三位の「仕事が原因で怪我や病気

をした時の労災保険のようなものがない」については、「事務関連」は他の仕事と比べると、問題点と考えていないようである。

⑦ 整備・充実を望む保護施策について、サンプル全体のニーズを見てみると、上位三つは、「特に必要な事柄はない」、「取引相手との契約内容の書面化の義務付け」、「トラブルがあった場合に、相談できる窓口やわずかな費用で解決できる制度」となっている。「特に必要ない」が4割程度に上っており、仕事別の傾向を見てみると、「生活関連サービス、理容・美容」や「現場作業関連」は、他の仕事に比べると「特に必要ない」と回答している傾向が見られる。一方、具体的なニーズである契約内容の書面化の義務付けや安価で利用できる紛争解決機関の充実について見てみると、「IT関連」において、そのニーズが高い傾向が見られる。

⑧ 整備・充実を望む保護施策について、サンプル全体の上位ではないものの特定の仕事においてはニーズが高いものを挙げておくと、「デザイン・映像製作関連」や「IT関連」は、「取引相手からの報酬の支払い時期の遅延や減額を禁止するルール」や「取引相手が、正当な理由なしに契約を終了させることを禁止したルール」の整備や充実に対するニーズが他の仕事と比べると高くなっている。

（2）若干の考察

以上の第4章で確認した内容を基に「独立自営業者」が整備・充実を求める保護施策について考えてみると、次の点を指摘することができよう。まず、保護の整備や充実をそもそも求めていない層が4割程度いる。そして6割弱が何らかの保護施策の整備・充実を求めている。もっともすでに指摘した通り、仕事内容別に見るとそのニーズには、いくぶんかの高低があるようである。

この点に関して調査結果に基づき仕事を継続する上での問題点と保護施策のニーズの関係を仕事別に見てみると、次の四つのタイプが存在していた。すなわち、①「独立自営業者」を継続する上で問題点を感じているにおいて上位に位置し、かつ、保護に関するニーズも高い仕事（以下、「問題点高／保護ニーズ高タイプ」）、②「独立自営業者」を継続する上で問題点を感じているにおいて中位に位置し、保護に対するニーズは高い仕事（以下、「問題点中／保護ニーズ高タイプ」）、③「独立自営業者」を継続する上で問題点を感じているにおいて中位に位置するが、保護に対するニーズは低い仕事（以下「問題点中／保護ニーズ低タイプ」）、④「独立自営業者」を継続する上で問題点を感じているにおいて下位であり、かつ、保護に対するニーズも低い仕事（以下、「問題点低／保護ニーズ低タイプ」）の四つである[13]。

そして、仕事内容別にどのタイプに当てはまるのかを確認してみると図表序－4－2のよ

---

[13] もっとも、「独立自営業者」としての働き方を続ける上での問題点の認識や整備や充実を望む保護ニーズの高低については、各仕事間の比較に基づいていることは留意されたい。

うになる。まず、一つめの「問題点高／保護ニーズ高タイプ」には、「デザイン・映像製作関連」が挙げられる。二つめの「問題点中／保護ニーズ高タイプ」には、「事務関連」と「IT関連」が挙げられる。三つめの「問題点中／保護ニーズ低タイプ」の仕事としては、「専門業務関連」が挙げられる。最後の「問題点低／保護ニーズ低タイプ」の仕事としては、「生活関連サービス、理容・美容」と「現場作業関連」が挙げられる。このように、仕事内容別に見てみると、問題点を感じている程度と保護施策の整備や充実に対するニーズの高さは、一様ではないことが窺われる。

図表序－4－2　四つのタイプと主な仕事の関係

タイプ	主な仕事
問題点高／保護ニーズ高タイプ	「デザイン・映像製作関連」
問題点中／保護ニーズ高タイプ	「事務関連」、「IT関連」
問題点中／保護ニーズ低タイプ	「専門業務関連」
問題点低／保護ニーズ低タイプ	「生活関連サービス、理容・美容」、「現場作業関連」

5．第5章「働き方別に見た『独立自営業者』の特徴」の概要

　第5章では、働き方別に見た「独立自営業者」の特徴について確認する。本章では、この点にかかわり、労働法上の「労働者」の判断基準を参考にスコア（「労働者性スコア」）を算出し、そのスコア別に見た際の「独立自営業者」の就業実態や保護施策に関するニーズの特徴について紹介している。主な事実発見は以下の通りである。

（1）主な事実発見

① 「労働者性スコア」が高い「独立自営業者」は、他のタイプと比べると、「中・高卒」がやや多く、「生活関連サービス、理容・美容」や「現場作業関連」の仕事を行っている傾向がある。一方、「労働者性スコア」が低い「独立自営業者」は、他のタイプと比べると、大卒以上で「デザイン・映像製作関連」の仕事や「専門業務関連」の仕事を行っている傾向がある。

② 就業の条件面について1年間の報酬総額が400万円以上を取り出してみると、「労働者性スコア低」は27.3％、「労働者性スコア中」は28.1％、「労働者性スコア高」は、22.8％となっている。「労働者性スコア高」は、他のタイプと比べると得ている報酬額が低い傾向が窺われる。

③ 提供している業務の特徴について確認してみると、まず、作業内容については、「労働者性スコア高」は、他のタイプと比べると、他の人でもできる作業を行っている割合が高くなっている。逆に、「労働者性スコア低」は、他のタイプと比べると、自分にしかできない作業を行っている割合が高くなっている。次に、取引相手数については、「労働者性スコア低」と「労働者性スコア高」は、「労働者性スコア中」

と比べると、特定の取引先と仕事を行う傾向が窺われる。また、「わからない」の回答の多さには留意が必要であるが、「労働者性スコア高」は、他のタイプと比べると、取引先に同様の業務を担っている従業員がいる傾向が見られる。

④ いずれのタイプであっても、「独立自営業者」を選択した理由の上位三つは、「自分のペースで働く時間を決めることができると思ったから」、「収入を増やしたかったから」、「自分の夢の実現やキャリアアップのため」となっている。ただし、「労働者性スコア高」は、「収入を増やしたかったから」が最も多い回答となっている。その一方で、労働者性スコアが低いほど、「自分のペースで働く時間を決めることができると思ったから」が多くなっている。

⑤ 「独立自営業者」の経験年数については、「労働者性スコア」が低くなるほど、経験年数が長くなる傾向がある。

⑥ スキルを身につけた場所について見てみると、タイプにかかわらず、上位に挙げられている項目の三つは、「会社（以前の会社も含めて）での経験、研修及び勉強会」、「関連書籍等を使った自学自習」、「特にない」となっている。「特にない」と回答したサンプルを除く者に対して、最も役に立ったスキルを獲得した場所を尋ねてみても、いずれのタイプであっても、「会社（以前の会社も含めて）での経験、研修及び勉強会」や「関連書籍等を使った自学自習」を挙げている場合が多い。一方、他のタイプと比べると、「労働者性スコア高」において挙げられている項目として、「高校、専門学校、大学などの教育機関」がある。

⑦ トラブル経験については、「労働者性スコア低」は、他の二つのタイプと比べるとトラブルにあっていない傾向が窺われる。実際のトラブル内容について確認すると、「労働者性スコア高」は、「労働者スコア低」に比べると、「作業内容・範囲についてもめた」、「仕様を一方的に変更された」、「一方的に作業期間・納品日を変更された」といったトラブルを経験している。経験したトラブルとしては少数であるが、「労働者性スコア高」が遭いやすいトラブルとしてセクハラやパワハラが、「労働者性スコア低」が遭いやすいトラブルとして自分の案の無断使用が挙げられる。

⑧ 「独立自営業者」を続けていく上での問題点について見てみると、タイプにかかわらず上位に挙げられている三つは、「仕事を失った時の失業保険のようなものがない」、「収入が不安定、低い」、「仕事が原因で怪我や病気をした時の労災保険のようなものがない」となっている。その中でも「仕事を失った時の失業保険のようなものがない」や「仕事が原因で怪我や病気をした時の労災保険のようなものがない」については、「労働者性スコア高」は、他のタイプと比べると、より問題点として感じていることが窺われる。

⑨ 対象サンプル全体における「独立自営業者」が整備や充実を望む保護施策の上位三つは、「特に必要な事柄はない」、「取引相手との契約内容の書面化の義務付け」、「取

引相手との契約内容の決定や変更の手続き（プロセス）の明確化」となっている。これに、僅差で「トラブルがあった場合に、相談できる窓口やわずかな費用で解決できる制度」が続く。

⑩ また、対象サンプル全体の傾向において上位に挙げられているわけではないものの、回答しているサンプルのスコアの平均値より、働き方が労働者に近い「独立自営業者」（「労働者性スコア高」）が挙げている項目として、「作業中に生じた怪我や病気について、取引相手が加入する保険から補償を受けることができるルール」、「取引相手に対して、作業スペースの安全確保を行うことを定めたルール」、「仲間同士で集まり、取引相手と契約内容について交渉し取り決めることに関するルール」がある。

（２）若干の考察
　第5章で示されたことから、タイプ別に見た場合の働き方が労働者に近い「独立自営業者」（「労働者性スコア高」）の業務の特徴やスキルの獲得場所を示すと[14]、第一に、提供している業務は、他の人でもできるような業務である場合が多い。加えて、第二に、取引先の従業員と同じ仕事をしている傾向がある。また、第三に、そのような特徴のある業務を、特定の取引先に提供している傾向がある。そして、第四に、そうした業務の提供に必要なスキルは、企業、もしくは、高校、専門学校、大学などの教育機関で身につけているようである。

６．第6章「『クラウドワーカー』の就業実態の特徴」の概要
　第6章ではサンプルよりクラウドワーカーを取り出して、その働き方の特徴を取り上げている。本章におけるクラウドワーカーとは、サンプル全体のうち、「クラウドソーシング会社を通じて」のみ取引を実施していた1068サンプルのことを指している[15]。

（１）主な事実発見
① 属性面の特徴を見てみると、「クラウドワーカー」には、「男性」よりも「女性」が多い。年齢構成を見ると、「クラウドワーカー」は、サンプル全体[16]に比べて、年齢の若い層が多い。学歴は、「大学」が最も多く、婚姻状態では、「既婚」が多い。また、主な生計の担い手かどうかを確認すると、「クラウドワーカー」は、サンプル全体と比べると「自分以外」が多い。また、サンプル全体と比べると、「クラウ

---

[14] 属性面を含めたより総合的な特徴は本章第5節で改めて触れる。
[15] 本調査票SC8（MA）の回答に基づくと、「クラウドソーシングの会社を通じて取引していた」と回答している者は15.7％に上る。ただし、マルチアンサーのため、その後の回答がクラウドソーシング会社に登録し、その中で受注した仕事を想定しているのか、それとも、そうした仲介会社を介さずに自ら新規で開拓して受注した仕事を想定しているのかが不明瞭な部分がある。そのため、その15.7％の回答者の中から、「クラウドソーシングの会社を通じて取引していた」のみを回答している1068サンプルを取り出し、議論を進めることとした。
[16] サンプル全体とは回答した全ての「独立自営業者」8256サンプルのこと。

ドワーカー」には「兼業」が多い。
② クラウドワーカーの提供している業務内容の特徴を見てみると、まず、作業内容については、サンプル全体と比べると、「クラウドワーカー」は、他の人でもできる作業を担っている傾向が見られた。次に、受注の困難さについては、サンプル全体と比べると、「クラウドワーカー」は、同業者との競合で仕事を思うようにとることができない傾向が見られた。ただし、「専門業務関連」の「クラウドワーカー」は、「クラウドワーカー」の中ではそうした同業者との競合に直面することなく業務を受注できているようである。最後に取引相手数については、サンプル全体と比べると、複数の取引先に業務を提供している傾向が見られた。
③ 「クラウドワーカー」全体を見ると、「第三者の定めるルールに沿って決定した」の割合が最も高くなっている。取引先と契約内容について話し合う割合は3割程度にとどまっている。サンプル全体と比べると、「クラウドワーカー」は、取引先と直接話し合うより、クラウドソーシング会社などの仲介組織が定めるルールに従って、契約内容を決定するケースが多い。
④ 業務を実際に提供している取引相手からの管理監督の有無について見てみると、まず、「独立自営業者」のなかでも、「クラウドワーカー」は取引相手から進捗報告を求められない傾向がある。また、作業時間、作業場所についても、サンプル全体と比べると指示を受けない傾向が見られた。一方、作業内容については、サンプル全体と比べると指示を受けている傾向が見られた。
⑤ 1ヵ月あたりの平均的な作業日数や1週間当たりの平均的な作業時間を見てみると、「クラウドワーカー」の作業日数及び作業時間は、サンプル全体よりも短い傾向にある。
⑥ 1年間の報酬総額を見てみると、「クラウドワーカー」は、「50万円未満」の者の割合がサンプル全体と比べて高くなっている。
⑦ 「クラウドワーカー」が「独立自営業者」になった理由の上位三つには、自分の夢の実現やキャリアアップ、収入のアップ、自分のペースで働くことができるが挙げられている。
⑧ 今後（約3年後）のキャリア展望については、「分からない」が最も多く4割程度いる。「独立自営業者」を継続する上でも、サンプル全体と比べると、「独立自営業者」を専業とする者の割合が低くなっている。「クラウドワーカー」は、「独立自営業者」を継続する場合でも兼業の場合が多いことが窺われる。
⑨ スキルを身につけた場所を見てみると、最も多いのが「特にない」で5割程度となっている。身につけた場所として挙げられていたのは、関連書籍等を使った自学自習や会社での経験となっている。
⑩ トラブル経験の有無について見ると、トラブルを経験した「クラウドワーカー」は、

5割程度いる。その対処方法を見てみると、「特に何もしなかった」を除けば、「取引相手と直接交渉した」と「仲介組織（クラウドソーシングの会社や仲介会社など）を通じて交渉した」の割合が高い。サンプル全体と比べると、「クラウドワーカー」は、仲介組織（クラウドソーシングの会社や仲介会社など）を利用している割合が高くなっている。

⑪ トラブル回避の方法を見ると、「クラウドワーカー」は、「クラウドソーシングの会社や仲介会社などの仲介組織に任せていた」の割合が高くなっている。

⑫ 「独立自営業者」を続けていく上での問題点として上位にあげられている三つは、「収入が不安定、低い」、「仕事を失った時の失業保険のようなものがない」、「特に課題はない」であり、それに「仕事が見つかりにくい」が僅差で続く。サンプル全体と比べて、「クラウドワーカー」に特有な問題点として、「キャリア形成が難しい」が挙げられる。

⑬ サンプル全体に比べて、「クラウドワーカー」は、整備・充実を求める保護施策に対するニーズが高い。「特に必要な事柄はない（37.1％）」が一定数いるものの、具体的なニーズとして挙げられている項目の上位三つは、「取引相手との契約内容の書面化の義務付け」、「トラブルがあった場合に、相談できる窓口やわずかな費用で解決できる制度」、「取引相手からの報酬支払い時期の遅延や減額を禁止するルール」となっている。これらの項目に僅差で、「取引相手との契約内容の決定や変更の手続き（プロセス）の明確化」や「独立自営業者の仕事について、最低限支払われるべき報酬額を定めたルール」が続く。

（2）若干の考察

①働き方の特徴

「クラウドワーカー」の属性面の特徴については次節で改めて触れるとして、「独立自営業者」のサンプル全体と比べると、「クラウドワーカー」の働き方には次のような特徴が見られた。第一に、兼業の場合が多い。第二に、複数の取引先へ業務を提供している。第三に、業務内容は、他の人でもできるような業務が多く、仕事の受注においては思うようにとれないことが多いようである。第四に、取引先より、作業場所や作業時間についての指示は受けないが、作業内容や進め方については指示を受けている。第五に、得ている報酬額はそれほど高くはない。以上のような働き方の特徴が浮かび上がってくると思われる。

②仲介組織の役割

仲介組織（クラウドソーシングの会社や仲介会社）の活用にかかわる回答状況から、クラウドソーシングの会社などの仲介組織の役割について推察してみると、単なる仕事の仲介者以上の役割を果たしていることが窺われた。契約内容の決定方法では、「第三者[17]の定める

---
[17] ここで言う第三者とは、クラウドソーシングの会社や仲介会社等を指す。

ルールに沿って決定した」の割合が、サンプル全体では8.5%であるのに対し、「クラウドワーカー」では29.4%となっている。トラブルの対処においても、「仲介組織（クラウドソーシングの会社や仲介会社など）を通じて交渉した」と答えている「クラウドワーカー」は、一定の割合で存在している。また、トラブルの回避の方法でも、「クラウドソーシングの会社や仲介会社などの仲介組織に任せていた」と答えている「クラウドワーカー」が一定数いる。

　これらのことは、クラウドソーシングの会社等の仲介組織は、業務提供の仲介役に加えて、その際の契約内容の決定やトラブル対応といった事柄においても、一定の役割を果たしていることを示唆していると言える。以上より、仲介組織は、仕事の紹介以上の役目を果たしている面もあるようである。

7．第7章「兼業者の兼業先[18]の就業実態」の概要

　第7章では兼業「独立自営業者」に注目し、彼らの兼業先での状況を取り上げている。スクリーニング調査（SC）7において兼業を選択した4173サンプル（「独立自営業者」が本業1335サンプル／「独立自営業者」が副業2838サンプル）を対象に、兼業「独立自営業者」の独立自営業以外での働き方についてその一端を明らかにしている。

（1）主な事実発見

① 調査サンプル全体の傾向と比較した際の兼業者の属性面での特徴として、「兼業（独立自営業が副業）」には女性が多い一方で、「兼業（独立自営業が本業）」はその割合がサンプル全体を僅かに上回っている程度にとどまる。このように、同じ兼業でも「独立自営業者」を本業としている者には男性が多く、副業としている者には女性が多い。また、年齢については「兼業（独立自営業が本業）」には年齢が高い者がやや多く、「兼業（独立自営業が副業）」には年齢が若い者が多い。ただし、主たる生計の担い手については、本業と副業の間で大きな違いは見られず、その結果もサンプル全体と似た傾向を示している。いずれの場合も主たる生計の担い手である者が5割程度に上っている。

② 従事している主な仕事を見てみると、サンプル全体に比べると、「兼業（独立自営業が本業）」は「専門業務関連」に多く、「兼業（独立自営業が副業）」は「事務関連業務」に多い。

③ 兼業先での雇用形態について見てみると、「正社員（39.2%）」と「パート・アルバイト社員（32.4%）」が多い。兼業者のうち、本業「独立自営業者」は「パート・アルバイト社員」が多く、副業「独立自営業者」は「正社員」が多い。

④ 兼業先の職務内容を見ると、兼業者全体では「専門・技術的な仕事」の割合が最も高く、これに「事務の仕事」と「サービスの仕事」が続く。兼業者のうち、本業「独

---

[18] 兼業先とは、兼業者が「独立自営業者」としての仕事以外の仕事をする職場や組織のことを指している。

立自営業者」は、副業「独立自営業者」に比べると、「専門・技術的な仕事」や「サービスの仕事」の割合が高く、これに対して、副業「独立自営業者」では「事務の仕事」の割合が本業「独立自営業者」に比べると高くなっている。

⑤ 「独立自営業者」としての仕事内容と兼業先の仕事内容の類似性を見てみると、異なっていると回答した者が最も多く6割超に上る（「異なる部分が多かった」と「全く異なっていた」の合計）。特に副業「独立自営業者」においてその傾向が強まる。身につけたノウハウや職業能力についても、「関係性がなかった」と回答した割合が最も高く4割弱に上る。特に副業「独立自営業者」においてその傾向が強まる。

⑥ 兼業先での1週間の平均的な労働時間について見てみると、兼業者全体では「20時間以上40時間未満（24.5％）」と「40時間以上60時間未満（28.7％）」の割合が高くなっている。兼業者のうち、本業「独立自営業者」は、副業「独立自営業者」に比べると「1時間未満」、「1時間以上10時間未満」、「10時間以上20時間未満」の割合が高くなっており、兼業先での労働時間が短い傾向となっている。副業「独立自営業者」は兼業先での1週間の平均的な労働時間が40時間を超えている者が5割弱に上る（40時間以上の本業「独立自営業者」は2割程度）。

⑦ 兼業先での収入について見てみると、兼業者全体で200万円未満が5割を超える。400万以上の者は、2割強いる。兼業者のうち、本業「独立自営業者」は、200万円未満が7割強、400万円以上が1割程度となっており、副業「独立自営業者」は、200万円未満が5割弱、400万円以上が3割程度となっている。同じ兼業者であっても副業「独立自営業者」の方が兼業先の収入は高いことが窺われる。

⑧ 兼業先での満足度について見てみると、満足していると回答している者が7割弱に上る（「満足している」と「ある程度満足している」の合計）。

（2）若干の考察

上記の指摘から、同じ兼業者であっても「独立自営業者」としての仕事が本業の者と副業の者とでは性別、兼業先での雇用形態、兼業先での労働時間などにおいて違いがあり、両者は異なる性質を持っていることが窺われる。一方、「独立自営業者」の仕事や兼業先での仕事の関連性や兼業先での満足度については明確な違いは見られないようである。

ところで、兼業者には「独立自営業者」としての仕事と兼業先での仕事があることを想定すると、現状の働き方の満足度について次のような四つのパターンが想定される。すなわち、①いずれの仕事に対しても満足しているタイプ（以下、双方満足型）、②「独立自営業者」としての仕事には満足しているタイプ（以下、「独立自営業」のみ満足型）、③兼業先での仕事には満足しているタイプ（以下「独立自営業」のみ不満型）、④いずれの仕事にも満足していないタイプ（以下、双方不満型）の四つである。この点について対象サンプルの傾向を見てみたものが図表序－4－3である。

図表より、各タイプの内訳は、①双方満足型は53.1%、②「独立自営業者」の仕事のみ満足型は13.6%、③「独立自営業者」の仕事のみ不満型は14.5%、④双方不満型は18.9%となっていることが分かる。この結果から、5割弱の兼業者が現在の働き方に何らかの不満を持って働いていることが窺われる。このうち「独立自営業者」としての仕事に対して何らかの不満を抱いている者が33.4%おり、さらにいずれの働き方も満足していない者が18.9%いる。この一定数存在する双方不満型の就労者については、そのニーズを拾い上げ、必要な施策を検討していくことが求められているかもしれない。

また、13.6%存在する②「独立自営業者」の仕事のみ満足型は、次のようなタイプの就業者が存在していることを示唆しているかもしれない。すなわち、雇用労働者としての不満を自営業者としての満足で相殺しつつ自身でディーセントな働き方を実現しようとしている就業者達である。この点についてはさらなる分析を要する点であるが、こうした複数の働き方を組み合わせることによって、より良い働き方を実現するという選択肢もあることを、この結果は物語っていると言えるかもしれない。

図表序－4－3「独立自営業者」としての仕事全体の満足度と兼業先の仕事の満足度（n=4173）

		兼業先の仕事の満足度	
		満足している (n=2818)	満足していない (n=1355)
「独立自営業者」としての仕事全体の満足度	満足している（n=2781）	53.1%	13.6%
	満足していない（n=1392）	14.5%	18.9%

第5節 おわりに

本章の終わりに、各章から得られた知見を基にいくつかの事柄を指摘しておきたい。本章の冒頭で述べたように、雇われない働き方は、多様な形態を有している。そこで本節では、本調査から窺われる「独立自営業者」の姿をまず指摘したい。取り上げるのは、「独立自営業者」、働き方が労働者に近い「独立自営業者」、兼業「独立自営業者」、および、「クラウドワーカー」である。

1．「独立自営業者」達の姿
（1）「独立自営業者」

まず、本調査結果より、サンプル全体の「独立自営業者」の特徴を指摘すると、取引相手

先からの指示は受けずに業務を行っている傾向が見られる。契約内容の決定においても取引相手と何らかの話し合いの場を設けている場合は少なくはない。特定、もしくは少数の取引相手に業務を提供する傾向があり、得ている報酬額は200万円未満の者が半数以上に上る。柔軟な働き方や収入のアップを目的に「独立自営業者」としての働き方を選択しており、今後も「独立自営業者」を続けていこうと考えている者が多い。業務を提供する上で必要なスキルは、自然に身につけたか、自学自習や企業内で身につけることが多い。

なお、西村・前浦（2018a）より、「独立自営業者」の満足度について確認すると、「独立自営業者」としての仕事に満足していると答えている者が68.0%に上る（仕事全体の満足度における「満足している」と「ある程度満足している」の合計）。収入に関して満足している者は48.5%とややその数値は下がるものの、働きやすさについて満足している者は7割を超える。働きがいについても7割弱の者が満足している。これらのことから、収入面においてやや不満を抱いているものの、働きやすさや働きがいには満足しており、仕事全体で見ても満足しながら働いていることが窺われる。

以上より、得ている報酬額はそこまで高いわけではなく、収入面についてやや不満を感じてはいるものの、取引相手からの指示をそれほど受けることなく比較的自由な働き方を享受しており、「独立自営業者」としての仕事トータルでは、満足しながら働いている、という姿が浮かび上がってくる。

（2）働き方が労働者に近い「独立自営業者」

本調査結果より、働き方が労働者に近いと思われる「独立自営業者」は、そうではない働き方の「独立自営業者」に比べると、次のような特徴を持っていることが窺われる。すなわち、「中・高卒」が多く、「生活関連サービス、理容・美容」や「現場作業関連」の仕事に携わっており、収入アップを目的として「独立自営業者」という働き方を選択しているケースが多い。「独立自営業者」としての経験年数は短く、また、将来もこの働き方を継続するのかに関しては、思案中の者が多い。

そうした働き方が労働者に近い「独立自営業者」は、他の者でも代替可能な業務を提供していることが窺われる。そして、その際には集団で協力して業務を遂行している場合もある。そうした業務の提供に必要なスキルは、自然に身につけたか、もしくは、企業内での訓練や高校、専門学校、大学などの教育機関で身につけている場合が多い。

このような働き方が労働者に近い「独立自営業者」の仕事に対する満足度を見てみると、そうではないタイプに比べると、不満に感じている割合がやや高くなっている（図表序－5－1）。とはいえ、満足している（「満足している」と「ある程度満足している」の合計）者は、7割弱おり、多数が不満を抱きながら「独立自営業者」としての仕事に従事しているわけではない。満足している者は一定数以上いるものの、「独立自営業者」の中では働き方に不満を感じている層であることが窺われる。

図表序－5－1 「独立自営業者」の満足度

	満足している	ある程度満足している	あまり満足していない	全く満足していない
全体(n=3020)	16.5%	55.1%	21.8%	6.7%
労働者性スコア低(n=847)	21.6%	51.7%	18.7%	8.0%
労働者性スコア中(n=1756)	13.7%	57.7%	23.2%	5.4%
労働者性スコア高(n=417)	17.7%	50.6%	22.5%	9.1%

（3）兼業「独立自営業者」

　本調査結果より、専業「独立自営業者」と比較した際の兼業「独立自営業者」の特徴として、次のような特徴が浮かび上がってくる。性別は女性が多い。年齢層は若い者が多く、44歳以下で5割弱を占める。学歴については、大卒以上がやや多い。生計の担い手である者は5割程度に上り、この割合は専業「独立自営業者」とほぼ同程度の水準となっている。携わっている仕事は「事務関連」に多い。このように、属性面だけでも専業者と兼業者には違いがあるのであるが、より興味深いのは兼業者の中に存在している違いである。

　こうした兼業「独立自営業者」について、「独立自営業者」が本業の者と副業の者に分けて見てみると、異なる特徴を有していることが窺われた。それぞれを比較すると以下のような姿が浮かび上がってくる。

　まず、「独立自営業者」としての仕事が本業の者は男性が多く、「専門業務関連」の仕事に携わっている。働き方の柔軟性を高めるために「独立自営業者」となっており、兼業先では「パート・アルバイト社員」として働いている。副業の者と比べると、特定の取引相手と仕事をすると共に、作業期間や作業時間も長い傾向がある。得ている報酬額も副業の者に比べると高い。一定数の者が専業の「独立自営業者」になる意思を持っている。

　一方、「独立自営業者」としての仕事が副業の者は女性が多く、「事務関連」の仕事に携わっている。収入を増やすために「独立自営業者」となっており、兼業先では正社員として働いている。複数の取引相手と仕事をすると共に、短期間の短い作業を行っていることが多く、得ている報酬額も本業の者と比べると低い。将来、専業の「独立自営業者」になろうと考えている者は少数である。

（4）「クラウドワーカー」

　本調査結果より、サンプル全体の「独立自営業者」と比較した際の「クラウドワーカー」の特徴として、次のような点が浮かび上がってくる。すなわち、女性が多く、主たる生計の担い手ではない者が多い。兼業として「独立自営業者」の仕事に携わっている者が多く、仕事は「事務関連」の者が多い。収入アップを目的として「独立自営業者」という働き方を選択している。

　そうした「クラウドワーカー」は、他の人でもできるような業務を提供しており、思うように仕事が受注できないことも多いようである。取引先から作業場所や作業時間についての指示は受けないが、作業内容や進め方については指示を受ける傾向がある。そうした業務の提供に必要なスキルは、自然に身につけている場合が多いようである。

　ところで「クラウドワーカー」の属性面での特徴を見てみると、家内労働者の属性と類似する部分がいくつか存在している。例えば、厚生労働省『家内労働等実態調査結果の概要（2017年）』によると、家内労働者には女性が多く、かつ、主たる生計の担い手ではない場合が多く、そうした働き方に従事している理由として家計の補助が挙げられている。このように、「クラウドワーカー」と家内労働者の属性には類似する部分がある。このことから、「クラウドワーカー」には現代版の内職のような働き方の者達が一定数存在している可能性が窺われる。

2．政策的インプリケーション

　最後に本調査より得られたことから指摘することができると思われる政策的インプリケーションについて触れておく。ここでは、「独立自営業者」としてのキャリアを形成する上で必要になってくると思われるスキル形成、ならびに、より良い就業環境の実現にかかわる「独立自営業者」に対する保護施策にかかわる事柄について指摘する。

（1）専業「独立自営業者」へのステップ

　本調査より、兼業「独立自営業者」の中には、将来的に専業「独立自営業者」への移行を考えている者が一定数存在していた。この点を考慮すると、そうしたステップアップの支援に必要な支援策を検討することは、働く側のニーズに合った政策展開を実現することに繋がっていくと思われる。その際には支援の内容もさることながら、支援実施主体や経費負担主体についても検討していく必要があると思われる[19]。

　働く側のニーズをより実現してくためのキャリア支援策の一環として、企業に雇われずに働く「独立自営業者」としてキャリアを歩むための支援について、検討を進めてみてはどうだろうか。

---

[19] 例として必ずしも適当なものとは言えないが、例えばスウェーデンの民間ホワイトカラーでは、失業者（予告期間中などの予備軍も含む）に対して、再び就業者となるための支援を実施しているTRRという団体がある。そこでは、従業員としての職場復帰のみならず、希望する者に対しては彼らが自営業者（self-employed）になるための支援も行っている。TRRの運営費用は、経営者団体が負担している。

（2）スキル獲得の場としての企業

　さて、上記のようなキャリア支援を考える際に、本調査から得られた興味深い知見は、「独立自営業者」として必要なスキルを育成する場としての企業の重要性である。第3章において必要なスキルの獲得場所を確認してみると、企業での経験が上位に挙げられていた。また、第5章において働き方別に見た際も、いずれの働き方であれ、企業が上位に挙げられていた。このことは、企業に雇われないような働き方を選択する場合であっても、まずは企業に勤めて必要なスキルを獲得する必要があることを示していると言える。スキルの供給源として、企業組織は一定の重要性を持っているのではないだろうか。

　また、このことは、独立自営という新たな働き方が仮に今後普及したとしても、企業組織内における人材育成機能の重要性が損なわれるわけではないことも同時に示唆していると言える。ピンク（2014）に代表される未来の働き方に関する議論では、自らスキルを獲得してキャリアを歩むフリーランスの姿が未来の働き方として提示されている。しかしながら、少なくとも本調査で得られたサンプルの回答に基づくと、将来的にフリーランスを選択するとしても企業での経験が必要のようである。その意味では、山田（2017）が提案するような一定期間企業で過ごし、その後、自らにあった働き方を選択していくようなキャリアパターンが望ましいのかもしれない[20]。

　このように、企業は、雇用以外の働き方の選択肢を増やし、働き方の多様化を進めていく上でも重要な存在であるとも言える。もっとも、こうした企業からの退出を前提としている層に対するスキル育成機関としての役割を企業に求めるのであれば、育成投資にかかる費用を誰が負担するのかという問題があると思われる。いずれにせよ、「独立自営業者」のキャリアに対する必要な支援を検討する際には、スキル供給源としての企業という発想を踏まえながら議論を進めていくことが求められるのではないだろうか。

（3）紛争処理機関の充実

　本調査では整備や充実を望む保護施策について確認したわけであるが、その際に上位にあげられていた項目として安価な紛争処理機関の充実があった。現状の裁判所での紛争処理に加えて、より安価な調停や斡旋機関を充実することは、「独立自営業者」のニーズに沿った支援の充実に繋がると思われる。

　加えて、「独立自営業者」の多様性を鑑みると、個別事情に応じた紛争処理にならざるを得ない部分があると考えられる。この点を念頭におくと、全ての対象者に一律に適用される実体面での規制もさることながら、各ケースの事情を考慮しつつ解決策や妥協点を見出すことができるような手続き面での規制の整備を行っていくことが、求められているのではないだろうか。その意味でも、「独立自営業者」のより良い就業環境の実現するために、安価な

---

[20] もっとも、山田（2017）では本報告書が対象としているような雇われない働き方は、60歳以降の選択肢として提案されている。

紛争処理機関の充実についての検討を進めることは、一つの手立てだと思われる。

また、現状ではそれほど高いニーズがあるわけではなかったが、紛争が生じる前に、自身が労働者なのか「独立自営業者」なのかについて確認できる制度についても、そのニーズはゼロではなかった。そうした制度がすでに導入されているイタリアにおける当該制度の機能について検討を行った小西（2012）は、そうした認証制度が契約当事者の「納得性を高める」機能があることを指摘し、労働法政策の検討において、労働関係の規律内容それ自体の検討に加えて、規律内容に対する納得性の向上に留意する必要性があることを主張している。多様な「独立自営業者」の納得性を高めるような制度の検討を行うことは、紛争を未然に防ぐことに加えて、より良い就業環境の実現にも寄与することに繋がる可能性があるかもしれない。

3．課題

最後に、今後の課題について数点指摘しておく。まず、取り上げている対象について。本報告書では、仲介組織を介して仕事を受注する「独立自営業者」において、彼らと仲介組織との関係性について検討できていない。調査票の設計上の限界から本調査ではこの点についての質問項目を設けることができなかった。また、こうした働き方に対する労使当事者の取組みについても取り上げることができていない。今後の課題である。

次に、考慮すべき要素について。本報告書では人的従属性の面については一定程度考慮した上で、「独立自営業者」の働き方の特徴について取り上げたが、経済的従属性の面を積極的に考慮した上で彼らの働き方の特徴について取り上げることができていない。今後の中間形態の議論においては経済的従属性の視点はより重要になってくると思われる。この点にかかわる検討は今後の課題である。また、人的従属性を考慮に入れたスコアについてもさらなる改善の余地があると思われる。この点も今後の課題である。

最後に、より深い分析の必要性について。本報告書ではもっぱらクロス集計を中心に就業実態の特徴について取り上げてきた。いうまでもなく、より多くの変数を考慮した分析を実施する必要がる。この点についても今後の課題としたい。

参考文献

浅尾 裕（2007）「労働者性と多様な働き方、そして労働政策」『日本労働研究雑誌』No.566.

ダニエル・ピンク（2014）『フリーエージェント社会の到来 新装版』ダイヤモンド社.

江口匡太（2007）「労働者性と不完備性－労働者が保護される必要性について」『日本労働研究雑誌』No.566.

Eurofound（2015）*New forms of employment* Eurofound.

Harris, D, S. & Krueger, B, A.（2015）A proposal for Modernizing Labor Laws for Twenty-First-Century Work: The "Independent Worker" The HAMILTON PROJECT DISCUSSION PAPER 2015-10.

働き方改革実現会議（2017）「働き方改革実行計画」働き方改革実現会議.

池添弘邦（2007）「労働者保護法の『労働者』概念を巡る解釈論と立法論－労働法学に突き付けられている重い課題」『日本労働研究雑誌』No.566.

鎌田耕一（2012）「労働者概念の生成」『日本労働研究雑誌』No.624.

神林龍（2017）『正規の世界・非正規の世界――現代日本労働経済学の基本問題』慶応義塾大学出版会.

小西康之（2012）「イタリアにおける認証制度とその機能」『日本労働研究雑誌』No.624.

厚生労働省（2018）『「雇用類似の働き方に関する検討会」報告書』厚生労働省.

三菱UFJリサーチ＆コンサンルティング（2008）『個人業務請負契約の名称で就業する者の就業環境に関する調査研究報告書』三菱UFJリサーチ＆コンサルティング株式会社.

西村純・前浦穂高（2018a）「Press Release 独立自営業者の就業実態と意識に関する調査速報」労働政策研究・研修機構.

西村純・前浦穂高（2018b）「独立自営業者の就業実態と意識」『ビジネスレーバートレンド』2018年6月号.

西村純・前浦穂高（2018c）「独立自営業者が経験したトラブル／整備・充実を求める保護施策」『ビジネスレーバートレンド』2018年6月号.

大内伸哉・内藤忍（2010）「労働者とは誰のことか？」『日本労働研究雑誌』No.597.

連合総研（2017a）『非正規労働者問題の今後の課題を探るドイツ、イギリスの非正規労働の実状と労働組合の取り組み～日本への示唆～－非正規労働者の現状と労働組合の対応に関する国際比較調査報告書－』連合総研.

連合総研（2017b）『働き方の多様化と法的保護のあり方～個人請負就業者とクラウドワーカーの就業実態から～－「曖昧な雇用関係」の実態と課題に関する調査報告書』連合総研.

労働政策研究・研修機構（2004）『労働政策研究報告書No.12. 就業形態の多様化と社会労働政策－個人業務委託とNPO就業を中心として』労働政策研究・研修機構.

労働政策研究・研修機構（2005）『JILPT資料シリーズNo.10 女性の在宅・SOHOワーカ

ーの実態に関する事例ヒアリング調査－労働者・事業者性の分類と経年変化』労働政策研究・研修機構.

佐野嘉秀・佐藤博樹・大木栄一（2012)「個人請け負就業者の『労働者性』と就業選択－個人請負の働き方への思考と教育訓練機会に着目して」『日本労働研究雑誌』N0.624.

山田　久（2007)「個人業務請負の実態と将来的可能性－日米比較の視点から『インディペンデントコントラクター』を中心に」『日本労働研究雑誌』No.556.

山田　久（2017)『同一労働同一賃金の衝撃』日本経済新聞出版社.

山本陽大（2018)「第4次産業革命による雇用社会の変化と労働法政策上の課題－ドイツにおける"労働4.0"を巡る議論から日本は何を学ぶべきか？」JILPT Discussion Paper 18-02.

第1章 「独立自営業者」の働き方
―業務の受注から作業の進め方に注目して―

第1節　はじめに

　本章では、独立自営業者の就業実態にかかわり、仕事の受注方法や受注後の作業の進め方について紹介する。上記の事柄について、本章では独立自営業者の仕事別、ならびに、専業／兼業別にそれぞれ確認し、その特徴を示す。

　本章の流れは以下の通りである。まず、本節でサンプルのプロフィールを示す。次に第2節において提供している業務の特徴、受注方法、受注後の業務分担の方法について確認する。その上で第3節において、受注後の作業の進め方のより詳細な実態を確認する。第3節では特に、取引相手と「独立自営業者」の関係について人的従属性に関連すると思われる事柄（契約締結のパターン、取引先からの指示の程度、報酬額の決定方法など）に注目する。

　なお、本章で用いられている主な仕事とは、調査票の「Q1 あなたの独立自営業の仕事内容はどのようなものでしたか。2017年1月から12月に行った仕事をすべて選択してください」において選択された仕事の中で、最も多かった仕事として選択された仕事を指している。各仕事のより詳細な内容を記したものが図表1－1－1である。

1．仕事別に見た場合のプロフィール

　調査結果の紹介の前に、サンプルの特徴について確認しておく。まず、仕事別に見た場合のサンプルのプロフィールを確認しておこう。図表1－1－2より、六つの仕事の中で、男性の割合がとくに高いのは「IT関連」、「現場作業関連」、「専門業務関連」となっている。逆に、女性の割合が高いのは「事務関連」や「生活関連サービス、理容・美容」となっている。年齢については、「現場作業関連」や「専門業務関連」は、他の仕事と比べると年齢の高い者が多い。逆に「事務関連」や「デザイン・映像製作関連」は、他の仕事に比べると年齢の若い者が多い。学歴を見てみると、大卒以上が多い仕事は、「IT関連」や「専門業務関連」となっている。「中学・高校」、「各種専門」、「短大・高専」が多いのは、「生活関連サービス、理容・美容」や「現場作業関連」となっている。

　また、他の仕事と比べると、自分が生計の主たる担い手である場合が多いのは、「IT関連」、「専門業務関連」、「現場作業関連」となっている。逆に「事務関連」や「生活関連サービス、理容・美容」は、自分以外の者が生計の主たる担い手である場合が、他の仕事と比べると多くなっている。主な仕事と専業／兼業の関係については、「IT関連」において専業が多く、「事務関連」において兼業が多くなっている。

図表1-1-1　主な仕事における仕事内容

主な仕事	仕事内容
事務関連	①データ入力作業 ②文書入力、テープ起こし、反訳 ③添削、校正、採点 ④取引文書作成 ⑤伝票書類整理 ⑥コールセンター、問い合わせ対応業務 ⑦上記以外のその他
デザイン・ 映像製作関連	①デザイン・コンテンツ制作 ②ネーミング、コピーライター ③カメラマン ④映像・画像・音楽制作、編集 ⑤アニメーター、イラストレーター ⑥広告、ちらし作成、DTP ⑦上記以外のその他
IT関連	①ウェブサイト作成 ②ウェブサイト上の情報更新等の作業 ③ウェブサイトのシステム運営・管理 ④情報検索、計算処理、プログラミング作業 ⑤アプリやシステムの設計、ソフトウェア開発、SE ⑥ソフトウェアのバグチェック ⑦オペレーター業務、テクニカルサポート、オンラインのインストラクター ⑧上記以外のその他
専門業務関連	①調査、・研究、コンサルタント ②学校・塾等教育関係の講師、インストラクター ③調理・料理関連の講師、インストラクター ④②・③以外の講師、インストラクター ⑤機械設計、電気技術・設計 ⑥建築・土木設計、測量技術 ⑦翻訳、通訳 ⑧営業、販売（不動産、化粧品、保険、食品など） ⑨税務、法務等行政関連サービス ⑩原稿・ライティング・記事等執筆業務 ⑪鍼灸、整体、マッサージ ⑫俳優、女優、モデル、司会など ⑬音楽演奏、歌唱 ⑭上記以外のその他
生活関連サービス、 理容、美容	①理容師、美容師 ②スタイリスト、着付け、メイクアップアーティスト ③エステティシャン、ネイリスト ④接客サービス ⑤育児・介護サービス ⑥ペット関連サービス ⑦上記以外のその他
現場作業関連	①運輸、輸送、配送関連のドライバー ②ポスティング、ちらし配り ③製造、組立、生産工程 ④整備・点検・修理 ⑤建設・現場作業 ⑥清掃・メンテナンス ⑦上記以外のその他

図表1－1－2　サンプルのプロフィール（仕事別）（列％）

		事務関連	デザイン・映像製作関連	IT関連	専門業務関連	生活関連サービス、理容・美容	現場作業関連	全体
	n	1560	731	705	3266	741	1253	8256
性別	男性	43.3%	58.8%	80.7%	66.6%	41.6%	82.4%	62.9%
	女性	56.7%	41.2%	19.3%	33.4%	58.4%	17.6%	37.1%
年齢	15～24歳	2.6%	1.1%	1.0%	0.7%	1.3%	0.4%	1.1%
	25～34歳	28.3%	20.4%	13.2%	10.3%	19.7%	7.3%	15.2%
	35～44歳	30.3%	31.9%	27.5%	23.6%	29.8%	20.6%	26.0%
	45～54歳	23.7%	25.2%	33.0%	27.5%	27.4%	34.2%	28.0%
	55～64歳	9.3%	15.9%	19.1%	22.1%	14.7%	20.7%	18.0%
	65歳以上	5.8%	5.6%	6.1%	15.8%	7.0%	16.9%	11.6%
学歴	中学・高校	21.6%	16.1%	16.5%	15.7%	24.6%	37.7%	21.0%
	各種専門	9.6%	17.9%	11.6%	8.2%	17.1%	9.3%	10.6%
	短大・高専	15.1%	16.4%	12.2%	11.7%	19.3%	12.7%	13.6%
	大学	47.9%	46.1%	53.3%	53.7%	34.6%	37.2%	47.7%
	大学院	5.7%	3.2%	6.2%	10.6%	4.3%	3.1%	6.9%
	無回答	0.1%	0.3%	0.1%	0.1%	0.0%	0.1%	0.1%
結婚状態	未婚・離死別	37.9%	48.6%	45.0%	36.8%	43.5%	35.5%	39.1%
	既婚	62.1%	51.4%	55.0%	63.2%	56.5%	64.5%	60.9%
主な生計	主に自分	43.4%	53.4%	66.1%	57.8%	50.3%	58.3%	54.8%
	双方	22.9%	23.9%	19.6%	23.8%	22.8%	27.0%	23.7%
	主に自分以外	33.3%	21.5%	13.5%	17.5%	25.6%	14.0%	20.7%
	その他	0.4%	1.2%	0.9%	1.0%	1.2%	0.7%	0.9%
専業・兼業	専業	36.3%	51.0%	55.6%	52.8%	47.2%	53.9%	49.5%
	兼業	63.7%	49.0%	44.4%	47.2%	52.8%	46.1%	50.5%

2．専業／兼業別に見た場合のプロフィール

図表1－1－3　サンプルのプロフィール（専業／兼業別）（列％）

		専業	兼業（独立自営業が本業）	兼業（独立自営業が副業）	全体
	n	4083	1335	2838	8256
性別	男性	66.8%	65.2%	56.1%	62.9%
	女性	33.2%	34.8%	43.9%	37.1%
年齢	15歳～24歳	0.9%	0.5%	1.8%	1.1%
	25歳～34歳	11.0%	13.0%	22.4%	15.2%
	35歳～44歳	22.9%	24.1%	31.4%	26.0%
	45歳～54歳	29.9%	29.5%	24.6%	28.0%
	55歳～64歳	20.6%	20.8%	13.0%	18.0%
	65歳以上	14.7%	12.0%	6.8%	11.6%
学歴	中学・高校	22.1%	22.6%	18.8%	21.0%
	各種専門	11.0%	10.5%	10.0%	10.6%
	短大・高専	13.4%	13.3%	14.1%	13.6%
	大学	47.7%	45.7%	48.7%	47.7%
	大学院	5.6%	7.8%	8.3%	6.9%
	無回答	0.1%	0.1%	0.1%	0.1%
婚姻状態	未婚・離死別	38.1%	44.5%	38.2%	39.1%
	既婚	61.9%	55.5%	61.8%	60.9%
主な生計	自分	54.6%	55.7%	54.7%	54.8%
	双方	23.2%	24.6%	23.8%	23.7%
	自分以外	21.1%	19.0%	20.9%	20.7%
	その他	1.1%	0.7%	0.6%	0.9%
主な仕事	事務関連	13.9%	16.0%	27.4%	18.9%
	デザイン・映像製作関連	9.1%	8.2%	8.7%	8.9%
	IT関連	9.6%	7.3%	7.6%	8.5%
	専門業務関連	42.3%	44.9%	33.2%	39.6%
	生活関連サービス、理容・美容	8.6%	9.7%	9.2%	9.0%
	現場作業関連	16.5%	13.8%	13.9%	15.2%

次に、専業と兼業別に見た場合のプロフィールについて確認する（図表１－１－３）。まず、性別については、サンプル全体の傾向と比べると、「専業」や独立自営業者を本業とする「兼業」に男性が多い。一方、サンプル全体の傾向と比べると、「兼業（独立自営業が副業）」には女性が多い。次に、年齢については「専業」や「兼業（独立自営業が本業）」は35歳から64歳までに多い一方で、「兼業（独立自営業が副業）」は25歳から54歳までが多い。また、婚姻状況については「専業」と「兼業（独立自営業が副業）」は既婚が６割程度おり、「兼業（独立自営業が本業）」は、それら二つと比べると独身が多い。最後に主な仕事内容について兼業内の内訳を見てみると独立自営業が本業の兼業は、独立自営業が副業の兼業に比べて、「専門業務関連」に多い。逆に、独立自営自営業が副業に多いのは、「事務関連」となっている。

第２節　提供している業務の特徴／受注方法／業務の分担

さて、第１節では属性面での特徴を簡単に確認した。では、そのような「独立自営業者」が提供している業務にはどのような特徴があるのか。また、仕事の受注や受注後の業務分担はどのようになっているのか。本節では、まず、これらの点について確認する。

１．提供している業務の特徴
（１）仕事別に見た提供している業務の特徴

図表１－２－１　仕事別に見た提供している業務の特徴①（作業内容）

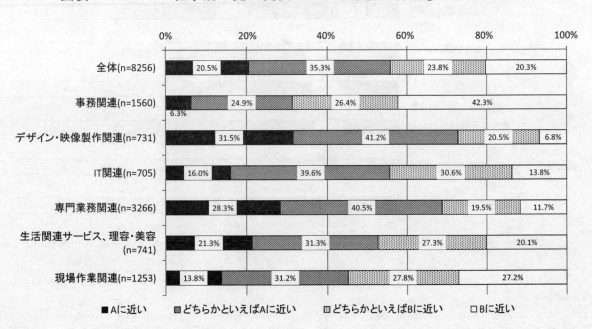

注）Ａ＝自分にしかできない作業が多かった／Ｂ＝他の人でもできる作業が多かった

図表1-2-2 仕事別に見た提供している業務の特徴②（受注の困難さ）

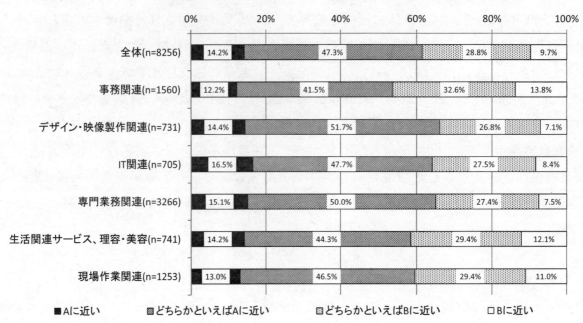

注）A=仕事をとりたい時に思うように取れた／B=他の同業者との競合で思うようにとれなかった

図表1-2-3 仕事別に見た提供している業務の特徴③（取引相手数）

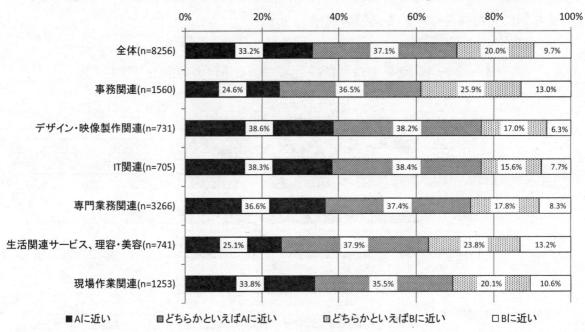

注）A=特定の取引相手と仕事をすることが多かった／B=様々な取引相手と仕事をすることが多かった

　図表1-2-1から図表1-2-3は、提供している業務の特徴について、主な仕事別に見てみたものである。まず、図表1-2-1より、作業内容について見てみると、「デザイン・映像製作関連」や「専門業務関連」は、他の仕事に比べると、自分にしかできない作

業を行っている傾向がある。逆に「事務関連」や「現場作業関連」の仕事は、他の人でもできる作業を行っている傾向がある。

次に、図表1－2－2より、受注の困難さについて見てみると、「デザイン・映像製作関連」、「IT関連」、「専門業務関連」は、他の仕事に比べると、仕事を取りたいときに思うように取れている傾向がある。逆に、「事務関連」は、他の仕事に比べると、同業者との競合で思うように仕事が取れない傾向がある。

最後に、図表1－2－3より、取引相手数について見てみると、「デザイン・映像製作関連」、「IT関連」、「専門業務関連」は、他の仕事と比べると、特定の取引相手と仕事をする傾向がある。逆に、「事務関連」や「生活関連サービス、理容・美容」は、他の仕事と比べると、様々な取引相手と仕事をする傾向にある。

（2）専業／兼業別に見た提供している業務の特徴

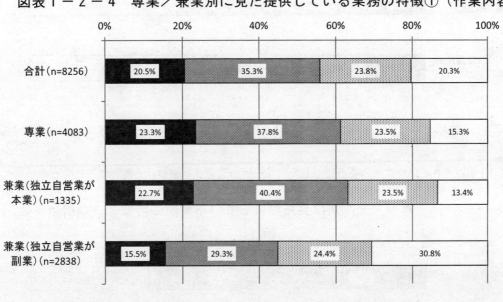

図表1－2－4　専業／兼業別に見た提供している業務の特徴①（作業内容）

注）A＝自分にしかできない作業が多かった／B＝他の人でもできる作業が多かった

同様のことについて、専業・兼業別に見たものを示したのが、図表1－2－4から図表1－2－6である。まず、作業内容についてであるが、「兼業（独立自営業が副業）」は、他の場合（専業および兼業が本業）と比べると、他の人でもできる作業を行っている傾向がある（図表1－2－4）。

次に、受注の困難さについてであるが、「兼業（独立自営業が副業）」は、他の場合と比べると、やや他の同業者との競合によって仕事が取りづらい状況にあるようである（図表1－

2-5)。最後に、取引相手数についてであるが、「兼業（独立自営業が副業）」は、他の場合と比べると多くの取引先と仕事をしている傾向がある（図表1-2-6）。以上より、専業・兼業別に見てみると、提供している業務において、「兼業（独立自営業が副業）」は、他の場合とは異なる特徴を有していることが窺われる。

図表1-2-5　専業／兼業別に見た提供している業務の特徴②（受注の困難さ）

	Aに近い	どちらかといえばAに近い	どちらかといえばBに近い	Bに近い
合計(n=8256)	14.2%	47.3%	28.8%	9.7%
専業(n=4083)	14.2%	47.9%	29.3%	8.6%
兼業(独立自営業が本業)(n=1335)	12.7%	50.2%	28.8%	8.3%
兼業(独立自営業が副業)(n=2838)	14.8%	45.1%	28.2%	11.9%

注）A=仕事をとりたい時に思うように取れた／B=他の同業者との競合で思うようにとれなかった

図表1-2-6　専業／兼業別に見た提供している業務の特徴③（取引相手数）

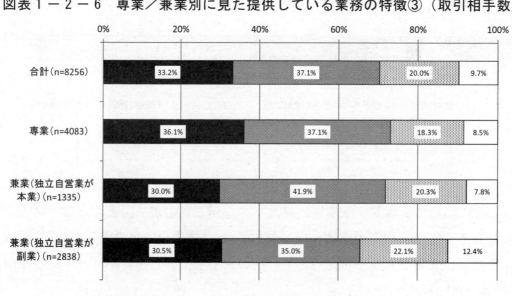

	Aに近い	どちらかといえばAに近い	どちらかといえばBに近い	Bに近い
合計(n=8256)	33.2%	37.1%	20.0%	9.7%
専業(n=4083)	36.1%	37.1%	18.3%	8.5%
兼業(独立自営業が本業)(n=1335)	30.0%	41.9%	20.3%	7.8%
兼業(独立自営業が副業)(n=2838)	30.5%	35.0%	22.1%	12.4%

注）A=特定の取引相手と仕事をすることが多かった／B=様々な取引相手と仕事をすることが多かった

2．受注方法

業務の受注方法について仕事別、ならびに、専業／兼業別に見たものが、図表１－２－７と図表１－２－８である。対象サンプルは、全体の8256サンプルから一般消費者のみと取引している1927サンプルを除いた6329サンプルである。図表１－２－７より、対象サンプル全体では「自分で営業活動をして（30.6％）」、「現在の取引先から声がかかった（24.8％）」、「知人・親戚等から紹介された（20.9％）」が上位の三つに挙げられている。上位三つの項目について仕事別にその特徴を見てみると、「デザイン・映像製作関連」、「専門業務関連」、「生活関連サービス、理容・美容」は、他の仕事と比べると「自分で営業活動して」を挙げている割合が高い。「現在の取引先から声がかかった」については、「デザイン・映像製作関連」、「専門業務関連」、「IT関連」が、他の仕事と比べると高くなっている。「知人・親戚等から紹介された」については、「デザイン・映像製作関連」、「専門業務関連」、「生活関連サービス、理容・美容」が、他の仕事と比べると高くなっている。

図表１－２－７　業務の受注方法（MA）（仕事別）

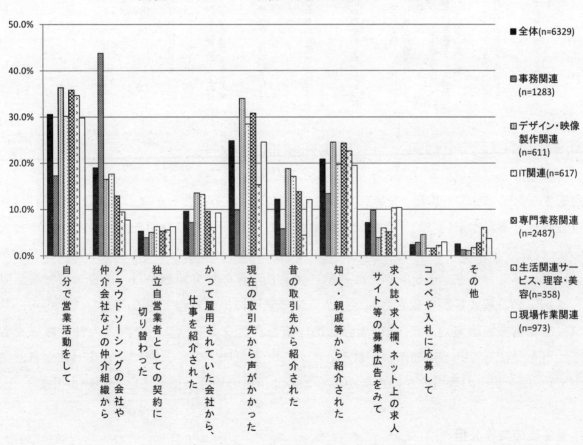

注）無回答144サンプル（2.3％）については、図表に表記していない。

また、「事務関連」は、「クラウドソーシングの会社や仲介会社などの仲介組織から」が、他の仕事比べると飛びぬけて高く、その一方で、「自分で営業活動をして」や「現在の取引

先から声がかかった」といったサンプル全体では上位に挙げられている項目は、目立って低くなっている。これらのことから、「事務関連」の仕事を中心に行っている「独立自営業者」は、他の仕事を主に行っている者と比べると、異なる方法で仕事を受注していること、また、その際にはクラウドソーシングの会社などの仲介組織が活用されていることが窺われる。

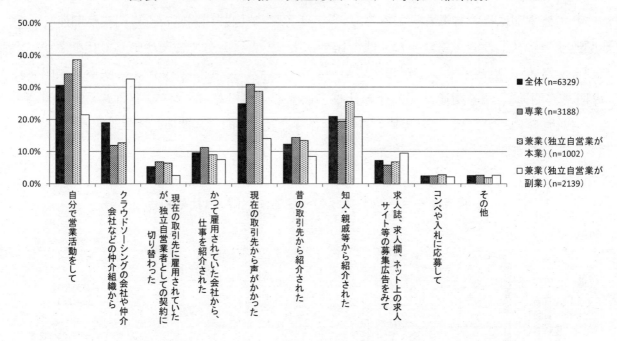

図表1－2－8　業務の受注方法（MA）（専業／兼業別）

注）無回答144サンプル（2.3%）については、図表に表記していない。

　図表1－2－8より、専業／兼業別で受注方法に違いがあることが窺われる。「専業」と「兼業（独立自営業が本業）」は、「自分で営業活動をして」、「現在の取引先から声がかかった」、「知人・親戚等から紹介された」が上位三つに挙げられている一方で、「兼業（独立自営業が副業）」は、「クラウドソーシングの会社や仲介会社などの仲介組織から」、「自分で営業活動をして」、「知人・親戚等から紹介された」が上位の三つに挙げられている。このことから、「兼業（独立自営業が副業）」は、他の場合と比べるとクラウドソーシングなどの仲介組織を介して仕事を受注している傾向が窺われる。このことを反映してか、逆に「兼業（独立自営業が副業）」は、現在の取引先から声がかかることは、他の場合と比べると少ないようである。

3．受注後の業務分担

　本節の最後に、受注後の業務分担について確認する。図表1－2－9および図表1－2－10は、受注した業務の業務分担について、仕事別と専業／兼業別にそれぞれ見てみたものである。

　図表1－2－9より、主な仕事内容の違いにかかわらず、受注後の業務分担の主な方法は、

一人で作業を実施することのようである。そのような傾向の中で、他の仕事と比べると、複数人で協力して業務を分担している傾向が窺われる仕事として、「IT関連」、「生活関連サービス、理容・美容」、「現場作業関連」が挙げられる。

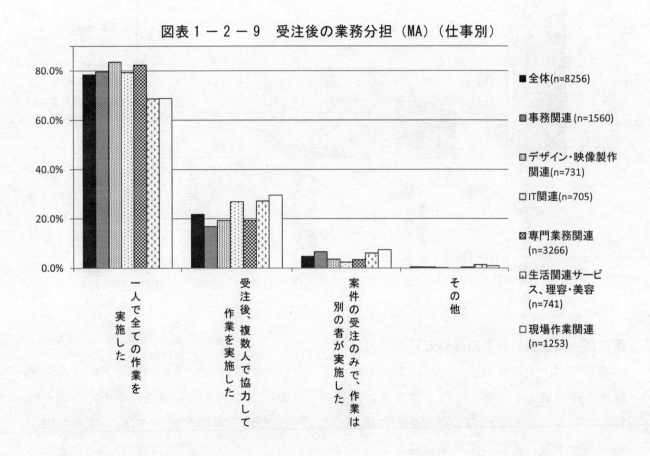

図表1－2－9　受注後の業務分担（MA）（仕事別）

　同様のことについて専業／兼業別に見てみると、「専業」や「兼業（独立自営業が本業）」は、「兼業（独立自営業が副業）」に比べると、受注後に複数の者と協力して作業を実施している傾向がある（図表1－2－10）。このように、同じ兼業でもそれを本業としているのか、それとも副業としているのかによって、受注後の仕事の進め方においてやや違いがあるようである。

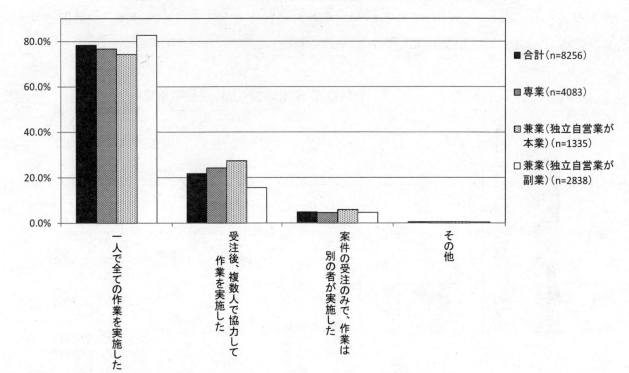

図表1-2-10　受注後の業務分担（MA）（専業／兼業別）

第3節　受注後の仕事の進め方

　本節では、受注後の仕事の進め方について取り上げる。受注後、契約内容はどのような手続きを経て決まるのか。また、独立自営業者は、どの程度取引先の管理監督の下で業務を遂行しているのか。これらの点を中心に確認していく。なお、本節のデータは、「主要な取引先事業者1社」との関係に限定したものとなっている。この点は留意されたい。対象となるサンプルは、一般消費者のみと取引を行っていた1927サンプルを除く6329サンプルである。

1．契約締結の方法

　まず、契約にかかわる事柄について見てみよう。図表1-3-1と図表1-3-2は、契約内容の明示の有無について確認したものである。図表1-3-1より、対象サンプル全体では、半数以上が契約内容を書面化（メールを含む）している。この点について、図表1-3-1より、主な仕事別に見てみると、「IT関連」や「専門業務関連」は、他の仕事と比べると書面化している傾向がある。一方、「生活関連サービス、理容・美容」や「現場作業関連」は、他の仕事と比べると書面化していない傾向がある。

　また、同様のことについて専業・兼業別に見た場合、「兼業」の方が、「専業」と比べると契約内容を書面化している場合がやや多いことが窺われる（図表1-3-2）。とはいえ、仕事別で見た場合のような差は見られない。本業か副業かの違いは、契約内容の書面化については大きな差を生まないのかもしれない。

図表1－3－1　契約内容の書面による明示の有無（仕事別）

	n	書面*による契約内容の明示の有無 はい	いいえ	計
全体	6329	54.9%	45.1%	100%
事務関連	1283	53.1%	46.9%	100%
デザイン・映像製作関連	611	52.5%	47.5%	100%
IT関連	617	64.5%	35.5%	100%
専門業務関連	2487	59.0%	41.0%	100%
生活関連サービス、理容・美容	358	45.8%	54.2%	100%
現場作業関連	973	45.3%	54.7%	100%

注）メールも含む

図表1－3－2　契約内容の書面による明示の有無（専業／兼業別）

	n	書面*による契約内容の明示の有無 はい	いいえ	計
全体	6329	54.9%	45.1%	100.0%
専業	3188	53.9%	46.1%	100.0%
兼業（独立自営業が本業）	1002	56.9%	43.1%	100.0%
兼業（独立自営業が副業）	2139	55.4%	44.6%	100.0%

注）メールも含む

　では、契約はどのような手続きを経て決まるのであろうか。契約内容の決定パターンについて仕事別、ならびに、専業／兼業別に見たものが、図表1－3－3と図表1－3－4である。図表1－3－3より、対象サンプル全体で見ると、契約内容の決定において、発言する機会を得ていないと考えられる「独立自営業者」が4割弱いる（「取引先が一方的に決定した（24.0%）」／「上記のようなやり取りはなかった（14.1%）」）。とはいえ、何らかの発言をしている者も5割程度いる（「双方で協議の上、決定した（47.4%）」／「あなたが一方的に決定した（5.9%）」）。

　同じく図表1－3－3より、主な仕事別に見てみると、「IT関連」や「専門業務関連」は、他の仕事と比べると、契約内容の決定において、取引相手に対して発言する傾向がある。一方、「事務関連」、「生活関連サービス、理容・美容」、「現場作業関連」は、他の仕事と比べると、契約内容の決定において、取引相手に対して発言していない傾向がある。また、他の仕事と比べると、「事務関連」は、「第三者[1]の定めるルールに沿って決定した（19.4%）」が多くなっている。

---

[1] ここでいう第三者とは、クラウドソーシングの会社や仲介企業などのことを指している。これ以降に出てくる「第三者」も同様。

図表1-3-3 契約内容の決定パターン（仕事別）

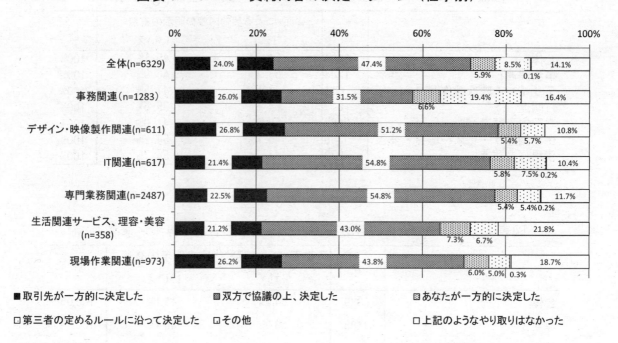

図表1-3-4 契約内容の決定パターン（専業／兼業別）

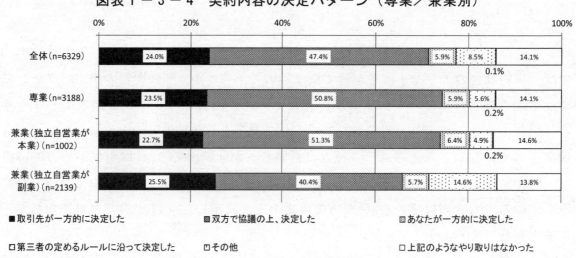

　図表1-3-4より、同様のことを専業／兼業別に見てみると、「兼業（独立自営業が副業）」は、他の場合と比べると、取引相手に対して発言しない傾向がある。また、「兼業（独立自営業が副業）」は、「第三者の定めるルールに沿って決定した（14.6%）」が、他の場合と比べると多くなっている。

２．受注後の業務の進め方
（１）作業に関する指示
　以上、契約の締結に関する事柄について確認した。次に、受注後の仕事の進め方について

確認しよう。まず、取引相手への進捗報告の頻度について見てみよう（図表1－3－5／図表1－3－6）。

図表1－3－5　進捗報告の頻度（仕事別）

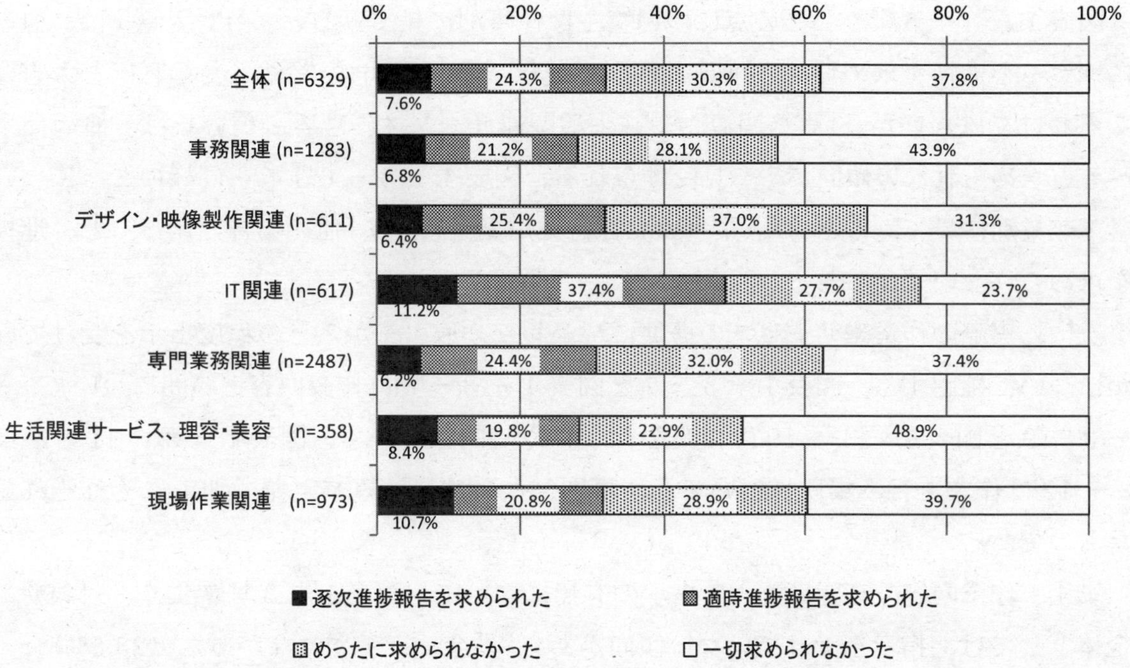

区分	逐次進捗報告を求められた	適時進捗報告を求められた	めったに求められなかった	一切求められなかった
全体 (n=6329)	7.6%	24.3%	30.3%	37.8%
事務関連 (n=1283)	6.8%	21.2%	28.1%	43.9%
デザイン・映像製作関連 (n=611)	6.4%	25.4%	37.0%	31.3%
IT関連 (n=617)	11.2%	37.4%	27.7%	23.7%
専門業務関連 (n=2487)	6.2%	24.4%	32.0%	37.4%
生活関連サービス、理容・美容 (n=358)	8.4%	19.8%	22.9%	48.9%
現場作業関連 (n=973)	10.7%	20.8%	28.9%	39.7%

図表1－3－6　進捗報告の頻度（専業／兼業別）

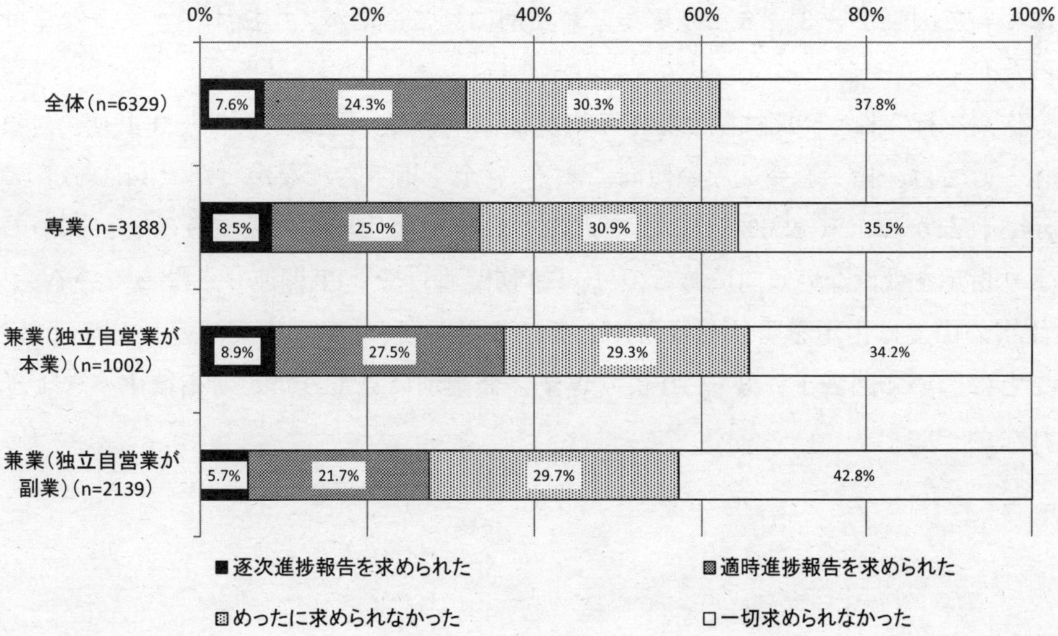

区分	逐次進捗報告を求められた	適時進捗報告を求められた	めったに求められなかった	一切求められなかった
全体(n=6329)	7.6%	24.3%	30.3%	37.8%
専業(n=3188)	8.5%	25.0%	30.9%	35.5%
兼業（独立自営業が本業）(n=1002)	8.9%	27.5%	29.3%	34.2%
兼業（独立自営業が副業）(n=2139)	5.7%	21.7%	29.7%	42.8%

まず、対象サンプル全体の傾向としては、「一切求められなかった」と「めったに求められなかった」の合計が7割弱に上ることからも分かる通り、基本的には取引相手が「独立自営業者」に対して進捗報告を求めることはない、仮に求めたとしても頻繁に求めるわけではないことが窺われる。

　図表1－3－5より、この点について主な仕事別に見てみると、「IT関連」は、他の仕事に比べると進捗を求められる傾向にある。一方、「IT関連」を除くと、それほど大きな差があるわけではないが、「事務関連」や「生活関連サービス、理容・美容」は、他の仕事と比べると求められない傾向がやや見受けられる。図表1－3－6より、同様のことについて専業・兼業別に見てみると、「兼業（独立自営業が副業）」は、他の場合と比べると、進捗報告を求められない傾向にある。

　次に、実際の作業やサービスの提供にかかわり、取引先からどの程度指示を受けていたのかについて確認する。図表1－3－7と図表1－3－8は作業内容と範囲について、図表1－3－9と図表1－3－10は作業を行う日や時間について、図表1－3－11と図表1－3－12は作業を行う場所について、仕事別、ならびに、専業／兼業別毎にそれぞれ見てみたものである。

　まず、作業内容や範囲に関する指示の有無について。図表1－3－7より、対象サンプル全体としては、指示を受けていない傾向がある（「全く指示されなかった（23.8%）」／「あまり指示されなかった（34.7%）」）。この点について主な仕事別に見てみると、六つの仕事の中でより指示を受けない傾向にあるのは、「専門業務関連」であり、一方、指示を受ける傾向にあるのは、「事務関連」、「デザイン・映像製作関連」、「IT関連」となっている。同様のことについて図表1－3－8より専業／兼業別に見てみたが、指摘すべきような差は見られなかった。

　次に、作業を行う日や時間に関する指示の有無について。図表1－3－9より、対象サンプル全体としては、指示を受けない傾向にある（「全く指示されなかった（34.1%）」／「あまり指示されなかった（32.6%）」）。この点について主な仕事別に見てみると、六つの仕事の中でより指示を受けない傾向にあるのは、「事務関連」や「IT関連」となっている。一方、六つの仕事の中では指示を受ける傾向にある仕事として、「現場作業関連」が挙げられる。同様のことについて図表1－3－10より専業／兼業別に見てみたが、指摘すべきような差は見られなかった。

図表1-3-7 作業内容・範囲に関する取引先からの指示の頻度（仕事別）

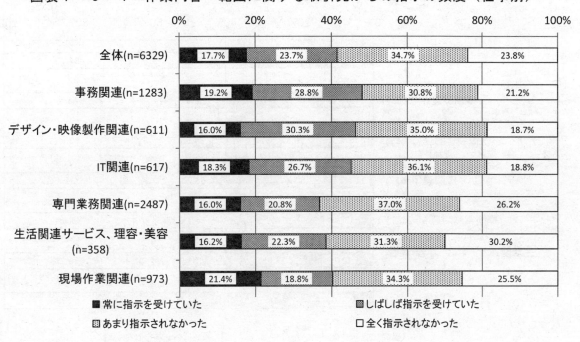

図表1-3-8 作業内容・範囲に関する取引先からの指示の頻度（専業／兼業別）

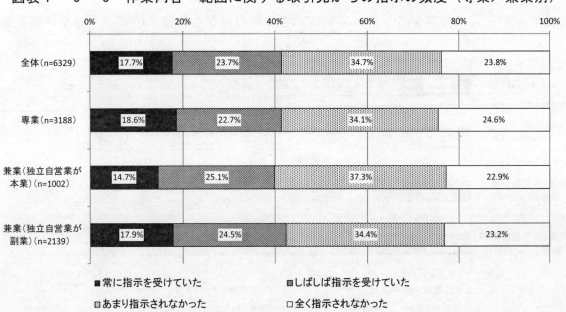

図表1－3－9 作業を行う日・時間に関する取引先からの指示の頻度（仕事別）

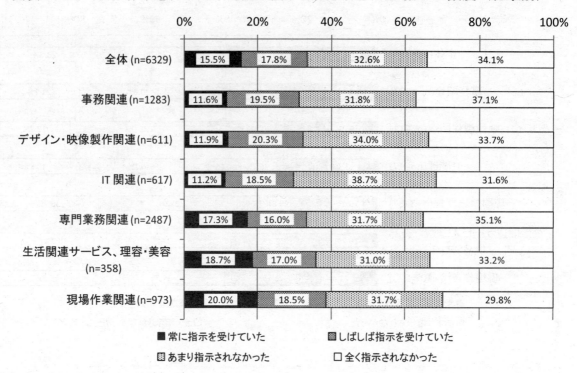

図表1－3－10 作業を行う日・時間に関する取引先からの指示の頻度（専業／兼業別）

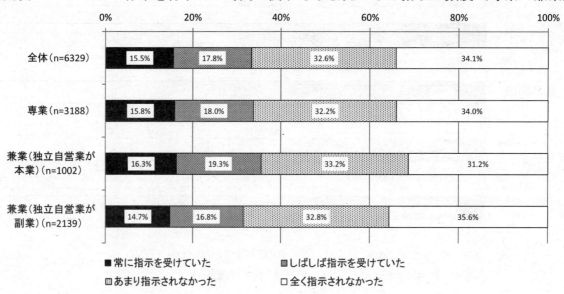

　最後に、作業場所に関する指示の有無について。図表1－3－11より、対象サンプル全体としては、指示を受けない傾向にある（「全く指示されなかった（48.4%）」／「あまり指示されなかった（23.1%）」）。加えて、作業内容や範囲、および、作業日や時間と比べても、指示されない傾向にある。作業場所に関する指示の有無について仕事別に見てみると、「事務関連」や「デザイン・映像製作関連」は、他の仕事に比べて、より指示を受けない傾向にある。一方で、「生活関連サービス、理容・美容」や「現場作業関連」は、他の仕事と比べ

ると、指示を受ける傾向にある。図表1－3－12より、同様のことについて専業／兼業別に見てみると、「兼業（独立自営業が副業）」は、他の場合と比べると、指示を受けない傾向にある。

図表1－3－11　作業場所に関する取引先からの指示の頻度（仕事別）

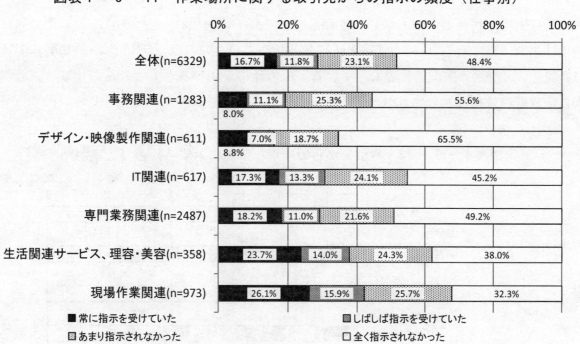

図表1－3－12　作業場所に関する取引先からの指示の頻度（専業／兼業別）

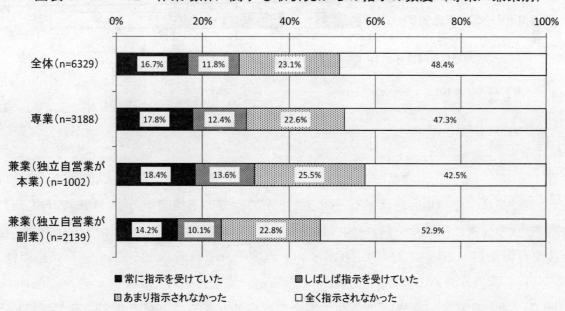

（2）依頼された作業の拒否

受注後の業務の提供における取引先との関係が上で確認したような状況になっている「独立自営業者」は、取引先からの要望を自らの意思で断ることができるのであろうか。この点

- 47 -

について、取引先からの無理な依頼に対して断ることができたのかについて注目し、仕事別に見てみたものが図表1-3-13であり、専業・兼業別に見てみたものが図表1-3-14である。

まず、図表1-3-13より、対象サンプル全体の傾向を見てみると、断れなかった者は、それほど多くはない。そもそも取引相手からそのような仕事を依頼されていない場合が33.1%、依頼されたとしても問題なく断れている場合が40.3%となっている。この点について仕事別に見てみると、他の仕事と比べると断れていないのは、「デザイン・映像製作関連」、「IT関連」、「現場作業関連」となっている。他の仕事と比べると、これらの仕事は、取引先からの無理な依頼に対しても引き受ける傾向があるようである。

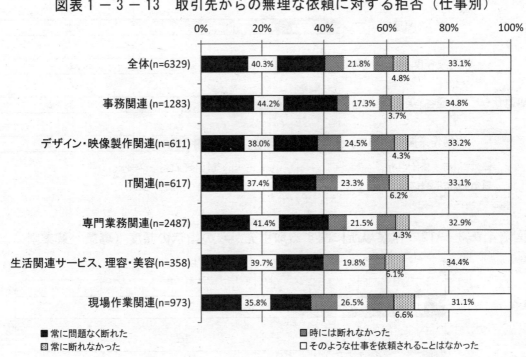

図表1-3-13 取引先からの無理な依頼に対する拒否（仕事別）

図表1-3-14より、同様のことについて専業／兼業別に見てみると、「兼業（独立自営業が副業）」は、他の場合と比べると断ることができている傾向がある。「兼業（独立自営業が副業）」の「常に問題なく断れた」は48.0%と、「専業」に対して12ポイント程度、「兼業（独立自営業が本業）」に対して10ポイント程度それぞれ高くなっている。「時には断れなかった」を含めるとその違いは見えにくくなるが、完全に断れたかどうかのみに注目すると、「兼業（独立自営業が副業）」は、他の場合と比べると断ることができているようである。

図表1-3-14 取引先からの無理な依頼に対する拒否（専業／兼業別）

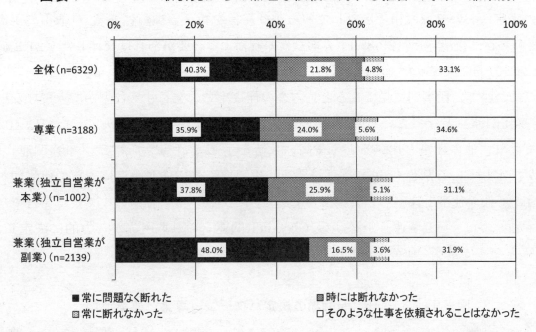

■常に問題なく断れた　　　　　時には断れなかった
常に断れなかった　　　　　□そのような仕事を依頼されることはなかった

3. 報酬の決定

本節の最後に報酬の決定に関する事柄について確認する。上で確認したようなかたちで業務を提供している「独立自営業者」の報酬はどのような方法で、また、どのような要素によって決められているのか。まず、報酬の決定パターンについて見てみよう。図表1-3-15と図表1-3-16は、報酬額の決定パターンについて、仕事別、ならびに、専業／兼業別に示したものである。

図表1-3-15 報酬額の決定パターン（仕事別）

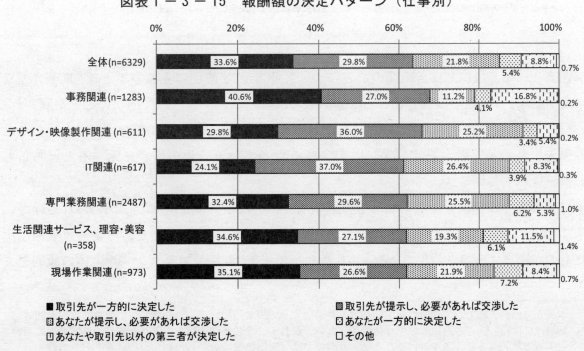

■取引先が一方的に決定した　　　　　取引先が提示し、必要があれば交渉した
あなたが提示し、必要があれば交渉した　　　あなたが一方的に決定した
あなたや取引先以外の第三者が決定した　　　□その他

- 49 -

まず、図表1-3-15より対象サンプル全体の傾向を確認しておくと、6割弱の者は、報酬額の決定において取引相手に対して何らかの発言を行える環境にある（「取引先が提示し、必要があれば交渉した（29.8%）」、「あなたが提示し、必要があれば交渉した（21.8%）」、「あなたが一方的に決定した（5.4%）」）。

この点について、仕事別に見てみると、六つの仕事中で、発言することができていない仕事は、「事務関連」となっている。「事務関連」の「取引先が一方的に決定した」は40.6%となっており、他の仕事と比べるとやや高い数値を示している。加えて、「事務関連」は、第三者が決定している割合も高い。「事務関連」は、取引先や仲介組織によって報酬額が決まる場合が、他の仕事と比べると多いようである。一方、六つの仕事の中で良く発言できている仕事としては、「IT関連」が挙げられる。「IT関連」の「取引先が一方的に決定した」は24.1%となっており、他の仕事と比べると低い数値を示している。

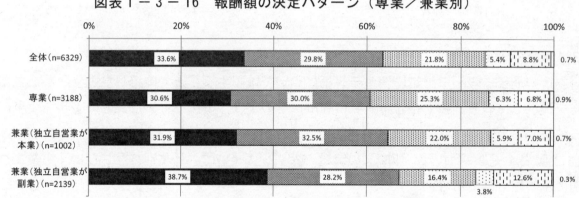

図表1-3-16　報酬額の決定パターン（専業／兼業別）

図表1-3-16より、同様のことについて専業／兼業別に見てみると、「兼業（独立自営業が副業）」は、他の場合と比べると報酬額の決定において発言していないことが窺われる。「兼業（独立自営業が副業）」の「取引先が一方的に決定した」は38.7%、また、「あなたや取引先以外の第三者が決定した」は12.6%となっており、他の場合と比べるとどちらも高い数値を示している。

以上のような手続きで決められる報酬額は、いかなる要素を考慮して決められるのか。報酬額の決め方について仕事別に示したものが図表1-3-17であり、専業・兼業別に示したものが図表1-3-18である[2]。図表1-3-17より、対象サンプル全体の傾向をまず

---

[2] 本調査では個人に対して自分の報酬額がどの要素によって決まっているのかを尋ねている。取引先が回答しているわけではない。この点については留意されたい。なお、こうした個人調査を通じた報酬の決定要素において発生すると思われる曖昧さを避けるために、本調査では「算出根拠は分からない」を設けることとした。

確認しておくと、「仕事の質や出来栄え（34.2%）」、「これまでの取引実績・回数（29.0%）」、「業務に要した時間（24.6%）」が上位三つに挙げられている。

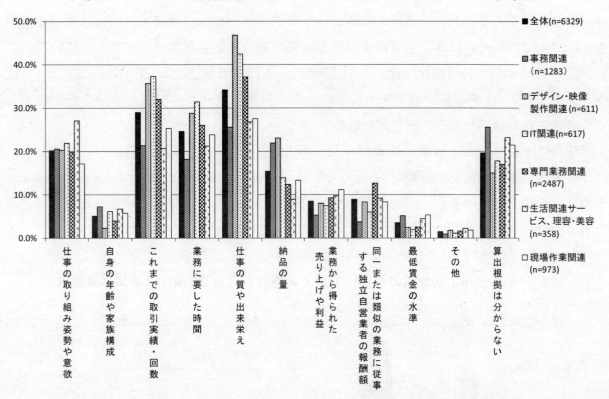

図表1－3－17　報酬額の決定において考慮される要素（MA）（仕事別）

これら三つの項目について仕事別の特徴を見てみると、「仕事の質や出来栄え」については、「デザイン・映像製作関連」、「IT関連」、「専門業務関連」は他の仕事と比べると、この要素によって決められている部分があると答えている割合が高くなっている。これら三つ以外の仕事と比べると、「デザイン・映像製作関連」でおおむね20ポイント程度、「IT関連」でおおむね15ポイント程度、「専門業務関連」でおおむね10ポイント程度それぞれ高くなっている。

「これまでの取引実績・回数」についても、「デザイン・映像製作関連」、「IT関連」、「専門業務関連」は他の仕事と比べると、この要素によって決められている部分があると答えている割合が高くなっている。特に「デザイン・映像製作関連」や「IT関連」は、「事務関連」、「生活関連サービス、理容・美容」、「現場作業関連」に比べて、10ポイントから15ポイント程度高くなっている。「業務に要した時間」についても、「デザイン・映像製作関連」、「IT関連」、「専門業務関連」は他の仕事と比べると、この要素によってきめられている部分があると答えている割合が高くなっている。もっとも、上の二つの要素と比べると仕事間の差は小さくなっている。

「事務関連」、「生活関連サービス、理容・美容」、「現場作業関連」の特徴を見てみると、

それらの仕事において高いものとして、「算出根拠は分からない」が挙げられる。また、「生活関連サービス、理容・美容」では「仕事の取り組み姿勢や意欲」が、他の仕事に比べると高くなっている。

以上のことから、①「独立自営業者」であっても時間の要素で報酬額が決められている部分が少なからずあること、②「事務関連」、「生活関連サービス、理容・美容」、「現場作業関連」については、それ以外の仕事と比べると、報酬額の決定要素がはっきりとしていないこと、③「デザイン・映像製作関連」、「IT関連」、「専門業務関連」の三つは、他の三つの仕事と比べると、「仕事の質や出来栄え」といった成果物やサービスの質が報酬の決定要素として考慮される傾向があることが窺われる。

同様のことについて、専業／兼業別に見てみると、「算出根拠が分からない」が最も多いのは「兼業（独立自営業が副業）」となっている。一方、「仕事の質や出来栄え」については、他の二つの場合と比べると、「兼業（独立自営業が副業）」が低くなっている。ただし、どの要素についても、仕事別に見た場合のような顕著な違いが見られるわけではない。

図表1－3－18　報酬額の決定において考慮される要素（MA）（専業／兼業別）

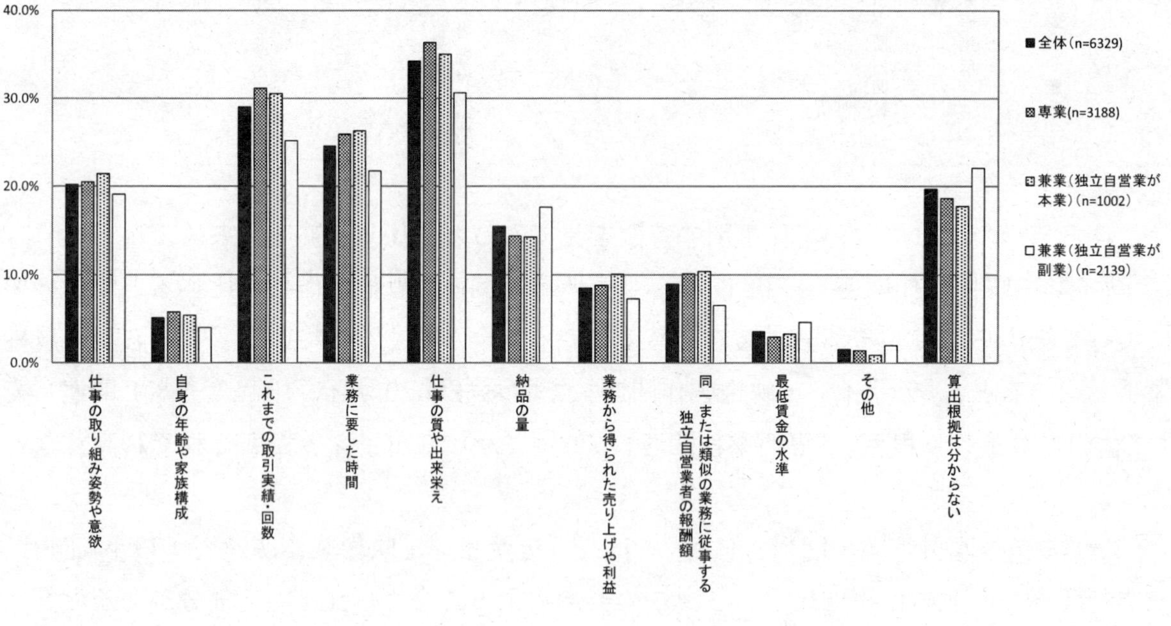

第4節　おわりに

1．本章の概要

　本章では独立自営業者の就業実態にかかわり、仕事の受注方法や受注後の作業の進め方について見てきた。本章で述べてきた内容を今一度まとめておくと下記の通りとなる。

① 属性にかかわる特徴のうち、主な仕事と専業／兼業の関係については、サンプル全体の傾向と比べると、「IT関連」では専業が多い。逆に「事務関連」は兼業が多い。

② 作業内容の特徴について見てみると、「デザイン・映像製作関連」や「専門業務関連」は、他の仕事に比べると、自分にしかできない作業を行っている傾向がある。逆に「事務関連」や「現場作業関連」の仕事は、他の人でもできる作業を行っている傾向がある。この点について専業／兼業別に見てみると、「兼業（独立自営業が副業）」は、他の場合（専業および兼業が本業）と比べると、他の人でもできる作業を行っている傾向がある。

③ 取引相手数については、「デザイン・映像製作関連」、「IT関連」、「専門業務関連」は、他の仕事と比べると、特定の取引相手と仕事をする傾向がある。逆に、「事務関連」や「生活関連サービス、理容・美容」は、他の仕事と比べると、様々な取引相手と仕事をする傾向にある。この点について専業／兼業別に見てみると、「兼業（独立自営業が副業）」は、他の場合と比べると多くの取引先と仕事をしている傾向がある。

④ 仕事の受注方法について見てみると、対象サンプル全体では「自分で営業活動をして」、「現在の取引先から声がかかった」、「知人・親戚等から紹介された」が上位の三つに挙げられている。仕事別に見てみると「デザイン・映像製作関連」は、特にこれらの上位三つの方法によって仕事を受注していることが多いようである。

⑤ また、仕事別に見た場合の受注方法の特徴として、「事務関連」は、他の仕事に比べるとクラウドソーシングの会社や仲介企業などの仲介組織を活用している傾向が見られた。

⑥ 受注後の業務分担は、一人で作業を実施することが主な方法のようである。この点について、専業／兼業別に見てみると、「専業」や「兼業（独立自営業が本業）」は、「兼業（独立自営業が副業）」に比べると、受注後複数の者と協力して作業を実施している傾向がある。このことから、同じ兼業でもそれを本業としているのか、それとも副業としているのかによって、受注後の仕事の進め方においてやや違いがあることが窺われる。

⑦ 契約内容の書面化について見てみると、対象サンプル全体では、半数以上が契約内容を書面化（メールを含む）している。この点について、主な仕事別に見てみると、「IT関連」や「専門業務関連」は、他の仕事と比べると書面化している傾向がある。一方、「生活関連サービス、理容・美容」や「現場作業関連」は、他の仕事と比べると書面化していない傾向がある。

⑧ 契約内容の決定パターンについて見てみると、対象サンプル全体では、契約内容の決定

において、発言する機会を得ていないと考えられる「独立自営業者」が4割弱いる。とはいえ、何らかの発言をしている者も5割程度いる。

⑨ 契約内容の決定パターンについて仕事別に見てみると、「IT関連」や「専門業務関連」は、他の仕事と比べると、契約内容の決定において取引相手に対して発言する傾向がある。また、他の仕事と比べると、「事務関連」は、「第三者[3]の定めるルールに沿って決定した」が多くなっている。

⑩ 契約後の取引先との関係に関して作業の進捗報告の頻度を見てみると、対象サンプル全体の傾向としては、基本的には取引相手が「独立自営業者」に対して進捗報告を求めることはない、仮に求めたとしても頻繁に求めるわけではないことが窺われる。この点について主な仕事別に見てみると、「IT関連」は、他の仕事に比べると進捗を求められる傾向にある。一方、この点について専業・兼業別に見てみると、「兼業（独立自営業が副業）」は、他の場合と比べると、進捗報告を求められない傾向にある。

⑪ 作業内容や範囲に関する取引先からの指示の有無について見てみると、対象サンプル全体としては、指示を受けていない傾向がある。この点について主な仕事別に見てみると、六つの仕事の中でより指示を受けない傾向にあるのは、「専門業務関連」であり、一方、指示を受ける傾向にあるのは、「事務関連」、「デザイン・映像製作関連」、「IT関連」となっている。

⑫ 作業を行う日や時間に関する取引先からの指示の有無について見てみると、対象サンプル全体としては、指示を受けない傾向にある。この点について主な仕事別に見てみると、六つの仕事の中でより指示を受けない傾向にある仕事として、「事務関連」や「IT関連」が、逆に指示を受ける傾向にある仕事として、「現場作業関連」が挙げられる。

⑬ 作業場所に関する取引先からの指示の有無については、対象サンプル全体としては、指示を受けない傾向にある。仕事別に見てみると、「事務関連」や「デザイン・映像製作関連」は、他の仕事に比べて、より指示を受けない傾向にある。一方で、「生活関連サービス、理容・美容」や「現場作業関連」は、他の仕事と比べると、指示を受ける傾向にある。

⑭ 報酬額の決定に関する特徴を確認してみると、対象サンプル全体の6割弱は、報酬額の決定において取引相手に対して何らかの発言を行える環境にある。この点について、仕事別に見てみると、六つの仕事中で、発言することができていない仕事として、「事務関連」が挙げられる。また、「事務関連」は、第三者が決定している割合が高くなっている。一方、六つの仕事の中で良く発言できている仕事としては、「IT関連」が挙げられる。

⑮ 報酬額の決定要素について見てみると、対象サンプル全体における上位三つは、「仕事の質や出来栄え」、「これまでの取引実績・回数」、「業務に要した時間」となっている。

---

[3] ここでいう第三者とは、注1で示したとおり、クラウドソーシングの会社や仲介企業などのことを指している。

決定要素の特徴として、(ア)「独立自営業者」であっても時間の要素で報酬額が決められている部分が少なからずあること、(イ)「事務関連」、「生活関連サービス、理容・美容」、「現場作業関連」については、それ以外の仕事と比べると、報酬額の決定要素がはっきりとしていないこと、(ウ)「デザイン・映像製作関連」、「IT関連」、「専門業務関連」の三つは、他の三つの仕事と比べると、「仕事の質や出来栄え」といった成果物やサービスの質が報酬額の決定要素として考慮される傾向があることが窺われる。

２．考察（仕事の進め方における特徴）

本章で確認したことより次の点を指摘することができると思われる。まず、①仕事の進め方の特徴は、専業／兼業別というよりは、行っている仕事によってその違いが表れていることが窺われる。

次に、②仕事別に見た場合に見られた特徴として、特に仕事の受注方法や取引先との契約内容や報酬額の決定において、「事務関連」の仕事は他の仕事と比べると、仲介組織（クラウドソーシングの会社や仲介企業）を活用している傾向が見られた。クラウドソーシングは、主に事務関連の仕事の外注化として活用されているのかもしれない[4]。

一方、③「IT関連」は、他の仕事と比べても、契約内容や報酬額の決定において取引先に対して発言していることが窺われた。もちろん、より詳細な分析を必要とするが、「IT関連」の面白さは、「IT関連」の仕事内容の特徴において、交渉力が高い場合に高い数値を出すと想定されるような項目の数値が必ずしも高いわけではないところにある。他の仕事と比べて、自分にしかできない作業を実施していた割合や、多くの取引先と仕事をしていた割合が高いかと言われると、必ずしもそのような結果にはなっていない。したがって、別の要素が彼らに対して発言の機会を提供していると想定される。この点について、例えば、「IT関連」の仕事の受注方法を見てみると、取引先から声がかかった、昔の取引先からの紹介、知人や親せきからの紹介といった内容の項目が上位に挙がっている。このことは、自分、もしくは自分がすでに取引している会社が知っている取引先と仕事をする、つまり、どちらかというと顔なじみの者が取引相手となっている可能性が高いことを窺わせる。取引相手がそもそも顔なじみだということが、契約内容や報酬額の決定の際に、「IT関連」の仕事に従事している「独立自営業者」が取引相手に対して発言しやすい環境を作っているのかもしれない。

最後に、④「独立自営業者」の労働者性を判定する際に考慮されると考えられる取引先からの指揮命令の程度について触れておくと、サンプル全体の傾向として取引先から頻繁に指示を受けているケースは少ないと考えられる。このことから、働き方については比較的自由な働き方を享受していることが窺われる。この点も含めた「独立自営業者」の働き方別に見た就業実態については、本報告書第5章で改めて触れたい。

---

[4] クラウドワーカーについては、本報告書第6章で改めて触れる。

第2章 「独立自営業者」の作業量／報酬

第1節　はじめに

　第2章では、「独立自営業者」の作業量・報酬に関わる事柄を取り上げる。より具体的には、取引社数、契約期間、作業日数・作業時間、および、報酬に関わる事柄を取り上げる。第2節の契約に関わる事柄では、「独立自営業者」が何社と取引し、どのくらいの期間の契約を結んでいるか、第3節の作業日数・作業時間では、受注した作業に対して、「独立自営業者」はどのくらいの日数と時間を割いているのか、第4節の報酬に関わる事柄では、作業の対価として、どのくらいの報酬を得ているかを取り上げる。

　なお、本章では、第1章と同様、「独立自営業者」の仕事別、専業／兼業別に確認し、その特徴として窺われることを示す。具体的な仕事の種類および内容、仕事別および専業／兼業別に見たサンプルのプロフィールについては、第1章の第1節を参照されたい。本章で取り上げるサンプルサイズは、特に断らない限り8256になる。

第2節　契約に関わる事柄

　契約に関わる事柄では、「独立自営業者」が取引をする相手がどのくらいいるのか（取引社数）、「独立自営業者」としての仕事の契約期間のパターンとして、どれが一番多かったのか（契約期間のパターン）、どのくらいの期間の契約を結んでいるか（契約期間）を取り上げる。

1．取引社数

　調査票では、「2017年1～12月の独立自営業のお仕事の取引先数は何社でしたか」という形で、「独立自営業者」に取引社数を聞いている。そのデータを仕事別に見たのが図表2－2－1であり、専業／兼業別に見たのが図表2－2－2である。なお、取引社数のサンプルサイズは、本調査のスクリーニング調査SC8において、「一般消費者と直接取引していた」のみを回答した1927を8256から除いた6329である。

　図表2－2－1によると、全体では、「1社」が最も多く、これに「2～4社」が続く。この2つを足し合わせると、77.0%になる。「独立自営業者」の取引社数は多くないことがわかる。仕事別に見ると、どの仕事においても、「1社」と「2～4社」の割合が高い。なかでも、その割合が高いのは、「事務関連（81.7%）」、「IT関連（82.8%）」、「生活関連サービス、理容・美容（83.8%）」である。

　専業／兼業別に見ると（図表2－2－2）、仕事別と同様、「1社」と「2～4社」の割合が高い。その2つの割合を足し合わせると、どの類型でも8割程度になる。その割合は、「兼業（独立自営業が副業）（84.8%）」において高い。

図表2-2-1 取引社数（仕事別）

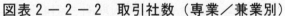

図表2-2-2 取引社数（専業／兼業別）

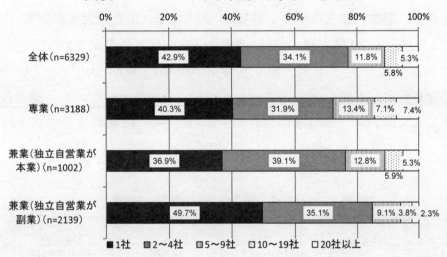

2．契約期間のパターン

「独立自営業者」が取引相手と締結する契約はどの期間のものが多かったのか、そのパターンについて仕事別に示したのが図表2-2-3であり、専業／兼業別に見たのが図表2-2-4である。

全体の傾向としては（図表2-2-3）、「契約期間、納期はない」、「2日以上～10日未満」、「1日以下」の割合が高い。契約期間が1ヵ月未満の割合（「1日以下」、「2日以上～10日未満」、「10日以上1ヵ月未満」の合計）を見ると、その割合は47.7%になる。「独立自営

業者」の半数近くが1ヵ月未満の契約を締結している。

　仕事別に見ると、「契約期間、納期はない」では、「生活関連サービス、理容・美容」の割合が最も高い。「1日以下」では、「事務関連」が、「2日以上～10日未満」では、「事務関連」と「デザイン・映像製作関連」の割合が高い。1ヵ月未満の割合では、「事務関連（60.5％）」と「デザイン・映像製作関連（51.6％）」が、他の仕事よりも割合が高い。

図表2－2－3　契約期間（仕事別）

職種	n	1日以下	2日以上～10日未満	10日以上～1ヵ月未満	1か月以上～6ヵ月未満	6ヵ月以上～1年未満	1年以上	契約期間、納期はない	わからない	計
全体	8256	16.1%	22.1%	9.5%	7.3%	3.8%	6.6%	25.2%	9.4%	100%
事務関連	1560	21.2%	28.7%	10.6%	5.1%	2.6%	3.8%	16.7%	11.2%	100%
デザイン・映像製作関連	731	13.7%	27.1%	10.8%	9.0%	3.7%	2.6%	23.5%	9.6%	100%
IT関連	705	10.8%	16.5%	13.3%	17.4%	5.8%	8.2%	21.0%	7.0%	100%
専門業務関連	3266	14.9%	21.1%	8.8%	7.8%	4.4%	7.9%	28.0%	6.9%	100%
生活関連サービス、理容・美容	741	18.6%	16.1%	6.5%	2.7%	2.6%	6.5%	35.5%	11.6%	100%
現場作業関連	1253	15.6%	20.4%	8.6%	4.5%	3.4%	8.2%	25.9%	13.2%	100%

　専業／兼業別に見ると（図表2－2－4）、「契約期間、納期はない」については、「専業」の割合が最も高く、「兼業（独立自営業が本業）」と「兼業（独立自営業が副業）」が続く。「1日以下」と「2日以上～10日未満」では、「兼業（独立自営業が副業）」の割合が最も高い。1ヵ月未満の割合を見ると、「兼業（独立自営業が副業）（60.4％）」は、「専業（39.6％）」と「兼業（独立自営業が本業）（45.7％）」よりも高い傾向を示している。独立自営業を本業にしている人ほど、契約期間が明確にされていないこと、「独立自営業者」の仕事を本業にしない人ほど、契約期間は短い傾向にある。

図表2－2－4　契約期間（専業／兼業別）

職種	n	1日以下	2日以上～10日未満	10日以上～1ヵ月未満	1ヵ月以上～6ヵ月未満	6ヵ月以上～1年未満	1年以上	契約期間、納期はない	わからない	計
全体	8256	16.1%	22.1%	9.5%	7.3%	3.8%	6.6%	25.2%	9.4%	100%
専業	4083	11.6%	17.9%	10.1%	9.4%	4.5%	8.0%	27.9%	10.7%	100%
兼業(独立自営業が本業)	1335	13.0%	22.1%	10.6%	7.2%	4.9%	7.3%	25.9%	9.1%	100%
兼業(独立自営業が副業)	2838	23.9%	28.3%	8.2%	4.3%	2.4%	4.3%	21.1%	7.5%	100%

第3節　作業日数／作業時間

　作業日数・作業時間では、1ヵ月あたりの平均的な作業日数、1ヵ月あたりの平均的な作業日数（主たる取引先）、1週間あたりの平均的な作業時間の3つを取り上げる。なお、本章でいう主たる取引先とは、「主要な取引先事業者1社」を指す。

(1) 1ヵ月あたりの平均的な作業日数

「独立自営業者」は、1ヵ月の間に、どのくらい「独立自営業者」としての仕事に従事しているのか。それを図表2－3－1および2－3－2に示した。図表2－3－1によると、全体では、「7日以下」の割合が最も高い。これに「15～21日」、「8～14日」が続く。

仕事別に見ると、「7日以下」と「8～14日」では、「事務関連」の割合が高く、「15～21日」では、「デザイン・映像製作関連」、「IT関連」、「専門業務関連」の割合が高い。「22～30日」では、「生活関連サービス、理容・美容」と「現場作業関連」の割合が高い。仕事の内容によって、1ヵ月あたりの平均的な作業日数にバラツキが見られる。

図表2－3－1 1ヵ月あたりの平均的な作業日数（仕事別）

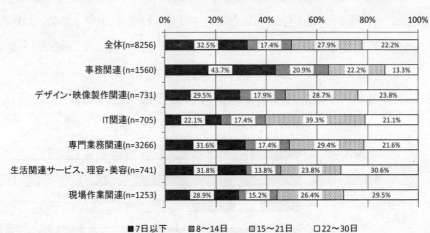

専業／兼業別に見ると（図表2－3－2）、「専業」と「兼業（独立自営業が本業）」では、「15～21日」の割合が最も高く、「兼業（独立自営業が副業）」においては、「7日以下」の割合が5割を超える。「独立自営業者」の仕事を本業としない人ほど、1ヵ月あたりの平均的な作業日数は短い傾向が見られる。

図表2－3－2 1ヵ月あたりの平均的な作業日数（専業／兼業別）

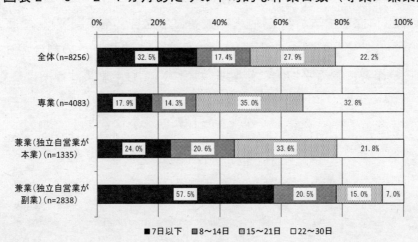

（2）1ヵ月あたりの平均的な作業日数（主たる取引先）

　取引社数のデータ（図表2－2－1および2－2－2）により、「独立自営業者」が取引をする取引先は、1社もしくは2～4社が多く、その数は多くないという傾向が見られた。「独立自営業者」は、不特定多数の企業と取引をしているというよりは、特定の企業と取引をしていると考えられる。そこで、主たる取引先からの作業についても、1ヵ月あたりの平均的な作業日数を見ておく。なお、主たる取引先のデータサンプルは6329である。

　図表2－3－3によると、全体では、「7日以下」が4割を占めることがわかる。これに「15～21日」と「8～14日」が続く。図表2－3－1との違いは、「22～30日」の割合が低いことである。

　仕事別に見ると、「IT関連」以外の仕事では、「7日以下」の割合が高い。なかでも、その割合は「事務関連」が高い。他方で、「IT関連」では、「15～21日」の割合が最も高い。「事務関連」の平均的な作業日数は短く、「IT関連」では、長期間に及ぶ傾向が窺える。

図表2－3－3　1ヵ月あたりの平均的な作業日数（主たる取引先）（仕事別）

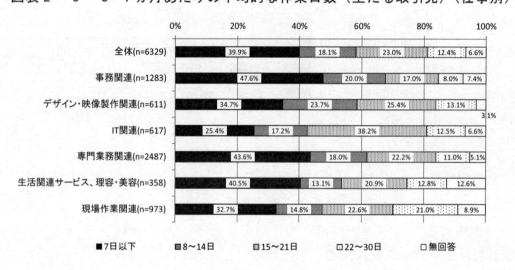

　専業／兼業別に見ると（図表2－3－4）、「専業」では、「15～21日」の割合が最も高いのに対し、「兼業（独立自営業が本業）」と「兼業（独立自営業が副業）」では、「7日以下」が最も高い。なかでも「兼業（独立自営業が副業）」は、「7日以下」の割合が6割を超える。主たる取引先からの作業に割く平均的な作業日数についても、兼業は専業よりも短い傾向にある。

図表2－3－4　1ヵ月あたりの平均的な作業日数（主たる取引先）（専業／兼業別）

	7日以下	8～14日	15～21日	22～30日	無回答
全体(n=6329)	39.9%	18.1%	23.0%	12.4%	6.6%
専業(n=3188)	27.3%	18.7%	30.2%	18.2%	5.6%
兼業(独立自営業が本業)(n=1002)	34.3%	21.8%	24.0%	12.1%	7.9%
兼業(独立自営業が副業)(n=2139)	61.4%	15.6%	11.8%	7.3%	3.9%

（3）1週間あたりの平均的な作業時間

次に、1週間あたりの平均的な作業時間を見ておこう。1週間あたりの平均的な作業時間については、サンプルサイズは8256になる。

図表2－3－5によると、全体では、「1時間以上10時間未満」、「20時間以上40時間未満」、「40時間以上60時間未満」の割合が高い。「独立自営業者」のなかには、1週間あたりの平均的な作業時間が長い人もいれば、短い人もいる。

図表2－3－5　1週間あたりの平均的な作業時間（仕事別）

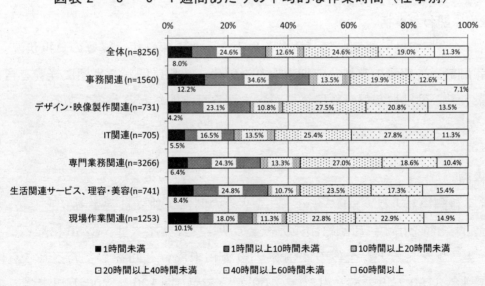

仕事別に見ていくと（図表2－3－5）、「1時間未満」と「1時間以上10時間未満」では、「事務関連」の割合が目立って高いことがわかる。「事務関連」の平均的な作業時間は、他の仕事に比べて短い傾向にある。他方で、40時間以上（「40時間以上60時間未満」と「60

時間以上」の合計）を見ると、「IT 関連（39.1％）」と「現場作業関連（37.8％）」は 4 割近くに上る。「IT 関連」と「現場作業関連」の業務に従事する「独立自営業者」の平均的な作業時間は、他の仕事に従事する「独立自営業者」に比べて、長時間に及ぶ傾向にある。

専業／兼業別に見ると（図表 2 − 3 − 6）、「専業」と「兼業（独立自営業が本業）」は、「20 時間以上 40 時間未満」、「40 時間以上 60 時間未満」、「60 時間以上」の割合が高いのに対し、「兼業（独立自営業が副業）」は、「1 時間未満」、「1 時間以上 10 時間未満」の割合が高いという傾向が見られる。「兼業（独立自営業が副業）」の平均的な作業時間は、「専業」と「兼業（独立自営業が本業）」に比べると、短い傾向が見られる。

図表 2 − 3 − 6　1 週間あたりの平均的な作業時間（専業／兼業別）

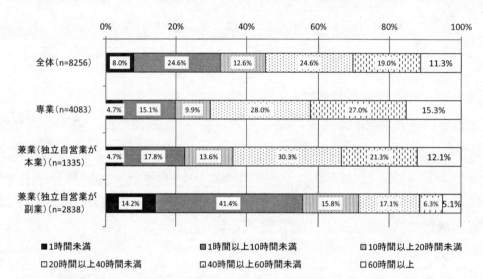

第 4 節　報酬に関わる事柄

報酬に関わる事柄では、報酬総額、主たる取引先からの報酬額、経費の負担状況、経費の負担割合（報酬額比）、報酬の支払い時期を取り上げる。報酬に関わる事柄に経費を含むのは、「独立自営業者」が受け取る報酬額に経費が含まれる可能性があるからである。

1．報酬額
（1）報酬総額

ここで言う報酬総額とは、2017 年 1 月〜 12 月の間に「独立自営業者」としての仕事に支払われた報酬総額を指す。報酬総額のデータのサンプルサイズは、8256 になる。

図表 2 − 4 − 1 を見ると、全体の 4 割が「50 万円未満」と回答している。さらに、200 万円未満の割合（「50 万円未満」、「50 〜 100 万円未満」、「100 〜 200 万円未満」の合計）は 64.1％に上る。他方で、400 万円以上の割合（「400 〜 600 万円未満」、「600 〜 800 万円未満」、「800 万円以上」の合計）は 21.5％である。

仕事別に見ると、どの仕事も「50 万円未満」の割合が高い。なかでも、その割合は「事

務関連」が高い。200万円未満の割合を見ると、どの仕事も5割を超える。その割合が高いのは、「事務関連（84.1％）」、「デザイン・映像製作関連（65.1％）」、「生活関連サービス、理容・美容（64.7％）」である。他方で、400万円以上の割合を見ると、「IT関連（30.3％）」が最も高い。

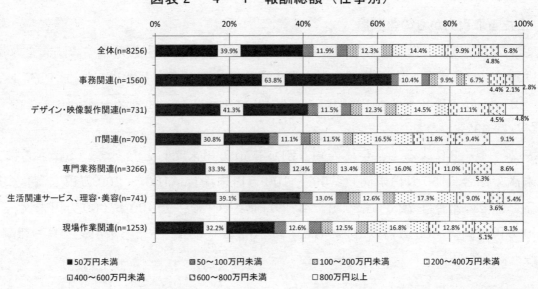

図表2－4－1　報酬総額（仕事別）

専業／兼業別に見ると（図表2－4－2）、どの類型においても、「50万円未満」の割合が最も高い。ただし、「兼業（独立自営業が副業）」は、「50万円未満」だけで65％を超えているのに対し、「専業」と「兼業（独立自営業が本業）」では、3割前後にとどまる。さらに、

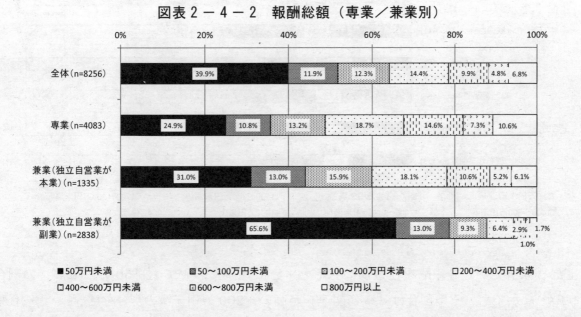

図表2－4－2　報酬総額（専業／兼業別）

200万円未満の割合を見ると(図表2－4－2)、「兼業(独立自営業が副業)(87.9%)」は9割近くになるのに対し、「兼業(独立自営業が本業(59.9%)」は6割程度、「専業(48.9%)」は5割程度にとどまる。400万円以上の割合は、「専業」は32.5%、「兼業(独立自営業が本業)」は21.9%、「兼業(独立自営業が副業)」は5.6%である。独立自営業を専業にしている人ほど報酬総額が高く、独立自営業を本業としない人の報酬総額は低い傾向がある。

(2) 主たる取引先からの報酬額

今度は、主たる取引先からの報酬額を見ておこう。主たる取引先からの報酬額を取り上げるのは、「独立自営業者」は、特定の企業と取引するケースが多いと考えられるからである(図表2－2－1および2－2－2)。なお、図表2－4－3から図表2－4－6までのデータサンプルは6329になる。

図表2－4－3によると、全体の約5割が「50万円未満」となっている。さらに、200万円未満の割合(「50万円未満」、「50～100万円未満」、「100～200万円未満」の合計)を見ると、その割合は72.3%になる。400万円以上の割合(「400～600万円未満」、「600～800万円未満」、「800万円以上」の合計)は13.5%である。主たる取引先からの報酬額は、それほど高くない。

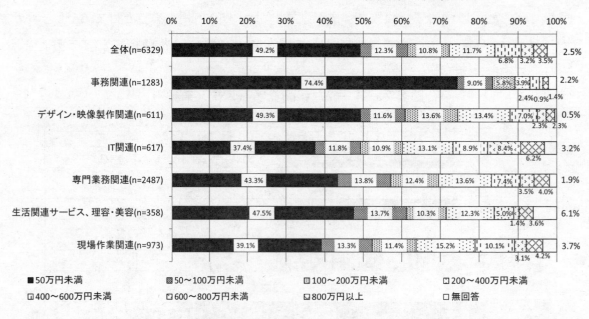

図表2－4－3　主たる取引相手からの報酬額(仕事別)

主たる取引先からの報酬を仕事別に見ると、どの仕事においても「50万円未満」の割合が高い。なかでも、その割合は「事務関連」が高い。200万円未満の割合を見ると、どの仕事でも6割に達している。なかでも、その割合は、「事務関連(89.2%)」が高い。他方で、400万円以上の割合を見ると、「IT関連(23.5%)」の割合が最も高い。仕事別に見ると、「事務関連」

の報酬額が低いことがわかる。

　専業／兼業別に見ると（図表２－４－４）、どの類型においても、「50万円未満」の割合が最も高い。その割合は、「兼業（独立自営業が副業）」において最も高い。200万円未満の割合を見ると、「専業（60.0%）」、「兼業（独立自営業が本業）（70.2%）」、「兼業（独立自営業が副業）（91.6%）」になる。400万円以上の割合を見ると、「専業（20.7%）」、「兼業（独立自営業が本業）（13.4%）」、「兼業（独立自営業が副業）（2.7%）」になる。

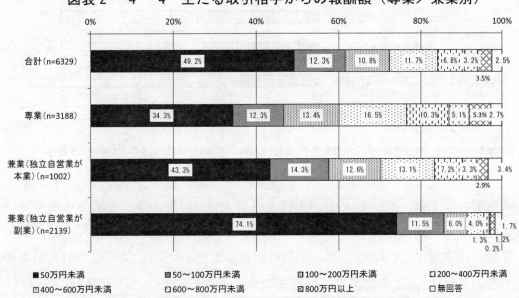

図表２－４－４　主たる取引相手からの報酬額（専業／兼業別）

２．経費

（１）経費の負担状況

　経費の負担状況を取り上げる。図表２－４－５および図表２－４－６は、主たる取引先が経費の多くを支給しているのか、それとも「独立自営業者」が経費の多くを負担しているのかを示している。

　図表２－４－５によると、全体では「あなたがすべてを負担」が４割弱と最も高い。これに、「あなたが多くを負担」の割合を足し合わせると、55.4%になる。ここでは、この割合を「独立自営業者」が経費の多くを負担する割合とする。一方で、「取引先がすべてを支給」と「取引先が多くを支給」の割合を足し合わせて、主たる取引先が経費の多くを支給する割合とする。この割合は44.5%になる。全体では、「独立自営業者」が経費の多くを負担する割合は、主たる取引先が経費の多くを支給する割合よりも高い。

　仕事別に見ると、「独立自営業者」が経費の多くを負担する割合が高いのは、「デザイン・映像製作関連（68.6%）」、「IT関連（59.9%）」、「専門業務関連（56.9%）」であり、主たる取引先が経費の多くを支給する割合が高いのは、「生活関連サービス、理容・美容（54.8%）」

である。なお、「事務関連」と「現場作業関連」は、どちらの割合もほぼ5割であった。

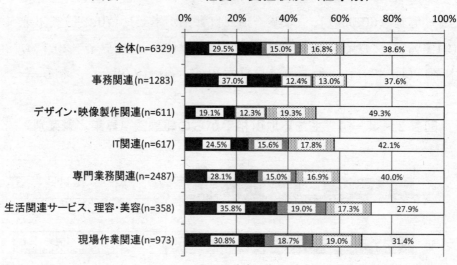

図表2－4－5　経費の負担状況（仕事別）

専業／兼業別では（図表2－4－6）、「独立自営業者」が経費の多くを負担する割合は、「専業（57.3％）」、「兼業（独立自営業が本業）(55.1％)」、「兼業（独立自営業が副業）(52.7％)」になる。専業／兼業別では、類型によって割合に差があるものの、主たる取引先が経費の多くを支給するよりは、「独立自営業者」が経費の多くを負担するケースが多い。

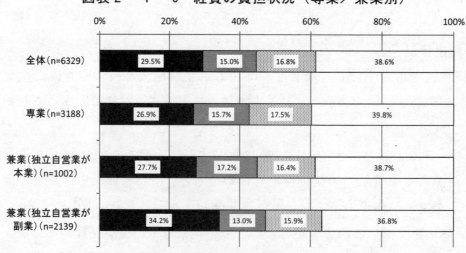

図表2－4－6　経費の負担状況（専業／兼業別）

（2）経費の負担割合（報酬額比）

次に、「独立自営業者」が負担する経費は、彼（彼女）らの報酬のどのくらいに相当するのかを見ておく。図表2－4－7および図表2－4－8で取り上げるデータサンプルは、経費の負担状況において、「取引先がすべてを支給」と回答した1869を除く4460になる。

全体の傾向からを見ると、「1割未満」が5割、「1割～3割未満」が3割を占め、これら2つで8割以上を占める。仕事別に見ていくと、どの仕事においても、「1割未満」の割合が最も高く、これに「1割～3割未満」が続く。この2つの割合を足し合わせると、どの仕事においても、その割合は8割程度になる。

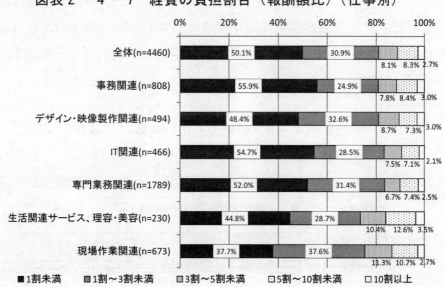

図表2－4－7　経費の負担割合（報酬額比）（仕事別）

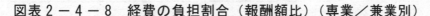

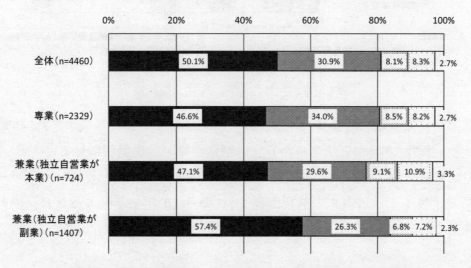

図表2－4－8　経費の負担割合（報酬額比）（専業／兼業別）

専業／兼業別に見ると（図表2－4－8）、「1割未満」の割合が最も高く、その次に「1割以上3割未満」の割合が高い。この2つの割合を足し合わせると8割前後になる。全体的に言えば、「独立自営業者」が負担する経費（報酬額比）は、3割未満であるケースが多い。

3．報酬の支払い時期

「独立自営業者」の報酬は、主たる取引先から、どのタイミングで支払われているのだろうか。それを示したのが、図表2－4－9および2－4－10である。なお、この2つのデータサンプルは6329になる。

全体的な傾向を見ると（図表2－4－9）、「サービス終了または納品完了後1ヵ月以内」と「毎月15日など決まった日」の割合が高い。仕事別に見ていくと、どの仕事でも割合が高いのは、「サービス終了後または納品完了後1ヵ月以内」と「毎月15日など決まった日」である。「即日」の割合は、全体的にそれほど高くはないものの、「生活関連サービス、理容・美容」において高い。

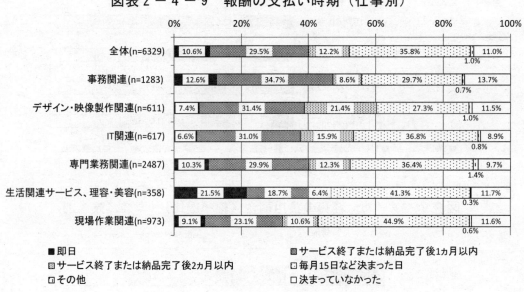

図表2－4－9　報酬の支払い時期（仕事別）

専業／兼業別に見ると（図表2－4－10）、いずれも「サービス終了または納品完了後1ヵ月以内」と「毎月15日など決まった日」の割合が高い。類型別に見ていくと、「兼業（独立自営業が副業）」は、「専業」と「兼業（独立自営業が本業）」に比べると、「サービス終了または納品完了後1ヵ月以内」の割合が高く、「毎月15日など決まった日」の割合が低いことと、兼業であるほど「即日」の割合が高い傾向が見られる。

－ 68 －

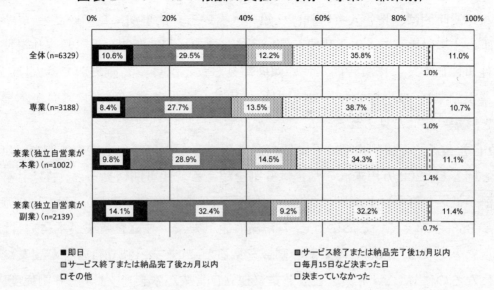

図表2－4－10　報酬の支払い時期（専業／兼業別）

第5節　おわりに

　これまで、契約に関わる事柄、作業日数・作業時間、報酬に関わる事柄の3点から、「独立自営業者」の就業と報酬を見てきた。ここでは、まとめとして振り返りたい。

1．まとめ

① 「独立自営業者」が取引をする企業数では、サンプル全体を見ても、仕事別、専業／兼業別に見ても、「1社」と「2～4社」の割合が高い。なかでも、その割合が高いのは、「事務関連」、「IT関連」、「生活関連サービス、理容・美容」である。「独立自営業者」は、不特定多数の企業というより、特定の企業と取引をしていると考えられる。

② 「独立自営業者」が取引相手と締結する契約期間では、契約期間や納期を定めていないか、短期間の契約が多いという傾向が見られた。「契約期間、納期がない」の割合は、「生活関連サービス、理容・美容」と「専業」で高い。専業／兼業別に見ると、独立自営業を本業にしている人ほど、契約期間が明確にされていないこと、「独立自営業者」の仕事を本業にしていない人ほど、契約期間は短い傾向が見られる。

③ 1ヵ月あたりの平均的な作業日数を見ると、サンプル全体では、「7日以下」の割合が最も高く、これに「15～21日」、「8～14日」が続く。仕事別に見ると、多くの仕事において、「7日以下」の割合が最も高い。特にその割合が高いのは「事務関連」である。専業／兼業別に見ると、「専業」と「兼業（独立自営業が本業）」では、「15～21日」の割合が最も高く、「兼業（独立自営業は副業）」では、「7日以下」の割合が最も高い。「独立自営業者」の仕事を本業としていない人ほど、1ヵ月あたりの平均的な作業日数は短い傾向が見られる。

④ 1週間あたりの平均的な作業時間では、サンプル全体は「1時間以上10時間未満」、「20

時間以上40時間未満」、「40時間以上60時間未満」の割合が高い。1週間あたりの平均的な作業時間は、長い人もいれば、短い人もいる。仕事別に見ていくと、「事務関連」は、他の仕事に比べて、作業時間が短い傾向にあり、「IT関連」と「現場作業関連」は、他の仕事に比べて、作業時間が長い傾向が見られる。専業／兼業別では、「兼業（独立自営業が副業）」の平均的な作業時間は、「専業」と「兼業（独立自営業が本業）」に比べると、短い傾向が見られる。

⑤ 「独立自営業者」の報酬総額は低い傾向が見られる。サンプル全体の4割が「50万円未満」と回答し、200万円未満の割合は6割を超える。仕事別に見ると、特に「事務関連」の報酬が低い。専業／兼業別に見ると、「兼業（独立自営業が副業）」は、「50万円未満」だけで65％を超えているのに対し、「専業」と「兼業（独立自営業が本業）」は、2～3割程度にとどまる。200万円未満の割合を見ると、「兼業（独立自営業が副業）」は9割近くになるのに対し、「専業」と「兼業（独立自営業が本業）」は5～6割程度にとどまる。独立自営業を本業にしている人ほど報酬総額が高く、独立自営業を本業としていない人の報酬総額は低い傾向が見られる。なお、この結果は、主たる取引先からの報酬額にもあてはまる。

⑥ 経費の負担状況では、「独立自営業者」が経費の多くを負担する割合と、主たる取引先が経費の多くを支給する割合を見ている。サンプル全体では、「独立自営業者」が経費の多くを負担する割合が高い。仕事別に見ると、「独立自営業者」が経費の多くを支給する割合が高いのは、「デザイン・映像製作関連」、「IT関連」、「専門業務関連」であり、主たる取引先が経費の多くを支給する割合が高いのは、「生活関連サービス、理容・美容」である。専業／兼業別では、いずれも「独立自営業者」が経費の多くを負担する割合が、主たる取引先が経費の多くを支給する割合を上回る。経費の負担割合（報酬額比）を見ると、「独立自営業者」全体を見ても、仕事別・専業／兼業別に見ても、3割未満の割合が高い。

⑦ 報酬の支払い時期に見られる全体の傾向は、「サービス終了または納品完了後1ヵ月以内」と「毎月15日など決まった日」の割合が高い。この結果は、仕事別に見ても、専業／兼業別に見てもあてはまる。このように、報酬の支払時期は、ある程度、決まっていると言える。

第3章 「独立自営業者」のキャリアやスキル形成

第1節 はじめに

「独立自営業者」は、自分のスキル、能力、経験等を駆使して、取引先から仕事を受注する必要があると考えられる。「独立自営業者」は、そのために必要なスキル、能力、経験等をどこでどのように得たのか、これが第3章の課題である。

こうした課題を取り上げるには、「独立自営業者」のキャリアやスキル形成を見る必要がある。具体的には、「独立自営業者」がどんなキャリアを歩んできたのか、またどこでどのようなスキル形成の機会を得たのかを見る必要があろう。

第3章では、上記について、「独立自営業者」の仕事別、専業/兼業別に確認していく。仕事の具体的な内容、仕事別および専業/兼業別に見たサンプルのプロフィールについては、第1章の第1節を参照されたい。

第2節 「独立自営業者」のキャリア

第2節では、「独立自営業者」のキャリアを取り上げる。具体的には、「独立自営業者」になった理由、「独立自営業者」の経験年数、ネットワーク参加の有無、今後（約3年後）のキャリア展望、そして最後に、補論として、「独立自営業者」になる前のキャリアを取り上げる。「独立自営業者」になる前のキャリアを補論で取り上げるのは、調査票の設計上、この内容については、専業者にしか聞いておらず、他のデータと同じように扱えないと考えたからである。

1.「独立自営業者」になった理由

図表3－2－1の「独立自営業者」になった理由から見ていく。その理由について、上位3位までを取り上げると、「自分のペースで働く時間を決めることができると思ったから(35.9%)」、「収入を増やしたかったから(31.8%)」、「自分の夢の実現やキャリアアップのため(21.7%)」となる。「独立自営業者」という働き方を選んだ主な理由は、自分のペースで働く時間を決定できると思ったこと、収入アップ、自分の夢の実現やキャリアアップである。

上記の理由について、仕事別に見ていくと、「自分のペースで働く時間を決めることができると思ったから」では、「デザイン・映像製作関連（42.4%）」、「IT関連（39.4%）」、「専門業務関連(38.9%)」の割合が高い。その割合が最も高い「デザイン・映像製作関連(42.4%)」と比較をすると、「事務関連（30.2%）」、「生活関連サービス、理容・美容（34.0%）」、「現場作業関連（30.6%）」とは、8～10ポイントの差がある。「収入を増やしたかったから」では、その割合は「事務関連（42.3%）」と「IT関連（37.6%）」で高い。最も割合の高い「事務関連（42.3%）」と他の仕事を比べると、「デザイン・映像製作関連（25.4%）」、「専門業務関連（27.2%）」、「生活関連サービス、理容・美容（31.7%）」、「現場作業関連（31.3%）」との差は10ポイント以上になる。「自分の夢の実現やキャリアアップのため」では、「デザ

イン・映像製作関連（30.5%）」、「専門業務関連（25.4%）」、「生活関連サービス、理容・美容（25.6%）」の割合が高く、「事務関連（16.1%）」、「IT関連（19.3%）」、「現場作業関連（13.2%）」の割合が低い。最も割合の高い「デザイン・映像製作関連（30.5%）」と比較をすると、「事務関連」、「IT関連」、「現場作業関連」との差は10ポイント以上になる。

図表3－2－1 「独立自営業者」になった理由（仕事別）（MA）（列%）

	事務関連	デザイン・映像製作関連	IT関連	専門業務関連	生活関連サービス、理容・美容	現場作業関連	全体
n	1560	731	705	3266	741	1253	8256
自分の夢の実現やキャリアアップのため	16.1%	30.5%	19.3%	25.4%	25.6%	13.2%	21.7%
収入を増やしたかったから	42.3%	25.4%	37.6%	27.2%	31.7%	31.3%	31.8%
自分のペースで働く時間を決めることができると思ったから	30.2%	42.4%	39.4%	38.9%	34.0%	30.6%	35.9%
働く地域や場所を選べたから	11.9%	12.3%	15.6%	12.2%	13.5%	10.0%	12.2%
働きたい仕事内容を選べたから	12.6%	21.5%	18.6%	21.4%	18.2%	13.0%	18.0%
仕事の範囲や責任が明確だったから	5.6%	8.1%	7.9%	8.5%	8.1%	7.2%	7.6%
専門的な技術や資格を活かせると思ったから	6.0%	20.9%	14.0%	28.9%	13.2%	8.9%	18.1%
実務経験やキャリアを積みたかったから	3.2%	2.5%	2.8%	3.6%	3.0%	2.4%	3.1%
育児、看護、介護との両立が図れると思ったから	8.5%	7.4%	5.4%	7.2%	9.0%	3.4%	6.9%
社会活動、趣味との両立が図れると思ったから	2.8%	8.2%	4.3%	7.4%	5.1%	4.5%	5.7%
一つの会社に縛られなかったから	4.0%	12.2%	12.2%	10.5%	7.8%	7.2%	8.8%
様々な仕事を体験できると思ったから	3.5%	7.8%	5.7%	6.8%	5.1%	3.5%	5.5%
取引相手や以前の勤め先、知り合いに頼まれたから	3.3%	7.5%	5.5%	6.6%	4.0%	5.3%	5.6%
精神的・肉体的な病気をかかえていたから	4.0%	6.2%	4.7%	3.1%	3.6%	3.0%	3.7%
正社員として働きたいが、仕事が見つからなかったから	2.9%	3.6%	4.7%	3.6%	2.4%	3.5%	3.4%
その時働いていた会社の倒産・リストラ	1.8%	3.1%	7.9%	4.1%	2.8%	4.3%	3.8%
定年退職	2.6%	1.4%	2.8%	7.0%	1.6%	5.9%	4.7%
その他	1.6%	2.5%	2.6%	2.7%	3.6%	2.7%	2.5%
特段理由はない	19.9%	12.6%	12.2%	12.9%	21.1%	23.1%	16.4%

上記と同じく、上位3位までの理由について、専業／兼業別に見ると（図表3－2－2）、「自分のペースで働く時間を決めることができると思ったから」の割合は、「専業」と「兼業（独立自営業が本業）」が4割弱であるのに対し、「兼業（独立自営業が副業）」では3割弱である。「収入を増やしたかったから」では、「専業」と「兼業（独立自営業が本業）」は2割強であるのに対し、「兼業（独立自営業が副業）」では5割を超えている。「自分の夢の実現やキャリアアップのため」では、「兼業（独立自営業が本業）」の割合が、「専業」と「兼業（独立自営業が副業）」よりも高い。

図表3－2－2 「独立自営業者」になった理由（専業／兼業別）（MA）（列％）

	専業	兼業（独立自営業が本業）	兼業（独立自営業が副業）	全体
n	4083	1335	2838	8256
自分の夢の実現やキャリアアップのため	20.9%	25.4%	21.1%	21.7%
収入を増やしたかったから	21.0%	22.8%	51.6%	31.8%
自分のペースで働く時間を決めることができると思ったから	39.6%	38.1%	29.5%	35.9%
働く地域や場所を選べたから	12.9%	12.4%	11.2%	12.2%
働きたい仕事内容を選べたから	19.2%	21.8%	14.4%	18.0%
仕事の範囲や責任が明確だったから	8.8%	8.3%	5.6%	7.6%
専門的な技術や資格を活かせると思ったから	21.3%	20.1%	12.7%	18.1%
実務経験（事務、財務、貿易事務など）やキャリアを積みたかったから	2.7%	3.1%	3.8%	3.1%
育児、看護、介護との両立が図れると思ったから	7.3%	6.7%	6.4%	6.9%
社会活動、趣味との両立が図れると思ったから	4.8%	7.5%	6.1%	5.7%
一つの会社に縛られなかったから	10.1%	10.6%	6.3%	8.8%
様々な仕事を体験できると思ったから	4.8%	6.1%	6.2%	5.5%
取引相手や以前の勤め先、知り合いに頼まれたから	4.7%	6.7%	6.3%	5.6%
精神的・肉体的な病気をかかえていたから	4.3%	4.0%	2.7%	3.7%
正社員として働きたいが、仕事が見つからなかったから	3.6%	4.9%	2.5%	3.4%
その時働いていた会社の倒産・リストラ	5.2%	4.8%	1.5%	3.8%
定年退職	5.8%	5.8%	2.4%	4.7%
その他	2.8%	2.3%	2.3%	2.5%
特段理由はない	17.5%	15.9%	15.1%	16.4%

2．「独立自営業者」の経験年数

　図表3－2－3および3－2－4には、「独立自営業者」の経験年数を示している。全体の傾向を見ると、「1年未満」と「1～5年未満」の割合が比較的高い。この2つの割合を足し合わせると5割を超える。「独立自営業者」の半数は、「独立自営業者」になって5年未満の人たちである。仕事別に見ると、全体的に「1～5年未満」の割合が最も高い。ただし「20年以上」では、「事務関連」、「IT関連」、「生活関連サービス、理容・美容」の割合が比較的高い（図表3－2－3）。

図表3-2-3 「独立自営業者」の経験年数（仕事別）

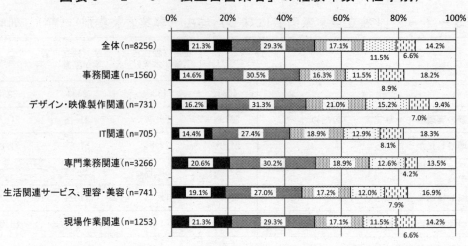

専業／兼業別に見ると（図表3-2-4）、「兼業（独立自営業が副業）」は、「専業」と「兼業（独立自営業が本業）」に比べて、「1年未満」と「1年～5年未満」の割合が高い。その一方で、「専業」と「兼業（独立自営業が本業）」は、「兼業（独立自営業が副業）」に比べて、「10～15年未満」、「15～20年未満」、「20年以上」の割合高い。「兼業（独立自営業が副業）」は、「独立自営業者」としての経験が浅く、「専業」と「兼業（独立自営業が本業）」は、「独立自営業者」としての経験が深い傾向が見られる。

図表3-2-4 「独立自営業者」の経験年数（専業／兼業別）

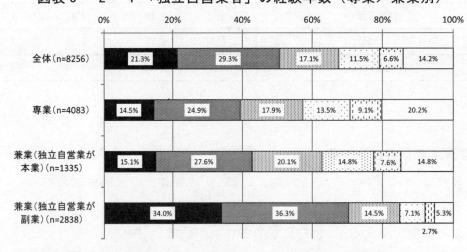

3．ネットワーク参加の有無

ネットワーク参加の有無とは、外部の組織や集まりといったネットワークに参加しているかどうかを指す。特定の組織に属さないと考えられる「独立自営業者」にとって、キャリア形成の過程で、外部の組織や集まりに加わることは重要になると思われる。

図表３－２－５によると、全体の３割程度がネットワークに参加している。仕事別に見ると、他の仕事に比べて、ネットワーク参加に参加しているのは、「事務関連」、「専門業務関連」、「生活関連サービス、理容・美容」である。

図表３－２－５ネットワーク参加の有無（仕事別）

	n	ネットワーク参加の有無		計
		はい	いいえ	
全体	8256	30.3%	69.7%	100%
事務関連	1560	31.2%	68.8%	100%
デザイン・映像製作関連	731	22.8%	77.2%	100%
IT関連	705	26.4%	73.6%	100%
専門業務関連	3266	36.0%	64.0%	100%
生活関連サービス、理容・美容	741	30.2%	69.8%	100%
現場作業関連	1253	20.8%	79.2%	100%

専業／兼業別に見ると（図表３－２－６)、「専業」に比べて、「兼業（独立自営業が本業)」と「兼業（独立自営業が副業)」がネットワークに参加する傾向が見られる。

図表３－２－６ネットワーク参加の有無（専業／兼業別）

	n	ネットワーク参加の有無		計
		はい	いいえ	
全体	8256	30.3%	69.7%	100%
専業	4083	28.4%	71.6%	100%
兼業（独立自営業が本業）	1335	34.7%	65.3%	100%
兼業（独立自営業が副業）	2838	30.9%	69.1%	100%

4．今後（約3年後）のキャリア展望

今後（約３年後）のキャリア展望では、今後も「独立自営業者」を続けるかどうかを聞いている。全体から見ると（図表３－２－７)、「独立自営業者としての仕事を専業とする」の割合が最も高く、これに「独立自営業者の仕事を兼業とする」と「分からない」が続く。「独立自営業者の仕事をやめる」は8.6%である。「独立自営業者」をやめる人は１割にも満たない。

仕事別に見ると、「事務関連」以外の仕事では、「独立自営業者の仕事を専業とする」の割合が最も高い。「事務関連」の特徴は、「独立自営業者としての仕事を兼業とする」と「分からない」の割合がほぼ同じということである。また、「生活関連サービス、理容・美容」と「現場作業関連」では、「独立自営業者の仕事を専業とする」の割合が最も高いものの、「分からない」との差はわずかである。

図表3-2-7 今後（約3年後）のキャリア（仕事別）

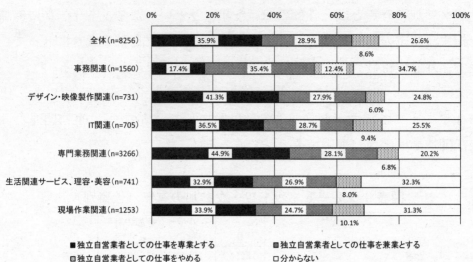

専業／兼業別に見ると（図表3-2-8）、「専業」の半数以上は「独立自営業者としての仕事を専業とする」と回答しているが、「兼業（独立自営業が副業）」では、その割合は低い。「兼業（独立自営業が本業）」の特徴は、「独立自営業者としての仕事を専業とする」と「独立自営業者としての仕事を兼業とする」の割合がほぼ同じという点にある。「兼業（独立自営業が副業）」では、その半数程度が「独立自営業者」としての仕事を兼業で続けようと考えている。

図表3-2-8 今後（約3年後）のキャリア（専業／兼業別）

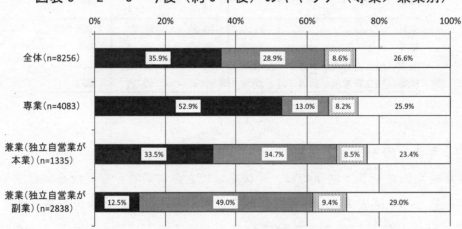

- 76 -

補論:「独立自営業者」になる前のキャリア(専業)

既述の通り、補論では、専業者を対象に、「独立自営業者」になる前のキャリアを取り上げる。第1章の第1節のプロフィールの通り、専業者のサンプルサイズは4083になる。以下では、「独立自営業者」になる前の雇用形態、正社員としての勤続年数、仕事の関連性の3つを取り上げる。

(1)「独立自営業者」になる前の雇用形態(専業)

「独立自営業者」になる前の雇用形態から見ていこう(図表3-補-1)。専業全体で最も割合が高いのは、「正社員・正規職員」である。これだけで全体の64.0%を占める。その次に多いのは、「非正社員・非正規職員(14.4%)」である。この2つを足し合わせると、全体の8割弱になる。専業者の多くは雇用されて働いていた人が多い。

仕事別に見ると、どの仕事も「正社員・正規職員」の割合が最も高く、これに「非正社員・非正規職員」が続く。どの仕事でも、この2つの割合を足し合わせると6割以上となる。この割合について細かく見ていくと、「IT関連(92.4%)」が最も高く、「事務関連(65.6%)」が最も低い。特に「IT関連」では、「独立自営業者」になる前に雇用されて働いていた人が多い。

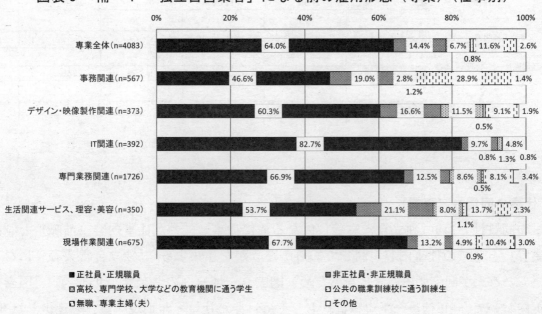

図表3-補-1 「独立自営業者」になる前の雇用形態(専業)(仕事別)

(2) 正社員としての勤続年数(専業)

図表3-補-2には、専業者のうち、「独立自営業者」になる前に正社員として雇用されていた人の勤続年数を示している。したがって、図表3-補-2のサンプルサイズは、図表3-補-1において、「正社員・正規職員」を選択した2612になる。

専業全体を見ると、最も割合が高いのは「20年以上」である。これに「5～10年未満」と「1～5年未満」が続く。「独立自営業者」になる前に正社員として働いていた専業者の中には、正社員として長期間勤務していた人もいれば、正社員としての勤続年数が5年未満や10年未満の人も含まれる。

仕事別に見ると、「1～5年未満」では、「生活関連サービス、理容・美容」と「デザイン・映像製作関連」の割合が高く、「5～10年未満」では、「事務関連」と「デザイン・映像製作関連」の割合が高い。「10～15年未満」では、「IT関連」と「デザイン・映像製作関連」の割合が高い。「20年以上」に着目すると、「専門業務関連」と「現場作業関連」が3割を超えており、この2つの仕事の割合が特に高い。「独立自営業者」になる前の正社員の勤続年数は、仕事の内容によって異なる。

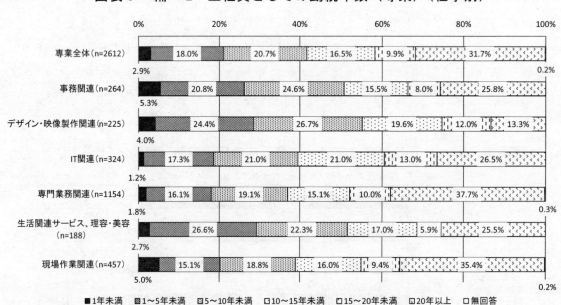

図表3－補－2　正社員としての勤続年数（専業）（仕事別）

（3）仕事の同質性（専業）

仕事の同質性とは、「独立自営業者」になる前に従事していた仕事内容（前職）と「独立自営業者」としての仕事内容が同じであるかどうかを意味する。「独立自営業者」になる前に働いている人が回答することになるため、図表3－補－3のサンプルサイズは、図表3－補－1において、「正社員・正規職員」もしくは「非正社員・非正規職員」を選択した3198になる。

図表3－補－3によると、専業全体では、前職と「独立自営業者」としての仕事が同じであった（「全く同じだった」と「同じ部分が多かった」の合計）の割合は51.0％、前職と「独立自営業者」としての仕事が異なっていた（「異なる部分が多かった」と「全く異なっていた」の合計）の割合は49.1％である。前職と「独立自営業者」としての仕事が同じ人もいれば、

異なる人もいる。

仕事別に見ると（図表3－補－3）、前職と「独立自営業者」としての仕事が同じであった割合が高いのは、「デザイン・映像製作関連（59.5％）」、「IT関連（66.6％）」、「専門業務関連（54.2％）」であり、前職と「独立自営業者」としての仕事が異なっていた割合が高いのは、「事務関連（62.6％）」「生活関連サービス、理容・美容（59.5％）」、「現場作業関連（57.7％）」である。

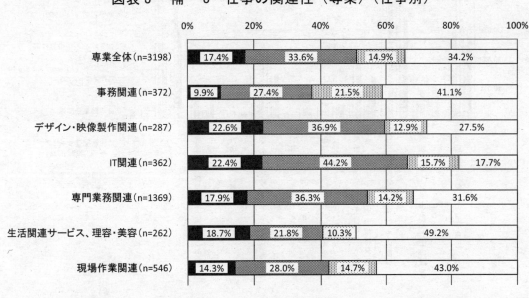

図表3－補－3　仕事の関連性（専業）（仕事別）

第3節　スキル形成

第3節のスキル形成では、スキルを身につけた場所、最も役立っている資格の有無、今後必要だと思うスキルアップの4点を取り上げる。

1．スキル形成の機会
（1）スキルを身につけた場所

図表3－3－1によると、全体に見られる傾向は、「関連書籍等を使って自学自習（28.2％）」、「会社（以前の会社を含め）での経験、研修及び勉強会（34.3％）」、「特にない（29.3％）」の3つの割合が高いことである。

上記の3つについて仕事別に見ていくと、「関連書籍等を使って自学自習」と「会社（以前の会社を含め）での経験、研修及び勉強会」では、「デザイン・映像製作関連（自学自習：33.5％、会社の経験や研修、勉強会：38.7％、以下同じ）」、「IT関連（42.6％、50.8％）」、「専門業務関連（30.8％、39.4％）」の割合が高い。他方で、「特にない」の割合が高いのは、「事務関連（40.2％）」と「現場作業関連（45.5％）」である。上記以外では、「同業者（仲間や友人を含む）との勉強会、セミナーなどでの情報交換」、「高校、専門学校、大学などの教育機関」、

「業界団体・職業団体（協会等）の研修」において、「専門業務関連（同業者との情報交換：18.2％、教育機関：21.6％、業界団体・職業団体の研修：12.0％）」の割合が高い。

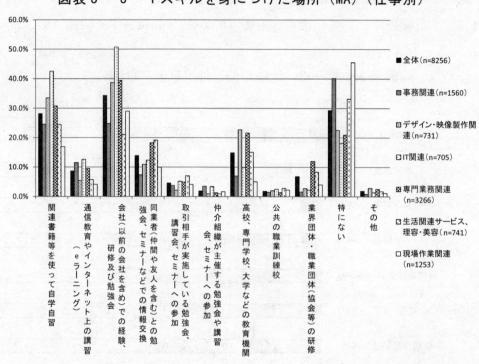

図表3－3－1 スキルを身につけた場所（MA）（仕事別）

専業／兼業別においても（図表3－3－2）、全体で割合が高い「関連書籍等を使って自学自習」、「会社（以前の会社を含め）での経験、研修及び勉強会」、「特にない」を見ていく。

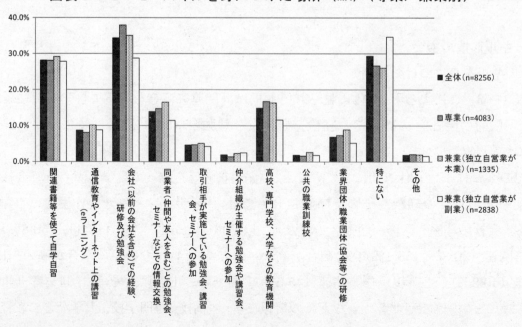

図表3－3－2 スキルを身につけた場所（MA）（専業／兼業別）

図表3-3-2によると、「関連書籍等を使って自学自習」では、どの類型においても3割弱であり、目立った傾向は見られない。「会社（以前の会社を含め）での経験、研修及び勉強会」では、「専業（38.0%）」と「兼業（独立自営業が本業）（35.1%）」の割合が高く、「兼業（独立自営業が副業）（28.8%）」の割合が低い。他方で、「特にない」の割合を見ると、「兼業（独立自営業が副業）（34.6%）」は、「専業（26.7%）」と「兼業（独立自営業が本業）（26.1%）」よりも高い。

（2）最も役立ったスキルを身につけた場所

最も役立ったスキルを身につけた場所を見る。このデータのサンプルサイズは、図表3-3-1において、「特にない」と回答した2421を除く5835である。

図表3-3-3によると、全体に見られる傾向は、「関連書籍を使って自学自習」と「会社（以前の会社を含め）での経験、研修及び勉強会」の割合が高いことである。上記以外では、「高校、専門学校、大学等の教育機関」の割合が、他の項目に比べて高い。

この3つについて仕事別に見ると（図表3-3-3）、「関連書籍等を使って自学自習」では、「事務関連」、「デザイン・映像製作関連」、「IT関連」の割合が高く、「会社（以前の会社を含め）での経験、研修及び勉強会」では、「デザイン・映像製作関連」、「IT関連」、「専門業務関連」、「現場作業関連」の割合が高い。「高校、専門学校、大学等の教育機関」では、「デザイン・映像製作関連」、「専門業務関連」、「生活関連サービス、理容・美容」の割合が高い。この3つに共通するのは、「デザイン・映像製作関連」の割合が高いことである。

図表3-3-3 最も役立ったスキルを身につけた場所（仕事別）

	事務関連	デザイン・映像製作関連	IT関連	専門業務関連	生活関連サービス、理容・美容	現場作業関連	全体
n	933	566	577	2581	495	683	5835
関連書籍等を使って自学自習	30.7%	29.2%	34.3%	19.3%	22.8%	21.8%	24.2%
通信教育やインターネット上の講習（eラーニング）	12.0%	3.0%	6.8%	4.0%	4.4%	4.5%	5.5%
会社（以前の会社を含め）での経験、研修及び勉強会	32.7%	41.5%	45.6%	39.6%	23.2%	45.4%	38.5%
同業者（仲間や友人を含む）との勉強会、セミナーなどでの情報交換	6.4%	5.5%	4.5%	7.7%	14.7%	10.2%	7.8%
取引相手が実施している勉強会、講習会、セミナーへの参加	3.6%	0.9%	1.0%	2.2%	4.8%	4.0%	2.6%
仲介組織が主催する勉強会や講習会、セミナーへの参加	3.9%	0.4%	1.4%	0.7%	0.8%	1.8%	1.4%
高校、専門学校、大学などの教育機関	7.1%	13.4%	3.3%	15.9%	16.8%	4.2%	11.7%
公共の職業訓練校	1.0%	1.6%	0.9%	0.9%	2.6%	2.5%	1.3%
業界団体・職業団体（協会等）の研修	1.4%	1.1%	0.7%	6.9%	7.7%	3.7%	4.5%
その他	1.3%	3.5%	1.6%	2.8%	2.0%	1.9%	2.3%
計	100%	100%	100%	100%	100%	100%	100%

図表3-3-4 最も役立ったスキルを身につけた場所（専業／兼業別）

	専業	兼業(独立自営業が本業)	兼業(独立自営業が副業)	全体
n	2993	987	1855	5835
関連書籍等を使って自学自習	22.8%	21.7%	27.8%	24.2%
通信教育やインターネット上の講習（eラーニング）	4.3%	7.1%	6.7%	5.5%
会社(以前の会社を含め)での経験、研修及び勉強会	42.1%	37.1%	33.6%	38.5%
同業者(仲間や友人を含む)との勉強会、セミナーなどでの情報交換	7.4%	8.4%	8.3%	7.8%
取引相手が実施している勉強会、講習会、セミナーへの参加	2.7%	2.5%	2.6%	2.6%
仲介組織が主催する勉強会や講習会、セミナーへの参加	0.9%	1.4%	2.1%	1.4%
高校、専門学校、大学などの教育機関	12.0%	12.6%	10.8%	11.7%
公共の職業訓練校	1.0%	1.5%	1.7%	1.3%
業界団体・職業団体(協会等)の研修	4.5%	5.3%	4.2%	4.5%
その他	2.4%	2.4%	2.2%	2.3%
計	100%	100%	100%	100%

　同じように専業／兼業別で見ると（図表3-3-4）、「関連書籍等を使って自学自習」では、「兼業（独立自営業が副業）」の割合が高い。これに対し、「会社（以前の会社を含め）での経験、研修及び勉強会」と「高校、専門学校、大学等の教育機関」では、「専業」、「兼業（独立自営業が本業）」の割合が比較的高い。「独立自営業者」としての仕事を本業としない人は、自学自習でスキルを身につける傾向が強く、「独立自営業者」としての仕事を本業としている人ほど、以前勤めていた会社を含め、会社での経験と教育機関で学んだことが役立っている傾向にある。

3．役立っている資格の有無

　スキル形成には、資格の取得が含まれる。そこで、「独立自営業者」に役立っている資格があるかどうかを見る（図表3-3-5）。

図表3-3-5 役立っている資格の有無（仕事別）

	n	役立った資格の有無 はい	役立った資格の有無 いいえ	計
全体	8256	35.4%	64.6%	100%
事務関連	1560	33.1%	66.9%	100%
デザイン・映像製作関連	731	16.7%	83.3%	100%
IT関連	705	24.7%	75.3%	100%
専門業務関連	3266	43.9%	56.1%	100%
生活関連サービス、理容・美容	741	38.6%	61.4%	100%
現場作業関連	1253	31.1%	68.9%	100%

図表3－3－5によると、全体では、役立った資格があるのは35.4％、役立った資格がないのは64.6％になる。全体の2/3は役立った資格を持っていない。仕事別に見ると、他の仕事に比べて役立った資格があるのは、「専門業務関連」、「生活関連サービス、理容・美容」である。専業／兼業別では（図表3－3－6）、特に目立った傾向は見られない。

図表3－3－6　役立っている資格の有無（専業／兼業別）

	n	役立つ資格の有無 はい	いいえ	計
全体	8256	35.4%	64.6%	100%
専業	4083	35.1%	64.9%	100%
兼業（独立自営業が本業）	1335	35.6%	64.4%	100%
兼業（独立自営業が副業）	2838	35.7%	64.3%	100%

4．今後必要だと思うスキルアップ

今後必要だと思うスキルアップについて見ると（図表3－3－7）、全体に見られる傾向としては、「特にない」が全体の1／3強を占めており、それ以外では、「関連書籍等を使って自学自習」、「会社（以前の会社を含め）での経験、研修及び勉強会」、「同業者（仲間や友人を含む）との勉強会、セミナーなどでの情報交換」の割合が比較的高い。

上記の4つについて仕事別に見ると、「関連書籍等を使って自学自習」では、「デザイン・映像製作関連」と「IT関連」の割合が高い。「会社（以前の会社を含め）での経験、研修及び勉強会」では、仕事別の特徴は見られないが、「同業者（仲間や友人を含む）との勉強会、セミナーなどでの情報交換」では、「デザイン・映像製作関連」、「専門業務関連」、「生活関連サービス、理容・美容」の割合が高い。また、「特にない」については、「現場作業関連」の割合が目立って高い。

図表3－3－7　今後必要だと思うスキルアップ（仕事別）

	事務関連	デザイン・映像製作関連	IT関連	専門業務関連	生活関連サービス、理容・美容	現場作業関連	全体
n	1560	731	705	3266	741	1253	8256
関連書籍等を使って自学自習	21.2%	28.6%	29.6%	22.7%	15.5%	12.3%	21.3%
通信教育やインターネット上の講習	11.8%	5.5%	8.4%	5.0%	4.5%	3.6%	6.3%
会社（以前の会社を含め）での経験、研修及び勉強会	10.0%	9.6%	13.9%	11.1%	9.7%	11.0%	10.9%
同業者（仲間や友人を含む）との勉強会、セミナーなどでの情報交換	6.6%	13.1%	9.1%	14.0%	18.1%	9.5%	11.8%
取引相手が実施している勉強会、講習会、セミナーへの参加	4.0%	1.9%	2.8%	2.5%	4.5%	2.6%	2.9%
仲介組織が主催する勉強会や講習会、セミナーへの参加	6.0%	1.8%	4.4%	1.7%	0.7%	1.4%	2.6%
高校、専門学校、大学などの教育機関	1.1%	1.5%	1.1%	2.0%	1.1%	0.8%	1.4%
公共の職業訓練校	1.0%	0.1%	0.3%	0.4%	1.8%	0.7%	0.6%
業界団体・職業団体（協会等）の研修	1.9%	4.5%	3.8%	10.2%	7.6%	4.9%	6.5%
特にない	36.2%	31.2%	25.7%	28.1%	35.5%	52.3%	34.0%
その他	0.3%	2.2%	0.9%	2.3%	1.2%	0.9%	1.5%
計	100%	100%	100%	100%	100%	100%	100%

　専業／兼業別に見ると（図表3－3－8）、全体的に「特にない」の割合が最も高い。その割合について見ると、「専業」は、「兼業（独立自営業が本業）」と「兼業（独立自営業が副業）」よりも高い。これ以外で割合の高い3つについて見ていくと、「関連書籍等を使って自学自習」では、目立った傾向は見られない。「会社（以前の会社を含め）での経験、研修及び勉強会」と「同業者（仲間や友人を含む）との勉強会、セミナーなどでの情報交換」では、「専業」と「兼業（独立自営業が本業）」の割合が、「兼業（独立自営業が副業）」に比べて高い傾向にある。

図表3－3－8　今後必要だと思うスキルアップ（専業／兼業別）

	専業	兼業（独立自営業が本業）	兼業（独立自営業が副業）	全体
n	4083	1335	2838	8256
関連書籍等を使って自学自習	20.2%	21.3%	22.8%	21.3%
通信教育やインターネット上の講習（eラーニング）	4.8%	6.6%	8.4%	6.3%
会社（以前の会社を含め）での経験、研修及び勉強会	11.3%	11.8%	9.8%	10.9%
同業者（仲間や友人を含む）との勉強会、セミナーなどでの情報交換	12.7%	12.5%	10.2%	11.8%
取引相手が実施している勉強会、講習会、セミナーへの参加	2.6%	3.1%	3.4%	2.9%
仲介組織が主催する勉強会や講習会、セミナーへの参加	1.7%	1.9%	4.2%	2.6%
高校、専門学校、大学などの教育機関	1.2%	1.9%	1.5%	1.4%
公共の職業訓練校	0.5%	0.7%	0.8%	0.6%
業界団体・職業団体（協会等）の研修	7.2%	7.9%	4.9%	6.5%
特にない	36.1%	30.4%	32.8%	34.0%
その他	1.6%	1.9%	1.1%	1.5%
計	100%	100%	100%	100%

第4節　おわりに

本章で取り上げたデータから得られた結果をまとめた上で、その特徴について考察を行う。

1. 本章の概要

① 「独立自営業者」になった主な理由の上位3つは、自分のペースで働く時間を決められると考えたこと、収入のアップ、自分の夢の実現やキャリアアップである。この3点について専業／兼業別に見ると、「専業」と「兼業（独立自営業が本業）」は自分のペースで働く時間を決められると考えて「独立自営業者」を選んだ傾向が強く、「兼業（独立自営業が副業）」は収入アップを期待して「独立自営業者」を選んだ傾向が強い。

② 「独立自営業者」の半数は、「独立自営業者」になって5年未満（「1年未満」と「1～5年未満」の合計）の人たちである。仕事別に見ると、全体的に「1～5年未満」の割合が最も高い一方で、「事務関連」、「IT関連」、「生活関連サービス、理容・美容」では、「20年以上」の割合が比較的高い。専業／兼業別では、「兼業（独立自営業が副業）」の経験年数が短く、「専業」と「兼業（独立自営業が本業）」は、「独立自営業者」としての経験年数が長いという傾向が見られた。

③ キャリア形成の過程において、外部の組織や集まり（ネットワーク）に参加しているかどうかを見ると、参加している「独立自営業者」は3割程度である。ネットワークの参加割合は高いとは言い難い。仕事別に見ると、ネットワークを参加しているのは、「事務関連」、「生活関連サービス、理容・美容」、「専門業務関連」である。専業／兼業別に

見ると、「専業」に比べて、「兼業（独立自営業が本業）」と「兼業（独立自営業が副業）」がネットワークに参加する傾向が見られる。

④ 今後（3年後）のキャリア展望について見ると、サンプル全体では、独立自営業の仕事を専業とするという回答が多く、これに「独立自営業者の仕事を兼業とする」と「分からない」が続く。「独立自営業者」の仕事をやめようと考えている人は少ない。仕事別に見ると、「事務関連」以外では、「独立自営業者の仕事を専業にする」と考えている人が多い。専業／兼業別に見ると、「専業」の半数以上は「独立自営業者」の仕事を専業として続けようと考えている一方で、「兼業（独立自営業が本業）」では、独立自営業の仕事を専業で続けるか、兼業にするかの割合はほぼ同じである。「兼業（独立自営業が副業）」では、その半数程度が「独立自営業者」としての仕事を兼業で続けようと考えている。

⑤ 補論では、専業者を対象に「独立自営業者」になる前のキャリアを取り上げた。「独立自営業者」になる前の雇用形態では、「正社員・正規職員」が最も多く、これに「非正社員・非正規職員」が続く。この2つを足し合わせると、全体の8割弱になることから、専業者の多くは雇用されて働いていた人が多い。仕事別に見ると、どの仕事においても、雇用されて働いていた割合は6割以上となるが、特に「IT関連（92.4%）」の割合が高い。「独立自営業者」になる前に正社員として雇用されていた人の勤続年数を見ると、多くの仕事において、割合が高いのは「1～5年未満」、「5～10年未満」、「20年以上」である。「独立自営業者」になる前に正社員として働いていた専業者には、正社員として長期間勤務していた人もいれば、正社員としての勤続年数が5年未満や10年未満の人も含まれる。

⑥ 「独立自営業者」になる前（前職）に従事していた仕事内容と「独立自営業者」としての仕事内容が同じであるかどうかについて見ると、専業全体では、明確な傾向は見られなかった。前職と「独立自営業者」としての仕事が同じ人もいれば、異なる人もいる。仕事別に見ると、前職と「独立自営業者」としての仕事が同じであった割合が高いのは、「デザイン・映像製作関連」、「IT関連」、「専門業務関連」であり、前職と「独立自営業者」としての仕事が異なっていた割合が高いのは、「事務関連」「生活関連サービス、理容・美容」、「現場作業関連」である。

⑦ スキルを身につけた場所の割合がサンプル全体で高いのは、「関連書籍等を使って自学自習」、「会社（以前の会社を含め）の経験、研修及び勉強会」、「特にない」の3点である。「独立自営業者」は、自学自習か会社での経験を基にスキルを形成しているが、その割合は「IT関連」で高い。専業／兼業別に見ると、「会社（以前の会社を含め）での経験、研修及び勉強会」では、「専業」と「兼業（独立自営業が本業）」の割合が高く、「兼業（独立自営業が副業）」の割合が低い。最も役立ったスキルをどこで身につけたのかを見ると、対象サンプルに見られる傾向は、「関連書籍等を使って自学自習」、「会社（以

前の会社を含め）での経験、研修及び勉強会」、「高校、専門学校、大学等の教育機関」の割合が高い。この3つに共通して割合が高いのは、「デザイン・映像製作関連」である。専業／兼業別に見ると、「会社（以前の会社を含め）での経験、研修及び勉強会」、「高校、専門学校、大学等の教育機関」では、「専業」と「兼業（独立自営業が本業）」の割合が比較的高い。

⑧ 役立っている資格の有無では、役立った資格があるのは35.4％、役立った資格がないのは64.6％になる。サンプル全体の約2／3には役立った資格がない。仕事別に見ると、「役立った資格がある」の割合が高いのは、「専門業務関連」、「生活関連サービス、理容・美容」である。

⑨ 今後必要だと思うスキルアップでは、「特にない」が全体の1／3強を占めており、それ以外では、「関連書籍等を使って自学自習」、「会社（以前の会社を含め）での経験、研修及び勉強会」、「同業者（仲間や友人を含む）との勉強会、セミナーなどでの情報交換」の割合が比較的高い。これらについて、仕事別および専業／兼業別に見ると、類型によって、今後必要だと思うスキルアップの内容は異なる。

2．考察

ここでは、「独立自営業者」が今後の自身のキャリアについて、どのように考えているのかを取り上げる。具体的には、「独立自営業者」の仕事を続けるのかどうか、続ける場合は専業なのか、それとも兼業なのかである。それを示したのが、図表3－4－1である。

図表3－4－1　今後（約3年後）のキャリア展望のまとめ（n=8256）

	独立自営業者としての仕事を専業とする	独立自営業者としての仕事を兼業とする	独立自営業者としての仕事をやめる	分からない	計
専業(n=4083)	52.9%	13.0%	8.2%	25.9%	100%
兼業(独立自営業が本業)(n=1335)	33.5%	34.7%	8.5%	23.4%	100%
兼業(独立自営業が副業)(n=2838)	12.5%	49.0%	9.4%	29.0%	100%

図表3－4－1を見ると、専業の5割以上が専業として「独立自営業者」を続けること、13.0％が兼業への変更を考えている。兼業者のうち、独立自営業を本業としている人は、33.5％が専業への変更を考えており、約35％が兼業者として「独立自営業者」を続けようと考えている。兼業者のうち、独立自営業を本業としている人の中には、専業への変更を考えている人が一定数存在する。また、兼業者のうち、独立自営業を副業としている人は、12.5％が専業に変更しようと考えている一方で、約5割が兼業として「独立自営業者」を続けようと考えている。このように、専業と兼業に関わらず、また独立自営業が本業であるか

副業であるかに関わらず、「独立自営業者」の6割以上は今後も「独立自営業者」としての仕事を続けようと考えている。また独立自営業を副業にしている人は、兼業として続けようと考えている人が多い。

　上記のデータを見る限り、兼業者のうち、特に独立自営業を本業にしている人は、兼業から専業への変更を考えていることが明らかとなった。この結果だけを見れば、「兼業（独立自営業が本業）」は専業予備軍と言って良いかもしれない。つまり、「兼業（独立自営業が本業）」の中には、専業へのステップアップを見越して、「独立自営業者」としての仕事と兼業先の仕事を掛け持ち、どこかのタイミングで専業者として独立する人が含まれるのかもしれない。

第4章　トラブル経験／整備・充実を求める保護施策

第1節　はじめに

本章では、「独立自営業者」が遭遇したトラブル、ならびに、整備や充実を求める保護施策について取り上げる。上記の事柄について、本章では「独立自営業者」の仕事別と専業／兼業別のそれぞれについて確認し、その特徴として窺われることを示したい。これ以降の流れは次の通りである。まず、第2節においてトラブルにかかわる事柄について確認する。次に第3節において整備や充実を望む保護施策にかかわる事柄について確認する。

第2節　トラブル経験

本節では「独立自営業者」が経験したトラブルについて、仕事別、ならびに、専業／兼業別に確認する。

1．経験したトラブルの特徴

図表4－2－1　トラブル経験の有無（仕事別）

	n	トラブル経験の有無 はい	トラブル経験の有無 いいえ	計
全体	8256	49.9%	50.1%	100%
事務関連	1560	55.1%	44.9%	100%
デザイン・映像製作関連	731	50.9%	49.1%	100%
IT関連	705	51.5%	48.5%	100%
専門業務関連	3266	44.8%	55.2%	100%
生活関連サービス、理容・美容	741	52.4%	47.6%	100%
現場作業関連	1253	53.6%	46.4%	100%

図表4－2－2　トラブル経験の有無（専業／兼業別）

	n	トラブル経験の有無 はい	トラブル経験の有無 いいえ	計
全体	8256	49.9%	50.1%	100%
専業	4083	49.1%	50.9%	100%
兼業（独立自営業が本業）	1335	55.1%	44.9%	100%
兼業（独立自営業が副業）	2838	48.6%	51.4%	100%

図表4－2－1、および、図表4－2－2は、トラブル経験の有無について、仕事別、ならびに、専業／兼業別に確認したものである。図表4－2－1より、サンプル全体の傾向として、約半数の者はトラブルを経験していない。仕事別の傾向を見てみると、「事務関連」は、六つの仕事の中ではトラブルを経験している傾向がある。一方、トラブルを経験しない仕事としては、「専門業務関連」が挙げられる。また、この点について図表4－2－2より、専業／兼業別に見てみると、「兼業（独立自営業が本業）」は、他の場合と比べるとトラブルを経験している傾向が見られる。

図表4－2－3　経験したトラブルの内容（MA）（仕事別）

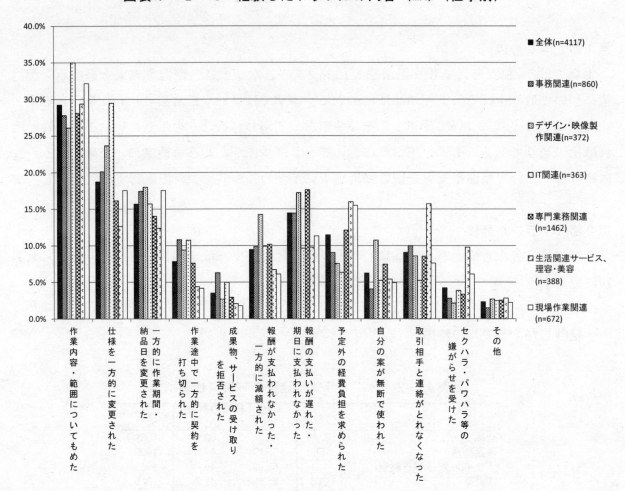

注）無回答1サンプル（0.1%）は図表には示していない。

　では、どのようなトラブルに遭遇しているのか。この点について、2017年にトラブルを経験した4117サンプルを対象に、その内容について仕事別、ならびに、専業／兼業別に見たものが図表4－2－3と図表4－2－4である。図表4－2－3より、対象サンプル全体の傾向として、「作業内容・範囲についてもめた（29.2%）」、「仕様を一方的に変更された（18.7%）」、「一方的に作業期間・納品日を変更された（15.7%）」が経験したトラブルの上位三つとなっている。

　これらの項目について仕事別に見てみると、「IT関連」は、六つの仕事の中では、作業内容や範囲に関するトラブルを経験していることが窺われる。「IT関連」の「作業内容・範囲についてもめた」は35.0%と、全体の数値を6ポイント弱上回っている。「仕様を一方的に変更された」についても、他の仕事に比べると、「IT関連」は、この種のトラブルに遭っていることが窺われる。「一方的に作業期間・納品日を変更された」については、その差は僅かであるが、六つの仕事中では、「事務関連」、「デザイン・映像製作関連」、「現場作業関連」がこの種のトラブルにより遭っているようである。

仕事内容別に見た場合の他の興味深い点として、「生活関連サービス、理容・美容」は、「取引相手と連絡が取れなくなった」や「セクハラ・パワハラ等の嫌がらせを受けた」といった対象サンプル全体では少数派のトラブルを経験している点が挙げられる。また、「デザイン・映像製作関連」は、他の仕事と比べると報酬にかかわるトラブルを経験しやすい傾向が窺われる。なお、専業・兼業別に見てみた場合、指摘すべき顕著な傾向は見られないように思われる（図表4－2－4）。

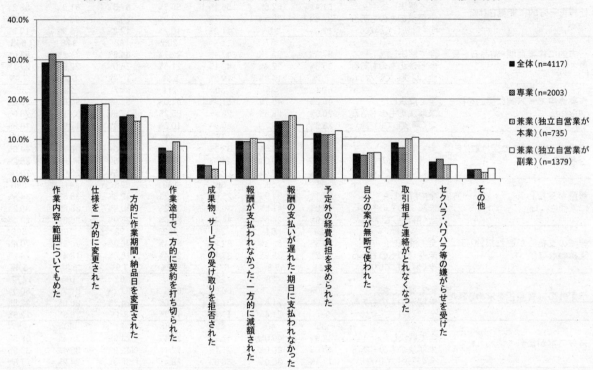

図表4－2－4　経験したトラブルの内容（MA）（専業／兼業別）

注）無回答1サンプル（0.1％）は図表には示していない。

2. トラブルの解決状況
（1）仕事別

図表4－2－5　トラブルの解決状況（仕事別）（列％）

		事務関連	デザイン・映像製作関連	IT関連	専門業務関連	生活関連サービス、理容・美容	現場作業関連	全体
作業内容・範囲についてもめた	n	239	97	127	411	114	216	1204
	全て解決した	54.4%	63.9%	63.0%	67.2%	50.0%	56.9%	60.5%
	未解決のものもある	36.4%	25.8%	29.1%	27.5%	41.2%	30.6%	31.1%
	全く解決していない	9.2%	10.3%	7.9%	5.4%	8.8%	12.5%	8.4%
仕様を一方的に変更された	n	173	88	107	236	49	118	771
	全て解決した	51.4%	62.5%	56.1%	59.3%	67.3%	61.0%	58.2%
	未解決のものもある	37.6%	29.5%	32.7%	30.5%	20.4%	25.4%	30.9%
	全く解決していない	11.0%	8.0%	11.2%	10.2%	12.2%	13.6%	10.9%
一方的に作業期間・納品日を変更された	n	150	67	57	205	48	118	645
	全て解決した	57.3%	62.7%	47.4%	72.7%	64.6%	71.2%	65.0%
	未解決のものもある	35.3%	22.4%	42.1%	21.5%	25.0%	22.9%	27.1%
	全く解決していない	7.3%	14.9%	10.5%	5.9%	10.4%	5.9%	7.9%
作業途中で一方的に契約を打ち切られた	n	93	35	39	111	17	28	323
	全て解決した	46.2%	45.7%	51.3%	64.0%	52.9%	50.0%	53.6%
	未解決のものもある	26.9%	28.6%	28.2%	25.2%	17.6%	32.1%	26.6%
	全く解決していない	26.9%	25.7%	20.5%	10.8%	29.4%	17.9%	19.8%
成果物、サービスの受け取りを拒否された	n	54	10	18	43	8	12	145
	全て解決した	46.3%	50.0%	33.3%	39.5%	50.0%	66.7%	44.8%
	未解決のものもある	33.3%	40.0%	44.4%	39.5%	37.5%	8.3%	35.2%
	全く解決していない	20.4%	10.0%	22.2%	20.9%	12.5%	25.0%	20.0%
報酬が支払われなかった・一方的に減額された	n	85	53	36	149	26	41	390
	全て解決した	34.1%	34.0%	25.0%	36.2%	42.3%	36.6%	34.9%
	未解決のものもある	40.0%	41.5%	30.6%	34.2%	30.8%	36.6%	36.2%
	全く解決していない	25.9%	24.5%	44.4%	29.5%	26.9%	26.8%	29.0%
報酬の支払いが遅れた・期日に支払われなかった	n	124	64	35	258	38	76	595
	全て解決した	76.6%	56.3%	62.9%	69.4%	76.3%	76.3%	70.4%
	未解決のものもある	20.2%	35.9%	37.1%	24.4%	15.8%	18.4%	24.2%
	全く解決していない	3.2%	7.8%	0.0%	6.2%	7.9%	5.3%	5.4%
予定外の経費負担を求められた	n	78	28	23	177	62	104	472
	全て解決した	50.0%	57.1%	60.9%	63.3%	67.7%	57.7%	60.0%
	未解決のものもある	41.0%	21.4%	21.7%	26.0%	24.2%	26.0%	27.8%
	全く解決していない	9.0%	21.4%	17.4%	10.7%	8.1%	16.3%	12.3%
自分の案が無断で使われた	n	35	40	19	109	21	33	257
	全て解決した	42.9%	40.0%	42.1%	39.4%	23.8%	36.4%	38.5%
	未解決のものもある	40.0%	30.0%	21.1%	32.1%	42.9%	39.4%	33.9%
	全く解決していない	17.1%	30.0%	36.8%	28.4%	33.3%	24.2%	27.6%
取引相手と連絡がとれなくなった	n	86	32	19	125	61	51	374
	全て解決した	44.2%	43.8%	47.4%	45.6%	45.9%	47.1%	45.5%
	未解決のものもある	24.4%	15.6%	15.8%	30.4%	31.1%	23.5%	26.2%
	全く解決していない	31.4%	40.6%	36.8%	24.0%	23.0%	29.4%	28.3%
セクハラ・パワハラ等の嫌がらせを受けた	n	24	8	14	49	38	41	174
	全て解決した	25.0%	12.5%	0.0%	28.6%	34.2%	19.5%	24.1%
	未解決のものもある	20.8%	50.0%	42.9%	28.6%	31.6%	36.6%	32.2%
	全く解決していない	54.2%	37.5%	57.1%	42.9%	34.2%	43.9%	43.7%
その他	n	13	10	9	37	11	15	95
	全て解決した	53.8%	30.0%	55.6%	51.4%	54.5%	66.7%	52.6%
	未解決のものもある	7.7%	60.0%	22.2%	24.3%	18.2%	20.0%	24.2%
	全く解決していない	38.5%	10.0%	22.2%	24.3%	27.3%	13.3%	23.2%

　以上、経験したトラブルについて確認した。以下では経験したトラブルの解決状況について確認する。経験したトラブルの解決状況について仕事別に示したものが、図表4－2－5である。まず、トラブル解決の困難さについて確認すると、「全て解決した」が6割以上のものは、「作業内容・範囲についてもめた」、「一方的に作業期間・納品日を変更された」、「報酬の支払いが遅れた・期日に支払われなかった」、「予定外の経費負担を求められた」となっている。これらのトラブルは、トラブルになったとしても解決に繋がりやすいようである。

逆に「全て解決した」が4割以下のものは、「報酬が支払われなかった・一方的に減額された」、「自分の案が無断で使われた」、「セクハラ・パワハラ等の嫌がらせを受けた」となっている。これらのトラブルは、トラブルになった場合に解決しづらいようである。

さて、以下では図表4－2－5より、「その他」以外の各トラブルの内容別に、解決状況の特徴についてもう少し詳しく見てみよう。

①作業内容・範囲

作業内容や範囲に関するトラブルについては、トラブルが発生したとしても、全て解決する場合が6割程度に上る（対象サンプル全体の「すべて解決した（60.5%）」）。仕事別の傾向を見てみると、「生活関連サービス、理容・美容」は、他の仕事と比べると解決に至らない場合が多いことが窺われる。

②仕様の一方的変更

仕様の変更に関するトラブルについては、トラブルが発生したとしても、全て解決する場合が6割弱に上る（対象サンプル全体の「すべて解決した（58.2%）」）。仕事別の傾向を見てみると、「事務関連」は、他の仕事と比べると解決に至らない場合が多いことが窺われる。

③作業期間・納品日の一方的変更

作業期間や納品日の変更に関するトラブルは、トラブルが発生したとしても、全て解決する場合が6割5分に上る（対象サンプル全体の「すべて解決した（65.0%）」）。このトラブルは、トラブルの中では解決に至りやすいトラブルのようである。仕事別の傾向を見てみると、「IT関連」は、他の仕事と比べると解決に至らない場合が多いことが窺われる。

④一方的な契約の打ち切り

一方的な契約の打ち切りについては、全て解決する場合が5割程度となっている（対象サンプル全体の「すべて解決した（53.6%）」）。仕事別の傾向を見てみると、「事務関連」や「デザイン・映像製作関連」は、他の仕事と比べると解決に至らない場合が多いことが窺われる。

⑤成果物、サービス受け取りの拒否

成果物やサービスの受け取り拒否については、トラブルが発生した場合、全て解決する場合は4割強となっている（対象サンプル全体の「すべて解決した（44.8%）」）。仕事別の傾向を見てみると、「IT関連」や「専門業務関連」は、他の仕事と比べると解決に至らない場合が多いことが窺われる。

⑥報酬の未払い・一方的な減額

報酬の未払いや一時的な減額に関するトラブルについては、トラブルが発生した際に全て解決する場合は3割強となっている（対象サンプル全体の「すべて解決した（34.9％）」）。このトラブルは、トラブルの中では解決しづらいトラブルのようである。仕事別の傾向を見てみると、「IT関連」は、他の仕事と比べると解決に至らない場合が多いことが窺われる。

⑦報酬支払いの遅延

報酬の支払いの遅延に関するトラブルについて見てみると、全て解決する場合は7割程度に上る（対象サンプル全体の「すべて解決した（70.4％）」）。このトラブルは、トラブルの中では解決しやすいトラブルのようである。仕事別の傾向を見てみると、「デザイン・映像製作関連」は、他の仕事と比べると解決に至らない場合が多いことが窺われる。

⑧予定外の経費負担

予定外の経費負担に関するトラブルについて見てみると、全て解決する場合は6割に上る（対象サンプル全体の「すべて解決した（60.0％）」）。仕事別の傾向を見てみると、「事務関連」、「デザイン・映像製作関連」、および「現場作業関連」は、他の仕事と比べると解決に至らない場合が多いことが窺われる。

⑨自分の案の無断使用

自分の案の無断使用について見てみると、全て解決する場合は4割弱となっている（対象サンプル全体の「すべて解決した（38.5％）」）。このトラブルは、トラブルの中では解決しづらい事柄のようである。仕事別の傾向を見てみると、「生活関連サービス、理容・美容」は、他の仕事と比べると解決に至らない場合が多いことが窺われる。

⑩相手との連絡が取れなくなった

相手との連絡が取れなった場合の解決状況について見てみると、全て解決する場合は4割強となっている（対象サンプル全体の「すべて解決した（45.5％）」）。仕事別に「全く解決していない」を見てみると、「デザイン・映像製作関連」や「IT関連」は、他の仕事と比べるとその割合が高くなっている。「デザイン・映像製作関連」や「IT関連」は、解決に至らない場合が多いことが窺われる。

⑪セクハラ・パワハラ等のいやがらせ

セクハラやパワハラ等の嫌がらせに関するトラブルの解決状況について見てみると、全て解決する場合は2割強となっている（対象サンプル全体の「すべて解決した（24.1％）」）。トラブルの中では、解決しづらいトラブルのようである。仕事別の傾向を見てみると、「デ

ザイン・映像製作関連」や「IT関連」において特に解決しづらいようである。

(2) 専業／兼業別

図表4－2－6　トラブルの解決状況（専業／兼業別）（列％）

		専業	兼業(独立自営業が本業)	兼業(独立自営業が副業)	全体
作業内容・範囲についてもめた	n	630	217	357	1204
	全て解決した	60.8%	55.3%	63.0%	60.5%
	未解決のものもある	29.5%	40.1%	28.6%	31.1%
	全く解決していない	9.7%	4.6%	8.4%	8.4%
仕様を一方的に変更された	n	373	138	260	771
	全て解決した	62.5%	55.1%	53.8%	58.2%
	未解決のものもある	28.2%	37.7%	31.2%	30.9%
	全く解決していない	9.4%	7.2%	15.0%	10.9%
一方的に作業期間・納品日を変更された	n	322	107	216	645
	全て解決した	65.8%	64.5%	63.9%	65.0%
	未解決のものもある	28.9%	26.2%	25.0%	27.1%
	全く解決していない	5.3%	9.3%	11.1%	7.9%
作業途中で一方的に契約を打ち切られた	n	140	69	114	323
	全て解決した	55.0%	55.1%	50.9%	53.6%
	未解決のものもある	28.6%	26.1%	24.6%	26.6%
	全く解決していない	16.4%	18.8%	24.6%	19.8%
成果物、サービスの受け取りを拒否された	n	67	18	60	145
	全て解決した	50.7%	33.3%	41.7%	44.8%
	未解決のものもある	37.3%	22.2%	36.7%	35.2%
	全く解決していない	11.9%	44.4%	21.7%	20.0%
報酬が支払われなかった・一方的に減額された	n	189	75	126	390
	全て解決した	36.5%	34.7%	32.5%	34.9%
	未解決のものもある	37.6%	40.0%	31.7%	36.2%
	全く解決していない	25.9%	25.3%	35.7%	29.0%
報酬の支払いが遅れた・期日に支払われなかった	n	291	117	187	595
	全て解決した	70.8%	66.7%	72.2%	70.4%
	未解決のものもある	24.7%	28.2%	20.9%	24.2%
	全く解決していない	4.5%	5.1%	7.0%	5.4%
予定外の経費負担を求められた	n	223	82	167	472
	全て解決した	59.6%	57.3%	61.7%	60.0%
	未解決のものもある	26.9%	29.3%	28.1%	27.8%
	全く解決していない	13.5%	13.4%	10.2%	12.3%
自分の案が無断で使われた	n	118	48	91	257
	全て解決した	39.0%	37.5%	38.5%	38.5%
	未解決のものもある	29.7%	43.8%	34.1%	33.9%
	全く解決していない	31.4%	18.8%	27.5%	27.6%
取引相手と連絡がとれなくなった	n	156	74	144	374
	全て解決した	44.2%	36.5%	51.4%	45.5%
	未解決のものもある	27.6%	29.7%	22.9%	26.2%
	全く解決していない	28.2%	33.8%	25.7%	28.3%
セクハラ・パワハラ等の嫌がらせを受けた	n	99	26	49	174
	全て解決した	23.2%	34.6%	20.4%	24.1%
	未解決のものもある	30.3%	26.9%	38.8%	32.2%
	全く解決していない	46.5%	38.5%	40.8%	43.7%
その他	n	47	12	36	95
	全て解決した	51.1%	41.7%	58.3%	52.6%
	未解決のものもある	23.4%	33.3%	22.2%	24.2%
	全く解決していない	25.5%	25.0%	19.4%	23.2%

　経験したトラブルの解決状況について専業／兼業別に示したものが、図表4－2－6である。対象サンプル全体の傾向についてはすでに述べているので、以下では図表4－2－6より、「その他」を除くトラブルの内容毎の特徴について確認する。

- 95 -

①作業内容・範囲
　作業内容・範囲に関するトラブルについては、「兼業（独立自営業が本業）」は、他の二つと比べると、全て解決する割合が低くなっている。「兼業（独立自営業が本業）」の場合、解決に至らない場合がやや多いようである。

②仕様の一方的な変更
　仕様の一方的な変更に関するトラブルについては、「兼業（独立自営業が副業）」は、他の二つと比べると、解決していない傾向が窺われる。「専業」の場合、全て解決する割合は、他の二つと比べると最も高いが、と同時に、全く解決していない割合も、「兼業（独立自営業が本業）」よりも高くなっている。

③作業期間・納品日の一方的変更
　作業期間や納品日の一方的な変更にかかわるトラブルについては、「兼業」は、「専業」に比べると、解決しない場合が多いことが窺われる。「専業」の「全く解決していない」は5.3%となっており、「兼業」の二つに比べると、4ポイントから6ポイント程度低くなっている。

④一方的な契約の打ち切り
　一方的な契約の打ち切りに関するトラブルについては、「兼業（独立自営業が副業）」は、他の二つと比べると解決しない場合が多い傾向がある。このことから、本業として独立自営業を行っている（「専業」と「兼業（独立自営業が本業）」）場合は、副業として行っている場合に比べると、この手のトラブルがあったとしても解決に至ることが多いことが窺われる。

⑤成果物、サービス受け取りの拒否
　このトラブルについては、「兼業（独立自営業が本業）」が、他の二つと比べると、解決にまで至らない傾向がある。三つの中では、「専業」が解決に至る場合が最も多いようである。

⑥報酬の未払い・一方的な減額
　報酬の未払いや一方的な減額にかかわるトラブルについては、「兼業（独立自営業が副業）」が、他の二つに比べると解決にまで至らない傾向がある。専業であれ兼業であれ、独立自営業を本業として行っている者は、そうではない者に比べると、この種のトラブルにおいて解決に至っている場合が多いようである。

⑦報酬支払いの遅延

報酬の遅延に関するトラブルについては、いずれの場合であってもトラブルの中では解決している割合が高い。「兼業（独立自営業が本業）」は、他の二つと比べると解決にまで至らない場合がやや多くなっている。

⑧予定外の経費負担

予定外の経費負担に関するトラブルについては、「兼業（独立自営業が副業）」は、他の二つと比べると、解決に至る場合がやや多いようである。

⑨自分の案の無断使用

自分の案の無断使用に関するトラブルについては、「専業」や「兼業（独立自営業が副業）」は、「兼業（独立自営業が本業）」に比べると、「全く解決していない」が高くなっている。このことから、「兼業（独立自営業が本業）」は、他の二つと比べると、解決に至る場合がやや多いことが窺われる。

⑩相手との連絡が取れなくなった

このトラブルについては、「兼業（独立自営業が副業）」は、他の二つに比べると、「全て解決した」が高くなっている。このことから、副業として独立自営業を行っている者は、本業（専業と兼業含む）として独立自営業を行っている者に比べると、解決にまで至ることが多いことが窺われる。

⑪セクハラ・パワハラ等のいやがらせ

セクハラやパワハラ等の嫌がらせにかかわるトラブルについては、「専業」の「全く解決していない」が、他の二つよりも高くなっている。このことから、「専業」は、「兼業」に比べるとこの種のトラブルにあった際に、解決に至らない場合が多いことが窺われる。

3．トラブルの対処方法

では、トラブルにあった際にはいかなる方法で対応しているのか。図表4－2－7と図表4－2－8は、トラブルが起こった際の対処方法について、仕事別と専業・兼業別にそれぞれ示したものである。ここでの対象サンプルも、2017年にトラブルを経験している4117サンプルである。

まず、図表4－2－7より、対象サンプル全体を見てみると、対処方法として上位に挙がっているのは、「取引相手と直接交渉した（54.8％）」と「特に何もしなかった（25.6％）」となっている。それらの後で、仲介組織（クラウドソーシングの会社や仲介会社）の活用や取引の中止が続く。仕事別の傾向を見てみると、「事務関連」は、他の仕事と比べると直接

交渉しない傾向が見られる。「事務関連」の「取引相手と直接交渉した」は40.9%であり、他の仕事と比べると8ポイントから20ポイント程度低くなっている。

また、「事務関連」は、他の仕事と比べると仲介組織を活用する傾向が見られる。「事務関連」の「仲介組織（クラウドソーシングの会社や仲介会社など）を通じて交渉した」は20.7%であり、他の仕事と比べると8ポイントから12ポイント程度高くなっている。以上より、「事務関連」は他の仕事と比べるとその対応方法にやや特徴があり、仲介組織を活用することが多いことが窺われる。

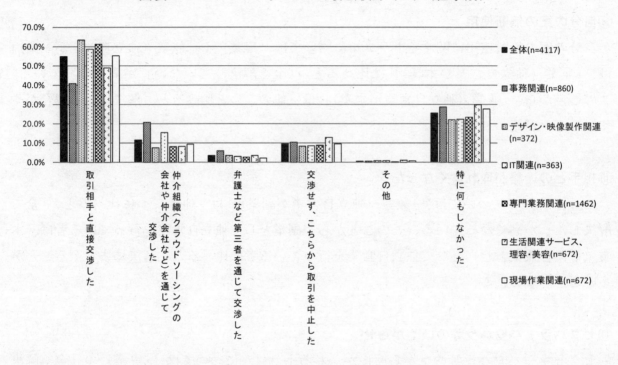

図表4－2－7　トラブルの対処方法（MA）（仕事別）

注）無回答2サンプル（0.1%）は図表には示していない。

次に、図表4－2－8より、専業／兼業別に見てみると、「専業」は、「兼業」に比べると相手と直接交渉することでトラブルに対応している傾向が窺われる。「専業」の「取引相手と直接交渉した」は58.5%であり、「兼業（独立自営業が本業）」に比べて4ポイント程度、「兼業（独立自営業が副業）」に比べて9ポイント弱高くなっている。

一方、「兼業（独立自営業が副業）」は、クラウドソーシングの会社や仲介企業などの仲介組織を、「専業」に比べると活用している傾向が窺われる。「兼業（独立自営業が副業）」の「仲介組織（クラウドソーシングの会社や仲介会社など）を通じて交渉した」は14.6%であり、「専業」に比べて5ポイント程度高くなっている。

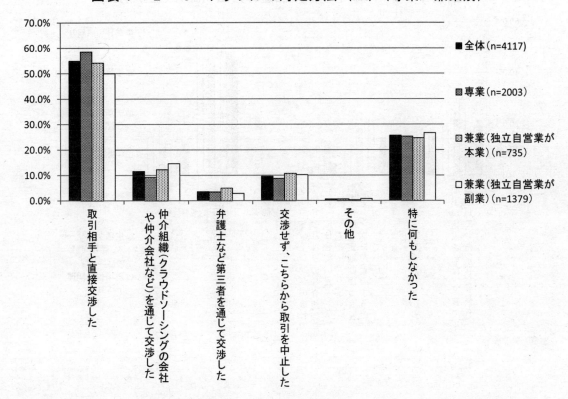

図表4－2－8 トラブルの対処方法（MA）（専業／兼業別）

注）無回答2サンプル（0.1%）は図表には示していない。

4．トラブルの回避の方法

　ここまでトラブル経験の実態について確認してきた。本節の最後にトラブルを回避するために実施している事柄について確認する。ここでの対象サンプルは、2017年にトラブルを経験しなかった4139サンプルである。

　トラブル回避の方法について仕事別に見たものが図表4－2－9である。対象サンプル全体の状況を見てみると、「特に何もやっていなかった（45.2%）」が最も多い回答となっている。

図表4－2－9　トラブル回避の方法（MA）（仕事別）

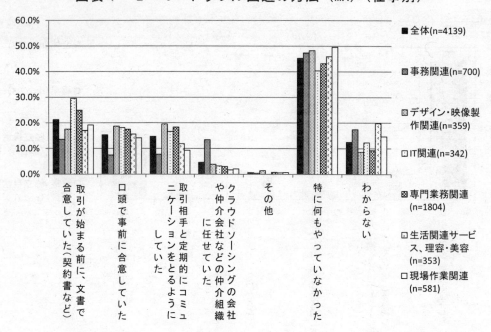

図表4－2－10　トラブル回避の方法（MA）（専業／兼業別）

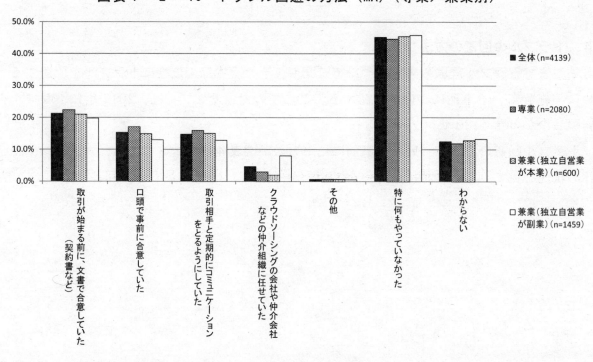

　具体的な対応策の中で多いのは文書や口頭での合意、および、取引相手との定期的なコミュニケーションのようである。仕事別の傾向を見てみると、「事務関連」は、他の仕事に比べると、仲介組織を活用する傾向が窺われる。「事務関連」の「クラウドソーシングの会社や仲介会社などの仲介組織に任せていた」は13.4%であり、他の仕事に比べて9ポイント

から11ポイント程度高くなっている。また、「IT関連」は、事前の文書による合意によってトラブルを回避する傾向が、他の仕事と比べると多いようである。「IT関連」の「取引が始まる前に、文書で合意していた」は29.5%であり、「専門業務関連」とは5ポイント弱とその差は僅かであるが、それ以外の四つの仕事と比べると概ね10ポイントから15ポイント程度高くなっている。

　専業・兼業別に同様のことについて見てみたものが図表4－2－10である。差は僅かであるが、「専業」は、「兼業」と比べると、文書での合意、口頭での事前合意、相手との定期的なコミュニケーションなど、取引相手と直にコンタクトをとる方法を選択する傾向が見られる。また、兼業の中でも独立自営業が副業の者は、独立自営業が本業の者よりも仲介組織を活用する傾向が窺われる。

第3節　整備・充実を求める保護施策

　本節では、「独立自営業者」が整備や充実を求める保護施策にかかわる事柄について確認する。そもそも「独立自営業者」は、独立自営業を続ける上でいかなる問題があると考えているのであろうか。まず、この点について確認した後に、整備や充実を望む保護施策について確認する。

1.「独立自営業者」を続ける上での問題点

　図表4－3－1と図表4－3－2は、「独立自営業者」を続ける上での問題点について、仕事別と専業・兼業別それぞれについて確認したものである。まず、図表4－3－1より、サンプル全体の回答状況を確認すると、問題点として挙げられている上位三つは、「収入が不安定、低い（45.5%）」、「仕事を失った時の失業保険のようなものがない（40.3%）」、「仕事が原因で怪我や病気をした時の労災保険のようなものがない（27.7%）」となっている。

　これら上位の回答について仕事別に見てみると、第一位の収入については、「デザイン・映像製作関連」が、他の仕事に比べると、問題点として挙げている傾向がある。「デザイン・映像製作関連」の「収入が不安定、低い」は58.5%であり、他の仕事と比べると9ポイントから20ポイント程度高くなっている。第二位の「仕事を失った時の失業保険のようなものがない」については、「IT関連」や「デザイン・映像製作関連」が、他の仕事と比べると、問題点として挙げている傾向がある。「IT関連」と「デザイン・映像製作関連」の「仕事を失った時の失業保険のようなものがない」は、それぞれ50.1%と49.4%であり、他の四つの仕事と比べて、8ポイント弱から16ポイント強高くなっている。

図表4-3-1 「独立自営業者」を続ける上での問題点（MA）（仕事別）（列%）

	事務関連	デザイン・映像製作関連	IT関連	専門業務関連	生活関連サービス、理容・美容	現場作業関連	全体
n	1560	731	705	3266	741	1253	8256
仕事を失った時の失業保険のようなものがない	32.9%	49.4%	50.1%	41.6%	36.8%	37.0%	40.3%
仕事が原因で怪我や病気をした時の労災保険のようなものがない	19.6%	33.7%	32.2%	29.8%	27.3%	27.0%	27.7%
本業先で副業が禁止されている	9.6%	3.8%	4.0%	4.4%	5.8%	3.9%	5.4%
キャリア形成が難しい	15.8%	11.9%	13.5%	8.0%	8.9%	8.1%	10.4%
能力を開発する機会が乏しい	8.5%	7.4%	10.5%	6.1%	5.0%	6.3%	7.0%
トラブルが多い	6.8%	7.1%	5.8%	4.2%	5.8%	4.9%	5.3%
立場が弱い	17.5%	27.2%	26.0%	18.0%	11.6%	18.4%	18.9%
仕事が見つかりにくい	17.6%	23.8%	21.3%	16.7%	8.9%	10.6%	16.3%
働く時間が長い、忙しい	7.0%	12.2%	6.4%	7.2%	6.7%	8.9%	7.8%
収入が不安定、低い	40.8%	58.5%	43.3%	49.7%	40.9%	36.8%	45.5%
事業を行う資金の確保が難しい	4.4%	10.3%	7.5%	6.6%	7.0%	7.7%	6.8%
頼りになる同業者や仲間がいない	5.5%	9.0%	11.3%	7.8%	6.3%	7.7%	7.6%
仕事や事業について相談できるところがない	5.8%	9.4%	10.8%	8.0%	5.9%	6.6%	7.6%
医療保険や年金などの社会保障が不十分である	11.8%	24.4%	22.7%	20.9%	19.7%	15.7%	18.7%
税金、社会保障などの手続きがわからない、煩雑である	7.9%	13.5%	12.1%	10.4%	10.1%	7.3%	9.9%
その他	0.4%	1.0%	1.3%	1.3%	0.8%	1.7%	1.1%
特に課題はない	22.9%	14.9%	19.6%	21.7%	27.4%	29.2%	22.8%

　第三位の「仕事が原因で怪我や病気をした時の労災保険のようなものがない」については、「事務関連」は他の仕事と比べると、問題点と考えていない傾向がある。「事務関連」の「仕事が原因で怪我や病気をした時の労災保険のようなものがない」は19.6%であり、他の五つの仕事と比べて、7ポイント程度から14ポイント程度低くなっている。「事務関連」は他の五つの仕事と比べると際立って高いものがないのであるが、強いて挙げると六つの仕事の中では「キャリア形成が難しい」を挙げる割合がやや高い。

　同様のことについて専業／兼業別に見てみたものが図表4-3-2である。「専業」と「兼業（独立自営業が本業）」は、「兼業（独立自営業が副業）」に比べると、「仕事を失った時の失業保険のようなものがない」、「仕事が原因で怪我や病気をした時の労災保険のようなものがない」、「医療保険や年金などの社会保障が不十分である」といったことについて問題と感じている傾向がある。それぞれの項目について、「兼業（独立自営業が副業）」と比べると、「専業」や「兼業（独立自営業が本業）」は、8ポイントから10ポイント程度高くなっている。このことから、独立自営業を専業であれ兼業であれ、本業として行っている者は、仕事を失ったときの保障、仕事に起因する怪我や病気への補償、社会保障にかかわる事柄について、問題と感じている傾向が窺われる。一方、「兼業（独立自営業が副業）」は、「本業先で副業が禁止されている」について「専業」に比べると問題と感じているようである。

図表4－3－2 「独立自営業者」を続ける上での問題点（MA）（専業／兼業別）（列%）

	専業	兼業（独立自営業が本業）	兼業（独立自営業が副業）	全体
n	4083	1335	2838	8256
仕事を失った時の失業保険のようなものがない	44.7%	41.0%	33.5%	40.3%
仕事が原因で怪我や病気をした時の労災保険のようなものがない	31.3%	30.9%	21.2%	27.7%
本業先で副業が禁止されている	2.4%	4.3%	10.1%	5.4%
キャリア形成が難しい	8.9%	10.0%	12.6%	10.4%
能力を開発する機会が乏しい	6.2%	8.1%	7.5%	7.0%
トラブルが多い	4.8%	4.8%	6.4%	5.3%
立場が弱い	20.5%	17.3%	17.4%	18.9%
仕事が見つかりにくい	14.8%	16.3%	18.3%	16.3%
働く時間が長い、忙しい	9.0%	6.3%	6.6%	7.8%
収入が不安定、低い	46.9%	42.8%	44.7%	45.5%
事業を行う資金の確保が難しい	6.7%	8.5%	6.2%	6.8%
頼りになる同業者や仲間がいない	8.1%	7.5%	7.0%	7.6%
仕事や事業について相談できるところがない	8.0%	7.7%	6.8%	7.6%
医療保険や年金などの社会保障が不十分である	22.6%	19.3%	12.9%	18.7%
税金、社会保障などの手続きがわからない、煩雑である	10.2%	10.6%	9.0%	9.9%
その他	1.3%	1.0%	0.9%	1.1%
特に課題はない	22.7%	23.1%	22.9%	22.8%

2．整備・充実を求める保護施策

では、「独立自営業者」は、自身がより働きやすくなるためにどのような保護施策を求めているのであろうか。調査票では、求める保護施策として挙げている項目のワーディングを労働関係法令上の保護規定を念頭に置きながら作成した。その対応関係を示したものが、図表4－3－3である。

図表4－3－3で示したような労働者には既に存在する保護に関して、「独立自営業者」が自身にも充実して欲しいと考えている保護は何なのであろうか。図表4－3－4と図表4－3－5は、「独立自営業者」が整備や充実を求める事柄を仕事別と専業／兼業別に示したものである。まず、図表4－3－4より、サンプル全体のニーズを見てみると、上位三つは、「特に必要な事柄はない（43.0%）」、「取引相手との契約内容の書面化の義務付け（23.1%）」、「トラブルがあった場合に、相談できる窓口やわずかな費用で解決できる制度（20.6%）」となっている。

図表4－3－3　調査票の文言と法律の対応

調査票の文言	対応する労働関連法令
取引相手との契約内容の書面化の義務付け	労働契約法4条2項、労働基準法15条1項
取引相手との契約内容の決定や変更の手続き（プロセス）の明確化	労働契約法3条1項・4条1項・8条・9条・10条、労働基準法89条・90条
仲間同士で集まり、取引相手と契約内容について交渉し取り決めることに関するルール	労働組合法
取引相手からの報酬支払い時期の遅延や減額を禁止するルール	労働基準法24条、家内労働法6条
取引相手が、不正を告発した「独立自営業者」に対して、不利益な取り扱いを禁止すること	公益通報者保護法3条・5条
公的機関において、予め、自身が法律上の労働者として保護対象となるのかを確認できる制度	対応する法律なし
取引相手が、正当な理由なしに契約を終了させることを禁止するルール	労働契約法16条
「独立自営業者」が過重労働とならないよう、取引相手に発注量や納期期間に関する基準を定めたルール	労働基準法32条、家内労働法4条
「独立自営業者」の仕事について、最低限支払われるべき報酬額を定めたルール	最低賃金法、家内労働法8条
取引相手に対して、作業スペースの安全確保を行うことを定めたルール	労働安全衛生法、家内労働法17条
作業中に生じた怪我や病気について、取引相手が加入する保険から補償を受けることができるルール	労働者災害補償保険法
トラブルがあった場合に、相談できる窓口やわずかな費用で解決できる制度	個別労働関係紛争解決促進法、労働審判法
妊娠中や育児・介護中の「独立自営業者」に対して不利益な取り扱いを禁止するルール	育児介護休業法10条・16条
その他	
特に必要な事柄はない	

　これらの項目について仕事別の傾向を見てみると、「生活関連サービス、理容・美容」や「現場作業関連」は、他の仕事に比べると「特に必要ない」と回答している傾向が見られる。具体的なニーズである契約内容の書面化の義務付けや安価で利用できる紛争解決機関の充実について見てみると、「IT関連」において、そのニーズが高い傾向が見られる。まず、契約内容の書面化の義務付けについては、「IT関連」の「取引相手との契約内容の書面化の義務付け」は32.5％であり、他の仕事に比べて6ポイントから16ポイント程度高くなっている。次に、安価で利用できる紛争解決機関の充実については、「IT関連」の「トラブルがあった場合に、相談できる窓口やわずかな費用で解決できる制度」は28.5％であり、「デザイン・映像製作関連」との差は僅かであるが、それ以外の仕事と比べると、9ポイント弱から14ポイント弱高くなっている。

図表4－3－4　整備・充実を求める保護施策（MA）（仕事別）（列%）

	事務関連	デザイン・映像製作関連	IT関連	専門業務関連	生活関連サービス、理容・美容	現場作業関連	全体
n	1560	731	705	3266	741	1253	8256
取引相手との契約内容の書面化の義務付け	25.6%	26.3%	32.5%	23.1%	17.1%	16.2%	23.1%
取引相手との契約内容の決定や変更の手続き（プロセス）の明確化	21.5%	23.8%	27.8%	18.3%	13.6%	13.1%	19.0%
仲間同士で集まり、取引相手と契約内容について交渉し取り決めることに関するルール	9.9%	10.3%	13.3%	8.5%	9.2%	9.9%	9.6%
取引相手からの報酬支払い時期の遅延や減額を禁止するルール	17.8%	21.5%	20.7%	13.4%	11.1%	11.5%	15.1%
取引相手が、不正を告発した独立自営業者に対して、不利益な取り扱いを禁止すること	11.1%	14.1%	16.2%	9.0%	7.6%	8.1%	10.2%
公的機関において、予め、自身が法律上の労働者として保護対象となるのかを確認できる制度	9.8%	12.4%	14.5%	7.7%	9.0%	6.5%	9.0%
取引相手が、正当な理由なしに契約を終了させることを禁止するルール	14.1%	20.8%	18.2%	13.1%	9.2%	10.1%	13.6%
独立自営業者が過重労働とならないよう、取引相手に発注量や納期期間に関する基準を定めたルール	7.7%	11.6%	13.8%	6.1%	4.9%	6.1%	7.4%
独立自営業者の仕事について、最低限支払われるべき報酬額を定めたルール	14.2%	22.2%	18.6%	15.1%	9.9%	11.1%	14.8%
取引相手に対して、作業スペースの安全確保を行うことを定めたルール	5.0%	5.6%	7.8%	3.8%	4.0%	5.7%	4.8%
作業中に生じた怪我や病気について、取引相手が加入する保険から補償を受けることができるルール	8.9%	13.7%	16.9%	10.3%	10.4%	12.1%	11.2%
トラブルがあった場合に、相談できる窓口やわずかな費用で解決できる制度	19.7%	25.7%	28.5%	20.5%	19.6%	14.8%	20.6%
妊娠中や育児・介護中の独立自営業者に対して不利益な取り扱いを禁止するルール	8.8%	11.5%	9.5%	6.2%	7.4%	3.4%	7.1%
その他	0.6%	1.0%	2.0%	0.9%	0.7%	1.0%	0.9%
特に必要な事柄はない	35.7%	37.9%	33.6%	44.4%	50.5%	52.5%	43.0%

　全体の上位ではないものの特定の仕事においてはニーズが高いものを挙げておくと、「デザイン・映像製作関連」や「IT関連」は、「取引相手からの報酬支払い時期の遅延や減額を禁止するルール」や「取引相手が、正当な理由なしに契約を終了させることを禁止するルール」の整備や充実に対するニーズが他の仕事と比べると高くなっている。

　同様のことについて専業／兼業について見たのが図表4－3－5である。「兼業（独立自営業が副業）」は、「専業」や「兼業（独立自営業が本業）」に比べると保護施策の整備や充実をやや求めていることが窺われるものの、本業なのか副業なのかによる顕著なニーズの違いは見られなかった。

図表4－3－5　整備充実を求める保護施策（MA）（専業／兼業別）（列％）

	専業	兼業（独立自営業が本業）	兼業（独立自営業が副業）	全体
n	4083	1335	2838	8256
取引相手との契約内容の書面化の義務付け	21.9%	21.5%	25.5%	23.1%
取引相手との契約内容の決定や変更の手続き（プロセス）の明確化	17.8%	19.6%	20.5%	19.0%
仲間同士で集まり、取引相手と契約内容について交渉し取り決めることに関するルール	8.7%	10.4%	10.6%	9.6%
取引相手からの報酬支払い時期の遅延や減額を禁止するルール	14.3%	14.9%	16.2%	15.1%
取引相手が、不正を告発した独立自営業者に対して、不利益な取り扱いを禁止すること	9.3%	10.1%	11.5%	10.2%
公的機関において、予め、自身が法律上の労働者として保護対象となるのかを確認できる制度	8.3%	9.0%	10.1%	9.0%
取引相手が、正当な理由なしに契約を終了させることを禁止するルール	13.8%	11.9%	14.1%	13.6%
独立自営業者が過重労働とならないよう、取引相手に発注量や納期期間に関する基準を定めたルール	7.2%	6.9%	8.0%	7.4%
独立自営業者の仕事について、最低限支払われるべき報酬額を定めたルール	15.1%	14.8%	14.2%	14.8%
取引相手に対して、作業スペースの安全確保を行うことを定めたルール	4.5%	4.1%	5.6%	4.8%
作業中に生じた怪我や病気について、取引相手が加入する保険から補償を受けることができるルール	12.2%	10.6%	10.0%	11.2%
トラブルがあった場合に、相談できる窓口やわずかな費用で解決できる制度	20.3%	18.6%	21.9%	20.6%
妊娠中や育児・介護中の独立自営業者に対して不利益な取り扱いを禁止するルール	6.9%	6.1%	8.0%	7.1%
その他	1.0%	1.0%	0.8%	0.9%
特に必要な事柄はない	45.1%	43.6%	39.7%	43.0%

第4節　おわりに

1．本章の概要

　以上、本章では、「独立自営業者」が遭遇したトラブル、および、整備や充実を求める保護施策について確認した。まず、本章の内容を振り返ると下記の通りとなる。

① サンプル全体の傾向として約半数の者はトラブルを経験していない。仕事別の傾向を見てみると、「事務関連」は、六つの仕事の中ではトラブルを経験している傾向がある。一方、トラブルを経験しない仕事としては、「専門業務関連」が挙げられる。また、専業／兼業別に見てみると、「兼業（独立自営業が本業）」は、他の場合と比べるとトラブルを経験している傾向が見られる。

② 2017年にトラブルを経験したサンプル全体の傾向として、「作業内容・範囲についてもめた」、「仕様を一方的に変更された」、「一方的に作業期間・納品日を変更された」が経

験したトラブルの上位三つとなっている。これらの項目について仕事別に見てみると、「IT関連」は、六つの仕事の中では、作業内容や範囲に関するトラブルを経験していることが窺われる。「仕様を一方的に変更された」についても、他の仕事に比べると、「IT関連」は、この種のトラブルに遭っていることが窺われる。

③ 経験したトラブルについて、仕事内容別に見た場合の興味深い点として、「生活関連サービス、理容・美容」は、「取引相手と連絡が取れなくなった」や「セクハラ・パワハラ等の嫌がらせを受けた」といった何らかのトラブルを経験したサンプル全体（4117サンプル）では少数派のトラブルを経験している点が挙げられる。また、「デザイン・映像製作関連」は、他の仕事と比べると報酬にかかわるトラブルを経験しやすい傾向が窺われる。

④ トラブル解決の困難さについて確認すると、2017年にトラブルを経験した者のうち、「全て解決した」が6割以上のトラブルは、「作業内容・範囲についてもめた」、「一方的に作業期間・納品日を変更された」、「報酬の支払いが遅れた・期日に支払われなかった」、「予定外の経費負担を求められた」となっている。これらのトラブルは、トラブルになったとしても解決に至りやすいようである。逆に「全て解決した」が4割以下のものは、「報酬が支払われなかった・一方的に減額された」、「自分の案が無断で使われた」、「セクハラ・パワハラ等の嫌がらせを受けた」となっている。これらのトラブルは、トラブルになった場合に解決しづらいようである。

⑤ トラブルに遭った際の対処方法について見てみると、対象サンプル全体で上位に挙がっているのは、「取引相手と直接交渉した」と「特に何もしなかった」である。それらの後に、仲介組織（クラウドソーシングの会社や仲介会社）の活用や取引の中止が続く。仕事別の傾向を見てみると、「事務関連」は、他の仕事と比べると直接交渉しない傾向が見られる。加えて、「事務関連」では、他の仕事と比べると、仲介組織が活用されているようである。また、専業／兼業別に見てみると、「専業」は、「兼業」に比べると相手と直接交渉することでトラブルに対応している傾向が窺われる。

⑥ 2017年にトラブルを経験しなかったサンプルを対象に、トラブル回避の方法について見てみると、「特に何もやっていなかった」が最も多い回答となっている。具体的な対応策の中で多いのは文書や口頭での合意、および、取引相手との定期的なコミュニケーションのようである。仕事別の傾向を見てみると、「事務関連」は、他の仕事に比べると、仲介組織を活用する傾向が窺われる。また「IT関連」は、他の仕事と比べると文書による合意によってトラブルを回避しようとしている場合が多いようである。

⑦ 「独立自営業者」を続ける上での問題点について確認してみると、サンプル全体で上位に挙げられている三つは、「収入が不安定、低い」、「仕事を失った時の失業保険のようなものがない」、「仕事が原因で怪我や病気をした時の労災保険のようなものがない」となっている。これら上位の回答について仕事別に見てみると、第一位の収入については、

「デザイン・映像製作関連」が、他の仕事に比べると、問題点として挙げている傾向がある。第二位の「仕事を失った時の失業保険のようなものがない」については、「IT関連」や「デザイン・映像製作関連」が、他の仕事と比べると、問題点として挙げている傾向がある。第三位の「仕事が原因で怪我や病気をした時の労災保険のようなものがない」については、「事務関連」は他の仕事と比べると、問題点と考えていないようである。

⑧ 「独立自営業者」を続ける上での問題点について専業／兼業別に見てみると、「専業」と「兼業（独立自営業が本業）」は、「兼業（独立自営業が副業）」に比べると、「仕事を失った時の失業保険のようなものがない」、「仕事が原因で怪我や病気をした時の労災保険のようなものがない」、「医療保険や年金などの社会保障が不十分である」といったことについて問題と感じている傾向がある。「兼業（独立自営業が副業）」は、勤務先での兼業の禁止を挙げている。

⑨ 整備・充実を望む保護施策について、サンプル全体のニーズを見てみると、上位三つは、「特に必要な事柄はない」、「取引相手との契約内容の書面化の義務付け」、「トラブルがあった場合に、相談できる窓口やわずかな費用で解決できる制度」となっている。「特に必要ない」が4割程度に上っており、仕事別の傾向を見てみると、「生活関連サービス、理容・美容」や「現場作業関連」は、他の仕事に比べると「特に必要ない」と回答している傾向が見られる。一方、具体的なニーズである契約内容の書面化の義務付けや安価で利用できる紛争解決機関の充実について見てみると、「IT関連」において、そのニーズが高い傾向が見られる。

⑩ 整備・充実を望む保護施策について、サンプル全体の上位ではないものの特定の仕事においてはニーズが高いものを挙げておくと、「デザイン・映像製作関連」や「IT関連」は、「取引相手からの報酬の支払い時期の遅延や減額を禁止するルール」や「取引相手が、正当な理由なしに契約を終了させることを禁止したルール」の整備や充実に対するニーズが他の仕事と比べると高くなっている。

2．整備・充実を求める保護施策の特徴

本章で確認した内容を基に「独立自営業者」が整備・充実を求める保護施策について考えてみると、次の点を指摘することができよう。まず、保護の整備や充実をそもそも求めていない層が4割程度いる。そして6割弱が何らかの保護施策の整備・充実を求めている。もっともすでに指摘した通り、仕事内容別に見るとそのニーズには、いくぶんかの高低があるようである。

さて、この点について仕事別にまとめてみたものが図表4－4－1である。図表より次のようなタイプがあることが窺われる。すなわち、①「独立自営業者」を継続する上で問題点を感じているにおいて上位に位置し、かつ、保護に関するニーズも高い仕事（以下、「問題点高／保護ニーズ高タイプ」）、②「独立自営業者」を継続する上で問題点を感じているにお

いて中位に位置し、保護に対するニーズは高い仕事（以下、「問題点中／保護ニーズ高タイプ」）、③「独立自営業者」を継続する上で問題点を感じているにおいて中位に位置するが、保護に対するニーズは低い仕事（以下「問題点中／保護ニーズ低タイプ」）、④「独立自営業者」を継続する上で問題点を感じているにおいて下位であり、かつ、保護に対するニーズも低い仕事（以下、「問題点低／保護ニーズ低タイプ」）の四つである。

図表4－4－1　仕事別に見た保護に対するニーズ

仕事内容	仕事を続ける上での問題点はない	整備・充実を望む保護施策がある	整備・充実を望む保護施策はない
事務関連	22.9%	64.3%	35.7%
デザイン・映像製作関連	14.9%	62.1%	37.9%
IT関連	19.6%	66.4%	33.6%
専門業務関連	21.7%	55.6%	44.4%
生活関連サービス、理容・美容	27.4%	49.5%	50.5%
現場作業関連	29.2%	47.5%	52.5%

　各仕事をこの類型に基づき分類すると、次のようになる（図表4－4－2）。もっとも、「独立自営業者」としての働き方を続ける上での問題点の認識や整備や充実を望む保護ニーズの高低については、各仕事間の比較に基づいていることは留意されたい。

　まず、一つめの①「問題点高／保護ニーズ高タイプ」には、「デザイン・映像製作関連」が挙げられる。二つめの②「問題点中／保護ニーズ高タイプ」には、「事務関連」と「IT関連」が挙げられる。三つめの③「問題点中／保護ニーズ低タイプ」の仕事としては、「専門業務関連」が挙げられる。最後の④「問題点低／保護ニーズ低タイプ」の仕事としては、「生活関連サービス、理容・美容」と「現場作業関連」が挙げられる。

図表4－4－2　四つのタイプと主な仕事の関係

タイプ	主な仕事
問題点高／保護ニーズ高タイプ	「デザイン・映像製作関連」
問題点中／保護ニーズ高タイプ	「事務関連」、「IT関連」
問題点中／保護ニーズ低タイプ	「専門業務関連」
問題点低／保護ニーズ低タイプ	「生活関連サービス、理容・美容」、「現場作業関連」

　以上より、六つの仕事のなかでやや不思議で興味深いのは、「専門業務関連」である。この仕事は「独立自営業者」を続けていく上で問題点を感じていないわけではないものの、保護に対するニーズが、「独立自営業者」を続けていく上で問題点を感じている程度において近い傾向を示している「事務関連」や「IT関連」に比べると高くない。このように、問題点を感じていないわけではないが、保護に対するニーズは、他の仕事と比べてもそれほど高くない仕事もあるようである。

　いずれにせよ、仕事内容別に見てみると、保護施策の整備や充実に対するニーズは一様ではない。組織に雇われない働き方に対する労働法上の規制の有無の是非に加えて、規制する

とした際のその方法や基本的なスタンス（例えば、就業時の最低報酬額などの具体的な条件や就業が困難になった際の保障にかかわる具体的な条件に関する実体面での規制を通じた全体への一律の規制を基本とするのか、それとも手続き面での規制による当事者間の交渉ルールの設定を通じた個別事情に応じた対応を基本とするのか）についても、当事者のニーズに沿った保護施策のあり方を検討する上で、考えていく必要があるのではないだろうか。

第5章　働き方別に見た「独立自営業者」の特徴

第1節　はじめに

　本章では、働き方別に見た「独立自営業者」の特徴について確認する。本章では、この点にかかわり、労働法上の「労働者」の判断基準を参考にスコアを算出し、そのスコア別に見た際の「独立自営業者」の就業実態や保護施策に関するニーズの特徴について紹介する。本章の流れは以下の通りである。まず、第2節でスコアの算出方法、および、その分布の特徴について述べる。その上で、第3節において就業実態を、第4節でキャリアやスキル形成を、第5節でトラブルを、第6節において整備、ならびに充実を求める保護施策を取り上げる。

　なお、議論を進める前に次の点を予め断っておきたい。まず、本章は、労働法上の「労働者」の判断基準となる要素、より具体的には労働基準法や労働組合法（以下労組法）における「労働者」の判断基準を参考に、「独立自営業者」の働き方を区別することを試みている。しかしながら、本章でのスコアが高いことが、労働法上でも「労働者」として認められることを必ずしも意味するわけではない。法律上の使用従属性に基づく「労働者性」を直接的な議論の対象としているのではなく、あくまで、サンプルの「独立自営業者」の働き方を区分する際の参考として「使用従属性の判断基準」や「労働者性の判断基準」からなる労働法上の「労働者」の考え方を使用している。

　次に、働き方の特徴についてスコアを算出する際に見ているのは、「主要な取引先事業者1社」のみとの関係となっている。実際に業務を提供している特定の1社との間でいかなる働き方をとなっているのかについてスコアを算出し、それを対象サンプルの働き方の特徴としている。この点についても留意されたい。

　最後に、本稿ではそうした労働法上の「労働者」の判断基準を参考に算出したスコアの高低に基づき、対象サンプルを三つのカテゴリーに分けている。その際、三つのカテゴリーをそれぞれ「労働者性スコア高」、「労働者性スコア中」、「労働者性スコア低」と名付けている。この定義も労働者に近いと思われる働き方をしている者とそうでない者を分けるために筆者が便宜的に使用するものであり、労働法上の議論で用いられる「労働者性」と全く意味を同じとするものではないことも予め断っておきたい。

第2節　労働者性スコア

1．スコアの算出方法

　「労働者性スコア」は、労働法における「労働者」の判断基準を参考に、調査票においてそれに近しい意味を持つと考えられる設問を取り出し、それぞれにスコアをつけることで算出した。先に断ったとおり、対象サンプルが「主要な取引先事業者」と考えている1社との関係に基づいてスコアを算出している。本章で使用している労働法上の「労働者」の判断基準と調査票から取り上げた設問の対応を示したものが図表5－2－1である。

まず、労働基準法上の「労働者」の判断基準との対応関係を確認しよう。「労働者」の認定において考慮される使用従属性の有無を判断する際の一つの判断基準である「指揮監督下の労務提供」について、①諾否の自由は、本調査票「Q.20 引き受けることが難しい仕事を主要な取引先から依頼されたとき断ることができましたか」を対応する設問として取り上げている。②業務遂行上の指揮監督下の有無は、「Q14. 以下の事項について、契約以降も主要な取引先事業者から指示を受けていましたか」のうちの「1. 作業内容・範囲」を対応する設問として取り上げている。③拘束性については、「Q14. 以下の事項について、契約以降も主要な取引先事業者から指示を受けていましたか」のうちの「2. 作業を行う日・時間」と「3. 作業を行う場所」を対応している項目として取り上げている。

　なお、「指揮監督下の労務提供」の③拘束性の補強要素である「代替性」、ならびに、「使用従属性の判断が困難な場合」の補強要素としての「事業者性の有無」および「専属性の程度」については、スコアの算出の際に考慮する要素からは除くこととした。まず、補強要素ではない主たる要素で算出することとしている。

　もう一つの判断基準である「報酬の労務に対する対償性」は、「Q17. お仕事の報酬額に影響を与えた要素は何でしたか」、および、「Q17-1. 前問でお答えの、お仕事の報酬額に影響を与えた要素のうち、最も主要な要素をお答えください」を対応する設問として取り上げている。

　次に、労組法上の「労働者」の判断基準との対応関係を確認する。本章では労組法上において「労働者性」の認定において考慮される六つの要素のうち、①「契約内容の一方的・定型的決定」は、「Q13. 主要な取引先事業者との契約内容についてあてはまるものを選んでください」を、②「報酬の労務対価性」については、「Q17. お仕事の報酬額に影響を与えた要素は何でしたか」、および、「Q17-1. 前問でお答えの、お仕事の報酬額に影響を与えた要素のうち、最も主要な要素をお答え下さい」を、③「業務の依頼に応ずべき関係」については、「Q.20 引き受けることが難しい仕事を主要な取引先から依頼されたとき断ることができましたか」を、④「広い意味での指揮監督下の労務提供、一定の時間的、場所的拘束」については、「Q14. 以下の事項について、契約以降も主要な取引先事業者から指示を受けていましたか」を、⑤「顕著な事業者性」については、「Q19-1. 主要な取引先事業者とのお仕事を行うのに必要な備品や経費は、通常誰が負担していましたか」を、それぞれ対応する設問として取り上げている。なお、「事業組織への組み入れ」は、スコアの算出において考慮する要素からは除いている。

図表５－２－１　労働法上における労働者の判断基準と対応する調査項目

【労働基準法上の労働者】	該当する設問
＊指揮監督下の労務提供	
①諾否の自由	Q20. 取引先事業者からの依頼を断れたか
②業務遂行上の指揮監督下の有無	Q14.「1. 作業内容・範囲」について、取引先事業者から指示を受けていたか
③拘束性	Q14.「2. 作業を行う日・時間」について、取引先事業者から指示を受けていたか Q14.「3. 作業を行う場所」について、取引先事業者から指示を受けていたか
＊報酬の労務に対する対償性	Q17.＆Q17-1. 報酬額に影響を与えた要素
【労組法上の労働者】	
＊契約内容の一方的・定型的決定	Q13. 契約内容について
＊報酬の労務対価性	Q17.＆Q17-1. 報酬額に影響を与えた要素
＊業務の依頼に応ずべき関係	Q20. 取引先事業者からの依頼を断れたか
＊広い意味での指揮監督下の労務提供、一定の時間的、場所的拘束	Q14「1．作業内容・範囲」、「2. 作業を行う日・時間」、「3. 作業を行う場所」について、取引先事業者から指示を受けていたか
＊顕著な事業者性	Q19－1. 経費負担について

注）本稿では、「労働者性スコア」を算出する上で、次の項目を除いている。まず、労働基準法における判断基準のうち、指揮監督下の労務提供③拘束性の補強要素である「代替性」、ならびに、使用従属性の判断が困難な場合の補強要素としての「事業者性の有無」および「専属性の程度」については除くこととした。また、労組法上の労働者性のうち、「事業組織への組み入れ」は、その判断基準において、特に複数の要素や条件が必要となる複雑なものとなっており、調査票の設問に落とし込むことが困難であったため、スコアの算出の際に考慮する要素としては除くこととした。

　以上の要素について、設問ごとのスコアの設定方法についてまとめたものが図表５－２－２である。各項目について、１から３の３段階のスコアを設定した。スコアのつけ方は、以下の通りである。まず、該当する各設問につき、労働者としての性質が高いと考えられる回答項目を３点、労働者としての性質が低いと考えられる回答項目を１点、その中間を２点とした。したがって、スコアが高いほど、働き方が労働者に近い「独立自営業者」となる[1]。

　なお、スコアの付け方において、本章では次のようなルールを設定した。今回のスコアの算出においては、判断において主観的な要素が含まれる余地がない、もしくは限りなく小さいと考えられる「全く」や「常に」が回答の文言に含まれる項目を１点もしくは３点に、主観的な要素が含まれる余地の大きい「時には」、「しばしば」、「あまり」、「多くを」が回答の文言に含まれる項目を２点としている。該当する設問番号は、「Q14. 契約以降にも主要な取引先事業者から指示を受けていましたか（SA）」、「Q19－1. 主要な取引先事業者とのお仕事を行うのに必要な備品や経費は、通常誰が負担していましたか（SA）」、「Q20. 引き受けることが難しい仕事を主要な取引先事業者から依頼された時、断ることができましたか（SA）」である。

---

[1] いくつかの項目においてスコアの算出の際、非該当扱いとなっている項目がある。基本的にはそのような状況を経験していない場合や、わからない場合は非該当としている。また、今回のスコアの算出方法では「契約内容の一方的・定型的決定」に関して、「4．第三者（クラウドソーシングの会社や仲介会社など）の定めるルールに沿って決定した」を非該当としている。今回は実際に業務を提供している特定の相手との関係に基づいて働き方の特徴の類型を作成しようとしたこと、ならびに、こうした決め方について、妥当なスコアの段階について判断することが困難だったためである。

図表5-2-2 スコアの付け方

労働者性概念と該当する設問	回答方法	スコア
【諾否の自由／業務の依頼に応ずべき関係】 ＊Q20. 引き受けることが難しい仕事を主要な取引先事業者から依頼された時、断ることができましたか（SA）	1. 常に問題なく断れた	1
	2. 時には断れなかった	2
	3. 常に断れなかった	3
	4. そのような仕事を依頼されることはなかった	非該当
【指揮監督下の有無（広い意味も含む）】 ＊Q14. 契約以降にも主要な取引先事業者から指示を受けていましたか（あてはまるものそれぞれにSA）	1. 常に指示を受けていた	3
	2. しばしば指示を受けていた	2
	3. あまり指示されなかった	2
	4. 全く指示されなかった	1
【報酬の労務に対する対償性／報酬の労務対価性】 ＊Q17. お仕事の報酬額に影響を与えた要素はなんでしたか（MA） ＊Q17-1 前問でお答えの、お仕事の報酬額に影響を与えた要素のうち、最も主要な要素をお答えください（SA）	Q17-1. 最も主要な要素（SA）において、「4. 業務に要した時間」もしくは「9. 最低賃金の水準」を選択	3
	Q17. 報酬額に影響を与えた要素（MA）において、「4. 業務に要した時間」もしくは「9. 最低賃金の水準」を選択	2
	Q17. 報酬額に影響を与えた要素（MA）において、「4. 業務に要した時間」もしくは「9. 最低賃金の水準」を選択していない	1
	Q17. 報酬額に影響を与えた要素（MA）において、「11. 算出根拠は分からない」を選択	非該当
【顕著な事業者性】 ＊Q19-1. 主要な取引先事業者とのお仕事を行うのに必要な備品や経費は、通常誰が負担していましたか（SA）	1. 取引先がすべてを支給	3
	2. あなたがすべてを負担	1
	3. あなたが多くを負担	2
	4. 取引先が多くを支給	2
【契約内容の一方的・定型的決定】 ＊Q13. 主要な取引先事業者との契約内容についてあてはまるものを選んでください（SA）	1. 取引先が一方的に決定した	3
	2. あなたが一方的に決定した	1
	3. 双方で協議の上、決定した	2
	4. 第三者（クラウドソーシングの会社や仲介会社など）の定めるルールに沿って決定した	非該当
	5. その他	非該当
	6. 上記のようなやり取りはなかった	非該当

2. 対象サンプルにおけるスコアの分布

さて、上で説明したようなルールに基づき設定されたスコアの分布はどのようになっているのであろうか。本章で用いている「労働者性スコア」の各構成要素における分布と平均値を示したものが図表5-2-3である。「諾否の自由」、ならびに、「業務の依頼に応ずべき関係」に対応する設問項目や「報酬の労務に対する対償性」、ならびに、「報酬の労務対価性」に対応する設問項目は、回答の分布がやや1に偏っている。その一方で、「契約内容の一方的・定型的決定」に対応する設問項目については、回答の分布がやや3に偏っている。

図表5－2－3 「労働者性スコア」を構成する各要素の分布

労働者性の概念		n	%	平均値
【諾否の自由／業務の依頼に応ずべき関係】				
	1	2549	60.2	
	2	1379	32.6	1.4695
	3	304	7.2	
	計	4232	100	
【業務遂行上の指揮監督下の有無／広い意味での指揮監督下の労務提供】				
	1	1509	23.8	
	2	3698	58.4	1.9389
	3	1122	17.7	
	計	6329	100	
【拘束性／一定の時間的、場所的拘束】① 時間				
	1	2158	34.1	
	2	3188	50.4	1.8143
	3	983	15.5	
	計	6329	100	
【拘束性／一定の時間的、場所的拘束】② 場所				
	1	3065	48.4	
	2	2209	34.9	1.6824
	3	1055	16.7	
	計	6329	100	
【報酬の労務に対する対償性／報酬の労務対価性】				
	1	3356	66.0	
	2	796	15.7	1.5232
	3	932	18.3	
	計	5084	100	
【契約内容の一方的・定型的決定】				
	1	373	7.6	
	2	2998	61.3	2.2347
	3	1521	31.1	
	計	4892	100	
【顕著な事業者性】				
	1	2445	38.6	
	2	2015	31.8	1.9090
	3	1869	29.5	
	計	6329	100	

　では、スコアを合計した際の分布はどのようになっているのであろう。本調査の全サンプルから非該当扱いとなったサンプルを除く3020サンプル[2]について、各要素を合算した際のスコアの分布を示したものが図表5－2－4、および、それをヒストグラムとして示したものが図表5－2－5である。図表5－2－5から分かる通り、正規分布に近い分布となっている。全ての要素において1と答えたサンプルが、対象サンプルの1％程度いる。全てを3と答えたサンプルはないため、対象サンプルの最大値は20となっている。なお、対象サンプルのスコアの平均値は12.88、中央値は13.0となっている。

---

[2] これ以降における対象サンプルであるが、まず、サンプル全体から「一般消費者のみと取引をおこなっていた」1927サンプルが除かれている。その上で、残りの6329サンプルのうち、「労働者性スコア」を構成する各要素において非該当となったサンプルが除かれている。その結果、対象サンプルは、3020となっている。

図表 5－2－4　スコアの分布①

スコア	n	%
7	34	1.1
8	66	2.2
9	144	4.8
10	245	8.1
11	358	11.9
12	489	16.2
13	512	17.0
14	470	15.6
15	285	9.4
16	174	5.8
17	130	4.3
18	75	2.5
19	32	1.1
20	6	0.2
計	3020	100

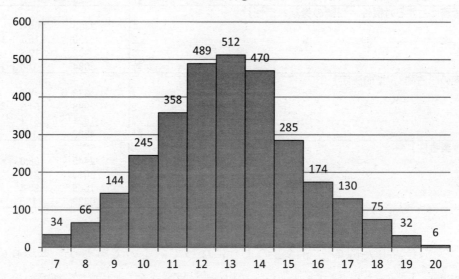

図表 5－2－5　スコアの分布②（ヒストグラム）(n=3020)

　さて、これ以降の議論では、以上のルールによって算出されたスコアをさらに三つの区分、すなわち、「労働者性スコア低」、「労働者性スコア中」、「労働者性スコア高」に分けた上で、「独立自営業者」の就業実態について確認していく。本章では、総スコアが7から11のサンプルを「労働者性スコア低」、12から14を「労働者性スコア中」、15から20を「労働者性スコア高」とした。各タイプの分布は、図表5－2－6の通りとなっている。

図表5-2-6 「労働者性スコア」の分布（低・中・高）(n=3020)

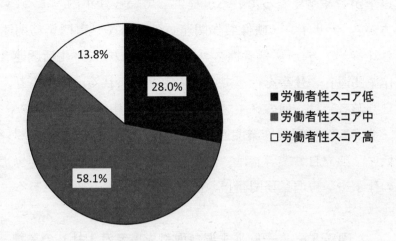

図表5-2-7 「労働者性スコア」カテゴリー別のプロフィール（列％）

		労働者性スコア低	労働者性スコア中	労働者性スコア高	全体
	n	847	1756	417	3020
性別	男性	68.5%	67.9%	66.4%	67.8%
	女性	31.5%	32.1%	33.6%	32.2%
年齢	15～24歳	0.4%	1.2%	0.2%	0.8%
	25～34歳	13.1%	14.0%	12.9%	13.6%
	35～44歳	27.9%	25.2%	28.1%	26.4%
	45～54歳	27.2%	28.8%	30.0%	28.5%
	55～64歳	19.5%	19.1%	18.0%	19.0%
	65歳以上	12.0%	11.7%	10.8%	11.7%
学歴	中学・高校	18.5%	19.4%	22.3%	19.5%
	各種専門	8.9%	9.2%	9.6%	9.2%
	短大・高専	10.9%	14.6%	15.1%	13.6%
	大学	53.0%	49.4%	44.8%	49.8%
	大学院	8.8%	7.3%	8.2%	7.8%
	無回答	0.0%	0.1%	0.0%	0.0%
結婚状態	未婚・離死別	39.9%	36.3%	39.1%	37.7%
	既婚	60.1%	63.7%	60.9%	62.3%
主たる生計	主に自分	61.2%	59.2%	56.8%	59.4%
	双方	23.3%	23.6%	23.7%	23.5%
	主に自分以外	15.0%	16.6%	18.2%	16.4%
	その他	0.6%	0.6%	1.2%	0.7%
専業／兼業	専業	51.8%	51.1%	48.9%	51.0%
	兼業	48.2%	48.9%	51.1%	49.0%
主な仕事	事務関連	15.0%	18.2%	15.6%	16.9%
	デザイン・映像製作関連	13.7%	10.0%	7.0%	10.6%
	IT関連	11.0%	10.5%	7.2%	10.2%
	専門業務関連（医療、技術、講師、芸能、演奏など）	46.0%	39.6%	39.6%	41.4%
	生活関連サービス、理容・美容	4.1%	4.8%	8.4%	5.1%
	現場作業関連（運輸、製造、修理、清掃など）	10.2%	16.9%	22.3%	15.8%

　本論に入る前の最後の準備作業として、「労働者性スコア」三つのカテゴリー別のプロフィールを確認し、それぞれのカテゴリーの特徴を簡単に確認しておく。図表5-2-7は、カテゴリー別のプロフィールを示したものである。「労働者性スコア」の各カテゴリー間に

おいて、性別、年齢、婚姻状況に顕著な差は見られない。学歴は、「労働者性スコア」が低い方が、大卒以上がやや多くなっている。提供している仕事内容については、「労働者性スコア」が低い方が、「デザイン・映像製作関連」の仕事や「専門業務関連」の仕事を行っている傾向が見られる。一方、「労働者性スコア」が高い方が、「生活関連サービス、理容・美容」や「現場作業関連」の仕事を行っている傾向が見られる。以上より、「労働者性スコア」が高い「独立自営業者」は、他のタイプと比べると、「中・高卒」がやや多く、「生活関連サービス、理容・美容」や「現場作業関連」の仕事を行っている傾向がある。一方、「労働者性スコア」が低い「独立自営業者」は、他のタイプと比べると、大卒以上で「デザイン・映像製作関連」の仕事や「専門業務関連」の仕事を行っている傾向がある。

図表5－2－8 「主要な取引先事業者1社」の業種

	労働者性カテゴリー			全体
	労働者性スコア低	労働者性スコア中	労働者性スコア高	
n	847	1756	417	3020
建設業	7.3%	10.4%	12.7%	9.8%
製造業	10.0%	11.4%	7.2%	10.5%
電気・ガス・熱供給・水道業	1.1%	2.3%	0.7%	1.7%
情報・通信業	16.1%	17.3%	12.2%	16.3%
映像・アニメ制作、広告・出版・マスコミ関連	9.3%	6.9%	4.6%	7.3%
運輸業、郵便業	2.0%	3.3%	3.1%	2.9%
卸売業・小売業	6.0%	5.6%	2.6%	5.3%
金融・保険業	3.1%	1.5%	0.5%	1.8%
不動産業、物品賃貸業	5.3%	2.9%	2.4%	3.5%
教育、学習支援	4.4%	5.8%	7.4%	5.6%
医療、福祉	3.5%	4.3%	4.6%	4.1%
学術研究、コンサルタント	2.5%	2.6%	1.2%	2.4%
専門・技術サービス業	7.2%	6.4%	8.2%	6.9%
宿泊業、飲食サービス業	1.9%	1.9%	2.6%	2.0%
生活関連サービス	1.5%	2.1%	2.9%	2.0%
美容・理容・娯楽業	2.0%	1.4%	2.6%	1.8%
その他のサービス業	12.4%	11.3%	19.9%	12.8%
その他	4.4%	2.6%	4.6%	3.4%
計	100%	100%	100%	100%

もう一つのプロフィールとして、業務の提供先の業種についても確認しておこう。図表5－2－8は、「主要な取引先事業者1社」の業種を「労働者性スコア」のカテゴリー別に見てみたものである。ここから、量的に多いのは「情報・通信業」と「その他のサービス業」であり、「情報・通信業」には「労働者性スコア」が中以下の「独立自営業者」が、「建設業」や「その他のサービス業」には「労働者性スコア」が高い「独立自営業者」が多くいることが分かる。また、「労働者性スコア」が低い「独立自営業者」が多い業種として、「映像・アニメ製作、広告・出版・マスコミ関連」がある。

第3節 「労働者性スコア別」に見た「独立自営業者」の就業実態

本節では、「労働者性スコア」別に見た場合の就業実態の特徴について確認する。まず、

作業日数や報酬額などの条件面での実態について確認した後、提供している業務の特徴や受注後の業務分担などについて確認する。

1．就業の条件
（1）契約期間／作業日数／作業時間／報酬額

　図表5－3－1は契約期間について、図表5－3－2は作業日数について、図表5－3－3は作業時間についてそれぞれ見たものである。それぞれの図表より、まず、契約期間については、いずれのタイプであっても最も多い期間は、「2日以上～10日未満」であり、それに、「契約期間、納期はない」が続く。契約期間がある場合は10日未満、そうでなければ、契約期間が明確に設定されていないことが多いことが窺われる。タイプ別の特徴を見てみると、「労働者性スコア高」は、他のタイプと比べると10日未満の割合が高くなっている。このことから、労働者に近い「独立自営業者」は、他のタイプと比べると契約期間が短いことが窺われる。

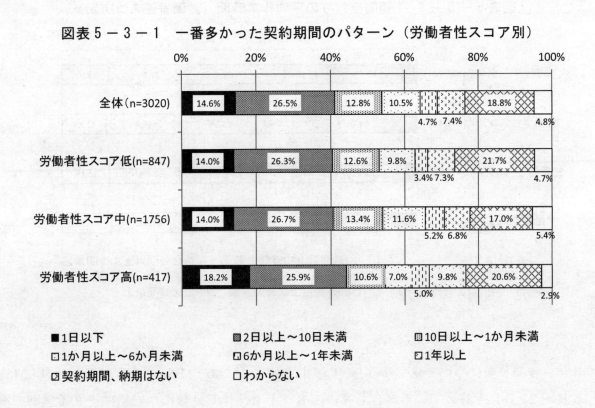

図表5－3－1　一番多かった契約期間のパターン（労働者性スコア別）

図表5－3－2　1ヵ月あたりの平均作業日数（労働者性スコア別）

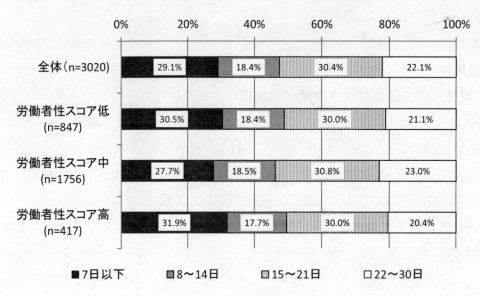

図表5－3－3　1週間当たりの平均作業時間（労働者性スコア別）

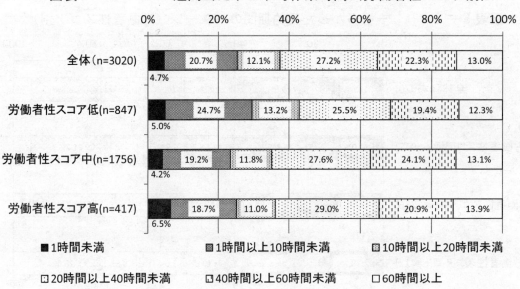

　次に、作業日数について見てみると、いずれのタイプであっても、「7日以下」、もしくは、「15日～21日」と答えている割合が高い。もっとも、作業日数については、タイプ別で顕著な傾向が見られるわけではないようである。では、作業時間はどのような傾向が見られるのであろう。タイプ別に見てみると、「労働者性スコア高」は、「労働者性スコア低」と比べると、作業時間が長くなっている傾向が見られる。20時間未満の数値を見てみると、「労働者性スコア高」は36.2%であるのに対して、「労働者性スコア低」は、42.9%となっている。もっとも、作業日数であれ作業時間であれ、スコアの段階毎に明確な傾向が見られるわけではない。

図表5－3－4は、報酬総額について見てみたものである。1年間の報酬総額が400万円以上を取り出してみると、「労働者性スコア低」は27.3%、「労働者性スコア中」は28.1%、「労働者性スコア高」は22.8%となっている。このことから、働き方が労働者に近い「独立自営業者」は、そうではない場合と比べると、得ている報酬額がやや低い傾向が窺われる。

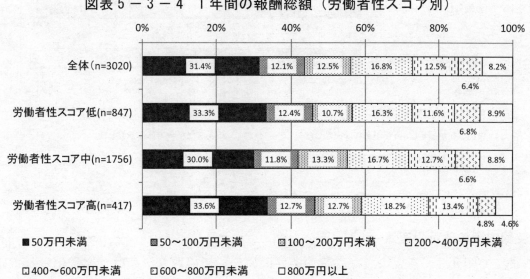

図表5－3－4　1年間の報酬総額（労働者性スコア別）

（2）報酬の決定手続き

ところで、上で紹介したような就業の具体的な条件は、どのような手続きを経て決められているのか。調査票では「主要な取引事業者1社」との関係に限定されるが、報酬額についてその決め方に関する事柄を確認することができる。図表5－3－5は、「主要な取引先事業者1社」との報酬額の決定パターンについて示したものである。図表より、報酬額の決定において、「労働者性スコア高」は、そうでないタイプと比べると、「取引先が一方的に決定した」と回答している割合が顕著に高くなっている。また、「労働者性スコア低」や「労働者性スコア中」は、「労働者性スコア高」に比べると、取引先に対して何らかの発言をしている、もしくは、自身が一方的に決めている傾向が見られる。以上より、働き方が労働者に近い「独立自営業者」は、そうではない者と比べると、取引先が決定した報酬額の下で作業を行っている傾向が窺われる。

図表5－3－5 主たる取引先事業者との報酬額の決定パターン（労働者性スコア別）

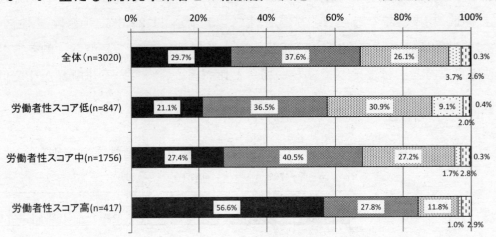

（3）契約内容の明示の有無

ここまで紹介してきたような就業の条件面についての取り決めは、文書化されているのであろうか。この点にかかわる事柄についても、「主要な取引先事業者1社」との状況についてのみではあるものの確認することができる。契約内容の書面での明示の有無について確認したものが図表5－3－6である。図表より、「労働者性スコア低」は、他のタイプと比べると、書面による契約内容の明示がなされていないことが多いようである。

図表5－3－6 契約内容の書面での明示の有無（労働者性スコア別）

	n	書面*による契約内容の明示 はい	いいえ	計
全体	3020	62.4%	37.6%	100%
労働者性スコア低	847	55.3%	44.7%	100%
労働者性スコア中	1756	65.1%	34.9%	100%
労働者性スコア高	417	65.7%	34.3%	100%

注）メールも含む。

2．提供している業務の特徴

　前項では就業の条件面にかかわることについて、量的側面やその決定手続きにかかわる事柄を確認した。では、提供している業務それ自体について、「労働者性スコア」別にみた場合、何か特徴はあるのであろうか。提供している業務の特徴として、作業内容（図表5－3－7）、受注の困難さ（図表5－3－8）、取引相手数（図表5－3－9）の特徴についてそれぞれ確認する。

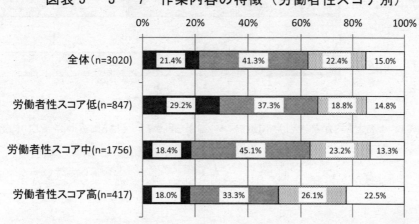

図表5－3－7　作業内容の特徴（労働者性スコア別）

注）A＝自分にしかできない作業が多かった／B＝他の人でもできる作業が多かった

　まず、作業内容の特徴について。図表5－3－7より、「労働者性スコア高」は、他のタイプと比べると、他の人でもできる作業を行っている割合が高くなっている。逆に、「労働者性スコア低」は、他のタイプと比べると、自分にしかできない作業を行っている割合が高くなっている。「A（自分にしかできない作業が多かった）に近い」と「どちらかといえばAに近い」を合計すると、「労働者性スコア低」と「労働者性スコア中」の違いは僅かであるが、「Aに近い」のみに限定すると、「労働者性スコア低」は、他のタイプと比べると、10ポイントほど高くなっている。以上のことから、働き方が労働者に近い「独立自営業者」は、そうではない者と比べると、他の人でもできるような業務を提供している傾向が窺われる。

　次に、受注の困難さについて。図表5－3－8より、「労働者スコア低」は、「労働者性スコア中」や「労働者性スコア高」に比べると、仕事を取りたいときにとれている傾向がやや窺われる。

- 123 -

図表5－3－8　受注の困難さ（労働者性スコア別）

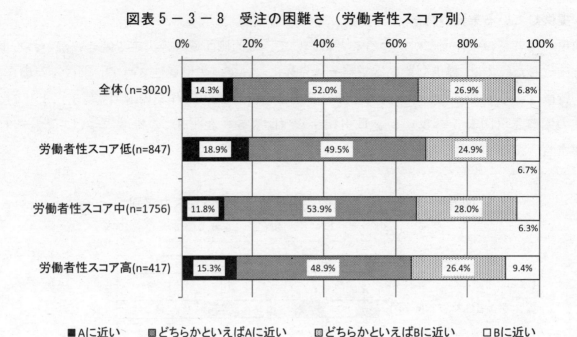

注）A=仕事をとりたい時に思うように取れた／B=他の同業者との競合で思うようにとれなかった

図表5－3－9　取引相手数（労働者性スコア別）

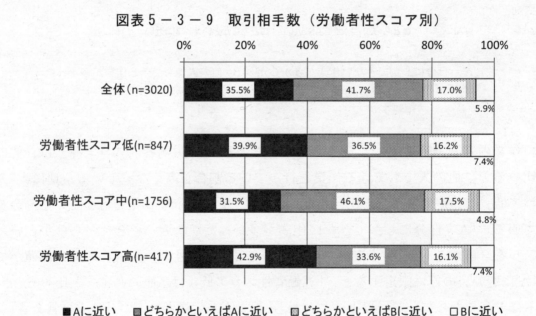

注）A=特定の取引相手と仕事をすることが多かった／B=様々な取引相手と仕事をすることが多かった

　最後に、取引相手数について。図表5－3－9より、対象サンプル全体の傾向として、特定の取引先と仕事をする場合が多いようである。タイプ別の特徴を見てみると、「労働者性スコア低」と「労働者スコア高」は、「労働者性スコア中」と比べると、特定の取引先と仕事を行う傾向が窺われる。「A（特定の取引相手と仕事をすることが多かった）に近い」と「ど

― 124 ―

ちらかといえばAに近い」の合計では大きな違いは見られないが、「Aに近い」のみに限定すると、「労働者性スコア低」は、「労働者性スコア中」に比べて、9ポイント弱高く、「労働者性スコア高」は、「労働者性スコア中」に比べて、10ポイント強高い。このことから、「労働者性スコア低」と「労働者性スコア高」、つまり、働き方の特徴が明確なタイプの「独立自営業者」は、タイプ別に見た場合に中間に位置づけられる「独立自営業者」と比べると、特定の取引先と仕事をする傾向にあることが窺われる。

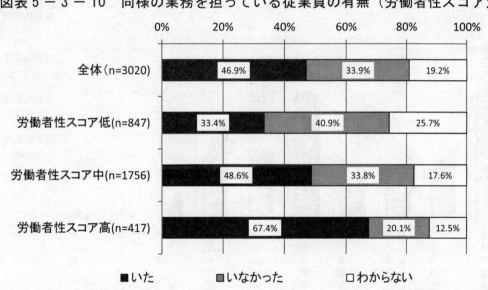

図表5－3－10　同様の業務を担っている従業員の有無（労働者性スコア別）

ところで、「独立自営業者」が提供している業務と同様の業務を提供している従業員は、取引先にいたのであろうか。調査票では、「主要な取引先事業者1社」との状況のみではあるが、この点について確認することができる（図表5－3－10）。「わからない」の回答の多さには留意が必要であるが、図表5－3－10より、「労働者性スコア高」は、他のタイプと比べると、取引先に同様の業務を担っている従業員がいる傾向が見られる。このことから、働き方が労働者に近い「独立自営業者」は、そうではない「独立自営業者」と比べると、取引先の従業員と同じ業務を担当している場合が多いことが窺われる。

3．仕事の受注方法／受注後の業務分担

以上、就業の条件の量的な面と条件決定の手続きにかかわる事柄、ならびに、提供している業務の特徴について確認してきた。では、上記のような特徴の仕事をいかなる方法で受注し、受注後いかなる方法で実施しているのか。本節の最後にこれらの点について確認する。まず、受注方法について、「労働者性スコア」別に確認する（図表5－3－11）。

図表5－3－11より、「労働者性スコア」のタイプにかかわらず、受注方法として挙げられている項目の上位三つは、「自分で営業活動をして（34.5%）」、「現在の取引先から声が

－ 125 －

かかった（29.1%）」、「知人・親戚等から紹介された（22.9%）」となっている。これら上位三つのうち、タイプ別に見た際に窺われる傾向として、「労働者性スコア」が低いほど、自らの営業活動によって仕事を受注していることが挙げられる。「労働者性スコア低」の「自分で営業活動をして」は41.4%であり、「労働者性スコア中」に対して8ポイント程度、「労働者性スコア高」に対して14ポイント程度高くなっている。

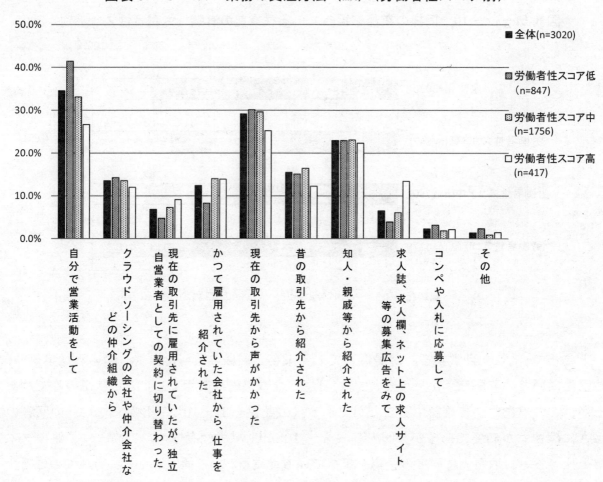

図表5－3－11　業務の受注方法（MA）（労働者性スコア別）

注）無回答68サンプルについてはグラフには示していない。

「労働者性スコア高」に特有の受注方法としては、「求人誌、求人欄、ネット上の求人サイト等の募集広告をみて」が挙げられる。「労働者性スコア高」の「求人誌、求人欄、ネット上の求人サイト等の募集広告をみて」は13.4%であり、「労働者性スコア中」に対して7ポイント程度、「労働者性スコア低」に対して9ポイント程度高くなっている。また、その総数は少ないが「現在の取引先に雇用されていたが、独立自営業者としての契約に切り替わった」は、「労働者性スコア」が高いほど、受注の理由として挙げられている傾向が窺われる。「現在の取引先に雇用されていたが、独立自営業者としての契約に切り替わった」の「労働

者性スコア高」は9.1%であり、「労働者性スコア低」に対して5ポイント弱高くなっている。

これらのことから、働き方が労働者に近い「独立自営業者」は、求人誌や求人サイトの募集広告を通して仕事を受注することや、雇用からの切り替えによって仕事を得ている場合が、他のタイプの「独立自営業者」に比べると多いことが窺われる。

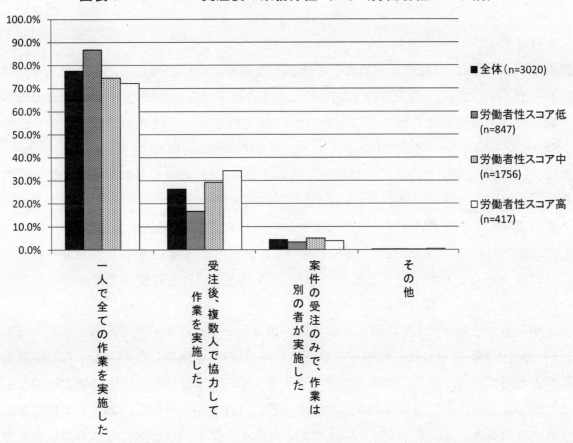

図表5－3－12　受注後の業務分担（MA）（労働者性スコア別）

次に、受注後の業務分担について、「労働者性スコア」別に確認する（図表5－3－12）。図表5－3－12より、いずれのタイプであっても「一人で全ての作業を実施した」が最も多い。タイプ別の傾向を見てみると、「労働者性スコア低」は、他のタイプに比べると、一人で全ての作業を実施している場合が多い。「一人で全ての作業を実施した」と回答した「労働者性スコア低」は86.8%であり、「労働者性スコア中」に対して12ポイント程度、「労働者性スコア高」に対して14ポイント程度高くなっている。一方、「労働者性スコア高」は他のタイプと比べると、複数人で協力して作業を実施している場合が多くなっている。「受注後、複数人で協力して作業を実施した」と回答した「労働者性スコア高」は34.3%であり、「労働者性スコア中」に対して5ポイント程度、「労働者性スコア低」に対して18ポイント弱高くなっている。

これらのことから、働き方が労働者に近い「独立自営業者」は、仕事の受注後に他の者と

協力しながら作業を行っている場合が、他のタイプと比べると多いことが窺われる。

第4節　キャリア／スキル形成

　以上のような就業実態となっている「独立自営業者」は、なぜ、「独立自営業者」としてのキャリアを選択したのであろうか。また、業務を行う上で必要なスキルをどこで獲得してきたのであろうか。本節ではキャリアやスキル形成にかかわる事柄について確認していく。

1．キャリア

　図表5－4－1は、「独立自営業者」を選択した理由について確認したものである。図表5－4－1より、まず、「労働者性スコア低」で上位に挙げられている三つは、「自分のペースで働く時間を決めることができると思ったから（43.6%）」、「収入を増やしたかったから（33.8%）」、「自分の夢の実現やキャリアアップのため（23.5%）」となっている。

　次に、「労働者性スコア中」で上位に挙げられている三つは、「自分のペースで働く時間を決めることができると思ったから（38.7%）」、「収入を増やしたかったから（35.5%）」、「自分の夢の実現やキャリアアップのため（24.8%）」となっている。最後に、「労働者性スコア高」で上位に挙げられている三つは、「収入を増やしたかったから（36.5%）」、「自分のペースで働く時間を決めることができると思ったから（33.3%）」、「自分の夢の実現やキャリアアップのため（24.9%）」となっている。

　以上から分かる通り、上位に挙げられている項目はいずれのタイプであっても同じであるが、「労働者性スコア高」は、他のタイプと異なり、「収入を増やしたかったから」が最も多い回答となっている。また、労働者性スコアが低いほど、「自分のペースで働く時間を決めることができると思ったから」が多くなっている。これらのことから、働き方が労働者に近い「独立自営業者」は、そうではないと考えられるタイプと比べると、収入の増加を目的として、「独立自営業者」となっていることが窺われる。なお、いずれのタイプの場合であっても、「正社員として働きたいが、仕事が見つからなかった」や「その時働いていた会社の倒産やリストラ」など、どちらかというとネガティヴな理由は少数となっている。

図表5－4－1 「独立自営業者」を選択した理由（労働者スコア別）（MA）（列％）

	労働者性スコア低	労働者性スコア中	労働者性スコア高	全体
n	847	1756	417	3020
自分の夢の実現やキャリアアップのため	23.5%	24.8%	24.9%	24.5%
収入を増やしたかったから	33.8%	35.5%	36.5%	35.1%
自分のペースで働く時間を決めることができると思ったから	43.6%	38.7%	33.3%	39.3%
働く地域や場所を選べたから	16.8%	13.8%	13.9%	14.7%
働きたい仕事内容を選べたから	21.5%	21.6%	22.3%	21.7%
仕事の範囲や責任が明確だったから	9.3%	9.3%	10.3%	9.4%
専門的な技術や資格を活かせると思ったから	23.1%	20.2%	19.4%	20.9%
実務経験やキャリアを積みたかったから	3.0%	4.7%	2.6%	3.9%
育児、看護、介護との両立が図れると思ったから	6.5%	7.1%	4.8%	6.6%
社会活動、趣味との両立が図れると思ったから	6.6%	5.4%	5.8%	5.8%
一つの会社に縛られなかったから	11.0%	10.9%	10.8%	10.9%
様々な仕事を体験できると思ったから	5.5%	7.4%	7.0%	6.8%
取引相手や以前の勤め先、知り合いに頼まれたから	7.7%	8.2%	7.4%	7.9%
精神的・肉体的な病気をかかえていたから	4.3%	3.1%	4.6%	3.6%
正社員として働きたいが、仕事が見つからなかったから	3.5%	3.6%	4.6%	3.7%
その時働いていた会社の倒産・リストラ	4.6%	4.2%	5.0%	4.4%
定年退職	3.4%	4.4%	6.5%	4.4%
その他	3.0%	1.7%	1.9%	2.1%
特段理由はない	9.6%	8.9%	9.6%	9.2%

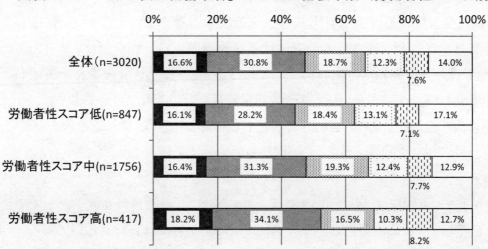

図表5－4－2 「独立自営業者」としての経験年数（労働者性スコア別）

次に、「独立自営業者」としての経験年数について確認する（図表5－4－2）。図表5－4－2より、「労働者性スコア」が低くなるほど、経験年数が長くなる傾向があることが分かる。このことから、働き方が労働者に近い「独立自営業者」は、そうではない場合と比べると、「独立自営業者」としての経験年数が短い傾向にあることが窺われる。

図表5－4－3　今後（約3年後）のキャリア展望（労働者性スコア別）

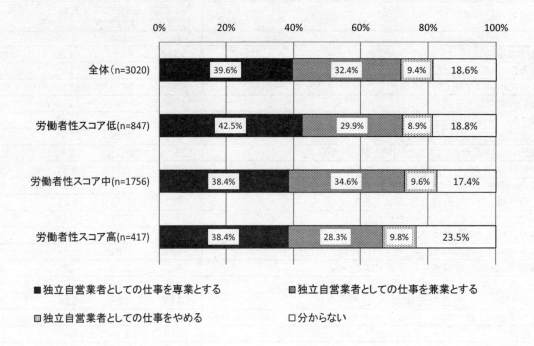

　最期に、今後（約3年後）のキャリアについての見通しについて確認する。この点について確認したのが図表5－4－3である。図表5－4－3より、対象サンプル全体の傾向としては、7割程度が今後も「独立自営業者」を継続する意思を持っている（「独立自営業者の仕事を専業とする」と「独立自営業者の仕事を兼業とする」の合計）。タイプ別に見てみると、「労働者性スコア高」は、他のタイプと比べると、「独立自営業者」を継続しようと考えている者が少ない。このことから、働き方が労働者に近い「独立自営業者」は、そうではない場合と比べて、「独立自営業者」を続けようとする明確な意思が、やや乏しいことが窺われる。

2．スキル

　以上、キャリアに関する事柄について確認した。では、「独立自営業者」としてのキャリアを歩む上で必要なスキルの獲得において、タイプ別に何か特徴は見られるのであろうか。スキル形成にかかわる事柄について、まず、役立っているスキルの獲得場所（図表5－4－4）、そのうち最も役に立っているスキルの獲得場所（図表5－4－5）について、それぞれ確認する。

　図表5－4－4より、タイプにかかわらず対象サンプル全体の傾向として挙げられている項目の上位三つは、「会社（以前の会社も含めて）での経験、研修及び勉強会」、「関連書籍等を使った自学自習」、「特にない」となっている。いずれのタイプであっても役立っているスキルを勤めている（た）会社で獲得している場合が多いようである。タイプ別の特徴について見てみると、「労働者性スコア」が低いほど、自学自習によって必要なスキルを獲得している傾向が窺われる。また、「労働者性スコア高」は、他のタイプと比べると「特にない」と回答している割合が高くなっている。

図表5－4－4　役に立ったスキルを身につけた場所（MA）（労働者性スコア別）

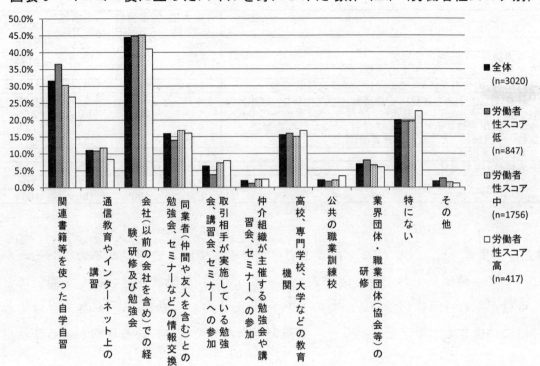

　では、最も役に立ったスキルは、どこで獲得したのであろう。「特にない」を除く2416サンプルの回答結果を示したものが図表5－4－5である。先に確認した場合と同様に、いずれのタイプであっても、「会社（以前の会社も含めて）での経験、研修及び勉強会」や「関連書籍等を使った自学自習」を挙げている場合が多い。これらの回答についてタイプ別に見てみると「労働者性スコア低」は、「関連書籍等を使った自学自習」と回答している者が27.8％となっており、「労働者性スコア中」に対して5ポイント程度、「労働者性スコア高」に対して8ポイント程度高くなっている。

　一方、他のタイプと比べると、「労働者性スコア高」が挙げている項目としては、「高校、専門学校、大学などの教育機関」が挙げられる。「労働者性スコア高」は、「高校、専門学校、大学などの教育機関」と回答している者が13.0％となっており、「労働者性スコア中」に対して4ポイント程度、「労働者性スコア低」に対して5ポイント程度高くなっている。このことから、働き方が労働者に近い「独立自営業者」は、そうではない働き方の場合と比べると、高校、専門学校、大学などの教育機関で必要なスキルを獲得している傾向が窺われる。

図表5－4－5　最も役に立ったスキルを身につけた場所（労働者性スコア別）

	労働者性スコア低	労働者性スコア中	労働者性スコア高	全体
n	681	1412	323	2416
関連書籍等を使った自学自習	27.8%	22.1%	19.2%	23.3%
通信教育やインターネット上の講習	5.4%	6.9%	4.0%	6.1%
会社（以前の会社を含め）での経験、研修及び勉強会	44.9%	44.9%	43.0%	44.7%
同業者（仲間や友人を含む）との勉強会、セミナーなどの情報交換	4.3%	7.5%	7.7%	6.6%
取引相手が実施している勉強会、講習会、セミナーへの参加	1.2%	3.1%	5.0%	2.8%
仲介組織が主催する勉強会や講習会、セミナーへの参加	0.7%	1.1%	1.9%	1.1%
高校、専門学校、大学などの教育機関	7.8%	8.8%	13.0%	9.1%
公共の職業訓練校	1.3%	1.0%	1.2%	1.1%
業界団体・職業団体（協会等）の研修	4.0%	2.8%	3.7%	3.3%
その他	2.6%	1.8%	1.2%	2.0%
計	100%	100%	100%	100%

　「独立自営業者」としての仕事を行う上で、役に立っている資格はあるのであろうか。この点についても確認しておこう。図表5－4－6より、「労働者性スコア」が高いほど、役立った資格があると回答している。このことから、働き方が労働者に近い「独立自営業者」は、そうではない働き方の場合と比べると、業務を行う上で役立っている資格があることが窺われる。

図表5－4－6　役に立った資格の有無（労働者性スコア別）

	n	役に立った資格の有無 有	役に立った資格の有無 無	計
全体	3020	39.0%	61.0%	100%
労働者性スコア低	847	35.3%	64.7%	100%
労働者性スコア中	1756	39.3%	60.7%	100%
労働者性スコア高	417	45.3%	54.7%	100%

　本節の最後に「独立自営業者」としての仕事を行っていく上で、今後のスキルアップのために最も必要だと考えていることを確認しておこう。図表5－4－7はこの点について見てみたものである。対象サンプル全体で上位三つに挙げられている項目は、「特にない（25.3%）」、「関連書籍等を使った自学自習（23.9%）」、「会社（以前の会社も含め）での経験、研修及び勉強会（14.7%）」となっている。タイプ別に見ると、その差は僅かではあるが、「労働者性スコア低」は、上位の三つめが、「同業者（仲間や友人を含む）との勉強会、セミナーなどの情報交換」となっている。他の二つは、対象サンプル全体の傾向と同じ項目が上位三つに挙げられている。

　総じて、「特にない」を除くと、「関連書籍等を使った自学自習」、「会社（以前の会社も含めて）での経験、研修及び勉強会」、「同業者（仲間や友人を含む）との勉強会、セミナーなどの情報交換」が上位に挙げられている。

図表5－4－7　今後のスキルアップのために最も必要だと思うこと（労働者性スコア別）

	労働者性スコア低	労働者性スコア中	労働者性スコア高	全体
n	847	1756	417	3020
関連書籍等を使った自学自習	28.1%	23.0%	19.4%	23.9%
通信教育やインターネット上の講習	6.4%	8.4%	6.5%	7.6%
会社（以前の会社を含め）での経験、研修及び勉強会	11.8%	16.1%	15.1%	14.7%
同業者（仲間や友人を含む）との勉強会、セミナーなどの情報交換	12.8%	12.3%	13.9%	12.6%
取引相手が実施している勉強会、講習会、セミナーへの参加	2.8%	3.8%	5.8%	3.8%
仲介組織が主催する勉強会や講習会、セミナーへの参加	2.1%	2.3%	2.2%	2.2%
高校、専門学校、大学などの教育機関	1.2%	1.2%	1.9%	1.3%
公共の職業訓練校	0.4%	0.6%	1.0%	0.6%
業界団体・職業団体（協会等）の研修	6.1%	6.5%	5.5%	6.3%
特にない	26.3%	24.5%	26.6%	25.3%
その他	2.0%	1.3%	2.2%	1.6%
計	100%	100%	100%	100%

第5節　トラブル

　ここまでの節において、就業の実態やキャリア／スキル形成にかかわる事柄について確認してきた。では、「労働者性スコア」別に見た場合、直面したトラブルや求める保護施策には何か特徴があるのであろうか。本節および次節では、これらの点について確認する。まず、トラブル経験にかかわる事柄を取り上げる。

1．トラブル経験

　図表5－5－1は、トラブル経験の有無について示したものである。そして、図表5－5－2は、経験したトラブルの内容について示したものである。まず、図表5－5－1より、「労働者性スコア低」は、他の二つのタイプと比べるとトラブルにあっていない傾向が窺われる。

図表5－5－1　トラブル経験の有無（労働者性スコア別）

	n	トラブル経験の有無 はい	いいえ	計
全体	3020	57.0%	43.0%	100%
労働者性スコア低	847	47.8%	52.2%	100%
労働者性スコア中	1756	60.3%	39.7%	100%
労働者性スコア高	417	61.9%	38.1%	100%

　次に、「労働者性スコア」別に見た場合、経験したトラブルの内容に特徴は見られるのであろうか。図表5－5－2より、トラブルを経験している1721サンプルの状況を確認すると、「労働者性スコア高」は、「労働者スコア低」に比べると、「作業内容・範囲についてもめた」、「仕様を一方的に変更された」、「一方的に作業期間・納品日を変更された」といったトラブルを経験している。

　さて、本章の第2節において、スコアの分布が正規分布に近いことを指摘した。この特徴を活かし、回答者のスコアの平均を項目ごとに算出して見てみると、上記の「作業内容・範囲についてもめた（平均スコア13.34）」や「一方的に作業期間・納品日を変更された（平

均スコア 13.47)」に加えて、回答数は少ないものの「セクハラ・パワハラ等の嫌がらせを受けた(平均値 13.89)」も「労働者性スコア高」の者が経験しているトラブルとして挙げられる。一方、「自分の案が無断で使われた(平均値 12.68)」は、トラブル経験者の中では、「労働者性スコア低」に多いトラブルのようである。

以上のことから、①働き方が労働者に近い「独立自営業者」の方が、トラブルを経験しやすいこと、②働き方が労働者に近い「独立自営業者」は、作業内容、範囲、作業期間などの作業の進め方に関連すると思われるトラブルに加えて、セクハラやパワハラに関連するトラブルにあうケースが多いこと、といったことが窺われる。

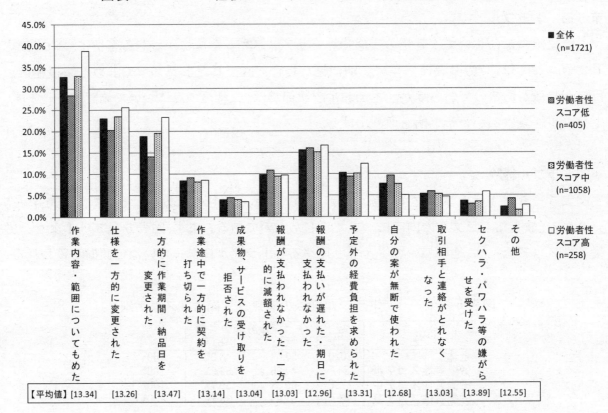

図表5－5－2　経験したトラブル（MA）（労働者性スコア別）

2．トラブルの解決状況

トラブル経験の状況は上で確認したようなものになっているとして、その解決状況はどのようになっているのであろうか。本章では経験したトラブルとして上位に挙がっている事柄や特定のタイプが経験している傾向が窺われたトラブルに絞って、その解決状況について確認する[3]。

図表5－5－3は、作業内容・範囲についての解決状況を示したものである。「全て解決した」の割合より、「労働者性スコア低」は、他のタイプと比べると、この手のトラブルに

---

[3] サンプル全体の傾向については本報告書第4章を参照されたい。

あった場合でも、解決に至っていることが多いことが窺われる。

図表5－5－3 トラブルの解決状況①（作業内容・範囲）（労働者性スコア別）

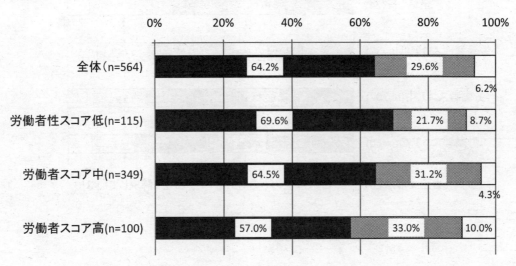

図表5－5－4 トラブルの解決状況②（仕様の一方的変更）（労働者性スコア別）

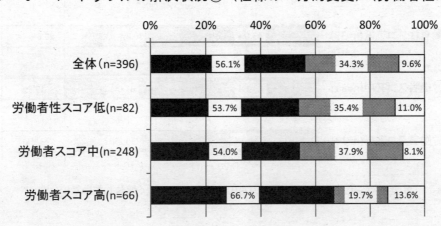

　図表5－5－4は、仕様の一方的変更に関するトラブルの解決状況を示したものである。図表5－5－4より、「労働者性スコア高」は、そうでない場合と比べて、この手のトラブルにあった場合でも、解決に至っていることが多いことが窺われる。

　図表5－5－5は、作業期間・納品日の一方的変更に関するトラブルの解決状況を示したものである。図表5－5－5より、「労働者性スコア中」は、他のタイプと比べて、この手のトラブルにあった場合に、解決に至っていないことが多いことが窺われる。

図表5－5－5　トラブルの解決状況③（作業期間・納品日の一方的変更）（労働者性スコア別）

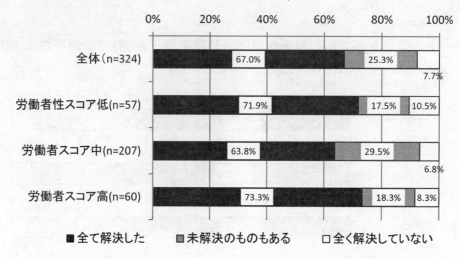

図表5－5－6　トラブルの解決状況④（自分の案の無断使用）（労働者性スコア別）

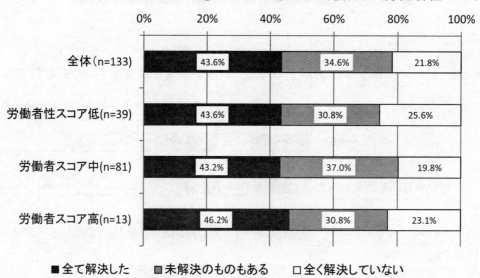

　図表5－5－6は、「労働者性スコア低」が、他のタイプと比べると受けやすいトラブルである自分の案の無断使用についての解決状況を示したものである。これを見ると、対象サンプル全体の傾向として、解決に至っていない場合が多いことが窺われる。

　図表5－5－7は、「労働者性スコア高」が、他のタイプと比べると受けやすいトラブルであるセクハラ・パワハラ等の嫌がらせについての解決状況を示したものである。これを見ると、対象サンプル全体で見ると、解決していない場合が多いことが窺われる。労働者性スコア別に見てみると、「労働者性スコア中」は、他の二つのタイプに比べると「全て解決した」の割合が低くなっている。

図表5－5－7　トラブルの解決状況⑤（セクハラ・パワハラ等のいやがらせ）（労働者性スコア別）

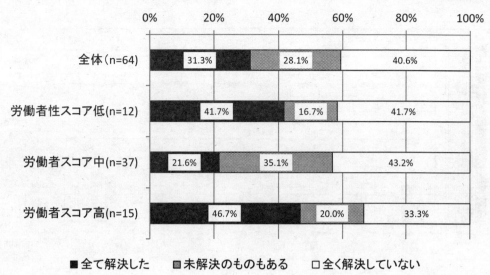

3．トラブルへの対応

　では、トラブルにあった場合にいかなる方法を通じて、その解決に取り組んでいるのか。また、そもそもトラブルを回避するためにいかなる対策をとっているのか。本節の最後にこれらの点について確認する。図表5－5－8は、トラブルにあった際の対応方法について、2017年にトラブルを経験している1721サンプルの傾向を示したものである。タイプ別に明確な傾向があるとは言い難いが、対象サンプル全体の傾向として、取引相手と直接交渉することが多いようである。強いて傾向を指摘すると、「労働者性スコア低」は、他のタイプと比べると解決において仲介組織を利用していない傾向が窺われる。「労働者性スコア高」や「労働者性スコア中」は「仲介組織を通じて交渉した」が14％程度あり、「労働者性スコア低」と比べて3ポイント程度高くなっている。

図表5－5－8　トラブルへの対応方法（MA）（労働者性スコア別）

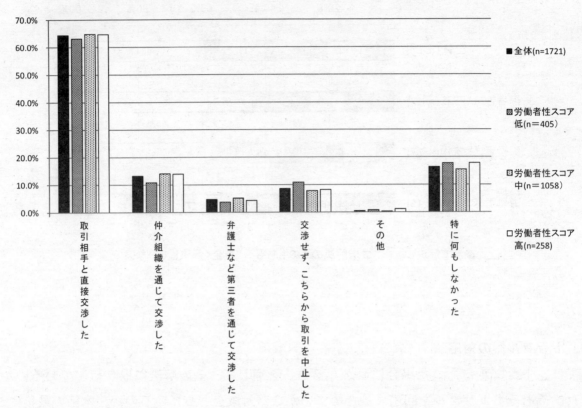

注）無回答2サンプルはグラフには示していない。

図表5－5－9　トラブル回避のための方策（MA）（労働者性スコア別）

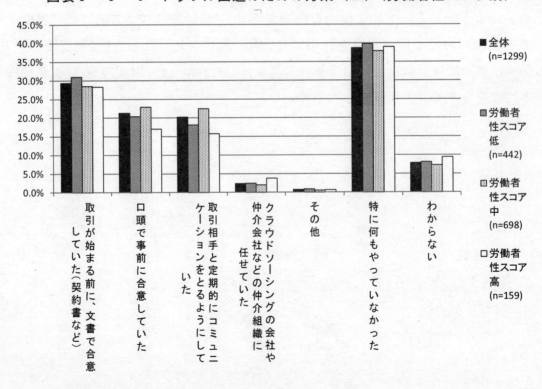

そもそもトラブルにあわないようにするために、いかなる対策を講じておくことが必要なのか。この点について、2017年にトラブル経験がなかった1299サンプルを取りだし、その対策について見てみたものが図表5－5－9である。「特に何もやっていなかった」が多いものの、それに続いて「取引が始まる前に、文書で合意していた（契約書など）（29.3%）」や「口頭で事前に合意していた（21.3%）」が上位に挙げられている。

そしてこれらの項目については、「労働者性スコア高」は、他のタイプと比べるとそのような対策をとっていない傾向が窺われる。例えば「労働者性スコア高」の「口頭で事前に合意していた」は17.0%であり、「労働者性スコア中」に比べて5ポイント程度、「労働者性スコア低」に比べて3ポイント程度低くなっている。

また、「労働者性スコア中」は、他のタイプと比べると相手との対話による対策をとっている傾向が窺われる。上記の「口頭で事前に合意していた」に加えて、「取引相手と定期的にコミュニケーションをとるようにしていた」についても、「労働者性スコア中」は22.5%であり、「労働者性スコア低」を4ポイント程度、「労働者性スコア高」を7ポイント弱それぞれ上回っている。

第6節　求める保護施策

本章の最後に、彼らのニーズにかかわる事柄を確認したい。本節では、「独立自営業者」を続ける上での問題点（図表5－6－1）と整備や充実を望む保護施策（図表5－6－2）について確認する。

まず、問題点について確認する。図表5－6－1より、タイプにかかわらず上位に挙げられている三つは、「仕事を失った時の失業保険のようなものがない（46.6%）」、「収入が不安定、低い（46.6%）」、「仕事が原因で怪我や病気をした時の労災保険のようなものがない（32.6%）」となっている。

これら上位三つにおけるタイプ別の特徴を見てみると、「仕事を失った時の失業保険のようなものがない」や「仕事が原因で怪我や病気をした時の労災保険のようなものがない」については、「労働者性スコア高」は、他のタイプと比べると、より問題点として感じていることが窺われる。「労働者性スコア高」の「仕事を失った時の失業保険のようなものがない」は54.4%であり、他のタイプと比べて9ポイント程度高くなっている。また、「労働者性スコア高」の「仕事が原因で怪我や病気をした時の労災保険のようなものがない」は38.8%であり、「労働者性スコア中」に比べると6ポイント程度、「労働者性スコア低」に比べると9ポイント弱、それぞれ高くなっている。これらのことから、仕事を失った際の保障や業務に起因する怪我や病気の補償に関して、働き方が労働者に近い「独立自営業者」は、他のタイプに比べると、より問題点として認識していることが窺われる。

一方、「収入が不安定、低い」については、「労働者性スコア中」は、他のタイプと比べると低くなっている。「労働者性スコア中」の「収入が不安定、低い」は43.8%と、「労働者

性スコア低」と比べると7ポイント強、「労働者性スコア高」に比べると5ポイント程度低くなっている。

次に、「独立自営業者」が整備や充実を望む保護施策について確認する（図表5‐6‐2）。タイプ別にかかわらず上位三つに挙げられているのは、「特に必要な事柄はない（31.9%）」、「取引相手との契約内容の書面化の義務付け（30.4%）」、「取引相手との契約内容の決定や変更の手続き（プロセス）の明確化（25.0%）」となっている。これに、僅差で「トラブルがあった場合に、相談できる窓口やわずかな費用で解決できる制度（23.1%）」が続く。

図表　5－6－1　「独立自営業者」を続ける上での問題点（MA）（労働者性スコア別）

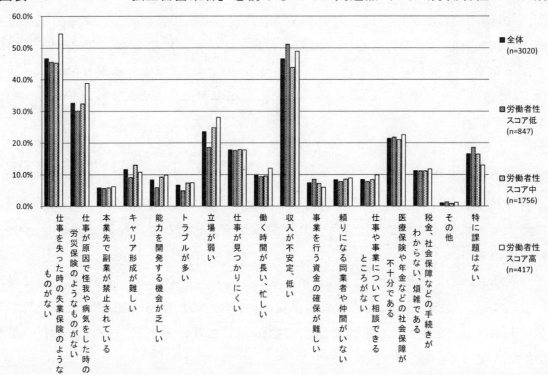

では、タイプ別に何か傾向はあるのであろうか。ここでは、トラブル経験のときと同様に、各項目における回答者の「労働者性スコア」の平均値を基に傾向を探ることにする。上位三つにおける回答者の「労働者性スコア」の平均値を見てみると、第一位の「特に必要な事柄はない」は、12.68となっている。対象サンプルにおけるスコアの平均値は12.88なので、回答者のうち「労働者性スコア」の低い者ほど保護施策に対するニーズが低いことが窺われる。

第二位の「取引相手との契約内容の書面化の義務付け」については、スコアの平均値は13.03となっている。このことから、「労働者性スコア」が高い「独立自営業者」ほど、より整備や充実を望んでいる傾向が、やや見られる。第三位の「取引相手との契約内容の決定や変更の手続き（プロセス）の明確化」は12.92となっている。このことから、タイプにかかわらず「独立自営業者」が整備や充実を望んでいる内容であることが窺われる。また、第三位の項目から僅差で続く「トラブルがあった場合に、相談できる窓口やわずかな費用で解

決できる制度」についても、その平均値は 12.95 となっており、タイプにかかわらず「独立自営業者」が整備や充実を望んでいる項目のようである。

図表 5－6－2 今後整備や充実を望む保護施策（MA）（労働者性スコア別）

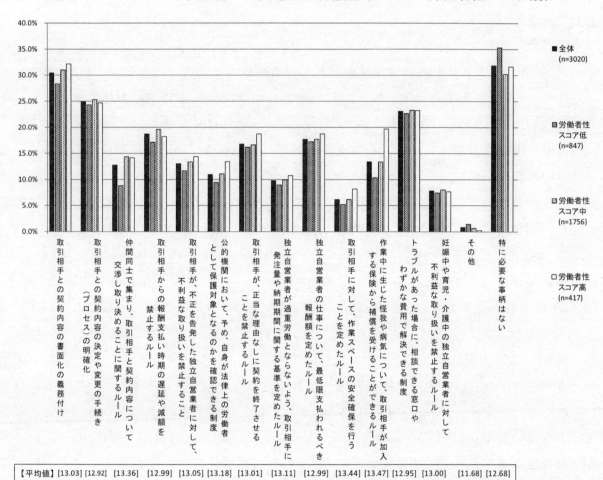

上位に挙げられている項目ではないが、回答者の傾向を見た際に「労働者性スコア高」が整備や充実を望んでいる項目としては、「作業中に生じた怪我や病気について、取引相手が加入する保険から補償を受けることができるルール（対象サンプル全体13.4％）」や「取引相手に対して、作業スペースの安全確保を行うことを定めたルール（対象サンプル全体6.2％）」が挙げられる。これらの回答者の平均は、それぞれ13.47と13.44となっている。以上より、働き方が労働者に近い「独立自営業者」が持つ固有のニーズとして、安全確保や業務に起因する怪我や病気の補償にかかわる保護施策の整備や充実があることが窺われる。

また、ニーズの上位ではないものの「仲間同士で集まり、取引相手と契約内容について交渉し取り決めることに関するルール」についても、平均スコアが13.36となっており、回答者の「労働者性スコア」の平均値において三番目に高い項目となっている。

第7節　おわりに
1．本章の概要

　本章では働き方の特徴別に見た際の「独立自営業者」の就業実態や保護に関するニーズについて紹介してきた。まず、「労働者性スコア」別に見た際の特徴を今一度示すと、以下のとおりとなる。

① 「労働者性スコア」が高い「独立自営業者」は、他のタイプと比べると、「中・高卒」がやや多く、「生活関連サービス、理容・美容」や「現場作業関連」の仕事を行っている傾向がある。一方、「労働者性スコア」が低い「独立自営業者」は、他のタイプと比べると、大卒以上で「デザイン・映像製作関連」の仕事や「専門業務関連」の仕事を行っている傾向がある。

② 就業の条件面について見てみると、1年間の報酬総額が400万円以上を取り出してみると、「労働者性スコア低」は27.3%、「労働者性スコア中」は28.1%、「労働者性スコア高」は、22.8%となっている。

③ 契約関連について契約内容の書面での明示（メールを含む）の状況について確認すると、「労働者性スコア低」は、他のタイプと比べると、明示がなされていないことが多いようである。

④ 提供している業務の特徴について確認してみると、まず、作業内容については、「労働者性スコア高」は、他のタイプと比べると、他の人でもできる作業を行っている割合が高くなっている。逆に、「労働者性スコア低」は、他のタイプと比べると、自分にしかできない作業を行っている割合が高くなっている。次に、取引相手数については、「労働者性スコア低」と「労働者スコア高」は、「労働者性スコア中」と比べると、特定の取引先と仕事を行う傾向が窺われる。また、「わからない」の回答の多さには留意が必要であるが、「労働者性スコア高」は、他のタイプと比べると、取引先に同様の業務を担っている従業員がいる傾向が見られる。

⑤ 仕事の受注方法については、「労働者性スコア」のタイプにかかわらず、受注方法として挙げられている項目の上位三つは、「自分で営業活動をして」、「現在の取引先から声がかかった」、「知人・親戚等から紹介された」となっている。これら上位三つの中でタイプ別に見た場合に見えてくる傾向として、「労働者性スコア」が低いほど、自らの営業活動によって仕事を受注している傾向が窺われる。一方、「労働者性スコア高」に特有の受注方法として、「求人誌、求人欄、ネット上の求人サイト等の募集広告をみて」が挙げられる。

⑥ 受注後の業務分担については、「労働者性スコア低」は、他のタイプに比べると、一人で全ての作業を実施している場合が多い。一方、「労働者性スコア高」は他のタイプと比べると、複数人で協力して作業を実施している割合が高くなっている。

⑦ いずれのタイプであっても、「独立自営業者」を選択した理由の上位三つは、「自分のペースで働く時間を決めることができると思ったから」、「収入を増やしたかったから」、「自分の夢の実現やキャリアアップのため」となっている。ただし、「労働者性スコア高」は、「収入を増やしたかったから」が最も多い回答となっている。その一方で、労働者性スコアが低いほど、「自分のペースで働く時間を決めることができると思ったから」が多くなっている。

⑧ 「独立自営業者」の経験年数については、「労働者性スコア」が低くなるほど、経験年数が長くなる傾向がある。

⑨ 今後のキャリア展望について見てみると、対象サンプル全体の傾向としては、7割程度が今後も「独立自営業者」を継続する意思を持っている（「独立自営業者の仕事を専業とする」と「独立自営業者の仕事を兼業とする」の合計）。タイプ別に見てみると、「労働者性スコア高」は、他のタイプと比べると、「独立自営業者」を継続しようと考えている者が少ない。

⑩ スキルを身につけた場所について見てみると、タイプにかかわらず、上位に挙げられている項目の三つは、「会社（以前の会社も含めて）での経験、研修及び勉強会」、「関連書籍等を使った自学自習」、「特にない」となっている。「特にない」と回答したサンプルを除く者に対して、最も役に立ったスキルを獲得した場所を尋ねてみても、いずれのタイプであっても、「会社（以前の会社も含めて）での経験、研修及び勉強会」や「関連書籍等を使った自学自習」を挙げている場合が多い。一方、他のタイプと比べると、「労働者性スコア高」において挙げられている項目として、「高校、専門学校、大学などの教育機関」がある。

⑪ 役立った資格の有無については、「労働者性スコア」が高いほど、役立った資格があると回答している。

⑫ トラブル経験については、「労働者性スコア低」は、他の二つのタイプと比べるとトラブルにあっていない傾向が窺われる。実際のトラブル内容について確認すると、「労働者性スコア高」は、「労働者性スコア低」に比べると、「作業内容・範囲についてもめた」、「仕様を一方的に変更された」、「一方的に作業期間・納品日を変更された」といったトラブルを経験している。経験したトラブルとしては少数であるが、「労働者性スコア高」が遭いやすいトラブルとしてセクハラやパワハラが、「労働者性スコア低」が遭いやすいトラブルとして自分の案の無断使用が挙げられる。

⑬ トラブル回避のための工夫について2017年にトラブルを経験しなかった者を対象に確認すると、「特に何もしなかった」が多いものの、それに続いて「取引が始まる前に、文書で合意していた（契約書など）」や「口頭で事前に合意していた」が上位に挙げられている。そしてこれらの項目については、「労働者性スコア高」は、他のタイプと比べるとそのような対策をとっていない傾向が窺われる。

⑭ 「独立自営業者」を続けていく上での問題点について見てみると、タイプにかかわらず上位に挙げられている三つは、「仕事を失った時の失業保険のようなものがない」、「収入が不安定、低い」、「仕事が原因で怪我や病気をした時の労災保険のようなものがない」となっている。その中でも「仕事を失った時の失業保険のようなものがない」や「仕事が原因で怪我や病気をした時の労災保険のようなものがない」については、「労働者性スコア高」は、他のタイプと比べると、より問題点として感じていることが窺われる。

⑮ 対象サンプル全体における「独立自営業者」が整備や充実を望む保護施策の上位三つは、「特に必要な事柄はない」、「取引相手との契約内容の書面化の義務付け」、「取引相手との契約内容の決定や変更の手続き(プロセス)の明確化」となっている。これに、僅差で「トラブルがあった場合に、相談できる窓口やわずかな費用で解決できる制度」が続く。

2．考察

(1) 働き方が労働者に近い「独立自営業者」の特徴

さて、働き方が労働者に近い「独立自営業者」は、そうではない働き方の「独立自営業者」と比べると、一体どのような特徴を持っているのか。本章で紹介した「労働者性スコア高」の者達の結果を参考にすると以下のような姿が垣間見られる。

①対象サンプルの「独立自営業者」における人物像

まず、どのような人物像が浮かんでくるのか。この点について確認しよう。第一に、学歴を見てみると、その数では「大卒」が最も多いものの、働き方が労働者に近いと思われる「独立自営業者」は、そうではない働き方の者達と比べると「中・高卒」がやや多い。第二に、「生活関連サービス、理容・美容」や「現場作業関連」の仕事に携わっている傾向が見られる。第三に、「独立自営業者」としての経験年数が短い傾向にある。第四に、「独立自営業者」の中では、収入アップを目的としてこの働き方を選択している傾向がある。第五に、「独立自営業者」を今後も継続しようとする明確な意思は、やや乏しいと言える。

以上より対象サンプル全体の中では、働き方が労働者に近いと思われる「独立自営業者」は、そうではない働き方の「独立自営業者」に比べると、次のような特徴を持っていることが窺われる。すなわち、「中・高卒」で、「生活関連サービス、理容・美容」や「現場作業関連」の仕事に携わっており、「独立自営業者」には収入アップを目的として「独立自営業者」を選択したケースが比較的多い。「独立自営業者」としての経験年数は短く、また、将来もこの働き方を継続するのかに関しては、思案中の者が多い。

②対象サンプルの「独立自営業者」における提供業務の特徴

次に、提供している業務について、その特徴を示そう。第一に、提供している業務は、他の人でもできるような業務である場合が多い。加えて、第二に、取引先の従業員と同じ仕事

をしている傾向がある。また、第三に、そのような特徴のある業務を、特定の取引先に提供している傾向がある。

　第四に、業務の受注は、営業活動、現在の取引先からの声がけ、知人・親戚等からの紹介による場合が多いものの、「独立自営業者」の中では、求人誌や求人サイトの募集広告を通して仕事を受注することや、雇用からの切り替えによって仕事を得ている者が多くいる。第五に、受注後は、自分一人で業務を遂行する場合が多いものの、「独立自営業者」の中では、他の者と協力しながら作業を行う場合も少なくはない。

　第六に、そうした業務を行う上で必要なスキルは、特定の場所や方法で獲得したわけではない者が「独立自営業者」の中ではやや多いものの、獲得した資格が業務を行う上で役立っている者も多い。第七に、最も役に立ったスキルを身につけた場所は、「会社（以前の会社も含めて）での経験、研修及び勉強会」が最も多い。また、他のタイプと比べると、「高校、専門学校、大学などの教育機関」を挙げている割合が高い。

　以上より、「独立自営業者」の中では、働き方が労働者に近い者達は、他の者でも代替可能な業務を提供していることが窺われる。そして、その際には集団で協力して業務を遂行している場合もある。そうした業務の提供に必要なスキルは、自然に身につけたか、もしくは、企業内での訓練や高校、専門学校、大学などの教育機関で身につけている。

（2）保護施策に関する固有のニーズ

　さて、上で確認したような特徴を持つ働き方が労働者に近い「独立自営業者」（「労働者性スコア高」）が固有に求める保護施策としては一体どのようなものが挙げられるのであろうか。本章における対象サンプル全体の傾向において上位に挙げられているわけではないものの、回答しているサンプルのスコアの平均値を見た場合に「労働者性スコア」が高い者が挙げていた項目として、「作業中に生じた怪我や病気について、取引相手が加入する保険から補償を受けることができるルール（13.47）」、「取引相手に対して、作業スペースの安全確保を行うことを定めたルール（13.44）」、「仲間同士で集まり、取引相手と契約内容について交渉し取り決めることに関するルール（13.36）」が挙げられる。

　以上のことから、「独立自営業者」が整備充実を望んでいる上位の項目（契約に関するルールや紛争解決機関の整備や充実）に加えて、働き方が労働者に近い「独立自営業者」固有のニーズとして、安全確保、業務に起因するケガや病気の補償、集団的取引に関するルールの整備があることが窺われる。

第6章 「クラウドワーカー」の就業実態の特徴

第1節 はじめに

　第6章では、クラウドワーカーの就業実態の特徴を取り上げる。本章では、調査票のSC3において、クラウドワーカーを「インターネットを利用して不特定多数の人に業務を発注したり、受注者の募集が出来るWebサービスを提供するクラウドソーシング会社を通じて仕事を受注している人」と定義している。

　この定義に合致するサンプルの抽出方法を説明する。本調査では、スクリーニング調査SC8において、取引相手について確認している[1]。この項目を利用すれば、「独立自営業者」の働き方別の就業実態を確認することができる。この設問の選択肢は、「1. 事業者（法人・個人を含む）と直接取引していた」、「2. 一般消費者と直接取引していた」、「3. 仲介会社を通じて取引していた」、「4. クラウドソーシングの会社を通じて取引していた」の4つがあるが、本章の対象者は「4. クラウドソーシングの会社を通じて取引していた」を選んだ人になる。図表6－1－1を見ると、その人数は1295人であり、サンプル全体（8256）の15.7%になる。

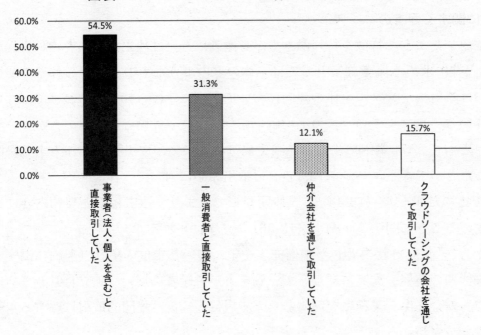

図表6－1－1　サンプル全体の取引相手（MA）（n=8256）

　ただし、SC8自体はマルチアンサーの設問であり、仮にSC8において、「4. クラウドソーシングの会社を通じて取引していた」を選択していても、その後の回答は、「クラウドワ

---

[1] SC8の文言は以下の通り。「自営業・フリーランス・個人事業主・クラウドワーカーとしてのお仕事の取引相手は下記のどれに当てはまりますか」。

ーカー」としての状況を反映したものとは必ずしも言えない[2]。

そこで、本章では、SC8の「1．事業者（法人・個人を含む）と直接取引していた」、「2．一般消費者と直接取引していた」、「3．仲介会社を通じて取引していた」、「4．クラウドソーシングの会社を通じて取引していた」のうち、「4．クラウドソーシングの会社を通じて取引していた」のみを選択したサンプルのみを取り出した。そのサンプルは1068であり、サンプル全体（8256）の12.9%になる（図表6－1－2）。本章では、このサンプルを「クラウドワーカー」として、仕事別に確認していく。

1．「クラウドワーカー」のプロフィール（仕事別）

「クラウドワーカー」のプルフィールを仕事別に確認しておこう。全体と「クラウドワーカー」全体を比較すると、全体は「男性」が多く、「クラウドワーカー」全体は「女性」が多い。「クラウドワーカー」を仕事別に見ていくと、「男性」が多いのは、「IT関連」と「現場作業関連」、「女性」が多いのは、「事務関連」、「デザイン・映像製作関連」、「専門業務関連」、「生活サービス、理容・美容」である。

年齢について見ると、全体は「35歳〜44歳」と「45歳〜54歳」の割合が高いが、「クラウドワーカー」全体は、「25歳〜34歳」、「35歳〜44歳」、「44歳〜54歳」が多い。「クラウドワーカー」は、全体に比べると、年齢が若い層が多いと言える。「クラウドワーカー」を仕事別に見ると、仕事によって割合は異なるものの、「25歳〜34歳」、「35歳〜44歳」、「44歳〜54歳」が多く、「クラウドワーカー」全体に見られる傾向が概ねあてはまる。

学歴について見ると、全体と「クラウドワーカー」全体では、「大学」の割合が最も高く、違いは見られない。「クラウドワーカー」を仕事別に見ると、「生活関連サービス、理容・美容」において、「大学」の割合が低く、「各種専門」と「短大・高専」の割合が高い。婚姻状態は、全体、「クラウドワーカー」全体、「クラウドワーカー」を仕事別に見ても、「既婚」が多い。主な生計について見ると、全体と「クラウドワーカー」全体は、「自分」が最も割合が高い。その割合は、全体で5割を超え、「クラウドワーカー」全体は4割である。主な生計について、「クラウドワーカー」を仕事別に見ると、「事務関連」と「デザイン、映像製作関連」を除く仕事で、「自分」の割合が最も高い。専業・兼業を見ると、全体は「専業」と「兼業」はほぼ同じ割合であるが、「クラウドワーカー」全体は「兼業」が多い。「クラウドワーカー」を仕事別に見ると、いずれの仕事においても、「兼業」の割合が高い。

---

[2] SC8で選択肢1と4を選んだ人が、主たる取引相手からの報酬に回答した場合、それが選択肢4のクラウドソーシングの会社を通じて得た仕事の報酬なのか、それとも選択肢1の「独立自営業者」個人が営業活動をして得た仕事の報酬なのかがはっきりしなくなるからである。本章では、前者の場合が「クラウドワーカー」としての報酬額となり、後者は「独立自営業者」としての報酬額となる。

図表6－1－2　サンプルのプロフィール（仕事別）（列％）

		事務関連	デザイン・映像製作関連	IT関連	専門業務関連	生活関連サービス、理容・美容	現場作業関連	クラウドワーカー全体	全体
	n	586	64	73	217	33	95	1068	8256
性別	男性	36.7%	42.2%	71.2%	44.7%	33.3%	68.4%	43.7%	62.9%
	女性	63.3%	57.8%	28.8%	55.3%	66.7%	31.6%	56.3%	37.1%
年齢	15歳～24歳	3.6%	1.6%	0.0%	2.8%	3.0%	0.0%	2.7%	1.1%
	25歳～34歳	39.8%	35.9%	21.9%	22.1%	18.2%	14.7%	31.8%	15.2%
	35歳～44歳	32.6%	29.7%	42.5%	36.4%	36.4%	33.7%	34.1%	26.0%
	45歳～54歳	18.3%	26.6%	21.9%	24.9%	21.2%	24.2%	21.0%	28.0%
	55歳～64歳	4.9%	4.7%	8.2%	11.5%	15.2%	14.7%	7.7%	18.0%
	65歳以上	0.9%	1.6%	5.5%	2.3%	6.1%	12.6%	2.7%	11.6%
学歴	中学・高校	20.7%	20.6%	11.0%	20.0%	18.8%	24.2%	20.2%	21.0%
	各種専門	10.8%	14.3%	13.7%	7.9%	21.9%	13.7%	11.2%	10.6%
	短大・高専	14.4%	15.9%	12.3%	12.6%	28.1%	8.4%	13.8%	13.6%
	大学	49.1%	44.4%	54.8%	53.0%	25.0%	50.5%	49.4%	47.7%
	大学院	4.8%	4.8%	8.2%	6.5%	6.3%	3.2%	5.3%	6.9%
	無回答	0.2%	0.0%	0.0%	0.0%	0.0%	0.0%	0.1%	0.1%
婚姻状態	未婚・離死別	35.8%	42.2%	45.2%	35.0%	30.3%	32.6%	36.2%	39.1%
	既婚	64.2%	57.8%	54.8%	65.0%	69.7%	67.4%	63.8%	60.9%
主な生計	自分	36.5%	34.4%	54.8%	41.5%	39.4%	51.6%	40.1%	54.8%
	双方	20.0%	28.1%	21.9%	24.9%	33.3%	26.3%	22.6%	23.7%
	自分以外	43.3%	34.4%	23.3%	33.2%	27.3%	22.1%	37.0%	20.7%
	その他	0.2%	3.1%	0.0%	0.5%	0.0%	0.0%	0.4%	0.9%
専業・兼業	専業	24.9%	31.3%	27.4%	25.8%	27.3%	34.7%	26.6%	49.5%
	兼業	75.1%	68.8%	72.6%	74.2%	72.7%	65.3%	73.4%	50.5%

第2節　「クラウドワーカー」の仕事の受注／仕事の特徴

1．「クラウドワーカー」の仕事の受注

　「クラウドワーカー」の仕事の受注と仕事の特徴では、「クラウドワーカー」がどのように仕事を受注しているのか（仕事の受注）、その仕事はどんな特徴を有するか（「クラウドワーカー」が提供する仕事の特徴）を見ていく。

（1）仕事の受注

　図表6－2－1のデータサンプルは6329である。これは8256から、本調査のスクリーニング調査SC8において、「一般消費者と直接取引していた」を回答した1927を除いた数値である。

　全体を見ると、「自分で営業活動をして（30.6％）」、「現在の取引先から声がかかった（24.8％）」、「知人・親戚等から紹介された（20.9％）」、「クラウドソーシングの会社や仲介会社などの仲介組織から（19.0％）」の割合が高い。「独立自営業者」は、様々なツールを使って仕事を受注している。「クラウドワーカー」全体を見ると、「クラウドソーシングの会社や仲介会社などの仲介組織から（71.1％）」の割合が非常に高い。「クラウドワーカー」は、仲介組織を通じて仕事を受注する傾向が強いという特徴が見られる。

　「クラウドワーカー」を仕事別に見ると、いずれも「クラウドソーシングの会社や仲介会社などの仲介組織から」の割合が高いことがわかる。ただし、その割合は仕事によって異なる。「事務関連（70.8％）」、「デザイン・映像製作関連（76.6％）」、「IT関連（69.9％）」、「専門業務関連（76.0％）」では、ほぼ7割に達しているのに対し、「生活関連サービス、理容・

美容（24.2％）」と「現場作業関連（30.5％）」では、2〜3割台である。「生活関連サービス、理容・美容」と「現場作業関連」について見ると、他の仕事に比べて、「知人・親戚等から紹介された（生活関連サービス：18.2％、現場作業：11.6％）」、「求人誌、求人欄、ネット上の求人サイト等の募集広告をみて（生活関連サービス：18.2％、現場作業関連：14.7％）」、「コンペや入札に応募して（生活関連サービス：15.2％、現場作業関連：14.7％）」の割合が高い。

「クラウドワーカー」について言えば、「事務関連」、「デザイン・映像製作関連」、「IT関連」、「専門業務関連」では、クラウドソーシングの会社などの仲介会社が積極的に活用されている一方で、「生活関連サービス、理容・美容」と「現場作業関連」では、クラウドソーシング会社などの仲介組織以外の方法を含めて、仕事を受注している。

図表6－2－1　仕事の受注（MA）（仕事別）

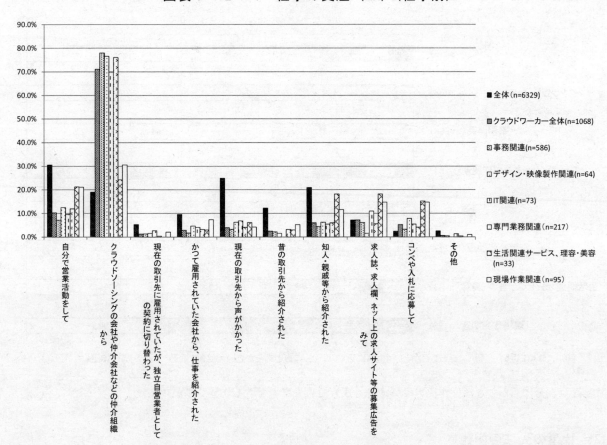

注）全体のデータについては、無回答（144サンプル）を含めて集計しているが、図表には表示していない。なお、「クラウドワーカー」には無回答はない。

（2）「クラウドワーカー」が提供する仕事の特徴

「クラウドワーカー」が提供する仕事の特徴では、作業内容、受注の困難さ、取引相手の3つを取り上げる。

① 作業内容

　図表6－2－2の作業内容では、「独立自営業者」の作業がA：自分にしかできない作業が多かったのか、B：他の人でもできる作業が多かったのか、どちらに近いのかを聞いている。Aに近い割合（「Aに近い」と「どちらかといえばAに近い」の合計）と、Bに近い割合（「Bに近い」と「どちらかといえばBに近い」の合計）に分けて見ると、Aに近い割合は、全体で55.8%、「クラウドワーカー」全体で23.3%、Bに近い割合は、全体で44.1%、「クラウドワーカー」全体で76.6%になる。全体では、Aに近い割合の方が高く、「クラウドワーカー」全体では、Bに近い割合の方が高い。同じように、「クラウドワーカー」を仕事別に見ると、どの仕事もBに近い割合が高い。その割合は、特に「事務関連（86.2%）」において高い。

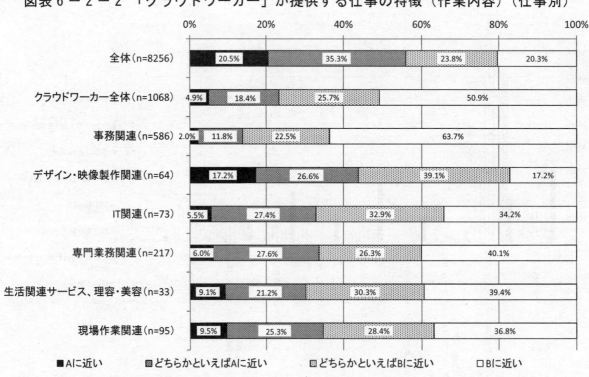

図表6－2－2　「クラウドワーカー」が提供する仕事の特徴（作業内容）（仕事別）

注）A＝自分にしかできない作業が多かった／B＝他の人でもできる作業が多かった

② 仕事の受注の困難さ

　仕事の受注の困難さでは（図表6－2－3）、A：仕事をとりたい時に思うように取れたのか、B：他の同業者との競合で思うようにとれなかったのか、どちらに近いのかを聞いている。Aに近い割合（「Aに近い」と「どちらかといえばAに近い」の合計）とBに近い割合（「Bに近い」と「どちらかといえばBに近い」の合計）に分けて見ると、Aに近い割合は、全体で61.5%、「クラウドワーカー」全体で50.8%、Bに近い割合は、全体で38.5%、「クラウドワーカー」全体で49.2%になる。どちらもAに近い割合が高い。

－ 150 －

「クラウドワーカー」を仕事別に見ると、Aに近い割合が高いのは、「専門業務関連（60.4％）」、「生活関連サービス、理容・美容（60.6％）」、「現場作業関連（50.5％）」であり、Bに近い割合が高いのは、「事務関連（52.1％）」、「デザイン・映像製作関連（56.2％）」、「IT関連（53.4％）」である。

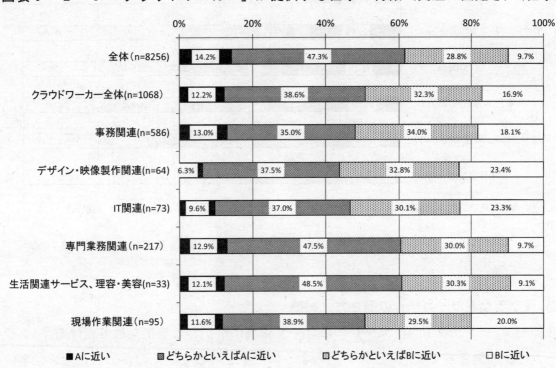

図表6－2－3　「クラウドワーカー」が提供する仕事の特徴（受注の困難さ）（仕事別）

注）A＝仕事をとりたい時に思うように取れた／B＝他の同業者との競合で思うようにとれなかった

③　取引相手

取引相手については（図表6－2－4）、A：特定の取引相手と仕事をすることが多かったのか、B：様々な取引相手と取引をすることが多かったのか、どちらに近いのかを聞いている。Aに近い割合（「Aに近い」と「どちらかといえばAに近い」の合計）と、Bに近い割合（「Bに近い」と「どちらかといえばBに近い」の合計）に分けて見ると、Aに近い割合は、全体で70.3％、「クラウドワーカー」全体で50.3％、Bに近い割合は、全体で29.7％、「クラウドワーカー」全体で49.7％になる。「クラウドワーカー」全体は、全体と比べると、複数の取引相手と仕事をする傾向が見られる。

「クラウドワーカー」を仕事別に見ると、Aに近い割合が高いのは、「IT関連（58.9％）」、「専門業務関連（57.1％）」、「生活関連サービス、理容・美容（66.7％）」であり、Bに近い割合が高いのは、「事務関連（53.3％）」、「デザイン・映像製作関連（56.2％）」、「現場作業関連（51.6％）」である。

図表6－2－4 「クラウドワーカー」が提供する仕事の特徴（取引相手）（仕事別）

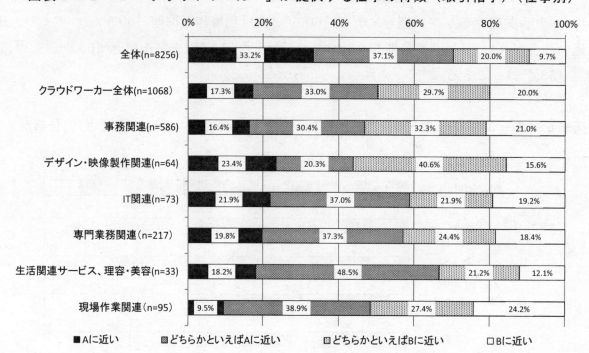

注）A＝特定の取引相手と仕事をすることが多かった／B＝様々な取引相手と仕事をすることが多かった

第3節 「クラウドワーカー」の働き方／報酬

　第3節では、「クラウドワーカー」の働き方と報酬にかかわる事柄を取り上げる。「クラウドワーカー」の働き方では、受注後、どのように仕事を進めていくのか、またその仕事にどのくらいの日数と時間をかけているのか、報酬にかかわる事柄では、「独立自営業者」としての仕事の対価としてどのくらいの報酬を得ているのかを取り上げる。

1.「クラウドワーカー」の働き方
（1）受注後の仕事の進め方
①業務分担

　図表6－3－1によると、全体、「クラウドワーカー」全体、「クラウドワーカー」を仕事別に見ても、「一人で全ての作業を実施した」の割合が最も高い。

　もっとも「クラウドワーカー」を仕事別に見ると、その割合には差が見られる。具体的には、「事務関連（88.9％）」、「デザイン・映像製作関連（85.9％）」、「IT関連（90.4％）」、「専門業務関連（91.7％）」において割合が高い一方で、「生活関連サービス、理容・美容（51.5％）」と「現場作業関連（67.4％）」では、その割合が低いという傾向が見られる。また、「案件の受注のみで、作業は別の者が実施した」では、「生活関連サービス、理容・美容（36.4％）」と「現場作業関連（21.1％）」の割合が他の仕事よりも割合が高い。

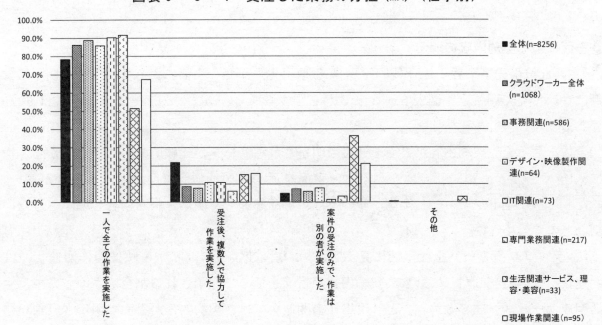

図表6−3−1 受注した業務の分担（MA）（仕事別）

②ネットワーク参加の有無

ネットワーク参加とは、外部の集まりなどへの参加を指す。兼業者を除けば、特定の組織に属さない「独立自営業者」（「クラウドワーカー」を含む）にとって、外部とのつながりは重要だと考えられる。そこで、「クラウドワーカー」がどのくらいネットワークに参加をしているのかを取り上げる。

図表6−3−2 ネットワーク参加の有無（仕事別）

	n	参加している	参加していない	計
全体	8256	30.3%	69.7%	100%
クラウドワーカー全体	1068	31.2%	68.8%	100%
事務関連	586	29.0%	71.0%	100%
デザイン・映像製作関連	64	40.6%	59.4%	100%
IT関連	73	37.0%	63.0%	100%
専門業務関連	217	34.1%	65.9%	100%
生活関連サービス、理容・美容	33	30.3%	69.7%	100%
現場作業関連	95	27.4%	72.6%	100%

図表6−3−2−によると、全体と「クラウドワーカー」全体では、「参加している」が3割程度である。「クラウドワーカー」を仕事別に見ると、「デザイン・映像製作関連」と「IT関連」で割合が高く、「事務関連」、「現場作業関連」、「生活関連サービス、理容・美容」において割合が低い。専門性が高い仕事であるほど、外部の集まりなどを含めたネットワーク

に参加する傾向にある。

③書面による契約内容の明示

「主要な取引先事業者1社」(以下、主たる取引先)からの書面による契約内容の明示の有無について見ていこう。図表6－3－3から図表6－3－5までのデータサンプルは6329である。

全体を見ると、契約内容が書面を通じて明示されるケースが比較的多いことがわかる。次に、「クラウドワーカー」全体を見ると、書面を通じて契約内容を明示される割合が高い。ただし「クラウドワーカー」全体については、書面を通じて明示される割合と明示されない割合との差は小さい。

「クラウドワーカー」を仕事別に見ると、「事務関連」、「デザイン・映像製作関連」、「IT関連」、「専門業務関連」において、契約内容が書面を通じて明示される割合が高い一方で、「生活関連サービス、理容・美容」と「現場作業関連」では、契約内容が書面で明示されない割合が高い。

図表6－3－3　契約内容の書面による明示の有無（仕事別）

	n	はい	いいえ	計
全体	6329	54.9%	45.1%	100%
クラウドワーカー全体	1068	52.0%	48.0%	100%
事務関連	586	51.7%	48.3%	100%
デザイン・映像製作関連	64	59.4%	40.6%	100%
IT関連	73	57.5%	42.5%	100%
専門業務関連	217	59.4%	40.6%	100%
生活関連サービス、理容・美容	33	27.3%	72.7%	100%
現場作業関連	95	35.8%	64.2%	100%

注．書面にはメールを含んでいる。

（2）契約にかかわる事柄

契約にかかわる事柄では、「クラウドワーカー」の取引社数[3]が何社であるか、どのように契約内容を決定しているのか（契約内容の決定パターン）、どのくらいの期間の契約を結んでいるのか（契約期間）について見ていく。なお、取引社数（図表6－3－4）と契約内容の決定パターン（図表6－3－5）のデータサンプルは6329になる。

---

[3] 冒頭で説明した通り、本章でいう「クラウドワーカー」は、クラウドソーシングの会社（仲介組織）を通じて取引をしていた「独立自営業者」を指す。そのため、「クラウドワーカー」には、クラウドソーシングの会社（仲介組織）、取引先（発注元）の3者関係が存在する。本章で言う取引会社とは、クラウドソーシングの会社ではなく、発注元を指す。

①取引社数

　図表6－3－4を見ると、全体では、「1社」と「2～4社」の割合が高い。この2つの割合は、全体の8割近くを占める。「クラウドワーカー」全体を見ても、「1社」と「2～4社」の割合が高い。この2つの割合を足し合わせると、8割を超える。

　「クラウドワーカー」を仕事別に見ると、「デザイン・映像製作関連」を除き、「1社」の割合が最も高い。その割合は、「生活関連サービス、理容・美容」、「現場作業関連」において特に高い。その次に割合が高いのは、「2～4社」である。「1社」と「2～4社」の割合を足し合わせると、どの仕事も8割程度になる。「クラウドワーカー」が取引をする企業の数はそう多くない。「クラウドワーカー」は、不特定多数の企業と取引をするより、特定の企業と取引をしていると考えられる。

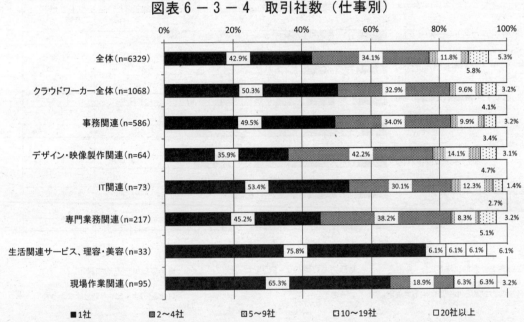

図表6－3－4　取引社数（仕事別）

②契約内容の決定パターン

　次に、主たる取引先との間で、契約内容がどのように決定されるのか、そのパターンを見ておこう。全体を見ると（図表6－3－5）、「取引先が一方的に決定した」は24.0％であり、「双方で協議の上、決定した（47.4％）」の割合が最も高い。また「あなたが一方的に決定した（5.9％）」や「第三者[4]の定めるルールに沿って決定した（8.5％）」という決定方法もあり、取引先が契約内容を一方的に決定するケースは多くない。

　「クラウドワーカー」全体を見ると、「取引先が一方的に決定した」は22.4％であり、取引先が一方的に決定するケースは多くない。クラウドワーカーの特徴は、「第三者の定めるルールに従って決定した（29.4％）」の割合が最も高いことにある。「クラウドワーカー」は、

---

[4] ここでいう第三者とは、クラウドソーシングの会社や仲介会社等を指す。

クラウドソーシング会社などの仲介組織が定めるルールに従って、契約内容を決定するケースが多い。

「クラウドワーカー」を仕事別に見ると、「取引先が一方的に決定した」は2割台が多く、取引先が一方的に契約内容を決定するとは限らない。次に、「第三者の定めるルールに沿って決定した」を見ると、その割合は、「IT関連」、「生活関連サービス、理容・美容」、「現場作業関連」を除く仕事において、最も高くなっている。これに対し、「IT関連」では、「双方で協議の上、決定した」が、「生活関連サービス、理容・美容」と「現場作業関連」では、「上記のようなやり取りはなかった」の割合が最も高い。

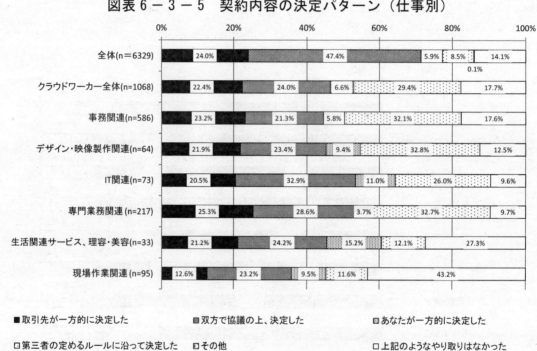

図表6－3－5　契約内容の決定パターン（仕事別）

③契約期間

「独立自営業者」が締結する契約はどのくらいの期間のものが多いのだろうか。図表6－3－6を見ると、全体的に短期の契約期間が多い傾向にあることがわかる。1ヵ月未満（「1日以下」、「2日以上～10日未満」、「10日以上～1ヵ月未満」の合計）で区切ると、全体は47.7％、「クラウドワーカー」全体では65.1％になる。「独立自営業者」の中でも「クラウドワーカー」の契約期間は短い傾向にある。

「クラウドワーカー」を仕事別に見ていくと、1ヵ月未満の割合は、「事務関連（68.6％）」、「IT関連（65.7％）」、「デザイン・映像製作関連（59.4％）」、「専門業務関連（68.2％）」において高く、「生活関連サービス、理容・美容（48.5％）」と「現場作業関連（45.3％）」において低い。

図表6－3－6　契約期間（仕事別）

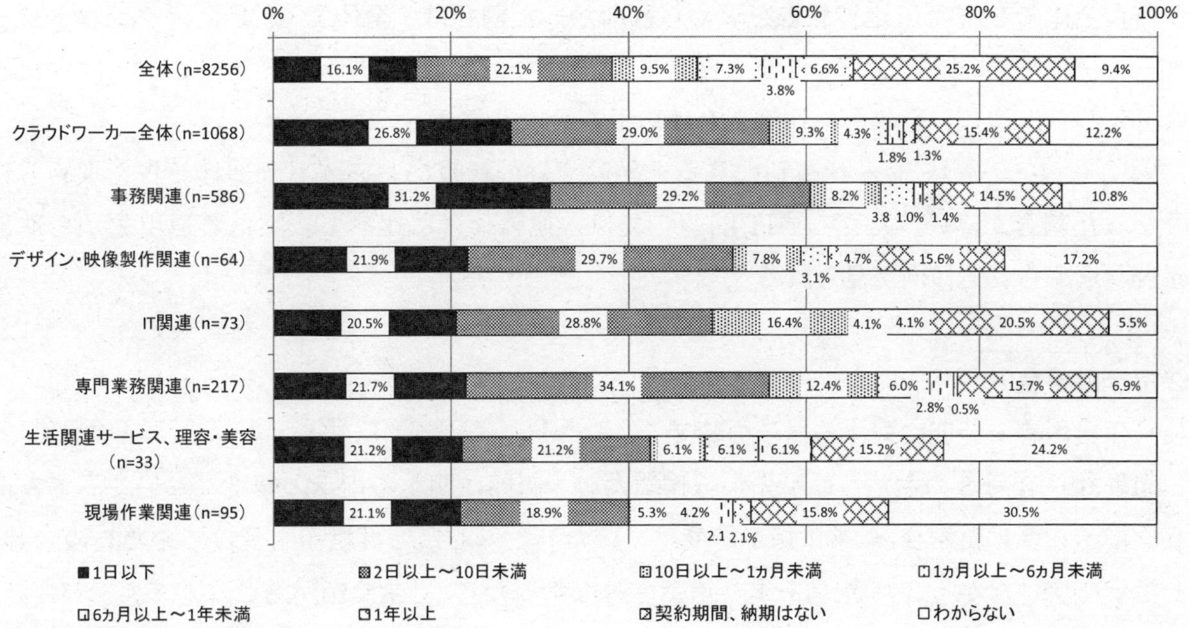

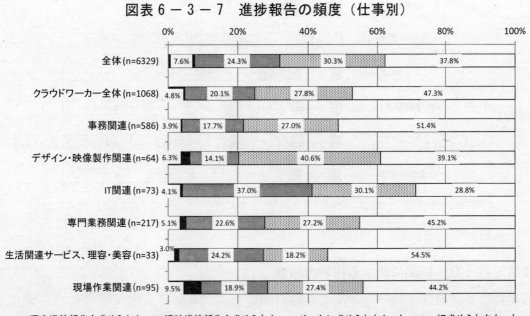

(3) 進捗報告の頻度／指示の頻度

①進捗報告の頻度

　図表6－3－7の進捗報告の頻度と図表6－3－8～6－3－10の指示の頻度のデータサンプルは、6329である。図表6－3－7の進捗報告の頻度では、主たる取引先への進捗報告を求められた割合（「逐次進捗報告を求められた」と「適時進捗報告を求められた」の合計）と進捗報告を求められなかった割合（「めったに求められなかった」と「一切求められなかった」の合計）に分けて見ていく。

図表6－3－7　進捗報告の頻度（仕事別）

図表6－3－7によると、進捗報告を求められた割合は、全体で31.9%、「クラウドワーカー」全体で24.9%、進捗報告を求められなかった割合は、全体で68.1%、「クラウドワーカー」全体で75.1%になる。「独立自営業者」のなかでも、「クラウドワーカー」は主たる取引先から進捗報告を求められることはあまりないと言える。

　「クラウドワーカー」を仕事別に見ると、いずれの仕事においても、進捗報告を求められなかった割合が高い。ただし「IT関連」では、他の仕事に比べて、主たる取引先から進捗報告を求められる傾向が見られる。

②指示の頻度

（a）作業内容・範囲に対する指示の頻度

　図表6－3－8の主たる取引先から作業内容・範囲に関する指示の頻度について見てみよう。指示を受けた割合（「常に指示を受けていた」と「しばしば指示を受けていた」の合計）と指示を受けなかった割合（「あまり指示されなかった」と「全く指示されなかった」の合計）に分けて見ると、指示を受けた割合は、全体で41.4%、「クラウドワーカー」全体で46.0%、指示を受けなかった割合は、全体で58.5%、「クラウドワーカー」全体で54.0%になる。どちらも指示を受けなかった割合の方が高い。

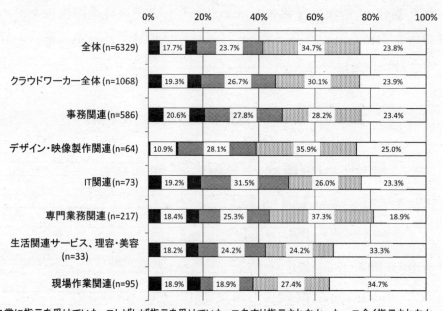

図表6－3－8　作業内容・範囲に関する指示の頻度（仕事別）

（b）作業を行う日・時間に関する指示の頻度

　作業を行う日・時間について、主たる取引先から指示を受ける頻度を見る（図表6－3－9）。図表6－3－8と同様、指示を受けた割合と指示を受けなかった割合の2つに分けて

見ていくと、指示を受けた割合は全体で33.3%、「クラウドワーカー」全体で27.6%、指示を受けなかった割合は全体で66.7%、「クラウドワーカー」全体で72.4%になる。どちらも指示を受けなかった割合が高い。

「クラウドワーカー」を仕事別に見ると、いずれの仕事も指示を受けた割合よりも、指示を受けなかった割合が高い。なかでも指示を受けなかった割合が高いのは、「デザイン・映像製作関連（76.6%）」と「IT関連（76.7%）」であり、その割合が低いのは「生活関連サービス、理容・美容（66.7%）」「現場作業関連（66.3%）」ある。

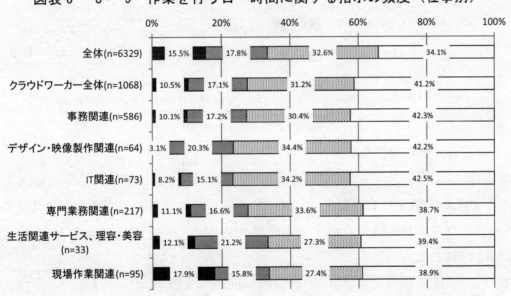

図表6－3－9　作業を行う日・時間に関する指示の頻度（仕事別）

(c) 作業を行う場所に関する指示の頻度

作業を行う場所に関する指示の頻度を見る（図表6－3－10）。ここでも主たる取引先から作業を行う場所に関する指示を受けたかどうかに分けて見ると、指示を受けた割合は、全体で28.5%、「クラウドワーカー」全体で14.7%、指示を受けなかった割合は、全体で71.5%、「クラウドワーカー」全体で85.3%になる。どちらも指示を受けなかった割合が高い。

「クラウドワーカー」を仕事別に見ると、指示を受けた割合より、指示を受けなかった割合が高い。指示を受けなかった割合が高いのは、「事務関連（87.9%）」、「デザイン・映像製作関連（90.7%）」、「IT関連（84.9%）」、「専門業務関連（86.6%）」であり、その割合が低いのは、「生活関連サービス、理容・美容（75.7%）」「現場作業関連（66.4%）」である。

図表6-3-10 作業を行う場所に関する指示の頻度（仕事別）

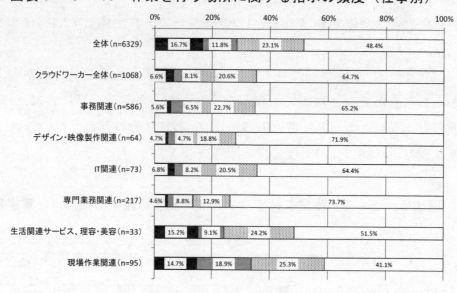

(4) 仕事の諾否／契約の打ち切り
①仕事の諾否
　主たる取引先から無理な依頼をされたり、仕事を中断せざるを得なかったりすることがあった時に、「クラウドワーカー」はどのように対応するのか。図表6-3-11のデータサンプルは6329になる。
　図表6-3-11によると、全体では、「常に問題なく断れた」と「そのような仕事を依頼されることはなかった」の割合が高い。この2つを足し合わせると、73.4%になる。全体の約3／4は無理な仕事に従事することはなかったと回答している。

図表6-3-11 取引先からの無理な依頼に対する拒否（仕事別）

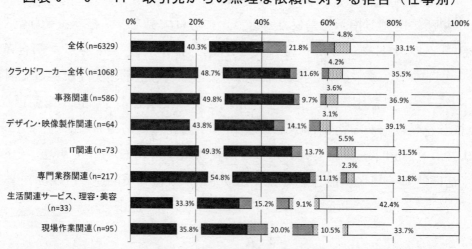

「クラウドワーカー」全体を見ると、全体と同様、「常に問題なく断れた」と「そのような仕事を依頼されることは無かった」の2つの割合が高い。この2つの割合を足しわせると8割を超える。「クラウドワーカー」も、無理な仕事に従事する可能性は低い。

「クラウドワーカー」を仕事別に見ると、仕事によって、「常に問題なく断れた」の割合が最も高い仕事もあれば、「そのような仕事を依頼されることがなかった」の割合が最も高い仕事がある。ただし、この2つの割合を足し合わせた数値は、仕事によって割合は異なるものの、ほぼ7割以上になる。その割合は、特に「事務関連（86.7%）」、「デザイン・映像製作関連（82.9%）」、「IT関連（80.8%）」、「専門業務関連（86.6%）」で高い。

②契約の打ち切り

次に、契約の打ち切りがあったかどうかを取り上げる。図表6-3-12によると、全体を見ても、「クラウドワーカー」全体を見ても、契約の打ち切りにあったのは、10～15%程度である。「クラウドワーカー」を仕事別に見ると、「クラウドワーカー全体」に比べて、「IT関連（17.8%）」、「専門業務関連（19.4%）」の割合が高い。

図表6-3-12　契約の打ち切りの有無（仕事別）

	n	あった	なかった	計
全体	8256	10.6%	89.4%	100%
クラウドワーカー全体	1068	15.1%	84.9%	100%
事務関連	586	15.7%	84.3%	100%
デザイン・映像製作関連	64	4.7%	95.3%	100%
IT関連	73	17.8%	82.2%	100%
専門業務関連	217	19.4%	80.6%	100%
生活関連サービス、理容・美容	33	0.0%	100.0%	100%
現場作業関連	95	11.6%	88.4%	100%

（5）作業日数・作業時間
①1ヵ月あたりの平均的な作業日数

「独立自営業者」がどのくらい作業に従事しているかを見よう。1ヵ月あたりの平均的な作業日数では（図表6-3-13）、全体では、「7日以下」が3割強、これに「15～21日」と「22～30日」が続く。

「クラウドワーカー」全体では、「7日以下」が5割を超える一方で、「8～14日」と「15～21日」の割合はほぼ同じである。1ヵ月あたりの平均的な作業日数については、「クラウドワーカー」は少ないという傾向が見られる。「クラウドワーカー」を仕事別に見ると、いずれの仕事においても、「7日以下」の割合が高い。ただし、その割合は仕事によって大きく異なる。「7日以下」の割合が高いのは、「事務関連」、「生活関連サービス、理容・美容」、「現場作業関連」であり、「IT関連」の割合は低い。

図表6-3-13 1ヵ月あたりの平均的な作業日数（仕事別）

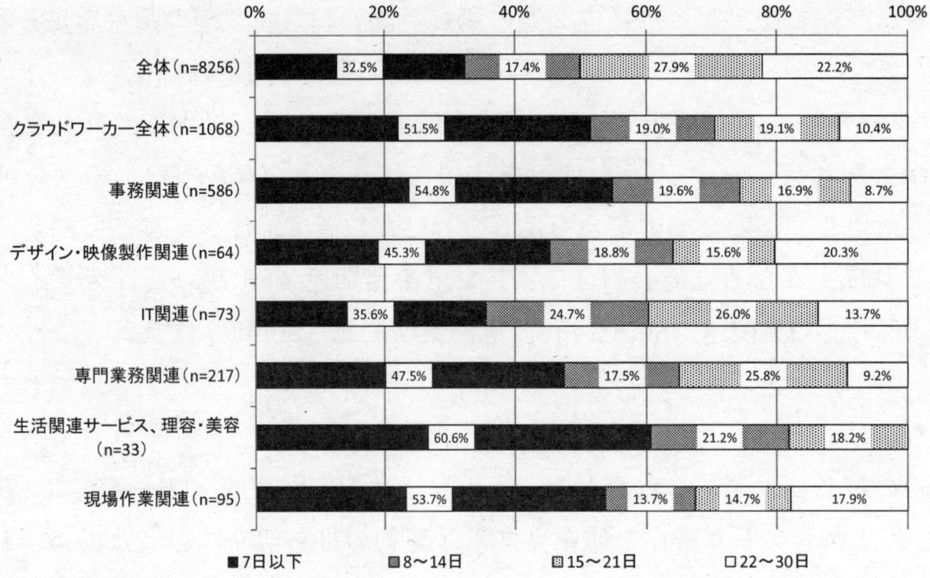

②1週間あたりの平均的な作業時間

次に、1週間あたりの平均的な作業時間を取り上げる。図表6-3-14によると、全体では、「1時間以上10時間未満」、「20時間以上40時間未満」、「40時間以上60時間未満」の割合が高い。これに対し、「クラウドワーカー」全体では、「1時間以上10時間未満」の割合が最も高く、これに「1時間未満」が続く。全体に比べると、「クラウドワーカー」の1週間あたりの平均的な作業時間は短い傾向がある。

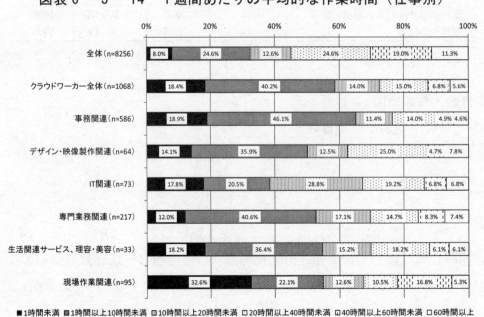

図表6-3-14 1週間あたりの平均的な作業時間（仕事別）

「クラウドワーカー」を仕事別に見ていくと、仕事によって特徴が異なる。例えば、「1時

間以上10時間未満」では、「事務関連」と「専門業務関連」の割合が、他の仕事に比べて高く、作業時間が短い傾向にある。また、「現場作業関連」では、「1時間未満」と「40時間以上60時間未満」の割合が、他の仕事よりも高い。「現場作業関連」には、作業時間が短い人もいれば、長時間の人も含まれる。

3．報酬にかかわる事柄

報酬にかかわる事柄では、報酬総額、経費の負担状況、経費の負担割合（報酬額比）、報酬の支払い時期を取り上げる。報酬のなかで経費を取り上げるのは、「独立自営業者」が受け取る報酬の中に経費が含まれている可能性があるからである。

（1）報酬総額

図表6－3－15は、報酬総額を示している。この報酬総額とは、2017年1月から12月までの報酬総額を指す。全体を見ると、「50万円未満」が約4割である。200万円未満の割合（「50万円未満」、「50～100万円未満」、「100～200万円未満」の合計）は64.1％、400万円以上の割合（「400～600万円未満」、「600～800万円未満」、「800万円以上」の合計）は21.5％である。これに対し、「クラウドワーカー」全体では、「50万円未満」は8割を超える。200万円未満の割合は92.2％、400万円以上の割合は4.9％になる。全体に比べると、「クラウドワーカー」の報酬はより低い。

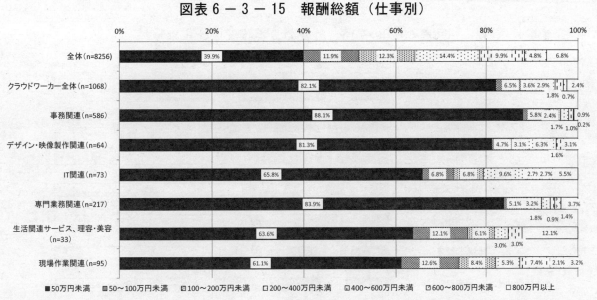

図表6－3－15　報酬総額（仕事別）

「クラウドワーカー」を仕事別に見ると、どの仕事においても、「50万円未満」の割合は60％を超えている。なかでもその割合が高いのは、「事務関連」、「デザイン・映像製作関連」、「専門業務関連」である。200万円未満の割合は、いずれの仕事もほぼ8割に達している。

特にその割合は、「事務関連（96.3％）」と「デザイン・映像製作関連（89.1％）」において高い。400万円以上の割合を見ると、「IT関連（10.9％）」、「生活関連サービス、理容・美容（18.1％）」、「現場作業関連（12.7％）」において1割を超えるものの、それ以外の仕事では5％程度になる。

（2）経費の負担状況

経費の負担状況では（図表6－3－16）、主たる取引先が経費の多くを支給しているのか、「独立自営業者」が経費の多くを負担しているのかを見る。このデータサンプルは6329である。

主たる取引先が経費の多くを支給する割合（「取引先がすべてを支給」と「取引先が多くを支給」の合計）と「独立自営業者」が経費の多くを負担する割合（「あなたが多くを負担」と「あなたがすべてを負担」の合計）に分けて見ると、全体では、主たる取引先が経費の多くを支給する割合（68.1％）が高い。これに対し、「クラウドワーカー」全体では、僅かではあるが、「クラウドワーカー」が経費の多くを負担する割合（51.8％）が高い。

「クラウドワーカー」を仕事別に見ると、主たる取引先が経費の多くを支給する割合は、「生活関連サービス、理容・美容（78.8％）」、「現場作業関連（65.3％）」において高く、「クラウドワーカー」が経費の多くを負担する割合は、「デザイン・映像製作関連（71.9％）」、「IT関連（58.9％）」、「専門業務関連（60.4％）」で高い。なお、「事務関連」については、どちらも50％となる。

図表6－3－16　経費の負担状況（仕事別）

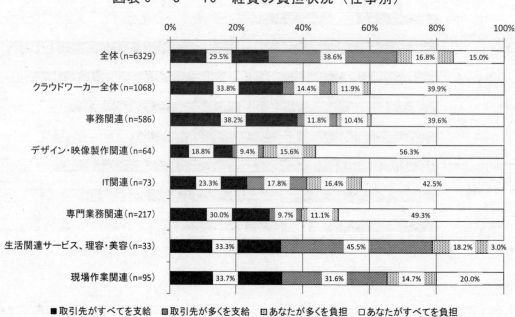

（3）経費の負担割合（報酬額比）

次に、「クラウドワーカー」が負担する経費が、報酬全体のどれくらいになるのかを見る。このデータのサンプルは、先の図表6－3－16において、「取引先がすべてを支給」を回答した1869を除く4460になる。

図表6－3－17を見ると、全体において、最も割合が高いのは、「1割未満」であり、その次は、「1割から3割未満」である。この2つを足し合わせると、8割を超える。「クラウドワーカー」全体を見ると、「1割未満」の割合が最も高く、「1割～3割未満」がこれに続く。この2つの割合を足し合わせると82.4％になる。「クラウドワーカー」が負担する経費は、報酬の3割未満のケースが多い。また、その割合は全体よりも高い。

「クラウドワーカー」を仕事別に見ると、どの仕事も「1割未満」と「1割～3割未満」の合計は6割を超える。この割合が特に高いのは、「事務関連（85.3％）」、「専門業務関連（84.9％）」であり、割合が低いのは、「生活関連サービス、理容・美容（72.7％）」と「現場作業関連（68.2％）」である。

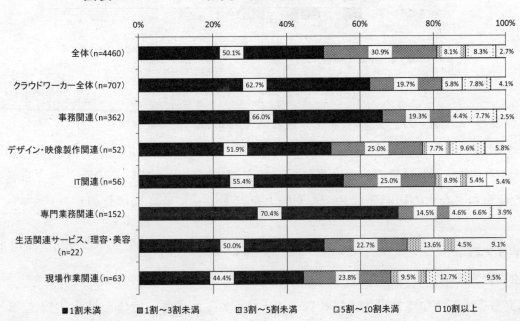

図表6－3－17　経費の負担割合（報酬額比）（仕事別）

（4）報酬の支払い時期

主たる取引先からの報酬は、どのタイミングで支払われているのだろうか。報酬の支払い時期のデータサンプルは、6329になる。図表6－3－18を見ると、全体と「クラウドワーカー」全体では、「サービス終了または納品完了後1ヵ月以内」と「毎月15日など決まった日」の割合が高い。他方で、どちらも「決まっていなかった」の割合は2割未満である。取引先からの報酬は、決まった時期に支払われるケースが多い。

「クラウドワーカー」を仕事別に見ると、「事務関連」、「デザイン・映像製作関連」、「IT

関連」、「専門業務関連」において、「サービス終了後または納品完了後1ヵ月以内」と「毎月15日など決まった日」の割合が高い。他方で、「現場作業関連」と「生活関連サービス、理容・美容」では、「決まっていなかった」の割合が高い。「クラウドワーカー」の仕事によっては、報酬が支払われる時期が定まっていないこともある。

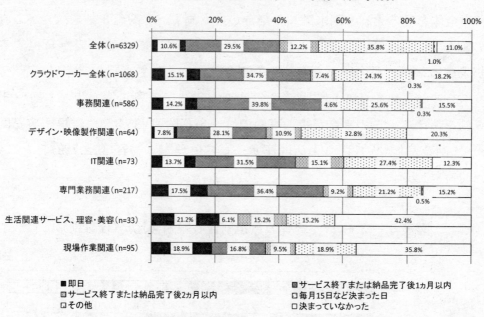

図表6－3－18　報酬の支払い時期（仕事別）

第4節　「クラウドワーカー」のキャリア観とスキル形成

　第4節では、「クラウドワーカー」のキャリア観とスキル形成を取り上げる。具体的には、「クラウドワーカー」が自身のキャリアについてどのように考えているのか、「独立自営業者」としての仕事をこなすのに必要なスキルや能力をどのように身につけたのかを見ていく。

1．キャリア観
（1）「独立自営業者」になった理由

　「独立自営業者」になった理由（図表6－4－1）から見よう。全体を見ると、上位3つは、「自分の夢の実現やキャリアアップのため」、「収入を増やしたかったから」、「自分のペースで働く時間を決めることができると考えたから」になる。

　上記について、「クラウドワーカー」全体を見ると、全体に比べて、「収入を増やしたかったから」の割合が高く、「自分の夢の実現やキャリアアップのため」と「自分のペースで働く時間を決めることができると思ったから」の割合が低い。

　「クラウドワーカー」を仕事別に見ていくと、「自分の夢の実現やキャリアアップのため」では、「デザイン・映像製作関連」が高く、「収入を増やしたかったから」では、「事務関連」、「IT関連」、「専門業務関連」の割合が高い。同様に、「自分のペースで働く時間を決めること

ができると思ったから」を見ると、「IT関連」、「生活関連サービス、理容・美容」の割合が高い。

図表6－4－1 「独立自営業者」になった理由（MA）（仕事別）（列％）

	事務関連	デザイン・映像製作関連	IT関連	専門業務関連	生活関連サービス、理容・美容	現場作業関連	クラウドワーカー全体	全体
n	586	64	73	217	33	95	1068	8256
自分の夢の実現やキャリアアップのため	12.3%	28.1%	19.2%	16.6%	15.2%	13.7%	14.8%	21.7%
収入を増やしたかったから	51.2%	43.8%	52.1%	55.8%	24.2%	25.3%	48.6%	31.8%
自分のペースで働く時間を決めることができると思ったから	30.5%	32.8%	39.7%	38.2%	12.1%	21.1%	31.5%	35.9%
働く地域や場所を選べたから	11.6%	10.9%	16.4%	16.1%	3.0%	11.6%	12.5%	12.2%
働きたい仕事内容を選べたから	10.4%	17.2%	13.7%	18.9%	6.1%	10.5%	12.6%	18.0%
仕事の範囲や責任が明確だったから	3.2%	4.7%	2.7%	4.1%	3.0%	2.1%	3.4%	7.6%
専門的な技術や資格を活かせると思ったから	1.7%	9.4%	9.6%	6.9%	6.1%	3.2%	4.0%	18.1%
実務経験（事務、財務、貿易事務など）やキャリアを積みたかったから	2.0%	1.6%	1.4%	2.3%	0.0%	3.2%	2.1%	3.1%
育児、看護、介護との両立が図れると思ったから	11.1%	12.5%	6.8%	10.6%	12.1%	2.1%	10.0%	6.9%
社会活動、趣味との両立が図れると思ったから	2.0%	6.3%	0.0%	7.4%	0.0%	3.2%	3.3%	5.7%
一つの会社に縛られなかったから	2.9%	3.1%	2.7%	7.4%	9.1%	3.2%	4.0%	8.8%
様々な仕事を体験できると思ったから	3.1%	4.7%	2.7%	6.0%	9.1%	2.1%	3.8%	5.5%
取引相手や以前の勤め先、知り合いに頼まれたから	0.3%	0.0%	0.0%	0.0%	6.1%	3.2%	0.7%	5.6%
精神的・肉体的な病気をかかえていたから	3.6%	6.3%	6.8%	6.0%	9.1%	3.2%	4.6%	3.7%
正社員として働きたいが、仕事が見つからなかったから	2.7%	4.7%	1.4%	1.4%	6.1%	3.2%	2.6%	3.4%
その時働いていた会社の倒産・リストラ	1.0%	1.6%	4.1%	2.3%	12.1%	3.2%	2.1%	3.8%
定年退職	0.7%	0.0%	1.4%	1.8%	0.0%	9.5%	1.7%	4.7%
その他	0.9%	0.0%	2.7%	0.9%	0.0%	0.0%	0.8%	2.5%
特段理由はない	19.6%	20.3%	11.0%	10.6%	24.2%	28.4%	18.2%	16.4%

（2）今後（約3年後）のキャリア展望

図表6－4－2には、「クラウドワーカー」が今後（約3年後）のキャリアをどう考えているかを示している。同図表によると、全体では、「独立自営業者としての仕事を専業とする」の割合が最も高く、「独立自営業者の仕事を兼業とする」と「分からない」が続く。「独立自営業者としての仕事をやめる」は8.6％である。独立自営業者を辞めようと考えている人は少ない。

「クラウドワーカー」全体を見ると、「分からない」の割合が最も高く、これに「独立自営業者としての仕事を兼業とする」が続く。「クラウドワーカー」が考える今後の展望は未定であるか、「独立自営業者」としての仕事を続けるにしても、兼業を考えているという点に

おいて、全体とは大きく異なる。

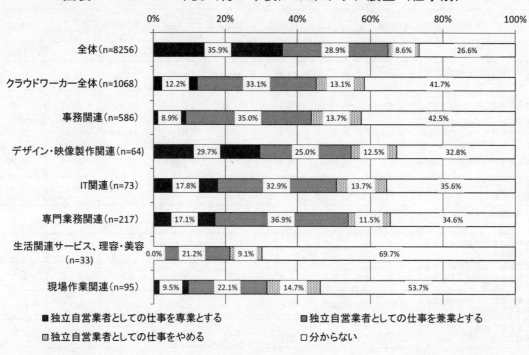

図表6－4－2　今後（約3年後）のキャリア展望（仕事別）

「クラウドワーカー」を仕事別に見ると（図表6－4－2）、「分からない」では、「生活関連サービス、理容・美容」と「現場作業関連」の割合が特に高い。「独立自営業者としての仕事を専業とする」では、「デザイン・映像製作関連」、「IT関連」、「専門業務関連」の割合が高く、「事務関連」、「生活関連サービス、理容・美容」、「現場作業関連」において割合が低い。「独立自営業者としての仕事を兼業とする」では、「事務関連」、「専門業務関連」の割合が高い。「独立自営業者としての仕事をやめる」について見ると、いずれも15％未満であり、仕事による違いは見られない。「クラウドワーカー」を仕事別に見ても、「独立自営業者」をやめるという人はそれほど多くはない。

2．スキル形成
（1）スキルを身につけた場所

図表6－4－3には、スキルを身につけた場所を示している。全体を見ると、「特にない」を除けば、「関連書籍等を使って自学自習」、「会社（以前の会社を含め）での経験、研修および勉強会」、「同業者（仲間や友人を含む）との勉強会、セミナーなどでの情報交換」、「高校、専門学校、大学などの教育機関」の割合が高い。

「クラウドワーカー」全体を見ると、「特にない」を除けば、割合が高いのは、「関連書籍等を使って自学自習」、「通信教育やインターネット上の講習（eラーニング）」、「会社（以前の会社を含め）での経験、研修及び勉強会」になる。全体と比較をすると、「クラウドワ

ーカー」は「同業者(仲間や友人を含む)との勉強会、セミナーなどでの情報交換」や「高校、専門学校、大学などの教育機関」の割合が低く、「特にない」の割合が高い。

上記の項目について、「クラウドワーカー」を仕事別に見ると、仕事の内容によって、スキルを身につける場所が異なることがわかる。「関連書籍等を使って自学自習」では、特に目立った傾向は見られない。「通信教育やインターネット上の講習(eラーニング)」では、「デザイン・映像製作関連」と「現場作業関連」の割合が低く、「会社(以前の会社を含め)での経験、研修及び勉強会」では、「生活関連サービス、理容・美容」の割合が低い。

図表6-4-3 スキルを身につけた場所(MA)(仕事別)(列%)

	事務関連	デザイン・映像製作関連	IT関連	専門業務関連	生活関連サービス、理容・美容	現場作業関連	クラウドワーカー全体	全体
n	586	64	73	217	33	95	1068	8256
関連書籍等を使って自学自習	17.6%	29.7%	26.0%	20.7%	24.2%	17.9%	19.8%	28.2%
通信教育やインターネット上の講習(eラーニング)	10.6%	7.8%	9.6%	10.6%	12.1%	7.4%	10.1%	8.7%
会社(以前の会社を含め)での経験、研修及び勉強会	17.9%	31.3%	37.0%	24.0%	9.1%	12.6%	20.5%	34.3%
同業者(仲間や友人を含む)との勉強会、セミナーなどでの情報交換	2.9%	1.6%	8.2%	2.8%	18.2%	12.6%	4.5%	13.9%
取引相手が実施している勉強会、講習会、セミナーへの参加	1.4%	0.0%	1.4%	4.6%	6.1%	3.2%	2.2%	4.6%
仲介組織が主催する勉強会や講習会、セミナーへの参加	4.6%	1.6%	4.1%	5.1%	6.1%	5.3%	4.6%	1.9%
高校、専門学校、大学などの教育機関	4.8%	14.1%	8.2%	9.7%	6.1%	1.1%	6.3%	14.9%
公共の職業訓練校	1.9%	4.7%	1.4%	0.5%	3.0%	1.1%	1.7%	1.8%
業界団体・職業団体(協会等)の研修	0.9%	1.6%	1.4%	2.8%	0.0%	0.0%	1.2%	6.9%
特にない	53.6%	39.1%	34.2%	46.5%	45.5%	56.8%	50.0%	29.3%
その他	0.5%	3.1%	0.0%	0.9%	0.0%	0.0%	0.7%	1.9%

(2) 最も役立ったスキルを身につけた場所

最も役立ったスキルを身につけた場所を見ていこう。図表6-4-4の全体のデータサンプルは、先の図表6-4-3で「特にない」と回答した2421を除く5835である。同様に、「クラウドワーカー」全体についても、図表6-4-3で「特にない」と回答した534を除くと、データサンプルは534になる。

全体を見ると、「関連書籍等を使って自学自習」、「会社(以前の会社を含め)での経験、研修及び勉強会」、「高校、専門学校、大学などの教育機関」の割合が高い。「クラウドワーカー」全体を見ると、割合が高いのは、「関連書籍等を使って自学自習」、「通信教育やインターネット上の講習(eラーニング)」、「会社(以前の会社を含め)での経験、研修及び勉強会」である。全体と比較をすると、「クラウドワーカー」は「通信教育やインターネット上の講習(eラーニング)」の割合が高く、「高校、専門学校、大学などの教育機関」の割合

が低い。

「クラウドワーカー」全体において割合が高い項目について、仕事別に見ると、「関連書籍等を使って自学自習」、「会社（以前の会社を含め）での経験、研修及び勉強会」では、目立った特徴はみられないが、「通信教育やインターネット上の講習（eラーニング）」では、「デザイン・映像製作関連」の割合が、「会社（以前の会社を含め）での経験、研修及び勉強会」では、「生活関連サービス、理容・美容」と「現場作業関連」の割合が特に低い。

図表6－4－4　最も役立ったスキルを身につけた場所（仕事別）

	事務関連	デザイン・映像製作関連	IT関連	専門業務関連	生活関連サービス、理容・美容	現場作業関連	クラウドワーカー全体	全体
n	272	39	48	116	18	41	534	5835
関連書籍等を使って自学自習	28.3%	35.9%	27.1%	28.4%	33.3%	36.6%	29.6%	24.2%
通信教育やインターネット上の講習（eラーニング）	17.6%	2.6%	6.3%	10.3%	11.1%	9.8%	13.1%	5.5%
会社（以前の会社を含め）での経験、研修及び勉強会	30.9%	41.0%	45.8%	33.6%	16.7%	17.1%	32.0%	38.5%
同業者（仲間や友人を含む）との勉強会、セミナーなどでの情報交換	2.6%	0.0%	8.3%	1.7%	16.7%	17.1%	4.3%	7.8%
取引相手が実施している勉強会、講習会、セミナーへの参加	2.2%	0.0%	0.0%	5.2%	5.6%	4.9%	2.8%	2.6%
仲介組織が主催する勉強会や講習会、セミナーへの参加	7.4%	2.6%	0.0%	6.0%	5.6%	9.8%	6.2%	1.4%
高校、専門学校、大学などの教育機関	6.3%	7.7%	10.4%	10.3%	11.1%	2.4%	7.5%	11.7%
公共の職業訓練校	2.2%	5.1%	2.1%	0.9%	0.0%	2.4%	2.1%	1.3%
業界団体・職業団体（協会等）の研修	1.5%	2.6%	0.0%	1.7%	0.0%	0.0%	1.3%	4.5%
その他	1.1%	2.6%	0.0%	1.7%	0.0%	0.0%	1.1%	2.3%
計	100%	100%	100%	100%	100%	100%	100%	100%

（3）役立った資格の有無

スキル形成には、資格の取得が含まれる。役立った資格を持つ「独立自営業者」はどのくらいいるのだろうか。

図表6－4－5によると、全体と「クラウドワーカー」全体では、「資格あり」は3割前後、「資格なし」は7割前後になる。「クラウドワーカー」を仕事別に見ると、「資格あり」では、「専門関連業務」、「生活関連サービス、理容・美容」の割合が高く、「デザイン・映像製作関連」の割合が低い。

図表6－4－5　役立った資格の有無（仕事別）

	n	資格あり	資格なし	計
全体	8256	35.4%	64.6%	100%
クラウドワーカー全体	1068	29.4%	70.6%	100%
事務関連	586	28.2%	71.8%	100%
デザイン・映像製作関連	64	23.4%	76.6%	100%
IT関連	73	28.8%	71.2%	100%
専門業務関連	217	33.2%	66.8%	100%
生活関連サービス、理容・美容	33	36.4%	63.6%	100%
現場作業関連	95	30.5%	69.5%	100%

（4）今後必要だと思うスキルアップ

今後必要だと思うスキルアップについて見てみよう。図表6－4－6によると、全体は、「関連書籍等を使って自学自習」、「会社（以前の会社を含め）での経験、研修及び勉強会」、「同業者（仲間や友人を含む）との勉強会、セミナーなどでの情報交換」、「特にない」の割合が高い。

図表6－4－6　今後必要だと思うスキルアップ（仕事別）

	事務関連	デザイン・映像製作関連	IT関連	専門業務関連	生活関連サービス、理容・美容	現場作業関連	クラウドワーカー全体	全体
n	586	64	73	217	33	95	1068	8256
関連書籍等を使って自学自習	18.9%	25.0%	27.4%	24.4%	21.2%	21.1%	21.3%	21.3%
通信教育やインターネット上の講習（eラーニング）	13.1%	9.4%	9.6%	12.4%	9.1%	6.3%	11.8%	6.3%
会社（以前の会社を含め）での経験、研修及び勉強会	6.0%	10.9%	6.8%	9.2%	3.0%	5.3%	6.8%	10.9%
同業者（仲間や友人を含む）との勉強会、セミナーなどでの情報交換	4.9%	1.6%	8.2%	4.1%	6.1%	6.3%	5.0%	11.8%
取引相手が実施している勉強会、講習会、セミナーへの参加	2.7%	1.6%	5.5%	2.3%	6.1%	5.3%	3.1%	2.9%
仲介組織が主催する勉強会や講習会、セミナーへの参加	11.3%	9.4%	12.3%	9.2%	3.0%	1.1%	9.6%	2.6%
高校、専門学校、大学などの教育機関	0.5%	0.0%	1.4%	1.4%	0.0%	0.0%	0.7%	1.4%
公共の職業訓練校	0.5%	0.0%	0.0%	1.4%	3.0%	0.0%	0.7%	0.6%
業界団体・職業団体（協会等）の研修	0.2%	9.4%	2.7%	0.0%	0.0%	2.1%	1.0%	6.5%
特にない	41.5%	29.7%	26.0%	34.6%	48.5%	52.6%	39.5%	34.0%
その他	0.3%	3.1%	0.0%	0.9%	0.0%	0.0%	0.6%	1.5%
計	100%	100%	100%	100%	100%	100%	100%	100%

「クラウドワーカー」全体を見ると、「関連書籍等を使って自学自習」と「特になし」は割合が高いものの、「会社（以前の会社を含め）での経験、研修及び勉強会」、「同業者（仲間や友人を含む）との勉強会、セミナーなどでの情報交換」の割合は高くない。「クラウドワ

ーカー」全体の特徴の1つは、「通信教育やインターネット上の講習（eラーニング）」の割合が高いことである。

「クラウドワーカー」全体で割合が高い項目について、仕事別に見ていくと、「関連書籍等を使って自学自習」では、「デザイン・映像製作関連」、「IT関連」、「専門業務関連」の割合が高く、「通信教育やインターネット上の講習（eラーニング）」では、「事務関連」、「専門業務関連」の割合が高い。「特にない」では、「事務関連」、「生活関連サービス、理容・美容」、「現場作業関連」の割合が高い。

第5節 トラブル対応と望ましい保護政策

第5節では、トラブル対応については、どのようなトラブルを経験し、そのトラブルに対してどのように対応したのか、またトラブル回避のためにどのような対策を講じているかを取り上げる。望ましい保護施策では、「クラウドワーカー」がより働きやすくなるために、どのような施策を求めているのかを取り上げる。

1．トラブル経験
（1）経験したトラブルの特徴
①トラブル経験の有無

トラブル経験の有無について見ると（図表6－5－1）、全体を見ても、「クラウドワーカー」全体を見ても、トラブルを経験した割合はほぼ5割である。

図表6－5－1　トラブル経験の有無（仕事別）

	n	トラブル経験あり	トラブル経験なし	計
全体	8256	49.9%	50.1%	100%
クラウドワーカー全体	1068	50.8%	49.2%	100%
事務関連	586	48.8%	51.2%	100%
デザイン・映像製作関連	64	46.9%	53.1%	100%
IT関連	73	53.4%	46.6%	100%
専門業務関連	217	47.5%	52.5%	100%
生活関連サービス、理容・美容	33	60.6%	39.4%	100%
現場作業関連	95	68.4%	31.6%	100%

「クラウドワーカー」を仕事別に見ると（図表6－5－1）、「トラブル経験あり」の割合が高いのは、「現場作業関連」、「生活関連サービス、理容・美容」、「IT関連」であり、「トラブル経験なし」の割合が高いのは、「事務関連」、「デザイン・映像製作関連」、「専門業務関連」である。

②トラブルの内容

「独立自営業者」が経験したトラブルにはどんなものがあるだろうか。このデータサンプルは、図表6－5－1で「トラブル経験あり」を回答した人になる。全体のサンプルは4117であり、「クラウドワーカー」全体は543になる。

図表6－5－2によると、全体では、「作業内容・範囲についてもめた（29.2％）」、「仕様を一方的に変更された（18.7％）」、「一方的に作業期間・納品日を変更された（15.7％）」、「報酬の支払いが遅れた・期日に支払われなかった（14.5％）」、「予定外の経費負担を求められた（11.5％）」などの割合が高い。

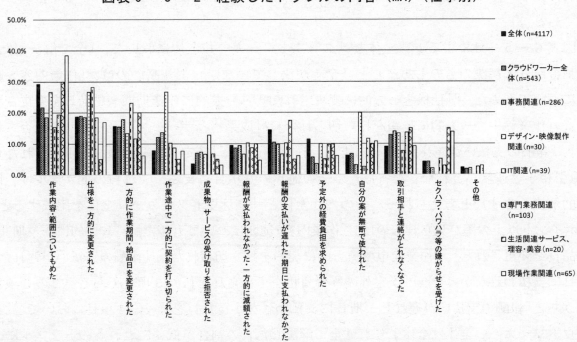

図表6－5－2　経験したトラブルの内容（MA）（仕事別）

注）全体のデータについては、無回答（1サンプル）を含めて集計しているが、図表には表示していない。なお、「クラウドワーカー」には無回答はない。

上記の項目の割合は、「クラウドワーカー」全体でも概ね高い。全体との違いを言えば、「予定外の経費負担を求められた（5.7％）」の割合が低い一方で、「作業途中で一方的に契約を打ち切られた（12.2％）」と「取引相手と連絡がとれなくなった（12.9％）」の割合が全体よりも高い。

「クラウドワーカー」を仕事別に見ると、仕事によってトラブルの内容は異なることがわかる。例えば、「作業内容・範囲についてもめた」では、「生活関連サービス、理容・美容」と「現場作業関連」の割合が高く、「仕様を一方的に変更された」では、「デザイン・映像製作関連」と「IT関連」の割合が高い。「一方的に作業期間・納品日を変更された」では、「IT関連」と「生活関連サービス、理容・美容」の割合が高い。上記以外を列記すれば、「作業

途中で一方的に契約を打ち切られた」では、「デザイン・映像製作関連」、「報酬の支払いが遅れた・期日に支払われなかった」では、「専門業務関連」、「自分の案が無断で使われた」では、「デザイン・映像製作関連」の割合が高い。

（2）トラブルの解決状況

「独立自営業者」があったトラブルの解決状況を見てみよう。図表6－5－3のトラブルの解決状況には、「全て解決した」、「未解決のものもある」、「全く解決していない」の3つの選択肢がある。トラブルの解決状況については、全体と「クラウドワーカー」全体に限定する。「クラウドワーカー」のサンプルサイズは1068であり、経験したトラブルついて仕事別に見ていくと、サンプルサイズがより小さくなり、分析に堪えられないと考えられるからである。

図表6－5－3によると、全体と「クラウドワーカー」全体において、「全て解決した」の割合が「未解決のものもある」と「全く解決していない」より高いのは、「作業内容・範囲についてもめた」、「仕様を一方的に変更された」、「一方的に作業期間・納品日を変更された」、「作業途中で一方的に契約を打ち切られた」、「成果物、サービスの受け取りを拒否された」、「報酬の支払いが遅れた・期日に支払われなかった」、「予定外の経費負担を求められた」、「取引相手と連絡がとれなくなった」、「その他」の9項目に及ぶ。これらのトラブルは、比較的解決しやすいと考えられる。この内、全体と「クラウドワーカー」全体を比較すると、5ポイント以上の差が見られるのは、「作業内容・範囲についてもめた」、「一方的に作業期間・納品日を変更された」、「作業途中で一方的に契約を打ち切られた」、「報酬の支払いが遅れた・期日に支払われなかった」、「予定外の経費負担を求められた」の5項目である。この5項目のうち、「報酬の支払いが遅れた・期日に支払われなかった」を除く、4項目において、「クラウドワーカー」全体は全体よりも「全て解決した」の割合が低い。これらのトラブルについては、「クラウドワーカー」はより解決しづらいことがわかる。

上記以外の項目について見ると、「報酬が支払われなかった・一方的に減額された」では、全体は「未解決のものがある」の割合が最も高いが、「クラウドワーカー」全体では、「全く解決してない」の割合が最も高い。「自分の案が無断で使われた」では、全体は「全て解決した」の割合が最も高いが、「クラウドワーカー」全体では、「全く解決していない」の割合が最も高い。この2つについても、「クラウドワーカー」はより解決しづらいと思われる。また、「セクハラ・パワハラ等の嫌がらせを受けた」では、全体と「クラウドワーカー」全体では、どちらも「全く解決してない」の割合が高い。セクハラやパワハラ等の嫌がらせは、特に解決しづらいトラブルと言える。

図表6－5－3　トラブルの解決状況

トラブルの内容		n	全て解決した	未解決のものもある	全く解決していない	計
作業内容・範囲についてもめた	全体	1204	60.5%	31.1%	8.4%	100%
	クラウドワーカー全体	118	51.7%	38.1%	10.2%	
仕様を一方的に変更された	全体	771	58.2%	30.9%	10.9%	100%
	クラウドワーカー全体	103	54.4%	31.1%	14.6%	
一方的に作業期間・納品日を変更された	全体	645	65.0%	27.1%	7.9%	100%
	クラウドワーカー全体	84	52.4%	39.3%	8.3%	
作業途中で一方的に契約を打ち切られた	全体	323	53.6%	26.6%	19.8%	100%
	クラウドワーカー全体	66	45.5%	27.3%	27.3%	
成果物、サービスの受け取りを拒否された	全体	145	44.8%	35.2%	20.0%	100%
	クラウドワーカー全体	38	47.4%	28.9%	23.7%	
報酬が支払われなかった・一方的に減額された	全体	390	34.9%	36.2%	29.0%	100%
	クラウドワーカー全体	47	21.3%	34.0%	44.7%	
報酬の支払いが遅れた・期日に支払われなかった	全体	595	70.4%	24.2%	5.4%	100%
	クラウドワーカー全体	57	78.9%	17.5%	3.5%	
予定外の経費負担を求められた	全体	472	60.0%	27.8%	12.3%	100%
	クラウドワーカー全体	31	54.8%	35.5%	9.7%	
自分の案が無断で使われた	全体	257	38.5%	33.9%	27.6%	100%
	クラウドワーカー全体	37	32.4%	24.3%	43.2%	
取引相手と連絡がとれなくなった	全体	374	45.5%	26.2%	28.3%	100%
	クラウドワーカー全体	70	44.3%	20.0%	35.7%	
セクハラ・パワハラ等の嫌がらせを受けた	全体	174	24.1%	32.2%	43.7%	100%
	クラウドワーカー全体	23	21.7%	21.7%	56.5%	
その他	全体	95	52.6%	24.2%	23.2%	100%
	クラウドワーカー全体	10	50.0%	20.0%	30.0%	

（3）トラブルの対処方法

　独立自営業者のトラブルの対処方法はどうなっているのか。このデータサンプルは、図表6－5－1で、「トラブル経験あり」を回答した人になる。全体のサンプルは4117であり、「クラウドワーカー」全体は543になる。

　図表6－5－4によると、全体では「取引相手と直接交渉した」が5割を超えていること、また「特に何もしなかった」の割合は3割弱である。これに対し、「クラウドワーカー」全体では、「取引相手と直接交渉した」は3割未満である一方で、「特に何もしなかった」は35％程度である。また、「仲介組織（クラウドソーシングの会社や仲介会社など）を通じて交渉した」の割合は全体よりも高い。このように全体と比較すると、「クラウドワーカー」全体の特徴は、トラブルに対して、取引先と直接交渉をするか、何もしないか、仲介組織を通じて交渉をするかの3つで対応する点にあると考えられる。

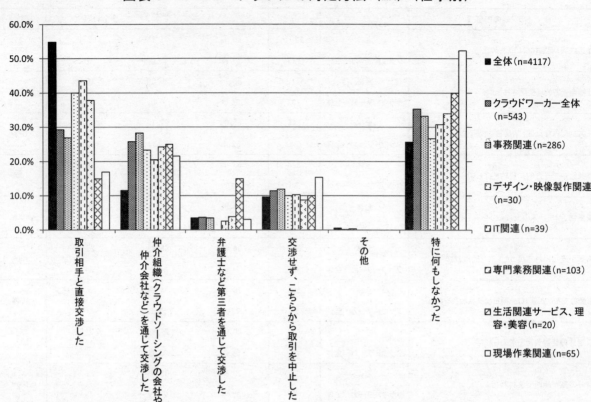

図表6－5－4 トラブルの対処方法（MA）（仕事別）

注）全体のデータについては、無回答（1サンプル）を含めて集計しているが、図表には表示していない。なお、「クラウドワーカー」には無回答はない。

「クラウドワーカー」を仕事別に見ると（図表6－5－4）、仕事による違いが見られる。「取引相手と直接交渉した」では、「デザイン・映像製作関連（40.0％）」、「IT関連（43.6％）」、「専門業務関連（37.9％）」の割合が高い。「仲介組織（クラウドソーシングの会社や仲介会社など）を通じて交渉した」では、「事務関連（28.3％）」の割合が高い。「弁護士など第三者を通じて交渉した」では、「生活関連サービス、理容・美容（15.0％）」の割合が、「交渉せず、こちらから取引を中止した」では、「現場作業関連（15.4％）」の割合が高い。「特に何もしなかった」では、「生活関連サービス、理容・美容（40.0％）」と「現場作業関連（52.3％）」の割合が高い。

(4) トラブル回避の方法

これまで「独立自営業者」が経験したトラブルについて見てきた。最後に、トラブル回避の方法について見る。図表6－5－5のデータサンプルは、図表6－5－1において、「トラブル経験なし」を選択した全体の4139と「クラウドワーカー」全体の525になる。

全体を見ると（図表6－5－5）、「特に何もやっていなかった（45.2％）」が最も高い。これ以外では、「取引が始まる前に、文書で合意していた（契約書など）（21.3％）」、「口頭で事前に合意していた（15.3％）」、「取引相手と定期的にコミュニケーションをとるようにしていた（14.7％）」が続く。

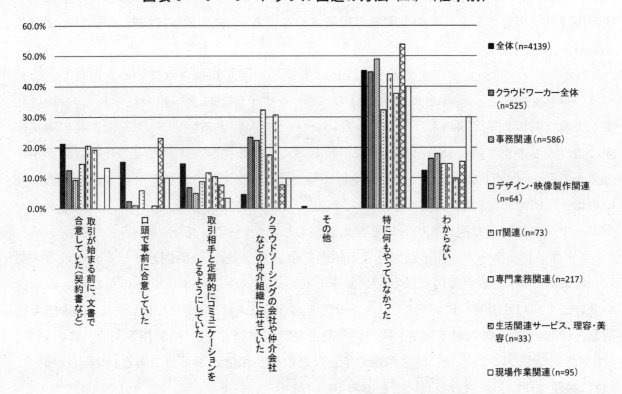

図表6-5-5 トラブル回避の方法（MA）（仕事別）

「クラウドワーカー」全体を見ると（図表6-5-5）、全体に比べて、「特に何もやっていなかった（44.8％）」の割合が低く、「クラウドソーシングの会社や仲介会社などの仲介組織に任せていた（23.4％）」の割合が高いことがわかる。クラウドソーソーシングの会社等の仲介組織は、「クラウドワーカー」のトラブル回避に貢献していることが窺える。

「クラウドワーカー」を仕事別に見ると、どの仕事でも、「特に何もやっていなかった」の割合が最も高い。その割合は3～5割台である。それ以外を見ると、「クラウドソーシングの会社や仲介会社などの仲介組織に任せていた」では、「デザイン・映像製作関連（32.4％）」と「専門業務関連（30.7％）」の割合が、「取引が始まる前に、文書で合意していた（契約書など）」では、「IT関連（20.6％）」と「専門業務関連（19.3％）」の割合が、「口頭で事前に合意していた」では、「生活関連サービス、理容・美容（23.1％）」と「現場作業関連（10.0％）」の割合がそれぞれ高い。

2．整備・充実を求める保護政策
（1）独立自営業を続ける上での問題点

ここからは、「独立自営業者」が整備・充実を求める保護政策を取り上げる。まず、「独立自営業者」を続ける上での問題を見ていく。

全体を見ると（図表6-5-6）、「仕事を失った時の失業保険のようなものがない」、「仕事が原因で怪我や病気をした時の労災保険のようなものがない」、「キャリア形成が難しい」、

「立場が弱い」、「仕事が見つかりにくい」、「収入が不安定、低い」、「医療保険や年金などの社会保障が不十分である」という問題が指摘されている。また「特に課題はない」は2割強である。

「クラウドワーカー」全体を見ると、全体と同様の問題が指摘されている。ただし、それぞれの割合を見ると、全体との違いが見られる。5ポイント以上の差が見られるのは、「仕事を失った時の失業保険のようなものがない」、「仕事が原因で怪我や病気をした時の労災保険のようなものがない」、「キャリア形成が難しい」、「医療保険や年金などの社会保障が不十分である」の4項目である。ただし、全体に比べて、「クラウドワーカー」全体の割合が高いのは、「キャリア形成が難しい」のみである。「独立自営業者」全体に比べると、「クラウドワーカー」は問題を抱えていないと言えるかもしれない。

「クラウドワーカー」の仕事別に見える傾向を指摘すると、「生活関連サービス、理容・美容」において、「仕事が原因で怪我や病気をした時の労災保険のようなものがない」の割合が低いこと、「IT関連」において、「キャリア形成が難しい」の割合が低いこと、「専門業務関連」において、「収入が不安定、低い」の割合が特に高いこと、「現場作業関連」において、「仕事が見つかりにくい」と「医療保険や年金などの社会保障が不十分である」の割合が低く、「特に課題はない」の割合が高いことである。

figure 6－5－6 独立自営業を続ける上での問題点（MA）（仕事別）（列%）

	事務関連	デザイン・映像製作関連	IT関連	専門業務関連	生活関連サービス、理容・美容	現場作業関連	クラウドワーカー全体	全体
n	586	64	73	217	33	95	1068	8256
仕事を失った時の失業保険のようなものがない	32.1%	39.1%	35.6%	39.2%	33.3%	18.9%	33.1%	40.3%
仕事が原因で怪我や病気をした時の労災保険のようなものがない	16.9%	25.0%	23.3%	22.6%	9.1%	15.8%	18.6%	27.7%
本業先で副業が禁止されている	9.4%	7.8%	6.8%	6.5%	18.2%	7.4%	8.6%	5.4%
キャリア形成が難しい	17.1%	15.6%	6.8%	20.7%	12.1%	14.7%	16.7%	10.4%
能力を開発する機会が乏しい	8.9%	6.3%	5.5%	12.0%	6.1%	4.2%	8.6%	7.0%
トラブルが多い	7.7%	12.5%	6.8%	6.9%	12.1%	3.2%	7.5%	5.3%
立場が弱い	18.6%	17.2%	26.0%	24.4%	12.1%	13.7%	19.6%	18.9%
仕事が見つかりにくい	22.4%	26.6%	15.1%	24.0%	21.2%	8.4%	21.2%	16.3%
働く時間が長い、忙しい	6.1%	14.1%	0.0%	7.4%	15.2%	2.1%	6.4%	7.8%
収入が不安定、低い	49.3%	46.9%	42.5%	60.4%	27.3%	18.9%	47.6%	45.5%
事業を行う資金の確保が難しい	3.1%	7.8%	1.4%	3.7%	9.1%	3.2%	3.6%	6.8%
頼りになる同業者や仲間がいない	5.6%	10.9%	2.7%	10.1%	3.0%	8.4%	6.8%	7.6%
仕事や事業について相談できるところがない	5.6%	15.6%	4.1%	12.0%	9.1%	8.4%	7.8%	7.6%
医療保険や年金などの社会保障が不十分である	10.4%	12.5%	16.4%	18.9%	12.1%	6.3%	12.4%	18.7%
税金、社会保障などの手続きがわからない、煩雑である	8.2%	9.4%	2.7%	16.6%	6.1%	6.3%	9.4%	9.9%
その他	0.2%	1.6%	0.0%	0.0%	0.0%	1.1%	0.3%	1.1%
特に課題はない	21.5%	20.3%	23.3%	15.7%	27.3%	38.9%	22.1%	22.8%

（2）整備・充実を求める保護政策

図表6－5－7の整備・充実を求める保護施策を取り上げる。全体を見ると、割合が高い（10%以上）のは、「取引相手との契約内容の書面化の義務付け」、「取引相手との契約内容の決定や変更の手続き（プロセス）の明確化」、「取引相手からの報酬支払い時期の遅延や減額を禁止するルール」、「取引相手が、不正を告発した独立自営業者に対して、不利益な取り扱いを禁止すること」、「取引相手が、正当な理由なしに契約を終了させることを禁止するルール」、「独立自営業者の仕事について、最低限支払われるべき報酬額を定めたルール」、「作業中に生じた怪我や病気について、取引相手が加入する保険から補償を受けることができるルール」、「トラブルがあった場合に、相談できる窓口やわずかな費用で解決できる制度」、「特に必要な事項はない」の9項目である。「特に必要な事柄はない」の割合は43.0%で、この

割合が最も高い。

　「クラウドワーカー」全体を見ると、上記の9項目は割合が高い傾向にある。それぞれの割合を見ると、全体と5ポイント以上の差があるのは、「特に必要な事柄はない」のみである。また、上記以外の項目では、「クラウドワーカー」全体は、全体に比べて、「作業中に生じた怪我や病気について、取引相手が加入する保険から補償を受けることができるルール」の割合が低く、「妊娠中や育児・介護中の独立自営業者に対して不利益な取り扱いを禁止するルール」と「公的機関において、予め、自身が法律上の労働者として保護対象となるのかを確認できる制度」の割合が高い。

　「クラウドワーカー」を仕事別に見ると、仕事の内容によって、整備・充実を求める保護政策が異なることがわかる。その特徴を列記すれば、「取引相手との契約内容の書面化の義務付け」では、「IT関連」の割合が高く、「現場作業関連」で割合が低いこと、「取引相手との契約内容決定や変更手続き（プロセス）の明確化」では、「IT関連」と「専門業務関連」の割合が高いこと、「取引相手が、不正を告発した独立自営業者に対して、不利益な取り扱いを禁止するルール」では、「生活関連サービス、理容・美容」の割合が特に低いこと、「取引相手が、正当な理由なしに契約を終了させることを禁止するルール」では、「デザイン・映像製作関連」、「IT関連」、「専門業務関連」の割合が高く、「生活関連サービス、理容・美容」と「現場作業関連」の割合が低いこと、「トラブルがあった場合に、相談できる窓口やわずかな費用で解決できる制度」では、「専門業務関連」の割合が高いこと、「特に必要な事柄はない」では、「デザイン・映像製作関連」、「生活関連サービス、理容・美容」、「現場作業関連」の割合が高いことである。「クラウドワーカー」を仕事別に見ると、仕事によって、整備・充実を求める保護政策は異なるが、特に、「IT関連」と「専門業務関連」において、保護政策に対するニーズは高いようである。

図表6－5－7 整備・充実を求める保護政策（MA）（仕事別）（列％）

	事務関連	デザイン・映像製作関連	IT関連	専門業務関連	生活関連サービス、理容・美容	現場作業関連	クラウドワーカー全体	全体
n	586	64	73	217	33	95	1068	8256
取引相手との契約内容の書面化の義務付け	24.6%	18.8%	31.5%	27.2%	18.2%	10.5%	23.8%	23.1%
取引相手との契約内容の決定や変更の手続き（プロセス）の明確化	18.1%	18.8%	26.0%	20.7%	6.1%	8.4%	18.0%	19.0%
仲間同士で集まり、取引相手と契約内容について交渉し取り決めることに関するルール	8.0%	9.4%	13.7%	7.8%	3.0%	10.5%	8.5%	9.6%
取引相手からの報酬支払い時期の遅延や減額を禁止するルール	20.1%	23.4%	24.7%	18.9%	3.0%	7.4%	18.7%	15.1%
取引相手が、不正を告発した独立自営業者に対して、不利益な取り扱いを禁止すること	10.2%	15.6%	19.2%	14.7%	6.1%	9.5%	11.9%	10.2%
公的機関において、予め、自身が法律上の労働者として保護対象となるのかを確認できる制度	9.6%	10.9%	16.4%	12.4%	9.1%	3.2%	10.1%	9.0%
取引相手が、正当な理由なしに契約を終了させることを禁止するルール	15.5%	21.9%	24.7%	17.1%	3.0%	6.3%	15.6%	13.6%
独立自営業者が過重労働とならないよう、取引相手に発注量や納期期間に関する基準を定めたルール	7.8%	6.3%	12.3%	11.1%	6.1%	1.1%	8.1%	7.4%
独立自営業者の仕事について、最低限支払われるべき報酬額を定めたルール	16.0%	20.3%	23.3%	23.0%	6.1%	6.3%	17.0%	14.8%
取引相手に対して、作業スペースの安全確保を行うことを定めたルール	4.6%	6.3%	8.2%	3.7%	0.0%	5.3%	4.7%	4.8%
作業中に生じた怪我や病気について、取引相手が加入する保険から補償を受けることができるルール	8.2%	6.3%	12.3%	10.1%	9.1%	4.2%	8.4%	11.2%
トラブルがあった場合に、相談できる窓口やわずかな費用で解決できる制度	21.3%	26.6%	26.0%	30.4%	12.1%	11.6%	22.7%	20.6%
妊娠中や育児・介護中の独立自営業者に対して不利益な取り扱いを禁止するルール	11.8%	9.4%	12.3%	12.4%	9.1%	8.4%	11.4%	7.1%
その他	0.9%	0.0%	0.0%	0.5%	0.0%	0.0%	0.6%	0.9%
特に必要な事柄はない	35.0%	43.8%	32.9%	30.4%	63.6%	54.7%	37.1%	43.0%

第6節　おわりに

　第6章では、「独立自営業者」全体、「クラウドワーカー」全体、「クラウドワーカー」を仕事別に見た時の就業実態を見てきた。ここでは、主にサンプル全体と「クラウドワーカー」全体を比較した時に見られる特徴を簡潔についてまとめていく[5]。

1．本章の内容

① 「クラウドワーカー」のプロフィールの特徴は、「男性」よりも「女性」が多いことである。年齢構成を見ると、「クラウドワーカー」は、サンプル全体に比べて、年齢の若い層が多い。学歴は、「大学」が最も多く、婚姻状態では、「既婚」が多い。主な生計では、「クラウドワーカー」全体は「自分」の割合が最も高いが、「自分以外」の割合も高い。専業・兼業では、サンプル全体は「専業」と「兼業」がほぼ同じ割合であるが、「クラウドワーカー」は「兼業」が多い。

② 仕事の受注に見られる「クラウドワーカー」の特徴は、「クラウドソーシングの会社や仲介会社などの仲介組織から」の割合が高いことである。作業内容、受注の困難さ、取引相手の3点から、受注した作業について見ると、作業内容では、サンプル全体が自分にしかできない作業が多い傾向が見られるのに対し、「クラウドワーカー」は、他の人でもできる作業が多かったという傾向が見られた。仕事の受注の困難さでは、サンプル全体は、仕事をとりたい時に思うようにとれた傾向が見られるのに対し、「クラウドワーカー」は仕事をとりたい時にとれたこともあれば、他の同業者との競合で思うようにとれなかったという結果が見られた。取引相手については、サンプル全体と比べると、「クラウドワーカー」全体は、複数の取引相手と仕事をする傾向が見られた。

③ 契約内容が書面を通じて明示されているかどうかを見ると、「クラウドワーカー」は明示されるケースが多い。また、その契約期間は短い傾向が見られる。契約を結ぶ取引社数を見ると、「クラウドワーカー」は、「1社」と「2～4社」の割合が高い。「クラウドーカー」は、不特定多数の企業と取引をするより、特定の企業と取引していると考えられる。契約内容の決定パターンにおける「クラウドワーカー」全体の特徴は、「第三者の定めるルールに沿って決定した」の割合が最も高いことにある。ここで言う第三者とは、クラウドソーシングの会社や仲介会社等を指す。

④ 受注後の作業の進め方についてみると、「クラウドワーカー」は、「一人で全ての作業を実施した」の割合が最も高い。また、外部の組織や集まり（ネットワーク）への参加状況を見ると、「クラウドワーカー」全体で参加しているのは3割であり、それほど積極的に活用しているとは言い難い。主たる取引先への進捗報告の頻度では、「クラウドワーカー」は、進捗報告を求められなかった割合が高い。主たる取引先からの指示の頻度

---

[5] なお、本章の内容では、「クラウドワーカー」を中心に取り上げる関係上、サンプル全体に見られる傾向については詳しく取り上げない。詳細については、本章の各データを参照されたい。

では、作業内容・範囲、作業を行う日・時間、作業を行う場所の3点について見たが、「クラウドワーカー」では、主たる取引先から指示を受けなかった割合は、指示を受けた割合より高い。「クラウドワーカー」は、1人で作業する機会が多いこと、さらに主たる取引先に進捗報告を行ったり、主たる取引先から指示を受けたりせずに作業に従事することが多い。

⑤ 主たる取引先から無理な依頼をされたり、仕事を中断せざるを得なかったりする際の対応では、「クラウドワーカー」は、「常に問題なく断られた」と「そのような仕事を依頼されることはなかった」の割合が高い。契約の打ち切りがあったかどうかを見ると、その割合は、「クラウドワーカー」は15%である。「クラウドワーカー」は、無理な仕事を依頼されたり、仕事を中断せざるを得なくなったりするトラブルにあうケースも多くなければ、契約の打ち切りにあう可能性も低い。

⑥ 1ヵ月あたりの平均的な作業日数を見ると、「7日以下」の割合では、サンプル全体が3割強、「クラウドワーカー」は5割を超える。サンプル全体に比べ、「クラウドワーカー」の平均的な作業日数は短い傾向にある。次に、1週間あたりの平均的な作業時間を見ると、サンプル全体では、作業時間が長いこともあれば、短いケースが見られる一方で、「クラウドワーカー」では、「1時間以上10時間未満」の割合が4割を超える。どちらのデータを見ても、「クラウドワーカー」の作業日数及び作業時間は、サンプル全体よりも短い傾向にある。

⑦ 2017年1～12月の「クラウドワーカー」の報酬総額は低い傾向が見られる。「50万円未満」の割合はサンプル全体よりも高い。経費の負担状況を見ると、主たる取引先が経費の多くを支給するより、僅かではあるが、「クラウドワーカー」が経費の多くを負担するケースが多い。その経費は、報酬額の3割未満になるケースが多いため、「クラウドワーカー」の実質的な年収は、さらに低くなる。また、報酬は「サービス終了または納品完了後1ヵ月以内」と「毎月15日など決まった日」といった決まった日に支払われることが多い。

⑧ 「クラウドワーカー」が、「独立自営業者」になった理由の上位3つは、自分の夢の実現やキャリアアップ、収入のアップ、自分のペースで働くことができると考えたことである。なかでも、「クラウドワーカー」ついては、収入のアップの割合が高い。「クラウドワーカー」は、経済的な理由から「独立自営業者」として働いている傾向が強い。次に、今後のキャリアをどう考えているのかを見ると、「クラウドワーカー」は、「わからない」が多く、これに「独立自営業者の仕事を兼業とする」が続く。「クラウドワーカー」は、「独立自営業者」を継続する場合でも兼業の場合が多いと考えられる。また、「クラウドワーカー」でも、「独立自営業者」をやめるという人は少ない。

⑨ スキルを身につけた場所では、サンプル全体は「特にない」を除けば、「関連書籍等を使って自学自習」、「会社（以前の会社を含め）での経験、研修および勉強会」、「同業者

（仲間や友人を含む）との勉強会、セミナーなどでの情報交換」、「高校、専門学校、大学などの教育機関」の割合が高い。「クラウドワーカー」の特徴は、サンプル全体に比べて、「同業者（仲間や友人を含む）との勉強会、セミナーなどでの情報交換」や「高校、専門学校、大学などの教育機関」の割合が低く、「特にない」の割合が高いことである。最も役立った資格を身につけた場所を見ると、サンプル全体は、「関連書籍等を使って自学自習」、「会社（以前の会社を含め）での経験、研修及び勉強会」、「高校、専門学校、大学などの教育機関」の割合が高い。「クラウドワーカー」の特徴は、「通信教育やインターネット上の講習（eラーニング）」の割合が高いことである。

⑩ 役だった資格の有無について見ると、サンプル全体を見ても、「クラウドワーカー」を見ても、「資格あり」は3割前後になる。今後必要だと思うキャリアアップでは、「クラウドワーカー」では、「関連書籍等を使って自学自習」と「特にない」は割合が高いものの、「会社（以前の会社を含め）での経験、研修及び勉強会」、「同業者（仲間や友人を含む）との勉強会、セミナーなどでの情報交換」の割合は高くない。「クラウドワーカー」の特徴の1つは、「通信教育やインターネット上の講習（eラーニング）」の割合が高いことである。

⑪ トラブル経験の有無について見ると、「クラウドワーカー」は、トラブルを経験した割合はほぼ5割である。経験したトラブルの内容を見ると、「作業内容・範囲についてもめた」、「仕様を一方的に変更された」、「一方的に作業期間・納品日を変更された」、「報酬の支払いが遅れた・期日に支払われなかった」、「作業途中で一方的に契約を打ち切られた」、「取引相手と連絡がとれなくなった」の割合が高い。「クラウドワーカー」の特徴は、「作業途中で一方的に契約を打ち切られた」、「取引相手と連絡がとれなくなった」の割合が、サンプル全体よりも高いことである。

⑫ トラブルの解決状況を見てみよう。「クラウドワーカー」では、「全て解決した」の割合が「未解決のものもある」と「全く解決していない」より高いのは、「作業内容・範囲についてもめた」、「仕様を一方的に変更された」、「一方的に作業期間・納品日を変更された」、「作業途中で一方的に契約を打ち切られた」、「成果物、サービスの受け取りを拒否された」、「報酬の支払いが遅れた・期日に支払われなかった」、「予定外の経費負担を求められた」、「取引相手と連絡がとれなくなった」、「その他」の9項目である。これらのトラブルは、比較的解決しやすいと考えられる。この内、サンプル全体と「クラウドワーカー」全体を比較すると、5ポイント以上の差が見られるのは、「作業内容・範囲についてもめた」、「一方的に作業期間・納品日を変更された」、「作業途中で一方的に契約を打ち切られた」、「報酬の支払いが遅れた・期日に支払われなかった」、「予定外の経費負担を求められた」である。さらに、「報酬の支払いが遅れた・期日に支払われなかった」を除く、4項目において、「クラウドワーカー」全体はサンプル全体よりも「全て解決した」の割合が低い。これらのトラブルについては、「クラウドワーカー」はよ

り解決しづらいことがわかる。
⑬ トラブルの対処方法では、サンプル全体と「クラウドワーカー」は、「特に何もしなかった」を除けば、「取引相手と直接交渉した」と「仲介組織（クラウドソーシングの会社や仲介会社など）を通じて交渉した」の割合が高い。「クラウドワーカー」の特徴は、「仲介組織（クラウドソーシングの会社や仲介会社など）を通じて交渉した」の割合が特に高いことにある。次に、トラブル回避の方法を見ると、「クラウドワーカー」の特徴は、「特に何もやっていなかった」以外では、「クラウドソーシングの会社や仲介会社などの仲介組織に任せていた」の割合が高いことにある。
⑭ 「独立自営業者」を続ける上での問題について見ると、「クラウドワーカー」は、「仕事を失った時の失業保険のようなものがない」、「仕事が原因で怪我や病気をした時の労災保険のようなものがない」、「キャリア形成が難しい」、「立場が弱い」、「仕事が見つかりにくい」、「収入が不安定、低い」、「医療保険や年金などの社会保障が不十分である」という問題が指摘されている。なお、サンプル全体に比べて、「クラウドワーカー」の割合が高いのは、「キャリア形成が難しい」のみである。
⑮ 整備・充実を求める保護政策について見ると、サンプル全体も「クラウドワーカー」全体も、求める保護政策に大きな違いは見られない。最も割合が高いのは「特に必要な事柄はない」である。これ以外でニーズの高い政策（割合の高い項目5つ）は、「取引相手との契約内容の書面化の義務づけ」、「トラブルがあった場合に、相談できる窓口やわずかな費用で解決できる制度」、「取引相手からの報酬支払い時期の遅延や減額を禁止するルール」、「取引相手との契約内容の決定や変更の手続き（プロセス）の明確化」、「独立自営業者の仕事について、最低限支払われるべき報酬額を定めたルール」である。

2．考察

ここでは、「クラウドワーカー」の就業実態を取り上げる中で、重要だと思われる点について指摘する。

（1）「クラウドワーカー」の姿

最初に、サンプル全体と比較した際に、「クラウドワーカー」の姿を考えてみたい。「クラウドワーカー」の属性を見ると、その特徴として、男性よりも女性が多いこと、主たる家計維持者は本人になる場合もあるものの、自分以外が家計維持者になることもあること、他人でもできる作業が多く、難易度の高くない作業に従事していること、「独立自営業者」として働く主な理由は、収入アップ、自分のペースで働く時間を決められると思ったこと等があげられている。

このような属性に近い労働者の働き方で、以前から存在するものとして、内職をあげることができる。厚生労働省が行う『家内労働等実態調査』（平成29年）によると、家内労働者

の属性は、女性が多いこと、主たる家計維持者（世帯主）は自分以外であることが多いこと、家内労働を行う主な理由として、家計の補助、都合の良い時期・時間に働けること等があげられている[6]。このように、「クラウドワーカー」と家内労働者の属性には似た傾向が見られると考えられる。

（2）仕事の特徴と報酬・作業時間

「クラウドワーカー」の働き方の特徴の1つに、報酬額が低いこと、受注した仕事に割く時間が短いということがあげられる。報酬額から見ていくと、「クラウドワーカー」の報酬は、ほぼ200万円未満だと言える。さらに、報酬額には経費が含まれることもあるため、その場合、「クラウドワーカー」の実質的な年収はさらに低くなると考えられる。

そこで、本章のデータから、報酬が低い背景を考えてみると、その要因の1つとして、「クラウドワーカー」の仕事の特徴が挙げられる。「クラウドワーカー」が行う仕事は、他の人でもできる作業が多く、また特定の取引相手と仕事をする傾向があるため、仕事の受注をめぐって、同業者と競合する可能性があると考えられる。この場合、仕事の件数（需要）よりも、業者（供給[7]）が多い状態（供給過多）になりやすくなると考えられ、その結果として、「クラウドワーカー」が行う仕事の報酬額は低く抑えられることになる。

また、受注した仕事に割く時間が短いことについては、以下のように考えられるかもしれない。「クラウドワーカー」の報酬額が低く、かつ作業難易度が高くないという傾向が見られることからすると、「クラウドワーカー」が仕事を完遂するには、それほど多くの日数と時間を割く必要がないと言えるかもしれない。

（3）仲介組織が果たす役割

本章の冒頭で定義した通り、「クラウドワーカー」には、仕事を受注する際に、クラウドソーシングの会社などの仲介組織を介すという特徴がある。つまり、「クラウドワーカー」には、「クラウドワーカー」、取引先、仲介組織の3者関係が存在する。

この仲介組織の役割を見ると、「クラウドワーカー」に仕事を提供するだけでなく、他のサービスを提供していることが窺われる。契約内容の決定方法では、「第三者[8]の定めるルールに沿って決定した」の割合が、サンプル全体では5.9%であるのに対し、「クラウドワーカー」では29.4%である。トラブル対応の方法では、「仲介組織（クラウドソーシングの会社や仲介会社など）を通じて交渉した」において、トラブルの回避の方法では、「クラウドソーシングの会社や仲介会社などの仲介組織に任せていた」において、「クラウドワーカー」はサンプル全体よりも割合が高い。

---

[6] 厚生労働省『家内労働等実態調査結果の概要』（2017年）による。https://www.mhlw.go.jp/toukei/list/dl/94-1_h29.pdf（2018年10月12日現在）。
[7] なお、報酬について論じる際には、働く側（供給側）のことを考慮する必要がある。この点は今後の課題である。
[8] ここで言う第三者とは、クラウドソーシングの会社や仲介会社等を指す。

このように、クラウドソーシング等の仲介組織は、「クラウドワーカー」に業務を提供するだけでなく、契約内容の決定方法から、トラブル対応に至るまで、幅広い役割を果たしていることが窺われる。

第7章　兼業者の兼業先[1]の就業実態

第1節　はじめに

　7章では、兼業者の兼業先の就業実態を取り上げる。兼業者とは、「独立自営業者」としての仕事に加え、「独立自営業者」以外の仕事に従事する人たちのことである。専業者は、「独立自営業者」としてのみ働く人たちのことであるから、「独立自営業者」の就業実態（第1章及び第2章）を見れば、彼（彼女）らの就業実態を把握することができるであろう。しかし兼業者は、「独立自営業者」以外の仕事も行う人たちである。したがって、兼業者の就業実態を把握するには、兼業先の就業実態にも着目する必要がある。これが兼業者の兼業先の就業実態を取り上げる理由である。

　次に、どのように兼業者を抽出したのかを説明する。本調査では、スクリーニング調査のSC 7[2]において、専業者であるか兼業者であるか、さらに兼業者のうち、「独立自営業者」としての仕事が本業なのか、それとも「独立自営業者」としての仕事は副業なのかを区別することができる。本章では、兼業者について、「独立自営業者」の仕事が本業であるか（兼業（独立自営業が本業））、副業であるか（兼業（独立自営業が副業））に区別して分析を行う。兼業者のうち「独立自営業者」の仕事が本業の人は1335人、兼業者のうち「独立自営業者」の仕事が副業である人は2838人である。以下では、特に断らない限り、2つの数値を合計した4173人が、本章のサンプルサイズになる。

1. 兼業者のプロフィール

　具体的な分析に入る前に、兼業者のプロフィールを見ておきたい（図表7－1－1）。性別を見ると、全体では「女性」よりも「男性」が多くなっている。兼業全体を見ても、兼業者を類型別に見ても、「女性」より「男性」が多い。ただし、「兼業（独立自営業が副業）」は女性の割合が高い。

　年齢を見ると、全体では、「35歳～44歳」と「45歳～54歳」が多い。兼業全体について見ると、「25歳～34歳」、「35歳～44歳」、「45歳～54歳」の割合が高い。兼業者を類型別に見ると、「兼業（独立自営業が本業）」では、「35歳～44歳」、「45歳～54歳」、「55歳～64歳」の割合が高い。これに対し、「兼業（独立自営業が副業）」では、「25歳～34歳」、「35歳～44歳」、「45歳～54歳」の割合が高い。全体に比べて、兼業者は幅広い年齢層に分布していること、独立自営業を本業としていない人ほど、年齢が若い傾向が見られる。

　学歴では、どの類型においても「大学」が多く、婚姻状態では、どの類型においても、「未

---

[1] 兼業先とは、兼業者が「独立自営業者」としての仕事以外の仕事をする職場や組織を指す。
[2] SC7の設問文は、「自営業・フリーランス・個人事業主・クラウドワーカーとしてのお仕事は、専業でしたか、兼業でしたか」であり、「1. 専業」、「2. 兼業（自営業・フリーランス・個人事業主・クラウドワーカーの仕事が本業）」、「3. 兼業（自営業・フリーランス・個人事業主・クラウドワーカーの仕事が副業）」のうち、1つを選択することになっている。

婚・離死別」に比べて、「既婚」が多い。主な生計では、どの類型においても「自分」が5割を超えており、本人が家計を支える傾向が強い。

　主な仕事を見ると、全体では「専門業務関連」の割合が最も高く、これに「事務関連」と「現場作業関連」が続く。兼業全体を見ると、全体と同様、「専門業務関連」、「事務関連」、「現場作業関連」の割合が高い。兼業者を類型別に見ると、「兼業（独立自営業が本業）」と「兼業（独立自営業が副業）」では、「事務関連」、「専門業務関連」、「現場作業関連」の割合が高い。ただし、「兼業（独立自営業が本業）」では、「専門業務関連」の割合が特に高い。

図表7－1－1　兼業者のプロフィール（列％）

		兼業（独立自営業が本業）	兼業（独立自営業が副業）	兼業全体	全体
	n	1335	2838	4173	8256
性別	男性	65.2%	56.1%	59.0%	62.9%
	女性	34.8%	43.9%	41.0%	37.1%
年齢	15歳～24歳	0.5%	1.8%	1.4%	1.1%
	25歳～34歳	13.0%	22.4%	19.4%	15.2%
	35歳～44歳	24.1%	31.4%	29.1%	26.0%
	45歳～54歳	29.5%	24.6%	26.2%	28.0%
	55歳～64歳	20.8%	13.0%	15.5%	18.0%
	65歳以上	12.0%	6.8%	8.5%	11.6%
学歴	中学・高校	22.6%	18.8%	20.0%	21.0%
	各種専門	10.5%	10.0%	10.2%	10.6%
	短大・高専	13.3%	14.1%	13.8%	13.6%
	大学	45.7%	48.7%	47.7%	47.7%
	大学院	7.8%	8.3%	8.2%	6.9%
	無回答	0.1%	0.1%	0.1%	0.1%
婚姻状態	未婚・離死別	44.5%	38.2%	40.2%	39.1%
	既婚	55.5%	61.8%	59.8%	60.9%
主な生計	自分	55.7%	54.7%	55.0%	54.8%
	双方	24.6%	23.8%	24.1%	23.7%
	自分以外	19.0%	20.9%	20.2%	20.7%
	その他	0.7%	0.6%	0.7%	0.9%
主な仕事	事務関連	16.0%	27.4%	23.8%	18.9%
	デザイン・映像製作関連	8.2%	8.7%	8.6%	8.9%
	IT関連	7.3%	7.6%	7.5%	8.5%
	専門業務関連	44.9%	33.2%	36.9%	39.6%
	生活関連サービス、理容・美容	9.7%	9.2%	9.4%	9.0%
	現場作業関連	13.8%	13.9%	13.9%	15.2%

第2節　兼業先でのキャリア

　本章に関わる範囲で、兼業先でのキャリアを見ておこう。ここでは、兼業先の雇用形態と兼業先の勤続年数を取り上げる。

1．雇用形態（兼業先）

　図表7－2－1は、兼業先の雇用形態を示している。兼業全体を見ると、割合が高いのは、「正社員」と「パート・アルバイト」である。兼業者を類型別に見ると、「兼業（独立自営業

が本業)」では「パート・アルバイト」の割合が4割を超えており、「兼業(独立自営業が副業)」では、「正社員」が5割近くになっている。正社員以外の割合(「契約社員」、「パート・アルバイト」、「派遣社員」、「その他」の合計)を見ると、「兼業(独立自営業が本業)」は66.7%、「兼業(独立自営業が副業)」は45.6%になる。「兼業(独立自営業が本業)」は正社員以外の割合が高く、「兼業(独立自営業が副業)」は正社員の割合が高い。

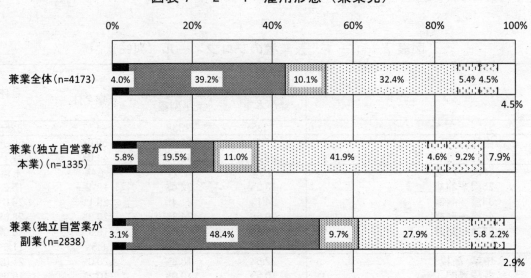

図表7-2-1 雇用形態(兼業先)

2．勤続年数(兼業先)

兼業先の勤続年数を見ると(図表7-2-2)、兼業全体では、「1～5年未満」の割合が最も高く、これに「5～10年未満」と「1年未満」が続く。この3つの割合で6割を超える。10年以上の割合(「10～15年未満」、「15～20年」、「20年以上」の合計)を見ると、兼業全体は31.2%になる。

兼業者を類型別に見ると、「兼業(独立自営業が本業)」と「兼業(独立自営業が副業)」では、「1～5年未満」の割合が最も高く、これに「1年未満」と「5～10年未満」が続く。どちらも、この3つの割合で6割を超える。他方で、10年以上の割合を見ると、「兼業(独立自営業が副業)(32.8%)」は、「兼業(独立自営業が本業)(27.9%)」より高い。独立自営業を本業としない人ほど、兼業先の勤続年数が長い傾向が見られる。

図表7－2－2　勤続年数（兼業先）

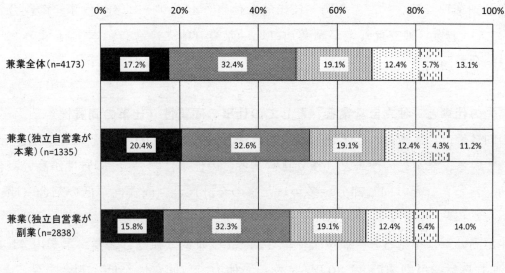

第3節　兼業先の仕事に関わる事柄

　第3節では、兼業先の仕事に関わる事柄を取り上げる。兼業先の仕事に関わる事柄には、兼業先の職務内容、兼業先と「独立自営業者」の仕事との同質性（仕事の同質性）、兼業先の仕事で身につけたノウハウや能力が「独立自営業者」の仕事に役立っているかどうか（能力やノウハウの関連性）が含まれる。

1．職務内容（兼業先）

　図表7－3－1は、兼業先の職務内容を示している。兼業全体を見ると、「専門・技術的な仕事」の割合が最も高く、これに「事務の仕事」と「サービスの仕事」が続く。

図表7－3－1　職務内容（兼業先）

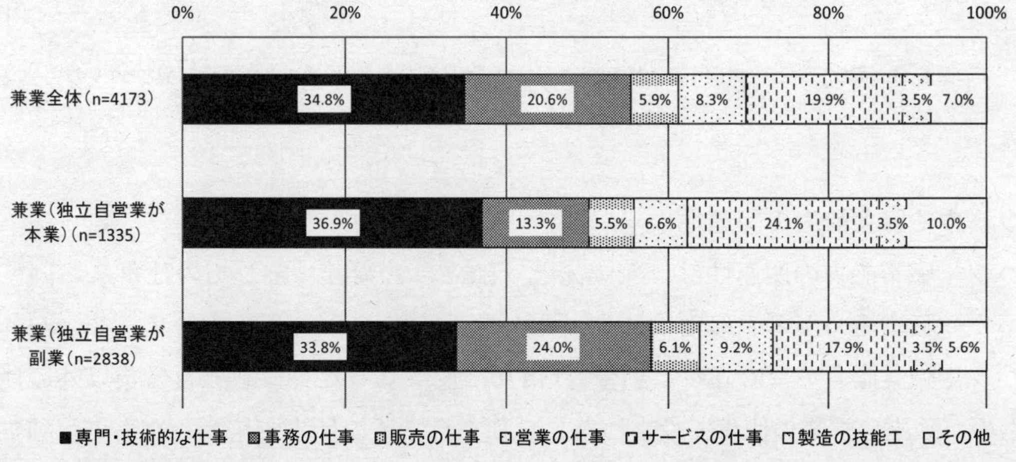

兼業者を類型別に見ると（図表7-3-1）、「兼業（独立自営業が本業）」では、「兼業（独立自営業が副業）」に比べて、「専門・技術的な仕事」と「サービスの仕事」の割合が高い。これに対し、「兼業（独立自営業が副業）」は、「兼業（独立自営業が本業）」より、「事務の仕事」の割合が高い。

2．兼業先の仕事と「独立自営業者」としての仕事の同質性（仕事の同質性）

仕事の同質性は、兼業先の仕事と「独立自営業者」としての仕事がどの程度関連しているかを示している。兼業先の仕事と「独立自営業者」の仕事において、同質性が高い割合（「まったく同じだった」と「同じ部分が多かった」の合計）と、同質性が低い割合（「異なる部分が多かった」と「まったく異なっていた」の合計）に分けて見る。

同質性が高い割合を見ると、兼業全体は34.2％、「兼業（独立自営業が本業）」は41.3％、「兼業（独立自営業が副業）」は30.9％になる。他方で、同質性が低い割合を見ると、兼業全体は65.8％、「兼業（独立自営業が本業）」は58.8％、「兼業（独立自営業が副業）」は69.1％になる。兼業全体を見ても、兼業者を類型別に見ても、同質性は低い傾向が見られる（図表7-3-2）。

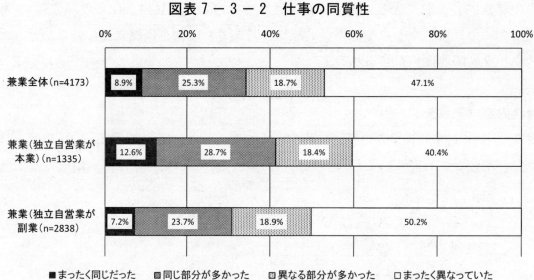

図表7-3-2　仕事の同質性

3．ノウハウや職業能力の関連性

ノウハウや職業能力の関連性は、兼業先と「独立自営業者」としての仕事において、必要なノウハウや職業能力がどの程度役に立ったかを示している（図表7-3-3）。

ノウハウや職業能力が役に立った割合（「相互に役に立った」、「独立自営業以外の仕事で培われたものが独立自営業の仕事で役立った」、「独立自営業の仕事で培われたものが独立自営業以外の仕事で役に立った」の合計）を算出すると、兼業全体は45.6％、「兼業（独立自営業が

本業)」は 47.5%、「兼業（独立自営業が副業）」は 44.5%になる。いずれも、その半数近くでノウハウや職業能力が役立っていること、兼業者を類型別に見ると、独立自営業を本業とする人ほど、ノウハウや職業能力が役立っている傾向が見られる。他方で、「関係性はなかった」の割合を見ると、「兼業（独立自営業が本業）」は「兼業（独立自営業が副業）」よりも低い。

僅かな差ではあるが、独立自営業を本業とする人は、兼業先と「独立自営業者」の仕事において、ノウハウや職業能力の関連性が強いのに対し、独立自営業を本業としない人は、兼業先と「独立自営業者」としての仕事に関連性が弱いという傾向が見られる。

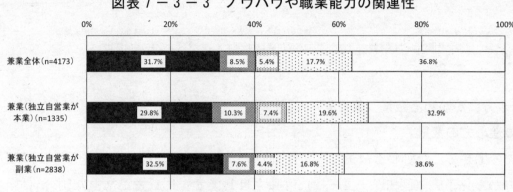

図表7－3－3　ノウハウや職業能力の関連性

第4節　働き方／年収／申告の有無／仕事の満足度

第4節では、働き方（1週間あたりの平均的な労働時間と働き方にかかわる裁量）、年収（兼業先）、兼業先への申告の有無、仕事の満足度（兼業先）を取り上げる。

1．働き方
（1）1週間あたりの平均的な労働時間（兼業先）

図表7－4－1には、1週間あたりの平均的な労働時間を示している。兼業全体を見ると、「20時間以上40時間未満」と「40時間以上60時間未満」の割合が高い。兼業全体の平均的な労働時間は、フルタイムに近い傾向が見られる。

兼業者を類型別に見ると、「兼業（独立自営業が本業）」は、「兼業（独立自営業が副業）」に比べて、「1時間未満」、「1時間以上10時間未満」、「10時間以上20時間未満」の割合が高い。他方で、「兼業（独立自営業が副業）」は、「兼業（独立自営業が本業）」に比べて、「20時間以上40時間未満」と「40時間以上60時間未満」の割合が高い。兼業先の1週間あたりの平均的な労働時間について言えば、独立自営業を本業としている人の労働時間は短く、独立自営業を本業としない人の労働時間は、フルタイムに近い傾向が見られる。

図表7－4－1　1週間あたりの平均的な労働時間（兼業先）

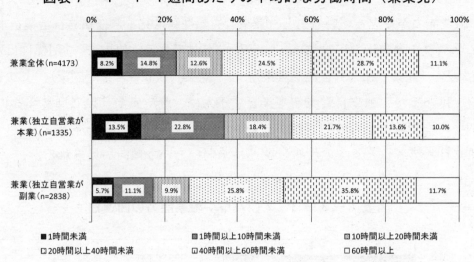

(2) 働き方にかかわる裁量（兼業先）
①仕事の進め方の裁量
　兼業先の働き方にかかわる裁量では、仕事の進め方と働く時間の裁量を取り上げる。仕事の進め方から見ると（図表7－4－2）、「独立自営業者」に裁量があった割合（「全て自分の裁量で決められた」と「ある程度自分の裁量で決められた」の合計）と裁量がなかった割合（「あまり自分の裁量では決められなかった」と「全く自分では決められなかった」の合計）に分けて見ると、兼業全体は裁量があった割合（66.8％）が高い。

図表7－4－2　仕事の進め方の裁量（兼業先）

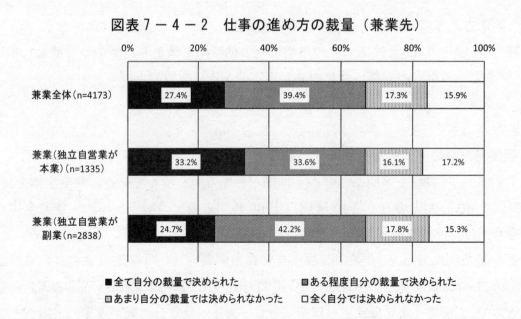

　兼業者を類型別に見ると（図表7－4－2）、裁量があった割合は、「兼業（独立自営業が本業）」では66.8％、「兼業（独立自営業が副業）」では66.9％になる。

－ 194 －

②働く時間の裁量

次に、働く時間の裁量を取り上げる（図表7-4-3）。仕事の進め方と同様に、「独立自営業者」に裁量があった割合と裁量がなかった割合に分けて見ると、兼業全体では、裁量があった割合（64.8％）が高い。

兼業者を類型別に見ると、「兼業（独立自営業が本業）」は68.5％、「兼業（独立自営業が副業）」は63.0％である。働く時間の裁量があった割合では、「兼業（独立自営業が本業）」は「兼業（独立自営業が副業）」よりも高い。

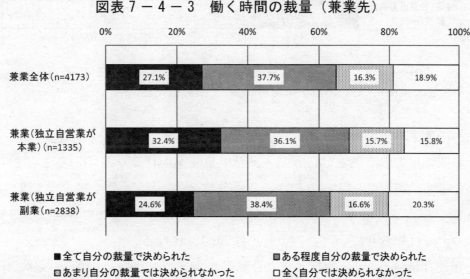

図表7-4-3 働く時間の裁量（兼業先）

2．年収（兼業先）

2017年1月から12月にかけての兼業先からの年収を見てみよう（図表7-4-4）。兼業全体を見ると、「50万円未満（28.1％）」の割合が高い。さらに、200万円未満の割合（「50万円未満」、「50～100万円未満」、「100～200万円未満」の合計）を見ると、兼業全体は55.1％に上る。400万以上の割合（「400～600万円未満」、「600～800万円未満」、「800万円以上」の合計）について見ると、兼業全体は25.1％である。

兼業者を類型別に見ると、「兼業（独立自営業が本業）」は、「50万円未満（41.3％）」の割合が高い。また、200万円未満の割合は74.5％、400万円以上の割合は12.4％になる。これに対し、「兼業（独立自営業が副業）」では、「50万円未満」の割合は21.9％である。200万円未満の割合は46.1％、400万円以上の割合は31.2％になる。兼業先からの年収については、「兼業（独立自営業が本業）」に比べ、「兼業（独立自営業が副業）」は高い傾向にある。

図表7-4-4 年収(兼業先)

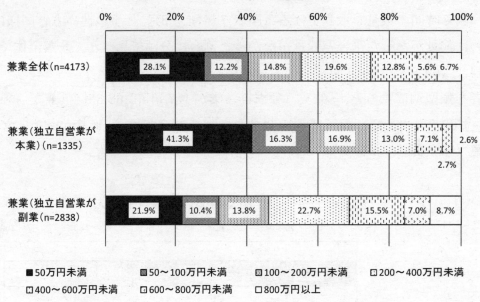

3. 兼業先への兼業申告の有無

兼業先への兼業申告の有無とは、兼業先に独立自営業の仕事をしていることを申告しているかどうかを指す。図表7-4-5によると、兼業全体では、「全く知らせてはいなかった」の割合が4割を超える。他方で、兼業先に兼業申告をしている割合(「全て知らせていた」と「一部については知らせていた」の合計)は56.1%になる。

兼業者を類型別に見ると、「兼業(独立自営業が本業)」では、「全て知らせていた」の割合が4割を超えているのに対し、「兼業(独立自営業が副業)」の割合は2割強である。兼業先に兼業申告をしている割合は、「兼業(独立自営業が本業)」は71.6%、「兼業(独立自営業が副業)」は48.7%になる。独立自営業を本業とする人ほど、兼業先に兼業申告をする傾向が強い。

図表7-4-5 兼業先への兼業申告の有無

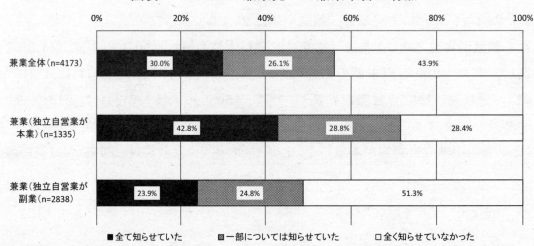

4．仕事の満足度（兼業先）

最後に、兼業先の仕事の満足度を取り上げる（図表7－4－6）。兼業先の仕事に満足している割合（「満足している」と「ある程度満足している」の合計）と満足していない割合（「あまり満足していない」と「全く満足していない」の合計）に分けて見ると、兼業全体では満足している割合（67.6%）が高い。

兼業者を類型別に見ると、兼業先の仕事に満足している割合は、「兼業者（独立自営業が本業）」は68.4%、「兼業者（独立自営業が副業）」は67.1%である。「独立自営業者」の仕事を本業とするか、副業とするかに関わらず、兼業者の7割弱は、兼業先の仕事に満足している。

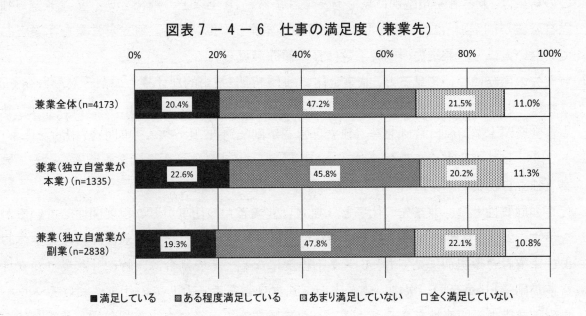

図表7－4－6　仕事の満足度（兼業先）

第5節　おわりに

7章では、兼業者を対象に、兼業先の就業実態を取り上げた。その特徴のまとめと考察を行い、本章の結びとしたい。

1．本章の概要

① 兼業者のプロフィールを見ると、兼業者は女性よりも男性が多い。年齢を見ると、兼業全体は、「25歳～34歳」、「35歳～44歳」、「45歳～54歳」の割合が高い。年齢について細かく見ると、「兼業（独立自営業が副業）」では、「25歳～34歳」、「35歳～44歳」、「45歳～54歳」の割合が高い。独立自営業を本業としていない人ほど、年齢が若い傾向が見られる。学歴では、「大学」が多く、「婚姻状態」では「既婚」が多い。ただし、主な生計では、本業と副業で大きな違いは見られず、「自分」が最も多い。その割合は5割を超えている。主な仕事では、サンプル全体と兼業全体では、「専門業務関連」、「事

務関連」、「現場作業関連」の割合が高い。兼業者を類型別に見ると、「兼業（独立自営業が本業）」では、「専門業務関連」の割合が高く、「兼業（独立自営業が副業）」では、「事務関連」の割合が高い。

② 兼業先のキャリアを見ると、兼業先の雇用形態で多いのは、「正社員」と「パート・アルバイト」である。兼業者を類型別に見ると、「兼業（独立自営業が本業）」は「パート・アルバイト」の割合が4割を超え、「兼業（独立自営業が副業）」では、「正社員」が5割近くになる。正社員以外の割合を見ると、「兼業（独立自営業が本業）」は66.7％、「兼業（独立自営業が副業）」は45.6％になる。

③ 兼業先の勤続年数に見られる兼業全体の傾向は、10年未満の割合が高いことである。この結果は、兼業者を類型別に見てもあてはまる。10年以上の割合を見ると、「兼業（独立自営業が副業）」は、「兼業（独立自営業が本業）」より高い。独立自営業を本業としていない人ほど、兼業先の勤続年数は長い傾向が見られる。

④ 兼業先の職務について見ると、兼業全体では、「専門・技術的な仕事」の割合が最も高く、これに「事務の仕事」と「サービスの仕事」が続く。兼業者を類型別に見ると、「兼業（独立自営業が本業）」では、「兼業（独立自営業が副業）」に比べて、「専門・技術的な仕事」と「サービスの仕事」の割合が高い。これに対し、「兼業（独立自営業が副業）」は、「兼業（独立自営業が本業）」より「事務の仕事」の割合が高い。

⑤ 仕事の同質性とは、兼業先の仕事と「独立自営業者」の仕事がどの程度関連しているかを示す。2つの仕事が異っている（同質性が低い）と回答した人の割合は、兼業全体および兼業者を類型別に見ても、6～7割程度になる。その割合は、特に「兼業（独立自営業が副業）」が高い。次に、兼業先と「独立自営業者」としての仕事におけるノウハウや職業能力の関連性を見ると、ノウハウや職業能力が役に立った割合は、兼業全体を見ても、兼業を類型別に見ても、半数近くに上る。

⑥ 兼業先での1週間あたりの平均的な労働時間を見ると、兼業全体は、「20時間以上40時間未満」と「40時間以上60時間未満」の割合が高く、フルタイムに近いことがわかる。兼業者を類型別に見ると、「専業（独立自営業が本業）」は、「兼業（独立自営業が副業）」に比べて、兼業先での労働時間は短いのに対し、「兼業（独立自営業が副業）」は、「兼業（独立自営業が本業）」に比べて、兼業先での労働時間が長い傾向を示している。

⑦ 働き方に関わる裁量では、仕事の進め方の裁量と働く時間の裁量がある。仕事の進め方について、裁量があった割合と裁量がなかった割合に分けて見ると、兼業全体は裁量があった割合（66.8％）が高い。兼業者を類型別に見ると、裁量があった割合は、「兼業（独立自営業が本業）（66.8％）」、「兼業（独立自営業が副業）（66.9％）」で変わらない。働く時間の裁量について見ると、兼業全体では、裁量があった割合（64.8％）が高い。兼業者を類型別に見ると、「兼業（独立自営業が本業）」は68.5％、「兼業（独立自営業が副業）」は63.0％である。独立自営業が本業であるか副業であるかを問わず、仕事の進

め方と働く時間の裁量が兼業者に比較的与えられている。

⑧ 兼業先からの年収では、兼業者全体は「50万円未満」が最も割合が高い。200万円未満の割合は55.1％、400万円以上の割合は25.1％になる。兼業者を類型別に見ると、「兼業（独立自営業が本業）」は、「50万円未満（41.3％）」の割合が高い。200万円未満の割合は74.5％、400万円以上の割合は12.4％になる。「兼業（独立自営業が副業）」では、「50万円未満」の割合は21.9％、200万円未満の割合は46.1％、400万円以上の割合は31.2％になる。「独立自営業者」の仕事を本業としていない人ほど、兼業先の年収は高い傾向が見られる。

⑨ 兼業先への兼業申告の有無では、兼業全体は、「全く知らせていなかった」の割合が4割を超える一方で、兼業先に兼業申告をしているは56.1％になる。兼業者を類型別に見ると、「兼業（独立自営業が本業）」では、「全て知らせていた」の割合が4割を超えているのに対し、「兼業（独立自営業が副業）」の割合は2割強である。兼業先に兼業申告をしている割合は、「兼業（独立自営業が本業）（71.6％）」、「兼業（独立自営業が副業）（48.7％）」になる。独立自営業を本業としている人は、兼業先に兼業申告をする傾向にある。

⑩ 兼業先の仕事の満足度については、兼業先の仕事に満足している割合と満足していない割合の2つに分けて見ると、兼業全体では満足している割合（67.6％）が高い。兼業者を類型別に見ると、兼業先の仕事に満足している割合は、「兼業者（独立自営業が本業）」は68.4％、「兼業者（独立自営業が副業）」は67.1％である。「独立自営業者」の仕事を本業とするか、副業とするかに関わらず、兼業者の7割弱は、兼業先の仕事に満足していると考えられる。

2．考察

ここでは、兼業者が自ら兼業という働き方を選んだのか、それともやむを得ず兼業を選択せざるを得なかったのかに着目する。非正規労働者の中には、正社員として働く機会に恵まれず、不本意ながら非正規労働者として働く人がいる[3]。兼業者は被雇用者である可能性が高いため、2つの仕事に対する満足度を取り上げることで、兼業者の中に不本意就労の人が含まれるかどうかを見ておく。

図表7－5－1は、「独立自営業者」としての仕事全体の満足度と、兼業先の仕事の満足度の関係を取り上げている。具体的には、それぞれの仕事に対する満足度を、「満足している」と「満足していない」に分けて、両者の関係を見ている。

これによると、2つの仕事に満足している人は53.1％、「独立自営業者」としての仕事全体に満足しているが、兼業先の仕事に満足していない人は13.6％、「独立自営業者」として

---

[3] 厚生労働省『平成26年就業形態の多様化に関する総合実態調査の概況』による。https://www.mhlw.go.jp/toukei/itiran/roudou/koyou/keitai/14/dl/02-02.pdf（2018年10月14日現在）

の仕事全体に満足していないが、兼業先の仕事に満足している人は14.5%、2つの仕事に満足していない人は18.9%になる。どちらかの仕事に満足している人は81.2%（「2つの仕事を満足している」、「独立自営業者としての仕事全体に満足しているが、兼業先の仕事に満足していない人」「独立自営業者としての仕事全体に満足していないが、兼業先の仕事に満足している人」の合計）に上る。

図表7－5－1　「独立自営業者」としての仕事全体の満足度と兼業先の仕事の満足度

		兼業先の仕事の満足度	
		満足している (n=2818)	満足していない (n=1355)
独立自営業者としての仕事全体の満足度	満足している (n=2781)	53.1%	13.6%
	満足していない (n=1392)	14.5%	18.9%

　このデータから言えることは、兼業者の多くは、少なくともどちらかの仕事に満足しているということである。例えば、兼業先の仕事の内容に不満があっても、「独立自営業者」としての仕事の内容に満足している可能性があり、また、「独立自営業者」としての仕事の収入が低いことに不満を感じている場合、兼業先の仕事を通じて、一定額の年収を確保することができれば、兼業先の仕事に満足する可能性があると考えられる。つまり、兼業者はどちらかの仕事に対して不満を感じていても、もう一方の仕事に満足していれば、その不満を軽減していることが考えられる。

　既に見てきた通り、兼業者は、年収が安いといったネガティブな側面がないわけではないが、2つの仕事に対する満足度を見る限り、ポジティブな働き方だと見る方が、その就業実態をうまく捉えられているのかもしれない。

付属資料
調査票

「あなたのお仕事に関するアンケート」一覧プレビュー　条件設定開　条件設定閉　

あなたのお仕事に関するアンケート

モニターの皆様へのお願い

本アンケートには、一般に公開していない情報が含まれる場合があります。
アンケート内で知り得た情報について、決して第三者に口外しないよう、お願いします。

「第三者への口外」に含まれる例
- 口頭、電話、メール等で友人・知人に話す
- 掲示板やブログに書き込む
- その他、手段を問わず、情報を第三者に伝達する行為

注意事項
- 複数のアンケート画面を同時に開くと、正常に回答できません。
  アンケートはひとつずつ、回答ください。
- アンケートへの回答は、「動作環境」に記載の環境からお願いします。
- 本アンケートは、回答を中断してから1時間以内に中断した質問から再開可能です。
  （システム緊急対応等により再開できない場合もありますので、予めご了承ください。）
- 回答結果は、当社の「個人情報保護方針」に基づいて取り扱います。

上記の内容をご確認いただき、同意してご協力いただける場合のみ、「同意し、アンケート開始」を押してアンケートを開始してください。

[同意し、アンケート開始]

——————————— 改ページ ———————————

2017年1月から12月末にかけてのあなたに関する設問にお答えください。

SC1　必須　あなたは何歳ですか。

プルダウン1
[選択してください ▼]

[次へ]

[選択肢] 番号は回答者へは表示しません

——————————— 改ページ ———————————

2017年1月から12月末にかけてのあなたに関する設問にお答えください。

| SC2 必須 | あなたの性別はどちらですか。 |

○ 1.男性

○ 2.女性

[次へ]

———— 改ページ ————

2017年1月から12月末にかけてのあなたに関する設問にお答えください。

| SC3 必須 | あなたは自営業・フリーランス・個人事業主・クラウドワーカー（※1）のお仕事で収入を得ていましたか。兼業・副業の場合も含みます。

（※1）クラウドワーカーとは、インターネットを利用して不特定多数の人に業務を発注したり、受注者の募集が出来るWebサービスを提供するクラウドソーシング会社を通じて仕事を受注している人のことです。 |

○ 1.はい

○ 2.いいえ

[次へ]

———— 改ページ ————

2017年1月から12月末にかけてのあなたに関する設問にお答えください。

| SC4 必須 | あなたは人を雇っていましたか。 |

○ 1.はい

○ 2.いいえ

[次へ]

———— 改ページ ————

- 204 -

2017年1月から12月末にかけてのあなたに関する設問にお答えください。

| SC5 必須 | あなたは個人商店主でしたか。 |

○ 1.はい

○ 2.いいえ

[次へ]

―― 改ページ ――

2017年1月から12月末にかけてのあなたに関する設問にお答えください。

| SC6 必須 | あなたのお仕事は、農業もしくは林業のお仕事でしたか。 |

○ 1.はい

○ 2.いいえ

[次へ]

―― 改ページ ――

2017年1月から12月末にかけてのあなたに関する設問にお答えください。

| SC7 必須 | 自営業・フリーランス・個人事業主・クラウドワーカーとしてのお仕事は、専業でしたか、それとも兼業でしたか。 |

○ 1.専業

○ 2.兼業（自営業・フリーランス・個人事業主・クラウドワーカーの仕事が**本業**）

○ 3.兼業（自営業・フリーランス・個人事業主・クラウドワーカーの仕事は**副業**）

[次へ]

―― 改ページ ――

<u>2017年1月から12月末にかけてのあなたに関する設問にお答えください。</u>

SC8 必須 自営業・フリーランス・個人事業主・クラウドワーカーとしてのお仕事の取引相手は下記のどれに当てはまりますか。
（いくつでも）

☐ 1.事業者（法人・個人を含む）と直接取引していた

☐ 2.一般消費者と直接取引していた

☐ 3.仲介会社を通じて取引していた

☐ 4.クラウドソーシングの会社を通じて取引していた

次へ

――― 改ページ ―――

本アンケート調査は、<u>2017年1月～12月</u>に、事業者（法人・個人を含む）、一般消費者からお仕事を受注して収入を得ている<u>独立自営業者</u>の方に回答をお願いしています。

Q1 必須 あなたの独立自営業の仕事内容はどのようなものでしたか。2017年1月から12月に行ったお仕事をすべて選択してください。
（いくつでも）

事務関連
- ☐ 1.データ入力作業
- ☐ 2.文書入力、テープ起こし、反訳
- ☐ 3.添削、校正、採点
- ☐ 4.取引文書作成
- ☐ 5.伝票書類整理
- ☐ 6.コールセンター、問い合わせ対応業務
- ☐ 7.上記1～6以外のその他 [____] (回答必須)(入力制限なし)(200文字まで)

デザイン・映像製作関連
- ☐ 8.デザイン、コンテンツ制作
- ☐ 9.ネーミング、コピーライター
- ☐ 10.カメラマン
- ☐ 11.映像・画像・音楽制作、編集
- ☐ 12.アニメーター、イラストレーター
- ☐ 13.広告、ちらし作成、DTP
- ☐ 14.上記8～13以外のその他 [____] (回答必須)(入力制限なし)(200文字まで)

IT関連
- ☐ 15.ウェブサイト作成
- ☐ 16.ウェブサイト上の情報更新等の作業
- ☐ 17.ウェブサイトのシステム運営・管理
- ☐ 18.情報検索、計算処理、プログラミング作業
- ☐ 19.アプリやシステムの設計、ソフトウェア開発、SE
- ☐ 20.ソフトウェアのバグチェック
- ☐ 21.オペレーター業務、テクニカルサポート、オンラインのインストラクター
- ☐ 22.上記15～21以外のその他 [____] (回答必須)(入力制限なし)(200文字まで)

専門業務関連（医療、技術、講師、芸能、演奏など）
- ☐ 23.調査・研究、コンサルタント
- ☐ 24.学校・塾等教育関係の講師、インストラクター
- ☐ 25.調理・料理関係の講師、インストラクター
- ☐ 26.24、25以外の講師、インストラクター　具体的に：[____] (回答必須)(入力制限なし)(200文字まで)
- ☐ 27.機械設計、電気技術・設計
- ☐ 28.建築・土木設計、測量技術
- ☐ 29.翻訳、通訳
- ☐ 30.営業、販売（不動産、化粧品、保険、食品など）
- ☐ 31.税務・法務等行政専門サービス
- ☐ 32.原稿・ライティング・記事等執筆業務
- ☐ 33.鍼灸、整体、マッサージ
- ☐ 34.俳優、女優、モデル、司会など
- ☐ 35.楽器演奏、歌唱
- ☐ 36.上記23～35以外のその他 [____] (回答必須)(入力制限なし)(200文字まで)

生活関連サービス、理容・美容
- ☐ 37.理容師、美容師
- ☐ 38.スタイリスト、着付け、メイクアップアーティスト
- ☐ 39.エステティシャン、ネイリスト
- ☐ 40.接客サービス
- ☐ 41.育児・介護サービス
- ☐ 42.ペット関連サービス
- ☐ 43.上記37～42以外のその他 [____] (回答必須)(入力制限なし)(200文字まで)

現場作業関連（運輸、製造、修理、清掃など）
- ☐ 44.運搬、輸送、配送関係のドライバー
- ☐ 45.ポスティング、ちらし配り
- ☐ 46.製造、組立、生産工程
- ☐ 47.整備・点検・修理
- ☐ 48.建設・現場作業
- ☐ 49.清掃、メンテナンス
- ☐ 50.上記44～49以外のその他 [____] (回答必須)(入力制限なし)(200文字まで)

次へ

改ページ

Q1-1 必須 前問でお選びの中から、もっとも多かったものをお答えください。

事務関連
- ○ 1.データ入力作業
- ○ 2.文書入力、テープ起こし、反訳
- ○ 3.添削、校正、採点
- ○ 4.取引文書作成
- ○ 5.伝票書類整理
- ○ 6.コールセンター、問い合わせ対応業務
- ○ 7.上記1～6以外のその他{FA}

デザイン・映像製作関連
- ○ 8.デザイン、コンテンツ制作
- ○ 9.ネーミング、コピーライター
- ○ 10.カメラマン
- ○ 11.映像・画像・音楽制作、編集
- ○ 12.アニメーター、イラストレーター
- ○ 13.広告、ちらし作成、DTP
- ○ 14.上記8～13以外のその他{FA}

IT関連
- ○ 15.ウェブサイト作成
- ○ 16.ウェブサイト上の情報更新等の作業
- ○ 17.ウェブサイトのシステム運営・管理
- ○ 18.情報検索、計算処理、プログラミング作業
- ○ 19.アプリやシステムの設計、ソフトウェア開発、SE
- ○ 20.ソフトウェアのバグチェック
- ○ 21.オペレーター業務、テクニカルサポート、オンラインのインストラクター
- ○ 22.上記15～21以外のその他{FA}

専門業務関連（医療、技術、講師、芸能、演奏など）

- ○ 23.調査・研究、コンサルタント✿
- ○ 24.学校・塾等教育関係の講師、インストラクター✿
- ○ 25.調理・料理関係の講師、インストラクター✿
- ○ 26.24、25以外の講師、インストラクター　具体的に：{FA}✿
- ○ 27.機械設計、電気技術・設計✿
- ○ 28.建築・土木設計、測量技術✿
- ○ 29.翻訳、通訳✿
- ○ 30.営業、販売（不動産、化粧品、保険、食品など）✿
- ○ 31.税務・法務等行政専門サービス✿
- ○ 32.原稿・ライティング・記事等執筆業務✿
- ○ 33.鍼灸、整体、マッサージ✿
- ○ 34.俳優、女優、モデル、司会など✿
- ○ 35.楽器演奏、歌唱✿
- ○ 36.上記23～35以外のその他{FA}✿

生活関連サービス、理容・美容

- ○ 37.理容師、美容師✿
- ○ 38.スタイリスト、着付け、メイクアップアーティスト✿
- ○ 39.エステティシャン、ネイリスト✿
- ○ 40.接客サービス✿
- ○ 41.育児・介護サービス✿
- ○ 42.ペット関連サービス✿
- ○ 43.上記37～42以外のその他{FA}✿

現場作業関連（運輸、製造、修理、清掃など）

- ○ 44.運輸、輸送、配送関係のドライバー✿
- ○ 45.ポスティング、ちらし配り✿
- ○ 46.製造、組立、生産工程✿
- ○ 47.整備・点検・修理✿
- ○ 48.建設・現場作業✿
- ○ 49.清掃、メンテナンス✿
- ○ 50.上記44～49以外のその他{FA}✿

次へ

改ページ

あなたの独立自営業のお仕事の取引先数や報酬総額についてお伺いします。

| Q2-1 必須 | 2017年1月～12月の独立自営業のお仕事の取引先数は何社でしたか。お答えいただいた時点で取引が決まっている数をお答えください。 |

事業者（法人・個人を含む） テキストボックス1 □ 社 【必須】(数字小数不可)(整数7桁まで)

次へ

──────── 改ページ ────────

Q2-2 必須 2017年1月～12月に事業者（法人・個人を含む）から受注した独立自営業のお仕事の件数はどのくらいでしたか。お答えいただいた時点で受注が決まっている件数をお答えください。

テキストボックス1 [　　] 件 【必須】(数字小数不可)(整数7桁まで)

[次へ]

――― 改ページ ―――

Q2-3 必須 そのうち、仲介組織（クラウドソーシングの会社（※1）や仲介会社）を介してお仕事を受注した数はどのくらいでしたか。

（※1）クラウドソーシングの会社とは、インターネットを利用して不特定多数の人に業務を発注したり、受注者の募集が出来るWebサービスを提供する会社等のことです。

テキストボックス1 [　　] 件 【必須】(数字小数不可)(整数7桁まで)

[次へ]

――― 改ページ ―――

Q2-4 必須 2017年1月～12月の間に、独立自営業のお仕事で得た報酬総額はどのくらいですか。12月については、お答えいただいた時点で分かっている報酬額を算入してお答えください。

＊税金・社会保険料などを差し引かれる前の額（額面）でお答えください。

- 1. 50万円未満
- 2. 50万円以上～100万円未満
- 3. 100万円以上～150万円未満
- 4. 150万円以上～200万円未満
- 5. 200万円以上～250万円未満
- 6. 250万円以上～300万円未満
- 7. 300万円以上～400万円未満
- 8. 400万円以上～500万円未満
- 9. 500万円以上～600万円未満
- 10. 600万円以上～700万円未満
- 11. 700万円以上～800万円未満
- 12. 800万円以上～900万円未満
- 13. 900万円以上～1000万円未満
- 14. 1000万円以上～1500万円未満
- 15. 1500万円以上

[次へ]

[選択肢] 番号は回答者へは表示しません

――― 改ページ ―――

独立自営業のお仕事の作業時間についてお伺いします。

Q3-1 必須 2017年1月～12月に、1ヵ月あたり平均何日くらい独立自営業のお仕事に携わりましたか。12月については、見込みの日数を算入してお答えください。

- 1.1日
- 2.2日
- 3.3日
- 4.4日
- 5.5日
- 6.6日
- 7.7日
- 8.8日
- 9.9日
- 10.10日
- 11.11日
- 12.12日
- 13.13日
- 14.14日
- 15.15日
- 16.16日
- 17.17日
- 18.18日
- 19.19日
- 20.20日
- 21.21日
- 22.22日
- 23.23日
- 24.24日
- 25.25日
- 26.26日
- 27.27日
- 28.28日
- 29.29日
- 30.30日

次へ

[選択肢] 番号は回答者へは表示しません

―― 改ページ ――

Q3-2 必須 2017年1月～12月の間で、1週間あたり平均何時間くらい独立自営業のお仕事に携わりましたか。12月については、見込みの時間数を算入してお答えください。

- 1.70時間以上
- 2.60時間以上～70時間未満
- 3.50時間以上～60時間未満
- 4.40時間以上～50時間未満
- 5.30時間以上～40時間未満
- 6.20時間以上～30時間未満
- 7.10時間以上～20時間未満
- 8.5時間以上～10時間未満
- 9.1時間以上～5時間未満
- 10.1時間未満

次へ

[選択肢] 番号は回答者へは表示しません

| Q4
| 必須

2017年1月～12月の間に実施した独立自営業のお仕事のうち、一件あたりの取引で最も報酬額が高かった案件と最も低かった案件についてお答えください。受注したお仕事が1件しかない場合や、すべての案件が同額の場合には、お手数ですが、同額をご記入ください。

最も高かった報酬額　約　テキストボックス1 ,000円　【必須】(数字小数不可)(整数7桁まで)

その総作業日数　約　テキストボックス2 日　【必須】(数字小数不可)(制限あり:1以上365以内)

最も低かった報酬額　約　テキストボックス3 ,000円　【必須】(数字小数不可)(整数7桁まで)

その総作業日数　約　テキストボックス4 日　【必須】(数字小数不可)(制限あり:1以上365以内)

次へ

| Q5
| 必須

2017年1月～12月の間に行った独立自営業のお仕事の契約期間のパターンとして、一番多かったものを選んでください。

○ 1.1日以下

○ 2.2日以上～10日未満

○ 3.10日以上～1か月未満

○ 4.1か月以上～6か月未満

○ 5.6か月以上～1年未満

○ 6.1年以上

○ 7.契約期間、納期はない

○ 8.わからない

次へ

[選択肢] 番号は回答者へは表示しません

Q6-1 必須 あなたは2017年1月～12月の間に行った、もしくは行う予定の独立自営業のお仕事をどのようにして得ましたか。
（いくつでも）

- ☐ 1.自分で営業活動をして
- ☐ 2.クラウドソーシングの会社や仲介会社などの仲介組織から
- ☐ 3.現在の取引先に雇用されていたが、独立自営業者としての契約に切り替わった
- ☐ 4.かつて雇用されていた会社から、仕事を紹介された
- ☐ 5.現在の取引先から声がかかった
- ☐ 6.昔の取引先から紹介された
- ☐ 7.知人・親戚等から紹介された
- ☐ 8.求人誌、求人欄、ネット上の求人サイト等の募集広告をみて
- ☐ 9.コンペや入札に応募して
- ☐ 10.その他 [　　　　　]（回答必須）（入力制限なし）（200文字まで）

次へ

――― 改ページ ―――

Q6-2 必須 前問でお選びの中で、最も取引件数が多かった取引先の主要な受注方法をお答えください。

- ○ 1.自分で営業活動をして
- ○ 2.クラウドソーシングの会社や仲介会社などの仲介組織から
- ○ 3.現在の取引先に雇用されていたが、独立自営業者としての契約に切り替わった
- ○ 4.かつて雇用されていた会社から、仕事を紹介された
- ○ 5.現在の取引先から声がかかった
- ○ 6.昔の取引先から紹介された
- ○ 7.知人・親戚等から紹介された
- ○ 8.求人誌、求人欄、ネット上の求人サイト等の募集広告をみて
- ○ 9.コンペや入札に応募して
- ○ 10.その他 [　　　　　]（回答必須）（入力制限なし）（200文字まで）

次へ

――― 改ページ ―――

Q6-3 必須 Q6-1で「クラウドソーシングの会社や仲介会社などの仲介組織から」とお答えの方にお伺いします。
その際の仲介手数料についてお答えください。

○ 1.手数料はあった
○ 2.手数料はなかった
○ 3.分からない

[次へ]

―― 改ページ ――

Q7 必須 あなたが提供している業務やサービスについて近いと思う方を選択してください。
（それぞれひとつだけ）

Q7-1 必須 作業内容について

A	1.Aに近い	2.どちらかといえばAに近い	3.どちらかといえばBに近い	4.Bに近い	B
A-1. 自分にしかできない作業が多かった	○	○	○	○	B-1. 他の人でもできる作業が多かった

Q7-2 必須 仕事の受注について

A	1.Aに近い	2.どちらかといえばAに近い	3.どちらかといえばBに近い	4.Bに近い	B
A-1. 仕事をとりたい時に思うように取れた	○	○	○	○	B-1. 他の同業者との競合で思うようにとれなかった

Q7-3 必須 取引相手について

A	1.Aに近い	2.どちらかといえばAに近い	3.どちらかといえばBに近い	4.Bに近い	B
A-1.特定の取引相手と仕事をすることが多かった	○	○	○	○	B-1.様々な取引相手と仕事をすることが多かった

[次へ]

――― 改ページ ―――

Q8 必須 2017年1月～12月までに行った独立自営業のお仕事の進め方について、あてはまるものを選んでください。
（いくつでも）

☐ 1.一人で全ての作業を実施した
☐ 2.受注後、複数人で協力して作業を実施した
☐ 3.案件の受注のみで、作業は別の者が実施した
☐ 4.その他 [_____] (回答必須)(入力制限なし)(200文字まで)

[次へ]

――― 改ページ ―――

Q8-1 必須 前問でお答えになった、2017年1月～12月までに行ったお仕事の進め方で、最もよく行った方法をお答えください。

○ 1.一人で全ての作業を実施した
○ 2.受注後、複数人で協力して作業を実施した
○ 3.案件の受注のみで、作業は別の者が実施した
○ 4.その他 [_____] (回答必須)(入力制限なし)(200文字まで)

[次へ]

――― 改ページ ―――

2017年1月～12月までの独立自営業のお仕事のうち、あなたが主要な取引先とお考えの取引先事業者（法人・個人を含む）1社についてお伺いします。主要な取引先については、下記の例の通り、赤色で示された取引先事業者についてお答えください。なお、一般消費者は取引先事業者（個人）には含みません。

※下記例の赤色で示す取引先事業者についてお答えください。

Q9 必須 2017年1月～12月の間で、主要な取引先事業者からの受注件数はどのくらいでしたか。

テキストボックス1
☐ 件 【必須】(数字小数不可)(整数7桁まで)

次へ

――― 改ページ ―――

Q10 必須 2017年1月～12月の間で、主要な取引先事業者からの報酬額はどのくらいでしたか。
＊税金・社会保険料などを差し引かれる前の額（額面）でお答えください。

○ 1.50万円未満
○ 2.50万円以上～100万円未満
○ 3.100万円以上～150万円未満
○ 4.150万円以上～200万円未満
○ 5.200万円以上～250万円未満
○ 6.250万円以上～300万円未満
○ 7.300万円以上～400万円未満
○ 8.400万円以上～500万円未満
○ 9.500万円以上～600万円未満
○ 10.600万円以上～700万円未満
○ 11.700万円以上～800万円未満
○ 12.800万円以上～900万円未満
○ 13.900万円以上～1000万円未満
○ 14.1000万円以上～1500万円未満
○ 15.1500万円以上

次へ

[選択肢] 番号は回答者へは表示しません

――― 改ページ ―――

Q11 必須 2017年1月～12月の間で、主要な取引先事業者からの受注案件に携わった1ヵ月あたりの平均的な日数はどのくらいでしたか。

- ◯ 1. 1日
- ◯ 2. 2日
- ◯ 3. 3日
- ◯ 4. 4日
- ◯ 5. 5日
- ◯ 6. 6日
- ◯ 7. 7日
- ◯ 8. 8日
- ◯ 9. 9日
- ◯ 10. 10日
- ◯ 11. 11日
- ◯ 12. 12日
- ◯ 13. 13日
- ◯ 14. 14日
- ◯ 15. 15日
- ◯ 16. 16日
- ◯ 17. 17日
- ◯ 18. 18日
- ◯ 19. 19日
- ◯ 20. 20日
- ◯ 21. 21日
- ◯ 22. 22日
- ◯ 23. 23日
- ◯ 24. 24日
- ◯ 25. 25日
- ◯ 26. 26日
- ◯ 27. 27日
- ◯ 28. 28日
- ◯ 29. 29日
- ◯ 30. 30日

[次へ]

[選択肢] 番号は回答者へは表示しません

━━━ 改ページ ━━━

Q12 必須 主要な取引先事業者から作業の進捗報告を求められていましたか。求められたとすれば、それはどのくらいの頻度でしたか。

- ◯ 1. 逐次進捗報告を求められた
- ◯ 2. 適時進捗報告を求められた
- ◯ 3. めったに求められなかった
- ◯ 4. 一切求められなかった

[次へ]

━━━ 改ページ ━━━

Q13 必須 主要な取引先事業者との契約内容についてあてはまるものを選んでください。

○ 1.取引先が一方的に決定した
○ 2.あなたが一方的に決定した
○ 3.双方で協議の上、決定した
○ 4.第三者（クラウドソーシングの会社や仲介会社など）の定めるルールに沿って決定した
○ 5.その他 [   ] (回答必須)(入力制限なし)(200文字まで)
○ 6.上記のようなやり取りはなかった

[次へ]

――― 改ページ ―――

Q14 必須 以下の事項について、契約以降にも主要な取引先事業者から指示を受けていましたか。
（矢印方向にそれぞれひとつだけ）

	1.常に指示を受けていた	2.しばしば指示を受けていた	3.あまり指示されなかった	4.全く指示されなかった
1. 作業内容・範囲 →	○	○	○	○
2. 作業を行う日・時間 →	○	○	○	○
3. 作業を行う場所 →	○	○	○	○

[次へ]

[選択肢] 番号は回答者へは表示しません

――― 改ページ ―――

Q15 必須 主要な取引先事業者から書面（メールを含む）によって契約内容の明示がありましたか。

○ 1.はい
○ 2.いいえ

[次へ]

―――――――― 改ページ ――――――――

| Q16 必須 | 主要な取引先でのお仕事の報酬額はどのように決まっていましたか。 |

○ 1.取引先が一方的に決定した

○ 2.取引先が提示し、必要があれば交渉した

○ 3.あなたが提示し、必要があれば交渉した

○ 4.あなたが一方的に決定した

○ 5.あなたや取引先以外の第三者（クラウドソーシングの会社や仲介会社など）が決定した

○ 6.その他 _____ (回答必須)(入力制限なし)(200文字まで)

次へ

―――――――― 改ページ ――――――――

| Q17 必須 | お仕事の報酬額に影響を与えた要素はなんでしたか。
（いくつでも） |

☐ 1.仕事の取り組み姿勢や意欲

☐ 2.自身の年齢や家族構成

☐ 3.これまでの取引実績・回数

☐ 4.業務に要した時間

☐ 5.仕事の質や出来栄え

☐ 6.納品の量

☐ 7.業務から得られた売り上げや利益

☐ 8.同一または類似の業務に従事する独立自営業者の報酬額

☐ 9.最低賃金の水準

☐ 10.その他 _____ (回答必須)(入力制限なし)(200文字まで)

☐ 11.算出根拠は分からない(排他)

次へ

―――――――― 改ページ ――――――――

Q17-1 必須 前問でお答えの、お仕事の報酬額に影響を与えた要素のうち、最も主要な要素をお答えください。

- ○ 1.仕事の取り組み姿勢や意欲
- ○ 2.自身の年齢や家族構成
- ○ 3.これまでの取引実績・回数
- ○ 4.業務に要した時間
- ○ 5.仕事の質や出来栄え
- ○ 6.納品の量
- ○ 7.業務から得られた売り上げや利益
- ○ 8.同一または類似の業務に従事する独立自営業者の報酬額
- ○ 9.最低賃金の水準
- ○ 10.その他 [　　　　　] (回答必須)(入力制限なし)(200文字まで)

次へ

改ページ

Q18 必須 その支払い時期は通常いつでしたか。

- ○ 1.即日
- ○ 2.サービス終了または納品完了後1か月以内
- ○ 3.サービス終了または納品完了後2か月以内
- ○ 4.毎月15日など決まった日
- ○ 5.その他 [　　　　　] (回答必須)(入力制限なし)(200文字まで)
- ○ 6.決まっていなかった

次へ

改ページ

Q19-1 必須 主要な取引先事業者とのお仕事を行うのに必要な備品や経費は、通常誰が負担していましたか。

○ 1.取引先がすべてを支給
○ 2.あなたがすべてを負担
○ 3.あなたが多くを負担
○ 4.取引先が多くを支給

次へ

――― 改ページ ―――

Q19-2 必須 あなたが負担した経費は、主要な取引先との報酬総額の何割でしたか。

○ 1.1割未満
○ 2.1割以上～2割未満
○ 3.2割以上～3割未満
○ 4.3割以上～4割未満
○ 5.4割以上～5割未満
○ 6.5割以上～6割未満
○ 7.6割以上～7割未満
○ 8.7割以上～8割未満
○ 9.8割以上～9割未満
○ 10.9割以上～10割未満
○ 11.10割以上（収入を超えているを含む）

次へ

[選択肢] 番号は回答者へは表示しません

――― 改ページ ―――

Q20 必須 引き受けることが難しい仕事を主要な取引先事業者から依頼された時、断ることができましたか。

○ 1.常に問題なく断れた
○ 2.時には断れなかった
○ 3.常に断れなかった
○ 4.そのような仕事を依頼されることはなかった

次へ

――― 改ページ ―――

Q21 必須 主要な取引先には、あなたと同様の仕事をしている従業員がいましたか。

○ 1.いた
○ 2.いなかった
○ 3.わからない

次へ

― 改ページ ―

Q22 必須 主要な取引先事業者とお仕事を始めて何年くらいたちましたか。

○ 1.1年未満　　　　　○ 8.7年以上～8年未満　　　　○ 15.14年以上～15年未満
○ 2.1年以上～2年未満　○ 9.8年以上～9年未満　　　　○ 16.15年以上～16年未満
○ 3.2年以上～3年未満　○ 10.9年以上～10年未満　　　○ 17.16年以上～17年未満
○ 4.3年以上～4年未満　○ 11.10年以上～11年未満　　 ○ 18.17年以上～18年未満
○ 5.4年以上～5年未満　○ 12.11年以上～12年未満　　 ○ 19.18年以上～19年未満
○ 6.5年以上～6年未満　○ 13.12年以上～13年未満　　 ○ 20.19年以上～20年未満
○ 7.6年以上～7年未満　○ 14.13年以上～14年未満　　 ○ 21.20年以上

次へ

[選択肢] 番号は回答者へは表示しません

― 改ページ ―

Q23 必須 主要な取引先事業者の業種はどれでしたか。

- 1.建設業
- 2.製造業
- 3.電気・ガス・熱供給・水道業
- 4.情報サービス（ソフトウェア・ゲームソフト開発など）
- 5.インターネット付随サービス業（アプリサービス、コンテンツプロバイダーなど）
- 6.通信業（インターネットプロバイダー、固定電話会社、携帯電話会社など）
- 7.映像・アニメ制作、広告・出版・マスコミ関連
- 8.運輸業、郵便業
- 9.卸売業・小売業
- 10.金融・保険業
- 11.不動産業、物品賃貸業
- 12.教育、学習支援業
- 13.医療、福祉
- 14.学術研究、コンサルタント
- 15.専門・技術サービス業
- 16.宿泊業、飲食サービス業
- 17.生活関連サービス
- 18.美容・理容・娯楽業
- 19.その他サービス業
- 20.その他 _____ (回答必須)(入力制限)

次へ

―― 改ページ ――

Q24 必須 主要な取引先事業者の総従業員数（企業、団体全体の従業員数）はどのくらいの規模でしたか。

- 1.5,000人以上
- 2.1,000人以上〜5,000人未満
- 3.500人以上〜1,000人未満
- 4.300人以上〜500人未満
- 5.100人以上〜300人未満
- 6.30人以上〜100人未満
- 7.29人以下
- 8.わからない

次へ

[選択肢] 番号は回答者へは表示しません

―― 改ページ ――

- 224 -

独立自営業者としてのお仕事についてお伺いします。

Q25-1 必須	あなたは2017年1月から12月にかけての独立自営業者のお仕事において、下記のようなトラブルを経験したことがありましたか。 （いくつでも）

- ☐ 1.作業内容・範囲についてもめた
- ☐ 2.仕様を一方的に変更された
- ☐ 3.一方的に作業期間・納品日を変更された
- ☐ 4.作業途中で一方的に契約を打ち切られた
- ☐ 5.成果物、サービスの受け取りを拒否された
- ☐ 6.報酬が支払われなかった・一方的に減額された
- ☐ 7.報酬の支払いが遅れた・期日に支払われなかった
- ☐ 8.予定外の経費負担を求められた
- ☐ 9.自分の案が無断で使われた
- ☐ 10.取引相手と連絡がとれなくなった
- ☐ 11.セクハラ・パワハラ等の嫌がらせを受けた
- ☐ 12.その他 [_____] (回答必須)(入力制限なし)(200文字まで)

次へ

———— 改ページ ————

Q25-2 必須 前問で経験のあったトラブルは解決しましたか。
（矢印方向にそれぞれひとつだけ）

	1. 全て解決した	2. 未解決のものもある	3. 全く解決していない
1. 作業内容・範囲についてもめた	○	○	○
2. 仕様を一方的に変更された	○	○	○
3. 一方的に作業期間・納品日を変更された	○	○	○
4. 作業途中で一方的に契約を打ち切られた	○	○	○
5. 成果物、サービスの受け取りを拒否された	○	○	○
6. 報酬が支払われなかった・一方的に減額された	○	○	○
7. 報酬の支払いが遅れた・期日に支払われなかった	○	○	○
8. 予定外の経費負担を求められた	○	○	○
9. 自分の案が無断で使われた	○	○	○
10. 取引相手と連絡がとれなくなった	○	○	○
11. セクハラ・パワハラ等の嫌がらせを受けた	○	○	○
12. その他	○	○	○

次へ

[選択肢] 番号は回答者へは表示しません

――――――改ページ――――――

Q25-3 必須 経験のあったトラブルで、もっともよくあったトラブルをお答えください。

- ○ 1.作業内容・範囲についてもめた
- ○ 2.仕様を一方的に変更された
- ○ 3.一方的に作業期間・納品日を変更された
- ○ 4.作業途中で一方的に契約を打ち切られた
- ○ 5.成果物、サービスの受け取りを拒否された
- ○ 6.報酬が支払われなかった・一方的に減額された
- ○ 7.報酬の支払いが遅れた・期日に支払われなかった
- ○ 8.予定外の経費負担を求められた
- ○ 9.自分の案が無断で使われた
- ○ 10.取引相手と連絡がとれなくなった
- ○ 11.セクハラ・パワハラ等の嫌がらせを受けた
- ○ 12.その他 [_____] (回答必須)(入力制限なし)(200文字まで)

次へ

――― 改ページ ―――

Q26 必須 あなたは独立自営業者のお仕事でトラブルが起こった際、どのように対処しましたか。
（いくつでも）

- ☐ 1.取引相手と直接交渉した
- ☐ 2.仲介組織（クラウドソーシングの会社や仲介会社など）を通じて交渉した
- ☐ 3.弁護士など第三者を通じて交渉した
- ☐ 4.交渉せず、こちらから取引を中止した
- ☐ 5.その他 [_____] (回答必須)(入力制限なし)(200文字まで)
- ☐ 6.特に何もしなかった(排他)

次へ

――― 改ページ ―――

Q27-1 必須 あなたは、自分から契約を途中で打ち切ったり、納品やサービス提供をしなかったりしたことはありましたか。

○ 1.あった

○ 2.なかった

次へ

―― 改ページ ――

Q27-2 必須 Q27-1で「自分から契約を途中で打ち切ったり、納品やサービス提供をしなかった」とお答えの方にお伺いします。

それはなぜですか。
（いくつでも）

☐ 1.取引相手の態度がひどかったから

☐ 2.取引相手が契約不履行になる可能性があったから（報酬未払いなどのトラブル）

☐ 3.仕様や期日を一方的に変更されたから

☐ 4.取引相手と連絡が取れなくなったから

☐ 5.自分自身の都合が悪くなったから（体調不良、家庭問題など）

☐ 6.他に条件の良い取引相手が見つかったから

☐ 7.その他　　　　　　　(回答必須)(入力制限なし)(200文字まで)

☐ 8.特に理由はない(排他)

次へ

―― 改ページ ――

Q27-3 必須 Q27-1で「自分から契約を途中で打ち切ったり、納品やサービス提供をしなかった」とお答えの方にお伺いします。

その結果、どうなりましたか。
（いくつでも）

- 1.違約金を要求された
- 2.精神的苦痛を受けた
- 3.第三者（弁護士など）も加わり交渉、もしくは訴訟に発展した
- 4.仲介組織（クラウドソーシングの会社や仲介会社など）の登録を抹消された
- 5.作業報酬の一部、または、全部が支払われなかった
- 6.今後の取引を停止された
- 7.その他 _____ (回答必須)(入力制限なし)(200文字まで)
- 8.特に何も問題にならなかった(排他)

次へ

― 改ページ ―

Q28 必須 あなたは仕事を受ける際、納期や報酬支払いなどに関して、取引相手とトラブルを避けるために何らかの策を講じていましたか。
（いくつでも）

- 1.取引が始まる前に、文書で合意していた（契約書など）
- 2.口頭で事前に合意していた
- 3.取引相手と定期的にコミュニケーションをとるようにしていた
- 4.クラウドソーシングの会社や仲介会社などの仲介組織に任せていた
- 5.その他 _____ (回答必須)(入力制限なし)(200文字まで)
- 6.特に何もやっていなかった(排他)
- 7.わからない(排他)

次へ

― 改ページ ―

Q29-1 必須 独立自営業者の仕事が原因で、病気や怪我をしたことがありましたか。

- ◯ 1.病気や怪我をしたことはなかった
- ◯ 2.病気や怪我はしたが、独立自営業者としての仕事を中断したことはなかった
- ◯ 3.病気や怪我によって、独立自営業者としての仕事を中断したことがあった

[次へ]

―― 改ページ ――

Q29-2 必須 病気や怪我の間、生活費をどのようにしてまかないましたか。（いくつでも）

- ☐ 1.他の仕事での収入でまかなった
- ☐ 2.自分の貯金を切り崩した
- ☐ 3.自分が加入していた保険を利用した
- ☐ 4.親・配偶者・子供の収入でまかなった
- ☐ 5.親戚や友人などの支援を受けた
- ☐ 6.その他 [____] （回答必須）（入力制限なし）（200文字まで）

[次へ]

―― 改ページ ――

Q30 必須 あなたが独立自営業に従事した経験年数はどのくらいですか。（中断がある場合は、その期間を除いて通算してください）

- ◯ 1.1年未満
- ◯ 2.1年以上～2年未満
- ◯ 3.2年以上～3年未満
- ◯ 4.3年以上～4年未満
- ◯ 5.4年以上～5年未満
- ◯ 6.5年以上～6年未満
- ◯ 7.6年以上～7年未満
- ◯ 8.7年以上～8年未満
- ◯ 9.8年以上～9年未満
- ◯ 10.9年以上～10年未満
- ◯ 11.10年以上～11年未満
- ◯ 12.11年以上～12年未満
- ◯ 13.12年以上～13年未満
- ◯ 14.13年以上～14年未満
- ◯ 15.14年以上～15年未満
- ◯ 16.15年以上～16年未満
- ◯ 17.16年以上～17年未満
- ◯ 18.17年以上～18年未満
- ◯ 19.18年以上～19年未満
- ◯ 20.19年以上～20年未満
- ◯ 21.20年以上

[次へ]

[選択肢] 番号は回答者へは表示しません

Q31-1 独立自営業のお仕事に必要なスキルや能力はどこで身につけられましたか。
必須　（いくつでも）

☐ 1.関連書籍等を使って自学自習で身につけた
☐ 2.通信教育やインターネット上の講習（eラーニング）で身につけた
☐ 3.会社（以前の会社を含め）での経験、研修及び勉強会で身につけた
☐ 4.同業者（仲間や友人を含む）との勉強会、セミナーなど、情報交換を通じて身につけた
☐ 5.取引相手が実施している勉強会、講習会、セミナーに参加して身につけた
☐ 6.クラウドソーシングの会社や仲介会社などの仲介組織が主催する勉強会や講習会、セミナーに参加して身につけた
☐ 7.高校、専門学校、大学などの教育機関に通って身につけた
☐ 8.公共の職業訓練校に通って身につけた
☐ 9.業界団体・職業団体（協会等）の研修に通って身につけた
☐ 10.特にない(排他)
☐ 11.その他 [　　　　　](回答必須)(入力制限なし)(200文字まで)

次へ

Q31-2 前問でお選びの中で独立自営業者の仕事を行う上で、最も役立っているスキルや能力はどこで
必須　　身につけられましたか。

○ 1.関連書籍等を使って自学自習で身につけた
○ 2.通信教育やインターネット上の講習（eラーニング）で身につけた
○ 3.会社（以前の会社を含め）での経験、研修及び勉強会で身につけた
○ 4.同業者（仲間や友人を含む）との勉強会、セミナーなど、情報交換を通じて身につけた
○ 5.取引相手が実施している勉強会、講習会、セミナーに参加して身につけた
○ 6.クラウドソーシングの会社や仲介会社などの仲介組織が主催する勉強会や講習会、セミナーに参加して身につけた
○ 7.高校、専門学校、大学などの教育機関に通って身につけた
○ 8.公共の職業訓練校に通って身につけた
○ 9.業界団体・職業団体（協会等）の研修に通って身につけた
○ 10.その他 [　　　　　](回答必須)(入力制限なし)(200文字まで)

次へ

| Q31-3 必須 | 今後スキルアップをしていくために、最も必要だと思うものをお答えください。 |

○ 1.関連書籍などを使って自学自習
○ 2.通信教育やインターネット上の講習（e-ラーニング）
○ 3.会社での経験、研修及び勉強会
○ 4.同業者（仲間や友人を含む)との勉強会、セミナーなどでの情報交換
○ 5.取引相手が実施している勉強会、講習会、セミナーへの参加
○ 6.クラウドソーシングの会社や仲介会社などの仲介組織が主催する勉強会や講習会、セミナーへの参加
○ 7.高校、専門学校、大学などの教育機関への通学
○ 8.公共の職業訓練校への通学
○ 9.業界・職業団体（協会など）の研修への参加
○ 10.特にない
○ 11.その他 [_____] (回答必須)(入力制限なし)(200文字まで)

次へ

━━━━━━━ 改ページ ━━━━━━━

| Q32 | あなたが現在持っている資格のうち独立自営業者としての仕事に役立っているものについて、役立っている順に3つまでご記入ください。（なるべく正確な名称をご記入ください。）
例：日商簿記2級、電気工事士2種、TOEIC750点 |

テキストボックス1
1位 [_____] (入力制限なし)(200文字まで)

テキストボックス2
2位 [_____] (入力制限なし)(200文字まで)

テキストボックス3
3位 [_____] (入力制限なし)(200文字まで)

☐ 1.なし

次へ

[選択肢] 番号は回答者へは表示しません

━━━━━━━ 改ページ ━━━━━━━

Q33 必須 あなたが独立自営業者になった理由は何でしたか。
（いくつでも）

- ☐ 1.自分の夢の実現やキャリアアップのため
- ☐ 2.収入を増やしたかったから
- ☐ 3.自分のペースで働く時間を決めることができると思ったから
- ☐ 4.働く地域や場所を選べたから
- ☐ 5.働きたい仕事内容を選べたから
- ☐ 6.仕事の範囲や責任が明確だったから
- ☐ 7.専門的な技術や資格を活かせると思ったから
- ☐ 8.実務経験（事務、財務、貿易事務など）やキャリアを積みたかったから
- ☐ 9.育児、看護、介護との両立が図れると思ったから
- ☐ 10.社会活動、趣味との両立が図れると思ったから
- ☐ 11.一つの会社に縛られなかったから
- ☐ 12.様々な仕事を体験できると思ったから
- ☐ 13.取引相手や以前の勤め先、知り合いに頼まれたから
- ☐ 14.精神的・肉体的な病気をかかえていたから
- ☐ 15.正社員として働きたいが、仕事が見つからなかったから
- ☐ 16.その時働いていた会社の倒産・リストラ
- ☐ 17.定年退職
- ☐ 18.その他 [_____] (回答必須)(入力制限なし)(200
- ☐ 19.特段理由はない(排他)

[次へ]

――― 改ページ ―――

Q34 必須 現在、下記のような外部の組織や集まり、ネットワークに参加していますか。
（いくつでも）

- ☐ 1.業界団体、経営者団体に参加している
- ☐ 2.協同組合・同業者組合に参加している
- ☐ 3.仲介組織（クラウドソーシングの会社や仲介会社など）に登録している
- ☐ 4.異業種交流会に参加している
- ☐ 5.専門家が主催するセミナーや講座、勉強会に参加している
- ☐ 6.私的な勉強会に参加している
- ☐ 7.その他 [_____] (回答必須)(入力制限なし)(200文字まで)
- ☐ 8.特に何も参加していない(排他)

[次へ]

――― 改ページ ―――

独立自営業者としての仕事が、「兼業（本業）」、「兼業（副業）」とお答えの方にお伺いします。

Q35 必須	2017年1月～12月のあなたの独立自営業**以外**の仕事先での就業形態は何でしたか。（いくつでも）

- ☐ 1.会社役員
- ☐ 2.正社員
- ☐ 3.契約社員
- ☐ 4.パート・アルバイト
- ☐ 5.派遣社員
- ☐ 6.その他 [_____] (回答必須)(入力制限なし)(200文字まで)

[次へ]

―――― 改ページ ――――

Q35-1 必須	前問でお答えの、2017年1月～12月のあなたの独立自営業**以外**の仕事先での就業形態のうち、主なものをお答えください。

- ○ 1.会社役員
- ○ 2.正社員
- ○ 3.契約社員
- ○ 4.パート・アルバイト
- ○ 5.派遣社員
- ○ 6.その他 [_____] (回答必須)(入力制限なし)(200文字まで)

[次へ]

―――― 改ページ ――――

Q35-2 必須 前問で選択した主たる就業形態の勤続年数はどのくらいですか。

- 1. 1年未満
- 2. 1年以上～2年未満
- 3. 2年以上～3年未満
- 4. 3年以上～4年未満
- 5. 4年以上～5年未満
- 6. 5年以上～6年未満
- 7. 6年以上～7年未満
- 8. 7年以上～8年未満
- 9. 8年以上～9年未満
- 10. 9年以上～10年未満
- 11. 10年以上～11年未満
- 12. 11年以上～12年未満
- 13. 12年以上～13年未満
- 14. 13年以上～14年未満
- 15. 14年以上～15年未満
- 16. 15年以上～16年未満
- 17. 16年以上～17年未満
- 18. 17年以上～18年未満
- 19. 18年以上～19年未満
- 20. 19年以上～20年未満
- 21. 20年以上

次へ

[選択肢] 番号は回答者へは表示しません

――― 改ページ ―――

Q36 必須 2017年1月～12月にかけて、独立自営業**以外**のお仕事から得た収入はどのくらいでしたか。12月については、お答えいただいた時点で分かっている収入を算入してお答えください。

＊税金・社会保険料などを差し引かれる前の額（額面）でお答えください。

- 1. 50万円未満
- 2. 50万円以上～100万円未満
- 3. 100万円以上～150万円未満
- 4. 150万円以上～200万円未満
- 5. 200万円以上～250万円未満
- 6. 250万円以上～300万円未満
- 7. 300万円以上～400万円未満
- 8. 400万円以上～500万円未満
- 9. 500万円以上～600万円未満
- 10. 600万円以上～700万円未満
- 11. 700万円以上～800万円未満
- 12. 800万円以上～900万円未満
- 13. 900万円以上～1000万円未満
- 14. 1000万円以上～1500万円未満
- 15. 1500万円以上

次へ

[選択肢] 番号は回答者へは表示しません

――― 改ページ ―――

Q37 必須 2017年1月から12月にかけて、独立自営業**以外**のお仕事では一週間に何時間くらい働いていましたか。平均的な労働時間を教えてください。

○ 1.70時間以上
○ 2.60時間以上～70時間未満
○ 3.50時間以上～60時間未満
○ 4.40時間以上～50時間未満
○ 5.30時間以上～40時間未満
○ 6.20時間以上～30時間未満
○ 7.10時間以上～20時間未満
○ 8.5時間以上～10時間未満
○ 9.1時間以上～5時間未満
○ 10.1時間未満

次へ

[選択肢] 番号は回答者へは表示しません

――― 改ページ ―――

Q38 必須 2017年1月～12月の独立自営業**以外**の仕事先でのお仕事はどのような内容でしたか。（いくつでも）

☐ 1.専門・技術的な仕事
☐ 2.事務の仕事
☐ 3.販売の仕事
☐ 4.営業の仕事
☐ 5.サービスの仕事
☐ 6.製造の技能工
☐ 7.その他 _____ (回答必須)(入力制限なし)(200文字まで)

次へ

――― 改ページ ―――

Q38-1 必須 前問でお答えのお仕事のうち、最もよく行なっていたお仕事についてお答えください。

○ 1.専門・技術的な仕事
○ 2.事務の仕事
○ 3.販売の仕事
○ 4.営業の仕事
○ 5.サービスの仕事
○ 6.製造の技能工
○ 7.その他 [　　　　　] (回答必須)(入力制限なし)(200文字まで)

[次へ]

――― 改ページ ―――

Q39 必須 独立自営業**以外**の仕事先での仕事内容と独立自営業者としての仕事内容は同じでしたか。

○ 1.まったく同じだった
○ 2.同じ部分が多かった
○ 3.異なる部分が多かった
○ 4.まったく異なっていた

[次へ]

――― 改ページ ―――

Q40 必須 独立自営業**以外**の仕事先のお仕事と独立自営業者としてのお仕事は、必要なノウハウや職業能力において、どの程度関係がありましたか。

○ 1.相互に役に立った
○ 2.独立自営業**以外**の仕事で培われたものが独立自営業の仕事で役に立った
○ 3.独立自営業の仕事で培われたものが独立自営業**以外**の仕事で役に立った
○ 4.どちらともいえない
○ 5.関係性はなかった

[次へ]

Q41 必須　独立自営業**以外**の仕事先では、仕事の進め方や働く時間をどの程度あなたの裁量で決められましたか。

仕事の進め方
○ 1.全て自分の裁量で決められた
○ 2.ある程度自分の裁量で決められた
○ 3.あまり自分の裁量では決められなかった
○ 4.全く自分では決められなかった

働く時間
○ 1.全て自分の裁量で決められた
○ 2.ある程度自分の裁量で決められた
○ 3.あまり自分の裁量では決められなかった
○ 4.全く自分では決められなかった

[次へ]

Q42 必須　独立自営業者としてのお仕事を持っていることを、独立自営業**以外**の仕事先へは知らせていましたか。

○ 1.全て知らせていた
○ 2.一部については知らせていた
○ 3.全く知らせていなかった

[次へ]

Q43 必須 独立自営業**以外**の仕事先での仕事の満足度について教えてください。

○ 1.満足している

○ 2.ある程度満足している

○ 3.あまり満足していない

○ 4.全く満足していない

次へ

――― 改ページ ―――

独立自営業者としてのお仕事が、「専業」とお答えの方にお伺いします。

Q44 必須 独立自営業者としてのお仕事を専業にする直前（前職）はどういう働き方をされていましたか。

○ 1.正社員・正規職員

○ 2.非正社員・非正規職員

○ 3.高校、専門学校、大学などの教育機関に通う学生

○ 4.公共の職業訓練校に通う訓練生

○ 5.無職、専業主婦（夫）（3、4を除く）

○ 6.その他 [   ] (回答必須)(入力制限なし)(200文字まで)

次へ

――― 改ページ ―――

| Q44-1 必須 | 正社員として雇われていたのは通算何年くらいでしたか。 |

- ○ 1. 1年未満
- ○ 2. 1年以上～2年未満
- ○ 3. 2年以上～3年未満
- ○ 4. 3年以上～4年未満
- ○ 5. 4年以上～5年未満
- ○ 6. 5年以上～6年未満
- ○ 7. 6年以上～7年未満
- ○ 8. 7年以上～8年未満
- ○ 9. 8年以上～9年未満
- ○ 10. 9年以上～10年未満
- ○ 11. 10年以上～11年未満
- ○ 12. 11年以上～12年未満
- ○ 13. 12年以上～13年未満
- ○ 14. 13年以上～14年未満
- ○ 15. 14年以上～15年未満
- ○ 16. 15年以上～16年未満
- ○ 17. 16年以上～17年未満
- ○ 18. 17年以上～18年未満
- ○ 19. 18年以上～19年未満
- ○ 20. 19年以上～20年未満
- ○ 21. 20年以上

次へ

[選択肢] 番号は回答者へは表示しません

―― 改ページ ――

| Q44-2 必須 | 前職の仕事内容と現在の独立自営業者の仕事内容は同じでしたか。 |

- ○ 1. 全く同じだった
- ○ 2. 同じ部分が多かった
- ○ 3. 異なる部分が多かった
- ○ 4. 全く異なっていた

次へ

―― 改ページ ――

Q45 独立自営業者としての働き方に関する満足度についてお答えください。
必須 （矢印方向にそれぞれひとつだけ）

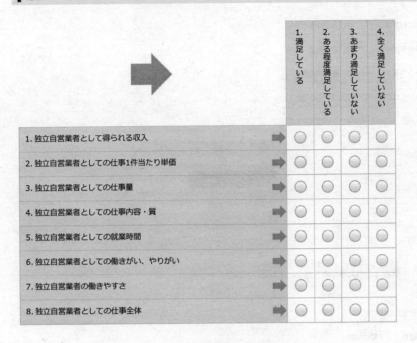

	1.満足している	2.ある程度満足している	3.あまり満足していない	4.全く満足していない
1. 独立自営業者として得られる収入	○	○	○	○
2. 独立自営業者としての仕事1件当たり単価	○	○	○	○
3. 独立自営業者としての仕事量	○	○	○	○
4. 独立自営業者としての仕事内容・質	○	○	○	○
5. 独立自営業者としての就業時間	○	○	○	○
6. 独立自営業者としての働きがい、やりがい	○	○	○	○
7. 独立自営業者の働きやすさ	○	○	○	○
8. 独立自営業者としての仕事全体	○	○	○	○

次へ

[選択肢] 番号は回答者へは表示しません

——— 改ページ ———

Q46 独立自営業者としてのお仕事は、あなたの職業生活やキャリアにとってどの程度大切なお仕事
必須 ですか。

○ 1.大切な仕事である
○ 2.ある程度大切な仕事である
○ 3.それほど大切な仕事ではない
○ 4.大切な仕事ではない

次へ

——— 改ページ ———

| Q47 必須 | 今後（約3年後）のあなたの独立自営業者としての働き方、キャリアについて、どのように考えていますか。 |

○ 1.独立自営業者としての仕事を専業とする

○ 2.独立自営業者としての仕事を兼業とする

○ 3.独立自営業者としての仕事をやめる

○ 4.分からない

［次へ］

改ページ

| Q47-1 必須 | 今後はどのような働き方をお望みでしょうか。 |

○ 1.会社を立ち上げたい

○ 2.正社員として雇われたい

○ 3.契約社員として雇われたい

○ 4.パート・アルバイトとして雇われたい

○ 5.派遣社員として働きたい

○ 6.その他　　　　　　(回答必須)(入力制限なし)(200文字まで)

○ 7.仕事をするつもりはない

○ 8.わからない

［次へ］

改ページ

Q48 必須 独立自営業者を続ける上での問題点は何だと思いますか。
（いくつでも）

- 1.仕事を失った時の失業保険のようなものがない
- 2.仕事が原因で怪我や病気をした時の労災保険のようなものがない
- 3.本業先で副業が禁止されている
- 4.キャリア形成が難しい
- 5.能力を開発する機会が乏しい
- 6.トラブルが多い
- 7.立場が弱い
- 8.仕事が見つかりにくい
- 9.働く時間が長い、忙しい
- 10.収入が不安定、低い
- 11.事業を行う資金の確保が難しい
- 12.頼りになる同業者や仲間がいない
- 13.仕事や事業について相談できるところがない
- 14.医療保険や年金などの社会保障が不十分である
- 15.税金、社会保障などの手続きがわからない、煩雑である
- 16.その他　　　　　　(回答必須)(入力制限なし)(200文字ま
- 17.特に課題はない(排他)

次へ

――― 改ページ ―――

Q49 必須 あなたはご自身のキャリアについて、カウンセリングやコンサルティングを受けてみたいと思いますか。

- 1.受けてみたい
- 2.受けたくない
- 3.わからない

次へ

――― 改ページ ―――

Q50 必須 独立自営業者がより働きやすくなるために今後、整備・充実すればいいなと思う事柄は何ですか。
（いくつでも）

- [ ] 1.取引相手との契約内容の書面化の義務付け
- [ ] 2.取引相手との契約内容の決定や変更の手続き（プロセス）の明確化
- [ ] 3.仲間同士で集まり、取引相手と契約内容について交渉し取り決めることに関するルール
- [ ] 4.取引相手からの報酬支払い時期の遅延や減額を禁止するルール
- [ ] 5.取引相手が、不正を告発した独立自営業者に対して、不利益な取り扱いを禁止すること
- [ ] 6.公的機関において、予め、自身が法律上の労働者として保護対象となるのかを確認できる制度
- [ ] 7.取引相手が、正当な理由なしに契約を終了させることを禁止するルール
- [ ] 8.独立自営業者が過重労働とならないよう、取引相手に発注量や納期期間に関する基準を定めたルール
- [ ] 9.独立自営業者の仕事について、最低限支払われるべき報酬額を定めたルール
- [ ] 10.取引相手に対して、作業スペースの安全確保を行うことを定めたルール
- [ ] 11.作業中に生じた怪我や病気について、取引相手が加入する保険から補償を受けることができるルール
- [ ] 12.トラブルがあった場合に、相談できる窓口やわずかな費用で解決できる制度
- [ ] 13.妊娠中や育児・介護中の独立自営業者に対して不利益な取り扱いを禁止するルール
- [ ] 14.その他 _____（回答必須）（入力制限なし）（200文字まで）
- [ ] 15.特に必要な事柄はない(排他)

次へ

改ページ

| Q50-1 必須 | 前問でお答えの事柄のうち、最も整備・充実して欲しいと考えているものをお答えください。 |

- 1.取引相手との契約内容の書面化の義務付け
- 2.取引相手との契約内容の決定や変更の手続き（プロセス）の明確化
- 3.仲間同士で集まり、取引相手と契約内容について交渉し取り決めることに関するルール
- 4.取引相手からの報酬支払い時期の遅延や減額を禁止するルール
- 5.取引相手が、不正を告発した独立自営業者に対して、不利益な取り扱いを禁止すること
- 6.公的機関において、予め、自身が法律上の労働者として保護対象となるのかを確認できる制度
- 7.取引相手が、正当な理由なしに契約を終了させることを禁止するルール
- 8.独立自営業者が過重労働とならないよう、取引相手に発注量や納期期間に関する基準を定めたルール
- 9.独立自営業者の仕事について、最低限支払われるべき報酬額を定めたルール
- 10.取引相手に対して、作業スペースの安全確保を行うことを定めたルール
- 11.作業中に生じた怪我や病気について、取引相手が加入する保険から補償を受けることができるルール
- 12.トラブルがあった場合に、相談できる窓口やわずかな費用で解決できる制度
- 13.妊娠中や育児・介護中の独立自営業者に対して不利益な取り扱いを禁止するルール
- 14.その他 [　　　　　] (回答必須)(入力制限なし)(200文字まで)

次へ

改ページ

Q51 必須 以下の問いについて正しいと思う答えを選択してください。分からない場合は、分からないとお答えください。
（矢印方向にそれぞれひとつだけ）

	1.正しい	2.誤り	3.分からない
1. 賃金は、法律で定める最低額を下回ってはならない	○	○	○
2. 経営者が労働者に残業をさせた場合には、割増賃金を支払う必要がある	○	○	○
3. 育児休業は、女性労働者だけでなく男性労働者も取得できる	○	○	○
4. 労働者を解雇する場合には、30日前に予告する必要がある	○	○	○
5. 正当な理由がない解雇は、30日前に予告されても無効となる	○	○	○
6. 労働者が労働組合に加入する場合、経営者の許可は不要である	○	○	○
7. 経営者は、正当な理由なく労働組合との交渉を拒否できない	○	○	○
8. 独立自営業者も、実際の働き方によっては、労働法のルールで保護される	○	○	○
9. 独立自営業者が物品の製造を行う際の工賃の最低額は法律で定められている	○	○	○
10. 下請け代金の支払が遅れるのを禁止する法律がある	○	○	○

次へ

[選択肢] 番号は回答者へは表示しません

――― 改ページ ―――

Q52 必須 最後に通った学校を選択してください。

○ 1.中学
○ 2.高校
○ 3.高等専門学校・短大
○ 4.大学
○ 5.大学院
○ 6.各種専門学校
○ 7.その他 [____] (回答必須)(入力制限なし)(200文字まで)

次へ

――― 改ページ ―――

Q53 必須 最後に通った学校の状況をお答えください。

○ 1.在学中
○ 2.卒業
○ 3.中退

[次へ]

改ページ

Q54 必須 あなたは結婚していますか。あてはまるものをお選びください。

○ 1.未婚
○ 2.既婚
○ 3.離死別

[次へ]

改ページ

Q55 必須 お子様はいらっしゃいますか。

○ 1.いる
○ 2.いない

[次へ]

改ページ

Q55-1　お子様が「いる」とお答えの方にお伺いします。
必須
　　　　15歳未満のお子様の人数をお答えください。

○ 1.1人

○ 2.2人

○ 3.3人

○ 4.4人以上

次へ

[選択肢] 番号は回答者へは表示しません

――――― 改ページ ―――――

Q56　同居している方を選択してください。
必須　　（いくつでも）

☐ 1.一人暮らし(排他)

☐ 2.配偶者・パートナー

☐ 3.自分もしくは配偶者・パートナーの親

☐ 4.子供

☐ 5.その他　　　　　　(回答必須)(入力制限なし)(200文字まで)

次へ

――――― 改ページ ―――――

Q57　あなたは以下の健康保険のうち、どれに加入していますか。
必須

○ 1.国民健康保険（自分名義）

○ 2.あなたの勤め先の健康保険・共済

○ 3.配偶者、親、子供等の健康保険・共済

○ 4.その他　　　　　　(回答必須)(入力制限なし)(200文字まで)

○ 5.分からない

次へ

―― 改ページ ――

Q58 必須 あなたは以下の年金のうち、どれに加入していますか。

○ 1.国民年金（自分名義）に加入している
○ 2.あなたの会社で厚生年金保険（共済含む）に加入している
○ 3.第3号被保険者として配偶者の保険に加入している
○ 4.**1～3のいずれかに**加えて企業年金・個人年金等（民間年金保険を含む）に加入している
○ 5.年金を受給している
○ 6.分からない
○ 7.その他 [　　　　　] (回答必須)(入力制限なし)(200文字まで)

[次へ]

―― 改ページ ――

Q59 必須 あなたは2017年1月から12月の間に健康診断や人間ドックを受診しましたか。

○ 1.自費で医療機関に申し込み受診した
○ 2.自分の職場を通じて健康診断・人間ドックを利用した
○ 3.配偶者の職場を通じて健康診断・人間ドックを利用した
○ 4.市区町村が実施する健康診断を受診した
○ 5.その他 [　　　　　] (回答必須)(入力制限なし)(200文字まで)
○ 6.受診しなかった

[次へ]

―― 改ページ ――

Q60 必須 世帯での、月当たりの平均貯蓄額はいくらぐらいですか。

- 1. 0円（貯蓄していない）
- 2. 1万円未満
- 3. 1万円以上～2万円未満
- 4. 2万円以上～3万円未満
- 5. 3万円以上～4万円未満
- 6. 4万円以上～5万円未満
- 7. 5万円以上～6万円未満
- 8. 6万円以上～7万円未満
- 9. 7万円以上～8万円未満
- 10. 8万円以上～9万円未満
- 11. 9万円以上～10万円未満
- 12. 10万円以上

次へ

[選択肢] 番号は回答者へは表示しません

改ページ

Q61 必須 生活上の主な家計維持者は誰ですか。

- 1. 主に自分の収入で生活している
- 2. 自分と配偶者・パートナー双方の収入で生活している
- 3. 主に配偶者・パートナーの収入で生活している
- 4. 主に親・子供の収入で生活している
- 5. その他 [____] (回答必須)(入力制限なし)(200文字まで)

次へ

改ページ

Q62 必須 あなたご自身、あなたの世帯全体の年収は、おおよそどのくらいですか。仕事以外から得られる収入（年金、不動産、株等からの収入）も含めて、額面でお答えください。
（矢印方向にそれぞれひとつだけ）

	1. 自分自身	2. 世帯全体
1. 50万円未満	○	○
2. 50万円以上～100万円未満	○	○
3. 100万円以上～150万円未満	○	○
4. 150万円以上～200万円未満	○	○
5. 200万円以上～250万円未満	○	○
6. 250万円以上～300万円未満	○	○
7. 300万円以上～400万円未満	○	○
8. 400万円以上～500万円未満	○	○
9. 500万円以上～600万円未満	○	○
10. 600万円以上～700万円未満	○	○
11. 700万円以上～800万円未満	○	○
12. 800万円以上～900万円未満	○	○
13. 900万円以上～1000万円未満	○	○
14. 1000万円以上～1500万円未満	○	○
15. 1500万円以上	○	○

次へ

[選択肢] [質問アイテム] 番号は回答者へは表示しません

改ページ

Q63 必須	世帯年収、生活全般についての満足度についてお答えください。 （矢印方向にそれぞれひとつだけ）

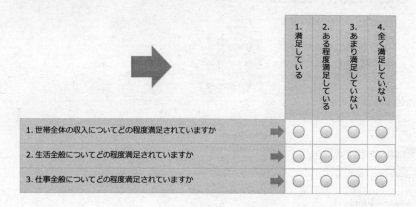

	1. 満足している	2. ある程度満足している	3. あまり満足していない	4. 全く満足していない
1. 世帯全体の収入についてどの程度満足されていますか	○	○	○	○
2. 生活全般についてどの程度満足されていますか	○	○	○	○
3. 仕事全般についてどの程度満足されていますか	○	○	○	○

次へ

[選択肢] 番号は回答者へは表示しません

――――― 改ページ ―――――

Q64 必須	あなたのお住まいの地域であてはまるものを選んでください。

○ 1.東京23区・政令指定都市
○ 2.人口10万人以上の市
○ 3.人口10万未満の市
○ 4.町村

次へ

――――― 改ページ ―――――

Q65 必須	お住まいの市であてはまるものを選んでください。

プルダウン1

[選択してください ▼]

次へ

――――― 改ページ ―――――

- 252 -

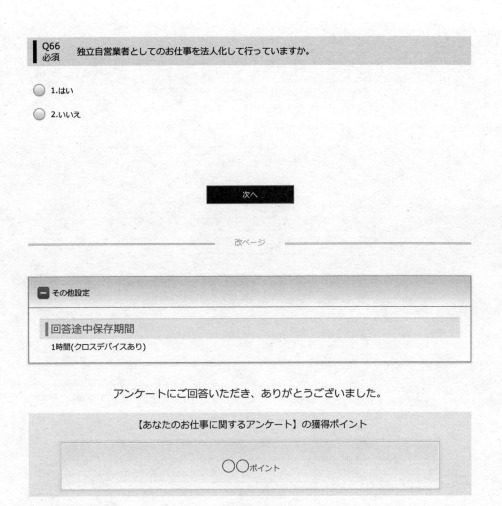

付属統計表

統計利用上の注意

1. 上段には度数（n）を、下段には構成比（%）を示している。
2. 構成比（%）は、少数第2位を四捨五入しているため、内訳の合計が100%にならない場合がある。また複数回答の項目の構成比は、内訳の合計が100%にならない。
3. 本調査では項目よっては無回答が生じている。Webモニター調査で回答がなされているものの、明らかに矛盾が生じているような回答については、データクリーニングの際に無回答処理を実施した。

■クロス集計表(n%表)

年齢(SC1)
SA

		n	24歳以下	25〜29歳	30〜34歳	35〜39歳	40〜44歳	45〜49歳	50〜54歳	55〜59歳	60〜64歳	65〜69歳	70歳以上
全体		8256	93	454	803	942	1208	1170	1144	906	581	656	299
		100.0	1.1	5.5	9.7	11.4	14.6	14.2	13.9	11.0	7.0	7.9	3.6
性別(SC2)	男性	5190	26	136	314	458	686	777	802	689	485	560	257
		100.0	0.5	2.6	6.1	8.8	13.2	15.0	15.5	13.3	9.3	10.8	5.0
	女性	3066	67	318	489	484	522	393	342	217	96	96	42
		100.0	2.2	10.4	15.9	15.8	17.0	12.8	11.2	7.1	3.1	3.1	1.4
年齢(SC1)	15歳〜29歳	547	93	454	0	0	0	0	0	0	0	0	0
		100.0	17.0	83.0	0.0	0.0	0.0	0.0	0.0	0.0	0.0	0.0	0.0
	30歳〜39歳	1745	0	0	803	942	0	0	0	0	0	0	0
		100.0	0.0	0.0	46.0	54.0	0.0	0.0	0.0	0.0	0.0	0.0	0.0
	40歳〜49歳	2378	0	0	0	0	1208	1170	0	0	0	0	0
		100.0	0.0	0.0	0.0	0.0	50.8	49.2	0.0	0.0	0.0	0.0	0.0
	50歳〜59歳	2050	0	0	0	0	0	0	1144	906	0	0	0
		100.0	0.0	0.0	0.0	0.0	0.0	0.0	55.8	44.2	0.0	0.0	0.0
	60歳以上	1536	0	0	0	0	0	0	0	0	581	656	299
		100.0	0.0	0.0	0.0	0.0	0.0	0.0	0.0	0.0	37.8	42.7	19.5
学歴(問52)	中学校・高校	1733	36	90	141	163	223	278	269	168	125	166	74
		100.0	2.1	5.2	8.1	9.4	12.9	16.0	15.5	9.7	7.2	9.6	4.3
	各種専門学校	871	9	45	113	134	150	146	126	75	22	37	14
		100.0	1.0	5.2	13.0	15.4	17.2	16.8	14.5	8.6	2.5	4.2	1.6
	高等専門学校・短大	1121	16	41	108	139	191	181	166	131	59	66	23
		100.0	1.4	3.7	9.6	12.4	17.0	16.1	14.8	11.7	5.3	5.9	2.1
	大学・大学院	4499	31	275	436	502	640	560	579	531	375	382	188
		100.0	0.7	6.1	9.7	11.2	14.2	12.4	12.9	11.8	8.3	8.5	4.2
	その他	9	0	1	0	2	1	1	1	0	0	3	0
		100.0	0.0	11.1	0.0	22.2	11.1	11.1	11.1	0.0	0.0	33.3	0.0
既・未婚(問54)	既婚	5025	24	204	445	515	655	662	679	593	440	545	263
		100.0	0.5	4.1	8.9	10.2	13.0	13.2	13.5	11.8	8.8	10.8	5.2
	未婚、離婚、死別	3231	69	250	358	427	553	508	465	313	141	111	36
		100.0	2.1	7.7	11.1	13.2	17.1	15.7	14.4	9.7	4.4	3.4	1.1
居住地(問64)	23区・政令市	2617	17	113	214	287	378	380	393	319	205	207	104
		100.0	0.6	4.3	8.2	11.0	14.4	14.5	15.0	12.2	7.8	7.9	4.0
	市(人口10万人以上)	3534	41	205	338	411	535	474	488	363	252	303	124
		100.0	1.2	5.8	9.6	11.6	15.1	13.4	13.8	10.3	7.1	8.6	3.5
	市(人口10万人未満)	1511	22	104	171	173	203	235	183	156	93	113	58
		100.0	1.5	6.9	11.3	11.4	13.4	15.6	12.1	10.3	6.2	7.5	3.8
	町村	594	13	32	80	71	92	81	80	68	31	33	13
		100.0	2.2	5.4	13.5	12.0	15.5	13.6	13.5	11.4	5.2	5.6	2.2
専業・兼業(SC7)	専業	4083	35	140	308	387	550	599	622	491	350	419	182
		100.0	0.9	3.4	7.5	9.5	13.5	14.7	15.2	12.0	8.6	10.3	4.5
	兼業	4173	58	314	495	555	658	571	522	415	231	237	117
		100.0	1.4	7.5	11.9	13.3	15.8	13.7	12.5	9.9	5.5	5.7	2.8
	うち独立自営業が本業	1335	7	59	115	137	185	197	197	159	119	106	54
		100.0	0.5	4.4	8.6	10.3	13.9	14.8	14.8	11.9	8.9	7.9	4.0
	うち独立自営業が副業	2838	51	255	380	418	473	374	325	256	112	131	63
		100.0	1.8	9.0	13.4	14.7	16.7	13.2	11.5	9.0	3.9	4.6	2.2
主な仕事(問1-1)	事務関連	1560	41	173	269	231	241	201	168	106	39	63	28
		100.0	2.6	11.1	17.2	14.8	15.4	12.9	10.8	6.8	2.5	4.0	1.8
	デザイン・映像製作関連	731	8	56	93	118	115	106	78	70	46	28	13
		100.0	1.1	7.7	12.7	16.1	15.7	14.5	10.7	9.6	6.3	3.8	1.8
	IT関連	705	7	26	67	87	107	128	105	90	45	34	9
		100.0	1.0	3.7	9.5	12.3	15.2	18.2	14.9	12.8	6.4	4.8	1.3
	専門関連業務(医療、技術、講師、芸能、演奏など)	3266	22	118	218	322	450	429	468	410	313	340	176
		100.0	0.7	3.6	6.7	9.9	13.8	13.1	14.3	12.6	9.6	10.4	5.4
	生活関連サービス、理容・美容	741	10	44	102	97	124	103	100	74	35	44	8
		100.0	1.3	5.9	13.8	13.1	16.7	13.9	13.5	10.0	4.7	5.9	1.1
	現場作業関連(運輸、製造、修理、清掃など)	1253	5	37	54	87	171	203	225	156	103	147	65
		100.0	0.4	3.0	4.3	6.9	13.6	16.2	18.0	12.5	8.2	11.7	5.2
独立自営業の経験年数(問30)	2年未満	2572	72	284	433	442	423	296	232	170	113	96	11
		100.0	2.8	11.0	16.8	17.2	16.4	11.5	9.0	6.6	4.4	3.7	0.4
	2年以上15年未満	3962	21	165	361	449	631	621	543	405	246	345	175
		100.0	0.5	4.2	9.1	11.3	15.9	15.7	13.7	10.2	6.2	8.7	4.4
	15年以上	1722	0	5	9	51	154	253	369	331	222	215	113
		100.0	0.0	0.3	0.5	3.0	8.9	14.7	21.4	19.2	12.9	12.5	6.6
1週の平均作業時間(問3附問2)	10時間未満	2688	42	190	344	365	413	335	307	258	158	181	95
		100.0	1.6	7.1	12.8	13.6	15.4	12.5	11.4	9.6	5.9	6.7	3.5
	10時間以上40時間未満	3070	29	163	259	326	418	417	401	325	257	331	144
		100.0	0.9	5.3	8.4	10.6	13.6	13.6	13.1	10.6	8.4	10.8	4.7
	40時間以上	2498	22	101	200	251	377	418	436	323	166	144	60
		100.0	0.9	4.0	8.0	10.0	15.1	16.7	17.5	12.9	6.6	5.8	2.4
独立自営業者の報酬総額(問2附問4)	200万円未満	5289	83	376	638	694	805	696	626	464	316	396	195
		100.0	1.6	7.1	12.1	13.1	15.2	13.2	11.8	8.8	6.0	7.5	3.7
	200万円以上400万円未満	1189	5	42	73	111	171	172	176	158	97	122	62
		100.0	0.4	3.5	6.1	9.3	14.4	14.5	14.8	13.3	8.2	10.3	5.2
	400万円以上600万円未満	819	3	24	42	68	106	125	158	121	82	64	26
		100.0	0.4	2.9	5.1	8.3	12.9	15.3	19.3	14.8	10.0	7.8	3.2
	600万円以上	959	2	12	50	69	126	177	184	163	86	74	16
		100.0	0.2	1.3	5.2	7.2	13.1	18.5	19.2	17.0	9.0	7.7	1.7

2017年1月から12月末にかけてのあなたに関する設問にお答えください。
SC2.あなたの性別はどちらですか。
SA

		n	男性	女性
全体		8256	5190	3066
		100.0	62.9	37.1
性別(SC2)	男性	5190	5190	0
		100.0	100.0	0.0
	女性	3066	0	3066
		100.0	0.0	100.0
年齢(SC1)	15歳～29歳	547	162	385
		100.0	29.6	70.4
	30歳～39歳	1745	772	973
		100.0	44.2	55.8
	40歳～49歳	2378	1463	915
		100.0	61.5	38.5
	50歳～59歳	2050	1491	559
		100.0	72.7	27.3
	60歳以上	1536	1302	234
		100.0	84.8	15.2
学歴(問52)	中学校・高校	1733	1098	635
		100.0	63.4	36.6
	各種専門学校	871	498	373
		100.0	57.2	42.8
	高等専門学校・短大	1121	477	644
		100.0	42.6	57.4
	大学・大学院	4499	3096	1403
		100.0	68.8	31.2
	その他	9	7	2
		100.0	77.8	22.2
既・未婚(問54)	既婚	5025	3178	1847
		100.0	63.2	36.8
	未婚、離婚、死別	3231	2012	1219
		100.0	62.3	37.7
居住地(問64)	23区・政令市	2617	1702	915
		100.0	65.0	35.0
	市(人口10万人以上)	3534	2238	1296
		100.0	63.3	36.7
	市(人口10万人未満)	1511	937	574
		100.0	62.0	38.0
	町村	594	313	281
		100.0	52.7	47.3
専業・兼業(SC7)	専業	4083	2728	1355
		100.0	66.8	33.2
	兼業	4173	2462	1711
		100.0	59.0	41.0
	うち独立自営業が本業	1335	871	464
		100.0	65.2	34.8
	うち独立自営業が副業	2838	1591	1247
		100.0	56.1	43.9
主な仕事(問1-1)	事務関連	1560	676	884
		100.0	43.3	56.7
	デザイン・映像製作関連	731	430	301
		100.0	58.8	41.2
	IT関連	705	569	136
		100.0	80.7	19.3
	専門関連業務(医療、技術、講師、芸能、演奏など)	3266	2174	1092
		100.0	66.6	33.4
	生活関連サービス、理容・美容	741	308	433
		100.0	41.6	58.4
	現場作業関連(運輸、製造、修理、清掃など)	1253	1033	220
		100.0	82.4	17.6
独立自営業の経験年数(問30)	2年未満	2572	1296	1276
		100.0	50.4	49.6
	2年以上15年未満	3962	2636	1326
		100.0	66.5	33.5
	15年以上	1722	1258	464
		100.0	73.1	26.9
1週の平均作業時間(問3附問2)	10時間未満	2688	1408	1280
		100.0	52.4	47.6
	10時間以上40時間未満	3070	1891	1179
		100.0	61.6	38.4
	40時間以上	2498	1891	607
		100.0	75.7	24.3
独立自営業者の報酬総額(問2附問4)	200万円未満	5289	2802	2487
		100.0	53.0	47.0
	200万円以上400万円未満	1189	886	303
		100.0	74.5	25.5
	400万円以上600万円未満	819	669	150
		100.0	81.7	18.3
	600万円以上	959	833	126
		100.0	86.9	13.1

2017年1月から12月末にかけてのあなたに関する設問にお答えください。
SC3.あなたは自営業・フリーランス・個人事業主・クラウドワーカー(※1)のお仕事で収入を得ていましたか。兼業・副業の場合も含みます。
(※1)クラウドワーカーとは、インターネットを利用して不特定多数の人に業務を発注したり、受注者の募集が出来るWebサービスを提供するクラウドソーシング会社を通じて仕事を受注している人のことです。
SA

		n	はい	いいえ
全体		8256 100.0	8256 100.0	0 0.0
性別(SC2)	男性	5190 100.0	5190 100.0	0 0.0
	女性	3066 100.0	3066 100.0	0 0.0
年齢(SC1)	15歳～29歳	547 100.0	547 100.0	0 0.0
	30歳～39歳	1745 100.0	1745 100.0	0 0.0
	40歳～49歳	2378 100.0	2378 100.0	0 0.0
	50歳～59歳	2050 100.0	2050 100.0	0 0.0
	60歳以上	1536 100.0	1536 100.0	0 0.0
学歴(問52)	中学校・高校	1733 100.0	1733 100.0	0 0.0
	各種専門学校	871 100.0	871 100.0	0 0.0
	高等専門学校・短大	1121 100.0	1121 100.0	0 0.0
	大学・大学院	4499 100.0	4499 100.0	0 0.0
	その他	9 100.0	9 100.0	0 0.0
既・未婚 (問54)	既婚	5025 100.0	5025 100.0	0 0.0
	未婚、離婚、死別	3231 100.0	3231 100.0	0 0.0
居住地 (問64)	23区・政令市	2617 100.0	2617 100.0	0 0.0
	市(人口10万人以上)	3534 100.0	3534 100.0	0 0.0
	市(人口10万人未満)	1511 100.0	1511 100.0	0 0.0
	町村	594 100.0	594 100.0	0 0.0
専業・兼業 (SC7)	専業	4083 100.0	4083 100.0	0 0.0
	兼業	4173 100.0	4173 100.0	0 0.0
	うち独立自営業が本業	1335 100.0	1335 100.0	0 0.0
	うち独立自営業が副業	2838 100.0	2838 100.0	0 0.0
主な仕事 (問1-1)	事務関連	1560 100.0	1560 100.0	0 0.0
	デザイン・映像製作関連	731 100.0	731 100.0	0 0.0
	IT関連	705 100.0	705 100.0	0 0.0
	専門関連業務(医療、技術、講師、芸能、演奏など)	3266 100.0	3266 100.0	0 0.0
	生活関連サービス、理容・美容	741 100.0	741 100.0	0 0.0
	現場作業関連(運輸、製造、修理、清掃など)	1253 100.0	1253 100.0	0 0.0
独立自営業の経験年数 (問30)	2年未満	2572 100.0	2572 100.0	0 0.0
	2年以上15年未満	3962 100.0	3962 100.0	0 0.0
	15年以上	1722 100.0	1722 100.0	0 0.0
1週の平均作業時間 (問3附問2)	10時間未満	2688 100.0	2688 100.0	0 0.0
	10時間以上40時間未満	3070 100.0	3070 100.0	0 0.0
	40時間以上	2498 100.0	2498 100.0	0 0.0
独立自営業者の報酬総額 (問2附問4)	200万円未満	5289 100.0	5289 100.0	0 0.0
	200万円以上400万円未満	1189 100.0	1189 100.0	0 0.0
	400万円以上600万円未満	819 100.0	819 100.0	0 0.0
	600万円以上	959 100.0	959 100.0	0 0.0

2017年1月から12月末にかけてのあなたに関する設問にお答えください。

SC4.あなたは人を雇っていましたか。
SA

		n	はい	いいえ
全体		8256	0	8256
		100.0	0.0	100.0
性別(SC2)	男性	5190	0	5190
		100.0	0.0	100.0
	女性	3066	0	3066
		100.0	0.0	100.0
年齢(SC1)	15歳～29歳	547	0	547
		100.0	0.0	100.0
	30歳～39歳	1745	0	1745
		100.0	0.0	100.0
	40歳～49歳	2378	0	2378
		100.0	0.0	100.0
	50歳～59歳	2050	0	2050
		100.0	0.0	100.0
	60歳以上	1536	0	1536
		100.0	0.0	100.0
学歴(問52)	中学校・高校	1733	0	1733
		100.0	0.0	100.0
	各種専門学校	871	0	871
		100.0	0.0	100.0
	高等専門学校・短大	1121	0	1121
		100.0	0.0	100.0
	大学・大学院	4499	0	4499
		100.0	0.0	100.0
	その他	9	0	9
		100.0	0.0	100.0
既・未婚(問54)	既婚	5025	0	5025
		100.0	0.0	100.0
	未婚、離婚、死別	3231	0	3231
		100.0	0.0	100.0
居住地(問64)	23区・政令市	2617	0	2617
		100.0	0.0	100.0
	市(人口10万人以上)	3534	0	3534
		100.0	0.0	100.0
	市(人口10万人未満)	1511	0	1511
		100.0	0.0	100.0
	町村	594	0	594
		100.0	0.0	100.0
専業・兼業(SC7)	専業	4083	0	4083
		100.0	0.0	100.0
	兼業	4173	0	4173
		100.0	0.0	100.0
	うち独立自営業が本業	1335	0	1335
		100.0	0.0	100.0
	うち独立自営業が副業	2838	0	2838
		100.0	0.0	100.0
主な仕事(問1-1)	事務関連	1560	0	1560
		100.0	0.0	100.0
	デザイン・映像製作関連	731	0	731
		100.0	0.0	100.0
	IT関連	705	0	705
		100.0	0.0	100.0
	専門関連業務(医療、技術、講師、芸能、演奏など)	3266	0	3266
		100.0	0.0	100.0
	生活関連サービス、理容・美容	741	0	741
		100.0	0.0	100.0
	現場作業関連(運輸、製造、修理、清掃など)	1253	0	1253
		100.0	0.0	100.0
独立自営業の経験年数(問30)	2年未満	2572	0	2572
		100.0	0.0	100.0
	2年以上15年未満	3962	0	3962
		100.0	0.0	100.0
	15年以上	1722	0	1722
		100.0	0.0	100.0
1週の平均作業時間(問3附問2)	10時間未満	2688	0	2688
		100.0	0.0	100.0
	10時間以上40時間未満	3070	0	3070
		100.0	0.0	100.0
	40時間以上	2498	0	2498
		100.0	0.0	100.0
独立自営業者の報酬総額(問2附問4)	200万円未満	5289	0	5289
		100.0	0.0	100.0
	200万円以上400万円未満	1189	0	1189
		100.0	0.0	100.0
	400万円以上600万円未満	819	0	819
		100.0	0.0	100.0
	600万円以上	959	0	959
		100.0	0.0	100.0

SC5.あなたは個人商店主でしたか。
SA

		n	はい	いいえ
全体		8256	0	8256
		100.0	0.0	100.0
性別(SC2)	男性	5190	0	5190
		100.0	0.0	100.0
	女性	3066	0	3066
		100.0	0.0	100.0
年齢(SC1)	15歳～29歳	547	0	547
		100.0	0.0	100.0
	30歳～39歳	1745	0	1745
		100.0	0.0	100.0
	40歳～49歳	2378	0	2378
		100.0	0.0	100.0
	50歳～59歳	2050	0	2050
		100.0	0.0	100.0
	60歳以上	1536	0	1536
		100.0	0.0	100.0
学歴(問52)	中学校・高校	1733	0	1733
		100.0	0.0	100.0
	各種専門学校	871	0	871
		100.0	0.0	100.0
	高等専門学校・短大	1121	0	1121
		100.0	0.0	100.0
	大学・大学院	4499	0	4499
		100.0	0.0	100.0
	その他	9	0	9
		100.0	0.0	100.0
既・未婚(問54)	既婚	5025	0	5025
		100.0	0.0	100.0
	未婚、離婚、死別	3231	0	3231
		100.0	0.0	100.0
居住地(問64)	23区・政令市	2617	0	2617
		100.0	0.0	100.0
	市(人口10万人以上)	3534	0	3534
		100.0	0.0	100.0
	市(人口10万人未満)	1511	0	1511
		100.0	0.0	100.0
	町村	594	0	594
		100.0	0.0	100.0
専業・兼業(SC7)	専業	4083	0	4083
		100.0	0.0	100.0
	兼業	4173	0	4173
		100.0	0.0	100.0
	うち独立自営業が本業	1335	0	1335
		100.0	0.0	100.0
	うち独立自営業が副業	2838	0	2838
		100.0	0.0	100.0
主な仕事(問1-1)	事務関連	1560	0	1560
		100.0	0.0	100.0
	デザイン・映像製作関連	731	0	731
		100.0	0.0	100.0
	IT関連	705	0	705
		100.0	0.0	100.0
	専門関連業務(医療、技術、講師、芸能、演奏など)	3266	0	3266
		100.0	0.0	100.0
	生活関連サービス、理容・美容	741	0	741
		100.0	0.0	100.0
	現場作業関連(運輸、製造、修理、清掃など)	1253	0	1253
		100.0	0.0	100.0
独立自営業の経験年数(問30)	2年未満	2572	0	2572
		100.0	0.0	100.0
	2年以上15年未満	3962	0	3962
		100.0	0.0	100.0
	15年以上	1722	0	1722
		100.0	0.0	100.0
1週の平均作業時間(問3附問2)	10時間未満	2688	0	2688
		100.0	0.0	100.0
	10時間以上40時間未満	3070	0	3070
		100.0	0.0	100.0
	40時間以上	2498	0	2498
		100.0	0.0	100.0
独立自営業者の報酬総額(問2附問4)	200万円未満	5289	0	5289
		100.0	0.0	100.0
	200万円以上400万円未満	1189	0	1189
		100.0	0.0	100.0
	400万円以上600万円未満	819	0	819
		100.0	0.0	100.0
	600万円以上	959	0	959
		100.0	0.0	100.0

2017年1月から12月末にかけてのあなたに関する設問にお答えください。
SC6.あなたのお仕事は、農業もしくは林業のお仕事でしたか。
SA

		n	はい	いいえ
全体		8256 100.0	0 0.0	8256 100.0
性別(SC2)	男性	5190 100.0	0 0.0	5190 100.0
	女性	3066 100.0	0 0.0	3066 100.0
年齢(SC1)	15歳～29歳	547 100.0	0 0.0	547 100.0
	30歳～39歳	1745 100.0	0 0.0	1745 100.0
	40歳～49歳	2378 100.0	0 0.0	2378 100.0
	50歳～59歳	2050 100.0	0 0.0	2050 100.0
	60歳以上	1536 100.0	0 0.0	1536 100.0
学歴(問52)	中学校・高校	1733 100.0	0 0.0	1733 100.0
	各種専門学校	871 100.0	0 0.0	871 100.0
	高等専門学校・短大	1121 100.0	0 0.0	1121 100.0
	大学・大学院	4499 100.0	0 0.0	4499 100.0
	その他	9 100.0	0 0.0	9 100.0
既・未婚 (問54)	既婚	5025 100.0	0 0.0	5025 100.0
	未婚、離婚、死別	3231 100.0	0 0.0	3231 100.0
居住地 (問64)	23区・政令市	2617 100.0	0 0.0	2617 100.0
	市(人口10万人以上)	3534 100.0	0 0.0	3534 100.0
	市(人口10万人未満)	1511 100.0	0 0.0	1511 100.0
	町村	594 100.0	0 0.0	594 100.0
専業・兼業 (SC7)	専業	4083 100.0	0 0.0	4083 100.0
	兼業	4173 100.0	0 0.0	4173 100.0
	うち独立自営業が本業	1335 100.0	0 0.0	1335 100.0
	うち独立自営業が副業	2838 100.0	0 0.0	2838 100.0
主な仕事 (問1-1)	事務関連	1560 100.0	0 0.0	1560 100.0
	デザイン・映像製作関連	731 100.0	0 0.0	731 100.0
	IT関連	705 100.0	0 0.0	705 100.0
	専門関連業務(医療、技術、講師、芸能、演奏など)	3266 100.0	0 0.0	3266 100.0
	生活関連サービス、理容・美容	741 100.0	0 0.0	741 100.0
	現場作業関連(運輸、製造、修理、清掃など)	1253 100.0	0 0.0	1253 100.0
独立自営業 の経験年数 (問30)	2年未満	2572 100.0	0 0.0	2572 100.0
	2年以上15年未満	3962 100.0	0 0.0	3962 100.0
	15年以上	1722 100.0	0 0.0	1722 100.0
1週の平均作業時間 (問3附問2)	10時間未満	2688 100.0	0 0.0	2688 100.0
	10時間以上40時間未満	3070 100.0	0 0.0	3070 100.0
	40時間以上	2498 100.0	0 0.0	2498 100.0
独立自営業者の報酬総額 (問2附問4)	200万円未満	5289 100.0	0 0.0	5289 100.0
	200万円以上400万円未満	1189 100.0	0 0.0	1189 100.0
	400万円以上600万円未満	819 100.0	0 0.0	819 100.0
	600万円以上	959 100.0	0 0.0	959 100.0

2017年1月から12月末にかけてのあなたに関する設問にお答えください。
SC7.自営業・フリーランス・個人事業主・クラウドワーカーとしてのお仕事は、専業でしたか、それとも兼業でしたか。
SA

		n	専業	兼業(自営業・フリーランス・個人事業主・クラウドワーカーの仕事が本業)	兼業(自営業・フリーランス・個人事業主・クラウドワーカーの仕事は副業)
全体		8256	4083	1335	2838
		100.0	49.5	16.2	34.4
性別(SC2)	男性	5190	2728	871	1591
		100.0	52.6	16.8	30.7
	女性	3066	1355	464	1247
		100.0	44.2	15.1	40.7
年齢(SC1)	15歳〜29歳	547	175	66	306
		100.0	32.0	12.1	55.9
	30歳〜39歳	1745	695	252	798
		100.0	39.8	14.4	45.7
	40歳〜49歳	2378	1149	382	847
		100.0	48.3	16.1	35.6
	50歳〜59歳	2050	1113	356	581
		100.0	54.3	17.4	28.3
	60歳以上	1536	951	279	306
		100.0	61.9	18.2	19.9
学歴(問52)	中学校・高校	1733	901	301	531
		100.0	52.0	17.4	30.6
	各種専門学校	871	448	140	283
		100.0	51.4	16.1	32.5
	高等専門学校・短大	1121	545	177	399
		100.0	48.6	15.8	35.6
	大学・大学院	4499	2174	713	1612
		100.0	48.3	15.8	35.8
	その他	9	5	1	3
		100.0	55.6	11.1	33.3
既・未婚(問54)	既婚	5025	2529	741	1755
		100.0	50.3	14.7	34.9
	未婚、離婚、死別	3231	1554	594	1083
		100.0	48.1	18.4	33.5
居住地(問64)	23区・政令市	2617	1287	433	897
		100.0	49.2	16.5	34.3
	市(人口10万人以上)	3534	1734	567	1233
		100.0	49.1	16.0	34.9
	市(人口10万人未満)	1511	775	237	499
		100.0	51.3	15.7	33.0
	町村	594	287	98	209
		100.0	48.3	16.5	35.2
専業・兼業(SC7)	専業	4083	4083	0	0
		100.0	100.0	0.0	0.0
	兼業	4173	0	1335	2838
		100.0	0.0	32.0	68.0
	うち独立自営業が本業	1335	0	1335	0
		100.0	0.0	100.0	0.0
	うち独立自営業が副業	2838	0	0	2838
		100.0	0.0	0.0	100.0
主な仕事(問1-1)	事務関連	1560	567	214	779
		100.0	36.3	13.7	49.9
	デザイン・映像製作関連	731	373	110	248
		100.0	51.0	15.0	33.9
	IT関連	705	392	98	215
		100.0	55.6	13.9	30.5
	専門関連業務(医療、技術、講師、芸能、演奏など)	3266	1726	599	941
		100.0	52.8	18.3	28.8
	生活関連サービス、理容・美容	741	350	130	261
		100.0	47.2	17.5	35.2
	現場作業関連(運輸、製造、修理、清掃など)	1253	675	184	394
		100.0	53.9	14.7	31.4
独立自営業の経験年数(問30)	2年未満	2572	888	310	1374
		100.0	34.5	12.1	53.4
	2年以上15年未満	3962	2001	725	1236
		100.0	50.5	18.3	31.2
	15年以上	1722	1194	300	228
		100.0	69.3	17.4	13.2
1週の平均作業時間(問3附問2)	10時間未満	2688	809	301	1578
		100.0	30.1	11.2	58.7
	10時間以上40時間未満	3070	1548	587	935
		100.0	50.4	19.1	30.5
	40時間以上	2498	1726	447	325
		100.0	69.1	17.9	13.0
独立自営業者の報酬総額(問2附問4)	200万円未満	5289	1993	800	2496
		100.0	37.7	15.1	47.2
	200万円以上400万円未満	1189	764	242	183
		100.0	64.3	20.4	15.4
	400万円以上600万円未満	819	595	142	82
		100.0	72.6	17.3	10.0
	600万円以上	959	731	151	77
		100.0	76.2	15.7	8.0

SC8.自営業・フリーランス・個人事業主・クラウドワーカーとしてのお仕事の取引相手は下記のどれに当てはまりますか。(いくつでも)
MA

		n	事業者(法人・個人を含む)と直接取引していた	一般消費者と直接取引していた	仲介会社を通じて取引していた	クラウドソーシングの会社を通じて取引していた
全体		8256	4502	2584	1001	1295
			54.5	31.3	12.1	15.7
性別(SC2)	男性	5190	3100	1568	681	580
			59.7	30.2	13.1	11.2
	女性	3066	1402	1016	320	715
			45.7	33.1	10.4	23.3
年齢(SC1)	15歳〜29歳	547	193	175	63	200
			35.3	32.0	11.5	36.6
	30歳〜39歳	1745	743	610	219	473
			42.6	35.0	12.6	27.1
	40歳〜49歳	2378	1305	768	269	378
			54.9	32.3	11.3	15.9
	50歳〜59歳	2050	1231	623	262	184
			60.0	30.4	12.8	9.0
	60歳以上	1536	1030	408	188	60
			67.1	26.6	12.2	3.9
学歴(問52)	中学校・高校	1733	924	576	206	249
			53.3	33.2	11.9	14.4
	各種専門学校	871	471	311	77	148
			54.1	35.7	8.8	17.0
	高等専門学校・短大	1121	579	367	120	172
			51.7	32.7	10.7	15.3
	大学・大学院	4499	2516	1320	591	718
			55.9	29.3	13.1	16.0
	その他	9	3	4	3	2
			33.3	44.4	33.3	22.2
既・未婚(問54)	既婚	5025	2766	1487	605	795
			55.0	29.6	12.0	15.8
	未婚、離婚、死別	3231	1736	1097	396	500
			53.7	34.0	12.3	15.5
居住地(問64)	23区・政令市	2617	1558	727	358	357
			59.5	27.8	13.7	13.6
	市(人口10万人以上)	3534	1899	1122	406	571
			53.7	31.7	11.5	16.2
	市(人口10万人未満)	1511	755	521	186	250
			50.0	34.5	12.3	16.5
	町村	594	290	214	51	117
			48.8	36.0	8.6	19.7
専業・兼業(SC7)	専業	4083	2608	1242	424	366
			63.9	30.4	10.4	9.0
	兼業	4173	1894	1342	577	929
			45.4	32.2	13.8	22.3
	うち独立自営業が本業	1335	799	495	186	125
			59.9	37.1	13.9	9.4
	うち独立自営業が副業	2838	1095	847	391	804
			38.6	29.8	13.8	28.3
主な仕事(問1-1)	事務関連	1560	542	339	171	643
			34.7	21.7	11.0	41.2
	デザイン・映像製作関連	731	499	205	80	105
			68.3	28.0	10.9	14.4
	IT関連	705	477	136	100	107
			67.7	19.3	14.2	15.2
	専門関連業務(医療、技術、講師、芸能、演奏など)	3266	1996	1087	381	293
			61.1	33.3	11.7	9.0
	生活関連サービス、理容・美容	741	260	442	77	39
			35.1	59.6	10.4	5.3
	現場作業関連(運輸、製造、修理、清掃など)	1253	728	375	192	108
			58.1	29.9	15.3	8.6
独立自営業の経験年数(問30)	2年未満	2572	994	644	291	880
			38.6	25.0	11.3	34.2
	2年以上15年未満	3962	2330	1332	526	376
			58.8	33.6	13.3	9.5
	15年以上	1722	1178	608	184	39
			68.4	35.3	10.7	2.3
1週の平均作業時間(問3附問2)	10時間未満	2688	1132	757	369	690
			42.1	28.2	13.7	25.7
	10時間以上40時間未満	3070	1767	1004	351	411
			57.6	32.7	11.4	13.4
	40時間以上	2498	1603	823	281	194
			64.2	32.9	11.2	7.8
独立自営業者の報酬総額(問2附問4)	200万円未満	5289	2477	1698	588	1156
			46.8	32.1	11.1	21.9
	200万円以上400万円未満	1189	751	395	175	68
			63.2	33.2	14.7	5.7
	400万円以上600万円未満	819	583	225	101	25
			71.2	27.5	12.3	3.1
	600万円以上	959	691	266	137	46
			72.1	27.7	14.3	4.8

本アンケート調査は、2017年1月～12月に、事業者（法人・個人を含む）、一般消費者からお仕事を受注して収入を得ている独立自営業者の方に回答をお願いしています。
Q1.あなたの独立自営業の仕事内容はどのようなものでしたか。2017年1月から12月に行ったお仕事をすべて選択してください。（いくつでも）
MA

		n	データ入力作業	文書入力、テープ起こし、反訳	添削・校正・採点	取引文書作成	伝票書類整理	コールセンター、問い合わせ対応業務	その他（事務関連）	デザイン、コンテンツ制作	ネーミング、コピーライター	カメラマン	映像・画像・音楽制作・編集	アニメーター、イラストレーター	広告、ちらし作成、DTP	その他（デザイン・映像製作関連）
全体		8256	1499	628	354	238	281	139	132	480	157	173	267	157	247	71
			18.2	7.6	4.3	2.9	3.4	1.7	1.6	5.8	1.9	2.1	3.2	1.9	3.0	0.9
性別(SC2)	男性	5190	708	327	174	153	129	56	65	271	86	134	188	70	140	34
			13.6	6.3	3.4	2.9	2.5	1.1	1.3	5.2	1.7	2.6	3.6	1.3	2.7	0.7
	女性	3066	791	301	180	85	152	83	67	209	71	39	79	87	107	37
			25.8	9.8	5.9	2.8	5.0	2.7	2.2	6.8	2.3	1.3	2.6	2.8	3.5	1.2
年齢(SC1)	15歳～29歳	547	212	95	38	21	15	22	11	47	17	13	30	25	18	4
			38.8	17.4	6.9	3.8	2.7	4.0	2.0	8.6	3.1	2.4	5.5	4.6	3.3	0.7
	30歳～39歳	1745	510	220	97	58	70	42	38	147	50	43	78	55	67	15
			29.2	12.6	5.6	3.3	4.0	2.4	2.2	8.4	2.9	2.5	4.5	3.2	3.8	0.9
	40歳～49歳	2378	443	160	107	62	87	41	29	150	40	48	73	44	82	16
			18.6	6.7	4.5	2.6	3.7	1.7	1.2	6.3	1.7	2.0	3.1	1.9	3.4	0.7
	50歳～59歳	2050	239	107	72	57	66	20	28	92	33	46	64	23	45	18
			11.7	5.2	3.5	2.8	3.2	1.0	1.4	4.5	1.6	2.2	3.1	1.1	2.2	0.9
	60歳以上	1536	95	46	40	40	43	14	26	44	17	23	22	10	35	18
			6.2	3.0	2.6	2.6	2.8	0.9	1.7	2.9	1.1	1.5	1.4	0.7	2.3	1.2
学歴(問52)	中学校・高校	1733	318	112	41	50	75	31	29	76	26	26	42	24	44	14
			18.3	6.5	2.4	2.9	4.3	1.8	1.7	4.4	1.5	1.5	2.4	1.4	2.5	0.8
	各種専門学校	871	158	57	19	17	29	20	9	79	15	34	38	42	41	13
			18.1	6.5	2.2	2.0	3.3	2.3	1.0	9.1	1.7	3.9	4.4	4.8	4.7	1.5
	高等専門学校・短大	1121	221	68	44	29	49	28	20	72	10	26	33	26	41	16
			19.7	6.1	3.9	2.6	4.4	2.5	1.8	6.4	0.9	2.3	2.9	2.3	3.7	1.4
	大学・大学院	4499	797	387	248	139	128	59	74	250	104	87	154	63	118	28
			17.7	8.6	5.5	3.1	2.8	1.3	1.6	5.6	2.3	1.9	3.4	1.4	2.6	0.6
	その他	9	2	2	1	1	0	1	0	0	1	0	0	1	0	0
			22.2	22.2	11.1	11.1	0.0	11.1	0.0	0.0	11.1	0.0	0.0	11.1	0.0	0.0
既・未婚(問54)	既婚	5025	890	355	214	138	173	80	80	249	83	95	115	71	144	29
			17.7	7.1	4.3	2.7	3.4	1.6	1.6	5.0	1.7	1.9	2.3	1.4	2.9	0.6
	未婚、離婚、死別	3231	609	273	140	100	108	59	52	231	74	78	152	86	103	42
			18.8	8.4	4.3	3.1	3.3	1.8	1.6	7.1	2.3	2.4	4.7	2.7	3.2	1.3
居住地(問64)	23区・政令市	2617	394	180	139	73	79	32	40	177	66	59	111	50	77	23
			15.1	6.9	5.3	2.8	3.0	1.2	1.5	6.8	2.5	2.3	4.2	1.9	2.9	0.9
	市(人口10万人以上)	3534	677	276	144	108	121	65	49	214	52	68	107	70	115	27
			19.2	7.8	4.1	3.1	3.4	1.8	1.4	6.1	1.5	1.9	3.0	2.0	3.3	0.8
	市(人口10万人未満)	1511	295	122	53	40	61	29	28	63	26	31	33	28	36	16
			19.5	8.1	3.5	2.6	4.0	1.9	1.9	4.2	1.7	2.1	2.2	1.9	2.4	1.1
	町村	594	133	50	18	17	20	13	15	26	13	15	16	9	19	5
			22.4	8.4	3.0	2.9	3.4	2.2	2.5	4.4	2.2	2.5	2.7	1.5	3.2	0.8
専業・兼業(SC7)	専業	4083	571	206	142	108	138	50	53	224	76	86	125	84	113	44
			14.0	5.0	3.5	2.6	3.4	1.2	1.3	5.5	1.9	2.1	3.1	2.1	2.8	1.1
	兼業	4173	928	422	212	130	143	89	79	256	81	87	142	73	134	27
			22.2	10.1	5.1	3.1	3.4	2.1	1.9	6.1	1.9	2.1	3.4	1.7	3.2	0.6
	うち独立自営業が本業	1335	229	103	58	52	61	32	11	92	24	40	56	32	45	6
			17.2	7.7	4.3	3.9	4.6	2.4	0.8	6.9	1.8	3.0	4.2	2.4	3.4	0.4
	うち独立自営業が副業	2838	699	319	154	78	82	57	68	164	57	47	86	41	89	21
			24.6	11.2	5.4	2.7	2.9	2.0	2.4	5.8	2.0	1.7	3.0	1.4	3.1	0.7
主な仕事(問1-1)	事務関連	1560	1084	432	230	133	184	89	113	40	32	17	17	8	17	3
			69.5	27.7	14.7	8.5	11.8	5.7	7.2	2.6	2.1	1.1	1.1	0.5	1.1	0.2
	デザイン・映像製作関連	731	59	28	17	11	6	3	3	311	73	117	184	129	155	64
			8.1	3.8	2.3	1.5	0.8	0.4	0.4	42.5	10.0	16.0	25.2	17.6	21.2	8.8
	IT関連	705	92	36	17	24	11	13	1	68	11	11	24	8	34	0
			13.0	5.1	2.4	3.4	1.6	1.8	0.1	9.6	1.6	1.6	3.4	1.1	4.8	0.0
	専門関連業務(医療、技術、講師、芸能、演奏など)	3266	183	105	84	51	44	24	6	50	38	20	34	11	26	1
			5.6	3.2	2.6	1.6	1.3	0.7	0.2	1.5	1.2	0.6	1.0	0.3	0.8	0.0
	生活関連サービス、理容・美容	741	35	12	3	7	12	7	2	5	0	1	2	1	7	3
			4.7	1.6	0.4	0.9	1.6	0.9	0.3	0.7	0.0	0.1	0.3	0.1	0.9	0.4
	現場作業関連(運輸、製造、修理、清掃など)	1253	46	15	3	12	24	3	7	6	3	7	6	0	8	0
			3.7	1.2	0.2	1.0	1.9	0.2	0.6	0.5	0.2	0.6	0.5	0.0	0.6	0.0
独立自営業の経験年数(問30)	2年未満	2572	794	307	119	59	80	65	64	132	59	34	56	29	55	10
			30.9	11.9	4.6	2.3	3.1	2.5	2.5	5.1	2.3	1.3	2.2	1.1	2.1	0.4
	2年以上15年未満	3962	601	277	195	139	145	59	48	236	63	88	140	75	136	39
			15.2	7.0	4.9	3.5	3.7	1.5	1.2	6.0	1.6	2.2	3.5	1.9	3.4	1.0
	15年以上	1722	104	44	40	40	56	15	20	112	35	51	71	53	56	22
			6.0	2.6	2.3	2.3	3.3	0.9	1.2	6.5	2.0	3.0	4.1	3.1	3.3	1.3
1週の平均作業時間(問3附問2)	10時間未満	2688	615	237	120	54	74	42	69	112	43	46	58	26	54	23
			22.9	8.8	4.5	2.0	2.8	1.6	2.6	4.2	1.6	1.7	2.2	1.0	2.0	0.9
	10時間以上40時間未満	3070	533	230	144	98	111	55	41	187	66	60	100	60	110	29
			17.4	7.5	4.7	3.2	3.6	1.8	1.3	6.1	2.1	2.0	3.3	2.0	3.6	0.9
	40時間以上	2498	351	161	90	86	96	42	22	181	48	67	109	71	83	19
			14.1	6.4	3.6	3.4	3.8	1.7	0.9	7.2	1.9	2.7	4.4	2.8	3.3	0.8
独立自営業者の報酬総額(問2附問4)	200万円未満	5289	1200	492	259	125	163	100	105	299	99	91	160	99	159	47
			22.7	9.3	4.9	2.4	3.1	1.9	2.0	5.7	1.9	1.7	3.0	1.9	3.0	0.9
	200万円以上400万円未満	1189	139	63	41	44	45	16	7	83	30	42	38	30	40	9
			11.7	5.3	3.4	3.7	3.8	1.3	0.6	7.0	2.5	3.5	3.2	2.5	3.4	0.8
	400万円以上600万円未満	819	83	36	22	34	33	2	5	51	11	18	30	14	22	7
			10.1	4.4	2.7	4.2	4.0	0.2	0.6	6.2	1.3	2.2	3.7	1.7	2.7	0.9
	600万円以上	959	77	37	32	35	40	21	15	47	17	22	39	14	26	8
			8.0	3.9	3.3	3.6	4.2	2.2	1.6	4.9	1.8	2.3	4.1	1.5	2.7	0.8

本アンケート調査は、2017年1月～12月に、事業者（法人・個人を含む）、一般消費者からお仕事を受注して収入を得ている独立自営業者の方に回答をお願いしています。
Q1.あなたの独立自営業の仕事内容はどのようなものでしたか。2017年1月から12月に行ったお仕事をすべて選択してください。（いくつでも）
MA

		n	ウェブサイト作成	ウェブサイト上の情報更新等の作業	ウェブサイトのシステム運営・管理	情報検索、計算処理、プログラミング作業	アプリやシステムの設計、ソフトウェア開発、SE	ソフトウェアのバグチェック	オペレーター業務、テクニカルサポート、オンラインのインストラクター	その他（IT関連）	調査・研究、コンサルタント	学校・塾等教育関係の講師、インストラクター	調理・料理関係の講師、インストラクター	上記以外の具体的に：講師、インストラクター
全体		8256	325 3.9	272 3.3	187 2.3	205 2.5	290 3.5	95 1.2	112 1.4	109 1.3	574 7.0	405 4.9	40 0.5	195 2.4
性別(SC2)	男性	5190	232 4.5	183 3.5	132 2.5	175 3.4	267 5.1	84 1.6	87 1.7	92 1.8	480 9.2	225 4.3	16 0.3	80 1.5
	女性	3066	93 3.0	89 2.9	55 1.8	30 1.0	23 0.8	11 0.4	25 0.8	17 0.6	94 3.1	180 5.9	24 0.8	115 3.8
年齢(SC1)	15歳～29歳	547	31 5.7	24 4.4	13 2.4	8 1.5	10 1.8	9 1.6	5 0.9	4 0.7	23 4.2	22 4.0	6 1.1	5 0.9
	30歳～39歳	1745	104 6.0	79 4.5	57 3.3	48 2.8	45 2.6	16 0.9	24 1.4	18 1.0	82 4.7	79 4.5	14 0.8	46 2.6
	40歳～49歳	2378	110 4.6	93 3.9	68 2.9	75 3.2	99 4.2	36 1.5	33 1.4	26 1.1	132 5.6	107 4.5	9 0.4	53 2.2
	50歳～59歳	2050	54 2.6	56 2.7	34 1.7	49 2.4	94 4.6	19 0.9	31 1.5	39 1.9	131 6.4	98 4.8	6 0.3	45 2.2
	60歳以上	1536	26 1.7	20 1.3	15 1.0	25 1.6	42 2.7	15 1.0	19 1.2	22 1.4	206 13.4	99 6.4	5 0.3	46 3.0
学歴(問52)	中学校・高校	1733	59 3.4	55 3.2	38 2.2	35 2.0	31 1.8	18 1.0	26 1.5	13 0.8	50 2.9	19 1.1	7 0.4	27 1.6
	各種専門学校	871	50 5.7	27 3.1	22 2.5	19 2.2	40 4.6	10 1.1	14 1.6	10 1.1	34 3.9	22 2.5	8 0.9	19 2.2
	高等専門学校・短大	1121	45 4.0	28 2.5	18 1.6	30 2.7	39 3.5	7 0.6	12 1.1	19 1.7	45 4.0	50 4.5	6 0.5	31 2.8
	大学・大学院	4499	170 3.8	161 3.6	107 2.4	120 2.7	179 4.0	60 1.3	60 1.3	66 1.5	444 9.9	311 6.9	18 0.4	118 2.6
	その他	9	0 0.0	0 0.0	1 11.1	1 11.1	0 0.0	0 0.0	0 0.0	1 11.1	1 11.1	2 22.2	0 0.0	0 0.0
既・未婚(問54)	既婚	5025	163 3.2	146 2.9	88 1.8	99 2.0	157 3.1	47 0.9	57 1.1	67 1.3	394 7.8	252 5.0	25 0.5	130 2.6
	未婚、離婚、死別	3231	162 5.0	126 3.9	99 3.1	106 3.3	133 4.1	48 1.5	55 1.7	42 1.3	180 5.6	153 4.7	15 0.5	65 2.0
居住地(問64)	23区・政令市	2617	116 4.4	94 3.6	70 2.7	72 2.8	126 4.8	42 1.6	43 1.6	32 1.2	203 7.8	132 5.0	11 0.4	66 2.5
	市（人口10万人以上）	3534	134 3.8	114 3.2	84 2.4	93 2.6	115 3.3	36 1.0	46 1.3	43 1.2	264 7.5	181 5.1	19 0.5	77 2.2
	市（人口10万人未満）	1511	50 3.3	43 2.8	20 1.3	29 1.9	37 2.4	15 1.0	18 1.2	24 1.6	83 5.5	69 4.6	7 0.5	38 2.5
	町村	594	25 4.2	21 3.5	13 2.2	11 1.9	12 2.0	2 0.3	5 0.8	10 1.7	24 4.0	23 3.9	3 0.5	14 2.4
専業・兼業(SC7)	専業	4083	155 3.8	134 3.3	105 2.6	106 2.6	198 4.8	54 1.3	55 1.3	55 1.3	272 6.7	193 4.7	13 0.3	91 2.2
	兼業	4173	170 4.1	138 3.3	82 2.0	99 2.4	92 2.2	41 1.0	57 1.4	54 1.3	302 7.2	212 5.1	27 0.6	104 2.5
	うち独立自営業が本業	1335	50 3.7	50 3.7	30 2.2	39 2.9	42 3.1	21 1.6	19 1.4	15 1.1	107 8.0	95 7.1	7 0.5	47 3.5
	うち独立自営業が副業	2838	120 4.2	88 3.1	52 1.8	60 2.1	50 1.8	20 0.7	38 1.3	39 1.4	195 6.9	117 4.1	20 0.7	57 2.0
主な仕事(問1-1)	事務関連	1560	26 1.7	27 1.7	13 0.8	18 1.2	9 0.6	13 0.8	7 0.4	5 0.3	33 2.1	16 1.0	5 0.3	2 0.1
	デザイン・映像製作関連	731	47 6.4	31 4.2	20 2.7	3 0.4	2 0.3	3 0.4	3 0.4	0 0.0	13 1.8	6 0.8	1 0.1	2 0.3
	IT関連	705	205 29.1	173 24.5	128 18.2	153 21.7	260 36.9	68 9.6	86 12.2	94 13.3	21 3.0	3 0.4	1 0.1	0 0.0
	専門関連業務（医療、技術、講師、芸能、演奏など）	3266	31 0.9	29 0.9	23 0.7	21 0.6	14 0.4	7 0.2	7 0.2	5 0.2	496 15.2	375 11.5	30 0.9	190 5.8
	生活関連サービス、理容・美容	741	5 0.7	6 0.8	1 0.1	6 0.8	3 0.4	0 0.0	1 0.1	3 0.4	2 0.3	2 0.3	1 0.1	0 0.0
	現場作業関連（運輸、製造、修理、清掃など）	1253	11 0.9	6 0.5	2 0.2	4 0.3	2 0.2	4 0.3	8 0.6	2 0.2	9 0.7	3 0.2	2 0.2	1 0.1
独立自営業の経験年数(問30)	2年未満	2572	84 3.3	68 2.6	35 1.4	45 1.7	48 1.9	24 0.9	22 0.9	41 1.6	159 6.2	65 2.5	17 0.7	39 1.5
	2年以上15年未満	3962	189 4.8	166 4.2	122 3.1	118 3.0	174 4.4	48 1.2	70 1.8	53 1.3	339 8.6	220 5.6	19 0.5	102 2.6
	15年以上	1722	52 3.0	38 2.2	30 1.7	42 2.4	68 3.9	23 1.3	20 1.2	15 0.9	76 4.4	120 7.0	4 0.2	54 3.1
1週の平均作業時間(問3附問2)	10時間未満	2688	61 2.3	55 2.0	33 1.2	35 1.3	38 1.4	14 0.5	30 1.1	39 1.5	168 6.3	139 5.2	16 0.6	83 3.1
	10時間以上40時間未満	3070	137 4.5	124 4.0	78 2.5	75 2.4	100 3.3	34 1.1	43 1.4	37 1.2	260 8.5	170 5.5	13 0.4	85 2.8
	40時間以上	2498	127 5.1	93 3.7	76 3.0	95 3.8	152 6.1	47 1.9	39 1.6	33 1.3	146 5.8	96 3.8	11 0.4	27 1.1
独立自営業者の報酬総額(問2附問4)	200万円未満	5289	188 3.6	168 3.2	95 1.8	87 1.6	94 1.8	41 0.8	57 1.1	70 1.3	329 6.2	292 5.5	28 0.5	137 2.6
	200万円以上400万円未満	1189	60 5.0	47 4.0	44 3.7	41 3.4	52 4.4	15 1.3	20 1.7	17 1.4	91 7.7	55 4.6	7 0.6	32 2.7
	400万円以上600万円未満	819	27 3.3	23 2.8	13 1.6	25 3.1	53 6.5	12 1.5	16 2.0	7 0.9	64 7.8	30 3.7	0 0.0	15 1.8
	600万円以上	959	50 5.2	34 3.5	35 3.6	52 5.4	91 9.5	27 2.8	19 2.0	15 1.6	90 9.4	28 2.9	5 0.5	11 1.1

- 264 -

本アンケート調査は、2017年1月～12月に、事業者(法人・個人を含む)、一般消費者からお仕事を受注して収入を得ている独立自営業者の方に回答をお願いしています。
Q1.あなたの独立自営業の仕事内容はどのようなものでしたか。2017年1月から12月に行ったお仕事をすべて選択してください。(いくつでも)
MA

		n	機械設計、電気技術・設計	建築・土木設計、測量技術	翻訳、通訳	営業、販売(不動産、化粧品、保険、食品など)	税務・法務等行政専門サービス	原稿・ライティング・記事等執筆業務	鍼灸、整体、マッサージ	俳優、女優、モデル、司会など	楽器演奏、歌唱	その他(専門業務関連)	理容師、美容師	スタイリスト、着付け、メイクアップアーティスト	エステティシャン、ネイリスト	接客サービス
全体		8256	183 / 2.2	379 / 4.6	247 / 3.0	536 / 6.5	233 / 2.8	464 / 5.6	124 / 1.5	85 / 1.0	191 / 2.3	413 / 5.0	84 / 1.0	22 / 0.3	80 / 1.0	344 / 4.2
性別(SC2)	男性	5190	171 / 3.3	336 / 6.5	105 / 2.0	411 / 7.9	196 / 3.8	227 / 4.4	69 / 1.3	31 / 0.6	80 / 1.5	277 / 5.3	38 / 0.7	4 / 0.1	8 / 0.2	147 / 2.8
	女性	3066	12 / 0.4	43 / 1.4	142 / 4.6	125 / 4.1	37 / 1.2	237 / 7.7	55 / 1.8	54 / 1.8	111 / 3.6	136 / 4.4	46 / 1.5	18 / 0.6	72 / 2.3	197 / 6.4
年齢(SC1)	15歳～29歳	547	7 / 1.3	10 / 1.8	10 / 1.8	29 / 5.3	2 / 0.4	51 / 9.3	9 / 1.6	12 / 2.2	14 / 2.6	9 / 1.6	6 / 1.1	3 / 0.5	10 / 1.8	32 / 5.9
	30歳～39歳	1745	16 / 0.9	40 / 2.3	56 / 3.2	82 / 4.7	35 / 2.0	113 / 6.5	34 / 1.9	32 / 1.8	55 / 3.2	61 / 3.5	33 / 1.9	10 / 0.6	45 / 2.6	100 / 5.7
	40歳～49歳	2378	42 / 1.8	105 / 4.4	70 / 2.9	156 / 6.6	64 / 2.7	132 / 5.6	46 / 1.9	18 / 0.8	47 / 2.0	106 / 4.5	25 / 1.1	5 / 0.2	16 / 0.7	110 / 4.6
	50歳～59歳	2050	52 / 2.5	119 / 5.8	69 / 3.4	152 / 7.4	60 / 2.9	102 / 5.0	24 / 1.2	15 / 0.7	45 / 2.2	117 / 5.7	14 / 0.7	3 / 0.1	7 / 0.3	69 / 3.4
	60歳以上	1536	66 / 4.3	105 / 6.8	42 / 2.7	117 / 7.6	72 / 4.7	66 / 4.3	11 / 0.7	8 / 0.5	30 / 2.0	120 / 7.8	6 / 0.4	1 / 0.1	2 / 0.1	33 / 2.1
学歴(問52)	中学校・高校	1733	56 / 3.2	123 / 7.1	13 / 0.8	133 / 7.7	21 / 1.2	66 / 3.8	21 / 1.2	14 / 0.8	19 / 1.1	62 / 3.6	9 / 0.5	4 / 0.2	17 / 1.0	115 / 6.6
	各種専門学校	871	15 / 1.7	45 / 5.2	6 / 0.7	42 / 4.8	9 / 1.0	29 / 3.3	40 / 4.6	8 / 0.9	11 / 1.3	50 / 5.7	49 / 5.6	5 / 0.6	22 / 2.5	35 / 4.0
	高等専門学校・短大	1121	23 / 2.1	54 / 4.8	18 / 1.6	57 / 5.1	6 / 0.5	43 / 3.8	28 / 2.5	21 / 1.9	27 / 2.4	48 / 4.3	21 / 1.9	5 / 0.4	16 / 1.4	69 / 6.2
	大学・大学院	4499	88 / 2.0	157 / 3.5	210 / 4.7	303 / 6.7	197 / 4.4	323 / 7.2	35 / 0.8	41 / 0.9	133 / 3.0	253 / 5.6	4 / 0.1	8 / 0.2	23 / 0.5	121 / 2.7
	その他	9	1 / 11.1	0 / 0.0	0 / 0.0	1 / 11.1	0 / 0.0	0 / 0.0	0 / 0.0	0 / 0.0	1 / 11.1	0 / 0.0	1 / 11.1	0 / 0.0	0 / 0.0	0 / 0.0
既・未婚(問54)	既婚	5025	126 / 2.5	266 / 5.3	154 / 3.1	353 / 7.0	151 / 3.0	257 / 5.1	63 / 1.3	38 / 0.8	100 / 2.0	262 / 5.2	55 / 1.1	11 / 0.2	43 / 0.9	172 / 3.4
	未婚、離婚、死別	3231	57 / 1.8	113 / 3.5	93 / 2.9	183 / 5.7	82 / 2.5	207 / 6.4	61 / 1.9	47 / 1.5	91 / 2.8	151 / 4.7	29 / 0.9	11 / 0.3	37 / 1.1	172 / 5.3
居住地(問64)	23区・政令市	2617	43 / 1.6	108 / 4.1	110 / 4.2	160 / 6.1	97 / 3.7	189 / 7.2	32 / 1.2	44 / 1.7	64 / 2.4	154 / 5.9	14 / 0.5	8 / 0.3	19 / 0.7	86 / 3.3
	市(人口10万人以上)	3534	88 / 2.5	168 / 4.8	97 / 2.7	231 / 6.5	99 / 2.8	178 / 5.0	53 / 1.5	25 / 0.7	97 / 2.7	171 / 4.8	36 / 1.0	11 / 0.3	37 / 1.0	141 / 4.0
	市(人口10万人未満)	1511	43 / 2.8	78 / 5.2	27 / 1.8	112 / 7.4	30 / 2.0	73 / 4.8	27 / 1.8	13 / 0.9	24 / 1.6	66 / 4.4	23 / 1.5	2 / 0.1	16 / 1.1	71 / 4.7
	町村	594	9 / 1.5	25 / 4.2	13 / 2.2	33 / 5.6	7 / 1.2	24 / 4.0	12 / 2.0	3 / 0.5	6 / 1.0	22 / 3.7	11 / 1.9	1 / 0.2	8 / 1.3	46 / 7.7
専業・兼業(SC7)	専業	4083	105 / 2.6	251 / 6.1	121 / 3.0	273 / 6.7	150 / 3.7	197 / 4.8	56 / 1.4	27 / 0.7	91 / 2.2	214 / 5.2	58 / 1.4	7 / 0.2	33 / 0.8	159 / 3.9
	兼業	4173	78 / 1.9	128 / 3.1	126 / 3.0	263 / 6.3	83 / 2.0	267 / 6.4	68 / 1.6	58 / 1.4	100 / 2.4	199 / 4.8	26 / 0.6	15 / 0.4	47 / 1.1	185 / 4.4
	うち独立自営業が本業	1335	42 / 3.1	61 / 4.6	40 / 3.0	117 / 8.8	34 / 2.5	71 / 5.3	30 / 2.2	30 / 2.2	56 / 4.2	72 / 5.4	14 / 1.0	6 / 0.4	15 / 1.1	81 / 6.1
	うち独立自営業が副業	2838	36 / 1.3	67 / 2.4	86 / 3.0	146 / 5.1	49 / 1.7	196 / 6.9	38 / 1.3	28 / 1.0	44 / 1.6	127 / 4.5	12 / 0.4	9 / 0.3	32 / 1.1	104 / 3.7
主な仕事(問1-1)	事務関連	1560	3 / 0.2	13 / 0.8	19 / 1.2	14 / 0.9	8 / 0.5	39 / 2.5	3 / 0.2	6 / 0.4	9 / 0.6	3 / 0.2	4 / 0.3	1 / 0.1	5 / 0.3	13 / 0.8
	デザイン・映像製作関連	731	3 / 0.4	4 / 0.5	3 / 0.4	5 / 0.7	0 / 0.0	20 / 2.7	1 / 0.1	2 / 0.3	8 / 1.1	3 / 0.4	1 / 0.1	1 / 0.1	3 / 0.4	3 / 0.4
	IT関連	705	4 / 0.6	2 / 0.3	8 / 1.1	4 / 0.6	2 / 0.3	12 / 1.7	1 / 0.1	3 / 0.4	3 / 0.4	1 / 0.1	2 / 0.3	1 / 0.1	1 / 0.1	8 / 1.1
	専門関連業務(医療、技術、講師、芸能、演奏など)	3266	157 / 4.8	331 / 10.1	217 / 6.6	493 / 15.1	223 / 6.8	389 / 11.9	115 / 3.5	70 / 2.1	167 / 5.1	403 / 12.3	2 / 0.1	4 / 0.1	4 / 0.1	21 / 0.6
	生活関連サービス、理容・美容	741	0 / 0.0	1 / 0.1	0 / 0.0	8 / 1.1	0 / 0.0	1 / 0.1	4 / 0.5	3 / 0.4	3 / 0.4	2 / 0.3	73 / 9.9	11 / 1.5	64 / 8.6	292 / 39.4
	現場作業関連(運輸、製造、修理、清掃など)	1253	16 / 1.3	28 / 2.2	0 / 0.0	12 / 1.0	0 / 0.0	3 / 0.2	0 / 0.0	1 / 0.1	1 / 0.1	1 / 0.1	2 / 0.2	2 / 0.2	3 / 0.2	8 / 0.6
独立自営業の経験年数(問30)	2年未満	2572	29 / 1.1	59 / 2.3	55 / 2.1	126 / 4.9	28 / 1.1	188 / 7.3	33 / 1.3	19 / 0.7	23 / 0.9	92 / 3.6	17 / 0.7	6 / 0.2	33 / 1.3	116 / 4.5
	2年以上15年未満	3962	107 / 2.7	172 / 4.3	132 / 3.3	288 / 7.3	146 / 3.7	187 / 4.7	63 / 1.6	43 / 1.1	85 / 2.1	205 / 5.2	36 / 0.9	14 / 0.4	40 / 1.0	166 / 4.2
	15年以上	1722	47 / 2.7	148 / 8.6	60 / 3.5	122 / 7.1	59 / 3.4	89 / 5.2	28 / 1.6	23 / 1.3	83 / 4.8	116 / 6.7	31 / 1.8	2 / 0.1	7 / 0.4	62 / 3.6
1週の平均作業時間(問3附問2)	10時間未満	2688	34 / 1.3	61 / 2.3	77 / 2.9	136 / 5.1	47 / 1.7	162 / 6.0	36 / 1.3	31 / 1.2	67 / 2.5	140 / 5.2	10 / 0.4	10 / 0.4	37 / 1.4	90 / 3.3
	10時間以上40時間未満	3070	71 / 2.3	114 / 3.7	115 / 3.7	220 / 7.2	102 / 3.3	193 / 6.3	35 / 1.1	31 / 1.0	87 / 2.8	157 / 5.1	23 / 0.7	5 / 0.2	28 / 0.9	132 / 4.3
	40時間以上	2498	78 / 3.1	204 / 8.2	55 / 2.2	180 / 7.2	84 / 3.4	109 / 4.4	53 / 2.1	23 / 0.9	37 / 1.5	116 / 4.6	51 / 2.0	7 / 0.3	15 / 0.6	122 / 4.9
独立自営業者の報酬総額(問2附問4)	200万円未満	5289	81 / 1.5	131 / 2.5	162 / 3.1	274 / 5.2	103 / 1.9	342 / 6.5	80 / 1.5	52 / 1.0	128 / 2.4	226 / 4.3	47 / 0.9	14 / 0.3	54 / 1.0	228 / 4.3
	200万円以上400万円未満	1189	30 / 2.5	73 / 6.1	36 / 3.0	108 / 9.1	51 / 4.3	56 / 4.7	25 / 2.1	11 / 0.9	26 / 2.2	70 / 5.9	16 / 1.3	5 / 0.4	16 / 1.3	59 / 5.0
	400万円以上600万円未満	819	32 / 3.9	87 / 10.6	23 / 2.8	54 / 6.6	27 / 3.3	30 / 3.7	8 / 1.0	9 / 1.1	20 / 2.4	53 / 6.5	6 / 0.7	0 / 0.0	3 / 0.4	31 / 3.8
	600万円以上	959	40 / 4.2	88 / 9.2	26 / 2.7	100 / 10.4	52 / 5.4	36 / 3.8	11 / 1.1	13 / 1.4	17 / 1.8	64 / 6.7	15 / 1.6	3 / 0.3	7 / 0.7	26 / 2.7

本アンケート調査は、2017年1月～12月に、事業者（法人・個人を含む）、一般消費者からお仕事を受注して収入を得ている独立自営業者の方に回答をお願いしています。
Q1.あなたの独立自営業の仕事内容はどのようなものでしたか。2017年1月から12月に行ったお仕事をすべて選択してください。（いくつでも）
MA

		n	育児・介護サービス	ペット関連サービス	その他（生活関連サービス、理容・美容）	運輸、輸送、配送関係のドライバー	ポスティング、ちらし配り	製造、組立、生産工程	整備・点検・修理	建設・現場作業	清掃、メンテナンス	その他（現場作業関連）
全体		8256	89 1.1	43 0.5	223 2.7	228 2.8	122 1.5	248 3.0	155 1.9	246 3.0	239 2.9	299 3.6
性別(SC2)	男性	5190	30 0.6	16 0.3	136 2.6	207 4.0	67 1.3	202 3.9	143 2.8	222 4.3	182 3.5	219 4.2
	女性	3066	59 1.9	27 0.9	87 2.8	21 0.7	55 1.8	46 1.5	12 0.4	24 0.8	57 1.9	80 2.6
年齢(SC1)	15歳～29歳	547	6 1.1	4 0.7	14 2.6	6 1.1	7 1.3	8 1.5	4 0.7	11 2.0	13 2.4	15 2.7
	30歳～39歳	1745	15 0.9	9 0.5	31 1.8	19 1.1	33 1.9	30 1.7	19 1.1	32 1.8	36 2.1	32 1.8
	40歳～49歳	2378	41 1.7	20 0.8	54 2.3	80 3.4	34 1.4	80 3.4	40 1.7	78 3.3	61 2.6	83 3.5
	50歳～59歳	2050	15 0.7	5 0.2	80 3.9	80 3.9	29 1.4	71 3.5	60 2.9	73 3.6	72 3.5	73 3.6
	60歳以上	1536	12 0.8	5 0.3	44 2.9	43 2.8	19 1.2	59 3.8	32 2.1	52 3.4	57 3.7	96 6.3
学歴(問52)	中学校・高校	1733	15 0.9	10 0.6	47 2.7	104 6.0	33 1.9	91 5.3	47 2.7	121 7.0	83 4.8	69 4.0
	各種専門学校	871	16 1.8	8 0.9	19 2.2	23 2.6	18 2.1	31 3.6	18 2.1	23 2.6	25 2.9	24 2.8
	高等専門学校・短大	1121	16 1.4	7 0.6	34 3.0	25 2.2	24 2.1	26 2.3	28 2.5	25 2.2	25 2.2	39 3.5
	大学・大学院	4499	42 0.9	16 0.4	122 2.7	74 1.6	47 1.0	98 2.2	58 1.3	75 1.7	105 2.3	165 3.7
	その他	9	0 0.0	1 11.1	0 0.0	0 0.0	0 0.0	1 11.1	1 11.1	0 0.0	0 0.0	0 0.0
既・未婚(問54)	既婚	5025	61 1.2	28 0.6	140 2.8	128 2.5	76 1.5	167 3.3	109 2.2	147 2.9	144 2.9	200 4.0
	未婚、離婚、死別	3231	28 0.9	15 0.5	83 2.6	100 3.1	46 1.4	81 2.5	46 1.4	99 3.1	95 2.9	99 3.1
居住地(問64)	23区・政令市	2617	30 1.1	22 0.8	84 3.2	74 2.8	27 1.0	56 2.1	35 1.3	57 2.2	66 2.5	89 3.4
	市（人口10万人以上）	3534	32 0.9	13 0.4	85 2.4	83 2.3	63 1.8	96 2.7	68 1.9	123 3.5	105 3.0	136 3.8
	市（人口10万人未満）	1511	18 1.2	3 0.2	41 2.7	48 3.2	17 1.1	65 4.3	40 2.6	45 3.0	48 3.2	52 3.4
	町村	594	9 1.5	5 0.8	13 2.2	23 3.9	15 2.5	31 5.2	12 2.0	21 3.5	20 3.4	22 3.7
専業・兼業(SC7)	専業	4083	35 0.9	23 0.6	87 2.1	123 3.0	35 0.9	137 3.4	77 1.9	149 3.6	111 2.7	141 3.5
	兼業	4173	54 1.3	20 0.5	136 3.3	105 2.5	87 2.1	111 2.7	78 1.9	97 2.3	128 3.1	158 3.8
	うち独立自営業が本業	1335	15 1.1	7 0.5	29 2.2	40 3.0	16 1.2	42 3.1	33 2.5	38 2.8	39 2.9	43 3.2
	うち独立自営業が副業	2838	39 1.4	13 0.5	107 3.8	65 2.3	71 2.5	69 2.4	45 1.6	59 2.1	89 3.1	115 4.1
主な仕事(問1-1)	事務関連	1560	7 0.4	8 0.5	2 0.1	9 0.6	11 0.7	10 0.6	8 0.5	13 0.8	16 1.0	6 0.4
	デザイン・映像製作関連	731	0 0.0	0 0.0	1 0.1	0 0.0	6 0.8	1 0.1	2 0.3	0 0.0	1 0.1	0 0.0
	IT関連	705	1 0.1	1 0.1	0 0.0	4 0.6	7 1.0	6 0.9	7 1.0	2 0.3	5 0.7	4 0.6
	専門関連業務（医療、技術、講師、芸能、演奏など）	3266	5 0.2	3 0.1	4 0.1	4 0.1	4 0.1	8 0.2	11 0.3	18 0.6	9 0.3	2 0.1
	生活関連サービス、理容・美容	741	75 10.1	30 4.0	214 28.9	0 0.0	7 0.9	3 0.4	3 0.4	3 0.4	8 1.1	2 0.3
	現場作業関連（運輸、製造、修理、清掃など）	1253	1 0.1	1 0.1	2 0.2	211 16.8	87 6.9	220 17.6	124 9.9	210 16.8	200 16.0	285 22.7
独立自営業の経験年数(問30)	2年未満	2572	35 1.4	14 0.5	47 1.8	76 3.0	52 2.0	60 2.3	36 1.4	44 1.7	88 3.4	70 2.7
	2年以上15年未満	3962	51 1.3	22 0.6	133 3.4	103 2.6	62 1.6	112 2.8	78 2.0	116 2.9	109 2.8	158 4.0
	15年以上	1722	3 0.2	7 0.4	43 2.5	49 2.8	8 0.5	76 4.4	41 2.4	86 5.0	42 2.4	71 4.1
1週の平均作業時間(問3附問2)	10時間未満	2688	28 1.0	11 0.4	101 3.8	45 1.7	52 1.9	51 1.9	35 1.3	42 1.6	87 3.2	112 4.2
	10時間以上40時間未満	3070	33 1.1	22 0.7	71 2.3	69 2.2	43 1.4	87 2.8	57 1.9	73 2.4	89 2.9	109 3.6
	40時間以上	2498	28 1.1	10 0.4	51 2.0	114 4.6	27 1.1	110 4.4	63 2.5	131 5.2	63 2.5	78 3.1
独立自営業者の報酬総額(問2附問4)	200万円未満	5289	54 1.0	30 0.6	142 2.7	115 2.2	113 2.1	134 2.5	67 1.3	102 1.9	166 3.1	181 3.4
	200万円以上400万円未満	1189	15 1.3	7 0.6	35 2.9	58 4.9	4 0.3	29 2.4	34 2.9	55 4.6	35 2.9	46 3.9
	400万円以上600万円未満	819	13 1.6	1 0.1	19 2.3	32 3.9	1 0.1	40 4.9	27 3.3	41 5.0	15 1.8	29 3.5
	600万円以上	959	7 0.7	5 0.5	27 2.8	23 2.4	4 0.4	45 4.7	27 2.8	48 5.0	23 2.4	43 4.5

Q1-1. 前問でお選びの中から、もっとも多かったものをお答えください。
SA

		n	データ入力作業	文書入力、テープ起こし、反訳	添削、校正、採点	取引文書作成	伝票書類整理	コールセンター、問い合わせ対応業務	その他（事務関連）	デザイン、コンテンツ制作	ネーミング、コピーライター	カメラマン	映像・画像・音楽制作・編集	アニメーター、イラストレーター	広告、ちらし作成、DTP	その他（デザイン・映像製作関連）
全体		8256	930	195	121	52	98	58	106	214	48	86	134	94	96	59
		100.0	11.3	2.4	1.5	0.6	1.2	0.7	1.3	2.6	0.6	1.0	1.6	1.1	1.2	0.7
性別(SC2)	男性	5190	395	97	48	33	29	22	52	107	25	73	97	41	58	29
		100.0	7.6	1.9	0.9	0.6	0.6	0.4	1.0	2.1	0.5	1.4	1.9	0.8	1.1	0.6
	女性	3066	535	98	73	19	69	36	54	107	23	13	37	53	38	30
		100.0	17.4	3.2	2.4	0.6	2.3	1.2	1.8	3.5	0.8	0.4	1.2	1.7	1.2	1.0
年齢(SC1)	15歳〜29歳	547	153	31	9	4	2	7	8	21	1	5	14	15	5	3
		100.0	28.0	5.7	1.6	0.7	0.4	1.3	1.5	3.8	0.2	0.9	2.6	2.7	0.9	0.5
	30歳〜39歳	1745	330	68	27	14	17	14	30	63	16	20	39	30	29	14
		100.0	18.9	3.9	1.5	0.8	1.0	0.8	1.7	3.6	0.9	1.1	2.2	1.7	1.7	0.8
	40歳〜49歳	2378	262	56	39	10	32	19	24	69	14	24	39	27	33	15
		100.0	11.0	2.4	1.6	0.4	1.3	0.8	1.0	2.9	0.6	1.0	1.6	1.1	1.4	0.6
	50歳〜59歳	2050	129	34	30	15	27	13	26	40	9	25	32	16	14	12
		100.0	6.3	1.7	1.5	0.7	1.3	0.6	1.3	2.0	0.4	1.2	1.6	0.8	0.7	0.6
	60歳以上	1536	56	6	16	9	20	5	18	21	8	12	10	6	15	15
		100.0	3.6	0.4	1.0	0.6	1.3	0.3	1.2	1.4	0.5	0.8	0.7	0.4	1.0	1.0
学歴(問52)	中学校・高校	1733	205	41	12	10	34	11	23	30	7	11	23	19	14	13
		100.0	11.8	2.4	0.7	0.6	2.0	0.6	1.3	1.7	0.4	0.6	1.3	1.1	0.8	0.8
	各種専門学校	871	99	22	3	2	10	8	6	34	2	16	25	26	15	12
		100.0	11.4	2.5	0.3	0.2	1.1	0.9	0.7	3.9	0.2	1.8	2.9	3.0	1.7	1.4
	高等専門学校・短大	1121	142	19	13	6	23	15	17	40	5	10	16	19	19	14
		100.0	12.7	1.7	1.2	0.5	2.1	1.3	1.5	3.6	0.4	1.3	0.9	1.4	1.7	1.2
	大学・大学院	4499	481	113	92	33	31	24	60	108	32	44	76	32	46	20
		100.0	10.7	2.5	2.0	0.7	0.7	0.5	1.3	2.4	0.7	1.0	1.7	0.7	1.0	0.4
	その他	9	1	0	1	0	0	0	0	0	1	0	0	1	0	0
		100.0	11.1	0.0	11.1	0.0	0.0	0.0	0.0	0.0	11.1	0.0	0.0	11.1	0.0	0.0
既・未婚(問54)	既婚	5025	573	114	80	39	65	35	63	117	29	52	56	40	58	24
		100.0	11.4	2.3	1.6	0.8	1.3	0.7	1.3	2.3	0.6	1.0	1.1	0.8	1.2	0.5
	未婚、離婚、死別	3231	357	81	41	13	33	23	43	97	19	34	78	54	38	35
		100.0	11.0	2.5	1.3	0.4	1.0	0.7	1.3	3.0	0.6	1.1	2.4	1.7	1.2	1.1
居住地(問64)	23区・政令市	2617	237	49	49	12	27	15	36	80	19	32	55	30	26	21
		100.0	9.1	1.9	1.9	0.5	1.0	0.6	1.4	3.1	0.7	1.2	2.1	1.1	1.0	0.8
	市(人口10万人以上)	3534	419	91	49	28	42	24	33	95	18	30	56	38	55	21
		100.0	11.9	2.6	1.4	0.8	1.2	0.7	0.9	2.7	0.5	0.8	1.6	1.1	1.6	0.6
	市(人口10万人未満)	1511	190	41	19	10	23	12	22	27	7	15	12	20	9	13
		100.0	12.6	2.7	1.3	0.7	1.5	0.8	1.5	1.8	0.5	1.0	0.8	1.3	0.6	0.9
	町村	594	84	14	4	2	6	7	15	12	4	9	11	6	6	4
		100.0	14.1	2.4	0.7	0.3	1.0	1.2	2.5	2.0	0.7	1.5	1.9	1.0	1.0	0.7
専業・兼業(SC7)	専業	4083	345	49	49	23	41	19	41	102	23	50	63	55	45	35
		100.0	8.4	1.2	1.2	0.6	1.0	0.5	1.0	2.5	0.6	1.2	1.5	1.3	1.1	0.9
	兼業	4173	585	146	72	29	57	39	65	112	25	36	71	39	51	24
		100.0	14.0	3.5	1.7	0.7	1.4	0.9	1.6	2.7	0.6	0.9	1.7	0.9	1.2	0.6
	うち独立自営業が本業	1335	118	27	17	9	25	11	7	35	4	15	22	15	14	5
		100.0	8.8	2.0	1.3	0.7	1.9	0.8	0.5	2.6	0.3	1.1	1.6	1.1	1.0	0.4
	うち独立自営業が副業	2838	467	119	55	20	32	28	58	77	21	21	49	24	37	19
		100.0	16.5	4.2	1.9	0.7	1.1	1.0	2.0	2.7	0.7	0.7	1.7	0.8	1.3	0.7
主な仕事(問1-1)	事務関連	1560	930	195	121	52	98	58	106	0	0	0	0	0	0	0
		100.0	59.6	12.5	7.8	3.3	6.3	3.7	6.8	0.0	0.0	0.0	0.0	0.0	0.0	0.0
	デザイン・映像製作関連	731	0	0	0	0	0	0	0	214	48	86	134	94	96	59
		100.0	0.0	0.0	0.0	0.0	0.0	0.0	0.0	29.3	6.6	11.8	18.3	12.9	13.1	8.1
	IT関連	705	0	0	0	0	0	0	0	0	0	0	0	0	0	0
		100.0	0.0	0.0	0.0	0.0	0.0	0.0	0.0	0.0	0.0	0.0	0.0	0.0	0.0	0.0
	専門関連業務(医療、技術、講師、芸能、演奏など)	3266	0	0	0	0	0	0	0	0	0	0	0	0	0	0
		100.0	0.0	0.0	0.0	0.0	0.0	0.0	0.0	0.0	0.0	0.0	0.0	0.0	0.0	0.0
	生活関連サービス、理容・美容	741	0	0	0	0	0	0	0	0	0	0	0	0	0	0
		100.0	0.0	0.0	0.0	0.0	0.0	0.0	0.0	0.0	0.0	0.0	0.0	0.0	0.0	0.0
	現場作業関連(運輸、製造、修理、清掃など)	1253	0	0	0	0	0	0	0	0	0	0	0	0	0	0
		100.0	0.0	0.0	0.0	0.0	0.0	0.0	0.0	0.0	0.0	0.0	0.0	0.0	0.0	0.0
独立自営業の経験年数(問30)	2年未満	2572	596	125	38	13	29	29	52	70	19	16	28	15	20	7
		100.0	23.2	4.9	1.5	0.5	1.1	1.1	2.0	2.7	0.7	0.6	1.1	0.6	0.8	0.3
	2年以上15年未満	3962	295	63	69	37	47	23	41	96	18	39	71	48	53	33
		100.0	7.4	1.6	1.7	0.9	1.2	0.6	1.0	2.4	0.5	1.0	1.8	1.2	1.3	0.8
	15年以上	1722	39	7	14	2	22	6	13	48	11	31	35	31	23	19
		100.0	2.3	0.4	0.8	0.1	1.3	0.3	0.8	2.8	0.6	1.8	2.0	1.8	1.3	1.1
1週の平均作業時間(問3附門2)	10時間未満	2688	451	102	41	21	37	20	59	56	19	27	37	14	28	19
		100.0	16.8	3.8	1.5	0.8	1.4	0.7	2.2	2.1	0.7	1.0	1.4	0.5	1.0	0.7
	10時間以上40時間未満	3070	304	60	51	12	41	24	29	78	21	29	46	39	45	22
		100.0	9.9	2.0	1.7	0.4	1.3	0.8	0.9	2.5	0.7	0.9	1.5	1.3	1.5	0.7
	40時間以上	2498	175	33	29	19	20	14	18	80	8	30	51	41	23	18
		100.0	7.0	1.3	1.2	0.8	0.8	0.6	0.7	3.2	0.3	1.2	2.0	1.6	0.9	0.7
独立自営業者の報酬総額(問2附門4)	200万円未満	5289	812	173	99	33	67	45	82	141	32	46	86	67	66	38
		100.0	15.4	3.3	1.9	0.6	1.3	0.9	1.6	2.7	0.6	0.9	1.6	1.3	1.2	0.7
	200万円以上400万円未満	1189	46	11	12	7	16	6	7	34	8	18	13	12	14	7
		100.0	3.9	0.9	1.0	0.6	1.3	0.5	0.6	2.9	0.7	1.5	1.1	1.0	1.2	0.6
	400万円以上600万円未満	819	41	7	2	8	6	0	5	26	5	11	15	12	6	6
		100.0	5.0	0.9	0.2	1.0	0.7	0.0	0.6	3.2	0.6	1.3	1.8	1.5	0.7	0.7
	600万円以上	959	31	4	8	4	9	7	12	13	3	11	20	3	10	8
		100.0	3.2	0.4	0.8	0.4	0.9	0.7	1.3	1.4	0.3	1.1	2.1	0.3	1.0	0.8

Q1-1.前問でお選びの中から、もっとも多かったものをお答えください。
SA

		n	ウェブサイト作成	ウェブサイト上の情報更新等の作業	ウェブサイトのシステム運営・管理	情報検索、計算処理、プログラミング作業	アプリやシステムの設計、SE開発	ソフトウェアのバグチェック	オペレーター業務、テクニカルサポート、オンラインのインストラクター	その他（IT関連）	調査・研究、コンサルタント	学校・塾等教育関係の講師、インストラクター	調理・料理関係の講師、インストラクター	上記以外の具体的に：講師、インストラクター
全体		8256	125	88	30	63	223	20	66	90	410	328	24	168
		100.0	1.5	1.1	0.4	0.8	2.7	0.2	0.8	1.1	5.0	4.0	0.3	2.0
性別(SC2)	男性	5190	84	54	22	55	210	17	50	77	351	171	7	64
		100.0	1.6	1.0	0.4	1.1	4.0	0.3	1.0	1.5	6.8	3.3	0.1	1.2
	女性	3066	41	34	8	8	13	3	16	13	59	157	17	104
		100.0	1.3	1.1	0.3	0.3	0.4	0.1	0.5	0.4	1.9	5.1	0.6	3.4
年齢(SC1)	15歳～29歳	547	12	9	2	1	1	3	1	4	12	14	3	4
		100.0	2.2	1.6	0.4	0.2	0.2	0.5	0.2	0.7	2.2	2.6	0.5	0.7
	30歳～39歳	1745	40	26	10	15	31	3	14	15	50	59	9	43
		100.0	2.3	1.5	0.6	0.9	1.8	0.2	0.8	0.9	2.9	3.4	0.5	2.5
	40歳～49歳	2378	43	32	10	20	77	8	21	24	85	91	4	48
		100.0	1.8	1.3	0.4	0.8	3.2	0.3	0.9	1.0	3.6	3.8	0.2	2.0
	50歳～59歳	2050	20	15	6	21	79	2	20	32	97	81	4	37
		100.0	1.0	0.7	0.3	1.0	3.9	0.1	1.0	1.6	4.7	4.0	0.2	1.8
	60歳以上	1536	10	6	2	6	35	4	10	15	166	83	4	36
		100.0	0.7	0.4	0.1	0.4	2.3	0.3	0.7	1.0	10.8	5.4	0.3	2.3
学歴(問52)	中学校・高校	1733	24	25	7	8	23	4	12	13	34	15	5	23
		100.0	1.4	1.4	0.4	0.5	1.3	0.2	0.7	0.8	2.0	0.9	0.3	1.3
	各種専門学校	871	18	6	2	4	31	3	10	8	17	17	3	17
		100.0	2.1	0.7	0.2	0.5	3.6	0.3	1.1	0.9	2.0	2.0	0.3	2.0
	高等専門学校・短大	1121	12	7	2	13	30	0	6	16	28	46	5	29
		100.0	1.1	0.6	0.2	1.2	2.7	0.0	0.5	1.4	2.5	4.1	0.4	2.6
	大学・大学院	4499	71	50	19	38	139	13	38	52	331	249	10	99
		100.0	1.6	1.1	0.4	0.8	3.1	0.3	0.8	1.2	7.4	5.5	0.2	2.2
	その他	9	0	0	0	0	0	0	0	1	0	1	0	0
		100.0	0.0	0.0	0.0	0.0	0.0	0.0	0.0	11.1	0.0	11.1	0.0	0.0
既・未婚(問54)	既婚	5025	69	52	16	32	126	10	30	53	288	207	17	112
		100.0	1.4	1.0	0.3	0.6	2.5	0.2	0.6	1.1	5.7	4.1	0.3	2.2
	未婚、離婚、死別	3231	56	36	14	31	97	10	36	37	122	121	7	56
		100.0	1.7	1.1	0.4	1.0	3.0	0.3	1.1	1.1	3.8	3.7	0.2	1.7
居住地(問64)	23区・政令市	2617	44	30	11	21	99	9	23	26	143	108	2	55
		100.0	1.7	1.1	0.4	0.8	3.8	0.3	0.9	1.0	5.5	4.1	0.1	2.1
	市(人口10万人以上)	3534	52	38	15	33	86	9	28	36	197	145	14	65
		100.0	1.5	1.1	0.4	0.9	2.4	0.3	0.8	1.0	5.6	4.1	0.4	1.8
	市(人口10万人未満)	1511	18	14	3	7	30	2	12	20	56	57	5	36
		100.0	1.2	0.9	0.2	0.5	2.0	0.1	0.8	1.3	3.7	3.8	0.3	2.4
	町村	594	11	6	1	2	8	0	3	8	14	18	3	12
		100.0	1.9	1.0	0.2	0.3	1.3	0.0	0.5	1.3	2.4	3.0	0.5	2.0
専業・兼業(SC7)	専業	4083	55	37	15	33	164	7	33	48	197	165	10	82
		100.0	1.3	0.9	0.4	0.8	4.0	0.2	0.8	1.2	4.8	4.0	0.2	2.0
	兼業	4173	70	51	15	30	59	13	33	42	213	163	14	86
		100.0	1.7	1.2	0.4	0.7	1.4	0.3	0.8	1.0	5.1	3.9	0.3	2.1
	うち独立自営業が本業	1335	16	14	4	8	29	6	10	11	74	75	3	35
		100.0	1.2	1.0	0.3	0.6	2.2	0.4	0.7	0.8	5.5	5.6	0.2	2.6
	うち独立自営業が副業	2838	54	37	11	22	30	7	23	31	139	88	11	51
		100.0	1.9	1.3	0.4	0.8	1.1	0.2	0.8	1.1	4.9	3.1	0.4	1.8
主な仕事(問1-1)	事務関連	1560	0	0	0	0	0	0	0	0	0	0	0	0
		100.0	0.0	0.0	0.0	0.0	0.0	0.0	0.0	0.0	0.0	0.0	0.0	0.0
	デザイン・映像製作関連	731	0	0	0	0	0	0	0	0	0	0	0	0
		100.0	0.0	0.0	0.0	0.0	0.0	0.0	0.0	0.0	0.0	0.0	0.0	0.0
	IT関連	705	125	88	30	63	223	20	66	90	0	0	0	0
		100.0	17.7	12.5	4.3	8.9	31.6	2.8	9.4	12.8	0.0	0.0	0.0	0.0
	専門関連業務(医療、技術、講師、芸能、演奏など)	3266	0	0	0	0	0	0	0	0	410	328	24	168
		100.0	0.0	0.0	0.0	0.0	0.0	0.0	0.0	0.0	12.6	10.0	0.7	5.1
	生活関連サービス、理容・美容	741	0	0	0	0	0	0	0	0	0	0	0	0
		100.0	0.0	0.0	0.0	0.0	0.0	0.0	0.0	0.0	0.0	0.0	0.0	0.0
	現場作業関連(運輸、製造、修理、清掃など)	1253	0	0	0	0	0	0	0	0	0	0	0	0
		100.0	0.0	0.0	0.0	0.0	0.0	0.0	0.0	0.0	0.0	0.0	0.0	0.0
独立自営業の経験年数(問30)	2年未満	2572	39	33	4	20	38	5	16	33	116	52	12	35
		100.0	1.5	1.3	0.2	0.8	1.5	0.2	0.6	1.3	4.5	2.0	0.5	1.4
	2年以上15年未満	3962	72	49	23	29	131	13	42	43	246	172	9	89
		100.0	1.8	1.2	0.6	0.7	3.3	0.3	1.1	1.1	6.2	4.3	0.2	2.2
	15年以上	1722	14	6	3	14	54	2	8	14	48	104	3	44
		100.0	0.8	0.3	0.2	0.8	3.1	0.1	0.5	0.8	2.8	6.0	0.2	2.6
1週の平均作業時間(問3附問2)	10時間未満	2688	23	27	7	11	32	5	21	29	136	127	9	75
		100.0	0.9	1.0	0.3	0.4	1.2	0.2	0.8	1.1	5.1	4.7	0.3	2.8
	10時間以上40時間未満	3070	56	39	14	27	69	7	30	32	188	137	8	70
		100.0	1.8	1.3	0.5	0.9	2.2	0.2	1.0	1.0	6.1	4.5	0.3	2.3
	40時間以上	2498	46	22	9	25	122	8	15	29	86	64	7	23
		100.0	1.8	0.9	0.4	1.0	4.9	0.3	0.6	1.2	3.4	2.6	0.3	0.9
独立自営業者の報酬総額(問2附問4)	200万円未満	5289	77	72	17	33	71	11	38	57	241	247	19	119
		100.0	1.5	1.4	0.3	0.6	1.3	0.2	0.7	1.1	4.6	4.7	0.4	2.2
	200万円以上400万円未満	1189	22	9	8	10	38	3	11	15	60	45	3	29
		100.0	1.9	0.8	0.7	0.8	3.2	0.3	0.9	1.3	5.0	3.8	0.3	2.4
	400万円以上600万円未満	819	13	3	2	6	44	1	9	5	44	17	0	13
		100.0	1.6	0.4	0.2	0.7	5.4	0.1	1.1	0.6	5.4	2.1	0.0	1.6
	600万円以上	959	13	4	3	14	70	5	8	13	65	19	2	7
		100.0	1.4	0.4	0.3	1.5	7.3	0.5	0.8	1.4	6.8	2.0	0.2	0.5

Q1-1.前問でお選びの中から、もっとも多かったものをお答えください。
SA

		n	機械設計、電気技術・設計	建築・土木設計、測量技術	翻訳・通訳	営業、販売（不動産、化粧品、食品、保険、など）	税務・法務等行政専門サービス	原稿・ライティング・記事等執筆業務	鍼灸、整体、マッサージ	俳優、女優、モデル、司会など	楽器演奏、歌唱	その他（専門業務関連）	理容師、美容師	スタイリスト、着付け、メイクアップアーティスト	エステティシャン、ネイリスト	接客サービス
全体		8256	141	315	175	478	207	336	107	61	123	393	70	10	63	286
		100.0	1.7	3.8	2.1	5.8	2.5	4.1	1.3	0.7	1.5	4.8	0.8	0.1	0.8	3.5
性別(SC2)	男性	5190	131	286	72	365	175	157	60	22	48	265	32	0	3	112
		100.0	2.5	5.5	1.4	7.0	3.4	3.0	1.2	0.4	0.9	5.1	0.6	0.0	0.1	2.2
	女性	3066	10	29	103	113	32	179	47	39	75	128	38	10	60	174
		100.0	0.3	0.9	3.4	3.7	1.0	5.8	1.5	1.3	2.4	4.2	1.2	0.3	2.0	5.7
年齢(SC1)	15歳～29歳	547	4	6	5	24	1	38	5	9	6	9	3	2	7	25
		100.0	0.7	1.1	0.9	4.4	0.2	6.9	0.9	1.6	1.1	1.6	0.5	0.4	1.3	4.6
	30歳～39歳	1745	7	24	36	69	28	80	26	18	34	57	26	4	39	85
		100.0	0.4	1.4	2.1	4.0	1.6	4.6	1.5	1.0	1.9	3.3	1.5	0.2	2.2	4.9
	40歳～49歳	2378	31	87	45	140	60	96	41	15	33	103	22	3	14	88
		100.0	1.3	3.7	1.9	5.9	2.5	4.0	1.7	0.6	1.4	4.3	0.9	0.1	0.6	3.7
	50歳～59歳	2050	43	108	58	140	56	75	24	13	30	112	13	1	2	63
		100.0	2.1	5.3	2.8	6.8	2.7	3.7	1.2	0.6	1.5	5.5	0.6	0.0	0.1	3.1
	60歳以上	1536	56	90	31	105	62	47	11	6	20	112	6	0	1	25
		100.0	3.6	5.9	2.0	6.8	4.0	3.1	0.7	0.4	1.3	7.3	0.4	0.0	0.1	1.6
学歴(問52)	中学校・高校	1733	46	101	9	115	19	53	18	8	10	58	8	1	12	97
		100.0	2.7	5.8	0.5	6.6	1.1	3.1	1.0	0.5	0.6	3.3	0.5	0.1	0.7	5.6
	各種専門学校	871	9	36	5	34	8	21	38	6	9	47	42	1	17	27
		100.0	1.0	4.1	0.6	3.9	0.9	2.4	4.4	0.7	1.0	5.4	4.8	0.1	2.0	3.1
	高等専門学校・短大	1121	18	48	10	53	6	36	23	17	17	45	18	3	15	57
		100.0	1.6	4.3	0.9	4.7	0.5	3.2	2.1	1.5	1.5	4.0	1.6	0.3	1.3	5.1
	大学・大学院	4499	67	130	151	275	174	225	28	30	87	243	2	5	18	102
		100.0	1.5	2.9	3.4	6.1	3.9	5.0	0.6	0.7	1.9	5.4	0.0	0.1	0.4	2.3
	その他	9	1	0	0	1	0	0	0	0	0	0	0	0	0	0
		100.0	11.1	0.0	0.0	11.1	0.0	0.0	0.0	0.0	0.0	0.0	0.0	0.0	0.0	0.0
既・未婚(問54)	既婚	5025	94	223	107	314	131	179	53	26	66	248	45	4	34	138
		100.0	1.9	4.4	2.1	6.2	2.6	3.6	1.1	0.5	1.3	4.9	0.9	0.1	0.7	2.7
	未婚、離婚、死別	3231	47	92	68	164	76	157	54	35	57	145	25	6	29	148
		100.0	1.5	2.8	2.1	5.1	2.4	4.9	1.7	1.1	1.8	4.5	0.8	0.2	0.9	4.6
居住地(問64)	23区・政令市	2617	31	93	82	142	83	137	24	33	41	146	11	3	15	72
		100.0	1.2	3.6	3.1	5.4	3.2	5.2	0.9	1.3	1.6	5.6	0.4	0.1	0.6	2.8
	市（人口10万人以上）	3534	71	136	65	203	89	123	48	19	62	165	33	6	30	114
		100.0	2.0	3.8	1.8	5.7	2.5	3.5	1.4	0.5	1.8	4.7	0.9	0.2	0.8	3.2
	市（人口10万人未満）	1511	31	67	19	101	28	57	23	7	15	63	20	0	11	66
		100.0	2.1	4.4	1.3	6.7	1.9	3.8	1.5	0.5	1.0	4.2	1.3	0.0	0.7	4.4
	町村	594	8	19	9	32	7	19	12	2	5	19	6	1	7	34
		100.0	1.3	3.2	1.5	5.4	1.2	3.2	2.0	0.3	0.8	3.2	1.0	0.2	1.2	5.7
専業・兼業(SC7)	専業	4083	91	216	91	252	141	145	51	21	59	205	52	3	28	141
		100.0	2.2	5.3	2.2	6.2	3.5	3.6	1.2	0.5	1.4	5.0	1.3	0.1	0.7	3.5
	兼業	4173	50	99	84	226	66	191	56	40	64	188	18	7	35	145
		100.0	1.2	2.4	2.0	5.4	1.6	4.6	1.3	1.0	1.5	4.5	0.4	0.2	0.8	3.5
	うち独立自営業が本業	1335	27	46	19	94	28	47	27	19	37	68	11	2	9	64
		100.0	2.0	3.4	1.4	7.0	2.1	3.5	2.0	1.4	2.8	5.1	0.8	0.1	0.7	4.8
	うち独立自営業が副業	2838	23	53	65	132	38	144	29	21	27	120	7	5	26	81
		100.0	0.8	1.9	2.3	4.7	1.3	5.1	1.0	0.7	1.0	4.2	0.2	0.2	0.9	2.9
主な仕事(問1-1)	事務関連	1560	0	0	0	0	0	0	0	0	0	0	0	0	0	0
		100.0	0.0	0.0	0.0	0.0	0.0	0.0	0.0	0.0	0.0	0.0	0.0	0.0	0.0	0.0
	デザイン・映像製作関連	731	0	0	0	0	0	0	0	0	0	0	0	0	0	0
		100.0	0.0	0.0	0.0	0.0	0.0	0.0	0.0	0.0	0.0	0.0	0.0	0.0	0.0	0.0
	IT関連	705	0	0	0	0	0	0	0	0	0	0	0	0	0	0
		100.0	0.0	0.0	0.0	0.0	0.0	0.0	0.0	0.0	0.0	0.0	0.0	0.0	0.0	0.0
	専門関連業務(医療、技術、講師、芸能、演奏など)	3266	141	315	175	478	207	336	107	61	123	393	0	0	0	0
		100.0	4.3	9.6	5.4	14.6	6.3	10.3	3.3	1.9	3.8	12.0	0.0	0.0	0.0	0.0
	生活関連サービス、理容・美容	741	0	0	0	0	0	0	0	0	0	0	70	10	63	286
		100.0	0.0	0.0	0.0	0.0	0.0	0.0	0.0	0.0	0.0	0.0	9.4	1.3	8.5	38.6
	現場作業関連(運輸、製造、修理、清掃など)	1253	0	0	0	0	0	0	0	0	0	0	0	0	0	0
		100.0	0.0	0.0	0.0	0.0	0.0	0.0	0.0	0.0	0.0	0.0	0.0	0.0	0.0	0.0
独立自営業の経験年数(問30)	2年未満	2572	22	49	36	111	25	149	28	13	12	89	11	3	29	102
		100.0	0.9	1.9	1.4	4.3	1.0	5.8	1.1	0.5	0.5	3.5	0.4	0.1	1.1	4.0
	2年以上15年未満	3962	78	140	91	253	129	121	53	27	50	195	30	7	28	135
		100.0	2.0	3.5	2.3	6.4	3.3	3.1	1.3	0.7	1.3	4.9	0.8	0.2	0.7	3.4
	15年以上	1722	41	126	48	114	53	66	26	21	61	109	29	0	6	49
		100.0	2.4	7.3	2.8	6.6	3.1	3.8	1.5	1.2	3.5	6.3	1.7	0.0	0.3	2.8
1週の平均作業時間(問3附問2)	10時間未満	2688	22	53	62	127	41	120	29	23	47	133	6	6	28	78
		100.0	0.8	2.0	2.3	4.7	1.5	4.5	1.1	0.9	1.7	4.9	0.2	0.2	1.0	2.9
	10時間以上40時間未満	3070	58	95	75	194	89	142	32	21	58	148	18	1	23	105
		100.0	1.9	3.1	2.4	6.3	2.9	4.6	1.0	0.7	1.9	4.8	0.6	0.0	0.7	3.4
	40時間以上	2498	61	167	38	157	77	74	46	17	18	112	46	3	12	103
		100.0	2.4	6.7	1.5	6.3	3.1	3.0	1.8	0.7	0.7	4.5	1.8	0.1	0.5	4.1
独立自営業者の報酬総額(問2附問4)	200万円未満	5289	63	107	121	252	89	263	70	40	87	211	39	7	44	190
		100.0	1.2	2.0	2.3	4.8	1.7	5.0	1.3	0.8	1.6	4.0	0.7	0.1	0.8	3.6
	200万円以上400万円未満	1189	23	59	22	93	47	34	21	8	13	67	15	2	13	48
		100.0	1.9	5.0	1.9	7.8	4.0	2.9	1.8	0.7	1.1	5.6	1.3	0.2	1.1	4.0
	400万円以上600万円未満	819	25	78	17	44	25	16	8	6	15	51	6	0	2	27
		100.0	3.1	9.5	2.1	5.4	3.1	2.0	1.0	0.7	1.8	6.2	0.7	0.0	0.2	3.3
	600万円以上	959	30	71	15	89	46	23	8	7	8	64	10	1	4	21
		100.0	3.1	7.4	1.6	9.3	4.8	2.4	0.8	0.7	0.8	6.7	1.0	0.1	0.4	2.2

Q1-1.前問でお選びの中から、もっとも多かったものをお答えください。
SA

		n	育児・介護サービス	ペット関連サービス	その他（生活関連サービス、理容・美容）	運輸、輸送、配送関係のドライバー	ポスティング、ちらし配り	製造、組立、生産工程	整備・点検・修理	建設・現場作業	清掃、メンテナンス	その他（現場作業関連）
全体		8256	71	29	212	200	78	213	106	198	174	284
		100.0	0.9	0.4	2.6	2.4	0.9	2.6	1.3	2.4	2.1	3.4
性別(SC2)	男性	5190	21	9	131	181	43	173	101	185	137	213
		100.0	0.4	0.2	2.5	3.5	0.8	3.3	1.9	3.6	2.6	4.1
	女性	3066	50	20	81	19	35	40	5	13	37	71
		100.0	1.6	0.7	2.6	0.6	1.1	1.3	0.2	0.4	1.2	2.3
年齢(SC1)	15歳〜29歳	547	3	2	12	4	5	5	1	5	7	15
		100.0	0.5	0.4	2.2	0.7	0.9	0.9	0.2	0.9	1.3	2.7
	30歳〜39歳	1745	10	4	31	13	16	23	9	25	25	30
		100.0	0.6	0.2	1.8	0.7	0.9	1.3	0.5	1.4	1.4	1.7
	40歳〜49歳	2378	33	15	52	72	20	68	29	61	44	80
		100.0	1.4	0.6	2.2	3.0	0.8	2.9	1.2	2.6	1.9	3.4
	50歳〜59歳	2050	14	4	77	71	21	63	44	64	50	68
		100.0	0.7	0.2	3.8	3.5	1.0	3.1	2.1	3.1	2.4	3.3
	60歳以上	1536	11	4	40	40	16	54	23	43	48	91
		100.0	0.7	0.3	2.6	2.6	1.0	3.5	1.5	2.8	3.1	5.9
学歴(問52)	中学校・高校	1733	12	7	44	92	24	83	37	106	61	66
		100.0	0.7	0.4	2.5	5.3	1.4	4.8	2.1	6.1	3.5	3.8
	各種専門学校	871	13	8	18	18	9	23	15	16	12	23
		100.0	1.5	0.9	2.1	2.1	1.0	2.6	1.7	1.8	1.4	2.6
	高等専門学校・短大	1121	15	4	30	24	19	22	18	20	17	38
		100.0	1.3	0.4	2.7	2.1	1.7	2.0	1.6	1.8	1.5	3.4
	大学・大学院	4499	31	10	119	64	26	84	34	54	84	155
		100.0	0.7	0.2	2.6	1.4	0.6	1.9	0.8	1.2	1.9	3.4
	その他	9	0	0	0	0	0	0	1	0	0	0
		100.0	0.0	0.0	0.0	0.0	0.0	0.0	11.1	0.0	0.0	0.0
既・未婚 (問54)	既婚	5025	45	18	135	110	55	146	80	118	110	189
		100.0	0.9	0.4	2.7	2.2	1.1	2.9	1.6	2.3	2.2	3.8
	未婚、離婚、死別	3231	26	11	77	90	23	67	26	80	64	95
		100.0	0.8	0.3	2.4	2.8	0.7	2.1	0.8	2.5	2.0	2.9
居住地 (問64)	23区・政令市	2617	22	13	79	66	19	49	18	44	51	84
		100.0	0.8	0.5	3.0	2.5	0.7	1.9	0.7	1.7	1.9	3.2
	市(人口10万人以上)	3534	26	11	83	69	36	81	44	97	75	131
		100.0	0.7	0.3	2.3	2.0	1.0	2.3	1.2	2.7	2.1	3.7
	市(人口10万人未満)	1511	14	2	37	44	14	56	37	38	33	48
		100.0	0.9	0.1	2.4	2.9	0.9	3.7	2.4	2.5	2.2	3.2
	町村	594	9	3	13	21	9	27	7	19	15	21
		100.0	1.5	0.5	2.2	3.5	1.5	4.5	1.2	3.2	2.5	3.5
専業・兼業 (SC7)	専業	4083	26	15	85	119	28	126	60	126	84	132
		100.0	0.6	0.4	2.1	2.9	0.7	3.1	1.5	3.1	2.1	3.2
	兼業	4173	45	14	127	81	50	87	46	72	90	152
		100.0	1.1	0.3	3.0	1.9	1.2	2.1	1.1	1.7	2.2	3.6
	うち独立自営業が本業	1335	13	3	28	29	5	35	18	30	24	43
		100.0	1.0	0.2	2.1	2.2	0.4	2.6	1.3	2.2	1.8	3.2
	うち独立自営業が副業	2838	32	11	99	52	45	52	28	42	66	109
		100.0	1.1	0.4	3.5	1.8	1.6	1.8	1.0	1.5	2.3	3.8
主な仕事 (問1-1)	事務関連	1560	0	0	0	0	0	0	0	0	0	0
		100.0	0.0	0.0	0.0	0.0	0.0	0.0	0.0	0.0	0.0	0.0
	デザイン・映像製作関連	731	0	0	0	0	0	0	0	0	0	0
		100.0	0.0	0.0	0.0	0.0	0.0	0.0	0.0	0.0	0.0	0.0
	IT関連	705	0	0	0	0	0	0	0	0	0	0
		100.0	0.0	0.0	0.0	0.0	0.0	0.0	0.0	0.0	0.0	0.0
	専門関連業務(医療、技術、講師、芸能、演奏など)	3266	0	0	0	0	0	0	0	0	0	0
		100.0	0.0	0.0	0.0	0.0	0.0	0.0	0.0	0.0	0.0	0.0
	生活関連サービス、理容・美容	741	71	29	212	0	0	0	0	0	0	0
		100.0	9.6	3.9	28.6	0.0	0.0	0.0	0.0	0.0	0.0	0.0
	現場作業関連(運輸、製造、修理、清掃など)	1253	0	0	0	200	78	213	106	198	174	284
		100.0	0.0	0.0	0.0	16.0	6.2	17.0	8.5	15.8	13.9	22.7
独立自営業の経験年数 (問30)	2年未満	2572	30	7	43	65	39	54	24	33	73	65
		100.0	1.2	0.3	1.7	2.5	1.5	2.1	0.9	1.3	2.8	2.5
	2年以上15年未満	3962	41	18	126	91	35	89	51	91	81	151
		100.0	1.0	0.5	3.2	2.3	0.9	2.2	1.3	2.3	2.0	3.8
	15年以上	1722	0	4	43	44	4	70	31	74	20	68
		100.0	0.0	0.2	2.5	2.6	0.2	4.1	1.8	4.3	1.2	3.9
1週の平均作業時間 (問3附問2)	10時間未満	2688	23	10	95	41	38	43	22	32	70	106
		100.0	0.9	0.4	3.5	1.5	1.4	1.6	0.8	1.2	2.6	3.9
	10時間以上40時間未満	3070	26	14	66	58	29	75	41	57	61	106
		100.0	0.8	0.5	2.1	1.9	0.9	2.4	1.3	1.9	2.0	3.5
	40時間以上	2498	22	5	51	101	11	95	43	109	43	72
		100.0	0.9	0.2	2.0	4.0	0.4	3.8	1.7	4.4	1.7	2.9
独立自営業者の報酬総額 (問2附問4)	200万円未満	5289	45	23	131	99	76	115	42	83	135	168
		100.0	0.9	0.4	2.5	1.9	1.4	2.2	0.8	1.6	2.6	3.2
	200万円以上400万円未満	1189	12	3	35	54	1	24	25	44	17	45
		100.0	1.0	0.3	2.9	4.5	0.1	2.0	2.1	3.7	1.4	3.8
	400万円以上600万円未満	819	12	1	19	30	0	38	21	34	9	28
		100.0	1.5	0.1	2.3	3.7	0.0	4.6	2.6	4.2	1.1	3.4
	600万円以上	959	2	2	27	17	1	36	18	37	13	43
		100.0	0.2	0.2	2.8	1.8	0.1	3.8	1.9	3.9	1.4	4.5

あなたの独立自営業のお仕事の取引先数や報酬総額についてお伺いします。
Q2-1.2017年1月～12月の独立自営業のお仕事の取引先数は何社でしたか。お答えいただいた時点で取引が決まっている数をお答えください。
【SC8で2のみを回答しなかった回答者を対象】

		n	1社	2社	3～4社	5～9社	10～19社	20社以上
全体		6329	2717	1057	1101	749	367	338
		100.0	42.9	16.7	17.4	11.8	5.8	5.3
性別(SC2)	男性	4073	1667	667	721	500	267	251
		100.0	40.9	16.4	17.7	12.3	6.6	6.2
	女性	2256	1050	390	380	249	100	87
		100.0	46.5	17.3	16.8	11.0	4.4	3.9
年齢(SC1)	15歳～29歳	407	181	71	82	44	14	15
		100.0	44.5	17.4	20.1	10.8	3.4	3.7
	30歳～39歳	1298	572	208	221	159	80	58
		100.0	44.1	16.0	17.0	12.2	6.2	4.5
	40歳～49歳	1809	792	313	286	204	101	113
		100.0	43.8	17.3	15.8	11.3	5.6	6.2
	50歳～59歳	1587	664	256	284	196	103	84
		100.0	41.8	16.1	17.9	12.4	6.5	5.3
	60歳以上	1228	508	209	228	146	69	68
		100.0	41.4	17.0	18.6	11.9	5.6	5.5
学歴(問52)	中学校・高校	1293	595	227	210	128	61	72
		100.0	46.0	17.6	16.2	9.9	4.7	5.6
	各種専門学校	643	283	105	126	77	29	23
		100.0	44.0	16.3	19.6	12.0	4.5	3.6
	高等専門学校・短大	824	418	134	105	86	41	40
		100.0	50.7	16.3	12.7	10.4	5.0	4.9
	大学・大学院	3545	1411	591	653	454	235	201
		100.0	39.8	16.7	18.4	12.8	6.6	5.7
	その他	6	2	0	2	1	1	0
		100.0	33.3	0.0	33.3	16.7	16.7	0.0
既・未婚(問54)	既婚	3907	1686	636	666	450	232	237
		100.0	43.2	16.3	17.0	11.5	5.9	6.1
	未婚、離婚、死別	2422	1031	421	435	299	135	101
		100.0	42.6	17.4	18.0	12.3	5.6	4.2
居住地(問64)	23区・政令市	2093	828	360	392	266	126	121
		100.0	39.6	17.2	18.7	12.7	6.0	5.8
	市(人口10万人以上)	2689	1131	457	460	337	159	145
		100.0	42.1	17.0	17.1	12.5	5.9	5.4
	市(人口10万人未満)	1116	535	181	183	108	52	57
		100.0	47.9	16.2	16.4	9.7	4.7	5.1
	町村	431	223	59	66	38	30	15
		100.0	51.7	13.7	15.3	8.8	7.0	3.5
専業・兼業(SC7)	専業	3188	1284	472	544	426	227	235
		100.0	40.3	14.8	17.1	13.4	7.1	7.4
	兼業	3141	1433	585	557	323	140	103
		100.0	45.6	18.6	17.7	10.3	4.5	3.3
	うち独立自営業が本業	1002	370	182	210	128	59	53
		100.0	36.9	18.2	21.0	12.8	5.9	5.3
	うち独立自営業が副業	2139	1063	403	347	195	81	50
		100.0	49.7	18.8	16.2	9.1	3.8	2.3
主な仕事(問1-1)	事務関連	1283	625	232	192	115	63	56
		100.0	48.7	18.1	15.0	9.0	4.9	4.4
	デザイン・映像製作関連	611	185	111	139	113	34	29
		100.0	30.3	18.2	22.7	18.5	5.6	4.7
	IT関連	617	297	122	92	66	25	15
		100.0	48.1	19.8	14.9	10.7	4.1	2.4
	専門関連業務(医療、技術、講師、芸能、演奏など)	2487	886	415	496	350	182	158
		100.0	35.6	16.7	19.9	14.1	7.3	6.4
	生活関連サービス、理容・美容	358	205	45	50	28	13	17
		100.0	57.3	12.6	14.0	7.8	3.6	4.7
	現場作業関連(運輸、製造、修理、清掃など)	973	519	132	132	77	50	63
		100.0	53.3	13.6	13.6	7.9	5.1	6.5
独立自営業の経験年数(問30)	2年未満	2045	1154	325	278	165	70	53
		100.0	56.4	15.9	13.6	8.1	3.4	2.6
	2年以上15年未満	2979	1159	512	556	380	193	179
		100.0	38.9	17.2	18.7	12.8	6.5	6.0
	15年以上	1305	404	220	267	204	104	106
		100.0	31.0	16.9	20.5	15.6	8.0	8.1
1週の平均作業時間(問3附問2)	10時間未満	2072	1148	363	299	166	57	39
		100.0	55.4	17.5	14.4	8.0	2.8	1.9
	10時間以上40時間未満	2335	886	411	453	306	146	133
		100.0	37.9	17.6	19.4	13.1	6.3	5.7
	40時間以上	1922	683	283	349	277	164	166
		100.0	35.5	14.7	18.2	14.4	8.5	8.6
独立自営業者の報酬総額(問2附問4)	200万円未満	3944	1985	716	644	352	144	103
		100.0	50.3	18.2	16.3	8.9	3.7	2.6
	200万円以上400万円未満	911	302	145	204	137	71	52
		100.0	33.2	15.9	22.4	15.0	7.8	5.7
	400万円以上600万円未満	669	214	91	126	121	59	58
		100.0	32.0	13.6	18.8	18.1	8.8	8.7
	600万円以上	805	216	105	127	139	93	125
		100.0	26.8	13.0	15.8	17.3	11.6	15.5

注)Q2-1からQ2-2までは、SC8で2のみを回答しなかった回答者(6329人)が対象になる。

あなたの独立自営業のお仕事の取引先数や報酬総額についてお伺いします。
Q2-1.2017年1月～12月の独立自営業のお仕事の取引先数は何社でしたか。お答えいただいた時点で取引が決まっている数をお答えください。

		n	平均値	標準偏差	中央値
全体		6329	7.19	43.22	2
性別(SC2)	男性	4073	7.55	39.32	2
	女性	2256	6.55	49.50	2
年齢(SC1)	15歳～29歳	407	8.69	70.22	2
	30歳～39歳	1298	6.49	36.57	2
	40歳～49歳	1809	8.31	49.67	2
	50歳～59歳	1587	7.22	39.01	2
	60歳以上	1228	5.77	31.22	2
学歴(問52)	中学校・高校	1293	5.91	26.36	2
	各種専門学校	643	4.28	11.10	2
	高等専門学校・短大	824	7.69	53.47	1
	大学・大学院	3545	7.98	48.46	2
	その他	6	4.17	3.02	4
既・未婚(問54)	既婚	3907	7.85	45.52	2
	未婚、離婚、死別	2422	6.14	39.22	2
居住地(問64)	23区・政令市	2093	7.52	47.09	2
	市(人口10万人以上)	2689	7.80	45.89	2
	市(人口10万人未満)	1116	5.39	20.54	2
	町村	431	6.49	49.20	1
専業・兼業(SC7)	専業	3188	9.46	55.62	2
	兼業	3141	4.90	24.79	2
	うち独立自営業が本業	1002	7.32	38.05	2
	うち独立自営業が副業	2139	3.76	14.84	2
主な仕事(問1-1)	事務関連	1283	6.98	50.77	2
	デザイン・映像製作関連	611	6.28	41.34	3
	IT関連	617	5.22	35.62	2
	専門関連業務(医療、技術、講師、芸能、演奏など)	2487	7.71	38.22	2
	生活関連サービス、理容・美容	358	5.59	28.84	1
	現場作業関連(運輸、製造、修理、清掃など)	973	8.57	53.22	1
独立自営業の経験年数(問30)	2年未満	2045	4.03	26.10	1
	2年以上15年未満	2979	8.01	46.36	2
	15年以上	1305	10.28	55.32	3
1週の平均作業時間(問3附問2)	10時間未満	2072	4.11	33.02	1
	10時間以上40時間未満	2335	6.95	35.78	2
	40時間以上	1922	10.82	58.30	2
独立自営業者の報酬総額(問2附問4)	200万円未満	3944	4.62	33.68	1
	200万円以上400万円未満	911	7.84	34.38	3
	400万円以上600万円未満	669	7.29	17.98	3
	600万円以上	805	18.99	85.74	3

Q2-2.2017年1月～12月に事業者(法人・個人を含む)から受注した独立自営業のお仕事の件数はどのくらいでしたか。
お答えいただいた時点で受注が決まっている件数をお答えください。

		n	1件	2件	3～4件	5～9件	10～19件	20～29件	30件以上
全体		6329	1572	583	672	694	881	438	1489
		100.0	24.8	9.2	10.6	11.0	13.9	6.9	23.5
性別(SC2)	男性	4073	1013	364	435	437	557	292	975
		100.0	24.9	8.9	10.7	10.7	13.7	7.2	23.9
	女性	2256	559	219	237	257	324	146	514
		100.0	24.8	9.7	10.5	11.4	14.4	6.5	22.8
年齢(SC1)	15歳～29歳	407	101	37	61	52	56	28	72
		100.0	24.8	9.1	15.0	12.8	13.8	6.9	17.7
	30歳～39歳	1298	317	117	152	146	172	80	314
		100.0	24.4	9.0	11.7	11.2	13.3	6.2	24.2
	40歳～49歳	1809	472	181	160	173	262	139	422
		100.0	26.1	10.0	8.8	9.6	14.5	7.7	23.3
	50歳～59歳	1587	388	137	149	180	208	107	418
		100.0	24.4	8.6	9.4	11.3	13.1	6.7	26.3
	60歳以上	1228	294	111	150	143	183	84	263
		100.0	23.9	9.0	12.2	11.6	14.9	6.8	21.4
学歴(問52)	中学校・高校	1293	370	110	130	121	164	78	320
		100.0	28.6	8.5	10.1	9.4	12.7	6.0	24.7
	各種専門学校	643	168	57	55	75	84	47	157
		100.0	26.1	8.9	8.6	11.7	13.1	7.3	24.4
	高等専門学校・短大	824	232	87	62	88	120	48	187
		100.0	28.2	10.6	7.5	10.7	14.6	5.8	22.7
	大学・大学院	3545	793	328	424	407	512	262	819
		100.0	22.4	9.3	12.0	11.5	14.4	7.4	23.1
	その他	6	3	0	0	1	0	1	1
		100.0	50.0	0.0	0.0	16.7	0.0	16.7	16.7
既・未婚(問54)	既婚	3907	985	356	409	419	553	288	897
		100.0	25.2	9.1	10.5	10.7	14.2	7.4	23.0
	未婚、離婚、死別	2422	587	227	263	275	328	150	592
		100.0	24.2	9.4	10.9	11.4	13.5	6.2	24.4
居住地(問64)	23区・政令市	2093	479	191	227	228	278	174	516
		100.0	22.9	9.1	10.8	10.9	13.3	8.3	24.7
	市(人口10万人以上)	2689	631	261	287	301	386	173	650
		100.0	23.5	9.7	10.7	11.2	14.4	6.4	24.2
	市(人口10万人未満)	1116	319	96	120	123	166	64	228
		100.0	28.6	8.6	10.8	11.0	14.9	5.7	20.4
	町村	431	143	35	38	42	51	27	95
		100.0	33.2	8.1	8.8	9.7	11.8	6.3	22.0
専業・兼業(SC7)	専業	3188	740	265	286	322	445	223	907
		100.0	23.2	8.3	9.0	10.1	14.0	7.0	28.5
	兼業	3141	832	318	386	372	436	215	582
		100.0	26.5	10.1	12.3	11.8	13.9	6.8	18.5
	うち独立自営業が本業	1002	237	92	120	112	124	76	241
		100.0	23.7	9.2	12.0	11.2	12.4	7.6	24.1
	うち独立自営業が副業	2139	595	226	266	260	312	139	341
		100.0	27.8	10.6	12.4	12.2	14.6	6.5	15.9
主な仕事(問1-1)	事務関連	1283	344	123	143	152	190	80	251
		100.0	26.8	9.6	11.1	11.8	14.8	6.2	19.6
	デザイン・映像製作関連	611	78	51	61	80	108	54	179
		100.0	12.8	8.3	10.0	13.1	17.7	8.8	29.3
	IT関連	617	200	76	73	72	82	36	78
		100.0	32.4	12.3	11.8	11.7	13.3	5.8	12.6
	専門関連業務(医療、技術、講師、芸能、演奏など)	2487	460	240	305	291	359	193	639
		100.0	18.5	9.7	12.3	11.7	14.4	7.8	25.7
	生活関連サービス、理容・美容	358	146	29	27	23	36	22	75
		100.0	40.8	8.1	7.5	6.4	10.1	6.1	20.9
	現場作業関連(運輸、製造、修理、清掃など)	973	344	64	63	76	106	53	267
		100.0	35.4	6.6	6.5	7.8	10.9	5.4	27.4
独立自営業の経験年数(問30)	2年未満	2045	721	216	233	236	256	93	290
		100.0	35.3	10.6	11.4	11.5	12.5	4.5	14.2
	2年以上15年未満	2979	639	268	303	314	443	240	772
		100.0	21.5	9.0	10.2	10.5	14.9	8.1	25.9
	15年以上	1305	212	99	136	144	182	105	427
		100.0	16.2	7.6	10.4	11.0	13.9	8.0	32.7
1週の平均作業時間(問3附問2)	10時間未満	2072	704	234	254	243	280	119	238
		100.0	34.0	11.3	12.3	11.7	13.5	5.7	11.5
	10時間以上40時間未満	2335	474	201	252	252	334	182	640
		100.0	20.3	8.6	10.8	10.8	14.3	7.8	27.4
	40時間以上	1922	394	148	166	199	267	137	611
		100.0	20.5	7.7	8.6	10.4	13.9	7.1	31.8
独立自営業者の報酬総額(問2附問4)	200万円未満	3944	1151	409	460	450	574	251	649
		100.0	29.2	10.4	11.7	11.4	14.6	6.4	16.5
	200万円以上400万円未満	911	169	72	99	82	119	78	292
		100.0	18.6	7.9	10.9	9.0	13.1	8.6	32.1
	400万円以上600万円未満	669	123	45	46	79	87	56	233
		100.0	18.4	6.7	6.9	11.8	13.0	8.4	34.8
	600万円以上	805	129	57	67	83	101	53	315
		100.0	16.0	7.1	8.3	10.3	12.5	6.6	39.1

Q2-2.2017年1月～12月に事業者（法人・個人を含む）から受注した独立自営業のお仕事の件数はどのくらいでしたか。
お答えいただいた時点で受注が決まっている件数をお答えください。

		n	平均値	標準偏差	中央値
全体		6329	53.91	341.41	5
性別(SC2)	男性	4073	53.74	310.80	5
	女性	2256	54.21	390.64	5
年齢(SC1)	15歳～29歳	407	49.85	500.86	5
	30歳～39歳	1298	47.28	223.81	5
	40歳～49歳	1809	63.12	419.51	5
	50歳～59歳	1587	49.64	210.58	6
	60歳以上	1228	54.21	384.55	5
学歴(問52)	中学校・高校	1293	53.61	260.98	5
	各種専門学校	643	64.67	407.35	5
	高等専門学校・短大	824	49.57	216.92	5
	大学・大学院	3545	53.11	377.00	5
	その他	6	13.00	17.86	3
既・未婚(問54)	既婚	3907	55.97	363.99	5
	未婚、離婚、死別	2422	50.58	301.41	5
居住地(問64)	23区・政令市	2093	53.73	350.34	6
	市（人口10万人以上）	2689	53.30	327.10	5
	市（人口10万人未満）	1116	49.31	357.34	5
	町村	431	70.48	342.15	4
専業・兼業(SC7)	専業	3188	71.03	400.80	8
	兼業	3141	36.53	266.86	5
	うち独立自営業が本業	1002	58.59	344.71	5
	うち独立自営業が副業	2139	26.19	220.41	4
主な仕事(問1-1)	事務関連	1283	73.06	595.67	5
	デザイン・映像製作関連	611	42.40	177.63	10
	IT関連	617	40.49	284.37	3
	専門関連業務（医療、技術、講師、芸能、演奏など）	2487	39.57	150.12	7
	生活関連サービス、理容・美容	358	54.91	207.26	3
	現場作業関連（運輸、製造、修理、清掃など）	973	80.68	379.30	5
独立自営業の経験年数(問30)	2年未満	2045	29.91	262.08	3
	2年以上15年未満	2979	66.23	423.99	8
	15年以上	1305	63.39	214.32	10
1週の平均作業時間(問3附問2)	10時間未満	2072	15.43	47.69	3
	10時間以上40時間未満	2335	60.03	408.40	8
	40時間以上	1922	87.95	419.45	10
独立自営業者の報酬総額(問2附問4)	200万円未満	3944	31.37	260.39	4
	200万円以上400万円未満	911	68.36	292.38	10
	400万円以上600万円未満	669	91.13	398.45	12
	600万円以上	805	117.03	589.63	12

Q2-3.そのうち、仲介組織（クラウドソーシングの会社（※1）や仲介会社）を介してお仕事を受注した数はどのくらいでしたか。（※1）クラウドソーシングの会社とは、インターネットを利用して不特定多数の人に業務を発注したり、受注者の募集が出来るWebサービスを提供する会社等のことです。
【SC8で3もしくは4とした回答者を対象】

		n	0件	1件	2件	3〜4件	5〜9件	10〜19件	20件以上	無回答
全体		2225	126	607	220	201	215	225	389	242
		100.0	5.7	27.3	9.9	9.0	9.7	10.1	17.5	10.9
性別(SC2)	男性	1220	88	348	105	100	99	111	197	172
		100.0	7.2	28.5	8.6	8.2	8.1	9.1	16.1	14.1
	女性	1005	38	259	115	101	116	114	192	70
		100.0	3.8	25.8	11.4	10.0	11.5	11.3	19.1	7.0
年齢(SC1)	15歳〜29歳	251	6	59	31	37	33	29	44	12
		100.0	2.4	23.5	12.4	14.7	13.1	11.6	17.5	4.8
	30歳〜39歳	666	24	195	73	64	68	73	125	44
		100.0	3.6	29.3	11.0	9.6	10.2	11.0	18.8	6.6
	40歳〜49歳	621	35	170	66	55	58	69	105	63
		100.0	5.6	27.4	10.6	8.9	9.3	11.1	16.9	10.1
	50歳〜59歳	441	38	122	33	34	39	31	84	60
		100.0	8.6	27.7	7.5	7.7	8.8	7.0	19.0	13.6
	60歳以上	246	23	61	17	11	17	23	31	63
		100.0	9.3	24.8	6.9	4.5	6.9	9.3	12.6	25.6
学歴(問52)	中学校・高校	445	29	126	41	44	36	37	73	59
		100.0	6.5	28.3	9.2	9.9	8.1	8.3	16.4	13.3
	各種専門学校	219	16	76	25	14	21	17	38	12
		100.0	7.3	34.7	11.4	6.4	9.6	7.8	17.4	5.5
	高等専門学校・短大	284	11	79	34	28	28	24	48	32
		100.0	3.9	27.8	12.0	9.9	9.9	8.5	16.9	11.3
	大学・大学院	1263	70	320	119	114	129	146	228	137
		100.0	5.5	25.3	9.4	9.0	10.2	11.6	18.1	10.8
	その他	4	0	2	0	0	0	0	1	1
		100.0	0.0	50.0	0.0	0.0	0.0	0.0	25.0	25.0
既・未婚(問54)	既婚	1364	71	384	140	123	120	139	235	152
		100.0	5.2	28.2	10.3	9.0	8.8	10.2	17.2	11.1
	未婚、離婚、死別	861	55	223	80	78	95	86	154	90
		100.0	6.4	25.9	9.3	9.1	11.0	10.0	17.9	10.5
居住地(問64)	23区・政令市	682	44	190	63	61	58	59	137	70
		100.0	6.5	27.9	9.2	8.9	8.5	8.7	20.1	10.3
	市(人口10万人以上)	954	53	231	97	89	111	98	166	109
		100.0	5.6	24.2	10.2	9.3	11.6	10.3	17.4	11.4
	市(人口10万人未満)	423	21	123	47	38	32	50	63	49
		100.0	5.0	29.1	11.1	9.0	7.6	11.8	14.9	11.6
	町村	166	8	63	13	13	14	18	23	14
		100.0	4.8	38.0	7.8	7.8	8.4	10.8	13.9	8.4
専業・兼業(SC7)	専業	767	59	206	58	62	63	76	147	96
		100.0	7.7	26.9	7.6	8.1	8.2	9.9	19.2	12.5
	兼業	1458	67	401	162	139	152	149	242	146
		100.0	4.6	27.5	11.1	9.5	10.4	10.2	16.6	10.0
	うち独立自営業が本業	301	36	76	30	22	23	29	49	36
		100.0	12.0	25.2	10.0	7.3	7.6	9.6	16.3	12.0
	うち独立自営業が副業	1157	31	325	132	117	129	120	193	110
		100.0	2.7	28.1	11.4	10.1	11.1	10.4	16.7	9.5
主な仕事(問1-1)	事務関連	791	4	220	96	82	97	94	150	48
		100.0	0.5	27.8	12.1	10.4	12.3	11.9	19.0	6.1
	デザイン・映像製作関連	171	13	36	25	20	13	16	36	12
		100.0	7.6	21.1	14.6	11.7	7.6	9.4	21.1	7.0
	IT関連	196	9	66	16	20	22	17	28	18
		100.0	4.6	33.7	8.2	10.2	11.2	8.7	14.3	9.2
	専門関連業務(医療、技術、講師、芸能、演奏など)	658	68	142	55	53	56	69	128	87
		100.0	10.3	21.6	8.4	8.1	8.5	10.5	19.5	13.2
	生活関連サービス、理容・美容	116	10	42	9	11	7	7	12	18
		100.0	8.6	36.2	7.8	9.5	6.0	6.0	10.3	15.5
	現場作業関連(運輸、製造、修理、清掃など)	293	22	101	19	15	20	22	35	59
		100.0	7.5	34.5	6.5	5.1	6.8	7.5	11.9	20.1
独立自営業の経験年数(問30)	2年未満	1141	26	366	126	115	125	124	175	84
		100.0	2.3	32.1	11.0	10.1	11.0	10.9	15.3	7.4
	2年以上15年未満	867	65	197	85	72	76	88	165	119
		100.0	7.5	22.7	9.8	8.3	8.8	10.1	19.0	13.7
	15年以上	217	35	44	9	14	14	13	49	39
		100.0	16.1	20.3	4.1	6.5	6.5	6.0	22.6	18.0
1週の平均作業時間(問3附問2)	10時間未満	1037	39	336	115	104	111	95	130	107
		100.0	3.8	32.4	11.1	10.0	10.7	9.2	12.5	10.3
	10時間以上40時間未満	733	50	151	68	58	69	88	163	86
		100.0	6.8	20.6	9.3	7.9	9.4	12.0	22.2	11.7
	40時間以上	455	37	120	37	39	35	42	96	49
		100.0	8.1	26.4	8.1	8.6	7.7	9.2	21.1	10.8
独立自営業者の報酬総額(問2附問4)	200万円未満	1694	68	487	175	166	171	180	291	156
		100.0	4.0	28.7	10.3	9.8	10.1	10.6	17.2	9.2
	200万円以上400万円未満	231	21	56	23	17	13	22	45	34
		100.0	9.1	24.2	10.0	7.4	5.6	9.5	19.5	14.7
	400万円以上600万円未満	124	13	30	8	4	15	11	21	22
		100.0	10.5	24.2	6.5	3.2	12.1	8.9	16.9	17.7
	600万円以上	176	24	34	14	14	16	12	32	30
		100.0	13.6	19.3	8.0	8.0	9.1	6.8	18.2	17.0

Q2-3.そのうち、仲介組織（クラウドソーシングの会社（※1）や仲介会社）を介してお仕事を受注した数はどのくらいでしたか。（※1）クラウドソーシングの会社とは、インターネットを利用して不特定多数の人に業務を発注したり、受注者の募集が出来るWebサービスを提供する会社等のことです。
【Q2-3で無回答でなかった回答者を対象】

		n	平均値	標準偏差	中央値
全体		1983	38.14	354.83	3
性別(SC2)	男性	1048	43.27	370.59	2
	女性	935	32.39	336.21	3
年齢(SC1)	15歳〜29歳	239	56.27	645.78	3
	30歳〜39歳	622	24.38	109.62	3
	40歳〜49歳	558	50.84	437.43	3
	50歳〜59歳	381	30.12	166.20	2
	60歳以上	183	39.26	369.02	2
学歴(問52)	中学校・高校	386	25.74	143.35	2
	各種専門学校	207	68.43	638.48	2
	高等専門学校・短大	252	47.13	327.36	3
	大学・大学院	1126	35.12	339.86	3
	その他	3	16.33	21.68	1
既・未婚(問54)	既婚	1212	33.98	331.05	3
	未婚、離婚、死別	771	44.69	389.20	3
居住地(問64)	23区・政令市	612	28.96	167.25	3
	市(人口10万人以上)	845	46.16	393.93	3
	市(人口10万人未満)	374	45.04	519.77	2
	町村	152	13.55	33.68	2
専業・兼業(SC7)	専業	671	50.88	450.57	3
	兼業	1312	31.63	293.85	3
	うち独立自営業が本業	265	40.38	232.57	2
	うち独立自営業が副業	1047	29.42	307.39	3
主な仕事(問1-1)	事務関連	743	61.09	546.40	3
	デザイン・映像製作関連	159	13.64	28.83	3
	IT関連	178	47.70	318.32	2
	専門関連業務(医療、技術、講師、芸能、演奏など)	571	20.29	49.10	3
	生活関連サービス、理容・美容	98	8.10	18.47	1
	現場作業関連(運輸、製造、修理、清掃など)	234	30.81	178.81	1
独立自営業の経験年数(問30)	2年未満	1057	20.30	132.03	3
	2年以上15年未満	748	61.30	548.73	3
	15年以上	178	46.75	172.09	3
1週の平均作業時間(問3附問2)	10時間未満	930	14.83	54.48	2
	10時間以上40時間未満	647	59.57	554.70	4
	40時間以上	406	57.39	339.83	
独立自営業者の報酬総額(問2附問4)	200万円未満	1538	34.04	364.36	3
	200万円以上400万円未満	197	33.91	218.05	2
	400万円以上600万円未満	102	65.11	300.04	3
	600万円以上	146	68.19	427.70	3

Q2-4.2017年1月～12月の間に、独立自営業のお仕事で得た報酬総額はどのくらいですか。
12月については、お答えいただいた時点で分かっている報酬額を算入してお答えください。＊税金・社会保険料などを差し引かれる前の額（額面）でお答えください。

SA

		n	50万円未満	50万円以上～100万円未満	100万円以上～150万円未満	150万円以上～200万円未満	200万円以上～250万円未満	250万円以上～300万円未満	300万円以上～400万円未満	400万円以上～500万円未満	500万円以上～600万円未満	600万円以上～700万円未満	700万円以上～800万円未満	800万円以上～900万円未満	900万円以上～1000万円未満	1000万円以上～1500万円未満	1500万円以上
全体		8256	3294	982	602	411	372	334	483	483	336	222	174	133	108	179	143
		100.0	39.9	11.9	7.3	5.0	4.5	4.0	5.9	5.9	4.1	2.7	2.1	1.6	1.3	2.2	1.7
性別(SC2)	男性	5190	1620	547	355	280	265	249	372	397	272	192	156	111	97	155	122
		100.0	31.2	10.5	6.8	5.4	5.1	4.8	7.2	7.6	5.2	3.7	3.0	2.1	1.9	3.0	2.4
	女性	3066	1674	435	247	131	107	85	111	86	64	30	18	22	11	24	21
		100.0	54.6	14.2	8.1	4.3	3.5	2.8	3.6	2.8	2.1	1.0	0.6	0.7	0.4	0.8	0.7
年齢(SC1)	15歳～29歳	547	342	62	40	15	21	12	14	21	6	4	3	2	0	1	4
		100.0	62.5	11.3	7.3	2.7	3.8	2.2	2.6	3.8	1.1	0.7	0.5	0.4	0.0	0.2	0.7
	30歳～39歳	1745	950	183	126	73	61	52	71	63	47	27	27	17	11	21	16
		100.0	54.4	10.5	7.2	4.2	3.5	3.0	4.1	3.6	2.7	1.5	1.5	1.0	0.6	1.2	0.9
	40歳～49歳	2378	976	249	161	115	100	108	135	144	87	70	47	36	37	52	61
		100.0	41.0	10.5	6.8	4.8	4.2	4.5	5.7	6.1	3.7	2.9	2.0	1.5	1.6	2.2	2.6
	50歳～59歳	2050	631	245	127	87	102	82	150	149	130	68	67	55	43	66	48
		100.0	30.8	12.0	6.2	4.2	5.0	4.0	7.3	7.3	6.3	3.3	3.3	2.7	2.1	3.2	2.3
	60歳以上	1536	395	243	148	121	88	80	113	106	66	53	30	23	17	39	14
		100.0	25.7	15.8	9.6	7.9	5.7	5.2	7.4	6.9	4.3	3.5	2.0	1.5	1.1	2.5	0.9
学歴(問52)	中学校・高校	1733	716	211	115	86	85	80	106	110	58	42	41	17	13	27	26
		100.0	41.3	12.2	6.6	5.0	4.9	4.6	6.1	6.3	3.3	2.4	2.4	1.0	0.8	1.6	1.5
	各種専門学校	871	381	94	58	42	38	43	49	40	33	26	16	15	9	15	12
		100.0	43.7	10.8	6.7	4.8	4.4	4.9	5.6	4.6	3.8	3.0	1.8	1.7	1.0	1.7	1.4
	高等専門学校・短大	1121	529	133	80	52	48	39	57	56	37	24	24	15	9	10	8
		100.0	47.2	11.9	7.1	4.6	4.3	3.5	5.1	5.0	3.3	2.1	2.1	1.3	0.8	0.9	0.7
	大学・大学院	4499	1652	541	346	231	199	171	270	275	207	130	93	85	77	127	95
		100.0	36.7	12.0	7.7	5.1	4.4	3.8	6.0	6.1	4.6	2.9	2.1	1.9	1.7	2.8	2.1
	その他	9	3	1	1	0	1	1	0	1	0	0	0	0	0	0	1
		100.0	33.3	11.1	11.1	0.0	11.1	11.1	0.0	11.1	0.0	0.0	0.0	0.0	0.0	0.0	11.1
既・未婚(問54)	既婚	5025	2000	634	335	240	204	180	281	280	217	147	117	82	74	141	93
		100.0	39.8	12.6	6.7	4.8	4.1	3.6	5.6	5.6	4.3	2.9	2.3	1.6	1.5	2.8	1.9
	未婚、離婚、死別	3231	1294	348	267	171	168	154	202	203	119	75	57	51	34	38	50
		100.0	40.0	10.8	8.3	5.3	5.2	4.8	6.3	6.3	3.7	2.3	1.8	1.6	1.1	1.2	1.5
居住地(問64)	23区・政令市	2617	904	307	184	138	121	102	183	180	113	90	66	61	58	62	48
		100.0	34.5	11.7	7.0	5.3	4.6	3.9	7.0	6.9	4.3	3.4	2.5	2.3	2.2	2.4	1.8
	市(人口10万人以上)	3534	1455	411	268	178	169	143	186	203	133	84	71	54	28	83	68
		100.0	41.2	11.6	7.6	5.0	4.8	4.0	5.3	5.7	3.8	2.4	2.0	1.5	0.8	2.3	1.9
	市(人口10万人未満)	1511	650	182	112	69	61	62	88	78	69	40	30	12	17	26	15
		100.0	43.0	12.0	7.4	4.6	4.0	4.1	5.8	5.2	4.6	2.6	2.0	0.8	1.1	1.7	1.0
	町村	594	285	82	38	26	21	27	26	22	21	8	7	6	5	8	12
		100.0	48.0	13.8	6.4	4.4	3.5	4.5	4.4	3.7	3.5	1.3	1.2	1.0	0.8	1.3	2.0
専業・兼業(SC7)	専業	4083	1017	439	312	225	199	208	357	351	244	169	128	111	75	139	109
		100.0	24.9	10.8	7.6	5.5	4.9	5.1	8.7	8.6	6.0	4.1	3.1	2.7	1.8	3.4	2.7
	兼業	4173	2277	543	290	186	173	126	126	132	92	53	46	22	33	40	34
		100.0	54.6	13.0	6.9	4.5	4.1	3.0	3.0	3.2	2.2	1.3	1.1	0.5	0.8	1.0	0.8
	うち独立自営業が本業	1335	414	174	118	94	93	75	74	83	59	33	37	14	23	25	19
		100.0	31.0	13.0	8.8	7.0	7.0	5.6	5.5	6.2	4.4	2.5	2.8	1.0	1.7	1.9	1.4
	うち独立自営業が副業	2838	1863	369	172	92	80	51	52	49	33	20	9	8	10	15	15
		100.0	65.6	13.0	6.1	3.2	2.8	1.8	1.8	1.7	1.2	0.7	0.3	0.3	0.4	0.5	0.5
主な仕事(問1-1)	事務関連	1560	995	162	95	59	36	26	43	37	32	19	13	9	6	20	8
		100.0	63.8	10.4	6.1	3.8	2.3	1.7	2.8	2.4	2.1	1.2	0.8	0.6	0.4	1.3	0.5
	デザイン・映像製作関連	731	302	84	52	38	30	32	44	44	37	16	17	10	3	12	10
		100.0	41.3	11.5	7.1	5.2	4.1	4.4	6.0	6.0	5.1	2.2	2.3	1.4	0.4	1.6	1.4
	IT関連	705	217	78	49	32	38	38	40	56	27	35	31	15	20	20	9
		100.0	30.8	11.1	7.0	4.5	5.4	5.4	5.7	7.9	3.8	5.0	4.4	2.1	2.8	2.8	1.3
	専門関連業務(医療、技術、講師、芸能、演奏など)	3266	1087	404	259	179	163	141	220	203	156	94	80	71	51	89	69
		100.0	33.3	12.4	7.9	5.5	5.0	4.3	6.7	6.2	4.8	2.9	2.4	2.2	1.6	2.7	2.1
	生活関連サービス、理容・美容	741	290	96	56	37	50	40	38	41	26	19	8	7	8	8	17
		100.0	39.1	13.0	7.6	5.0	6.7	5.4	5.1	5.5	3.5	2.6	1.1	0.9	1.1	1.1	2.3
	現場作業関連(運輸、製造、修理、清掃など)	1253	403	158	91	66	55	57	98	102	58	39	25	21	20	30	30
		100.0	32.2	12.6	7.3	5.3	4.4	4.5	7.8	8.1	4.6	3.1	2.0	1.7	1.6	2.4	2.4
独立自営業の経験年数(問30)	2年未満	2572	1772	253	127	74	63	41	68	65	27	16	13	11	9	10	23
		100.0	68.9	9.8	4.9	2.9	2.4	1.6	2.6	2.5	1.0	0.6	0.5	0.4	0.3	0.4	0.9
	2年以上15年未満	3962	1190	543	348	242	210	201	263	261	190	128	88	64	69	104	61
		100.0	30.0	13.7	8.8	6.1	5.3	5.1	6.6	6.6	4.8	3.2	2.2	1.6	1.7	2.6	1.5
	15年以上	1722	332	186	127	95	99	92	152	157	119	78	73	58	30	65	59
		100.0	19.3	10.8	7.4	5.5	5.7	5.3	8.8	9.1	6.9	4.5	4.2	3.4	1.7	3.8	3.4
1週の平均作業時間(問3附問2)	10時間未満	2688	1899	290	115	76	59	44	49	37	34	16	12	8	9	14	26
		100.0	70.6	10.8	4.3	2.8	2.2	1.6	1.8	1.4	1.3	0.6	0.4	0.3	0.3	0.5	1.0
	10時間以上40時間未満	3070	958	455	326	212	167	142	215	183	119	74	55	39	33	54	38
		100.0	31.2	14.8	10.6	6.9	5.4	4.6	7.0	6.0	3.9	2.4	1.8	1.3	1.1	1.8	1.2
	40時間以上	2498	437	237	161	123	146	148	219	263	183	132	107	86	66	111	79
		100.0	17.5	9.5	6.4	4.9	5.8	5.9	8.8	10.5	7.3	5.3	4.3	3.4	2.6	4.4	3.2
独立自営業者の報酬総額(問2附問4)	200万円未満	5289	3294	982	602	411	0	0	0	0	0	0	0	0	0	0	0
		100.0	62.3	18.6	11.4	7.8	0.0	0.0	0.0	0.0	0.0	0.0	0.0	0.0	0.0	0.0	0.0
	200万円以上400万円未満	1189	0	0	0	0	372	334	483	0	0	0	0	0	0	0	0
		100.0	0.0	0.0	0.0	0.0	31.3	28.1	40.6	0.0	0.0	0.0	0.0	0.0	0.0	0.0	0.0
	400万円以上600万円未満	819	0	0	0	0	0	0	0	483	336	0	0	0	0	0	0
		100.0	0.0	0.0	0.0	0.0	0.0	0.0	0.0	59.0	41.0	0.0	0.0	0.0	0.0	0.0	0.0
	600万円以上	959	0	0	0	0	0	0	0	0	0	222	174	133	108	179	143
		100.0	0.0	0.0	0.0	0.0	0.0	0.0	0.0	0.0	0.0	23.1	18.1	13.9	11.3	18.7	14.9

独立自営業のお仕事の作業時間についてお伺いします。
Q3-1.2017年1月～12月に、1ヵ月あたり平均何日くらい独立自営業のお仕事に携わりましたか。12月については、見込みの日数を算入してお答えください。
SA

		n	1～4日	5～9日	10～14日	15～19日	20～24日	25～30日
全体		8256	1726	1201	1197	973	1826	1333
		100.0	20.9	14.5	14.5	11.8	22.1	16.1
性別(SC2)	男性	5190	1022	701	672	578	1240	977
		100.0	19.7	13.5	12.9	11.1	23.9	18.8
	女性	3066	704	500	525	395	586	356
		100.0	23.0	16.3	17.1	12.9	19.1	11.6
年齢(SC1)	15歳～29歳	547	131	103	97	65	90	61
		100.0	23.9	18.8	17.7	11.9	16.5	11.2
	30歳～39歳	1745	455	279	270	186	300	255
		100.0	26.1	16.0	15.5	10.7	17.2	14.6
	40歳～49歳	2378	484	324	318	250	576	426
		100.0	20.4	13.6	13.4	10.5	24.2	17.9
	50歳～59歳	2050	381	235	255	231	553	395
		100.0	18.6	11.5	12.4	11.3	27.0	19.3
	60歳以上	1536	275	260	257	241	307	196
		100.0	17.9	16.9	16.7	15.7	20.0	12.8
学歴(問52)	中学校・高校	1733	300	210	235	219	423	346
		100.0	17.3	12.1	13.6	12.6	24.4	20.0
	各種専門学校	871	182	102	112	88	204	183
		100.0	20.9	11.7	12.9	10.1	23.4	21.0
	高等専門学校・短大	1121	261	160	175	130	237	158
		100.0	23.3	14.3	15.6	11.6	21.1	14.1
	大学・大学院	4499	977	724	670	533	955	640
		100.0	21.7	16.1	14.9	11.8	21.2	14.2
	その他	9	0	2	2	3	0	2
		100.0	0.0	22.2	22.2	33.3	0.0	22.2
既・未婚(問54)	既婚	5025	1101	771	760	610	1052	731
		100.0	21.9	15.3	15.1	12.1	20.9	14.5
	未婚、離婚、死別	3231	625	430	437	363	774	602
		100.0	19.3	13.3	13.5	11.2	24.0	18.6
居住地(問64)	23区・政令市	2617	556	384	373	305	599	400
		100.0	21.2	14.7	14.3	11.7	22.9	15.3
	市(人口10万人以上)	3534	747	514	528	426	767	552
		100.0	21.1	14.5	14.9	12.1	21.7	15.6
	市(人口10万人未満)	1511	293	221	220	182	340	255
		100.0	19.4	14.6	14.6	12.0	22.5	16.9
	町村	594	130	82	76	60	120	126
		100.0	21.9	13.8	12.8	10.1	20.2	21.2
専業・兼業(SC7)	専業	4083	448	385	481	519	1293	957
		100.0	11.0	9.4	11.8	12.7	31.7	23.4
	兼業	4173	1278	816	716	454	533	376
		100.0	30.6	19.6	17.2	10.9	12.8	9.0
	うち独立自営業が本業	1335	188	178	230	207	317	215
		100.0	14.1	13.3	17.2	15.5	23.7	16.1
	うち独立自営業が副業	2838	1090	638	486	247	216	161
		100.0	38.4	22.5	17.1	8.7	7.6	5.7
主な仕事(問1-1)	事務関連	1560	418	308	281	169	221	163
		100.0	26.8	19.7	18.0	10.8	14.2	10.4
	デザイン・映像製作関連	731	130	100	117	88	165	131
		100.0	17.8	13.7	16.0	12.0	22.6	17.9
	IT関連	705	84	84	111	87	225	114
		100.0	11.9	11.9	15.7	12.3	31.9	16.2
	専門関連業務(医療、技術、講師、芸能、演奏など)	3266	682	473	446	419	740	506
		100.0	20.9	14.5	13.7	12.8	22.7	15.5
	生活関連サービス、理容・美容	741	168	79	91	72	174	157
		100.0	22.7	10.7	12.3	9.7	23.5	21.2
	現場作業関連(運輸、製造、修理、清掃など)	1253	244	157	151	138	301	262
		100.0	19.5	12.5	12.1	11.0	24.0	20.9
独立自営業の経験年数(問30)	2年未満	2572	857	437	430	251	363	234
		100.0	33.3	17.0	16.7	9.8	14.1	9.1
	2年以上15年未満	3962	676	595	591	504	953	643
		100.0	17.1	15.0	14.9	12.7	24.1	16.2
	15年以上	1722	193	169	176	218	510	456
		100.0	11.2	9.8	10.2	12.7	29.6	26.5
1週の平均作業時間(問3附問2)	10時間未満	2688	1366	589	360	128	133	112
		100.0	50.8	21.9	13.4	4.8	4.9	4.2
	10時間以上40時間未満	3070	248	491	637	640	770	284
		100.0	8.1	16.0	20.7	20.8	25.1	9.3
	40時間以上	2498	112	121	200	205	923	937
		100.0	4.5	4.8	8.0	8.2	36.9	37.5
独立自営業者の報酬総額(問2附問4)	200万円未満	5289	1543	1000	933	573	735	505
		100.0	29.2	18.9	17.6	10.8	13.9	9.5
	200万円以上400万円未満	1189	85	112	149	182	369	292
		100.0	7.1	9.4	12.5	15.3	31.0	24.6
	400万円以上600万円未満	819	44	48	58	106	346	217
		100.0	5.4	5.9	7.1	12.9	42.2	26.5
	600万円以上	959	54	41	57	112	376	319
		100.0	5.6	4.3	5.9	11.7	39.2	33.3

Q3-2.2017年1月～12月の間で、1週間あたり平均何時間くらい独立自営業のお仕事に携わりましたか。12月については、見込みの時間数を算入してお答えください。
SA

		n	70時間以上	60時間未満~	50時間未満~	40時間未満~	30時間未満~	20時間未満~	15時間以上~	5時間以上~	1時間未満
全体		8256	629	303	548	1018	1049	984	1037	990	1039	659
		100.0	7.6	3.7	6.6	12.3	12.7	11.9	12.6	12.0	12.6	8.0
性別(SC2)	男性	5190	462	219	420	790	706	587	598	490	524	394
		100.0	8.9	4.2	8.1	15.2	13.6	11.3	11.5	9.4	10.1	7.6
	女性	3066	167	84	128	228	343	397	439	500	515	265
		100.0	5.4	2.7	4.2	7.4	11.2	12.9	14.3	16.3	16.8	8.6
年齢(SC1)	15歳～29歳	547	33	18	26	46	66	60	66	92	84	56
		100.0	6.0	3.3	4.8	8.4	12.1	11.0	12.1	16.8	15.4	10.2
	30歳～39歳	1745	114	58	98	181	180	181	224	245	298	166
		100.0	6.5	3.3	5.6	10.4	10.3	10.4	12.8	14.0	17.1	9.5
	40歳～49歳	2378	220	99	182	294	292	271	272	259	282	207
		100.0	9.3	4.2	7.7	12.4	12.3	11.4	11.4	10.9	11.9	8.7
	50歳～59歳	2050	183	77	168	331	293	204	229	208	195	162
		100.0	8.9	3.8	8.2	16.1	14.3	10.0	11.2	10.1	9.5	7.9
	60歳以上	1536	79	51	74	166	218	268	246	186	180	68
		100.0	5.1	3.3	4.8	10.8	14.2	17.4	16.0	12.1	11.7	4.4
学歴(問52)	中学校・高校	1733	159	86	128	221	209	214	215	199	177	125
		100.0	9.2	5.0	7.4	12.8	12.1	12.3	12.4	11.5	10.2	7.2
	各種専門学校	871	97	40	86	107	97	86	78	94	117	69
		100.0	11.1	4.6	9.9	12.3	11.1	9.9	9.0	10.8	13.4	7.9
	高等専門学校・短大	1121	74	33	63	126	142	129	149	147	163	95
		100.0	6.6	2.9	5.6	11.2	12.7	11.5	13.3	13.1	14.5	8.5
	大学・大学院	4499	297	144	270	559	599	550	592	545	576	367
		100.0	6.6	3.2	6.0	12.4	13.3	12.2	13.2	12.1	12.8	8.2
	その他	9	0	0	0	2	1	1	2	1	2	0
		100.0	0.0	0.0	0.0	22.2	11.1	11.1	22.2	11.1	22.2	0.0
既・未婚(問54)	既婚	5025	336	182	315	582	608	604	669	647	665	417
		100.0	6.7	3.6	6.3	11.6	12.1	12.0	13.3	12.9	13.2	8.3
	未婚、離婚、死別	3231	293	121	233	436	441	380	368	343	374	242
		100.0	9.1	3.7	7.2	13.5	13.6	11.8	11.4	10.6	11.6	7.5
居住地(問64)	23区・政令市	2617	201	88	170	337	354	315	330	300	331	191
		100.0	7.7	3.4	6.5	12.9	13.5	12.0	12.6	11.5	12.6	7.3
	市(人口10万人以上)	3534	253	128	233	428	455	435	444	426	440	292
		100.0	7.2	3.6	6.6	12.1	12.9	12.3	12.6	12.1	12.5	8.3
	市(人口10万人未満)	1511	115	64	113	174	192	167	184	197	193	112
		100.0	7.6	4.2	7.5	11.5	12.7	11.1	12.2	13.0	12.8	7.4
	町村	594	60	23	32	79	48	67	79	67	75	64
		100.0	10.1	3.9	5.4	13.3	8.1	11.3	13.3	11.3	12.6	10.8
専業・兼業(SC7)	専業	4083	424	201	377	724	644	498	406	320	297	192
		100.0	10.4	4.9	9.2	17.7	15.8	12.2	9.9	7.8	7.3	4.7
	兼業	4173	205	102	171	294	405	486	631	670	742	467
		100.0	4.9	2.4	4.1	7.0	9.7	11.6	15.1	16.1	17.8	11.2
	うち独立自営業が本業	1335	110	52	108	177	214	191	182	128	110	63
		100.0	8.2	3.9	8.1	13.3	16.0	14.3	13.6	9.6	8.2	4.7
	うち独立自営業が副業	2838	95	50	63	117	191	295	449	542	632	404
		100.0	3.3	1.8	2.2	4.1	6.7	10.4	15.8	19.1	22.3	14.2
主な仕事(問1-1)	事務関連	1560	73	38	73	124	151	160	210	257	283	191
		100.0	4.7	2.4	4.7	7.9	9.7	10.3	13.5	16.5	18.1	12.2
	デザイン・映像製作関連	731	71	28	64	88	96	105	79	89	80	31
		100.0	9.7	3.8	8.8	12.0	13.1	14.4	10.8	12.2	10.9	4.2
	IT関連	705	60	20	47	149	103	76	95	57	59	39
		100.0	8.5	2.8	6.7	21.1	14.6	10.8	13.5	8.1	8.4	5.5
	専門関連業務(医療、技術、講師、芸能、演奏など)	3266	217	124	218	388	456	426	433	388	406	210
		100.0	6.6	3.8	6.7	11.9	14.0	13.0	13.3	11.9	12.4	6.4
	生活関連サービス、理容・美容	741	79	35	46	82	92	82	79	86	98	62
		100.0	10.7	4.7	6.2	11.1	12.4	11.1	10.7	11.6	13.2	8.4
	現場作業関連(運輸、製造、修理、清掃など)	1253	129	58	100	187	151	135	141	113	113	126
		100.0	10.3	4.6	8.0	14.9	12.1	10.8	11.3	9.0	9.0	10.1
独立自営業の経験年数(問30)	2年未満	2572	159	66	87	172	199	272	320	407	498	392
		100.0	6.2	2.6	3.4	6.7	7.7	10.6	12.4	15.8	19.4	15.2
	2年以上15年未満	3962	277	150	289	537	587	508	550	443	417	204
		100.0	7.0	3.8	7.3	13.6	14.8	12.8	13.9	11.2	10.5	5.1
	15年以上	1722	193	87	172	309	263	204	167	140	124	63
		100.0	11.2	5.1	10.0	17.9	15.3	11.8	9.7	8.1	7.2	3.7
1週の平均作業時間(問3附問2)	10時間未満	2688	0	0	0	0	0	0	0	990	1039	659
		100.0	0.0	0.0	0.0	0.0	0.0	0.0	0.0	36.8	38.7	24.5
	10時間以上40時間未満	3070	0	0	0	0	1049	984	1037	0	0	0
		100.0	0.0	0.0	0.0	0.0	34.2	32.1	33.8	0.0	0.0	0.0
	40時間以上	2498	629	303	548	1018	0	0	0	0	0	0
		100.0	25.2	12.1	21.9	40.8	0.0	0.0	0.0	0.0	0.0	0.0
独立自営業者の報酬総額(問2附問4)	200万円未満	5289	311	118	195	334	485	631	835	853	953	574
		100.0	5.9	2.2	3.7	6.3	9.2	11.9	15.8	16.1	18.0	10.9
	200万円以上400万円未満	1189	106	57	116	234	228	184	112	74	46	32
		100.0	8.9	4.8	9.8	19.7	19.2	15.5	9.4	6.2	3.9	2.7
	400万円以上600万円未満	819	92	45	105	204	174	84	44	34	19	18
		100.0	11.2	5.5	12.8	24.9	21.2	10.3	5.4	4.2	2.3	2.2
	600万円以上	959	120	83	132	246	162	85	46	29	21	35
		100.0	12.5	8.7	13.8	25.7	16.9	8.9	4.8	3.0	2.2	3.6

Q4.2017年1月～12月の間に実施した独立自営業のお仕事のうち、一件あたりの取引で最も報酬額が高かった案件と最も低かった案件についてお答えください。
受注したお仕事が1件しかない場合や、すべての案件が同額の場合には、お手数ですが、同額をご記入ください。
最も高かった報酬額

		n	1万円未満	1万円以上5万円未満	5万円以上15万円未満	15万円以上20万円未満	20万円以上40万円未満	40万円以上	無回答
全体		8256	1807	2331	971	886	798	1290	173
		100.0	21.9	28.2	11.8	10.7	9.7	15.6	2.1
性別(SC2)	男性	5190	826	1328	616	622	596	1101	101
		100.0	15.9	25.6	11.9	12.0	11.5	21.2	1.9
	女性	3066	981	1003	355	264	202	189	72
		100.0	32.0	32.7	11.6	8.6	6.6	6.2	2.3
年齢(SC1)	15歳～29歳	547	228	158	59	43	23	28	8
		100.0	41.7	28.9	10.8	7.9	4.2	5.1	1.5
	30歳～39歳	1745	560	547	188	144	121	139	46
		100.0	32.1	31.3	10.8	8.3	6.9	8.0	2.6
	40歳～49歳	2378	557	668	286	232	236	351	48
		100.0	23.4	28.1	12.0	9.8	9.9	14.8	2.0
	50歳～59歳	2050	321	563	229	233	221	434	49
		100.0	15.7	27.5	11.2	11.4	10.8	21.2	2.4
	60歳以上	1536	141	395	209	234	197	338	22
		100.0	9.2	25.7	13.6	15.2	12.8	22.0	1.4
学歴(問52)	中学校・高校	1733	376	497	197	185	182	251	45
		100.0	21.7	28.7	11.4	10.7	10.5	14.5	2.6
	各種専門学校	871	221	282	97	70	69	117	15
		100.0	25.4	32.4	11.1	8.0	7.9	13.4	1.7
	高等専門学校・短大	1121	288	346	137	96	87	130	37
		100.0	25.7	30.9	12.2	8.6	7.8	11.6	3.3
	大学・大学院	4499	909	1201	538	530	457	788	76
		100.0	20.2	26.7	12.0	11.8	10.2	17.5	1.7
	その他	9	2	1	0	3	1	2	0
		100.0	22.2	11.1	0.0	33.3	11.1	22.2	0.0
既・未婚(問54)	既婚	5025	1094	1353	597	544	484	844	109
		100.0	21.8	26.9	11.9	10.8	9.6	16.8	2.2
	未婚、離婚、死別	3231	713	978	374	342	314	446	64
		100.0	22.1	30.3	11.6	10.6	9.7	13.8	2.0
居住地(問64)	23区・政令市	2617	461	728	300	292	289	507	40
		100.0	17.6	27.8	11.5	11.2	11.0	19.4	1.5
	市(人口10万人以上)	3534	787	1012	410	382	328	538	77
		100.0	22.3	28.6	11.6	10.8	9.3	15.2	2.2
	市(人口10万人未満)	1511	377	438	192	150	134	182	38
		100.0	25.0	29.0	12.7	9.9	8.9	12.0	2.5
	町村	594	182	153	69	62	47	63	18
		100.0	30.6	25.8	11.6	10.4	7.9	10.6	3.0
専業・兼業(SC7)	専業	4083	658	1034	448	466	474	913	90
		100.0	16.1	25.3	11.0	11.4	11.6	22.4	2.2
	兼業	4173	1149	1297	523	420	324	377	83
		100.0	27.5	31.1	12.5	10.1	7.8	9.0	2.0
	うち独立自営業が本業	1335	209	382	170	173	157	213	31
		100.0	15.7	28.6	12.7	13.0	11.8	16.0	2.3
	うち独立自営業が副業	2838	940	915	353	247	167	164	52
		100.0	33.1	32.2	12.4	8.7	5.9	5.8	1.8
主な仕事(問1-1)	事務関連	1560	671	428	148	122	75	79	37
		100.0	43.0	27.4	9.5	7.8	4.8	5.1	2.4
	デザイン・映像製作関連	731	103	213	105	89	100	115	6
		100.0	14.1	29.1	14.4	12.2	13.7	15.7	0.8
	IT関連	705	103	138	73	81	74	230	6
		100.0	14.6	19.6	10.4	11.5	10.5	32.6	0.9
	専門関連業務(医療、技術、講師、芸能、演奏など)	3266	510	892	389	396	378	631	70
		100.0	15.6	27.3	11.9	12.1	11.6	19.3	2.1
	生活関連サービス、理容・美容	741	189	257	103	68	58	48	18
		100.0	25.5	34.7	13.9	9.2	7.8	6.5	2.4
	現場作業関連(運輸、製造、修理、清掃など)	1253	231	403	153	130	113	187	36
		100.0	18.4	32.2	12.2	10.4	9.0	14.9	2.9
独立自営業の経験年数(問30)	2年未満	2572	1095	755	237	175	119	133	58
		100.0	42.6	29.4	9.2	6.8	4.6	5.2	2.3
	2年以上15年未満	3962	556	1124	537	498	443	726	78
		100.0	14.0	28.4	13.6	12.6	11.2	18.3	2.0
	15年以上	1722	156	452	197	213	236	431	37
		100.0	9.1	26.2	11.4	12.4	13.7	25.0	2.1
1週の平均作業時間(問3附問2)	10時間未満	2688	1029	846	280	201	140	142	50
		100.0	38.3	31.5	10.4	7.5	5.2	5.3	1.9
	10時間以上40時間未満	3070	508	899	431	403	320	456	53
		100.0	16.5	29.3	14.0	13.1	10.4	14.9	1.7
	40時間以上	2498	270	586	260	282	338	692	70
		100.0	10.8	23.5	10.4	11.3	13.5	27.7	2.8
独立自営業者の報酬総額(問2附問4)	200万円未満	5289	1623	1787	690	544	302	220	123
		100.0	30.7	33.8	13.0	10.3	5.7	4.2	2.3
	200万円以上400万円未満	1189	89	281	127	151	250	272	19
		100.0	7.5	23.6	10.7	12.7	21.0	22.9	1.6
	400万円以上600万円未満	819	39	157	68	81	131	330	13
		100.0	4.8	19.2	8.3	9.9	16.0	40.3	1.6
	600万円以上	959	56	106	86	110	115	468	18
		100.0	5.8	11.1	9.0	11.5	12.0	48.8	1.9

Q4.2017年1月～12月の間に実施した独立自営業のお仕事のうち、一件あたりの取引で最も報酬額が高かった案件と最も低かった案件についてお答えください。
受注したお仕事が1件しかない場合や、すべての案件が同額の場合には、お手数ですが、同額をご記入ください。
最も高かった報酬額
【Q4で無回答でなかった回答者を対象】

		n	平均値	標準偏差	中央値
全体		8083	271.49	828.51	40
性別(SC2)	男性	5089	364.03	971.09	64
	女性	2994	114.21	459.37	18
年齢(SC1)	15歳～29歳	539	94.87	487.76	10
	30歳～39歳	1699	130.81	433.30	16
	40歳～49歳	2330	252.54	793.38	36
	50歳～59歳	2001	370.37	1007.19	60
	60歳以上	1514	390.73	999.45	100
学歴(問52)	中学校・高校	1688	212.87	531.11	36
	各種専門学校	856	243.19	892.72	24
	高等専門学校・短大	1084	170.90	493.44	25
	大学・大学院	4423	324.77	961.79	50
	その他	9	193.44	198.36	100
既・未婚(問54)	既婚	4916	289.96	877.72	50
	未婚、離婚、死別	3167	242.83	744.82	30
居住地(問64)	23区・政令市	2577	317.26	847.12	50
	市(人口10万人以上)	3457	278.33	864.38	40
	市(人口10万人未満)	1473	189.23	586.85	30
	町村	576	236.06	1014.37	20
専業・兼業(SC7)	専業	3993	382.42	998.77	70
	兼業	4090	163.20	599.13	20
	うち独立自営業が本業	1304	281.98	835.56	50
	うち独立自営業が副業	2786	107.60	436.47	15
主な仕事(問1-1)	事務関連	1523	106.88	591.18	10
	デザイン・映像製作関連	725	250.29	716.31	50
	IT関連	699	514.94	1112.54	100
	専門関連業務(医療、技術、講師、芸能、演奏など)	3196	338.74	915.45	54
	生活関連サービス、理容・美容	723	112.29	317.93	20
	現場作業関連(運輸、製造、修理、清掃など)	1217	268.28	865.52	40
独立自営業の経験年数(問30)	2年未満	2514	100.08	496.05	10
	2年以上15年未満	3884	319.81	914.75	55
	15年以上	1685	415.85	962.74	100
1週の平均作業時間(問3附問2)	10時間未満	2638	94.46	334.27	10
	10時間以上40時間未満	3017	271.72	779.81	50
	40時間以上	2428	463.54	1156.38	100
独立自営業者の報酬総額(問2附問4)	200万円未満	5166	74.10	168.83	20
	200万円以上400万円未満	1170	332.00	561.97	120
	400万円以上600万円未満	806	563.62	978.48	280
	600万円以上	941	1029.68	1913.29	350

Q4.2017年1月～12月の間に実施した独立自営業のお仕事のうち、一件あたりの取引で最も報酬額が高かった案件と最も低かった案件についてお答えください。
受注したお仕事が1件しかない場合や、すべての案件が同額の場合には、お手数ですが、同額をご記入ください。

最も報酬額が高かった案件の総作業日数

		n	1日	2～4日	5～9日	10～19日	20～29日	30日以上
全体		8256	2460	1503	1059	1093	1033	1108
		100.0	29.8	18.2	12.8	13.2	12.5	13.4
性別(SC2)	男性	5190	1432	919	647	669	707	816
		100.0	27.6	17.7	12.5	12.9	13.6	15.7
	女性	3066	1028	584	412	424	326	292
		100.0	33.5	19.0	13.4	13.8	10.6	9.5
年齢(SC1)	15歳～29歳	547	185	123	75	66	52	46
		100.0	33.8	22.5	13.7	12.1	9.5	8.4
	30歳～39歳	1745	657	317	225	217	167	162
		100.0	37.7	18.2	12.9	12.4	9.6	9.3
	40歳～49歳	2378	763	431	266	292	306	320
		100.0	32.1	18.1	11.2	12.3	12.9	13.5
	50歳～59歳	2050	572	325	264	242	317	330
		100.0	27.9	15.9	12.9	11.8	15.5	16.1
	60歳以上	1536	283	307	229	276	191	250
		100.0	18.4	20.0	14.9	18.0	12.4	16.3
学歴(問52)	中学校・高校	1733	491	306	215	226	268	227
		100.0	28.3	17.7	12.4	13.0	15.5	13.1
	各種専門学校	871	313	123	106	102	113	114
		100.0	35.9	14.1	12.2	11.7	13.0	13.1
	高等専門学校・短大	1121	371	199	135	156	138	122
		100.0	33.1	17.8	12.0	13.9	12.3	10.9
	大学・大学院	4499	1270	865	602	605	513	644
		100.0	28.2	19.2	13.4	13.4	11.4	14.3
	その他	9	4	2	0	3	0	0
		100.0	44.4	22.2	0.0	33.3	0.0	0.0
既・未婚(問54)	既婚	5025	1478	959	647	672	637	632
		100.0	29.4	19.1	12.9	13.4	12.7	12.6
	未婚、離婚、死別	3231	982	544	412	421	396	476
		100.0	30.4	16.8	12.8	13.0	12.3	14.7
居住地(問64)	23区・政令市	2617	734	475	340	347	336	385
		100.0	28.0	18.2	13.0	13.3	12.8	14.7
	市(人口10万人以上)	3534	1057	638	449	490	431	469
		100.0	29.9	18.1	12.7	13.9	12.2	13.3
	市(人口10万人未満)	1511	466	279	193	190	194	189
		100.0	30.8	18.5	12.8	12.6	12.8	12.5
	町村	594	203	111	77	66	72	65
		100.0	34.2	18.7	13.0	11.1	12.1	10.9
専業・兼業(SC7)	専業	4083	996	621	496	557	668	745
		100.0	24.4	15.2	12.1	13.6	16.4	18.2
	兼業	4173	1464	882	563	536	365	363
		100.0	35.1	21.1	13.5	12.8	8.7	8.7
	うち独立自営業が本業	1335	388	235	160	193	182	177
		100.0	29.1	17.6	12.0	14.5	13.6	13.3
	うち独立自営業が副業	2838	1076	647	403	343	183	186
		100.0	37.9	22.8	14.2	12.1	6.4	6.6
主な仕事(問1-1)	事務関連	1560	523	372	208	199	138	120
		100.0	33.5	23.8	13.3	12.8	8.8	7.7
	デザイン・映像製作関連	731	133	149	115	112	78	144
		100.0	18.2	20.4	15.7	15.3	10.7	19.7
	IT関連	705	120	73	73	107	161	171
		100.0	17.0	10.4	10.4	15.2	22.8	24.3
	専門関連業務(医療、技術、講師、芸能、演奏など)	3266	892	616	444	443	372	499
		100.0	27.3	18.9	13.6	13.6	11.4	15.3
	生活関連サービス、理容・美容	741	380	94	53	80	92	42
		100.0	51.3	12.7	7.2	10.8	12.4	5.7
	現場作業関連(運輸、製造、修理、清掃など)	1253	412	199	166	152	192	132
		100.0	32.9	15.9	13.2	12.1	15.3	10.5
独立自営業の経験年数(問30)	2年未満	2572	1012	522	304	317	249	168
		100.0	39.3	20.3	11.8	12.3	9.7	6.5
	2年以上15年未満	3962	1044	692	553	542	546	585
		100.0	26.4	17.5	14.0	13.7	13.8	14.8
	15年以上	1722	404	289	202	234	238	355
		100.0	23.5	16.8	11.7	13.6	13.8	20.6
1週の平均作業時間(問3附問2)	10時間未満	2688	1249	601	326	231	120	161
		100.0	46.5	22.4	12.1	8.6	4.5	6.0
	10時間以上40時間未満	3070	702	577	455	527	389	420
		100.0	22.9	18.8	14.8	17.2	12.7	13.7
	40時間以上	2498	509	325	278	335	524	527
		100.0	20.4	13.0	11.1	13.4	21.0	21.1
独立自営業者の報酬総額(問2附問4)	200万円未満	5289	1851	1084	736	712	471	435
		100.0	35.0	20.5	13.9	13.5	8.9	8.2
	200万円以上400万円未満	1189	271	190	132	161	206	229
		100.0	22.8	16.0	11.1	13.5	17.3	19.3
	400万円以上600万円未満	819	155	99	97	90	174	204
		100.0	18.9	12.1	11.8	11.0	21.2	24.9
	600万円以上	959	183	130	94	130	182	240
		100.0	19.1	13.6	9.8	13.6	19.0	25.0

Q4.2017年1月～12月の間に実施した独立自営業のお仕事のうち、一件あたりの取引で最も報酬額が高かった案件と最も低かった案件についてお答えください。
受注したお仕事が1件しかない場合や、すべての案件が同額の場合には、お手数ですが、同額をご記入ください。
最も報酬額が高かった案件の総作業日数

		n	平均値	標準偏差	中央値
全体		8256	16.71	38.19	5
性別(SC2)	男性	5190	19.56	43.66	5
	女性	3066	11.90	25.73	4
年齢(SC1)	15歳～29歳	547	11.27	24.57	3
	30歳～39歳	1745	11.09	26.27	3
	40歳～49歳	2378	16.60	39.40	4
	50歳～59歳	2050	20.31	44.99	5
	60歳以上	1536	20.42	40.69	7
学歴(問52)	中学校・高校	1733	16.65	35.60	5
	各種専門学校	871	16.82	41.09	4
	高等専門学校・短大	1121	12.92	28.01	4
	大学・大学院	4499	17.73	40.72	5
	その他	9	5.89	6.35	2
既・未婚(問54)	既婚	5025	15.80	34.94	5
	未婚、離婚、死別	3231	18.12	42.71	5
居住地(問64)	23区・政令市	2617	17.57	37.92	5
	市(人口10万人以上)	3534	16.98	39.91	5
	市(人口10万人未満)	1511	15.31	33.97	5
	町村	594	14.94	38.86	3
専業・兼業(SC7)	専業	4083	22.07	45.40	7
	兼業	4173	11.48	28.51	3
	うち独立自営業が本業	1335	17.64	39.42	5
	うち独立自営業が副業	2838	8.58	20.92	3
主な仕事(問1-1)	事務関連	1560	10.21	25.34	3
	デザイン・映像製作関連	731	18.23	36.40	7
	IT関連	705	30.35	53.58	15
	専門関連業務(医療、技術、講師、芸能、演奏など)	3266	18.53	41.16	5
	生活関連サービス、理容・美容	741	8.94	21.95	1
	現場作業関連(運輸、製造、修理、清掃など)	1253	16.10	38.95	5
独立自営業の経験年数(問30)	2年未満	2572	9.56	23.01	3
	2年以上15年未満	3962	18.22	39.96	5
	15年以上	1722	23.93	48.92	7
1週の平均作業時間(問3附問2)	10時間未満	2688	7.30	20.74	2
	10時間以上40時間未満	3070	17.11	35.84	6
	40時間以上	2498	26.35	50.89	10
独立自営業者の報酬総額(問2附問4)	200万円未満	5289	10.45	24.07	3
	200万円以上400万円未満	1189	23.70	47.83	10
	400万円以上600万円未満	819	30.41	55.82	14
	600万円以上	959	30.88	56.78	12

Q4.2017年1月～12月の間に実施した独立自営業のお仕事のうち、一件あたりの取引で最も報酬額が高かった案件と最も低かった案件についてお答えください。
受注したお仕事が1件しかない場合や、すべての案件が同額の場合には、お手数ですが、同額をご記入ください。
最も低かった報酬額

		n	1万円未満	5万円以上10万円未満	10万円以上21万円未満	21万円以上42万円未満	42万円以上40万円未満	40万円以上	無回答
全体		8256	4451	1993	573	394	319	435	91
		100.0	53.9	24.1	6.9	4.8	3.9	5.3	1.1
性別(SC2)	男性	5190	2416	1390	407	286	257	385	49
		100.0	46.6	26.8	7.8	5.5	5.0	7.4	0.9
	女性	3066	2035	603	166	108	62	50	42
		100.0	66.4	19.7	5.4	3.5	2.0	1.6	1.4
年齢(SC1)	15歳～29歳	547	396	93	20	19	9	6	4
		100.0	72.4	17.0	3.7	3.5	1.6	1.1	0.7
	30歳～39歳	1745	1169	344	88	48	29	44	23
		100.0	67.0	19.7	5.0	2.8	1.7	2.5	1.3
	40歳～49歳	2378	1337	572	141	100	91	116	21
		100.0	56.2	24.1	5.9	4.2	3.8	4.9	0.9
	50歳～59歳	2050	981	534	159	107	90	153	26
		100.0	47.9	26.0	7.8	5.2	4.4	7.5	1.3
	60歳以上	1536	568	450	165	120	100	116	17
		100.0	37.0	29.3	10.7	7.8	6.5	7.6	1.1
学歴(問52)	中学校・高校	1733	930	400	122	104	85	72	20
		100.0	53.7	23.1	7.0	6.0	4.9	4.2	1.2
	各種専門学校	871	525	197	47	30	24	43	5
		100.0	60.3	22.6	5.4	3.4	2.8	4.9	0.6
	高等専門学校・短大	1121	639	258	77	34	43	48	22
		100.0	57.0	23.0	6.9	3.0	3.8	4.3	2.0
	大学・大学院	4499	2333	1134	326	225	167	270	44
		100.0	51.9	25.2	7.2	5.0	3.7	6.0	1.0
	その他	9	5	0	1	1	0	2	0
		100.0	55.6	0.0	11.1	11.1	0.0	22.2	0.0
既・未婚(問54)	既婚	5025	2612	1227	378	251	216	285	56
		100.0	52.0	24.4	7.5	5.0	4.3	5.7	1.1
	未婚、離婚、死別	3231	1839	766	195	143	103	150	35
		100.0	56.9	23.7	6.0	4.4	3.2	4.6	1.1
居住地(問64)	23区・政令市	2617	1310	680	194	134	102	173	24
		100.0	50.1	26.0	7.4	5.1	3.9	6.6	0.9
	市(人口10万人以上)	3534	1923	837	237	177	133	189	38
		100.0	54.4	23.7	6.7	5.0	3.8	5.3	1.1
	市(人口10万人未満)	1511	848	359	108	63	66	48	19
		100.0	56.1	23.8	7.1	4.2	4.4	3.2	1.3
	町村	594	370	117	34	20	18	25	10
		100.0	62.3	19.7	5.7	3.4	3.0	4.2	1.7
専業・兼業(SC7)	専業	4083	1925	1066	310	219	212	314	37
		100.0	47.1	26.1	7.6	5.4	5.2	7.7	0.9
	兼業	4173	2526	927	263	175	107	121	54
		100.0	60.5	22.2	6.3	4.2	2.6	2.9	1.3
	うち独立自営業が本業	1335	692	326	101	84	58	54	20
		100.0	51.8	24.4	7.6	6.3	4.3	4.0	1.5
	うち独立自営業が副業	2838	1834	601	162	91	49	67	34
		100.0	64.6	21.2	5.7	3.2	1.7	2.4	1.2
主な仕事(問1-1)	事務関連	1560	1120	239	75	53	29	26	18
		100.0	71.8	15.3	4.8	3.4	1.9	1.7	1.2
	デザイン・映像製作関連	731	404	211	50	28	20	15	3
		100.0	55.3	28.9	6.8	3.8	2.7	2.1	0.4
	IT関連	705	306	143	48	44	22	139	3
		100.0	43.4	20.3	6.8	6.2	3.1	19.7	0.4
	専門関連業務(医療、技術、講師、芸能、演奏など)	3266	1578	906	254	173	147	167	41
		100.0	48.3	27.7	7.8	5.3	4.5	5.1	1.3
	生活関連サービス、理容・美容	741	454	138	45	38	31	25	10
		100.0	61.3	18.6	6.1	5.1	4.2	3.4	1.3
	現場作業関連(運輸、製造、修理、清掃など)	1253	589	356	101	58	70	63	16
		100.0	47.0	28.4	8.1	4.6	5.6	5.0	1.3
独立自営業の経験年数(問30)	2年未満	2572	1785	425	132	81	55	68	26
		100.0	69.4	16.5	5.1	3.1	2.1	2.6	1.0
	2年以上15年未満	3962	1915	1059	316	216	168	241	47
		100.0	48.3	26.7	8.0	5.5	4.2	6.1	1.2
	15年以上	1722	751	509	125	97	96	126	18
		100.0	43.6	29.6	7.3	5.6	5.6	7.3	1.0
1週の平均作業時間(問3附問2)	10時間未満	2688	1734	543	154	92	63	71	31
		100.0	64.5	20.2	5.7	3.4	2.3	2.6	1.2
	10時間以上40時間未満	3070	1606	788	233	159	111	141	32
		100.0	52.3	25.7	7.6	5.2	3.6	4.6	1.0
	40時間以上	2498	1111	662	186	143	145	223	28
		100.0	44.5	26.5	7.4	5.7	5.8	8.9	1.1
独立自営業者の報酬総額(問2附問4)	200万円未満	5289	3386	1119	333	207	96	78	70
		100.0	64.0	21.2	6.3	3.9	1.8	1.5	1.3
	200万円以上400万円未満	1189	514	322	81	75	115	73	9
		100.0	43.2	27.1	6.8	6.3	9.7	6.1	0.8
	400万円以上600万円未満	819	258	272	64	46	57	114	8
		100.0	31.5	33.2	7.8	5.6	7.0	13.9	1.0
	600万円以上	959	293	280	95	66	51	170	4
		100.0	30.6	29.2	9.9	6.9	5.3	17.7	0.4

Q4.2017年1月～12月の間に実施した独立自営業のお仕事のうち、一件あたりの取引で最も報酬額が高かった案件と最も低かった案件についてお答えください。
受注したお仕事が1件しかない場合や、すべての案件が同額の場合には、お手数ですが、同額をご記入ください。
最も低かった報酬額
【Q4で無回答でなかった回答者を対象】

		n	平均値	標準偏差	中央値
全体		8165	105.70	588.92	6
性別(SC2)	男性	5141	143.15	687.20	10
	女性	3024	42.03	356.63	4
年齢(SC1)	15歳～29歳	543	42.89	450.27	2
	30歳～39歳	1722	46.94	320.09	4
	40歳～49歳	2357	90.19	516.58	5
	50歳～59歳	2024	141.10	680.91	10
	60歳以上	1519	171.65	795.05	15
学歴(問52)	中学校・高校	1713	73.18	313.45	6
	各種専門学校	866	99.31	687.48	5
	高等専門学校・短大	1099	78.27	395.41	5
	大学・大学院	4455	126.67	682.83	7
	その他	9	142.22	211.12	6
既・未婚(問54)	既婚	4969	113.72	630.31	7
	未婚、離婚、死別	3196	93.23	517.81	5
居住地(問64)	23区・政令市	2593	116.68	566.78	9
	市(人口10万人以上)	3496	107.50	579.82	6
	市(人口10万人未満)	1492	74.73	463.11	5
	町村	584	125.31	926.81	5
専業・兼業(SC7)	専業	4046	151.97	731.42	10
	兼業	4119	60.25	397.32	5
	うち独立自営業が本業	1315	89.07	468.94	7
	うち独立自営業が副業	2804	46.73	358.04	5
主な仕事(問1-1)	事務関連	1542	53.16	547.89	2
	デザイン・映像製作関連	728	45.61	345.58	5
	IT関連	702	304.67	946.68	10
	専門関連業務(医療、技術、講師、芸能、演奏など)	3225	109.42	578.40	10
	生活関連サービス、理容・美容	731	61.08	262.25	5
	現場作業関連(運輸、製造、修理、清掃など)	1237	110.31	627.80	10
独立自営業の経験年数(問30)	2年未満	2546	48.58	352.71	3
	2年以上15年未満	3915	129.34	674.78	10
	15年以上	1704	136.72	650.22	10
1週の平均作業時間(問3附問2)	10時間未満	2657	50.76	279.93	4
	10時間以上40時間未満	3038	101.33	548.22	7
	40時間以上	2470	170.18	827.72	10
独立自営業者の報酬総額(問2附問4)	200万円未満	5219	29.60	104.06	5
	200万円以上400万円未満	1180	134.80	442.52	10
	400万円以上600万円未満	811	224.02	748.88	20
	600万円以上	955	385.12	1437.10	20

Q4.2017年1月～12月の間に実施した独立自営業のお仕事のうち、一件あたりの取引で最も報酬額が高かった案件と最も低かった案件についてお答えください。
受注したお仕事が1件しかない場合や、すべての案件が同額の場合には、お手数ですが、同額をご記入ください。
最も報酬額が低かった案件の総作業日数

		n	1日	2～4日	5～9日	10～19日	20～29日	30日以上
全体		8256	4427	1291	655	706	615	562
		100.0	53.6	15.6	7.9	8.6	7.4	6.8
性別(SC2)	男性	5190	2764	771	389	424	427	415
		100.0	53.3	14.9	7.5	8.2	8.2	8.0
	女性	3066	1663	520	266	282	188	147
		100.0	54.2	17.0	8.7	9.2	6.1	4.8
年齢(SC1)	15歳～29歳	547	302	102	52	36	24	31
		100.0	55.2	18.6	9.5	6.6	4.4	5.7
	30歳～39歳	1745	1056	266	152	121	84	66
		100.0	60.5	15.2	8.7	6.9	4.8	3.8
	40歳～49歳	2378	1333	348	170	197	190	140
		100.0	56.1	14.6	7.1	8.3	8.0	5.9
	50歳～59歳	2050	1078	293	137	166	199	177
		100.0	52.6	14.3	6.7	8.1	9.7	8.6
	60歳以上	1536	658	282	144	186	118	148
		100.0	42.8	18.4	9.4	12.1	7.7	9.6
学歴(問52)	中学校・高校	1733	878	267	118	168	162	140
		100.0	50.7	15.4	6.8	9.7	9.3	8.1
	各種専門学校	871	502	118	59	61	81	50
		100.0	57.6	13.5	6.8	7.0	9.3	5.7
	高等専門学校・短大	1121	589	177	88	115	86	66
		100.0	52.5	15.8	7.9	10.3	7.7	5.9
	大学・大学院	4499	2440	724	388	358	285	304
		100.0	54.2	16.1	8.6	8.0	6.3	6.8
	その他	9	4	1	0	2	0	2
		100.0	44.4	11.1	0.0	22.2	0.0	22.2
既・未婚 (問54)	既婚	5025	2674	812	375	456	387	321
		100.0	53.2	16.2	7.5	9.1	7.7	6.4
	未婚、離婚、死別	3231	1753	479	280	250	228	241
		100.0	54.3	14.8	8.7	7.7	7.1	7.5
居住地 (問64)	23区・政令市	2617	1447	394	197	202	203	174
		100.0	55.3	15.1	7.5	7.7	7.8	6.6
	市(人口10万人以上)	3534	1882	554	290	307	257	244
		100.0	53.3	15.7	8.2	8.7	7.3	6.9
	市(人口10万人未満)	1511	774	252	121	148	114	102
		100.0	51.2	16.7	8.0	9.8	7.5	6.8
	町村	594	324	91	47	49	41	42
		100.0	54.5	15.3	7.9	8.2	6.9	7.1
専業・兼業 (SC7)	専業	4083	2042	588	308	362	415	368
		100.0	50.0	14.4	7.5	8.9	10.2	9.0
	兼業	4173	2385	703	347	344	200	194
		100.0	57.2	16.8	8.3	8.2	4.8	4.6
	うち独立自営業が本業	1335	696	211	117	127	110	74
		100.0	52.1	15.8	8.8	9.5	8.2	5.5
	うち独立自営業が副業	2838	1689	492	230	217	90	120
		100.0	59.5	17.3	8.1	7.6	3.2	4.2
主な仕事 (問1-1)	事務関連	1560	865	286	127	123	85	74
		100.0	55.4	18.3	8.1	7.9	5.4	4.7
	デザイン・映像製作関連	731	398	145	73	47	31	37
		100.0	54.4	19.8	10.0	6.4	4.2	5.1
	IT関連	705	297	84	65	59	108	92
		100.0	42.1	11.9	9.2	8.4	15.3	13.0
	専門関連業務(医療、技術、講師、芸能、演奏など)	3266	1762	552	257	278	189	228
		100.0	53.9	16.9	7.9	8.5	5.8	7.0
	生活関連サービス、理容・美容	741	432	87	41	74	72	35
		100.0	58.3	11.7	5.5	10.0	9.7	4.7
	現場作業関連(運輸、製造、修理、清掃など)	1253	673	137	92	125	130	96
		100.0	53.7	10.9	7.3	10.0	10.4	7.7
独立自営業の経験年数 (問30)	2年未満	2572	1470	426	198	204	158	116
		100.0	57.2	16.6	7.7	7.9	6.1	4.5
	2年以上15年未満	3962	2057	609	349	363	305	279
		100.0	51.9	15.4	8.8	9.2	7.7	7.0
	15年以上	1722	900	256	108	139	152	167
		100.0	52.3	14.9	6.3	8.1	8.8	9.7
1週の平均作業時間 (問3附問2)	10時間未満	2688	1694	437	214	151	80	112
		100.0	63.0	16.3	8.0	5.6	3.0	4.2
	10時間以上40時間未満	3070	1528	527	258	338	197	222
		100.0	49.8	17.2	8.4	11.0	6.4	7.2
	40時間以上	2498	1205	327	183	217	338	228
		100.0	48.2	13.1	7.3	8.7	13.5	9.1
独立自営業者の報酬総額 (問2附問4)	200万円未満	5289	2934	887	463	454	283	268
		100.0	55.5	16.8	8.8	8.6	5.4	5.1
	200万円以上400万円未満	1189	594	188	80	110	113	104
		100.0	50.0	15.8	6.7	9.3	9.5	8.7
	400万円以上600万円未満	819	405	101	54	63	104	92
		100.0	49.5	12.3	6.6	7.7	12.7	11.2
	600万円以上	959	494	115	58	79	115	98
		100.0	51.5	12.0	6.0	8.2	12.0	10.2

Q4.2017年1月～12月の間に実施した独立自営業のお仕事のうち、一件あたりの取引で最も報酬額が高かった案件と最も低かった案件についてお答えください。
受注したお仕事が1件しかない場合や、すべての案件が同額の場合には、お手数ですが、同額をご記入ください。
最も報酬額が低かった案件の総作業日数

		n	平均値	標準偏差	中央値
全体		8256	10.57	33.05	1
性別(SC2)	男性	5190	12.51	38.60	1
	女性	3066	7.28	20.08	1
年齢(SC1)	15歳～29歳	547	7.60	22.21	1
	30歳～39歳	1745	6.41	22.37	1
	40歳～49歳	2378	9.53	30.79	1
	50歳～59歳	2050	13.32	40.01	1
	60歳以上	1536	14.27	38.43	2
学歴(問52)	中学校・高校	1733	11.89	33.94	1
	各種専門学校	871	9.92	32.45	1
	高等専門学校・短大	1121	9.38	27.17	1
	大学・大学院	4499	10.48	34.14	1
	その他	9	27.78	54.66	4
既・未婚(問54)	既婚	5025	10.00	30.60	1
	未婚、離婚、死別	3231	11.45	36.53	1
居住地(問64)	23区・政令市	2617	10.19	30.84	1
	市(人口10万人以上)	3534	10.68	33.63	1
	市(人口10万人未満)	1511	10.46	32.22	1
	町村	594	11.84	40.33	1
専業・兼業(SC7)	専業	4083	13.79	39.18	1
	兼業	4173	7.41	25.29	1
	うち独立自営業が本業	1335	10.35	33.67	1
	うち独立自営業が副業	2838	6.03	20.03	1
主な仕事(問1-1)	事務関連	1560	6.81	20.71	1
	デザイン・映像製作関連	731	7.63	26.74	1
	IT関連	705	19.43	46.86	3
	専門関連業務(医療、技術、講師、芸能、演奏など)	3266	10.64	34.81	1
	生活関連サービス、理容・美容	741	8.48	25.08	1
	現場作業関連(運輸、製造、修理、清掃など)	1253	13.01	37.50	1
独立自営業の経験年数(問30)	2年未満	2572	7.22	21.91	1
	2年以上15年未満	3962	11.10	34.60	1
	15年以上	1722	14.32	41.65	1
1週の平均作業時間(問3附問2)	10時間未満	2688	5.51	19.39	1
	10時間以上40時間未満	3070	10.80	31.50	2
	40時間以上	2498	15.72	43.96	2
独立自営業者の報酬総額(問2附問4)	200万円未満	5289	7.48	22.93	1
	200万円以上400万円未満	1189	13.66	39.58	2
	400万円以上600万円未満	819	18.38	48.97	2
	600万円以上	959	17.10	48.56	1

Q5.2017年1月～12月の間に行った独立自営業のお仕事の契約期間のパターンとして、一番多かったものを選んでください。
SA

		n	1日以下	12日以上～10日未満	1か月以上～10日未満	1か月以上～6か月未満	6か月以上～1年未満	1年以上	契約期間はない、納期	わからない
全体		8256	1326	1827	784	601	316	546	2084	772
		100.0	16.1	22.1	9.5	7.3	3.8	6.6	25.2	9.4
性別(SC2)	男性	5190	779	1116	500	424	242	392	1266	471
		100.0	15.0	21.5	9.6	8.2	4.7	7.6	24.4	9.1
	女性	3066	547	711	284	177	74	154	818	301
		100.0	17.8	23.2	9.3	5.8	2.4	5.0	26.7	9.8
年齢(SC1)	15歳～29歳	547	111	135	43	41	13	16	108	80
		100.0	20.3	24.7	7.9	7.5	2.4	2.9	19.7	14.6
	30歳～39歳	1745	385	389	178	95	46	68	396	188
		100.0	22.1	22.3	10.2	5.4	2.6	3.9	22.7	10.8
	40歳～49歳	2378	383	519	228	179	74	140	591	264
		100.0	16.1	21.8	9.6	7.5	3.1	5.9	24.9	11.1
	50歳～59歳	2050	308	426	192	156	87	150	571	160
		100.0	15.0	20.8	9.4	7.6	4.2	7.3	27.9	7.8
	60歳以上	1536	139	358	143	130	96	172	418	80
		100.0	9.0	23.3	9.3	8.5	6.3	11.2	27.2	5.2
学歴(問52)	中学校・高校	1733	258	356	163	125	57	110	468	196
		100.0	14.9	20.5	9.4	7.2	3.3	6.3	27.0	11.3
	各種専門学校	871	164	185	69	63	24	37	237	92
		100.0	18.8	21.2	7.9	7.2	2.8	4.2	27.2	10.6
	高等専門学校・短大	1121	177	240	121	65	39	71	283	125
		100.0	15.8	21.4	10.8	5.8	3.5	6.3	25.2	11.2
	大学・大学院	4499	721	1037	429	346	196	327	1089	354
		100.0	16.0	23.0	9.5	7.7	4.4	7.3	24.2	7.9
	その他	9	2	0	1	1	0	1	4	0
		100.0	22.2	0.0	11.1	11.1	0.0	11.1	44.4	0.0
既・未婚(問54)	既婚	5025	805	1156	488	362	213	359	1217	425
		100.0	16.0	23.0	9.7	7.2	4.2	7.1	24.2	8.5
	未婚、離婚、死別	3231	521	671	296	239	103	187	867	347
		100.0	16.1	20.8	9.2	7.4	3.2	5.8	26.8	10.7
居住地(問64)	23区・政令市	2617	410	561	249	210	99	189	671	228
		100.0	15.7	21.4	9.5	8.0	3.8	7.2	25.6	8.7
	市(人口10万人以上)	3534	584	807	337	262	149	218	868	309
		100.0	16.5	22.8	9.5	7.4	4.2	6.2	24.6	8.7
	市(人口10万人未満)	1511	228	336	152	92	55	104	399	145
		100.0	15.1	22.2	10.1	6.1	3.6	6.9	26.4	9.6
	町村	594	104	123	46	37	13	35	146	90
		100.0	17.5	20.7	7.7	6.2	2.2	5.9	24.6	15.2
専業・兼業(SC7)	専業	4083	475	729	411	384	182	327	1138	437
		100.0	11.6	17.9	10.1	9.4	4.5	8.0	27.9	10.7
	兼業	4173	851	1098	373	217	134	219	946	335
		100.0	20.4	26.3	8.9	5.2	3.2	5.2	22.7	8.0
	うち独立自営業が本業	1335	173	295	141	96	66	97	346	121
		100.0	13.0	22.1	10.6	7.2	4.9	7.3	25.9	9.1
	うち独立自営業が副業	2838	678	803	232	121	68	122	600	214
		100.0	23.9	28.3	8.2	4.3	2.4	4.3	21.1	7.5
主な仕事(問1-1)	事務関連	1560	330	448	166	80	41	60	260	175
		100.0	21.2	28.7	10.6	5.1	2.6	3.8	16.7	11.2
	デザイン・映像製作関連	731	100	198	79	66	27	19	172	70
		100.0	13.7	27.1	10.8	9.0	3.7	2.6	23.5	9.6
	IT関連	705	76	116	94	123	41	58	148	49
		100.0	10.8	16.5	13.3	17.4	5.8	8.2	21.0	7.0
	専門関連業務(医療、技術、講師、芸能、演奏など)	3266	487	690	289	255	145	258	916	226
		100.0	14.9	21.1	8.8	7.8	4.4	7.9	28.0	6.9
	生活関連サービス、理容・美容	741	138	119	48	20	19	48	263	86
		100.0	18.6	16.1	6.5	2.7	2.6	6.5	35.5	11.6
	現場作業関連(運輸、製造、修理、清掃など)	1253	195	256	108	57	43	103	325	166
		100.0	15.6	20.4	8.6	4.5	3.4	8.2	25.9	13.2
独立自営業の経験年数(問30)	2年未満	2572	636	642	194	145	67	82	488	318
		100.0	24.7	25.0	7.5	5.6	2.6	3.2	19.0	12.4
	2年以上15年未満	3962	489	866	435	325	185	326	1034	302
		100.0	12.3	21.9	11.0	8.2	4.7	8.2	26.1	7.6
	15年以上	1722	201	319	155	131	64	138	562	152
		100.0	11.7	18.5	9.0	7.6	3.7	8.0	32.6	8.8
1週の平均作業時間(問3附問2)	10時間未満	2688	774	633	125	77	42	120	611	306
		100.0	28.8	23.5	4.7	2.9	1.6	4.5	22.7	11.4
	10時間以上40時間未満	3070	335	726	330	239	148	247	806	239
		100.0	10.9	23.6	10.7	7.8	4.8	8.0	26.3	7.8
	40時間以上	2498	217	468	329	285	126	179	667	227
		100.0	8.7	18.7	13.2	11.4	5.0	7.2	26.7	9.1
独立自営業者の報酬総額(問2附問4)	200万円未満	5289	1072	1341	445	264	132	238	1297	500
		100.0	20.3	25.4	8.4	5.0	2.5	4.5	24.5	9.5
	200万円以上400万円未満	1189	109	205	122	114	73	120	356	90
		100.0	9.2	17.2	10.3	9.6	6.1	10.1	29.9	7.6
	400万円以上600万円未満	819	61	126	97	103	44	92	222	74
		100.0	7.4	15.4	11.8	12.6	5.4	11.2	27.1	9.0
	600万円以上	959	84	155	120	120	67	96	209	108
		100.0	8.8	16.2	12.5	12.5	7.0	10.0	21.8	11.3

Q6-1.あなたは2017年1月～12月の間に行った、もしくは行う予定の独立自営業のお仕事をどのようにして得ましたか。(いくつでも)
【SC8で2のみを回答しなかった回答者を対象】
MA

		n	自分で営業活動をして	クラウドソーシングなどの仲介組織からの会社や仲介会社	現在の取引先に雇用されていたが、独立自営業者としての契約に切り替わった	かつて雇用されていた会社から、仕事を紹介された	現在の取引先から声がかかった	昔の取引先から紹介された	知人・親戚等から紹介された	求人誌、求人欄、ネット上の求人サイト等の募集広告をみて	コンペや入札に応募して	その他	無回答
全体		6329	1935 30.6	1203 19.0	335 5.3	607 9.6	1572 24.8	775 12.2	1321 20.9	454 7.2	153 2.4	162 2.6	144 2.3
性別(SC2)	男性	4073	1433 35.2	544 13.4	232 5.7	418 10.3	1208 29.7	591 14.5	795 19.5	214 5.3	96 2.4	113 2.8	80 2.0
	女性	2256	502 22.3	659 29.2	103 4.6	189 8.4	364 16.1	184 8.2	526 23.3	240 10.6	57 2.5	49 2.2	64 2.8
年齢(SC1)	15歳～29歳	407	104 25.6	171 42.0	19 4.7	23 5.7	31 7.6	17 4.2	61 15.0	44 10.8	22 5.4	3 0.7	16 3.9
	30歳～39歳	1298	361 27.8	431 33.2	62 4.8	119 9.2	190 14.6	104 8.0	259 20.0	110 8.5	42 3.2	13 1.0	45 3.5
	40歳～49歳	1809	577 31.9	336 18.6	99 5.5	179 9.9	439 24.3	255 14.1	400 22.1	133 7.4	42 2.3	43 2.4	40 2.2
	50歳～59歳	1587	519 32.7	196 12.4	75 4.7	149 9.4	495 31.2	235 14.8	324 20.4	108 6.8	27 1.7	55 3.5	21 1.3
	60歳以上	1228	374 30.5	69 5.6	80 6.5	137 11.2	417 34.0	164 13.4	277 22.6	59 4.8	20 1.6	48<2br>3.9	22 1.8
学歴(問52)	中学校・高校	1293	378 29.2	213 16.5	69 5.3	113 8.7	332 25.7	145 11.2	258 20.0	95 7.3	33 2.6	30 2.3	21 1.6
	各種専門学校	643	203 31.6	123 19.1	27 4.2	70 10.9	147 22.9	86 13.4	134 20.8	51 7.9	21 3.3	15 2.3	16 2.5
	高等専門学校・短大	824	230 27.9	161 19.5	52 6.3	67 8.1	163 19.8	80 9.7	168 20.4	61 7.4	21 2.5	25 3.0	25 3.0
	大学・大学院	3545	1120 31.6	703 19.8	186 5.2	354 10.0	925 26.1	462 13.0	756 21.3	244 6.9	77 2.2	91 2.6	80 2.3
	その他	6	1 16.7	1 16.7	0 0.0	1 16.7	2 33.3	1 16.7	1 16.7	1 16.7	0 0.0	1 16.7	0 0.0
既・未婚(問54)	既婚	3907	1173 30.0	722 18.5	212 5.4	367 9.4	978 25.0	457 11.7	779 19.9	276 7.1	77 2.0	101 2.6	98 2.5
	未婚、離婚、死別	2422	762 31.5	481 19.9	123 5.1	240 9.9	594 24.5	318 13.1	542 22.4	178 7.3	76 3.1	61 2.5	46 1.9
居住地(問64)	23区・政令市	2093	690 33.0	369 17.6	98 4.7	222 10.6	565 27.0	324 15.5	466 22.3	140 6.7	42 2.0	55 2.6	52 2.5
	市(人口10万人以上)	2689	817 30.4	517 19.2	161 6.0	274 10.2	665 24.7	307 11.4	540 20.1	195 7.3	69 2.6	68 2.5	47 1.7
	市(人口10万人未満)	1116	302 27.1	231 20.7	55 4.9	82 7.3	262 23.5	109 9.8	233 20.9	84 7.5	18 1.6	26 2.3	35 3.1
	町村	431	126 29.2	86 20.0	21 4.9	29 6.7	80 18.6	35 8.1	82 19.0	35 8.1	24 5.6	13 3.0	10 2.3
専業・兼業(SC7)	専業	3188	1089 34.2	380 11.9	217 6.8	358 11.2	984 30.9	459 14.4	620 19.4	183 5.7	79 2.5	86 2.7	67 2.1
	兼業	3141	846 26.9	823 26.2	118 3.8	249 7.9	588 18.7	316 10.1	701 22.3	271 8.6	74 2.4	76 2.4	77 2.5
	うち独立自営業が本業	1002	387 38.6	127 12.7	64 6.4	90 9.0	288 28.7	135 13.5	256 25.5	68 6.8	28 2.8	19 1.9	22 2.2
	うち独立自営業が副業	2139	459 21.5	696 32.5	54 2.5	159 7.4	300 14.0	181 8.5	445 20.8	203 9.5	46 2.2	57 2.7	55 2.6
主な仕事(問1-1)	事務関連	1283	222 17.3	562 43.8	51 4.0	92 7.2	127 9.9	75 5.8	173 13.5	126 9.8	37 2.9	17 1.3	53 4.1
	デザイン・映像製作関連	611	222 36.3	101 16.5	31 5.1	83 13.6	208 34.0	115 18.8	150 24.5	24 3.9	28 4.6	7 1.1	10 1.6
	IT関連	617	186 30.1	109 17.7	39 6.3	82 13.3	176 28.5	106 17.2	122 19.8	37 6.0	10 1.6	11 1.8	23 3.7
	専門関連業務(医療、技術、講師、芸能、演奏など)	2487	891 35.8	322 12.9	133 5.3	238 9.6	767 30.8	345 13.9	605 24.3	129 5.2	41 1.6	69 2.8	41 1.6
	生活関連サービス、理容・美容	358	124 34.6	34 9.5	20 5.6	22 6.1	55 15.4	16 4.5	81 22.6	37 10.3	8 2.2	22 6.1	5 1.4
	現場作業関連(運輸、製造、修理、清掃など)	973	290 29.8	75 7.7	61 6.3	90 9.2	239 24.6	118 12.1	190 19.5	101 10.4	29 3.0	36 3.7	12 1.2
独立自営業の経験年数(問30)	2年未満	2045	447 21.9	750 36.7	66 3.2	126 6.2	160 7.8	107 5.2	320 15.6	213 10.4	65 3.2	35 1.7	75 3.7
	2年以上15年未満	2979	999 33.5	392 13.2	205 6.9	375 12.6	834 28.0	426 14.3	722 24.2	197 6.6	64 2.1	87 2.9	57 1.9
	15年以上	1305	489 37.5	61 4.7	64 4.9	106 8.1	578 44.3	242 18.5	279 21.4	44 3.4	24 1.8	40 3.1	12 0.9
1週の平均作業時間(問3附問2)	10時間未満	2072	456 22.0	612 29.5	39 1.9	113 5.5	289 13.9	150 7.2	400 19.3	166 8.0	56 2.7	73 3.5	52 2.5
	10時間以上40時間未満	2335	702 30.1	408 17.5	148 6.3	252 10.8	636 27.2	296 12.7	536 23.0	191 8.2	46 2.0	54 2.3	48 2.1
	40時間以上	1922	777 40.4	183 9.5	148 7.7	242 12.6	647 33.7	329 17.1	385 20.0	97 5.0	51 2.7	35 1.8	44 2.3
独立自営業者の報酬総額(問2附問4)	200万円未満	3944	963 24.4	1030 26.1	138 3.5	292 7.4	658 16.7	324 8.2	821 20.8	362 9.2	99 2.5	98 2.5	98 2.5
	200万円以上400万円未満	911	332 36.4	88 9.7	69 7.6	122 13.4	339 37.2	140 15.4	194 21.3	50 5.5	10 1.1	26 2.9	17 1.9
	400万円以上600万円未満	669	272 40.7	37 5.5	65 9.7	100 14.9	252 37.7	133 19.9	150 22.4	22 3.3	16 2.4	9 1.3	10 1.5
	600万円以上	805	368 45.7	48 6.0	63 7.8	93 11.6	323 40.1	178 22.1	156 19.4	20 2.5	28 3.5	29 3.6	19 2.4

Q6-2.前問でお選びの中で、最も取引件数が多かった取引先の主要な受注方法をお答えください。
SA

		n	自分で営業活動をして	クラウドソーシングなどの仲介組織からの仲介会社	現在の取引先に雇用されていたが、独立自営業者としての契約に切り替わった	かつて雇用されていた会社から、仕事を紹介された	現在の取引先から声がかかった	昔の取引先から紹介された	知人・親戚等から紹介された	求人誌、求人欄、ネット上の求人サイト等の募集広告をみて	コンペや入札に応募して	その他（FA）	無回答
全体		6329	1434	1067	244	361	1262	311	862	352	107	148	181
			100.0	22.7	16.9	3.9	5.7	19.9	4.9	13.6	5.6	1.7	2.3	2.9
性別(SC2)	男性	4073	1066	467	165	251	980	225	481	162	67	110	99
			100.0	26.2	11.5	4.1	6.2	24.1	5.5	11.8	4.0	1.6	2.7	2.4
	女性	2256	368	600	79	110	282	86	381	190	40	38	82
			100.0	16.3	26.6	3.5	4.9	12.5	3.8	16.9	8.4	1.8	1.7	3.6
年齢(SC1)	15歳～29歳	407	81	158	12	8	21	10	41	34	18	3	21
			100.0	19.9	38.8	2.9	2.0	5.2	2.5	10.1	8.4	4.4	0.7	5.2
	30歳～39歳	1298	269	391	41	69	136	47	173	80	25	10	57
			100.0	20.7	30.1	3.2	5.3	10.5	3.6	13.3	6.2	1.9	0.8	4.4
	40歳～49歳	1809	425	286	65	108	334	101	269	100	34	37	50
			100.0	23.5	15.8	3.6	6.0	18.5	5.6	14.9	5.5	1.9	2.0	2.8
	50歳～59歳	1587	381	176	59	78	417	87	203	90	17	52	27
			100.0	24.0	11.1	3.7	4.9	26.3	5.5	12.8	5.7	1.1	3.3	1.7
	60歳以上	1228	278	56	67	98	354	66	176	48	13	46	26
			100.0	22.6	4.6	5.5	8.0	28.8	5.4	14.3	3.9	1.1	3.7	2.1
学歴(問52)	中学校・高校	1293	295	194	53	77	278	62	177	76	23	30	28
			100.0	22.8	15.0	4.1	6.0	21.5	4.8	13.7	5.9	1.8	2.3	2.2
	各種専門学校	643	146	109	20	38	111	41	84	41	19	14	20
			100.0	22.7	17.0	3.1	5.9	17.3	6.4	13.1	6.4	3.0	2.2	3.1
	高等専門学校・短大	824	184	143	41	41	137	36	127	50	15	22	28
			100.0	22.3	17.4	5.0	5.0	16.6	4.4	15.4	6.1	1.8	2.7	3.4
	大学・大学院	3545	806	618	129	202	731	172	471	183	49	81	103
			100.0	22.7	17.4	3.6	5.7	20.6	4.9	13.3	5.2	1.4	2.3	2.9
	その他	6	1	1	0	1	2	0	0	0	0	1	0
			100.0	16.7	16.7	0.0	16.7	33.3	0.0	0.0	0.0	0.0	16.7	0.0
既・未婚(問54)	既婚	3907	890	652	164	231	796	184	516	211	55	93	115
			100.0	22.8	16.7	4.2	5.9	20.4	4.7	13.2	5.4	1.4	2.4	2.9
	未婚、離婚、死別	2422	544	415	80	130	466	127	346	141	52	55	66
			100.0	22.5	17.1	3.3	5.4	19.2	5.2	14.3	5.8	2.1	2.3	2.7
居住地(問64)	23区・政令市	2093	495	312	63	120	445	121	291	101	27	49	70
			100.0	23.7	14.9	3.0	5.7	21.3	5.8	13.9	4.8	1.3	2.3	3.3
	市(人口10万人以上)	2689	596	465	124	167	536	127	353	153	44	64	60
			100.0	22.2	17.3	4.6	6.2	19.9	4.7	13.1	5.7	1.6	2.4	2.2
	市(人口10万人未満)	1116	239	211	43	51	221	49	156	66	14	25	41
			100.0	21.4	18.9	3.9	4.6	19.8	4.4	14.0	5.9	1.3	2.2	3.7
	町村	431	104	80	14	23	60	14	62	32	22	10	10
			100.0	24.1	18.6	3.2	5.3	13.9	3.2	14.4	7.4	5.1	2.3	2.3
専業・兼業(SC7)	専業	3188	800	324	162	220	806	157	351	144	61	75	88
			100.0	25.1	10.2	5.1	6.9	25.3	4.9	11.0	4.5	1.9	2.4	2.8
	兼業	3141	634	743	82	141	456	154	511	208	46	73	93
			100.0	20.2	23.7	2.6	4.5	14.5	4.9	16.3	6.6	1.5	2.3	3.0
	うち独立自営業が本業	1002	292	92	42	45	228	54	145	43	13	18	30
			100.0	29.1	9.2	4.2	4.5	22.8	5.4	14.5	4.3	1.3	1.8	3.0
	うち独立自営業が副業	2139	342	651	40	96	228	100	366	165	33	55	63
			100.0	16.0	30.4	1.9	4.5	10.7	4.7	17.1	7.7	1.5	2.6	2.9
主な仕事(問1-1)	事務関連	1283	183	535	38	54	95	40	130	98	28	17	65
			100.0	14.3	41.7	3.0	4.2	7.4	3.1	10.1	7.6	2.2	1.3	5.1
	デザイン・映像製作関連	611	158	73	17	39	167	36	77	13	12	6	13
			100.0	25.9	11.9	2.8	6.4	27.3	5.9	12.6	2.1	2.0	1.0	2.1
	IT関連	617	123	87	24	51	138	46	81	23	6	10	28
			100.0	19.9	14.1	3.9	8.3	22.4	7.5	13.1	3.7	1.0	1.6	4.5
	専門関連業務(医療、技術、講師、芸能、演奏など)	2487	634	272	97	135	611	130	377	95	24	59	53
			100.0	25.5	10.9	3.9	5.4	24.6	5.2	15.2	3.8	1.0	2.4	2.1
	生活関連サービス、理容・美容	358	108	32	18	14	48	5	67	31	8	21	6
			100.0	30.2	8.9	5.0	3.9	13.4	1.4	18.7	8.7	2.2	5.9	1.7
	現場作業関連(運輸、製造、修理、清掃など)	973	228	68	50	68	203	54	130	92	29	35	16
			100.0	23.4	7.0	5.1	7.0	20.9	5.5	13.4	9.5	3.0	3.6	1.6
独立自営業の経験年数(問30)	2年未満	2045	383	711	56	85	122	69	269	179	51	32	88
			100.0	18.7	34.8	2.7	4.2	6.0	3.4	13.2	8.8	2.5	1.6	4.3
	2年以上15年未満	2979	700	311	143	226	647	168	450	142	39	76	77
			100.0	23.5	10.4	4.8	7.6	21.7	5.6	15.1	4.8	1.3	2.6	2.6
	15年以上	1305	351	45	45	50	493	74	143	31	17	40	16
			100.0	26.9	3.4	3.4	3.8	37.8	5.7	11.0	2.4	1.3	3.1	1.2
1週の平均作業時間(問3附問2)	10時間未満	2072	379	587	33	85	249	90	333	142	47	70	57
			100.0	18.3	28.3	1.6	4.1	12.0	4.3	16.1	6.9	2.3	3.4	2.8
	10時間以上40時間未満	2335	497	344	108	145	511	114	333	139	29	47	68
			100.0	21.3	14.7	4.6	6.2	21.9	4.9	14.3	6.0	1.2	2.0	2.9
	40時間以上	1922	558	136	103	131	502	107	196	71	31	31	56
			100.0	29.0	7.1	5.4	6.8	26.1	5.6	10.2	3.7	1.6	1.6	2.9
独立自営業者の報酬総額(問2附問4)	200万円未満	3944	763	956	104	201	536	177	627	301	73	89	117
			100.0	19.3	24.2	2.6	5.1	13.6	4.5	15.9	7.6	1.9	2.3	3.0
	200万円以上400万円未満	911	240	53	56	62	268	42	101	29	6	26	28
			100.0	26.3	5.8	6.1	6.8	29.4	4.6	11.1	3.2	0.7	2.9	3.1
	400万円以上600万円未満	669	177	25	48	54	200	48	75	13	10	6	13
			100.0	26.5	3.7	7.2	8.1	29.9	7.2	11.2	1.9	1.5	0.9	1.9
	600万円以上	805	254	33	36	44	258	44	59	9	18	27	23
			100.0	31.6	4.1	4.5	5.5	32.0	5.5	7.3	1.1	2.2	3.4	2.9

Q6-3.Q6-1で「クラウドソーシングの会社や仲介会社などの仲介組織から」とお答えの方にお伺いします。その際の仲介手数料についてお答えください。
【Q6-1で2とした回答者を対象】
SA

		n	手数料はあった	手数料はなかった	分からない
全体		1203	775	280	148
		100.0	64.4	23.3	12.3
性別(SC2)	男性	544	338	139	67
		100.0	62.1	25.6	12.3
	女性	659	437	141	81
		100.0	66.3	21.4	12.3
年齢(SC1)	15歳～29歳	171	118	35	18
		100.0	69.0	20.5	10.5
	30歳～39歳	431	285	94	52
		100.0	66.1	21.8	12.1
	40歳～49歳	336	212	82	42
		100.0	63.1	24.4	12.5
	50歳～59歳	196	121	46	29
		100.0	61.7	23.5	14.8
	60歳以上	69	39	23	7
		100.0	56.5	33.3	10.1
学歴(問52)	中学校・高校	213	132	56	25
		100.0	62.0	26.3	11.7
	各種専門学校	123	82	22	19
		100.0	66.7	17.9	15.4
	高等専門学校・短大	161	108	33	20
		100.0	67.1	20.5	12.4
	大学・大学院	703	451	169	83
		100.0	64.2	24.0	11.8
	その他	1	0	0	1
		100.0	0.0	0.0	100.0
既・未婚 (問54)	既婚	722	472	172	78
		100.0	65.4	23.8	10.8
	未婚、離婚、死別	481	303	108	70
		100.0	63.0	22.5	14.6
居住地 (問64)	23区・政令市	369	235	95	39
		100.0	63.7	25.7	10.6
	市(人口10万人以上)	517	330	121	66
		100.0	63.8	23.4	12.8
	市(人口10万人未満)	231	154	47	30
		100.0	66.7	20.3	13.0
	町村	86	56	17	13
		100.0	65.1	19.8	15.1
専業・兼業 (SC7)	専業	380	244	82	54
		100.0	64.2	21.6	14.2
	兼業	823	531	198	94
		100.0	64.5	24.1	11.4
	うち独立自営業が本業	127	83	27	17
		100.0	65.4	21.3	13.4
	うち独立自営業が副業	696	448	171	77
		100.0	64.4	24.6	11.1
主な仕事 (問1-1)	事務関連	562	344	147	71
		100.0	61.2	26.2	12.6
	デザイン・映像製作関連	101	78	16	7
		100.0	77.2	15.8	6.9
	IT関連	109	69	25	15
		100.0	63.3	22.9	13.8
	専門関連業務(医療、技術、講師、芸能、演奏など)	322	218	64	40
		100.0	67.7	19.9	12.4
	生活関連サービス、理容・美容	34	26	6	2
		100.0	76.5	17.6	5.9
	現場作業関連(運輸、製造、修理、清掃など)	75	40	22	13
		100.0	53.3	29.3	17.3
独立自営業の経験年数 (問30)	2年未満	750	493	170	87
		100.0	65.7	22.7	11.6
	2年以上15年未満	392	239	97	56
		100.0	61.0	24.7	14.3
	15年以上	61	43	13	5
		100.0	70.5	21.3	8.2
1週の平均作業時間 (問3附問2)	10時間未満	612	385	149	78
		100.0	62.9	24.3	12.7
	10時間以上40時間未満	408	271	86	51
		100.0	66.4	21.1	12.5
	40時間以上	183	119	45	19
		100.0	65.0	24.6	10.4
独立自営業者の報酬総額 (問2附問4)	200万円未満	1030	664	238	128
		100.0	64.5	23.1	12.4
	200万円以上400万円未満	88	55	20	13
		100.0	62.5	22.7	14.8
	400万円以上600万円未満	37	29	7	1
		100.0	78.4	18.9	2.7
	600万円以上	48	27	15	6
		100.0	56.3	31.3	12.5

Q7-1. 作業内容について
A:自分にしかできない作業が多かった。B:他の人でもできる作業が多かった。
SA

		n	Aに近い	Aにどちらかといえば	Bにどちらかといえば	Bに近い
全体		8256	1696	2915	1966	1679
		100.0	20.5	35.3	23.8	20.3
性別(SC2)	男性	5190	1113	1942	1238	897
		100.0	21.4	37.4	23.9	17.3
	女性	3066	583	973	728	782
		100.0	19.0	31.7	23.7	25.5
年齢(SC1)	15歳～29歳	547	65	169	149	164
		100.0	11.9	30.9	27.2	30.0
	30歳～39歳	1745	315	560	431	439
		100.0	18.1	32.1	24.7	25.2
	40歳～49歳	2378	431	843	599	505
		100.0	18.1	35.4	25.2	21.2
	50歳～59歳	2050	440	764	481	365
		100.0	21.5	37.3	23.5	17.8
	60歳以上	1536	445	579	306	206
		100.0	29.0	37.7	19.9	13.4
学歴(問52)	中学校・高校	1733	298	553	508	374
		100.0	17.2	31.9	29.3	21.6
	各種専門学校	871	204	322	190	155
		100.0	23.4	37.0	21.8	17.8
	高等専門学校・短大	1121	208	418	262	233
		100.0	18.6	37.3	23.4	20.8
	大学・大学院	4499	974	1616	999	910
		100.0	21.6	35.9	22.2	20.2
	その他	9	6	0	2	1
		100.0	66.7	0.0	22.2	11.1
既・未婚(問54)	既婚	5025	1058	1778	1161	1028
		100.0	21.1	35.4	23.1	20.5
	未婚、離婚、死別	3231	638	1137	805	651
		100.0	19.7	35.2	24.9	20.1
居住地(問64)	23区・政令市	2617	554	965	628	470
		100.0	21.2	36.9	24.0	18.0
	市(人口10万人以上)	3534	745	1228	823	738
		100.0	21.1	34.7	23.3	20.9
	市(人口10万人未満)	1511	279	546	365	321
		100.0	18.5	36.1	24.2	21.2
	町村	594	118	176	150	150
		100.0	19.9	29.6	25.3	25.3
専業・兼業(SC7)	専業	4083	953	1545	959	626
		100.0	23.3	37.8	23.5	15.3
	兼業	4173	743	1370	1007	1053
		100.0	17.8	32.8	24.1	25.2
	うち独立自営業が本業	1335	303	539	314	179
		100.0	22.7	40.4	23.5	13.4
	うち独立自営業が副業	2838	440	831	693	874
		100.0	15.5	29.3	24.4	30.8
主な仕事(問1-1)	事務関連	1560	99	389	412	660
		100.0	6.3	24.9	26.4	42.3
	デザイン・映像製作関連	731	230	301	150	50
		100.0	31.5	41.2	20.5	6.8
	IT関連	705	113	279	216	97
		100.0	16.0	39.6	30.6	13.8
	専門関連業務(医療、技術、講師、芸能、演奏など)	3266	923	1323	638	382
		100.0	28.3	40.5	19.5	11.7
	生活関連サービス、理容・美容	741	158	232	202	149
		100.0	21.3	31.3	27.3	20.1
	現場作業関連(運輸、製造、修理、清掃など)	1253	173	391	348	341
		100.0	13.8	31.2	27.8	27.2
独立自営業の経験年数(問30)	2年未満	2572	281	671	713	907
		100.0	10.9	26.1	27.7	35.3
	2年以上15年未満	3962	867	1541	960	594
		100.0	21.9	38.9	24.2	15.0
	15年以上	1722	548	703	293	178
		100.0	31.8	40.8	17.0	10.3
1週の平均作業時間(問3附問2)	10時間未満	2688	486	733	615	854
		100.0	18.1	27.3	22.9	31.8
	10時間以上40時間未満	3070	618	1156	743	553
		100.0	20.1	37.7	24.2	18.0
	40時間以上	2498	592	1026	608	272
		100.0	23.7	41.1	24.3	10.9
独立自営業者の報酬総額(問2附問4)	200万円未満	5289	964	1638	1305	1382
		100.0	18.2	31.0	24.7	26.1
	200万円以上400万円未満	1189	259	491	299	140
		100.0	21.8	41.3	25.1	11.8
	400万円以上600万円未満	819	214	372	159	74
		100.0	26.1	45.4	19.4	9.0
	600万円以上	959	259	414	203	83
		100.0	27.0	43.2	21.2	8.7

Q7-2. 仕事の受注について
A:仕事をとりたい時に思うように取れた。B:他の同業者との競合で思うようにとれなかった。
SA

		n	Aに近い	Aにどちらかといえば	Bにどちらかといえば	Bに近い
全体		8256	1171	3905	2380	800
		100.0	14.2	47.3	28.8	9.7
性別(SC2)	男性	5190	692	2478	1517	503
		100.0	13.3	47.7	29.2	9.7
	女性	3066	479	1427	863	297
		100.0	15.6	46.5	28.1	9.7
年齢(SC1)	15歳～29歳	547	76	230	193	48
		100.0	13.9	42.0	35.3	8.8
	30歳～39歳	1745	261	814	488	182
		100.0	15.0	46.6	28.0	10.4
	40歳～49歳	2378	296	1125	693	264
		100.0	12.4	47.3	29.1	11.1
	50歳～59歳	2050	270	993	593	194
		100.0	13.2	48.4	28.9	9.5
	60歳以上	1536	268	743	413	112
		100.0	17.4	48.4	26.9	7.3
学歴(問52)	中学校・高校	1733	247	795	526	165
		100.0	14.3	45.9	30.4	9.5
	各種専門学校	871	123	393	257	98
		100.0	14.1	45.1	29.5	11.3
	高等専門学校・短大	1121	145	532	319	125
		100.0	12.9	47.5	28.5	11.2
	大学・大学院	4499	647	2174	1269	409
		100.0	14.4	48.3	28.2	9.1
	その他	9	3	2	3	1
		100.0	33.3	22.2	33.3	11.1
既・未婚(問54)	既婚	5025	752	2432	1403	438
		100.0	15.0	48.4	27.9	8.7
	未婚、離婚、死別	3231	419	1473	977	362
		100.0	13.0	45.6	30.2	11.2
居住地(問64)	23区・政令市	2617	395	1239	754	229
		100.0	15.1	47.3	28.8	8.8
	市(人口10万人以上)	3534	502	1677	1021	334
		100.0	14.2	47.5	28.9	9.5
	市(人口10万人未満)	1511	208	711	438	154
		100.0	13.8	47.1	29.0	10.2
	町村	594	66	278	167	83
		100.0	11.1	46.8	28.1	14.0
専業・兼業(SC7)	専業	4083	581	1954	1196	352
		100.0	14.2	47.9	29.3	8.6
	兼業	4173	590	1951	1184	448
		100.0	14.1	46.8	28.4	10.7
	うち独立自営業が本業	1335	170	670	384	111
		100.0	12.7	50.2	28.8	8.3
	うち独立自営業が副業	2838	420	1281	800	337
		100.0	14.8	45.1	28.2	11.9
主な仕事(問1-1)	事務関連	1560	190	647	508	215
		100.0	12.2	41.5	32.6	13.8
	デザイン・映像製作関連	731	105	378	196	52
		100.0	14.4	51.7	26.8	7.1
	IT関連	705	116	336	194	59
		100.0	16.5	47.7	27.5	8.4
	専門関連業務(医療、技術、講師、芸能、演奏など)	3266	492	1633	895	246
		100.0	15.1	50.0	27.4	7.5
	生活関連サービス、理容・美容	741	105	328	218	90
		100.0	14.2	44.3	29.4	12.1
	現場作業関連(運輸、製造、修理、清掃など)	1253	163	583	369	138
		100.0	13.0	46.5	29.4	11.0
独立自営業の経験年数(問30)	2年未満	2572	340	1066	796	370
		100.0	13.2	41.4	30.9	14.4
	2年以上15年未満	3962	549	1994	1114	305
		100.0	13.9	50.3	28.1	7.7
	15年以上	1722	282	845	470	125
		100.0	16.4	49.1	27.3	7.3
1週の平均作業時間(問3附問2)	10時間未満	2688	422	1143	756	367
		100.0	15.7	42.5	28.1	13.7
	10時間以上40時間未満	3070	429	1495	894	252
		100.0	14.0	48.7	29.1	8.2
	40時間以上	2498	320	1267	730	181
		100.0	12.8	50.7	29.2	7.2
独立自営業者の報酬総額(問2附問4)	200万円未満	5289	733	2338	1586	632
		100.0	13.9	44.2	30.0	11.9
	200万円以上400万円未満	1189	150	583	362	94
		100.0	12.6	49.0	30.4	7.9
	400万円以上600万円未満	819	120	453	208	38
		100.0	14.7	55.3	25.4	4.6
	600万円以上	959	168	531	224	36
		100.0	17.5	55.4	23.4	3.8

Q7-3.取引相手について
A:特定の取引相手と仕事をすることが多かった。B:様々な取引相手と仕事をすることが多かった。
SA

		n	Aに近い	どちらかといえばAに近い	どちらかといえばBに近い	Bに近い
全体		8256	2738	3066	1648	804
		100.0	33.2	37.1	20.0	9.7
性別(SC2)	男性	5190	1798	1984	949	459
		100.0	34.6	38.2	18.3	8.8
	女性	3066	940	1082	699	345
		100.0	30.7	35.3	22.8	11.3
年齢(SC1)	15歳〜29歳	547	97	208	159	83
		100.0	17.7	38.0	29.1	15.2
	30歳〜39歳	1745	452	617	447	229
		100.0	25.9	35.4	25.6	13.1
	40歳〜49歳	2378	768	912	478	220
		100.0	32.3	38.4	20.1	9.3
	50歳〜59歳	2050	760	769	359	162
		100.0	37.1	37.5	17.5	7.9
	60歳以上	1536	661	560	205	110
		100.0	43.0	36.5	13.3	7.2
学歴(問52)	中学校・高校	1733	563	635	356	179
		100.0	32.5	36.6	20.5	10.3
	各種専門学校	871	265	319	194	93
		100.0	30.4	36.6	22.3	10.7
	高等専門学校・短大	1121	365	400	254	102
		100.0	32.6	35.7	22.7	9.1
	大学・大学院	4499	1533	1703	835	428
		100.0	34.1	37.9	18.6	9.5
	その他	9	4	3	2	0
		100.0	44.4	33.3	22.2	0.0
既・未婚(問54)	既婚	5025	1730	1864	976	455
		100.0	34.4	37.1	19.4	9.1
	未婚、離婚、死別	3231	1008	1202	672	349
		100.0	31.2	37.2	20.8	10.8
居住地(問64)	23区・政令市	2617	940	1003	460	214
		100.0	35.9	38.3	17.6	8.2
	市(人口10万人以上)	3534	1183	1278	719	354
		100.0	33.5	36.2	20.3	10.0
	市(人口10万人未満)	1511	465	569	325	152
		100.0	30.8	37.7	21.5	10.1
	町村	594	150	216	144	84
		100.0	25.3	36.4	24.2	14.1
専業・兼業(SC7)	専業	4083	1472	1514	749	348
		100.0	36.1	37.1	18.3	8.5
	兼業	4173	1266	1552	899	456
		100.0	30.3	37.2	21.5	10.9
	うち独立自営業が本業	1335	400	560	271	104
		100.0	30.0	41.9	20.3	7.8
	うち独立自営業が副業	2838	866	992	628	352
		100.0	30.5	35.0	22.1	12.4
主な仕事(問1-1)	事務関連	1560	383	570	404	203
		100.0	24.6	36.5	25.9	13.0
	デザイン・映像製作関連	731	282	279	124	46
		100.0	38.6	38.2	17.0	6.3
	IT関連	705	270	271	110	54
		100.0	38.3	38.4	15.6	7.7
	専門関連業務(医療、技術、講師、芸能、演奏など)	3266	1194	1220	582	270
		100.0	36.6	37.4	17.8	8.3
	生活関連サービス、理容・美容	741	186	281	176	98
		100.0	25.1	37.9	23.8	13.2
	現場作業関連(運輸、製造、修理、清掃など)	1253	423	445	252	133
		100.0	33.8	35.5	20.1	10.6
独立自営業の経験年数(問30)	2年未満	2572	627	889	677	379
		100.0	24.4	34.6	26.3	14.7
	2年以上15年未満	3962	1363	1550	739	310
		100.0	34.4	39.1	18.7	7.8
	15年以上	1722	748	627	232	115
		100.0	43.4	36.4	13.5	6.7
1週の平均作業時間(問3附問2)	10時間未満	2688	916	873	537	362
		100.0	34.1	32.5	20.0	13.5
	10時間以上40時間未満	3070	1047	1153	624	246
		100.0	34.1	37.6	20.3	8.0
	40時間以上	2498	775	1040	487	196
		100.0	31.0	41.6	19.5	7.8
独立自営業者の報酬総額(問2附問4)	200万円未満	5289	1675	1858	1146	610
		100.0	31.7	35.1	21.7	11.5
	200万円以上400万円未満	1189	418	474	216	81
		100.0	35.2	39.9	18.2	6.8
	400万円以上600万円未満	819	297	346	131	45
		100.0	36.3	42.2	16.0	5.5
	600万円以上	959	348	388	155	68
		100.0	36.3	40.5	16.2	7.1

Q8. 2017年1月～12月までに行った独立自営業のお仕事の進め方について、あてはまるものを選んでください。（いくつでも）
MA

		n	一人で全ての作業を実施した	受注後、複数人で協力して作業を実施した	案件の受注のみで、作業は別の者が実施した	その他
全体		8256	6472 / 78.4	1798 / 21.8	395 / 4.8	40 / 0.5
性別(SC2)	男性	5190	4025 / 77.6	1205 / 23.2	274 / 5.3	21 / 0.4
	女性	3066	2447 / 79.8	593 / 19.3	121 / 3.9	19 / 0.6
年齢(SC1)	15歳～29歳	547	438 / 80.1	104 / 19.0	30 / 5.5	0 / 0.0
	30歳～39歳	1745	1384 / 79.3	370 / 21.2	91 / 5.2	7 / 0.4
	40歳～49歳	2378	1841 / 77.4	553 / 23.3	113 / 4.8	8 / 0.3
	50歳～59歳	2050	1614 / 78.7	430 / 21.0	89 / 4.3	13 / 0.6
	60歳以上	1536	1195 / 77.8	341 / 22.2	72 / 4.7	12 / 0.8
学歴(問52)	中学校・高校	1733	1281 / 73.9	439 / 25.3	91 / 5.3	11 / 0.6
	各種専門学校	871	676 / 77.6	195 / 22.4	40 / 4.6	4 / 0.5
	高等専門学校・短大	1121	850 / 75.8	256 / 22.8	57 / 5.1	4 / 0.4
	大学・大学院	4499	3646 / 81.0	901 / 20.0	200 / 4.4	21 / 0.5
	その他	9	5 / 55.6	2 / 22.2	2 / 22.2	0 / 0.0
既・未婚(問54)	既婚	5025	3888 / 77.4	1121 / 22.3	247 / 4.9	30 / 0.6
	未婚、離婚、死別	3231	2584 / 80.0	677 / 21.0	148 / 4.6	10 / 0.3
居住地(問64)	23区・政令市	2617	2113 / 80.7	557 / 21.3	116 / 4.4	13 / 0.5
	市（人口10万人以上）	3534	2734 / 77.4	799 / 22.6	173 / 4.9	16 / 0.5
	市（人口10万人未満）	1511	1171 / 77.5	330 / 21.8	66 / 4.4	6 / 0.4
	町村	594	454 / 76.4	112 / 18.9	40 / 6.7	5 / 0.8
専業・兼業(SC7)	専業	4083	3133 / 76.7	991 / 24.3	187 / 4.6	23 / 0.6
	兼業	4173	3339 / 80.0	807 / 19.3	208 / 5.0	17 / 0.4
	うち独立自営業が本業	1335	992 / 74.3	365 / 27.3	78 / 5.8	7 / 0.5
	うち独立自営業が副業	2838	2347 / 82.7	442 / 15.6	130 / 4.6	10 / 0.4
主な仕事(問1-1)	事務関連	1560	1242 / 79.6	262 / 16.8	103 / 6.6	6 / 0.4
	デザイン・映像製作関連	731	611 / 83.6	141 / 19.3	26 / 3.6	1 / 0.1
	IT関連	705	559 / 79.3	190 / 27.0	17 / 2.4	0 / 0.0
	専門関連業務（医療、技術、講師、芸能、演奏など）	3266	2689 / 82.3	632 / 19.4	111 / 3.4	12 / 0.4
	生活関連サービス、理容・美容	741	509 / 68.7	202 / 27.3	45 / 6.1	1 / 1.3
	現場作業関連（運輸、製造、修理、清掃など）	1253	862 / 68.8	371 / 29.6	93 / 7.4	11 / 0.9
独立自営業の経験年数(問30)	2年未満	2572	2095 / 81.5	413 / 16.1	140 / 5.4	5 / 0.2
	2年以上15年未満	3962	3049 / 77.0	948 / 23.9	202 / 5.1	21 / 0.5
	15年以上	1722	1328 / 77.1	437 / 25.4	53 / 3.1	14 / 0.8
1週の平均作業時間(問3附問2)	10時間未満	2688	2260 / 84.1	335 / 12.5	149 / 5.5	14 / 0.5
	10時間以上40時間未満	3070	2418 / 78.8	687 / 22.4	130 / 4.2	11 / 0.4
	40時間以上	2498	1794 / 71.8	776 / 31.1	116 / 4.6	15 / 0.6
独立自営業者の報酬総額(問2附問4)	200万円未満	5289	4315 / 81.6	900 / 17.0	232 / 4.4	20 / 0.4
	200万円以上400万円未満	1189	889 / 74.8	323 / 27.2	50 / 4.2	9 / 0.8
	400万円以上600万円未満	819	610 / 74.5	238 / 29.1	44 / 5.4	6 / 0.7
	600万円以上	959	658 / 68.6	337 / 35.1	69 / 7.2	5 / 0.5

Q8-1. 前問でお答えになった、2017年1月～12月までに行ったお仕事の進め方で、最もよく行った方法をお答えください。
SA

		n	一人で全ての作業を実施した	受注後、複数人で協力して作業を実施した	案件の受注のみで、作業は別の者が実施した	その他（FA）
全体		8256 / 100.0	6346 / 76.9	1532 / 18.6	339 / 4.1	39 / 0.5
性別(SC2)	男性	5190 / 100.0	3931 / 75.7	1006 / 19.4	232 / 4.5	21 / 0.4
	女性	3066 / 100.0	2415 / 78.8	526 / 17.2	107 / 3.5	18 / 0.6
年齢(SC1)	15歳～29歳	547 / 100.0	433 / 79.2	88 / 16.1	26 / 4.8	0 / 0.0
	30歳～39歳	1745 / 100.0	1354 / 77.6	309 / 17.7	75 / 4.3	7 / 0.4
	40歳～49歳	2378 / 100.0	1801 / 75.7	474 / 19.9	95 / 4.0	8 / 0.3
	50歳～59歳	2050 / 100.0	1587 / 77.4	370 / 18.0	80 / 3.9	13 / 0.6
	60歳以上	1536 / 100.0	1171 / 76.2	291 / 18.9	63 / 4.1	11 / 0.7
学歴(問52)	中学校・高校	1733 / 100.0	1258 / 72.6	389 / 22.4	75 / 4.3	11 / 0.6
	各種専門学校	871 / 100.0	661 / 75.9	167 / 19.2	39 / 4.5	4 / 0.5
	高等専門学校・短大	1121 / 100.0	836 / 74.6	231 / 20.6	50 / 4.5	4 / 0.4
	大学・大学院	4499 / 100.0	3572 / 79.4	739 / 16.4	168 / 3.7	20 / 0.4
	その他	9 / 100.0	5 / 55.6	2 / 22.2	2 / 22.2	0 / 0.0
既・未婚(問54)	既婚	5025 / 100.0	3822 / 76.1	955 / 19.0	219 / 4.4	29 / 0.6
	未婚、離婚、死別	3231 / 100.0	2524 / 78.1	577 / 17.9	120 / 3.7	10 / 0.3
居住地(問64)	23区・政令市	2617 / 100.0	2057 / 78.6	454 / 17.3	94 / 3.6	12 / 0.5
	市（人口10万人以上）	3534 / 100.0	2682 / 75.9	689 / 19.5	147 / 4.2	16 / 0.5
	市（人口10万人未満）	1511 / 100.0	1157 / 76.6	289 / 19.1	59 / 3.9	6 / 0.4
	町村	594 / 100.0	450 / 75.8	100 / 16.8	39 / 6.6	5 / 0.8
専業・兼業(SC7)	専業	4083 / 100.0	3066 / 75.1	837 / 20.5	157 / 3.8	23 / 0.6
	兼業	4173 / 100.0	3280 / 78.6	695 / 16.7	182 / 4.4	16 / 0.4
	うち独立自営業が本業	1335 / 100.0	956 / 71.6	311 / 23.3	62 / 4.6	6 / 0.4
	うち独立自営業が副業	2838 / 100.0	2324 / 81.9	384 / 13.5	120 / 4.2	10 / 0.4
主な仕事(問1-1)	事務関連	1560 / 100.0	1230 / 78.8	231 / 14.8	93 / 6.0	6 / 0.4
	デザイン・映像製作関連	731 / 100.0	597 / 81.7	114 / 15.6	19 / 2.6	1 / 0.1
	IT関連	705 / 100.0	539 / 76.5	154 / 21.8	12 / 1.7	0 / 0.0
	専門関連業務（医療、技術、講師、芸能、演奏など）	3266 / 100.0	2642 / 80.9	523 / 16.0	89 / 2.7	12 / 0.4
	生活関連サービス、理容・美容	741 / 100.0	498 / 67.2	190 / 25.6	44 / 5.9	9 / 1.2
	現場作業関連（運輸、製造、修理、清掃など）	1253 / 100.0	840 / 67.0	320 / 25.5	82 / 6.5	11 / 0.9
独立自営業の経験年数(問30)	2年未満	2572 / 100.0	2068 / 80.4	373 / 14.5	126 / 4.9	5 / 0.2
	2年以上15年未満	3962 / 100.0	2979 / 75.2	791 / 20.0	172 / 4.3	20 / 0.5
	15年以上	1722 / 100.0	1299 / 75.4	368 / 21.4	41 / 2.4	14 / 0.8
1週の平均作業時間(問3附問2)	10時間未満	2688 / 100.0	2244 / 83.5	291 / 10.8	139 / 5.2	14 / 0.5
	10時間以上40時間未満	3070 / 100.0	2375 / 77.4	580 / 18.9	105 / 3.4	10 / 0.3
	40時間以上	2498 / 100.0	1727 / 69.1	661 / 26.5	95 / 3.8	15 / 0.6
独立自営業者の報酬総額(問2附問4)	200万円未満	5289 / 100.0	4268 / 80.7	791 / 15.0	210 / 4.0	20 / 0.4
	200万円以上400万円未満	1189 / 100.0	872 / 73.3	266 / 22.4	42 / 3.5	9 / 0.8
	400万円以上600万円未満	819 / 100.0	584 / 71.3	197 / 24.1	33 / 4.0	5 / 0.6
	600万円以上	959 / 100.0	622 / 64.9	278 / 29.0	54 / 5.6	5 / 0.5

主要な取引先については、下記の例の通り、赤色で示された取引先事業者についてお答えください。なお、一般消費者は取引先事業者(個人)には含みません。
Q9.2017年1月～12月の間で、主要な取引先事業者からの受注件数はどのくらいでしたか。
【SC8で2のみを回答しなかった回答者を対象】

		n	1件	2件	3～4件	5～9件	10～19件	20～29件	30件以上	無回答
全体		6329	1676	563	540	616	696	315	906	1017
		100.0	26.5	8.9	8.5	9.7	11.0	5.0	14.3	16.1
性別(SC2)	男性	4073	1071	370	330	387	463	209	594	649
		100.0	26.3	9.1	8.1	9.5	11.4	5.1	14.6	15.9
	女性	2256	605	193	210	229	233	106	312	368
		100.0	26.8	8.6	9.3	10.2	10.3	4.7	13.8	16.3
年齢(SC1)	15歳～29歳	407	128	34	45	48	28	23	43	58
		100.0	31.4	8.4	11.1	11.8	6.9	5.7	10.6	14.3
	30歳～39歳	1298	372	112	121	146	123	50	183	191
		100.0	28.7	8.6	9.3	11.2	9.5	3.9	14.1	14.7
	40歳～49歳	1809	496	177	146	169	217	89	251	264
		100.0	27.4	9.8	8.1	9.3	12.0	4.9	13.9	14.6
	50歳～59歳	1587	385	131	123	147	180	88	268	265
		100.0	24.3	8.3	7.8	9.3	11.3	5.5	16.9	16.7
	60歳以上	1228	295	109	105	106	148	65	161	239
		100.0	24.0	8.9	8.6	8.6	12.1	5.3	13.1	19.5
学歴(問52)	中学校・高校	1293	358	112	97	88	129	62	202	245
		100.0	27.7	8.7	7.5	6.8	10.0	4.8	15.6	18.9
	各種専門学校	643	172	47	57	72	68	32	93	102
		100.0	26.7	7.3	8.9	11.2	10.6	5.0	14.5	15.9
	高等専門学校・短大	824	241	73	54	87	96	32	120	121
		100.0	29.2	8.9	6.6	10.6	11.7	3.9	14.6	14.7
	大学・大学院	3545	896	329	331	363	403	188	486	549
		100.0	25.3	9.3	9.3	10.2	11.4	5.3	13.7	15.5
	その他	6	3	0	0	3	0	0	0	0
		100.0	50.0	0.0	0.0	50.0	0.0	0.0	0.0	0.0
既・未婚(問54)	既婚	3907	1034	345	317	379	444	187	563	638
		100.0	26.5	8.8	8.1	9.7	11.4	4.8	14.4	16.3
	未婚、離婚、死別	2422	642	218	223	237	252	128	343	379
		100.0	26.5	9.0	9.2	9.8	10.4	5.3	14.2	15.6
居住地(問64)	23区・政令市	2093	520	192	167	210	244	122	307	331
		100.0	24.8	9.2	8.0	10.0	11.7	5.8	14.7	15.8
	市(人口10万人以上)	2689	687	250	247	267	298	126	405	409
		100.0	25.5	9.3	9.2	9.9	11.1	4.7	15.1	15.2
	市(人口10万人未満)	1116	323	89	95	103	112	48	139	207
		100.0	28.9	8.0	8.5	9.2	10.0	4.3	12.5	18.5
	町村	431	146	32	31	36	42	19	55	70
		100.0	33.9	7.4	7.2	8.4	9.7	4.4	12.8	16.2
専業・兼業(SC7)	専業	3188	789	237	231	290	397	178	555	511
		100.0	24.7	7.4	7.2	9.1	12.5	5.6	17.4	16.0
	兼業	3141	887	326	309	326	299	137	351	506
		100.0	28.2	10.4	9.8	10.4	9.5	4.4	11.2	16.1
	うち独立自営業が本業	1002	241	93	95	105	92	42	144	190
		100.0	24.1	9.3	9.5	10.5	9.2	4.2	14.4	19.0
	うち独立自営業が副業	2139	646	233	214	221	207	95	207	316
		100.0	30.2	10.9	10.0	10.3	9.7	4.4	9.7	14.8
主な仕事(問1-1)	事務関連	1283	390	131	116	141	120	51	147	187
		100.0	30.4	10.2	9.0	11.0	9.4	4.0	11.5	14.6
	デザイン・映像製作関連	611	93	53	52	80	94	46	104	89
		100.0	15.2	8.7	8.5	13.1	15.4	7.5	17.0	14.6
	IT関連	617	205	77	57	49	73	22	48	86
		100.0	33.2	12.5	9.2	7.9	11.8	3.6	7.8	13.9
	専門関連業務(医療、技術、講師、芸能、演奏など)	2487	538	220	247	266	293	149	373	401
		100.0	21.6	8.8	9.9	10.7	11.8	6.0	15.0	16.1
	生活関連サービス、理容・美容	358	130	20	22	19	30	12	47	78
		100.0	36.3	5.6	6.1	5.3	8.4	3.4	13.1	21.8
	現場作業関連(運輸、製造、修理、清掃など)	973	320	62	46	61	86	35	187	176
		100.0	32.9	6.4	4.7	6.3	8.8	3.6	19.2	18.1
独立自営業の経験年数(問30)	2年未満	2045	786	206	175	198	157	61	168	294
		100.0	38.4	10.1	8.6	9.7	7.7	3.0	8.2	14.4
	2年以上15年未満	2979	655	256	266	301	371	164	477	489
		100.0	22.0	8.6	8.9	10.1	12.5	5.5	16.0	16.4
	15年以上	1305	235	101	99	117	168	90	261	234
		100.0	18.0	7.7	7.6	9.0	12.9	6.9	20.0	17.9
1週の平均作業時間(問3附問2)	10時間未満	2072	770	230	198	202	182	77	129	284
		100.0	37.2	11.1	9.6	9.7	8.8	3.7	6.2	13.7
	10時間以上40時間未満	2335	489	192	188	233	290	126	404	413
		100.0	20.9	8.2	8.1	10.0	12.4	5.4	17.3	17.7
	40時間以上	1922	417	141	154	181	224	112	373	320
		100.0	21.7	7.3	8.0	9.4	11.7	5.8	19.4	16.6
独立自営業者の報酬総額(問2附問4)	200万円未満	3944	1228	393	357	397	389	167	390	623
		100.0	31.1	10.0	9.1	10.1	9.9	4.2	9.9	15.8
	200万円以上400万円未満	911	182	69	80	70	125	50	187	148
		100.0	20.0	7.6	8.8	7.7	13.7	5.5	20.5	16.2
	400万円以上600万円未満	669	122	47	42	73	78	40	157	110
		100.0	18.2	7.0	6.3	10.9	11.7	6.0	23.5	16.4
	600万円以上	805	144	54	61	76	104	58	172	136
		100.0	17.9	6.7	7.6	9.4	12.9	7.2	21.4	16.9

2017年1月～12月までの独立自営業のお仕事のうち、あなたが主要な取引先とお考えの取引先事業者(法人・個人を含む)1社についてお伺いします。
主要な取引先については、下記の例の通り、赤色で示された取引先事業者についてお答えください。なお、一般消費者は取引先事業者(個人)には含みません。
Q9.2017年1月～12月の間で、主要な取引先事業者からの受注件数はどのくらいでしたか。
【Q9で無回答でなかった回答者を対象】

		n	平均値	標準偏差	中央値
全体		5312	36.28	263.13	4
性別(SC2)	男性	3424	35.65	221.62	4
	女性	1888	37.41	325.17	4
年齢(SC1)	15歳～29歳	349	40.48	534.42	3
	30歳～39歳	1107	29.26	150.60	3
	40歳～49歳	1545	45.74	343.64	3
	50歳～59歳	1322	31.82	119.54	5
	60歳以上	989	33.81	204.71	4
学歴(問52)	中学校・高校	1048	42.70	226.24	3
	各種専門学校	541	52.08	429.97	4
	高等専門学校・短大	703	32.03	115.48	3
	大学・大学院	2996	32.15	261.16	4
	その他	6	3.67	2.81	3
既・未婚(問54)	既婚	3269	34.59	240.17	4
	未婚、離婚、死別	2043	38.98	296.17	4
居住地(問64)	23区・政令市	1762	35.02	247.39	5
	市(人口10万人以上)	2280	35.48	226.94	4
	市(人口10万人未満)	909	35.73	342.21	3
	町村	361	48.85	315.89	3
専業・兼業(SC7)	専業	2677	45.27	270.44	5
	兼業	2635	27.14	255.17	3
	うち独立自営業が本業	812	42.19	323.31	4
	うち独立自営業が副業	1823	20.43	217.74	3
主な仕事(問1-1)	事務関連	1096	39.68	418.25	3
	デザイン・映像製作関連	522	31.64	167.04	7
	IT関連	531	32.95	244.25	2
	専門関連業務(医療、技術、講師、芸能、演奏など)	2086	26.02	103.04	5
	生活関連サービス、理容・美容	280	38.36	159.17	2
	現場作業関連(運輸、製造、修理、清掃など)	797	62.96	353.82	3
独立自営業の経験年数(問30)	2年未満	1751	16.71	105.52	2
	2年以上15年未満	2490	47.85	362.74	5
	15年以上	1071	41.37	135.42	8
1週の平均作業時間(問3附問2)	10時間未満	1788	10.69	37.20	2
	10時間以上40時間未満	1922	45.34	362.84	5
	40時間以上	1602	53.97	262.59	5
独立自営業者の報酬総額(問2附問4)	200万円未満	3321	26.40	271.37	3
	200万円以上400万円未満	763	46.28	216.75	6
	400万円以上600万円未満	559	68.08	345.04	8
	600万円以上	669	47.31	172.02	9

Q10.2017年1月～12月の間で、主要な取引先事業者からの報酬額はどのくらいでしたか。＊税金・社会保険料などを差し引かれる前の額（額面）でお答えください。
【SC8で2のみを回答しなかった回答者を対象】
SA

		n	50万円未満	50万円以上～150万円未満	150万円以上～210万円未満	210万円以上～250万円未満	250万円以上～320万円未満	320万円以上～430万円未満	430万円以上～540万円未満	540万円以上～650万円未満	650万円以上～760万円未満	760万円以上～870万円未満	870万円以上～980万円未満	980万円以上～1090万円未満	1090万円以上～1150万円未満	1150万円以上	無回答
全体		6329	3113	781	377	304	268	201	274	243	186	115	86	45	45	73	61	157
		100.0	49.2	12.3	6.0	4.8	4.2	3.2	4.3	3.8	2.9	1.8	1.4	0.7	0.7	1.2	1.0	2.5
性別(SC2)	男性	4073	1620	505	254	217	219	168	230	214	160	103	76	38	39	62	54	114
		100.0	39.8	12.4	6.2	5.3	5.4	4.1	5.6	5.3	3.9	2.5	1.9	0.9	1.0	1.5	1.3	2.8
	女性	2256	1493	276	123	87	49	33	44	29	26	12	10	7	6	11	7	43
		100.0	66.2	12.2	5.5	3.9	2.2	1.5	2.0	1.3	1.2	0.5	0.4	0.3	0.3	0.5	0.3	1.9
年齢(SC1)	15歳～29歳	407	296	35	25	10	7	3	10	2	4	3	0	0	0	0	0	12
		100.0	72.7	8.6	6.1	2.5	1.7	0.7	2.5	0.5	1.0	0.7	0.0	0.0	0.0	0.0	0.0	2.9
	30歳～39歳	1298	855	144	44	40	41	29	24	23	22	13	16	3	2	5	8	29
		100.0	65.9	11.1	3.4	3.1	3.2	2.2	1.8	1.8	1.7	1.0	1.2	0.2	0.2	0.4	0.6	2.2
	40歳～49歳	1809	899	199	105	91	73	66	72	75	57	32	22	13	16	23	20	46
		100.0	49.7	11.0	5.8	5.0	4.0	3.6	4.0	4.1	3.2	1.8	1.2	0.7	0.9	1.3	1.1	2.5
	50歳～59歳	1587	630	194	95	88	72	48	105	73	67	45	34	21	21	30	22	42
		100.0	39.7	12.2	6.0	5.5	4.5	3.0	6.6	4.6	4.2	2.8	2.1	1.3	1.3	1.9	1.4	2.6
	60歳以上	1228	433	209	108	75	75	55	63	70	36	22	14	8	6	15	11	28
		100.0	35.3	17.0	8.8	6.1	6.1	4.5	5.1	5.7	2.9	1.8	1.1	0.7	0.5	1.2	0.9	2.3
学歴(問52)	中学校・高校	1293	614	178	79	59	51	40	63	56	37	28	18	7	6	11	15	31
		100.0	47.5	13.8	6.1	4.6	3.9	3.1	4.9	4.3	2.9	2.2	1.4	0.5	0.5	0.9	1.2	2.4
	各種専門学校	643	347	67	35	24	27	23	27	20	23	14	7	1	3	5	6	14
		100.0	54.0	10.4	5.4	3.7	4.2	3.6	4.2	3.1	3.6	2.2	1.1	0.2	0.5	0.8	0.9	2.2
	高等専門学校・短大	824	451	98	52	34	24	25	26	33	15	13	14	5	3	4	3	24
		100.0	54.7	11.9	6.3	4.1	2.9	3.0	3.2	4.0	1.8	1.6	1.7	0.6	0.4	0.5	0.4	2.9
	大学・大学院	3545	1687	435	211	187	166	113	155	132	111	60	47	32	33	53	36	87
		100.0	47.6	12.3	6.0	5.3	4.7	3.2	4.4	3.7	3.1	1.7	1.3	0.9	0.9	1.5	1.0	2.5
	その他	6	2	2	0	0	0	0	0	1	0	0	0	0	0	0	0	1
		100.0	33.3	33.3	0.0	0.0	0.0	0.0	0.0	16.7	0.0	0.0	0.0	0.0	0.0	0.0	0.0	16.7
既・未婚(問54)	既婚	3907	1908	509	224	186	164	114	148	143	129	73	53	31	31	57	40	97
		100.0	48.8	13.0	5.7	4.8	4.2	2.9	3.8	3.7	3.3	1.9	1.4	0.8	0.8	1.5	1.0	2.5
	未婚、離婚、死別	2422	1205	272	153	118	104	87	126	100	57	42	33	14	14	16	21	60
		100.0	49.8	11.2	6.3	4.9	4.3	3.6	5.2	4.1	2.4	1.7	1.4	0.6	0.6	0.7	0.9	2.5
居住地(問64)	23区・政令市	2093	900	269	126	118	96	77	119	88	61	59	40	22	18	26	22	52
		100.0	43.0	12.9	6.0	5.6	4.6	3.7	5.7	4.2	2.9	2.8	1.9	1.1	0.9	1.2	1.1	2.5
	市(人口10万人以上)	2689	1360	309	178	122	115	89	100	113	71	36	33	17	18	39	29	60
		100.0	50.6	11.5	6.6	4.5	4.3	3.3	3.7	4.2	2.6	1.3	1.2	0.6	0.7	1.5	1.1	2.2
	市(人口10万人未満)	1116	596	139	56	56	40	30	46	32	39	18	9	5	8	5	3	34
		100.0	53.4	12.5	5.0	5.0	3.6	2.7	4.1	2.9	3.5	1.6	0.8	0.4	0.7	0.4	0.3	3.0
	町村	431	257	64	17	8	17	5	9	10	15	2	4	1	1	3	7	11
		100.0	59.6	14.8	3.9	1.9	3.9	1.2	2.1	2.3	3.5	0.5	0.9	0.2	0.2	0.7	1.6	2.6
専業・兼業(SC7)	専業	3188	1095	392	220	207	181	133	212	184	145	100	63	36	30	55	48	87
		100.0	34.3	12.3	6.9	6.5	5.7	4.2	6.6	5.8	4.5	3.1	2.0	1.1	0.9	1.7	1.5	2.7
	兼業	3141	2018	389	157	97	87	68	62	59	41	15	23	9	15	18	13	70
		100.0	64.2	12.4	5.0	3.1	2.8	2.2	2.0	1.9	1.3	0.5	0.7	0.3	0.5	0.6	0.4	2.2
	うち独立自営業が本業	1002	434	143	75	51	46	44	41	42	30	14	19	6	7	10	6	34
		100.0	43.3	14.3	7.5	5.1	4.6	4.4	4.1	4.2	3.0	1.4	1.9	0.6	0.7	1.0	0.6	3.4
	うち独立自営業が副業	2139	1584	246	82	46	41	24	21	17	11	1	4	3	8	8	7	36
		100.0	74.1	11.5	3.8	2.2	1.9	1.1	1.0	0.8	0.5	0.0	0.2	0.1	0.4	0.4	0.3	1.7
主な仕事(問1-1)	事務関連	1283	954	116	48	26	19	14	17	14	17	6	6	3	4	8	3	28
		100.0	74.4	9.0	3.7	2.0	1.5	1.1	1.3	1.1	1.3	0.5	0.5	0.2	0.3	0.6	0.2	2.2
	デザイン・映像製作関連	611	301	71	47	36	33	19	30	23	20	8	6	2	2	5	5	3
		100.0	49.3	11.6	7.7	5.9	5.4	3.1	4.9	3.8	3.3	1.3	1.0	0.3	0.3	0.8	0.8	0.5
	IT関連	617	231	73	30	37	36	26	19	34	21	31	21	8	9	15	6	20
		100.0	37.4	11.8	4.9	6.0	5.8	4.2	3.1	5.5	3.4	5.0	3.4	1.3	1.5	2.4	1.0	3.2
	専門関連業務(医療、技術、講師、芸能、演奏など)	2487	1077	343	168	141	123	95	120	97	87	47	41	22	19	33	26	48
		100.0	43.3	13.8	6.8	5.7	4.9	3.8	4.8	3.9	3.5	1.9	1.6	0.9	0.8	1.3	1.0	1.9
	生活関連サービス、理容・美容	358	170	49	17	20	18	13	13	14	4	3	2	2	2	2	7	22
		100.0	47.5	13.7	4.7	5.6	5.0	3.6	3.6	3.9	1.1	0.8	0.6	0.6	0.6	0.6	2.0	6.1
	現場作業関連(運輸、製造、修理、清掃など)	973	380	129	67	44	39	34	75	61	37	20	10	8	9	10	14	36
		100.0	39.1	13.3	6.9	4.5	4.0	3.5	7.7	6.3	3.8	2.1	1.0	0.8	0.9	1.0	1.4	3.7
独立自営業の経験年数(問30)	2年未満	2045	1578	161	58	33	31	18	30	26	21	9	6	3	4	5	10	52
		100.0	77.2	7.9	2.8	1.6	1.5	0.9	1.5	1.3	1.0	0.4	0.3	0.1	0.2	0.2	0.5	2.5
	2年以上15年未満	2979	1167	445	233	176	153	129	136	138	92	66	49	23	29	44	23	76
		100.0	39.2	14.9	7.8	5.9	5.1	4.3	4.6	4.6	3.1	2.2	1.6	0.8	1.0	1.5	0.8	2.6
	15年以上	1305	368	175	86	95	84	54	108	79	73	40	31	19	12	24	28	29
		100.0	28.2	13.4	6.6	7.3	6.4	4.1	8.3	6.1	5.6	3.1	2.4	1.5	0.9	1.8	2.1	2.2
1週の平均作業時間(問3附属2)	10時間未満	2072	1614	175	61	36	33	20	26	21	10	8	7	1	6	5	13	34
		100.0	77.9	8.4	2.9	1.7	1.6	1.0	1.3	1.0	0.5	0.4	0.3	0.1	0.3	0.2	0.6	1.6
	10時間以上40時間未満	2335	982	372	200	145	120	74	107	81	64	35	27	16	16	19	18	59
		100.0	42.1	15.9	8.6	6.2	5.1	3.2	4.6	3.5	2.7	1.5	1.2	0.7	0.7	0.8	0.8	2.5
	40時間以上	1922	517	234	116	123	115	107	141	141	112	72	52	26	23	49	30	64
		100.0	26.9	12.2	6.0	6.4	6.0	5.6	7.3	7.3	5.8	3.7	2.7	1.4	1.2	2.5	1.6	3.3
独立自営業者の報酬総額(問2附属4)	200万円未満	3944	2919	635	238	103	0	0	0	0	0	0	0	0	0	0	0	49
		100.0	74.0	16.1	6.0	2.6	0.0	0.0	0.0	0.0	0.0	0.0	0.0	0.0	0.0	0.0	0.0	1.2
	200万円以上400万円未満	911	104	86	95	121	191	128	145	0	0	0	0	0	0	0	0	41
		100.0	11.4	9.4	10.4	13.3	21.0	14.1	15.9	0.0	0.0	0.0	0.0	0.0	0.0	0.0	0.0	4.5
	400万円以上600万円未満	669	47	37	29	42	48	53	76	197	106	0	0	0	0	0	0	34
		100.0	7.0	5.5	4.3	6.3	7.2	7.9	11.4	29.4	15.8	0.0	0.0	0.0	0.0	0.0	0.0	5.1
	600万円以上	805	43	23	15	38	29	20	53	46	80	115	86	45	45	73	61	33
		100.0	5.3	2.9	1.9	4.7	3.6	2.5	6.6	5.7	9.9	14.3	10.7	5.6	5.6	9.1	7.6	4.1

注)Q10からQ17までは、SC8で2のみを回答しなかった回答者(6329人)が対象になる。

Q11.2017年1月～12月の間で、主要な取引先事業者からの受注案件に携わった1ヵ月あたりの平均的な日数はどのくらいでしたか。
SA

		n	1～4日	5～9日	10～14日	15～19日	20～24日	25～30日	無回答
全体		6329	1730	1015	929	659	1032	549	415
		100.0	27.3	16.0	14.7	10.4	16.3	8.7	6.6
性別(SC2)	男性	4073	1037	618	580	434	740	415	249
		100.0	25.5	15.2	14.2	10.7	18.2	10.2	6.1
	女性	2256	693	397	349	225	292	134	166
		100.0	30.7	17.6	15.5	10.0	12.9	5.9	7.4
年齢(SC1)	15歳～29歳	407	120	70	58	35	57	27	40
		100.0	29.5	17.2	14.3	8.6	14.0	6.6	9.8
	30歳～39歳	1298	446	224	181	118	147	92	90
		100.0	34.4	17.3	13.9	9.1	11.3	7.1	6.9
	40歳～49歳	1809	466	275	268	178	339	171	112
		100.0	25.8	15.2	14.8	9.8	18.7	9.5	6.2
	50歳～59歳	1587	391	222	225	183	305	166	95
		100.0	24.6	14.0	14.2	11.5	19.2	10.5	6.0
	60歳以上	1228	307	224	197	145	184	93	78
		100.0	25.0	18.2	16.0	11.8	15.0	7.6	6.4
学歴(問52)	中学校・高校	1293	285	187	164	145	250	158	104
		100.0	22.0	14.5	12.7	11.2	19.3	12.2	8.0
	各種専門学校	643	159	90	86	71	118	69	50
		100.0	24.7	14.0	13.4	11.0	18.4	10.7	7.8
	高等専門学校・短大	824	242	132	134	71	132	59	54
		100.0	29.4	16.0	16.3	8.6	16.0	7.2	6.6
	大学・大学院	3545	1038	602	542	369	529	260	205
		100.0	29.3	17.0	15.3	10.4	14.9	7.3	5.8
	その他	6	0	1	1	2	0	1	1
		100.0	0.0	16.7	16.7	33.3	0.0	16.7	16.7
既・未婚(問54)	既婚	3907	1121	645	582	407	587	311	254
		100.0	28.7	16.5	14.9	10.4	15.0	8.0	6.5
	未婚、離婚、死別	2422	609	370	347	252	445	238	161
		100.0	25.1	15.3	14.3	10.4	18.4	9.8	6.6
居住地(問64)	23区・政令市	2093	590	326	317	224	357	168	111
		100.0	28.2	15.6	15.1	10.7	17.1	8.0	5.3
	市（人口10万人以上）	2689	720	466	384	288	444	220	167
		100.0	26.8	17.3	14.3	10.7	16.5	8.2	6.2
	市（人口10万人未満）	1116	291	173	177	105	169	104	97
		100.0	26.1	15.5	15.9	9.4	15.1	9.3	8.7
	町村	431	129	50	51	42	62	57	40
		100.0	29.9	11.6	11.8	9.7	14.4	13.2	9.3
専業・兼業(SC7)	専業	3188	551	420	495	398	747	398	179
		100.0	17.3	13.2	15.5	12.5	23.4	12.5	5.6
	兼業	3141	1179	595	434	261	285	151	236
		100.0	37.5	18.9	13.8	8.3	9.1	4.8	7.5
	うち独立自営業が本業	1002	219	172	171	115	158	88	79
		100.0	21.9	17.2	17.1	11.5	15.8	8.8	7.9
	うち独立自営業が副業	2139	960	423	263	146	127	63	157
		100.0	44.9	19.8	12.3	6.8	5.9	2.9	7.3
主な仕事(問1-1)	事務関連	1283	422	225	220	107	134	80	95
		100.0	32.9	17.5	17.1	8.3	10.4	6.2	7.4
	デザイン・映像製作関連	611	144	88	125	73	102	60	19
		100.0	23.6	14.4	20.5	11.9	16.7	9.8	3.1
	IT関連	617	92	83	88	75	185	53	41
		100.0	14.9	13.5	14.3	12.2	30.0	8.6	6.6
	専門関連業務(医療、技術、講師、芸能、演奏など)	2487	730	465	338	270	365	191	128
		100.0	29.4	18.7	13.6	10.9	14.7	7.7	5.1
	生活関連サービス、理容・美容	358	112	40	40	35	62	24	45
		100.0	31.3	11.2	11.2	9.8	17.3	6.7	12.6
	現場作業関連(運輸、製造、修理、清掃など)	973	230	114	118	99	184	141	87
		100.0	23.6	11.7	12.1	10.2	18.9	14.5	8.9
独立自営業の経験年数(問30)	2年未満	2045	797	323	275	145	211	105	189
		100.0	39.0	15.8	13.4	7.1	10.3	5.1	9.2
	2年以上15年未満	2979	683	516	477	349	543	252	159
		100.0	22.9	17.3	16.0	11.7	18.2	8.5	5.3
	15年以上	1305	250	176	177	165	278	192	67
		100.0	19.2	13.5	13.6	12.6	21.3	14.7	5.1
1週の平均作業時間(問3附問2)	10時間未満	2072	1180	340	182	65	75	59	171
		100.0	56.9	16.4	8.8	3.1	3.6	2.8	8.3
	10時間以上40時間未満	2335	375	477	474	361	389	112	147
		100.0	16.1	20.4	20.3	15.5	16.7	4.8	6.3
	40時間以上	1922	175	198	273	233	568	378	97
		100.0	9.1	10.3	14.2	12.1	29.6	19.7	5.0
独立自営業者の報酬総額(問2附問4)	200万円未満	3944	1453	711	589	309	370	194	318
		100.0	36.8	18.0	14.9	7.8	9.4	4.9	8.1
	200万円以上400万円未満	911	118	156	150	123	206	125	33
		100.0	13.0	17.1	16.5	13.5	22.6	13.7	3.6
	400万円以上600万円未満	669	61	72	81	101	216	109	29
		100.0	9.1	10.8	12.1	15.1	32.3	16.3	4.3
	600万円以上	805	98	76	109	126	240	121	35
		100.0	12.2	9.4	13.5	15.7	29.8	15.0	4.3

Q12.主要な取引先事業者から作業の進捗報告を求められていましたか。求められたとすれば、それはどのくらいの頻度でしたか。
SA

		n	逐次進捗報告を求められた	適時進捗報告を求められた	なかったに求められ	一切求められなかった
全体		6329	482	1539	1916	2392
		100.0	7.6	24.3	30.3	37.8
性別(SC2)	男性	4073	331	1062	1222	1458
		100.0	8.1	26.1	30.0	35.8
	女性	2256	151	477	694	934
		100.0	6.7	21.1	30.8	41.4
年齢(SC1)	15歳～29歳	407	28	107	117	155
		100.0	6.9	26.3	28.7	38.1
	30歳～39歳	1298	88	317	366	527
		100.0	6.8	24.4	28.2	40.6
	40歳～49歳	1809	141	442	546	680
		100.0	7.8	24.4	30.2	37.6
	50歳～59歳	1587	116	377	501	593
		100.0	7.3	23.8	31.6	37.4
	60歳以上	1228	109	296	386	437
		100.0	8.9	24.1	31.4	35.6
学歴(問52)	中学校・高校	1293	106	313	383	491
		100.0	8.2	24.2	29.6	38.0
	各種専門学校	643	41	151	197	254
		100.0	6.4	23.5	30.6	39.5
	高等専門学校・短大	824	82	192	247	303
		100.0	10.0	23.3	30.0	36.8
	大学・大学院	3545	253	878	1078	1336
		100.0	7.1	24.8	30.4	37.7
	その他	6	0	2	3	1
		100.0	0.0	33.3	50.0	16.7
既・未婚(問54)	既婚	3907	297	987	1175	1448
		100.0	7.6	25.3	30.1	37.1
	未婚、離婚、死別	2422	185	552	741	944
		100.0	7.6	22.8	30.6	39.0
居住地(問64)	23区・政令市	2093	156	559	585	793
		100.0	7.5	26.7	28.0	37.9
	市(人口10万人以上)	2689	220	635	863	971
		100.0	8.2	23.6	32.1	36.1
	市(人口10万人未満)	1116	82	255	338	441
		100.0	7.3	22.8	30.3	39.5
	町村	431	24	90	130	187
		100.0	5.6	20.9	30.2	43.4
専業・兼業(SC7)	専業	3188	271	798	986	1133
		100.0	8.5	25.0	30.9	35.5
	兼業	3141	211	741	930	1259
		100.0	6.7	23.6	29.6	40.1
	うち独立自営業が本業	1002	89	276	294	343
		100.0	8.9	27.5	29.3	34.2
	うち独立自営業が副業	2139	122	465	636	916
		100.0	5.7	21.7	29.7	42.8
主な仕事(問1-1)	事務関連	1283	87	272	361	563
		100.0	6.8	21.2	28.1	43.9
	デザイン・映像製作関連	611	39	155	226	191
		100.0	6.4	25.4	37.0	31.3
	IT関連	617	69	231	171	146
		100.0	11.2	37.4	27.7	23.7
	専門関連業務(医療、技術、講師、芸能、演奏など)	2487	153	608	795	931
		100.0	6.2	24.4	32.0	37.4
	生活関連サービス、理容・美容	358	30	71	82	175
		100.0	8.4	19.8	22.9	48.9
	現場作業関連(運輸、製造、修理、清掃など)	973	104	202	281	386
		100.0	10.7	20.8	28.9	39.7
独立自営業の経験年数(問30)	2年未満	2045	159	434	572	880
		100.0	7.8	21.2	28.0	43.0
	2年以上15年未満	2979	232	824	915	1008
		100.0	7.8	27.7	30.7	33.8
	15年以上	1305	91	281	429	504
		100.0	7.0	21.5	32.9	38.6
1週の平均作業時間(問3附問2)	10時間未満	2072	117	316	555	1084
		100.0	5.6	15.3	26.8	52.3
	10時間以上40時間未満	2335	186	628	755	766
		100.0	8.0	26.9	32.3	32.8
	40時間以上	1922	179	595	606	542
		100.0	9.3	31.0	31.5	28.2
独立自営業者の報酬総額(問2附問4)	200万円未満	3944	260	851	1177	1656
		100.0	6.6	21.6	29.8	42.0
	200万円以上400万円未満	911	86	244	293	288
		100.0	9.4	26.8	32.2	31.6
	400万円以上600万円未満	669	59	211	198	201
		100.0	8.8	31.5	29.6	30.0
	600万円以上	805	77	233	248	247
		100.0	9.6	28.9	30.8	30.7

Q13. 主要な取引先事業者との契約内容についてあてはまるものを選んでください。
SA

		n	取引先が一方的に決定した	あなたが一方的に決定した	双方で協議の上、決定した	第三者（クラウドソーシングの会社や仲介会社など）の定めるルールに沿って決定した	その他	上記のようなやり取りはなかった
全体		6329	1521	373	2998	538	8	891
		100.0	24.0	5.9	47.4	8.5	0.1	14.1
性別(SC2)	男性	4073	892	281	2099	240	6	555
		100.0	21.9	6.9	51.5	5.9	0.1	13.6
	女性	2256	629	92	899	298	2	336
		100.0	27.9	4.1	39.8	13.2	0.1	14.9
年齢(SC1)	15歳～29歳	407	106	28	133	67	0	73
		100.0	26.0	6.9	32.7	16.5	0.0	17.9
	30歳～39歳	1298	317	80	550	158	1	192
		100.0	24.4	6.2	42.4	12.2	0.1	14.8
	40歳～49歳	1809	474	90	813	167	2	263
		100.0	26.2	5.0	44.9	9.2	0.1	14.5
	50歳～59歳	1587	369	91	799	106	3	219
		100.0	23.3	5.7	50.3	6.7	0.2	13.8
	60歳以上	1228	255	84	703	40	2	144
		100.0	20.8	6.8	57.2	3.3	0.2	11.7
学歴(問52)	中学校・高校	1293	299	63	597	105	1	228
		100.0	23.1	4.9	46.2	8.1	0.1	17.6
	各種専門学校	643	154	23	300	62	1	103
		100.0	24.0	3.6	46.7	9.6	0.2	16.0
	高等専門学校・短大	824	238	44	343	74	0	125
		100.0	28.9	5.3	41.6	9.0	0.0	15.2
	大学・大学院	3545	827	242	1751	293	6	426
		100.0	23.3	6.8	49.4	8.3	0.2	12.0
	その他	6	0	0	3	0	0	3
		100.0	0.0	0.0	50.0	0.0	0.0	50.0
既・未婚(問54)	既婚	3907	917	242	1918	314	5	511
		100.0	23.5	6.2	49.1	8.0	0.1	13.1
	未婚、離婚、死別	2422	604	131	1080	224	3	380
		100.0	24.9	5.4	44.6	9.2	0.1	15.7
居住地(問64)	23区・政令市	2093	482	111	1071	164	2	263
		100.0	23.0	5.3	51.2	7.8	0.1	12.6
	市(人口10万人以上)	2689	652	158	1273	230	4	372
		100.0	24.2	5.9	47.3	8.6	0.1	13.8
	市(人口10万人未満)	1116	298	75	469	104	2	168
		100.0	26.7	6.7	42.0	9.3	0.2	15.1
	町村	431	89	29	185	40	0	88
		100.0	20.6	6.7	42.9	9.3	0.0	20.4
専業・兼業(SC7)	専業	3188	749	187	1620	177	5	450
		100.0	23.5	5.9	50.8	5.6	0.2	14.1
	兼業	3141	772	186	1378	361	3	441
		100.0	24.6	5.9	43.9	11.5	0.1	14.0
	うち独立自営業が本業	1002	227	64	514	49	2	146
		100.0	22.7	6.4	51.3	4.9	0.2	14.6
	うち独立自営業が副業	2139	545	122	864	312	1	295
		100.0	25.5	5.7	40.4	14.6	0.0	13.8
主な仕事(問1-1)	事務関連	1283	334	85	404	249	0	211
		100.0	26.0	6.6	31.5	19.4	0.0	16.4
	デザイン・映像製作関連	611	164	33	313	35	0	66
		100.0	26.8	5.4	51.2	5.7	0.0	10.8
	IT関連	617	132	36	338	46	1	64
		100.0	21.4	5.8	54.8	7.5	0.2	10.4
	専門関連業務(医療、技術、講師、芸能、演奏など)	2487	560	135	1363	135	4	290
		100.0	22.5	5.4	54.8	5.4	0.2	11.7
	生活関連サービス、理容・美容	358	76	26	154	24	0	78
		100.0	21.2	7.3	43.0	6.7	0.0	21.8
	現場作業関連(運輸、製造、修理、清掃など)	973	255	58	426	49	3	182
		100.0	26.2	6.0	43.8	5.0	0.3	18.7
独立自営業の経験年数(問30)	2年未満	2045	503	123	704	337	2	376
		100.0	24.6	6.0	34.4	16.5	0.1	18.4
	2年以上15年未満	2979	685	178	1604	174	4	334
		100.0	23.0	6.0	53.8	5.8	0.1	11.2
	15年以上	1305	333	72	690	27	2	181
		100.0	25.5	5.5	52.9	2.1	0.2	13.9
1週の平均作業時間(問3附問2)	10時間未満	2072	526	125	734	289	2	396
		100.0	25.4	6.0	35.4	13.9	0.1	19.1
	10時間以上40時間未満	2335	565	126	1215	176	4	249
		100.0	24.2	5.4	52.0	7.5	0.2	10.7
	40時間以上	1922	430	122	1049	73	2	246
		100.0	22.4	6.3	54.6	3.8	0.1	12.8
独立自営業者の報酬総額(問2附問4)	200万円未満	3944	1052	231	1572	462	4	623
		100.0	26.7	5.9	39.9	11.7	0.1	15.8
	200万円以上400万円未満	911	201	55	521	33	3	98
		100.0	22.1	6.0	57.2	3.6	0.3	10.8
	400万円以上600万円未満	669	134	38	402	23	0	72
		100.0	20.0	5.7	60.1	3.4	0.0	10.8
	600万円以上	805	134	49	503	20	1	98
		100.0	16.6	6.1	62.5	2.5	0.1	12.2

Q14.以下の事項について、契約以降にも主要な取引先事業者から指示を受けていましたか。(矢印方向にそれぞれひとつだけ)
1.作業内容・範囲
SA

		n	常に指示を受けていた	しばしば指示を受けていた	あまり指示されなかった	全く指示されなかった
全体		6329	1122	1501	2197	1509
		100.0	17.7	23.7	34.7	23.8
性別(SC2)	男性	4073	645	911	1478	1039
		100.0	15.8	22.4	36.3	25.5
	女性	2256	477	590	719	470
		100.0	21.1	26.2	31.9	20.8
年齢(SC1)	15歳~29歳	407	94	126	115	72
		100.0	23.1	31.0	28.3	17.7
	30歳~39歳	1298	252	385	364	297
		100.0	19.4	29.7	28.0	22.9
	40歳~49歳	1809	325	436	641	407
		100.0	18.0	24.1	35.4	22.5
	50歳~59歳	1587	284	351	567	385
		100.0	17.9	22.1	35.7	24.3
	60歳以上	1228	167	203	510	348
		100.0	13.6	16.5	41.5	28.3
学歴(問52)	中学校・高校	1293	236	280	468	309
		100.0	18.3	21.7	36.2	23.9
	各種専門学校	643	128	169	209	137
		100.0	19.9	26.3	32.5	21.3
	高等専門学校・短大	824	165	203	283	173
		100.0	20.0	24.6	34.3	21.0
	大学・大学院	3545	591	846	1226	882
		100.0	16.7	23.9	34.6	24.9
	その他	6	0	1	3	2
		100.0	0.0	16.7	50.0	33.3
既・未婚(問54)	既婚	3907	673	909	1405	920
		100.0	17.2	23.3	36.0	23.5
	未婚、離婚、死別	2422	449	592	792	589
		100.0	18.5	24.4	32.7	24.3
居住地(問64)	23区・政令市	2093	357	496	727	513
		100.0	17.1	23.7	34.7	24.5
	市(人口10万人以上)	2689	488	651	916	634
		100.0	18.1	24.2	34.1	23.6
	市(人口10万人未満)	1116	201	260	398	257
		100.0	18.0	23.3	35.7	23.0
	町村	431	76	94	156	105
		100.0	17.6	21.8	36.2	24.4
専業・兼業(SC7)	専業	3188	593	725	1087	783
		100.0	18.6	22.7	34.1	24.6
	兼業	3141	529	776	1110	726
		100.0	16.8	24.7	35.3	23.1
	うち独立自営業が本業	1002	147	252	374	229
		100.0	14.7	25.1	37.3	22.9
	うち独立自営業が副業	2139	382	524	736	497
		100.0	17.9	24.5	34.4	23.2
主な仕事(問1-1)	事務関連	1283	246	370	395	272
		100.0	19.2	28.8	30.8	21.2
	デザイン・映像製作関連	611	98	185	214	114
		100.0	16.0	30.3	35.0	18.7
	IT関連	617	113	165	223	116
		100.0	18.3	26.7	36.1	18.8
	専門関連業務(医療、技術、講師、芸能、演奏など)	2487	399	518	919	651
		100.0	16.0	20.8	37.0	26.2
	生活関連サービス、理容・美容	358	58	80	112	108
		100.0	16.2	22.3	31.3	30.2
	現場作業関連(運輸、製造、修理、清掃など)	973	208	183	334	248
		100.0	21.4	18.8	34.3	25.5
独立自営業の経験年数(問30)	2年未満	2045	402	530	651	462
		100.0	19.7	25.9	31.8	22.6
	2年以上15年未満	2979	502	724	1065	688
		100.0	16.9	24.3	35.8	23.1
	15年以上	1305	218	247	481	359
		100.0	16.7	18.9	36.9	27.5
1週の平均作業時間(問3附問2)	10時間未満	2072	342	414	687	629
		100.0	16.5	20.0	33.2	30.4
	10時間以上40時間未満	2335	416	586	857	476
		100.0	17.8	25.1	36.7	20.4
	40時間以上	1922	364	501	653	404
		100.0	18.9	26.1	34.0	21.0
独立自営業者の報酬総額(問2附問4)	200万円未満	3944	727	968	1335	914
		100.0	18.4	24.5	33.8	23.2
	200万円以上400万円未満	911	168	198	339	206
		100.0	18.4	21.7	37.2	22.6
	400万円以上600万円未満	669	115	147	239	168
		100.0	17.2	22.0	35.7	25.1
	600万円以上	805	112	188	284	221
		100.0	13.9	23.4	35.3	27.5

Q14.以下の事項について、契約以降にも主要な取引先事業者から指示を受けていましたか。(矢印方向にそれぞれひとつだけ)
2.作業を行う日・時間
SA

		n	常に指示を受けていた	しばしば指示を受けていた	あまり指示されなかった	全く指示されなかった
全体		6329	983	1126	2062	2158
		100.0	15.5	17.8	32.6	34.1
性別(SC2)	男性	4073	604	742	1362	1365
		100.0	14.8	18.2	33.4	33.5
	女性	2256	379	384	700	793
		100.0	16.8	17.0	31.0	35.2
年齢(SC1)	15歳～29歳	407	50	92	120	145
		100.0	12.3	22.6	29.5	35.6
	30歳～39歳	1298	213	252	374	459
		100.0	16.4	19.4	28.8	35.4
	40歳～49歳	1809	283	343	597	586
		100.0	15.6	19.0	33.0	32.4
	50歳～59歳	1587	265	266	526	530
		100.0	16.7	16.8	33.1	33.4
	60歳以上	1228	172	173	445	438
		100.0	14.0	14.1	36.2	35.7
学歴(問52)	中学校・高校	1293	212	221	444	416
		100.0	16.4	17.1	34.3	32.2
	各種専門学校	643	117	144	179	203
		100.0	18.2	22.4	27.8	31.6
	高等専門学校・短大	824	143	151	289	241
		100.0	17.4	18.3	35.1	29.2
	大学・大学院	3545	508	608	1138	1291
		100.0	14.3	17.2	32.1	36.4
	その他	6	0	0	3	3
		100.0	0.0	0.0	50.0	50.0
既・未婚(問54)	既婚	3907	606	687	1297	1317
		100.0	15.5	17.6	33.2	33.7
	未婚、離婚、死別	2422	377	439	765	841
		100.0	15.6	18.1	31.6	34.7
居住地(問64)	23区・政令市	2093	337	382	667	707
		100.0	16.1	18.3	31.9	33.8
	市(人口10万人以上)	2689	424	468	863	934
		100.0	15.8	17.4	32.1	34.7
	市(人口10万人未満)	1116	158	210	386	362
		100.0	14.2	18.8	34.6	32.4
	町村	431	64	66	146	155
		100.0	14.8	15.3	33.9	36.0
専業・兼業(SC7)	専業	3188	505	573	1027	1083
		100.0	15.8	18.0	32.2	34.0
	兼業	3141	478	553	1035	1075
		100.0	15.2	17.6	33.0	34.2
	うち独立自営業が本業	1002	163	193	333	313
		100.0	16.3	19.3	33.2	31.2
	うち独立自営業が副業	2139	315	360	702	762
		100.0	14.7	16.8	32.8	35.6
主な仕事(問1-1)	事務関連	1283	149	250	408	476
		100.0	11.6	19.5	31.8	37.1
	デザイン・映像製作関連	611	73	124	208	206
		100.0	11.9	20.3	34.0	33.7
	IT関連	617	69	114	239	195
		100.0	11.2	18.5	38.7	31.6
	専門関連業務(医療、技術、講師、芸能、演奏など)	2487	430	397	788	872
		100.0	17.3	16.0	31.7	35.1
	生活関連サービス、理容・美容	358	67	61	111	119
		100.0	18.7	17.0	31.0	33.2
	現場作業関連(運輸、製造、修理、清掃など)	973	195	180	308	290
		100.0	20.0	18.5	31.7	29.8
独立自営業の経験年数(問30)	2年未満	2045	283	365	661	736
		100.0	13.8	17.8	32.3	36.0
	2年以上15年未満	2979	469	559	968	983
		100.0	15.7	18.8	32.5	33.0
	15年以上	1305	231	202	433	439
		100.0	17.7	15.5	33.2	33.6
1週の平均作業時間(問3附問2)	10時間未満	2072	311	311	608	842
		100.0	15.0	15.0	29.3	40.6
	10時間以上40時間未満	2335	368	403	808	756
		100.0	15.8	17.3	34.6	32.4
	40時間以上	1922	304	412	646	560
		100.0	15.8	21.4	33.6	29.1
独立自営業者の報酬総額(問2附問4)	200万円未満	3944	622	672	1247	1403
		100.0	15.8	17.0	31.6	35.6
	200万円以上400万円未満	911	154	182	291	284
		100.0	16.9	20.0	31.9	31.2
	400万円以上600万円未満	669	116	128	216	209
		100.0	17.3	19.1	32.3	31.2
	600万円以上	805	91	144	308	262
		100.0	11.3	17.9	38.3	32.5

Q14.以下の事項について、契約以降にも主要な取引先事業者から指示を受けていましたか。(矢印方向にそれぞれひとつだけ)
3.作業を行う場所
SA

		n	常に指示を受けていた	しばしば指示を受けていた	あまり指示されなかった	全く指示されなかった
全体		6329	1055	747	1462	3065
		100.0	16.7	11.8	23.1	48.4
性別(SC2)	男性	4073	707	525	1006	1835
		100.0	17.4	12.9	24.7	45.1
	女性	2256	348	222	456	1230
		100.0	15.4	9.8	20.2	54.5
年齢(SC1)	15歳～29歳	407	44	54	91	218
		100.0	10.8	13.3	22.4	53.6
	30歳～39歳	1298	202	163	246	687
		100.0	15.6	12.6	19.0	52.9
	40歳～49歳	1809	304	205	440	860
		100.0	16.8	11.3	24.3	47.5
	50歳～59歳	1587	283	193	372	739
		100.0	17.8	12.2	23.4	46.6
	60歳以上	1228	222	132	313	561
		100.0	18.1	10.7	25.5	45.7
学歴(問52)	中学校・高校	1293	238	152	330	573
		100.0	18.4	11.8	25.5	44.3
	各種専門学校	643	113	87	117	326
		100.0	17.6	13.5	18.2	50.7
	高等専門学校・短大	824	158	106	193	367
		100.0	19.2	12.9	23.4	44.5
	大学・大学院	3545	544	400	815	1786
		100.0	15.3	11.3	23.0	50.4
	その他	6	0	0	1	5
		100.0	0.0	0.0	16.7	83.3
既・未婚(問54)	既婚	3907	663	468	939	1837
		100.0	17.0	12.0	24.0	47.0
	未婚、離婚、死別	2422	392	279	523	1228
		100.0	16.2	11.5	21.6	50.7
居住地(問64)	23区・政令市	2093	350	248	478	1017
		100.0	16.7	11.8	22.8	48.6
	市(人口10万人以上)	2689	470	308	619	1292
		100.0	17.5	11.5	23.0	48.0
	市(人口10万人未満)	1116	178	144	257	537
		100.0	15.9	12.9	23.0	48.1
	町村	431	57	47	108	219
		100.0	13.2	10.9	25.1	50.8
専業・兼業(SC7)	専業	3188	567	394	719	1508
		100.0	17.8	12.4	22.6	47.3
	兼業	3141	488	353	743	1557
		100.0	15.5	11.2	23.7	49.6
	うち独立自営業が本業	1002	184	136	256	426
		100.0	18.4	13.6	25.5	42.5
	うち独立自営業が副業	2139	304	217	487	1131
		100.0	14.2	10.1	22.8	52.9
主な仕事(問1-1)	事務関連	1283	103	143	324	713
		100.0	8.0	11.1	25.3	55.6
	デザイン・映像製作関連	611	54	43	114	400
		100.0	8.8	7.0	18.7	65.5
	IT関連	617	107	82	149	279
		100.0	17.3	13.3	24.1	45.2
	専門関連業務(医療、技術、講師、芸能、演奏など)	2487	452	274	538	1223
		100.0	18.2	11.0	21.6	49.2
	生活関連サービス、理容・美容	358	85	50	87	136
		100.0	23.7	14.0	24.3	38.0
	現場作業関連(運輸、製造、修理、清掃など)	973	254	155	250	314
		100.0	26.1	15.9	25.7	32.3
独立自営業の経験年数(問30)	2年未満	2045	275	227	475	1068
		100.0	13.4	11.1	23.2	52.2
	2年以上15年未満	2979	534	395	705	1345
		100.0	17.9	13.3	23.7	45.1
	15年以上	1305	246	125	282	652
		100.0	18.9	9.6	21.6	50.0
1週の平均作業時間(問3附問2)	10時間未満	2072	310	183	435	1144
		100.0	15.0	8.8	21.0	55.2
	10時間以上40時間未満	2335	402	290	535	1108
		100.0	17.2	12.4	22.9	47.5
	40時間以上	1922	343	274	492	813
		100.0	17.8	14.3	25.6	42.3
独立自営業者の報酬総額(問2附問4)	200万円未満	3944	608	430	847	2059
		100.0	15.4	10.9	21.5	52.2
	200万円以上400万円未満	911	201	102	232	376
		100.0	22.1	11.2	25.5	41.3
	400万円以上600万円未満	669	121	99	169	280
		100.0	18.1	14.8	25.3	41.9
	600万円以上	805	125	116	214	350
		100.0	15.5	14.4	26.6	43.5

Q15.主要な取引先事業者から書面(メールを含む)によって契約内容の明示がありましたか。
SA

		n	はい	いいえ
全体		6329	3473	2856
		100.0	54.9	45.1
性別(SC2)	男性	4073	2228	1845
		100.0	54.7	45.3
	女性	2256	1245	1011
		100.0	55.2	44.8
年齢(SC1)	15歳～29歳	407	219	188
		100.0	53.8	46.2
	30歳～39歳	1298	705	593
		100.0	54.3	45.7
	40歳～49歳	1809	942	867
		100.0	52.1	47.9
	50歳～59歳	1587	863	724
		100.0	54.4	45.6
	60歳以上	1228	744	484
		100.0	60.6	39.4
学歴(問52)	中学校・高校	1293	643	650
		100.0	49.7	50.3
	各種専門学校	643	327	316
		100.0	50.9	49.1
	高等専門学校・短大	824	415	409
		100.0	50.4	49.6
	大学・大学院	3545	2078	1467
		100.0	58.6	41.4
	その他	6	4	2
		100.0	66.7	33.3
既・未婚(問54)	既婚	3907	2199	1708
		100.0	56.3	43.7
	未婚、離婚、死別	2422	1274	1148
		100.0	52.6	47.4
居住地(問64)	23区・政令市	2093	1203	890
		100.0	57.5	42.5
	市(人口10万人以上)	2689	1507	1182
		100.0	56.0	44.0
	市(人口10万人未満)	1116	575	541
		100.0	51.5	48.5
	町村	431	188	243
		100.0	43.6	56.4
専業・兼業(SC7)	専業	3188	1717	1471
		100.0	53.9	46.1
	兼業	3141	1756	1385
		100.0	55.9	44.1
	うち独立自営業が本業	1002	570	432
		100.0	56.9	43.1
	うち独立自営業が副業	2139	1186	953
		100.0	55.4	44.6
主な仕事(問1-1)	事務関連	1283	681	602
		100.0	53.1	46.9
	デザイン・映像製作関連	611	321	290
		100.0	52.5	47.5
	IT関連	617	398	219
		100.0	64.5	35.5
	専門関連業務(医療、技術、講師、芸能、演奏など)	2487	1468	1019
		100.0	59.0	41.0
	生活関連サービス、理容・美容	358	164	194
		100.0	45.8	54.2
	現場作業関連(運輸、製造、修理、清掃など)	973	441	532
		100.0	45.3	54.7
独立自営業の経験年数(問30)	2年未満	2045	1059	986
		100.0	51.8	48.2
	2年以上15年未満	2979	1764	1215
		100.0	59.2	40.8
	15年以上	1305	650	655
		100.0	49.8	50.2
1週の平均作業時間(問3附問2)	10時間未満	2072	1047	1025
		100.0	50.5	49.5
	10時間以上40時間未満	2335	1358	977
		100.0	58.2	41.8
	40時間以上	1922	1068	854
		100.0	55.6	44.4
独立自営業者の報酬総額(問2附問4)	200万円未満	3944	2079	1865
		100.0	52.7	47.3
	200万円以上400万円未満	911	514	397
		100.0	56.4	43.6
	400万円以上600万円未満	669	386	283
		100.0	57.7	42.3
	600万円以上	805	494	311
		100.0	61.4	38.6

Q16.主要な取引先でのお仕事の報酬額はどのように決まっていましたか。
SA

		n	取引先が一方的に決定した	取引先が提示し、必要があれば交渉した	あなたが提示し、必要があれば交渉した	あなたが一方的に決定した	あなたや取引先以外の第三者（クラウドソーシングの会社や仲介会社など）が決定した	その他
全体		6329	2124	1886	1378	343	556	42
		100.0	33.6	29.8	21.8	5.4	8.8	0.7
性別(SC2)	男性	4073	1188	1225	1076	276	283	25
		100.0	29.2	30.1	26.4	6.8	6.9	0.6
	女性	2256	936	661	302	67	273	17
		100.0	41.5	29.3	13.4	3.0	12.1	0.8
年齢(SC1)	15歳～29歳	407	177	101	46	19	64	0
		100.0	43.5	24.8	11.3	4.7	15.7	0.0
	30歳～39歳	1298	481	401	208	48	156	4
		100.0	37.1	30.9	16.0	3.7	12.0	0.3
	40歳～49歳	1809	636	529	378	83	174	9
		100.0	35.2	29.2	20.9	4.6	9.6	0.5
	50歳～59歳	1587	475	483	405	103	105	16
		100.0	29.9	30.4	25.5	6.5	6.6	1.0
	60歳以上	1228	355	372	341	90	57	13
		100.0	28.9	30.3	27.8	7.3	4.6	1.1
学歴(問52)	中学校・高校	1293	426	375	280	75	130	7
		100.0	32.9	29.0	21.7	5.8	10.1	0.5
	各種専門学校	643	211	191	145	19	73	4
		100.0	32.8	29.7	22.6	3.0	11.4	0.6
	高等専門学校・短大	824	313	236	155	42	73	5
		100.0	38.0	28.6	18.8	5.1	8.9	0.6
	大学・大学院	3545	1167	1081	791	203	277	26
		100.0	32.9	30.5	22.3	5.7	7.8	0.7
	その他	6	1	1	2	2	0	0
		100.0	16.7	16.7	33.3	33.3	0.0	0.0
既・未婚(問54)	既婚	3907	1295	1170	884	211	324	23
		100.0	33.1	29.9	22.6	5.4	8.3	0.6
	未婚、離婚、死別	2422	829	716	494	132	232	19
		100.0	34.2	29.6	20.4	5.5	9.6	0.8
居住地(問64)	23区・政令市	2093	653	668	486	107	167	12
		100.0	31.2	31.9	23.2	5.1	8.0	0.6
	市(人口10万人以上)	2689	932	783	572	153	228	21
		100.0	34.7	29.1	21.3	5.7	8.5	0.8
	市(人口10万人未満)	1116	396	321	220	63	107	9
		100.0	35.5	28.8	19.7	5.6	9.6	0.8
	町村	431	143	114	100	20	54	0
		100.0	33.2	26.5	23.2	4.6	12.5	0.0
専業・兼業(SC7)	専業	3188	977	957	807	202	217	28
		100.0	30.6	30.0	25.3	6.3	6.8	0.9
	兼業	3141	1147	929	571	141	339	14
		100.0	36.5	29.6	18.2	4.5	10.8	0.4
	うち独立自営業が本業	1002	320	326	220	59	70	7
		100.0	31.9	32.5	22.0	5.9	7.0	0.7
	うち独立自営業が副業	2139	827	603	351	82	269	7
		100.0	38.7	28.2	16.4	3.8	12.6	0.3
主な仕事(問1-1)	事務関連	1283	521	347	144	52	216	3
		100.0	40.6	27.0	11.2	4.1	16.8	0.2
	デザイン・映像製作関連	611	182	220	154	21	33	1
		100.0	29.8	36.0	25.2	3.4	5.4	0.2
	IT関連	617	149	228	163	24	51	2
		100.0	24.1	37.0	26.4	3.9	8.3	0.3
	専門関連業務(医療、技術、講師、芸能、演奏など)	2487	806	735	635	154	133	24
		100.0	32.4	29.6	25.5	6.2	5.3	1.0
	生活関連サービス、理容・美容	358	124	97	69	22	41	5
		100.0	34.6	27.1	19.3	6.1	11.5	1.4
	現場作業関連(運輸、製造、修理、清掃など)	973	342	259	213	70	82	7
		100.0	35.1	26.6	21.9	7.2	8.4	0.7
独立自営業の経験年数(問30)	2年未満	2045	862	527	249	80	320	7
		100.0	42.2	25.8	12.2	3.9	15.6	0.3
	2年以上15年未満	2979	878	982	753	160	185	21
		100.0	29.5	33.0	25.3	5.4	6.2	0.7
	15年以上	1305	384	377	376	103	51	14
		100.0	29.4	28.9	28.8	7.9	3.9	1.1
1週の平均作業時間(問3附問2)	10時間未満	2072	841	510	323	115	274	9
		100.0	40.6	24.6	15.6	5.6	13.2	0.4
	10時間以上40時間未満	2335	769	735	541	111	162	17
		100.0	32.9	31.5	23.2	4.8	6.9	0.7
	40時間以上	1922	514	641	514	117	120	16
		100.0	26.7	33.4	26.7	6.1	6.2	0.8
独立自営業者の報酬総額(問2附問4)	200万円未満	3944	1566	1085	637	201	428	27
		100.0	39.7	27.5	16.2	5.1	10.9	0.7
	200万円以上400万円未満	911	263	304	247	40	51	6
		100.0	28.9	33.4	27.1	4.4	5.6	0.7
	400万円以上600万円未満	669	155	234	208	34	34	4
		100.0	23.2	35.0	31.1	5.1	5.1	0.6
	600万円以上	805	140	263	286	68	43	5
		100.0	17.4	32.7	35.5	8.4	5.3	0.6

Q17.お仕事の報酬額に影響を与えた要素はなんでしたか。(いくつでも)
MA

		n	仕事の取り組み姿勢や意欲	自身の年齢や家族構成	これまでの取引実績・回数	業務に要した時間	仕事の質や出来栄え	納品の量	業務から得られた売り上げや利益	同一または類似の業務に従事する独立自営業者の報酬額	最低賃金の水準	その他	算出根拠は分からない
全体		6329	1278 20.2	323 5.1	1838 29.0	1557 24.6	2164 34.2	979 15.5	538 8.5	566 8.9	224 3.5	96 1.5	1245 19.7
性別(SC2)	男性	4073	836 20.5	221 5.4	1267 31.1	1085 26.6	1416 34.8	515 12.6	376 9.2	394 9.7	131 3.2	69 1.7	693 17.0
	女性	2256	442 19.6	102 4.5	571 25.3	472 20.9	748 33.2	464 20.6	162 7.2	172 7.6	93 4.1	27 1.2	552 24.5
年齢(SC1)	15歳〜29歳	407	96 23.6	28 6.9	90 22.1	72 17.7	119 29.2	109 26.8	37 9.1	19 4.7	17 4.2	0 0.0	97 23.8
	30歳〜39歳	1298	292 22.5	65 5.0	335 25.8	301 23.2	433 33.4	249 19.2	108 8.3	89 6.9	62 4.8	10 0.8	298 23.0
	40歳〜49歳	1809	394 21.8	93 5.1	526 29.1	432 23.9	624 34.5	297 16.4	156 8.6	161 8.9	65 3.6	21 1.2	372 20.6
	50歳〜59歳	1587	269 17.0	72 4.5	465 29.3	395 24.9	546 34.4	202 12.7	139 8.8	139 8.8	48 3.0	33 2.1	310 19.5
	60歳以上	1228	227 18.5	65 5.3	422 34.4	357 29.1	442 36.0	122 9.9	98 8.0	158 12.9	32 2.6	32 2.6	168 13.7
学歴(問52)	中学校・高校	1293	278 21.5	94 7.3	367 28.4	320 24.7	425 32.9	206 15.9	114 8.8	96 7.4	49 3.8	13 1.0	267 20.6
	各種専門学校	643	116 18.0	29 4.5	168 26.1	163 25.3	210 32.7	124 19.3	46 7.2	46 7.2	31 4.8	5 0.8	155 24.1
	高等専門学校・短大	824	185 22.5	39 4.7	218 26.5	191 23.2	248 30.1	116 14.1	68 8.3	58 7.0	28 3.4	10 1.2	176 21.4
	大学・大学院	3545	697 19.7	160 4.5	1078 30.4	880 24.8	1274 35.9	530 15.0	309 8.7	365 10.3	116 3.3	68 1.9	644 18.2
	その他	6	0 0.0	1 16.7	3 50.0	1 16.7	3 50.0	1 16.7	0 0.0	0 0.0	0 0.0	0 0.0	0 0.0
既・未婚 (問54)	既婚	3907	795 20.3	235 6.0	1136 29.1	981 25.1	1331 34.1	576 14.7	316 8.1	357 9.1	136 3.5	58 1.5	713 18.2
	未婚、離婚、死別	2422	483 19.9	88 3.6	702 29.0	576 23.8	833 34.4	403 16.6	222 9.2	209 8.6	88 3.6	38 1.6	532 22.0
居住地 (問64)	23区・政令市	2093	433 20.7	99 4.7	648 31.0	527 25.2	770 36.8	316 15.1	192 9.2	219 10.5	68 3.2	38 1.8	389 18.6
	市(人口10万人以上)	2689	542 20.2	147 5.5	807 30.0	676 25.1	915 34.0	421 15.7	229 8.5	225 8.4	102 3.8	36 1.3	511 19.0
	市(人口10万人未満)	1116	215 19.3	53 4.7	290 26.0	253 22.7	332 29.7	174 15.6	90 8.1	100 9.0	42 3.8	14 1.3	240 21.5
	町村	431	88 20.4	24 5.6	93 21.6	101 23.4	147 34.1	68 15.8	27 6.3	22 5.1	12 2.8	8 1.9	105 24.4
専業・兼業 (SC7)	専業	3188	654 20.5	184 5.8	993 31.1	828 26.0	1158 36.3	459 14.4	281 8.8	323 10.1	93 2.9	45 1.4	595 18.7
	兼業	3141	624 19.9	139 4.4	845 26.9	729 23.2	1006 32.0	520 16.6	257 8.2	243 7.7	131 4.2	51 1.6	650 20.7
	うち独立自営業が本業	1002	215 21.5	54 5.4	306 30.5	264 26.3	351 35.0	143 14.3	101 10.1	104 10.4	33<)3.3	9 0.9	178 17.8
	うち独立自営業が副業	2139	409 19.1	85 4.0	539 25.2	465 21.7	655 30.6	377 17.6	156 7.3	139 6.5	98 4.6	42 2.0	472 22.1
主な仕事 (問1-1)	事務関連	1283	264 20.6	93 7.2	274 21.4	233 18.2	328 25.6	281 21.9	68 5.3	48 3.7	66 5.1	12 0.9	328 25.6
	デザイン・映像製作関連	611	124 20.3	14 2.3	218 35.7	176 28.8	286 46.8	141 23.1	49 8.0	51 8.3	15 2.5	11 1.8	92 15.1
	IT関連	617	135 21.9	38 6.2	230 37.3	194 31.4	262 42.5	86 13.9	46 7.5	37 6.0	12 1.9	7 1.1	110 17.8
	専門関連業務(医療、技術、講師、芸能、演奏など)	2487	491 19.7	98 3.9	796 32.0	646 26.0	924 37.2	309 12.4	231 9.3	316 12.7	63 2.5	40 1.6	423 17.0
	生活関連サービス、理容・美容	358	97 27.1	24 6.7	74 20.7	76 21.2	96 26.8	32 8.9	35 9.8	33 9.2	16 4.5	8 2.2	83 23.2
	現場作業関連(運輸、製造、修理、清掃など)	973	167 17.2	56 5.8	246 25.3	232 23.8	268 27.5	130 13.4	109 11.2	81 8.3	52 5.3	18 1.8	209 21.5
独立自営業の経験年数 (問30)	2年未満	2045	425 20.8	111 5.4	373 18.2	377 18.4	525 25.7	358 17.5	130 6.4	113 5.5	109 5.3	24 1.2	552 27.0
	2年以上15年未満	2979	635 21.3	162 5.4	975 32.7	799 26.8	1148 38.5	449 15.1	286 9.6	286 9.6	84 2.8	50 1.7	476 16.0
	15年以上	1305	218 16.7	50 3.8	490 37.5	381 29.2	491 37.6	172 13.2	122 9.3	167 12.8	31 2.4	22 1.7	217 16.6
1週の平均作業時間 (問3附問2)	10時間未満	2072	339 16.4	70 3.4	445<)21.5	360 17.4	541 26.1	283 13.7	115 5.6	142 6.9	75 3.6	46 2.2	595 28.7
	10時間以上40時間未満	2335	477 20.4	122 5.2	753<)32.2	614<)26.3	858<)36.7	396<)17.0	207<)8.9	228<)9.8	76<)3.3	31<)1.3	384<)16.4
	40時間以上	1922	462 24.0	131 6.8	640 33.3	583 30.3	765 39.8	300 15.6	216 11.2	196 10.2	73 3.8	19 1.0	266 13.8
独立自営業者の報酬総額 (問2附問4)	200万円未満	3944	754 19.1	177 4.5	956 24.2	857 21.7	1207 30.6	661 16.8	266 6.7	279 7.1	168 4.3	63 1.6	912 23.1
	200万円以上400万円未満	911	193 21.2	48 5.3	324 35.6	269 29.5	342 37.5	135 14.8	102 11.2	111 12.2	29 3.2	11 1.2	134 14.7
	400万円以上600万円未満	669	150 22.4	41 6.1	242 36.2	200 29.9	274 41.0	95 14.2	72 10.8	69 10.3	14 2.1	12 1.8	88 13.2
	600万円以上	805	181 22.5	57 7.1	316 39.3	231 28.7	341 42.4	88 10.9	98 12.2	107 13.3	13 1.6	10 1.2	111 13.8

Q17-1.前問でお答えの、お仕事の報酬額に影響を与えた要素のうち、最も主要な要素をお答えください。
【Q17で1～10とした回答者を対象】
SA

		n	仕事の取り組み姿勢や意欲	自身の年齢や家族構成	これまでの取引実績・回数	業務に要した時間	仕事の質や出来栄え	納品の量	業務から得られた売り上げや利益	同一または類似の業務に従事する独立自営業者の報酬額	最低賃金の水準	その他〔FA〕
全体		5084	661	138	953	783	1176	466	316	350	149	92
		100.0	13.0	2.7	18.7	15.4	23.1	9.2	6.2	6.9	2.9	1.8
性別(SC2)	男性	3380	449	90	686	576	744	222	226	235	85	67
		100.0	13.3	2.7	20.3	17.0	22.0	6.6	6.7	7.0	2.5	2.0
	女性	1704	212	48	267	207	432	244	90	115	64	25
		100.0	12.4	2.8	15.7	12.1	25.4	14.3	5.3	6.7	3.8	1.5
年齢(SC1)	15歳～29歳	310	54	9	36	37	65	63	24	12	10	0
		100.0	17.4	2.9	11.6	11.9	21.0	20.3	7.7	3.9	3.2	0.0
	30歳～39歳	1000	161	24	149	137	237	130	54	59	39	10
		100.0	16.1	2.4	14.9	13.7	23.7	13.0	5.4	5.9	3.9	1.0
	40歳～49歳	1437	204	35	272	206	339	131	94	92	45	19
		100.0	14.2	2.4	18.9	14.3	23.6	9.1	6.5	6.4	3.1	1.3
	50歳～59歳	1277	139	38	256	211	306	92	86	83	34	32
		100.0	10.9	3.0	20.0	16.5	24.0	7.2	6.7	6.5	2.7	2.5
	60歳以上	1060	103	32	240	192	229	50	58	104	21	31
		100.0	9.7	3.0	22.6	18.1	21.6	4.7	5.5	9.8	2.0	2.9
学歴(問52)	中学校・高校	1026	144	44	184	171	220	95	65	53	38	12
		100.0	14.0	4.3	17.9	16.7	21.4	9.3	6.3	5.2	3.7	1.2
	各種専門学校	488	55	8	89	91	111	55	25	36	13	5
		100.0	11.3	1.6	18.2	18.6	22.7	11.3	5.1	7.4	2.7	1.0
	高等専門学校・短大	648	104	19	125	90	147	62	37	34	20	10
		100.0	16.0	2.9	19.3	13.9	22.7	9.6	5.7	5.2	3.1	1.5
	大学・大学院	2901	356	67	548	428	693	251	188	227	78	65
		100.0	12.3	2.3	18.9	14.8	23.9	8.7	6.5	7.8	2.7	2.2
	その他	6	0	0	3	1	1	1	0	0	0	0
		100.0	0.0	0.0	50.0	16.7	16.7	16.7	0.0	0.0	0.0	0.0
既・未婚(問54)	既婚	3194	413	105	621	502	733	269	184	223	89	55
		100.0	12.9	3.3	19.4	15.7	22.9	8.4	5.8	7.0	2.8	1.7
	未婚、離婚、死別	1890	248	33	332	281	443	197	132	127	60	37
		100.0	13.1	1.7	17.6	14.9	23.4	10.4	7.0	6.7	3.2	2.0
居住地(問64)	23区・政令市	1704	199	40	336	253	411	145	121	123	39	37
		100.0	11.7	2.3	19.7	14.8	24.1	8.5	7.1	7.2	2.3	2.2
	市(人口10万人以上)	2178	286	64	408	345	501	201	125	142	73	33
		100.0	13.1	2.9	18.7	15.8	23.0	9.2	5.7	6.5	3.4	1.5
	市(人口10万人未満)	876	122	22	169	133	170	88	56	71	31	14
		100.0	13.9	2.5	19.3	15.2	19.4	10.0	6.4	8.1	3.5	1.6
	町村	326	54	12	40	52	94	32	14	14	6	8
		100.0	16.6	3.7	12.3	16.0	28.8	9.8	4.3	4.3	1.8	2.5
専業・兼業(SC7)	専業	2593	315	74	524	425	591	194	166	200	61	43
		100.0	12.1	2.9	20.2	16.4	22.8	7.5	6.4	7.7	2.4	1.7
	兼業	2491	346	64	429	358	585	272	150	150	88	49
		100.0	13.9	2.6	17.2	14.4	23.5	10.9	6.0	6.0	3.5	2.0
	うち独立自営業が本業	824	119	27	150	136	187	69	54	53	20	9
		100.0	14.4	3.3	18.2	16.5	22.7	8.4	6.6	6.4	2.4	1.1
	うち独立自営業が副業	1667	227	37	279	222	398	203	96	97	68	40
		100.0	13.6	2.2	16.7	13.3	23.9	12.2	5.8	5.8	4.1	2.4
主な仕事(問1-1)	事務関連	955	158	46	153	111	190	180	33	25	48	11
		100.0	16.5	4.8	16.0	11.6	19.9	18.8	3.5	2.6	5.0	1.2
	デザイン・映像製作関連	519	48	2	101	82	172	50	22	26	6	10
		100.0	9.2	0.4	19.5	15.8	33.1	9.6	4.2	5.0	1.2	1.9
	IT関連	507	78	14	117	94	125	24	24	19	5	7
		100.0	15.4	2.8	23.1	18.5	24.7	4.7	4.7	3.7	1.0	1.4
	専門関連業務(医療、技術、講師、芸能、演奏など)	2064	231	36	427	321	492	129	145	202	42	39
		100.0	11.2	1.7	20.7	15.6	23.8	6.3	7.0	9.8	2.0	1.9
	生活関連サービス、理容・美容	275	50	10	30	42	57	18	22	25	13	8
		100.0	18.2	3.6	10.9	15.3	20.7	6.5	8.0	9.1	4.7	2.9
	現場作業関連(運輸、製造、修理、清掃など)	764	96	30	125	133	140	65	70	53	35	17
		100.0	12.6	3.9	16.4	17.4	18.3	8.5	9.2	6.9	4.6	2.2
独立自営業の経験年数(問30)	2年未満	1493	274	54	184	198	296	214	85	82	83	23
		100.0	18.4	3.6	12.3	13.3	19.8	14.3	5.7	5.5	5.6	1.5
	2年以上15年未満	2503	294	71	498	398	618	193	163	170	50	48
		100.0	11.7	2.8	19.9	15.9	24.7	7.7	6.5	6.8	2.0	1.9
	15年以上	1088	93	13	271	187	262	59	68	98	16	21
		100.0	8.5	1.2	24.9	17.2	24.1	5.4	6.3	9.0	1.5	1.9
1週の平均作業時間(問3附問2)	10時間未満	1477	193	31	255	195	341	172	76	107	63	44
		100.0	13.1	2.1	17.3	13.2	23.1	11.6	5.1	7.2	4.3	3.0
	10時間以上40時間未満	1951	228	57	385	304	453	184	127	142	42	29
		100.0	11.7	2.9	19.7	15.6	23.2	9.4	6.5	7.3	2.2	1.5
	40時間以上	1656	240	50	313	284	382	110	113	101	44	19
		100.0	14.5	3.0	18.9	17.1	23.1	6.6	6.8	6.1	2.7	1.1
独立自営業者の報酬総額(問2附問4)	200万円未満	3032	413	86	499	438	698	365	169	190	115	59
		100.0	13.6	2.8	16.5	14.4	23.0	12.0	5.6	6.3	3.8	1.9
	200万円以上400万円未満	777	90	17	162	139	159	51	58	70	20	11
		100.0	11.6	2.2	20.8	17.9	20.5	6.6	7.5	9.0	2.6	1.4
	400万円以上600万円未満	581	72	17	128	99	139	28	37	42	7	12
		100.0	12.4	2.9	22.0	17.0	23.9	4.8	6.4	7.2	1.2	2.1
	600万円以上	694	86	18	164	107	180	22	52	48	7	10
		100.0	12.4	2.6	23.6	15.4	25.9	3.2	7.5	6.9	1.0	1.4

Q18. その支払い時期は通常いつでしたか。
【SC8で2のみを回答しなかった回答者を対象】
SA

		n	即日	サービス完了または納品後1か月以内	サービス完了または納品後2か月以内	毎月15日など決まった日	その他	決まっていなかった
全体		6329	669	1864	771	2266	63	696
		100.0	10.6	29.5	12.2	35.8	1.0	11.0
性別(SC2)	男性	4073	394	1217	522	1474	37	429
		100.0	9.7	29.9	12.8	36.2	0.9	10.5
	女性	2256	275	647	249	792	26	267
		100.0	12.2	28.7	11.0	35.1	1.2	11.8
年齢(SC1)	15歳～29歳	407	61	127	37	116	2	64
		100.0	15.0	31.2	9.1	28.5	0.5	15.7
	30歳～39歳	1298	193	382	127	403	12	181
		100.0	14.9	29.4	9.8	31.0	0.9	13.9
	40歳～49歳	1809	195	532	229	638	14	201
		100.0	10.8	29.4	12.7	35.3	0.8	11.1
	50歳～59歳	1587	136	451	229	595	13	163
		100.0	8.6	28.4	14.4	37.5	0.8	10.3
	60歳以上	1228	84	372	149	514	22	87
		100.0	6.8	30.3	12.1	41.9	1.8	7.1
学歴(問52)	中学校・高校	1293	144	355	138	512	11	133
		100.0	11.1	27.5	10.7	39.6	0.9	10.3
	各種専門学校	643	78	176	88	206	6	89
		100.0	12.1	27.4	13.7	32.0	0.9	13.8
	高等専門学校・短大	824	93	231	112	296	7	85
		100.0	11.3	28.0	13.6	35.9	0.8	10.3
	大学・大学院	3545	351	1097	431	1243	39	384
		100.0	9.9	30.9	12.2	35.1	1.1	10.8
	その他	6	1	2	1	2	0	0
		100.0	16.7	33.3	16.7	33.3	0.0	0.0
既・未婚(問54)	既婚	3907	404	1203	447	1434	39	380
		100.0	10.3	30.8	11.4	36.7	1.0	9.7
	未婚、離婚、死別	2422	265	661	324	832	24	316
		100.0	10.9	27.3	13.4	34.4	1.0	13.0
居住地(問64)	23区・政令市	2093	177	610	287	771	25	223
		100.0	8.5	29.1	13.7	36.8	1.2	10.7
	市(人口10万人以上)	2689	294	814	313	966	25	277
		100.0	10.9	30.3	11.6	35.9	0.9	10.3
	市(人口10万人未満)	1116	137	332	133	391	8	115
		100.0	12.3	29.7	11.9	35.0	0.7	10.3
	町村	431	61	108	38	138	5	81
		100.0	14.2	25.1	8.8	32.0	1.2	18.8
専業・兼業(SC7)	専業	3188	269	882	429	1233	33	342
		100.0	8.4	27.7	13.5	38.7	1.0	10.7
	兼業	3141	400	982	342	1033	30	354
		100.0	12.7	31.3	10.9	32.9	1.0	11.3
	うち独立自営業が本業	1002	98	290	145	344	14	111
		100.0	9.8	28.9	14.5	34.3	1.4	11.1
	うち独立自営業が副業	2139	302	692	197	689	16	243
		100.0	14.1	32.4	9.2	32.2	0.7	11.4
主な仕事(問1-1)	事務関連	1283	162	445	110	381	9	176
		100.0	12.6	34.7	8.6	29.7	0.7	13.7
	デザイン・映像製作関連	611	45	192	131	167	6	70
		100.0	7.4	31.4	21.4	27.3	1.0	11.5
	IT関連	617	41	191	98	227	5	55
		100.0	6.6	31.0	15.9	36.8	0.8	8.9
	専門関連業務(医療、技術、講師、芸能、演奏など)	2487	255	744	306	906	36	240
		100.0	10.3	29.9	12.3	36.4	1.4	9.7
	生活関連サービス、理容・美容	358	77	67	23	148	1	42
		100.0	21.5	18.7	6.4	41.3	0.3	11.7
	現場作業関連(運輸、製造、修理、清掃など)	973	89	225	103	437	6	113
		100.0	9.1	23.1	10.6	44.9	0.6	11.6
独立自営業の経験年数(問30)	2年未満	2045	306	634	149	612	12	332
		100.0	15.0	31.0	7.3	29.9	0.6	16.2
	2年以上15年未満	2979	271	882	403	1138	36	249
		100.0	9.1	29.6	13.5	38.2	1.2	8.4
	15年以上	1305	92	348	219	516	15	115
		100.0	7.0	26.7	16.8	39.5	1.1	8.8
1週の平均作業時間(問3附問2)	10時間未満	2072	328	595	174	637	19	319
		100.0	15.8	28.7	8.4	30.7	0.9	15.4
	10時間以上40時間未満	2335	196	691	310	911	29	198
		100.0	8.4	29.6	13.3	39.0	1.2	8.5
	40時間以上	1922	145	578	287	718	15	179
		100.0	7.5	30.1	14.9	37.4	0.8	9.3
独立自営業者の報酬総額(問2附問4)	200万円未満	3944	518	1182	411	1294	31	508
		100.0	13.1	30.0	10.4	32.8	0.8	12.9
	200万円以上400万円未満	911	56	243	139	389	13	71
		100.0	6.1	26.7	15.3	42.7	1.4	7.8
	400万円以上600万円未満	669	38	195	106	272	6	52
		100.0	5.7	29.1	15.8	40.7	0.9	7.8
	600万円以上	805	57	244	115	311	13	65
		100.0	7.1	30.3	14.3	38.6	1.6	8.1

注)Q18からQ19-1までは、SC8で2のみを回答しなかった回答者(6329人)が対象になる。

Q19-1.主要な取引先事業者とのお仕事を行うのに必要な備品や経費は、通常誰が負担していましたか。
SA

		n	取引先がすべてを支給	あなたがすべてを負担	あなたが多くを負担	取引先が多くを支給
全体		6329	1869	2445	1063	952
		100.0	29.5	38.6	16.8	15.0
性別(SC2)	男性	4073	1105	1632	729	607
		100.0	27.1	40.1	17.9	14.9
	女性	2256	764	813	334	345
		100.0	33.9	36.0	14.8	15.3
年齢(SC1)	15歳〜29歳	407	168	139	43	57
		100.0	41.3	34.2	10.6	14.0
	30歳〜39歳	1298	434	452	201	211
		100.0	33.4	34.8	15.5	16.3
	40歳〜49歳	1809	522	721	290	276
		100.0	28.9	39.9	16.0	15.3
	50歳〜59歳	1587	370	647	333	237
		100.0	23.3	40.8	21.0	14.9
	60歳以上	1228	375	486	196	171
		100.0	30.5	39.6	16.0	13.9
学歴(問52)	中学校・高校	1293	398	465	225	205
		100.0	30.8	36.0	17.4	15.9
	各種専門学校	643	196	230	115	102
		100.0	30.5	35.8	17.9	15.9
	高等専門学校・短大	824	263	301	130	130
		100.0	31.9	36.5	15.8	15.8
	大学・大学院	3545	1007	1444	588	506
		100.0	28.4	40.7	16.6	14.3
	その他	6	2	1	1	2
		100.0	33.3	16.7	16.7	33.3
既・未婚(問54)	既婚	3907	1177	1531	638	561
		100.0	30.1	39.2	16.3	14.4
	未婚、離婚、死別	2422	692	914	425	391
		100.0	28.6	37.7	17.5	16.1
居住地(問64)	23区・政令市	2093	612	795	372	314
		100.0	29.2	38.0	17.8	15.0
	市(人口10万人以上)	2689	799	1044	451	395
		100.0	29.7	38.8	16.8	14.7
	市(人口10万人未満)	1116	321	459	184	152
		100.0	28.8	41.1	16.5	13.6
	町村	431	137	147	56	91
		100.0	31.8	34.1	13.0	21.1
専業・兼業(SC7)	専業	3188	859	1269	559	501
		100.0	26.9	39.8	17.5	15.7
	兼業	3141	1010	1176	504	451
		100.0	32.2	37.4	16.0	14.4
	うち独立自営業が本業	1002	278	388	164	172
		100.0	27.7	38.7	16.4	17.2
	うち独立自営業が副業	2139	732	788	340	279
		100.0	34.2	36.8	15.9	13.0
主な仕事(問1-1)	事務関連	1283	475	482	167	159
		100.0	37.0	37.6	13.0	12.4
	デザイン・映像製作関連	611	117	301	118	75
		100.0	19.1	49.3	19.3	12.3
	IT関連	617	151	260	110	96
		100.0	24.5	42.1	17.8	15.6
	専門関連業務(医療、技術、講師、芸能、演奏など)	2487	698	996	421	372
		100.0	28.1	40.0	16.9	15.0
	生活関連サービス、理容・美容	358	128	100	62	68
		100.0	35.8	27.9	17.3	19.0
	現場作業関連(運輸、製造、修理、清掃など)	973	300	306	185	182
		100.0	30.8	31.4	19.0	18.7
独立自営業の経験年数(問30)	2年未満	2045	775	721	222	327
		100.0	37.9	35.3	10.9	16.0
	2年以上15年未満	2979	817	1144	584	434
		100.0	27.4	38.4	19.6	14.6
	15年以上	1305	277	580	257	191
		100.0	21.2	44.4	19.7	14.6
1週の平均作業時間(問3附問2)	10時間未満	2072	699	778	308	287
		100.0	33.7	37.5	14.9	13.9
	10時間以上40時間未満	2335	684	906	397	348
		100.0	29.3	38.8	17.0	14.9
	40時間以上	1922	486	761	358	317
		100.0	25.3	39.6	18.6	16.5
独立自営業者の報酬総額(問2附問4)	200万円未満	3944	1291	1529	577	547
		100.0	32.7	38.8	14.6	13.9
	200万円以上400万円未満	911	217	340	199	155
		100.0	23.8	37.3	21.8	17.0
	400万円以上600万円未満	669	161	246	140	122
		100.0	24.1	36.8	20.9	18.2
	600万円以上	805	200	330	147	128
		100.0	24.8	41.0	18.3	15.9

Q19-2.あなたが負担した経費は、主要な取引先との報酬総額の何割でしたか。
【Q19で2～4とした回答者を対象】
SA

		n	1割未満	1割以上～2割未満	2割以上～3割未満	3割以上～4割未満	4割以上～5割未満	5割以上～6割未満	6割以上～7割未満	7割以上～8割未満	8割以上～9割未満	9割以上～10割未満	10割以上（収入を超えているを含む）
全体		4460	2233	834	542	246	115	117	80	57	49	68	119
		100.0	50.1	18.7	12.2	5.5	2.6	2.6	1.8	1.3	1.1	1.5	2.7
性別(SC2)	男性	2968	1386	586	418	174	79	81	55	43	32	42	72
		100.0	46.7	19.7	14.1	5.9	2.7	2.7	1.9	1.4	1.1	1.4	2.4
	女性	1492	847	248	124	72	36	36	25	14	17	26	47
		100.0	56.8	16.6	8.3	4.8	2.4	2.4	1.7	0.9	1.1	1.7	3.2
年齢(SC1)	15歳～29歳	239	103	38	27	18	13	10	9	3	0	5	13
		100.0	43.1	15.9	11.3	7.5	5.4	4.2	3.8	1.3	0.0	2.1	5.4
	30歳～39歳	864	456	148	97	48	20	23	13	8	7	12	32
		100.0	52.8	17.1	11.2	5.6	2.3	2.7	1.5	0.9	0.8	1.4	3.7
	40歳～49歳	1287	641	226	149	81	32	45	32	20	14	19	28
		100.0	49.8	17.6	11.6	6.3	2.5	3.5	2.5	1.6	1.1	1.5	2.2
	50歳～59歳	1217	589	252	165	52	33	26	18	14	17	21	30
		100.0	48.4	20.7	13.6	4.3	2.7	2.1	1.5	1.2	1.4	1.7	2.5
	60歳以上	853	444	170	104	47	17	13	8	12	11	11	16
		100.0	52.1	19.9	12.2	5.5	2.0	1.5	0.9	1.4	1.3	1.3	1.9
学歴(問52)	中学校・高校	895	405	189	123	50	21	20	18	12	14	18	25
		100.0	45.3	21.1	13.7	5.6	2.3	2.2	2.0	1.3	1.6	2.0	2.8
	各種専門学校	447	222	81	61	25	7	12	8	6	3	4	18
		100.0	49.7	18.1	13.6	5.6	1.6	2.7	1.8	1.3	0.7	0.9	4.0
	高等専門学校・短大	561	272	115	68	28	15	17	11	11	6	5	13
		100.0	48.5	20.5	12.1	5.0	2.7	3.0	2.0	2.0	1.1	0.9	2.3
	大学・大学院	2538	1320	446	290	143	71	67	43	28	26	41	63
		100.0	52.0	17.6	11.4	5.6	2.8	2.6	1.7	1.1	1.0	1.6	2.5
	その他	4	4	0	0	0	0	0	0	0	0	0	0
		100.0	100.0	0.0	0.0	0.0	0.0	0.0	0.0	0.0	0.0	0.0	0.0
既・未婚(問54)	既婚	2730	1380	507	343	156	72	73	46	34	30	31	58
		100.0	50.5	18.6	12.6	5.7	2.6	2.7	1.7	1.2	1.1	1.1	2.1
	未婚、離婚、死別	1730	853	327	199	90	43	44	34	23	19	37	61
		100.0	49.3	18.9	11.5	5.2	2.5	2.5	2.0	1.3	1.1	2.1	3.5
居住地(問64)	23区・政令市	1481	775	281	178	82	29	34	22	20	16	13	31
		100.0	52.3	19.0	12.0	5.5	2.0	2.3	1.5	1.4	1.1	0.9	2.1
	市(人口10万以上)	1890	939	338	245	107	53	47	35	24	22	32	48
		100.0	49.7	17.9	13.0	5.7	2.8	2.5	1.9	1.3	1.2	1.7	2.5
	市(人口10万人未満)	795	382	163	85	41	26	25	15	10	10	14	24
		100.0	48.1	20.5	10.7	5.2	3.3	3.1	1.9	1.3	1.3	1.8	3.0
	町村	294	137	52	34	16	7	11	8	3	1	9	16
		100.0	46.6	17.7	11.6	5.4	2.4	3.7	2.7	1.0	0.3	3.1	5.4
専業・兼業(SC7)	専業	2329	1085	487	305	137	62	61	37	31	25	37	62
		100.0	46.6	20.9	13.1	5.9	2.7	2.6	1.6	1.3	1.1	1.6	2.7
	兼業	2131	1148	347	237	109	53	56	43	26	24	31	57
		100.0	53.9	16.3	11.1	5.1	2.5	2.6	2.0	1.2	1.1	1.5	2.7
	うち独立自営業が本業	724	341	124	90	45	21	27	15	11	9	17	24
		100.0	47.1	17.1	12.4	6.2	2.9	3.7	2.1	1.5	1.2	2.3	3.3
	うち独立自営業が副業	1407	807	223	147	64	32	29	28	15	15	14	33
		100.0	57.4	15.8	10.4	4.5	2.3	2.1	2.0	1.1	1.1	1.0	2.3
主な仕事(問1-1)	事務関連	808	452	123	78	42	21	24	17	12	8	7	24
		100.0	55.9	15.2	9.7	5.2	2.6	3.0	2.1	1.5	1.0	0.9	3.0
	デザイン・映像製作関連	494	239	98	63	28	15	10	5	6	4	11	15
		100.0	48.4	19.8	12.8	5.7	3.0	2.0	1.0	1.2	0.8	2.2	3.0
	IT関連	466	255	84	49	23	12	6	8	8	4	7	10
		100.0	54.7	18.0	10.5	4.9	2.6	1.3	1.7	1.7	0.9	1.5	2.1
	専門関連業務(医療、技術、講師、芸能、演奏など)	1789	930	343	219	79	41	48	24	15	20	26	44
		100.0	52.0	19.2	12.2	4.4	2.3	2.7	1.3	0.8	1.1	1.5	2.5
	生活関連サービス、理容・美容	230	103	40	26	19	5	6	6	3	5	9	8
		100.0	44.8	17.4	11.3	8.3	2.2	2.6	2.6	1.3	2.2	3.9	3.5
	現場作業関連(運輸、製造、修理、清掃など)	673	254	146	107	55	21	23	20	13	8	8	18
		100.0	37.7	21.7	15.9	8.2	3.1	3.4	3.0	1.9	1.2	1.2	2.7
独立自営業の経験年数(問30)	2年未満	1270	752	195	116	54	27	25	14	12	5	20	50
		100.0	59.2	15.4	9.1	4.3	2.1	2.0	1.1	0.9	0.4	1.6	3.9
	2年以上15年未満	2162	1018	412	277	134	65	71	49	30	32	33	41
		100.0	47.1	19.1	12.8	6.2	3.0	3.3	2.3	1.4	1.5	1.5	1.9
	15年以上	1028	463	227	149	58	23	21	17	15	12	15	28
		100.0	45.0	22.1	14.5	5.6	2.2	2.0	1.7	1.5	1.2	1.5	2.7
1週の平均作業時間(問3附問2)	10時間未満	1373	833	201	109	49	32	36	15	15	14	15	54
		100.0	60.7	14.6	7.9	3.6	2.3	2.6	1.1	1.1	1.0	1.1	3.9
	10時間以上40時間未満	1651	850	311	196	98	32	37	27	25	23	26	26
		100.0	51.5	18.8	11.9	5.9	1.9	2.2	1.6	1.5	1.4	1.6	1.6
	40時間以上	1436	550	322	237	99	51	44	38	17	12	27	39
		100.0	38.3	22.4	16.5	6.9	3.6	3.1	2.6	1.2	0.8	1.9	2.7
独立自営業者の報酬総額(問2附問4)	200万円未満	2653	1496	429	269	126	52	65	40	24	29	36	87
		100.0	56.4	16.2	10.1	4.7	2.0	2.5	1.5	0.9	1.1	1.4	3.3
	200万円以上400万円未満	694	297	161	99	45	21	20	14	9	10	11	7
		100.0	42.8	23.2	14.3	6.5	3.0	2.9	2.0	1.3	1.4	1.6	1.0
	400万円以上600万円未満	508	211	103	79	32	20	13	14	11	7	11	7
		100.0	41.5	20.3	15.6	6.3	3.9	2.6	2.8	2.2	1.4	2.2	1.4
	600万円以上	605	229	141	95	43	22	19	12	13	3	10	18
		100.0	37.9	23.3	15.7	7.1	3.6	3.1	2.0	2.1	0.5	1.7	3.0

Q20.引き受けることが難しい仕事を主要な取引先事業者から依頼された時、断ることができましたか。
【SC8で2のみを回答しなかった回答者を対象】
SA

		n	常に問題なく断れた	時には断れなかった	常に断れなかった	そのような仕事を依頼されることはなかった
全体		6329	2549	1379	304	2097
		100.0	40.3	21.8	4.8	33.1
性別(SC2)	男性	4073	1532	970	222	1349
		100.0	37.6	23.8	5.5	33.1
	女性	2256	1017	409	82	748
		100.0	45.1	18.1	3.6	33.2
年齢(SC1)	15歳～29歳	407	171	80	22	134
		100.0	42.0	19.7	5.4	32.9
	30歳～39歳	1298	606	269	43	380
		100.0	46.7	20.7	3.3	29.3
	40歳～49歳	1809	729	413	90	577
		100.0	40.3	22.8	5.0	31.9
	50歳～59歳	1587	603	370	94	520
		100.0	38.0	23.3	5.9	32.8
	60歳以上	1228	440	247	55	486
		100.0	35.8	20.1	4.5	39.6
学歴(問52)	中学校・高校	1293	493	294	72	434
		100.0	38.1	22.7	5.6	33.6
	各種専門学校	643	260	144	30	209
		100.0	40.4	22.4	4.7	32.5
	高等専門学校・短大	824	341	200	45	238
		100.0	41.4	24.3	5.5	28.9
	大学・大学院	3545	1444	736	155	1210
		100.0	40.7	20.8	4.4	34.1
	その他	6	3	1	0	2
		100.0	50.0	16.7	0.0	33.3
既・未婚(問54)	既婚	3907	1551	871	196	1289
		100.0	39.7	22.3	5.0	33.0
	未婚、離婚、死別	2422	998	508	108	808
		100.0	41.2	21.0	4.5	33.4
居住地(問64)	23区・政令市	2093	846	461	84	702
		100.0	40.4	22.0	4.0	33.5
	市(人口10万人以上)	2689	1083	569	133	904
		100.0	40.3	21.2	4.9	33.6
	市(人口10万人未満)	1116	449	251	62	354
		100.0	40.2	22.5	5.6	31.7
	町村	431	171	98	25	137
		100.0	39.7	22.7	5.8	31.8
専業・兼業(SC7)	専業	3188	1143	766	177	1102
		100.0	35.9	24.0	5.6	34.6
	兼業	3141	1406	613	127	995
		100.0	44.8	19.5	4.0	31.7
	うち独立自営業が本業	1002	379	260	51	312
		100.0	37.8	25.9	5.1	31.1
	うち独立自営業が副業	2139	1027	353	76	683
		100.0	48.0	16.5	3.6	31.9
主な仕事(問1-1)	事務関連	1283	567	222	47	447
		100.0	44.2	17.3	3.7	34.8
	デザイン・映像製作関連	611	232	150	26	203
		100.0	38.0	24.5	4.3	33.2
	IT関連	617	231	144	38	204
		100.0	37.4	23.3	6.2	33.1
	専門関連業務(医療、技術、講師、芸能、演奏など)	2487	1029	534	107	817
		100.0	41.4	21.5	4.3	32.9
	生活関連サービス、理容・美容	358	142	71	22	123
		100.0	39.7	19.8	6.1	34.4
	現場作業関連(運輸、製造、修理、清掃など)	973	348	258	64	303
		100.0	35.8	26.5	6.6	31.1
独立自営業の経験年数(問30)	2年未満	2045	926	305	79	735
		100.0	45.3	14.9	3.9	35.9
	2年以上15年未満	2979	1143	767	145	924
		100.0	38.4	25.7	4.9	31.0
	15年以上	1305	480	307	80	438
		100.0	36.8	23.5	6.1	33.6
1週の平均作業時間(問3附問2)	10時間未満	2072	955	263	67	787
		100.0	46.1	12.7	3.2	38.0
	10時間以上40時間未満	2335	934	539	101	761
		100.0	40.0	23.1	4.3	32.6
	40時間以上	1922	660	577	136	549
		100.0	34.3	30.0	7.1	28.6
独立自営業者の報酬総額(問2附問4)	200万円未満	3944	1697	700	163	1384
		100.0	43.0	17.7	4.1	35.1
	200万円以上400万円未満	911	344	262	45	260
		100.0	37.8	28.8	4.9	28.5
	400万円以上600万円未満	669	209	203	51	206
		100.0	31.2	30.3	7.6	30.8
	600万円以上	805	299	214	45	247
		100.0	37.1	26.6	5.6	30.7

注)Q20からQ24までは、SC8で2のみを回答しなかった回答者(6329人)が対象となる。

Q21.主要な取引先には、あなたと同様の仕事をしている従業員がいましたか。
SA

		n	いた	いなかった	わからない
全体		6329	2561	1959	1809
		100.0	40.5	31.0	28.6
性別(SC2)	男性	4073	1577	1477	1019
		100.0	38.7	36.3	25.0
	女性	2256	984	482	790
		100.0	43.6	21.4	35.0
年齢(SC1)	15歳〜29歳	407	170	66	171
		100.0	41.8	16.2	42.0
	30歳〜39歳	1298	493	306	499
		100.0	38.0	23.6	38.4
	40歳〜49歳	1809	727	552	530
		100.0	40.2	30.5	29.3
	50歳〜59歳	1587	658	538	391
		100.0	41.5	33.9	24.6
	60歳以上	1228	513	497	218
		100.0	41.8	40.5	17.8
学歴(問52)	中学校・高校	1293	559	379	355
		100.0	43.2	29.3	27.5
	各種専門学校	643	275	167	201
		100.0	42.8	26.0	31.3
	高等専門学校・短大	824	353	252	219
		100.0	42.8	30.6	26.6
	大学・大学院	3545	1364	1154	1027
		100.0	38.5	32.6	29.0
	その他	6	1	2	3
		100.0	16.7	33.3	50.0
既・未婚(問54)	既婚	3907	1618	1257	1032
		100.0	41.4	32.2	26.4
	未婚、離婚、死別	2422	943	702	777
		100.0	38.9	29.0	32.1
居住地(問64)	23区・政令市	2093	875	662	556
		100.0	41.8	31.6	26.6
	市(人口10万人以上)	2689	1070	852	767
		100.0	39.8	31.7	28.5
	市(人口10万人未満)	1116	450	333	333
		100.0	40.3	29.8	29.8
	町村	431	166	112	153
		100.0	38.5	26.0	35.5
専業・兼業(SC7)	専業	3188	1396	1034	758
		100.0	43.8	32.4	23.8
	兼業	3141	1165	925	1051
		100.0	37.1	29.4	33.5
	うち独立自営業が本業	1002	394	361	247
		100.0	39.3	36.0	24.7
	うち独立自営業が副業	2139	771	564	804
		100.0	36.0	26.4	37.6
主な仕事(問1-1)	事務関連	1283	428	275	580
		100.0	33.4	21.4	45.2
	デザイン・映像製作関連	611	231	212	168
		100.0	37.8	34.7	27.5
	IT関連	617	262	195	160
		100.0	42.5	31.6	25.9
	専門関連業務(医療、技術、講師、芸能、演奏など)	2487	1049	873	565
		100.0	42.2	35.1	22.7
	生活関連サービス、理容・美容	358	145	98	115
		100.0	40.5	27.4	32.1
	現場作業関連(運輸、製造、修理、清掃など)	973	446	306	221
		100.0	45.8	31.4	22.7
独立自営業の経験年数(問30)	2年未満	2045	750	434	861
		100.0	36.7	21.2	42.1
	2年以上15年未満	2979	1263	1026	690
		100.0	42.4	34.4	23.2
	15年以上	1305	548	499	258
		100.0	42.0	38.2	19.8
1週の平均作業時間(問3附問2)	10時間未満	2072	696	581	795
		100.0	33.6	28.0	38.4
	10時間以上40時間未満	2335	986	734	615
		100.0	42.2	31.4	26.3
	40時間以上	1922	879	644	399
		100.0	45.7	33.5	20.8
独立自営業者の報酬総額(問2附問4)	200万円未満	3944	1507	1097	1340
		100.0	38.2	27.8	34.0
	200万円以上400万円未満	911	410	315	186
		100.0	45.0	34.6	20.4
	400万円以上600万円未満	669	307	235	127
		100.0	45.9	35.1	19.0
	600万円以上	805	337	312	156
		100.0	41.9	38.8	19.4

Q22.主要な取引先事業者とお仕事を始めて何年くらいたちましたか。
SA

		n	1年未満	1年以上2年未満	2年以上3年未満	3年以上4年未満	4年以上5年未満	5年以上6年未満	6年以上7年未満	7年以上8年未満	8年以上9年未満	9年以上10年未満	10年以上
全体		6329	1572	765	543	423	342	371	201	179	105	221	327
		100.0	24.8	12.1	8.6	6.7	5.4	5.9	3.2	2.8	1.7	3.5	5.2
性別(SC2)	男性	4073	727	478	366	279	231	270	132	119	76	173	240
		100.0	17.8	11.7	9.0	6.8	5.7	6.6	3.2	2.9	1.9	4.2	5.9
	女性	2256	845	287	177	144	111	101	69	60	29	48	87
		100.0	37.5	12.7	7.8	6.4	4.9	4.5	3.1	2.7	1.3	2.1	3.9
年齢(SC1)	15歳～29歳	407	229	70	32	25	12	11	11	4	2	3	1
		100.0	56.3	17.2	7.9	6.1	2.9	2.7	2.7	1.0	0.5	0.7	0.2
	30歳～39歳	1298	520	208	148	90	62	60	44	23	20	30	35
		100.0	40.1	16.0	11.4	6.9	4.8	4.6	3.4	1.8	1.5	2.3	2.7
	40歳～49歳	1809	451	223	142	128	99	123	63	56	33	65	100
		100.0	24.9	12.3	7.8	7.1	5.5	6.8	3.5	3.1	1.8	3.6	5.5
	50歳～59歳	1587	250	144	130	90	85	91	41	52	27	60	108
		100.0	15.8	9.1	8.2	5.7	5.4	5.7	2.6	3.3	1.7	3.8	6.8
	60歳以上	1228	122	120	91	90	84	86	42	44	23	63	83
		100.0	9.9	9.8	7.4	7.3	6.8	7.0	3.4	3.6	1.9	5.1	6.8
学歴(問52)	中学校・高校	1293	329	153	93	74	55	68	36	41	21	35	84
		100.0	25.4	11.8	7.2	5.7	4.3	5.3	2.8	3.2	1.6	2.7	6.5
	各種専門学校	643	179	71	60	42	26	34	17	14	8	22	36
		100.0	27.8	11.0	9.3	6.5	4.0	5.3	2.6	2.2	1.2	3.4	5.6
	高等専門学校・短大	824	234	104	69	49	41	44	22	21	11	30	42
		100.0	28.4	12.6	8.4	5.9	5.0	5.3	2.7	2.5	1.3	3.6	5.1
	大学・大学院	3545	821	435	321	255	219	224	125	103	65	133	164
		100.0	23.2	12.3	9.1	7.2	6.2	6.3	3.5	2.9	1.8	3.8	4.6
	その他	6	2	0	0	2	0	0	1	0	0	0	1
		100.0	33.3	0	0	33.3	0.0	0.0	16.7	0.0	0.0	0.0	16.7
既・未婚(問54)	既婚	3907	948	462	337	267	219	244	104	119	68	137	199
		100.0	24.3	11.8	8.6	6.8	5.6	6.2	2.7	3.0	1.7	3.5	5.1
	未婚、離婚、死別	2422	624	303	206	156	123	127	97	60	37	84	128
		100.0	25.8	12.5	8.5	6.4	5.1	5.2	4.0	2.5	1.5	3.5	5.3
居住地(問64)	23区・政令市	2093	465	235	187	143	124	130	66	63	41	87	108
		100.0	22.2	11.2	8.9	6.8	5.9	6.2	3.2	3.0	2.0	4.2	5.2
	市(人口10万人以上)	2689	673	336	222	178	152	158	86	71	48	88	148
		100.0	25.0	12.5	8.3	6.6	5.7	5.9	3.2	2.6	1.8	3.3	5.5
	市(人口10万人未満)	1116	300	133	101	82	46	59	40	32	12	34	52
		100.0	26.9	11.9	9.1	7.3	4.1	5.3	3.6	2.9	1.1	3.0	4.7
	町村	431	134	61	33	20	20	24	9	13	4	12	19
		100.0	31.1	14.2	7.7	4.6	4.6	5.6	2.1	3.0	0.9	2.8	4.4
専業・兼業(SC7)	専業	3188	550	317	276	205	161	198	99	100	63	130	195
		100.0	17.3	9.9	8.7	6.4	5.1	6.2	3.1	3.1	2.0	4.1	6.1
	兼業	3141	1022	448	267	218	181	173	102	79	42	91	132
		100.0	32.5	14.3	8.5	6.9	5.8	5.5	3.2	2.5	1.3	2.9	4.2
	うち独立自営業が本業	1002	175	109	83	75	70	69	49	33	27	46	60
		100.0	17.5	10.9	8.3	7.5	7.0	6.9	4.9	3.3	2.7	4.6	6.0
	うち独立自営業が副業	2139	847	339	184	143	111	104	53	46	15	45	72
		100.0	39.6	15.8	8.6	6.7	5.2	4.9	2.5	2.2	0.7	2.1	3.4
主な仕事(問1-1)	事務関連	1283	610	177	116	66	51	51	22	22	15	26	35
		100.0	47.5	13.8	9.0	5.1	4.0	4.0	1.7	1.7	1.2	2.0	2.7
	デザイン・映像製作関連	611	102	70	69	37	34	39	19	17	12	29	34
		100.0	16.7	11.5	11.3	6.1	5.6	6.4	3.1	2.8	2.0	4.7	5.6
	IT関連	617	129	92	63	44	36	36	16	16	12	27	25
		100.0	20.9	14.9	10.2	7.1	5.8	5.8	2.6	2.6	1.9	4.4	4.1
	専門関連業務(医療、技術、講師、芸能、演奏など)	2487	450	273	203	178	140	164	95	78	48	103	153
		100.0	18.1	11.0	8.2	7.2	5.6	6.6	3.8	3.1	1.9	4.1	6.2
	生活関連サービス、理容・美容	358	97	52	26	29	23	26	13	6	5	9	24
		100.0	27.1	14.5	7.3	8.1	6.4	7.3	3.6	1.7	1.4	2.5	6.7
	現場作業関連(運輸、製造、修理、清掃など)	973	184	101	66	69	58	55	36	40	13	27	56
		100.0	18.9	10.4	6.8	7.1	6.0	5.7	3.7	4.1	1.3	2.8	5.8
独立自営業の経験年数(問30)	2年未満	2045	1351	508	60	32	14	14	7	5	3	9	10
		100.0	66.1	24.8	2.9	1.6	0.7	0.7	0.3	0.2	0.1	0.4	0.5
	2年以上15年未満	2979	183	223	453	355	292	311	175	151	80	168	237
		100.0	6.1	7.5	15.2	11.9	9.8	10.4	5.9	5.1	2.7	5.6	8.0
	15年以上	1305	38	34	30	36	36	46	19	23	22	44	80
		100.0	2.9	2.6	2.3	2.8	2.8	3.5	1.5	1.8	1.7	3.4	6.1
1週の平均作業時間(問3附問2)	10時間未満	2072	865	274	148	106	97	88	48	36	22	54	76
		100.0	41.7	13.2	7.1	5.1	4.7	4.2	2.3	1.7	1.1	2.6	3.7
	10時間以上40時間未満	2335	452	290	232	176	142	154	88	88	48	81	120
		100.0	19.4	12.4	9.9	7.5	6.1	6.6	3.8	3.8	2.1	3.5	5.1
	40時間以上	1922	255	201	163	141	103	129	65	55	35	86	131
		100.0	13.3	10.5	8.5	7.3	5.4	6.7	3.4	2.9	1.8	4.5	6.8
独立自営業者の報酬総額(問2附問4)	200万円未満	3944	1415	567	342	236	192	200	113	81	53	115	148
		100.0	35.9	14.4	8.7	6.0	4.9	5.1	2.9	2.1	1.3	2.9	3.8
	200万円以上400万円未満	911	83	85	93	76	62	66	36	45	11	28	62
		100.0	9.1	9.3	10.2	8.3	6.8	7.2	4.0	4.9	1.2	3.1	6.8
	400万円以上600万円未満	669	29	59	46	59	45	49	25	26	13	40	45
		100.0	4.3	8.8	6.9	8.8	6.7	7.3	3.7	3.9	1.9	6.0	6.7
	600万円以上	805	45	54	62	52	43	56	27	27	28	38	72
		100.0	5.6	6.7	7.7	6.5	5.3	7.0	3.4	3.4	3.5	4.7	8.9

Q22.主要な取引先事業者とお仕事を始めて何年くらいたちましたか。
SA

		n	1年未満～1年未満	1年以上～2年未満	2年以上～3年未満	3年以上～4年未満	4年以上～5年未満	5年以上～6年未満	6年以上～7年未満	7年以上～8年未満	8年以上～9年未満	9年以上～10年未満	10年以上～20年未満	20年以上
全体		6329	88	92	78	100	144	51	47	35	45	600		
		100.0	1.4	1.5	1.2	1.6	2.3	0.8	0.7	0.6	0.7	9.5		
性別(SC2)	男性	4073	63	67	58	76	107	41	35	25	36	474		
		100.0	1.5	1.6	1.4	1.9	2.6	1.0	0.9	0.6	0.9	11.6		
	女性	2256	25	25	20	24	37	10	12	10	9	126		
		100.0	1.1	1.1	0.9	1.1	1.6	0.4	0.5	0.4	0.4	5.6		
年齢(SC1)	15歳～29歳	407	1	2	0	1	1	0	0	0	0	2		
		100.0	0.2	0.5	0.0	0.2	0.2	0.0	0.0	0.0	0.0	0.5		
	30歳～39歳	1298	6	11	3	8	7	1	2	4	3	13		
		100.0	0.5	0.8	0.2	0.6	0.5	0.1	0.2	0.3	0.2	1.0		
	40歳～49歳	1809	28	34	28	26	52	15	17	9	12	105		
		100.0	1.5	1.9	1.5	1.4	2.9	0.8	0.9	0.5	0.7	5.8		
	50歳～59歳	1587	34	32	33	42	45	22	19	15	19	248		
		100.0	2.1	2.0	2.1	2.6	2.8	1.4	1.2	0.9	1.2	15.6		
	60歳以上	1228	19	13	14	23	39	13	9	7	11	232		
		100.0	1.5	1.1	1.1	1.9	3.2	1.1	0.7	0.6	0.9	18.9		
学歴(問52)	中学校・高校	1293	18	17	17	23	35	12	9	11	11	151		
		100.0	1.4	1.3	1.3	1.8	2.7	0.9	0.7	0.9	0.9	11.7		
	各種専門学校	643	15	12	7	13	11	5	1	3	5	62		
		100.0	2.3	1.9	1.1	2.0	1.7	0.8	0.2	0.5	0.8	9.6		
	高等専門学校・短大	824	6	11	9	13	19	5	9	2	8	75		
		100.0	0.7	1.3	1.1	1.6	2.3	0.6	1.1	0.2	1.0	9.1		
	大学・大学院	3545	49	52	44	51	78	29	28	19	21	309		
		100.0	1.4	1.5	1.2	1.4	2.2	0.8	0.8	0.5	0.6	8.7		
	その他	6	0	0	0	0	0	0	0	0	0	0		
		100.0	0.0	0.0	0.0	0.0	0.0	0.0	0.0	0.0	0.0	0.0		
既・未婚(問54)	既婚	3907	59	53	45	50	84	31	26	24	25	406		
		100.0	1.5	1.4	1.2	1.3	2.1	0.8	0.7	0.6	0.6	10.4		
	未婚、離婚、死別	2422	29	39	33	50	60	20	21	11	20	194		
		100.0	1.2	1.6	1.4	2.1	2.5	0.8	0.9	0.5	0.8	8.0		
居住地(問64)	23区・政令市	2093	31	34	25	32	57	15	20	12	19	199		
		100.0	1.5	1.6	1.2	1.5	2.7	0.7	1.0	0.6	0.9	9.5		
	市(人口10万人以上)	2689	35	38	34	46	62	25	17	12	19	241		
		100.0	1.3	1.4	1.3	1.7	2.3	0.9	0.6	0.4	0.7	9.0		
	市(人口10万人未満)	1116	16	16	13	18	21	8	9	8	4	112		
		100.0	1.4	1.4	1.2	1.6	1.9	0.7	0.8	0.7	0.4	10.0		
	町村	431	6	4	6	4	4	3	1	3	3	48		
		100.0	1.4	0.9	1.4	0.9	0.9	0.7	0.2	0.7	0.7	11.1		
専業・兼業(SC7)	専業	3188	68	57	51	67	90	32	36	26	31	436		
		100.0	2.1	1.8	1.6	2.1	2.8	1.0	1.1	0.8	1.0	13.7		
	兼業	3141	20	35	27	33	54	19	11	9	14	164		
		100.0	0.6	1.1	0.9	1.1	1.7	0.6	0.4	0.3	0.4	5.2		
	うち独立自営業が本業	1002	11	19	12	13	24	12	5	4	8	98		
		100.0	1.1	1.9	1.2	1.3	2.4	1.2	0.5	0.4	0.8	9.8		
	うち独立自営業が副業	2139	9	16	15	20	30	7	6	5	6	66		
		100.0	0.4	0.7	0.7	0.9	1.4	0.3	0.3	0.2	0.3	3.1		
主な仕事(問1-1)	事務関連	1283	5	15	8	5	12	4	5	1	3	34		
		100.0	0.4	1.2	0.6	0.4	0.9	0.3	0.4	0.1	0.2	2.7		
	デザイン・映像製作関連	611	8	5	5	12	15	4	9	5	7	79		
		100.0	1.3	0.8	0.8	2.0	2.5	0.7	1.5	0.8	1.1	12.9		
	IT関連	617	16	15	10	15	15	6	7	1	2	34		
		100.0	2.6	2.4	1.6	2.4	2.4	1.0	1.1	0.2	0.3	5.5		
	専門関連業務(医療、技術、講師、芸能、演奏など)	2487	45	37	37	42	73	21	16	20	23	288		
		100.0	1.8	1.5	1.5	1.7	2.9	0.8	0.6	0.8	0.9	11.6		
	生活関連サービス、理容・美容	358	5	2	2	4	2	1	2	2	4	24		
		100.0	1.4	0.6	0.6	1.1	0.6	0.3	0.6	0.6	1.1	6.7		
	現場作業関連(運輸、製造、修理、清掃など)	973	9	18	16	22	27	15	8	6	6	141		
		100.0	0.9	1.8	1.6	2.3	2.8	1.5	0.8	0.6	0.6	14.5		
独立自営業の経験年数(問30)	2年未満	2045	3	1	3	4	1	1	1	0	0	18		
		100.0	0.1	0.0	0.1	0.2	0.0	0.0	0.0	0.0	0.0	0.9		
	2年以上15年未満	2979	70	75	50	52	25	5	1	3	6	64		
		100.0	2.3	2.5	1.7	1.7	0.8	0.2	0.0	0.1	0.2	2.1		
	15年以上	1305	15	16	25	44	118	45	45	32	39	518		
		100.0	1.1	1.2	1.9	3.4	9.0	3.4	3.4	2.5	3.0	39.7		
1週の平均作業時間(問3附問2)	10時間未満	2072	15	19	16	26	28	10	5	8	9	122		
		100.0	0.7	0.9	0.8	1.3	1.4	0.5	0.2	0.4	0.4	5.9		
	10時間以上40時間未満	2335	39	26	27	36	61	22	15	13	17	208		
		100.0	1.7	1.1	1.2	1.5	2.6	0.9	0.6	0.6	0.7	8.9		
	40時間以上	1922	34	47	35	38	55	19	27	14	19	270		
		100.0	1.8	2.4	1.8	2.0	2.9	1.0	1.4	0.7	1.0	14.0		
独立自営業者の報酬総額(問2附問4)	200万円未満	3944	32	35	32	40	55	22	16	7	17	226		
		100.0	0.8	0.9	0.8	1.0	1.4	0.6	0.4	0.2	0.4	5.7		
	200万円以上400万円未満	911	20	23	12	30	34	9	10	10	7	109		
		100.0	2.2	2.5	1.3	3.3	3.7	1.0	1.1	1.1	0.8	12.0		
	400万円以上600万円未満	669	18	14	19	13	24	9	7	8	8	113		
		100.0	2.7	2.1	2.8	1.9	3.6	1.3	1.0	1.2	1.2	16.9		
	600万円以上	805	18	20	15	17	31	11	14	10	13	152		
		100.0	2.2	2.5	1.9	2.1	3.9	1.4	1.7	1.2	1.6	18.9		

Q23. 主要な取引先事業者の業種はどれでしたか。
SA

		n	建設業	製造業	電気・ガス・熱供給・水道業	情報サービス業（ソフトウェア・ゲームソフト開発など）	インターネット付随サービス業（アプリサービス、コンテンツプロバイダーなど）	通信業（インターネットプロバイダー、固定電話会社、携帯電話会社など）	映像・アニメ制作、広告・出版・マスコミ関連	運輸業、郵便業	卸売業・小売業	金融・保険業	不動産業、物品賃貸業
全体		6329	542	531	96	446	480	98	402	156	358	135	282
		100.0	8.6	8.4	1.5	7.0	7.6	1.5	6.4	2.5	5.7	2.1	4.5
性別(SC2)	男性	4073	439	450	75	340	207	72	239	128	239	97	231
		100.0	10.8	11.0	1.8	8.3	5.1	1.8	5.9	3.1	5.9	2.4	5.7
	女性	2256	103	81	21	106	273	26	163	28	119	38	51
		100.0	4.6	3.6	0.9	4.7	12.1	1.2	7.2	1.2	5.3	1.7	2.3
年齢(SC1)	15歳～29歳	407	22	15	5	36	63	11	30	3	16	12	5
		100.0	5.4	3.7	1.2	8.8	15.5	2.7	7.4	0.7	3.9	2.9	1.2
	30歳～39歳	1298	67	47	16	96	177	27	85	19	70	26	29
		100.0	5.2	3.6	1.2	7.4	13.6	2.1	6.5	1.5	5.4	2.0	2.2
	40歳～49歳	1809	163	132	38	140	146	27	115	50	117	31	71
		100.0	9.0	7.3	2.1	7.7	8.1	1.5	6.4	2.8	6.5	1.7	3.9
	50歳～59歳	1587	157	167	24	116	75	21	114	51	76	43	98
		100.0	9.9	10.5	1.5	7.3	4.7	1.3	7.2	3.2	4.8	2.7	6.2
	60歳以上	1228	133	170	13	58	19	12	58	33	79	23	79
		100.0	10.8	13.8	1.1	4.7	1.5	1.0	4.7	2.7	6.4	1.9	6.4
学歴(問52)	中学校・高校	1293	212	154	34	60	97	19	56	57	78	29	40
		100.0	16.4	11.9	2.6	4.6	7.5	1.5	4.3	4.4	6.0	2.2	3.1
	各種専門学校	643	58	41	8	57	40	8	61	9	39	3	12
		100.0	9.0	6.4	1.2	8.9	6.2	1.2	9.5	1.4	6.1	0.5	1.9
	高等専門学校・短大	824	66	54	17	55	62	19	51	15	44	14	32
		100.0	8.0	6.6	2.1	6.7	7.5	2.3	6.2	1.8	5.3	1.7	3.9
	大学・大学院	3545	204	281	36	273	278	52	229	73	196	88	198
		100.0	5.8	7.9	1.0	7.7	7.8	1.5	6.5	2.1	5.5	2.5	5.6
	その他	6	0	1	0	0	2	0	0	0	0	1	0
		100.0	0.0	16.7	0.0	0.0	33.3	0.0	0.0	0.0	0.0	16.7	0.0
既・未婚(問54)	既婚	3907	372	384	59	250	286	62	201	91	221	73	182
		100.0	9.5	9.8	1.5	6.4	7.3	1.6	5.1	2.3	5.7	1.9	4.7
	未婚、離婚、死別	2422	170	147	37	196	194	36	201	65	137	62	100
		100.0	7.0	6.1	1.5	8.1	8.0	1.5	8.3	2.7	5.7	2.6	4.1
居住地(問64)	23区・政令市	2093	141	147	16	162	143	25	176	49	110	50	119
		100.0	6.7	7.0	0.8	7.7	6.8	1.2	8.4	2.3	5.3	2.4	5.7
	市(人口10万人以上)	2689	256	237	53	196	193	46	146	51	151	63	113
		100.0	9.5	8.8	2.0	7.3	7.2	1.7	5.4	1.9	5.6	2.3	4.2
	市(人口10万人未満)	1116	99	107	22	67	102	19	65	45	73	12	43
		100.0	8.9	9.6	2.0	6.0	9.1	1.7	5.8	4.0	6.5	1.1	3.9
	町村	431	46	40	5	21	42	8	15	11	24	10	7
		100.0	10.7	9.3	1.2	4.9	9.7	1.9	3.5	2.6	5.6	2.3	1.6
専業・兼業(SC7)	専業	3188	346	337	59	237	164	38	236	83	177	77	124
		100.0	10.9	10.6	1.9	7.4	5.1	1.2	7.4	2.6	5.6	2.4	3.9
	兼業	3141	196	194	37	209	316	60	166	73	181	58	158
		100.0	6.2	6.2	1.2	6.7	10.1	1.9	5.3	2.3	5.8	1.8	5.0
	うち独立自営業が本業	1002	87	78	17	65	50	21	53	22	68	26	42
		100.0	8.7	7.8	1.7	6.5	5.0	2.1	5.3	2.2	6.8	2.6	4.2
	うち独立自営業が副業	2139	109	116	20	144	266	39	113	51	113	32	116
		100.0	5.1	5.4	0.9	6.7	12.4	1.8	5.3	2.4	5.3	1.5	5.4
主な仕事(問1-1)	事務関連	1283	73	64	19	105	230	35	54	19	68	17	36
		100.0	5.7	5.0	1.5	8.2	17.9	2.7	4.2	1.5	5.3	1.3	2.8
	デザイン・映像製作関連	611	16	30	4	32	47	7	190	3	34	3	6
		100.0	2.6	4.9	0.7	5.2	7.7	1.1	31.1	0.5	5.6	0.5	1.0
	IT関連	617	13	41	3	229	92	28	9	3	35	19	5
		100.0	2.1	6.6	0.5	37.1	14.9	4.5	1.5	0.5	5.7	3.1	0.8
	専門関連業務(医療、技術、講師、芸能、演奏など)	2487	267	224	24	68	97	15	138	18	126	81	131
		100.0	10.7	9.0	1.0	2.7	3.9	0.6	5.5	0.7	5.1	3.3	5.3
	生活関連サービス、理容・美容	358	8	8	5	4	7	2	0	3	27	6	31
		100.0	2.2	2.2	1.4	1.1	2.0	0.6	0.0	0.8	7.5	1.7	8.7
	現場作業関連(運輸、製造、修理、清掃など)	973	165	164	41	8	7	11	11	110	68	9	73
		100.0	17.0	16.9	4.2	0.8	0.7	1.1	1.1	11.3	7.0	0.9	7.5
独立自営業の経験年数(問30)	2年未満	2045	109	127	29	159	279	37	75	50	111	41	56
		100.0	5.3	6.2	1.4	7.8	13.6	1.8	3.7	2.4	5.4	2.0	2.7
	2年以上15年未満	2979	252	261	46	232	179	54	182	75	179	72	169
		100.0	8.5	8.8	1.5	7.8	6.0	1.8	6.1	2.5	6.0	2.4	5.7
	15年以上	1305	181	143	21	55	22	7	145	31	68	22	57
		100.0	13.9	11.0	1.6	4.2	1.7	0.5	11.1	2.4	5.2	1.7	4.4
1週の平均作業時間(問3附問2)	10時間未満	2072	122	124	31	114	223	23	91	31	103	22	148
		100.0	5.9	6.0	1.5	5.5	10.8	1.1	4.4	1.5	5.0	1.1	7.1
	10時間以上40時間未満	2335	160	207	25	162	170	36	160	50	146	62	81
		100.0	6.9	8.9	1.1	6.9	7.3	1.5	6.9	2.1	6.3	2.7	3.5
	40時間以上	1922	260	200	40	170	87	39	151	75	109	51	53
		100.0	13.5	10.4	2.1	8.8	4.5	2.0	7.9	3.9	5.7	2.7	2.8
独立自営業者の報酬総額(問2附問4)	200万円未満	3944	227	265	41	241	413	64	239	89	236	68	116
		100.0	5.8	6.7	1.0	6.1	10.5	1.6	6.1	2.3	6.0	1.7	2.9
	200万円以上400万円未満	911	115	93	17	55	31	11	61	34	45	22	63
		100.0	12.6	10.2	1.9	6.0	3.4	1.2	6.7	3.7	4.9	2.4	6.9
	400万円以上600万円未満	669	101	82	18	62	16	13	48	19	35	9	33
		100.0	15.1	12.3	2.7	9.3	2.4	1.9	7.2	2.8	5.2	1.3	4.9
	600万円以上	805	99	91	20	88	20	10	54	14	42	36	70
		100.0	12.3	11.3	2.5	10.9	2.5	1.2	6.7	1.7	5.2	4.5	8.7

Q23.主要な取引先事業者の業種はどれでしたか。
SA

		n	教育、学習支援業	医療、福祉	学術研究、コンサルタント	専門・技術サービス業	宿泊業、飲食サービス業	生活関連サービス	美容・理容・娯楽業	その他サービス業	その他
全体		6329	314	250	139	394	115	158	115	1040	278
		100.0	5.0	4.0	2.2	6.2	1.8	2.5	1.8	16.4	4.4
性別(SC2)	男性	4073	145	145	94	254	70	77	36	566	169
		100.0	3.6	3.6	2.3	6.2	1.7	1.9	0.9	13.9	4.1
	女性	2256	169	105	45	140	45	81	79	474	109
		100.0	7.5	4.7	2.0	6.2	2.0	3.6	3.5	21.0	4.8
年齢(SC1)	15歳〜29歳	407	10	13	6	12	10	12	19	89	18
		100.0	2.5	3.2	1.5	2.9	2.5	2.9	4.7	21.9	4.4
	30歳〜39歳	1298	56	67	25	59	28	36	49	271	48
		100.0	4.3	5.2	1.9	4.5	2.2	2.8	3.8	20.9	3.7
	40歳〜49歳	1809	90	65	42	114	43	43	29	301	52
		100.0	5.0	3.6	2.3	6.3	2.4	2.4	1.6	16.6	2.9
	50歳〜59歳	1587	87	58	30	99	23	38	10	228	72
		100.0	5.5	3.7	1.9	6.2	1.4	2.4	0.6	14.4	4.5
	60歳以上	1228	71	47	36	110	11	29	8	151	88
		100.0	5.8	3.8	2.9	9.0	0.9	2.4	0.7	12.3	7.2
学歴(問52)	中学校・高校	1293	15	30	8	39	29	21	20	232	63
		100.0	1.2	2.3	0.6	3.0	2.2	1.6	1.5	17.9	4.9
	各種専門学校	643	16	36	2	51	13	12	28	121	28
		100.0	2.5	5.6	0.3	7.9	2.0	1.9	4.4	18.8	4.4
	高等専門学校・短大	824	51	44	6	48	21	27	25	141	32
		100.0	6.2	5.3	0.7	5.8	2.5	3.3	3.0	17.1	3.9
	大学・大学院	3545	232	139	123	254	52	97	42	543	155
		100.0	6.5	3.9	3.5	7.2	1.5	2.7	1.2	15.3	4.4
	その他	6	0	0	0	1	0	0	0	1	0
		100.0	0.0	0.0	0.0	16.7	0.0	0.0	0.0	16.7	0.0
既・未婚(問54)	既婚	3907	215	159	90	247	64	101	66	622	162
		100.0	5.5	4.1	2.3	6.3	1.6	2.6	1.7	15.9	4.1
	未婚、離婚、死別	2422	99	91	49	147	51	57	49	418	116
		100.0	4.1	3.8	2.0	6.1	2.1	2.4	2.0	17.3	4.8
居住地(問64)	23区・政令市	2093	94	86	53	141	35	50	26	359	111
		100.0	4.5	4.1	2.5	6.7	1.7	2.4	1.2	17.2	5.3
	市(人口10万人以上)	2689	159	112	59	160	46	71	59	411	107
		100.0	5.9	4.2	2.2	6.0	1.7	2.6	2.2	15.3	4.0
	市(人口10万人未満)	1116	52	35	22	64	23	26	20	176	44
		100.0	4.7	3.1	2.0	5.7	2.1	2.3	1.8	15.8	3.9
	町村	431	9	17	5	29	11	11	10	94	16
		100.0	2.1	3.9	1.2	6.7	2.6	2.6	2.3	21.8	3.7
専業・兼業(SC7)	専業	3188	146	110	60	218	45	72	54	465	140
		100.0	4.6	3.5	1.9	6.8	1.4	2.3	1.7	14.6	4.4
	兼業	3141	168	140	79	176	70	86	61	575	138
		100.0	5.3	4.5	2.5	5.6	2.2	2.7	1.9	18.3	4.4
	うち独立自営業が本業	1002	62	37	27	82	25	23	15	158	44
		100.0	6.2	3.7	2.7	8.2	2.5	2.3	1.5	15.8	4.4
	うち独立自営業が副業	2139	106	103	52	94	45	63	46	417	94
		100.0	5.0	4.8	2.4	4.4	2.1	2.9	2.2	19.5	4.4
主な仕事(問1-1)	事務関連	1283	65	31	24	36	12	30	19	286	60
		100.0	5.1	2.4	1.9	2.8	0.9	2.3	1.5	22.3	4.7
	デザイン・映像製作関連	611	20	6	7	41	19	14	12	85	35
		100.0	3.3	1.0	1.1	6.7	3.1	2.3	2.0	13.9	5.7
	IT関連	617	7	7	4	26	6	9	8	64	9
		100.0	1.1	1.1	0.6	4.2	1.0	1.5	1.3	10.4	1.5
	専門関連業務(医療、技術、講師、芸能、演奏など)	2487	208	145	104	259	34	53	31	337	127
		100.0	8.4	5.8	4.2	10.4	1.4	2.1	1.2	13.6	5.1
	生活関連サービス、理容・美容	358	8	39	0	7	28	26	42	97	10
		100.0	2.2	10.9	0.0	2.0	7.8	7.3	11.7	27.1	2.8
	現場作業関連(運輸、製造、修理、清掃など)	973	6	22	0	25	16	26	3	171	37
		100.0	0.6	2.3	0.0	2.6	1.6	2.7	0.3	17.6	3.8
独立自営業の経験年数(問30)	2年未満	2045	70	84	40	76	35	64	50	467	86
		100.0	3.4	4.1	2.0	3.7	1.7	3.1	2.4	22.8	4.2
	2年以上15年未満	2979	172	126	72	204	61	69	47	414	113
		100.0	5.8	4.2	2.4	6.8	2.0	2.3	1.6	13.9	3.8
	15年以上	1305	72	40	27	114	19	25	18	159	79
		100.0	5.5	3.1	2.1	8.7	1.5	1.9	1.4	12.2	6.1
1週の平均作業時間(問3附問2)	10時間未満	2072	127	81	47	100	43	63	48	412	119
		100.0	6.1	3.9	2.3	4.8	2.1	3.0	2.3	19.9	5.7
	10時間以上40時間未満	2335	127	104	51	169	44	62	42	378	99
		100.0	5.4	4.5	2.2	7.2	1.9	2.7	1.8	16.2	4.2
	40時間以上	1922	60	65	41	125	28	33	25	250	60
		100.0	3.1	3.4	2.1	6.5	1.5	1.7	1.3	13.0	3.1
独立自営業者の報酬総額(問2附問4)	200万円未満	3944	238	157	88	235	74	121	91	749	192
		100.0	6.0	4.0	2.2	6.0	1.9	3.1	2.3	19.0	4.9
	200万円以上400万円未満	911	38	39	17	70	21	17	12	125	25
		100.0	4.2	4.3	1.9	7.7	2.3	1.9	1.3	13.7	2.7
	400万円以上600万円未満	669	18	22	11	45	13	10	7	79	28
		100.0	2.7	3.3	1.6	6.7	1.9	1.5	1.0	11.8	4.2
	600万円以上	805	20	32	23	44	7	10	5	87	33
		100.0	2.5	4.0	2.9	5.5	0.9	1.2	0.6	10.8	4.1

Q24.主要な取引先事業者の総従業員数（企業、団体全体の従業員数）はどのくらいの規模でしたか。
SA

		n	5,000人以上	1,000人以上～5,000人未満	500人以上～1,000人未満	300人以上～500人未満	100人以上～300人未満	30人以上～100人未満	29人以下	わからない
全体		6329	324	241	209	210	404	750	1590	2601
		100.0	5.1	3.8	3.3	3.3	6.4	11.9	25.1	41.1
性別(SC2)	男性	4073	222	186	157	159	310	577	1116	1346
		100.0	5.5	4.6	3.9	3.9	7.6	14.2	27.4	33.0
	女性	2256	102	55	52	51	94	173	474	1255
		100.0	4.5	2.4	2.3	2.3	4.2	7.7	21.0	55.6
年齢(SC1)	15歳～29歳	407	22	10	13	13	12	32	68	237
		100.0	5.4	2.5	3.2	3.2	2.9	7.9	16.7	58.2
	30歳～39歳	1298	60	26	37	43	62	109	269	692
		100.0	4.6	2.0	2.9	3.3	4.8	8.4	20.7	53.3
	40歳～49歳	1809	85	76	61	47	116	201	465	758
		100.0	4.7	4.2	3.4	2.6	6.4	11.1	25.7	41.9
	50歳～59歳	1587	93	70	46	53	97	176	445	607
		100.0	5.9	4.4	2.9	3.3	6.1	11.1	28.0	38.2
	60歳以上	1228	64	59	52	54	117	232	343	307
		100.0	5.2	4.8	4.2	4.4	9.5	18.9	27.9	25.0
学歴(問52)	中学校・高校	1293	74	38	34	31	61	140	384	531
		100.0	5.7	2.9	2.6	2.4	4.7	10.8	29.7	41.1
	各種専門学校	643	19	24	17	17	34	65	163	304
		100.0	3.0	3.7	2.6	2.6	5.3	10.1	25.3	47.3
	高等専門学校・短大	824	35	31	24	24	47	69	212	382
		100.0	4.2	3.8	2.9	2.9	5.7	8.4	25.7	46.4
	大学・大学院	3545	196	148	134	137	259	474	827	1370
		100.0	5.5	4.2	3.8	3.9	7.3	13.4	23.3	38.6
	その他	6	0	0	0	1	0	0	2	3
		100.0	0.0	0.0	0.0	16.7	0.0	0.0	33.3	50.0
既・未婚 (問54)	既婚	3907	210	174	147	146	259	502	970	1499
		100.0	5.4	4.5	3.8	3.7	6.6	12.8	24.8	38.4
	未婚、離婚、死別	2422	114	67	62	64	145	248	620	1102
		100.0	4.7	2.8	2.6	2.6	6.0	10.2	25.6	45.5
居住地 (問64)	23区・政令市	2093	111	88	82	72	145	269	515	811
		100.0	5.3	4.2	3.9	3.4	6.9	12.9	24.6	38.7
	市(人口10万人以上)	2689	135	102	91	89	170	311	688	1103
		100.0	5.0	3.8	3.4	3.3	6.3	11.6	25.6	41.0
	市(人口10万人未満)	1116	55	37	30	41	67	131	287	468
		100.0	4.9	3.3	2.7	3.7	6.0	11.7	25.7	41.9
	町村	431	23	14	6	8	22	39	100	219
		100.0	5.3	3.2	1.4	1.9	5.1	9.0	23.2	50.8
専業・兼業 (SC7)	専業	3188	186	152	126	117	231	432	849	1095
		100.0	5.8	4.8	4.0	3.7	7.2	13.6	26.6	34.3
	兼業	3141	138	89	83	93	173	318	741	1506
		100.0	4.4	2.8	2.6	3.0	5.5	10.1	23.6	47.9
	うち独立自営業が本業	1002	56	33	36	43	71	112	278	373
		100.0	5.6	3.3	3.6	4.3	7.1	11.2	27.7	37.2
	うち独立自営業が副業	2139	82	56	47	50	102	206	463	1133
		100.0	3.8	2.6	2.2	2.3	4.8	9.6	21.6	53.0
主な仕事 (問1-1)	事務関連	1283	50	33	38	35	50	100	193	784
		100.0	3.9	2.6	3.0	2.7	3.9	7.8	15.0	61.1
	デザイン・映像製作関連	611	22	20	18	12	45	64	181	249
		100.0	3.6	3.3	2.9	2.0	7.4	10.5	29.6	40.8
	IT関連	617	45	18	24	28	49	81	168	204
		100.0	7.3	2.9	3.9	4.5	7.9	13.1	27.2	33.1
	専門関連業務(医療、技術、講師、芸能、演奏など)	2487	133	119	90	92	168	357	693	835
		100.0	5.3	4.8	3.6	3.7	6.8	14.4	27.9	33.6
	生活関連サービス、理容・美容	358	20	8	5	6	28	29	85	177
		100.0	5.6	2.2	1.4	1.7	7.8	8.1	23.7	49.4
	現場作業関連(運輸、製造、修理、清掃など)	973	54	43	34	37	64	119	270	352
		100.0	5.5	4.4	3.5	3.8	6.6	12.2	27.7	36.2
独立自営業の経験年数 (問30)	2年未満	2045	96	52	48	41	70	145	376	1217
		100.0	4.7	2.5	2.3	2.0	3.4	7.1	18.4	59.5
	2年以上15年未満	2979	152	140	120	138	244	435	777	973
		100.0	5.1	4.7	4.0	4.6	8.2	14.6	26.1	32.7
	15年以上	1305	76	49	41	31	90	170	437	411
		100.0	5.8	3.8	3.1	2.4	6.9	13.0	33.5	31.5
1週の平均作業時間 (問3附問2)	10時間未満	2072	79	41	34	31	81	186	473	1147
		100.0	3.8	2.0	1.6	1.5	3.9	9.0	22.8	55.4
	10時間以上40時間未満	2335	116	101	88	95	180	311	584	860
		100.0	5.0	4.3	3.8	4.1	7.7	13.3	25.0	36.8
	40時間以上	1922	129	99	87	84	143	253	533	594
		100.0	6.7	5.2	4.5	4.4	7.4	13.2	27.7	30.9
独立自営業者の報酬総額 (問2附問4)	200万円未満	3944	150	100	80	97	192	382	947	1996
		100.0	3.8	2.5	2.0	2.5	4.9	9.7	24.0	50.6
	200万円以上400万円未満	911	55	43	40	38	65	144	293	233
		100.0	6.0	4.7	4.4	4.2	7.1	15.8	32.2	25.6
	400万円以上600万円未満	669	43	29	34	30	73	105	183	172
		100.0	6.4	4.3	5.1	4.5	10.9	15.7	27.4	25.7
	600万円以上	805	76	69	55	45	74	119	167	200
		100.0	9.4	8.6	6.8	5.6	9.2	14.8	20.7	24.8

Q25-1. あなたは2017年1月から12月にかけての独立自営業者のお仕事において、下記のようなトラブルを経験したことがありましたか。(いくつでも)
MA

		n	作業内容・範囲についてもめた	仕様を一方的に変更された	一方的に作業期間・納品日を変更された	作業途中で一方的に契約を打ち切られた	成果物、サービスの受け取りを拒否された	報酬が減額された・一方的に	報酬の支払いが遅れた・期日に支払われなかった	予定外の経費負担を求められた	自分の案が無断で使われた	取引相手と連絡がとれなくなった	セクハラ・パワハラ等の嫌がらせを受けた	その他	無回答	トラブルはなかった
全体		8256	1204 14.6	771 9.3	645 7.8	323 3.9	145 1.8	390 4.7	595 7.2	472 5.7	257 3.1	374 4.5	174 2.1	95 1.2	1 0.0	4139 50.1
性別(SC2)	男性	5190	847 16.3	538 10.4	432 8.3	202 3.9	95 1.8	244 4.7	389 7.5	329 6.3	170 3.3	205 3.9	90 1.7	60 1.2	1 0.0	2489 48.0
	女性	3066	357 11.6	233 7.6	213 6.9	121 3.9	50 1.6	146 4.8	206 6.7	143 4.7	87 2.8	169 5.5	84 2.7	35 1.1	0 0.0	1650 53.8
年齢(SC1)	15歳～29歳	547	85 15.5	64 11.7	43 7.9	44 8.0	23 4.2	43 7.9	48 8.8	35 6.4	20 3.7	65 11.9	22 4.0	4 0.7	0 0.0	209 38.2
	30歳～39歳	1745	274 15.7	198 11.3	156 8.9	88 5.0	43 2.5	100 5.7	136 7.8	99 5.7	64 3.7	109 6.2	50 2.9	16 0.9	0 0.0	776 44.5
	40歳～49歳	2378	383 16.1	214 9.0	200 8.4	76 3.2	55 2.3	115 4.8	170 7.1	137 5.8	70 2.9	106 4.5	54 2.3	30 1.3	0 0.0	1139 47.9
	50歳～59歳	2050	292 14.2	185 9.0	152 7.4	73 3.6	18 0.9	81 4.0	136 6.6	119 5.8	60 2.9	63 3.1	34 1.7	26 1.3	1 0.0	1101 53.7
	60歳以上	1536	170 11.1	110 7.2	94 6.1	42 2.7	6 0.4	51 3.3	105 6.8	82 5.3	43 2.8	31 2.0	14 0.9	19 1.2	0 0.0	914 59.5
学歴(問52)	中学校・高校	1733	287 16.6	168 9.7	141 8.1	58 3.3	24 1.4	72 4.2	116 6.7	97 5.6	42 2.4	83 4.8	53 3.1	26 1.5	0 0.0	839 48.4
	各種専門学校	871	133 15.3	71 8.2	75 8.6	29 3.3	11 1.3	38 4.4	47 5.4	49 5.6	28 3.2	50 5.7	29 3.3	11 1.3	0 0.0	446 51.2
	高等専門学校・短大	1121	148 13.2	100 8.9	91 8.1	28 2.5	25 2.2	50 4.5	72 6.4	62 5.5	43 3.8	51 4.5	22 2.0	8 0.7	0 0.0	584 52.1
	大学・大学院	4499	631 14.0	428 9.5	336 7.5	205 4.6	85 1.9	230 5.1	358 8.0	263 5.8	143 3.2	185 4.1	69 1.5	50 1.1	1 0.0	2258 50.2
	その他	9	0 0.0	2 22.2	0 0.0	1 11.1	0 0.0	0 0.0	0 0.0	0 0.0	0 0.0	0 0.0	0 0.0	0 0.0	0 0.0	6 66.7
既・未婚(問54)	既婚	5025	732 14.6	468 9.3	387 7.7	185 3.7	78 1.6	199 4.0	329 6.5	275 5.5	151 3.0	209 4.2	77 1.5	53 1.1	1 0.0	2586 51.5
	未婚、離婚、死別	3231	472 14.6	303 9.4	258 8.0	138 4.3	67 2.1	191 5.9	266 8.2	197 6.1	106 3.3	165 5.1	97 3.0	42 1.3	0 0.0	1553 48.1
居住地(問64)	23区・政令市	2617	385 14.7	226 8.6	186 7.1	100 3.8	48 1.8	133 5.1	225 8.6	138 5.3	72 2.8	97 3.7	55 2.1	32 1.2	1 0.0	1328 50.7
	市(人口10万人以上)	3534	502 14.2	343 9.7	309 8.7	138 3.9	61 1.7	169 4.8	236 6.7	210 5.9	114 3.2	175 5.0	69 2.0	37 1.0	0 0.0	1769 50.1
	市(人口10万人未満)	1511	218 14.4	144 9.5	100 6.6	62 4.1	28 1.9	64 4.2	96 6.4	82 5.4	54 3.6	74 4.9	26 1.7	24 1.6	0 0.0	772 51.1
	町村	594	99 16.7	58<>9.8	50 8.4	23 3.9	8 1.3	24 4.0	38 6.4	42 7.1	17 2.9	28 4.7	24 4.0	2 0.3	0 0.0	270 45.5
専業・兼業(SC7)	専業	4083	630 15.4	373 9.1	322 7.9	140 3.4	67 1.6	189 4.6	291 7.1	223 5.5	118 2.9	156 3.8	99 2.4	47 1.2	1 0.0	2080 50.9
	兼業	4173	574 13.8	398 9.5	323 7.7	183 4.4	78 1.9	201 4.8	304 7.3	249 6.0	139 3.3	218 5.2	75 1.8	48 1.2	0 0.0	2059 49.3
	うち独立自営業が本業	1335	217 16.3	138 10.3	107 8.0	69 5.2	18 1.3	75 5.6	117 8.8	82 6.1	48 3.6	74 5.5	26 1.9	12 0.9	0 0.0	600 44.9
	うち独立自営業が副業	2838	357 12.6	260 9.2	216 7.6	114 4.0	60 2.1	126 4.4	187 6.6	167 5.9	91 3.2	144 5.1	49 1.7	36 1.3	0 0.0	1459 51.4
主な仕事(問1-1)	事務関連	1560	239 15.3	173 11.1	150 9.6	93 6.0	54 3.5	85 5.4	124 7.9	78 5.0	35 2.2	86 5.5	24 1.5	13 0.8	0 0.0	700 44.9
	デザイン・映像製作関連	731	97 13.3	88 12.0	67 9.2	35 4.8	10 1.4	53 7.3	64 8.8	28 3.8	40 5.5	32 4.4	8 1.1	10 1.4	0 0.0	359 49.1
	IT関連	705	127 18.0	107 15.2	57 8.1	39 5.5	18 2.6	36 5.1	35 5.0	23 3.3	19 2.7	19 2.7	14 2.0	9 1.3	0 0.0	342 48.5
	専門関連業務(医療、技術、講師、芸能、演奏など)	3266	411 12.6	236 7.2	205 6.3	111 3.4	43 1.3	149 4.6	258 7.9	177 5.4	109 3.3	125 3.8	49 1.5	37 1.1	1 0.0	1804 55.2
	生活関連サービス、理容・美容	741	114 15.4	49 6.6	48 6.5	17 2.3	8 1.1	26 3.5	38 5.1	62 8.4	21 2.8	61 8.2	38 5.1	11 1.5	0 0.0	353 47.6
	現場作業関連(運輸、製造、修理、清掃など)	1253	216 17.2	118 9.4	118 9.4	28 2.2	12 1.0	41 3.3	76 6.1	104 8.3	33 2.6	51 4.1	41 3.3	15 1.2	0 0.0	581 46.4
独立自営業の経験年数(問30)	2年未満	2572	416 16.2	211 8.2	172 6.7	96 3.7	58 2.3	97 3.8	129 5.0	124 4.8	80 3.1	155 6.0	69 2.7	24 0.9	0 0.0	1246 48.4
	2年以上15年未満	3962	590 14.9	424 10.7	355 9.0	180 4.5	83 2.1	218 5.5	329 8.3	257 6.5	136<>3.4	171 4.3	75 1.9	48 1.2	1 0.0	1916 48.4
	15年以上	1722	198 11.5	136 7.9	118 6.9	47 2.7	4 0.2	75 4.4	137 8.0	91 5.3	41 2.4	48 2.8	30 1.7	23 1.3	0 0.0	977 56.7
1週の平均作業時間(問3附問2)	10時間未満	2688	319 11.9	180 6.7	140 5.2	86 3.2	33 1.2	100 3.7	138 5.1	124 4.6	72 2.7	122 4.5	51 1.9	27 1.0	0 0.0	1520 56.5
	10時間以上40時間未満	3070	398 13.0	273 8.9	258 8.4	123 4.0	58 1.9	138 4.5	238 7.8	176 5.7	97 3.2	138 4.5	66 2.1	38 1.2	1 0.0	1565 51.0
	40時間以上	2498	487 19.5	318 12.7	247 9.9	114 4.6	54 2.2	152 6.1	219 8.8	172 6.9	88 3.5	114 4.6	57 2.3	30 1.2	0 0.0	1054 42.2
独立自営業者の報酬総額(問2附問4)	200万円未満	5289	701 13.3	444 8.4	365 6.9	198 3.7	91 1.7	237 4.5	336 6.4	267 5.0	154 2.9	258 4.9	98 1.9	59 1.1	0 0.0	2766 52.3
	200万円以上400万円未満	1189	198 16.7	115 9.7	121 10.2	47 4.0	21 1.8	56 4.7	103 8.7	96 8.1	37 3.1	50 4.2	34 2.9	16 1.3	1 0.1	540 45.4
	400万円以上600万円未満	819	153 18.7	100 12.2	71 8.7	39 4.8	17 2.1	38 4.6	63 7.7	48 5.9	26 3.2	34 4.2	18 2.2	9 1.1	0 0.0	370 45.2
	600万円以上	959	152 15.8	112 11.7	88 9.2	39 4.1	16 1.7	59 6.2	93 9.7	61 6.4	40 4.2	32 3.3	24 2.5	11 1.1	0 0.0	463 48.3

Q25-2.前問で経験のあったトラブルは解決しましたか。(矢印方向にそれぞれひとつだけ)
【Q25-1で1を選択した回答者を対象】1.作業内容・範囲についてもめた
SA

		n	全て解決した	未解決のものもある	全く解決していない
全体		1204	728	375	101
		100.0	60.5	31.1	8.4
性別(SC2)	男性	847	522	252	73
		100.0	61.6	29.8	8.6
	女性	357	206	123	28
		100.0	57.7	34.5	7.8
年齢(SC1)	15歳～29歳	85	43	32	10
		100.0	50.6	37.6	11.8
	30歳～39歳	274	151	103	20
		100.0	55.1	37.6	7.3
	40歳～49歳	383	232	111	40
		100.0	60.6	29.0	10.4
	50歳～59歳	292	183	86	23
		100.0	62.7	29.5	7.9
	60歳以上	170	119	43	8
		100.0	70.0	25.3	4.7
学歴(問52)	中学校・高校	287	185	83	19
		100.0	64.5	28.9	6.6
	各種専門学校	133	82	34	17
		100.0	61.7	25.6	12.8
	高等専門学校・短大	148	82	52	14
		100.0	55.4	35.1	9.5
	大学・大学院	631	374	206	51
		100.0	59.3	32.6	8.1
	その他	0	0	0	0
		0.0	0.0	0.0	0.0
既・未婚(問54)	既婚	732	452	218	62
		100.0	61.7	29.8	8.5
	未婚、離婚、死別	472	276	157	39
		100.0	58.5	33.3	8.3
居住地(問64)	23区・政令市	385	239	118	28
		100.0	62.1	30.6	7.3
	市(人口10万人以上)	502	316	146	40
		100.0	62.9	29.1	8.0
	市(人口10万人未満)	218	121	78	19
		100.0	55.5	35.8	8.7
	町村	99	52	33	14
		100.0	52.5	33.3	14.1
専業・兼業(SC7)	専業	630	383	186	61
		100.0	60.8	29.5	9.7
	兼業	574	345	189	40
		100.0	60.1	32.9	7.0
	うち独立自営業が本業	217	120	87	10
		100.0	55.3	40.1	4.6
	うち独立自営業が副業	357	225	102	30
		100.0	63.0	28.6	8.4
主な仕事(問1-1)	事務関連	239	130	87	22
		100.0	54.4	36.4	9.2
	デザイン・映像製作関連	97	62	25	10
		100.0	63.9	25.8	10.3
	IT関連	127	80	37	10
		100.0	63.0	29.1	7.9
	専門関連業務(医療、技術、講師、芸能、演奏など)	411	276	113	22
		100.0	67.2	27.5	5.4
	生活関連サービス、理容・美容	114	57	47	10
		100.0	50.0	41.2	8.8
	現場作業関連(運輸、製造、修理、清掃など)	216	123	66	27
		100.0	56.9	30.6	12.5
独立自営業の経験年数(問30)	2年未満	416	224	139	53
		100.0	53.8	33.4	12.7
	2年以上15年未満	590	367	187	36
		100.0	62.2	31.7	6.1
	15年以上	198	137	49	12
		100.0	69.2	24.7	6.1
1週の平均作業時間(問3附問2)	10時間未満	319	171	104	44
		100.0	53.6	32.6	13.8
	10時間以上40時間未満	398	254	116	28
		100.0	63.8	29.1	7.0
	40時間以上	487	303	155	29
		100.0	62.2	31.8	6.0
独立自営業者の報酬総額(問2附問4)	200万円未満	701	404	227	70
		100.0	57.6	32.4	10.0
	200万円以上400万円未満	198	130	55	13
		100.0	65.7	27.8	6.6
	400万円以上600万円未満	153	97	51	5
		100.0	63.4	33.3	3.3
	600万円以上	152	97	42	13
		100.0	63.8	27.6	8.6

【Q25-1で2を選択した回答者を対象】2.仕様を一方的に変更された
SA

		n	全て解決した	未解決のものもある	全く解決していない
全体		771	449	238	84
		100.0	58.2	30.9	10.9
性別(SC2)	男性	538	306	174	58
		100.0	56.9	32.3	10.8
	女性	233	143	64	26
		100.0	61.4	27.5	11.2
年齢(SC1)	15歳～29歳	64	34	22	8
		100.0	53.1	34.4	12.5
	30歳～39歳	198	106	73	19
		100.0	53.5	36.9	9.6
	40歳～49歳	214	133	57	24
		100.0	62.1	26.6	11.2
	50歳～59歳	185	102	55	28
		100.0	55.1	29.7	15.1
	60歳以上	110	74	31	5
		100.0	67.3	28.2	4.5
学歴(問52)	中学校・高校	168	104	48	16
		100.0	61.9	28.6	9.5
	各種専門学校	71	41	16	14
		100.0	57.7	22.5	19.7
	高等専門学校・短大	100	54	35	11
		100.0	54.0	35.0	11.0
	大学・大学院	428	248	137	43
		100.0	57.9	32.0	10.0
	その他	2	0	2	0
		100.0	0.0	100.0	0.0
既・未婚(問54)	既婚	468	265	155	48
		100.0	56.6	33.1	10.3
	未婚、離婚、死別	303	184	83	36
		100.0	60.7	27.4	11.9
居住地(問64)	23区・政令市	226	138	67	21
		100.0	61.1	29.6	9.3
	市(人口10万人以上)	343	189	114	40
		100.0	55.1	33.2	11.7
	市(人口10万人未満)	144	91	39	14
		100.0	63.2	27.1	9.7
	町村	58	31	18	9
		100.0	53.4	31.0	15.5
専業・兼業(SC7)	専業	373	233	105	35
		100.0	62.5	28.2	9.4
	兼業	398	216	133	49
		100.0	54.3	33.4	12.3
	うち独立自営業が本業	138	76	52	10
		100.0	55.1	37.7	7.2
	うち独立自営業が副業	260	140	81	39
		100.0	53.8	31.2	15.0
主な仕事(問1-1)	事務関連	173	89	65	19
		100.0	51.4	37.6	11.0
	デザイン・映像製作関連	88	55	26	7
		100.0	62.5	29.5	8.0
	IT関連	107	60	35	12
		100.0	56.1	32.7	11.2
	専門関連業務(医療、技術、講師、芸能、演奏など)	236	140	72	24
		100.0	59.3	30.5	10.2
	生活関連サービス、理容・美容	49	33	10	6
		100.0	67.3	20.4	12.2
	現場作業関連(運輸、製造、修理、清掃など)	118	72	30	16
		100.0	61.0	25.4	13.6
独立自営業の経験年数(問30)	2年未満	211	119	57	35
		100.0	56.4	27.0	16.6
	2年以上15年未満	424	237	148	39
		100.0	55.9	34.9	9.2
	15年以上	136	93	33	10
		100.0	68.4	24.3	7.4
1週の平均作業時間(問3附問2)	10時間未満	180	100	54	26
		100.0	55.6	30.0	14.4
	10時間以上40時間未満	273	168	79	26
		100.0	61.5	28.9	9.5
	40時間以上	318	181	105	32
		100.0	56.9	33.0	10.1
独立自営業者の報酬総額(問2附問4)	200万円未満	444	254	136	54
		100.0	57.2	30.6	12.2
	200万円以上400万円未満	115	73	30	12
		100.0	63.5	26.1	10.4
	400万円以上600万円未満	100	54	43	3
		100.0	54.0	43.0	3.0
	600万円以上	112	68	29	15
		100.0	60.7	25.9	13.4

Q25-2.前問で経験のあったトラブルは解決しましたか。(矢印方向にそれぞれひとつだけ)

【Q25-1で3を選択した回答者を対象】3.一方的に作業期間・納品日を変更された SA

		n	全て解決した	未解決のものもある	全く解決していない
全体		645	419	175	51
		100.0	65.0	27.1	7.9
性別(SC2)	男性	432	281	119	32
		100.0	65.0	27.5	7.4
	女性	213	138	56	19
		100.0	64.8	26.3	8.9
年齢(SC1)	15歳~29歳	43	19	19	5
		100.0	44.2	44.2	11.6
	30歳~39歳	156	94	50	12
		100.0	60.3	32.1	7.7
	40歳~49歳	200	133	49	18
		100.0	66.5	24.5	9.0
	50歳~59歳	152	99	40	13
		100.0	65.1	26.3	8.6
	60歳以上	94	74	17	3
		100.0	78.7	18.1	3.2
学歴(問52)	中学校・高校	141	92	38	11
		100.0	65.2	27.0	7.8
	各種専門学校	75	54	14	7
		100.0	72.0	18.7	9.3
	高等専門学校・短大	91	48	36	7
		100.0	52.7	39.6	7.7
	大学・大学院	336	223	87	26
		100.0	66.4	25.9	7.7
	その他	0	0	0	0
		0.0	0.0	0.0	0.0
既・未婚(問54)	既婚	387	256	102	29
		100.0	66.1	26.4	7.5
	未婚、離婚、死別	258	163	73	22
		100.0	63.2	28.3	8.5
居住地(問64)	23区・政令市	186	125	51	10
		100.0	67.2	27.4	5.4
	市(人口10万人以上)	309	197	82	30
		100.0	63.8	26.5	9.7
	市(人口10万人未満)	100	64	28	8
		100.0	64.0	28.0	8.0
	町村	50	33	14	3
		100.0	66.0	28.0	6.0
専業・兼業(SC7)	専業	322	212	93	17
		100.0	65.8	28.9	5.3
	兼業	323	207	82	34
		100.0	64.1	25.4	10.5
	うち独立自営業が本業	107	69	28	10
		100.0	64.5	26.2	9.3
	うち独立自営業が副業	216	138	54	24
		100.0	63.9	25.0	11.1
主な仕事(問1-1)	事務関連	150	86	53	11
		100.0	57.3	35.3	7.3
	デザイン・映像製作関連	67	42	15	10
		100.0	62.7	22.4	14.9
	IT関連	57	27	24	6
		100.0	47.4	42.1	10.5
	専門関連業務(医療、技術、講師、芸能、演奏など)	205	149	44	12
		100.0	72.7	21.5	5.9
	生活関連サービス、理容・美容	48	31	12	5
		100.0	64.6	25.0	10.4
	現場作業関連(運輸、製造、修理、清掃など)	118	84	27	7
		100.0	71.2	22.9	5.9
独立自営業の経験年数(問30)	2年未満	172	111	49	12
		100.0	64.5	28.5	7.0
	2年以上15年未満	355	218	103	34
		100.0	61.4	29.0	9.6
	15年以上	118	90	23	5
		100.0	76.3	19.5	4.2
1週の平均作業時間(問3附問2)	10時間未満	140	87	38	15
		100.0	62.1	27.1	10.7
	10時間以上40時間未満	258	173	69	16
		100.0	67.1	26.7	6.2
	40時間以上	247	159	68	20
		100.0	64.4	27.5	8.1
独立自営業者の報酬総額(問2附問4)	200万円未満	365	231	99	35
		100.0	63.3	27.1	9.6
	200万円以上400万円未満	121	89	25	7
		100.0	73.6	20.7	5.8
	400万円以上600万円未満	71	50	18	3
		100.0	70.4	25.4	4.2
	600万円以上	88	49	33	6
		100.0	55.7	37.5	6.8

【Q25-1で4を選択した回答者を対象】4.作業途中で一方的に契約を打ち切られた SA

		n	全て解決した	未解決のものもある	全く解決していない
全体		323	173	86	64
		100.0	53.6	26.6	19.8
性別(SC2)	男性	202	111	58	33
		100.0	55.0	28.7	16.3
	女性	121	62	28	31
		100.0	51.2	23.1	25.6
年齢(SC1)	15歳~29歳	44	18	14	12
		100.0	40.9	31.8	27.3
	30歳~39歳	88	43	29	16
		100.0	48.9	33.0	18.2
	40歳~49歳	76	39	16	21
		100.0	51.3	21.1	27.6
	50歳~59歳	73	43	17	13
		100.0	58.9	23.3	17.8
	60歳以上	42	30	10	2
		100.0	71.4	23.8	4.8
学歴(問52)	中学校・高校	58	27	12	19
		100.0	46.6	20.7	32.8
	各種専門学校	29	13	9	7
		100.0	44.8	31.0	24.1
	高等専門学校・短大	28	15	9	4
		100.0	53.6	32.1	14.3
	大学・大学院	205	116	55	34
		100.0	56.6	26.8	16.6
	その他	1	1	0	0
		100.0	100.0	0.0	0.0
既・未婚(問54)	既婚	185	107	44	34
		100.0	57.8	23.8	18.4
	未婚、離婚、死別	138	66	42	30
		100.0	47.8	30.4	21.7
居住地(問64)	23区・政令市	100	58	29	13
		100.0	58.0	29.0	13.0
	市(人口10万人以上)	138	72	40	26
		100.0	52.2	29.0	18.8
	市(人口10万人未満)	62	31	11	20
		100.0	50.0	17.7	32.3
	町村	23	12	6	5
		100.0	52.2	26.1	21.7
専業・兼業(SC7)	専業	140	77	40	23
		100.0	55.0	28.6	16.4
	兼業	183	96	46	41
		100.0	52.5	25.1	22.4
	うち独立自営業が本業	69	38	18	13
		100.0	55.1	26.1	18.8
	うち独立自営業が副業	114	58	28	28
		100.0	50.9	24.6	24.6
主な仕事(問1-1)	事務関連	93	43	25	25
		100.0	46.2	26.9	26.9
	デザイン・映像製作関連	35	16	10	9
		100.0	45.7	28.6	25.7
	IT関連	39	20	11	8
		100.0	51.3	28.2	20.5
	専門関連業務(医療、技術、講師、芸能、演奏など)	111	71	28	12
		100.0	64.0	25.2	10.8
	生活関連サービス、理容・美容	17	9	3	5
		100.0	52.9	17.6	29.4
	現場作業関連(運輸、製造、修理、清掃など)	28	14	9	5
		100.0	50.0	32.1	17.9
独立自営業の経験年数(問30)	2年未満	96	51	18	27
		100.0	53.1	18.8	28.1
	2年以上15年未満	180	83	64	33
		100.0	46.1	35.6	18.3
	15年以上	47	39	4	4
		100.0	83.0	8.5	8.5
1週の平均作業時間(問3附問2)	10時間未満	86	48	19	19
		100.0	55.8	22.1	22.1
	10時間以上40時間未満	123	70	29	24
		100.0	56.9	23.6	19.5
	40時間以上	114	55	38	21
		100.0	48.2	33.3	18.4
独立自営業者の報酬総額(問2附問4)	200万円未満	198	100	53	45
		100.0	50.5	26.8	22.7
	200万円以上400万円未満	47	30	7	10
		100.0	63.8	14.9	21.3
	400万円以上600万円未満	39	26	8	5
		100.0	66.7	20.5	12.8
	600万円以上	39	17	18	4
		100.0	43.6	46.2	10.3

Q25-2.前問で経験のあったトラブルは解決しましたか。（矢印方向にそれぞれひとつだけ）

【Q25-1で5を選択した回答者を対象】5.成果物、サービスの受け取りを拒否された
SA

		n	全て解決した	未解決のものもある	全く解決していない
全体		145 100.0	65 44.8	51 35.2	29 20.0
性別(SC2)	男性	95 100.0	41 43.2	38 40.0	16 16.8
	女性	50 100.0	24 48.0	13 26.0	13 26.0
年齢(SC1)	15歳～29歳	23 100.0	9 39.1	9 39.1	5 21.7
	30歳～39歳	43 100.0	21 48.8	11 25.6	11 25.6
	40歳～49歳	55 100.0	26 47.3	23 41.8	6 10.9
	50歳～59歳	18 100.0	7 38.9	6 33.3	5 27.8
	60歳以上	6 100.0	2 33.3	2 33.3	2 33.3
学歴(問52)	中学校・高校	24 100.0	15 62.5	6 25.0	3 12.5
	各種専門学校	11 100.0	5 45.5	4 36.4	2 18.2
	高等専門学校・短大	25 100.0	9 36.0	8 32.0	8 32.0
	大学・大学院	85 100.0	36 42.4	33 38.8	16 18.8
	その他	0 0.0	0 0.0	0 0.0	0 0.0
既・未婚(問54)	既婚	78 100.0	43 55.1	24 30.8	11 14.1
	未婚、離婚、死別	67 100.0	22 32.8	27 40.3	18 26.9
居住地(問64)	23区・政令市	48 100.0	23 47.9	18 37.5	7 14.6
	市（人口10万人以上）	61 100.0	28 45.9	21 34.4	12 19.7
	市（人口10万人未満）	28 100.0	10 35.7	9 32.1	9 32.1
	町村	8 100.0	4 50.0	3 37.5	1 12.5
専業・兼業(SC7)	専業	67 100.0	34 50.7	25 37.3	8 11.9
	兼業	78 100.0	31 39.7	26 33.3	21 26.9
	うち独立自営業が本業	18 100.0	6 33.3	4 22.2	8 44.4
	うち独立自営業が副業	60 100.0	25 41.7	22 36.7	13 21.7
主な仕事(問1-1)	事務関連	54 100.0	25 46.3	18 33.3	11 20.4
	デザイン・映像製作関連	10 100.0	5 50.0	4 40.0	1 10.0
	IT関連	18 100.0	6 33.3	8 44.4	4 22.2
	専門関連業務（医療、技術、講師、芸能、演奏など）	43 100.0	17 39.5	17 39.5	9 20.9
	生活関連サービス、理容・美容	8 100.0	4 50.0	3 37.5	1 12.5
	現場作業関連（運輸、製造、修理、清掃など）	12 100.0	8 66.7	1 8.3	3 25.0
独立自営業の経験年数(問30)	2年未満	58 100.0	28 48.3	18 31.0	12 20.7
	2年以上15年未満	83 100.0	36 43.4	31 37.3	16 19.3
	15年以上	4 100.0	1 25.0	2 50.0	1 25.0
1週の平均作業時間(問3附問2)	10時間未満	33 100.0	15 45.5	9 27.3	9 27.3
	10時間以上40時間未満	58 100.0	27 46.6	18 31.0	13 22.4
	40時間以上	54 100.0	23 42.6	24 44.4	7 13.0
独立自営業者の報酬総額(問2附問4)	200万円未満	91 100.0	37 40.7	33 36.3	21 23.1
	200万円以上400万円未満	21 100.0	11 52.4	6 28.6	4 19.0
	400万円以上600万円未満	17 100.0	9 52.9	4 23.5	4 23.5
	600万円以上	16 100.0	8 50.0	8 50.0	0 0.0

【Q25-1で6を選択した回答者を対象】6.報酬が支払われなかった・一方的に減額された
SA

		n	全て解決した	未解決のものもある	全く解決していない
全体		390 100.0	136 34.9	141 36.2	113 29.0
性別(SC2)	男性	244 100.0	85 34.8	88 36.1	71 29.1
	女性	146 100.0	51 34.9	53 36.3	42 28.8
年齢(SC1)	15歳～29歳	43 100.0	11 25.6	19 44.2	13 30.2
	30歳～39歳	100 100.0	34 34.0	36 36.0	30 30.0
	40歳～49歳	115 100.0	40 34.8	42 36.5	33 28.7
	50歳～59歳	81 100.0	25 30.9	27 33.3	29 35.8
	60歳以上	51 100.0	26 51.0	17 33.3	8 15.7
学歴(問52)	中学校・高校	72 100.0	26 36.1	25 34.7	21 29.2
	各種専門学校	38 100.0	12 31.6	17 44.7	9 23.7
	高等専門学校・短大	50 100.0	18 36.0	24 48.0	8 16.0
	大学・大学院	230 100.0	80 34.8	75 32.6	75 32.6
	その他	0 0.0	0 0.0	0 0.0	0 0.0
既・未婚(問54)	既婚	199 100.0	73 36.7	73 36.7	53 26.6
	未婚、離婚、死別	191 100.0	63 33.0	68 35.6	60 31.4
居住地(問64)	23区・政令市	133 100.0	50 37.6	45 33.8	38 28.6
	市（人口10万人以上）	169 100.0	52 30.8	70 41.4	47 27.8
	市（人口10万人未満）	64 100.0	25 39.1	23 35.9	16 25.0
	町村	24 100.0	9 37.5	3 12.5	12 50.0
専業・兼業(SC7)	専業	189 100.0	69 36.5	71 37.6	49 25.9
	兼業	201 100.0	67 33.3	70 34.8	64 31.8
	うち独立自営業が本業	75 100.0	26 34.7	30 40.0	19 25.3
	うち独立自営業が副業	126 100.0	41 32.5	40 31.7	45 35.7
主な仕事(問1-1)	事務関連	85 100.0	29 34.1	34 40.0	22 25.9
	デザイン・映像製作関連	53 100.0	18 34.0	22 41.5	13 24.5
	IT関連	36 100.0	9 25.0	11 30.6	16 44.4
	専門関連業務（医療、技術、講師、芸能、演奏など）	149 100.0	54 36.2	51 34.2	44 29.5
	生活関連サービス、理容・美容	26 100.0	11 42.3	8 30.8	7 26.9
	現場作業関連（運輸、製造、修理、清掃など）	41 100.0	15 36.6	15 36.6	11 26.8
独立自営業の経験年数(問30)	2年未満	97 100.0	31 32.0	34 35.1	32 33.0
	2年以上15年未満	218 100.0	82 37.6	80 36.7	56 25.7
	15年以上	75 100.0	23 30.7	27 36.0	25 33.3
1週の平均作業時間(問3附問2)	10時間未満	100 100.0	38 38.0	28 28.0	34 34.0
	10時間以上40時間未満	138 100.0	53<>38.4	47 34.1	38 27.5
	40時間以上	152 100.0	45 29.6	66 43.4	41 27.0
独立自営業者の報酬総額(問2附問4)	200万円未満	237 100.0	78 32.9	86 36.3	73 30.8
	200万円以上400万円未満	56 100.0	20 35.7	19 33.9	17 30.4
	400万円以上600万円未満	38 100.0	14 36.8	15 39.5	9 23.7
	600万円以上	59 100.0	24 40.7	21 35.6	14 23.7

Q25-2.前問で経験のあったトラブルは解決しましたか。(矢印方向にそれぞれひとつだけ)
【Q25-1で7を選択した回答者を対象】7.報酬の支払いが遅れた・期日に支払われなかった
SA

		n	全て解決した	未解決のものもある	全く解決していない
全体		595	419	144	32
		100.0	70.4	24.2	5.4
性別(SC2)	男性	389	260	105	24
		100.0	66.8	27.0	6.2
	女性	206	159	39	8
		100.0	77.2	18.9	3.9
年齢(SC1)	15歳～29歳	48	32	15	1
		100.0	66.7	31.3	2.1
	30歳～39歳	136	101	28	7
		100.0	74.3	20.6	5.1
	40歳～49歳	170	125	36	9
		100.0	73.5	21.2	5.3
	50歳～59歳	136	93	36	7
		100.0	68.4	26.5	5.1
	60歳以上	105	68	29	8
		100.0	64.8	27.6	7.6
学歴(問52)	中学校・高校	116	92	16	8
		100.0	79.3	13.8	6.9
	各種専門学校	47	30	15	2
		100.0	63.8	31.9	4.3
	高等専門学校・短大	72	52	19	1
		100.0	72.2	26.4	1.4
	大学・大学院	358	243	94	21
		100.0	67.9	26.3	5.9
	その他	0	0	0	0
		0.0	0.0	0.0	0.0
既・未婚(問54)	既婚	329	243	70	16
		100.0	73.9	21.3	4.9
	未婚、離婚、死別	266	176	74	16
		100.0	66.2	27.8	6.0
居住地(問64)	23区・政令市	225	159	54	12
		100.0	70.7	24.0	5.3
	市(人口10万人以上)	236	158	68	10
		100.0	66.9	28.8	4.2
	市(人口10万人未満)	96	75	15	6
		100.0	78.1	15.6	6.3
	町村	38	27	7	4
		100.0	71.1	18.4	10.5
専業・兼業(SC7)	専業	291	206	72	13
		100.0	70.8	24.7	4.5
	兼業	304	213	72	19
		100.0	70.1	23.7	6.3
	うち独立自営業が本業	117	78	33	6
		100.0	66.7	28.2	5.1
	うち独立自営業が副業	187	135	39	13
		100.0	72.2	20.9	7.0
主な仕事(問1-1)	事務関連	124	95	25	4
		100.0	76.6	20.2	3.2
	デザイン・映像製作関連	64	36	23	5
		100.0	56.3	35.9	7.8
	IT関連	35	22	13	0
		100.0	62.9	37.1	0.0
	専門関連業務(医療、技術、講師、芸能、演奏など)	258	179	63	16
		100.0	69.4	24.4	6.2
	生活関連サービス、理容・美容	38	29	6	3
		100.0	76.3	15.8	7.9
	現場作業関連(運輸、製造、修理、清掃など)	76	58	14	4
		100.0	76.3	18.4	5.3
独立自営業の経験年数(問30)	2年未満	129	100	23	6
		100.0	77.5	17.8	4.7
	2年以上15年未満	329	224	87	18
		100.0	68.1	26.4	5.5
	15年以上	137	95	34	8
		100.0	69.3	24.8	5.8
1週の平均作業時間(問3附問2)	10時間未満	138	108	22	8
		100.0	78.3	15.9	5.8
	10時間以上40時間未満	238	169	59	10
		100.0	71.0	24.8	4.2
	40時間以上	219	142	63	14
		100.0	64.8	28.8	6.4
独立自営業者の報酬総額(問2附問4)	200万円未満	336	261	62	13
		100.0	77.7	18.5	3.9
	200万円以上400万円未満	103	62	32	9
		100.0	60.2	31.1	8.7
	400万円以上600万円未満	63	41	19	3
		100.0	65.1	30.2	4.8
	600万円以上	93	55	31	7
		100.0	59.1	33.3	7.5

【Q25-1で8を選択した回答者を対象】8.予定外の経費負担を求められた
SA

		n	全て解決した	未解決のものもある	全く解決していない
全体		472	283	131	58
		100.0	60.0	27.8	12.3
性別(SC2)	男性	329	198	88	43
		100.0	60.2	26.7	13.1
	女性	143	85	43	15
		100.0	59.4	30.1	10.5
年齢(SC1)	15歳～29歳	35	18	11	6
		100.0	51.4	31.4	17.1
	30歳～39歳	99	61	27	11
		100.0	61.6	27.3	11.1
	40歳～49歳	137	72	48	17
		100.0	52.6	35.0	12.4
	50歳～59歳	119	80	23	16
		100.0	67.2	19.3	13.4
	60歳以上	82	52	22	8
		100.0	63.4	26.8	9.8
学歴(問52)	中学校・高校	97	55	26	16
		100.0	56.7	26.8	16.5
	各種専門学校	49	31	14	4
		100.0	63.3	28.6	8.2
	高等専門学校・短大	62	38	20	4
		100.0	61.3	32.3	6.5
	大学・大学院	263	159	71	33
		100.0	60.5	27.0	12.5
	その他	0	0	0	0
		0.0	0.0	0.0	0.0
既・未婚(問54)	既婚	275	163	76	36
		100.0	59.3	27.6	13.1
	未婚、離婚、死別	197	120	55	22
		100.0	60.9	27.9	11.2
居住地(問64)	23区・政令市	138	91	36	11
		100.0	65.9	26.1	8.0
	市(人口10万人以上)	210	118	62	30
		100.0	56.2	29.5	14.3
	市(人口10万人未満)	82	48	21	13
		100.0	58.5	25.6	15.9
	町村	42	26	12	4
		100.0	61.9	28.6	9.5
専業・兼業(SC7)	専業	223	133	60	30
		100.0	59.6	26.9	13.5
	兼業	249	150	71	28
		100.0	60.2	28.5	11.2
	うち独立自営業が本業	82	47	24	11
		100.0	57.3	29.3	13.4
	うち独立自営業が副業	167	103	47	17
		100.0	61.7	28.1	10.2
主な仕事(問1-1)	事務関連	78	39	32	7
		100.0	50.0	41.0	9.0
	デザイン・映像製作関連	28	16	6	6
		100.0	57.1	21.4	21.4
	IT関連	23	14	5	4
		100.0	60.9	21.7	17.4
	専門関連業務(医療、技術、講師、芸能、演奏など)	177	112	46	19
		100.0	63.3	26.0	10.7
	生活関連サービス、理容・美容	62	42	15	5
		100.0	67.7	24.2	8.1
	現場作業関連(運輸、製造、修理、清掃など)	104	60	27	17
		100.0	57.7	26.0	16.3
独立自営業の経験年数(問30)	2年未満	124	78	38	8
		100.0	62.9	30.6	6.5
	2年以上15年未満	257	154	70	33
		100.0	59.9	27.2	12.8
	15年以上	91	51	23	17
		100.0	56.0	25.3	18.7
1週の平均作業時間(問3附問2)	10時間未満	124	83	30	11
		100.0	66.9	24.2	8.9
	10時間以上40時間未満	176	106	48	22
		100.0	60.2	27.3	12.5
	40時間以上	172	94	53	25
		100.0	54.7	30.8	14.5
独立自営業者の報酬総額(問2附問4)	200万円未満	267	159	75	33
		100.0	59.6	28.1	12.4
	200万円以上400万円未満	96	62	24	10
		100.0	64.6	25.0	10.4
	400万円以上600万円未満	48	32	12	4
		100.0	66.7	25.0	8.3
	600万円以上	61	30	20	11
		100.0	49.2	32.8	18.0

Q25-2.前問で経験のあったトラブルは解決しましたか。(矢印方向にそれぞれひとつだけ)

【Q25-1で9を選択した回答者を対象】9.自分の案が無断で使われた

SA

		n	全て解決した	未解決のものもある	全く解決していない
全体		257	99	87	71
		100.0	38.5	33.9	27.6
性別(SC2)	男性	170	68	58	44
		100.0	40.0	34.1	25.9
	女性	87	31	29	27
		100.0	35.6	33.3	31.0
年齢(SC1)	15歳～29歳	20	11	5	4
		100.0	55.0	25.0	20.0
	30歳～39歳	64	19	26	19
		100.0	29.7	40.6	29.7
	40歳～49歳	70	23	27	20
		100.0	32.9	38.6	28.6
	50歳～59歳	60	24	17	19
		100.0	40.0	28.3	31.7
	60歳以上	43	22	12	9
		100.0	51.2	27.9	20.9
学歴(問52)	中学校・高校	42	21	13	8
		100.0	50.0	31.0	19.0
	各種専門学校	28	7	11	10
		100.0	25.0	39.3	35.7
	高等専門学校・短大	43	18	16	9
		100.0	41.9	37.2	20.9
	大学・大学院	143	53	46	44
		100.0	37.1	32.2	30.8
	その他	0	0	0	0
		0.0	0.0	0.0	0.0
既・未婚(問54)	既婚	151	61	47	43
		100.0	40.4	31.1	28.5
	未婚、離婚、死別	106	38	40	28
		100.0	35.8	37.7	26.4
居住地(問64)	23区・政令市	72	33	22	17
		100.0	45.8	30.6	23.6
	市(人口10万人以上)	114	44	38	32
		100.0	38.6	33.3	28.1
	市(人口10万人未満)	54	17	19	18
		100.0	31.5	35.2	33.3
	町村	17	5	8	4
		100.0	29.4	47.1	23.5
専業・兼業(SC7)	専業	118	46	35	37
		100.0	39.0	29.7	31.4
	兼業	139	53	52	34
		100.0	38.1	37.4	24.5
	うち独立自営業が本業	48	18	21	9
		100.0	37.5	43.8	18.8
	うち独立自営業が副業	91	35	31	25
		100.0	38.5	34.1	27.5
主な仕事(問1-1)	事務関連	35	15	14	6
		100.0	42.9	40.0	17.1
	デザイン・映像製作関連	40	16	12	12
		100.0	40.0	30.0	30.0
	IT関連	19	8	4	7
		100.0	42.1	21.1	36.8
	専門関連業務(医療、技術、講師、芸能、演奏など)	109	43	35	31
		100.0	39.4	32.1	28.4
	生活関連サービス、理容・美容	21	5	9	7
		100.0	23.8	42.9	33.3
	現場作業関連(運輸、製造、修理、清掃など)	33	12	13	8
		100.0	36.4	39.4	24.2
独立自営業の経験年数(問30)	2年未満	80	36	22	22
		100.0	45.0	27.5	27.5
	2年以上15年未満	136	48	55	33
		100.0	35.3	40.4	24.3
	15年以上	41	15	10	16
		100.0	36.6	24.4	39.0
1週の平均作業時間(問3附問2)	10時間未満	72	20	22	30
		100.0	27.8	30.6	41.7
	10時間以上40時間未満	97	43	32	22
		100.0	44.3	33.0	22.7
	40時間以上	88	36	33	19
		100.0	40.9	37.5	21.6
独立自営業者の報酬総額(問2附問4)	200万円未満	154	60	55	39
		100.0	39.0	35.7	25.3
	200万円以上400万円未満	37	12	11	14
		100.0	32.4	29.7	37.8
	400万円以上600万円未満	26	11	6	9
		100.0	42.3	23.1	34.6
	600万円以上	40	16	15	9
		100.0	40.0	37.5	22.5

【Q25-1で10を選択した回答者を対象】10.取引相手と連絡がとれなくなった

SA

		n	全て解決した	未解決のものもある	全く解決していない
全体		374	170	98	106
		100.0	45.5	26.2	28.3
性別(SC2)	男性	205	95	53	57
		100.0	46.3	25.9	27.8
	女性	169	75	45	49
		100.0	44.4	26.6	29.0
年齢(SC1)	15歳～29歳	65	23	23	19
		100.0	35.4	35.4	29.2
	30歳～39歳	109	54	29	26
		100.0	49.5	26.6	23.9
	40歳～49歳	106	50	29	27
		100.0	47.2	27.4	25.5
	50歳～59歳	63	28	11	24
		100.0	44.4	17.5	38.1
	60歳以上	31	15	6	10
		100.0	48.4	19.4	32.3
学歴(問52)	中学校・高校	83	38	21	24
		100.0	45.8	25.3	28.9
	各種専門学校	50	22	14	14
		100.0	44.0	28.0	28.0
	高等専門学校・短大	51	24	15	12
		100.0	47.1	29.4	23.5
	大学・大学院	185	83	48	54
		100.0	44.9	25.9	29.2
	その他	0	0	0	0
		0.0	0.0	0.0	0.0
既・未婚(問54)	既婚	209	96	48	65
		100.0	45.9	23.0	31.1
	未婚、離婚、死別	165	74	50	41
		100.0	44.8	30.3	24.8
居住地(問64)	23区・政令市	97	45	22	30
		100.0	46.4	22.7	30.9
	市(人口10万人以上)	175	84	48	43
		100.0	48.0	27.4	24.6
	市(人口10万人未満)	74	32	19	23
		100.0	43.2	25.7	31.1
	町村	28	9	9	10
		100.0	32.1	32.1	35.7
専業・兼業(SC7)	専業	156	69	43	44
		100.0	44.2	27.6	28.2
	兼業	218	101	55	62
		100.0	46.3	25.2	28.4
	うち独立自営業が本業	74	27	22	25
		100.0	36.5	29.7	33.8
	うち独立自営業が副業	144	74	33	37
		100.0	51.4	22.9	25.7
主な仕事(問1-1)	事務関連	86	38	21	27
		100.0	44.2	24.4	31.4
	デザイン・映像製作関連	32	14	5	13
		100.0	43.8	15.6	40.6
	IT関連	19	9	3	7
		100.0	47.4	15.8	36.8
	専門関連業務(医療、技術、講師、芸能、演奏など)	125	57	38	30
		100.0	45.6	30.4	24.0
	生活関連サービス、理容・美容	61	28	19	14
		100.0	45.9	31.1	23.0
	現場作業関連(運輸、製造、修理、清掃など)	51	24	12	15
		100.0	47.1	23.5	29.4
独立自営業の経験年数(問30)	2年未満	155	71	38	46
		100.0	45.8	24.5	29.7
	2年以上15年未満	171	75	49	47
		100.0	43.9	28.7	27.5
	15年以上	48	24	11	13
		100.0	50.0	22.9	27.1
1週の平均作業時間(問3附問2)	10時間未満	122	58	31	33
		100.0	47.5	25.4	27.0
	10時間以上40時間未満	138	67	28	43
		100.0	48.6	20.3	31.2
	40時間以上	114	45	39	30
		100.0	39.5	34.2	26.3
独立自営業者の報酬総額(問2附問4)	200万円未満	258	121	65	72
		100.0	46.9	25.2	27.9
	200万円以上400万円未満	50	19	15	16
		100.0	38.0	30.0	32.0
	400万円以上600万円未満	34	16	9	9
		100.0	47.1	26.5	26.5
	600万円以上	32	14	9	9
		100.0	43.8	28.1	28.1

Q25-2.前問で経験のあったトラブルは解決しましたか。(矢印方向にそれぞれひとつだけ)
【Q25-1で11を選択した回答者を対象】11.セクハラ・パワハラ等の嫌がらせを受けた
SA

		n	全て解決した	未解決のものもある	全く解決していない
全体		174	42	56	76
		100.0	24.1	32.2	43.7
性別(SC2)	男性	90	16	30	44
		100.0	17.8	33.3	48.9
	女性	84	26	26	32
		100.0	31.0	31.0	38.1
年齢(SC1)	15歳～29歳	22	2	7	13
		100.0	9.1	31.8	59.1
	30歳～39歳	50	11	17	22
		100.0	22.0	34.0	44.0
	40歳～49歳	54	15	16	23
		100.0	27.8	29.6	42.6
	50歳～59歳	34	7	15	12
		100.0	20.6	44.1	35.3
	60歳以上	14	7	1	6
		100.0	50.0	7.1	42.9
学歴(問52)	中学校・高校	53	13	17	23
		100.0	24.5	32.1	43.4
	各種専門学校	29	4	12	13
		100.0	13.8	41.4	44.8
	高等専門学校・短大	22	7	5	10
		100.0	31.8	22.7	45.5
	大学・大学院	69	17	22	30
		100.0	24.6	31.9	43.5
	その他	0	0	0	0
		0.0	0.0	0.0	0.0
既・未婚(問54)	既婚	77	16	22	39
		100.0	20.8	28.6	50.6
	未婚、離婚、死別	97	26	34	37
		100.0	26.8	35.1	38.1
居住地(問64)	23区・政令市	55	14	14	27
		100.0	25.5	25.5	49.1
	市(人口10万人以上)	69	19	28	22
		100.0	27.5	40.6	31.9
	市(人口10万人未満)	26	5	7	14
		100.0	19.2	26.9	53.8
	町村	24	4	7	13
		100.0	16.7	29.2	54.2
専業・兼業(SC7)	専業	99	23	30	46
		100.0	23.2	30.3	46.5
	兼業	75	19	26	30
		100.0	25.3	34.7	40.0
	うち独立自営業が本業	26	9	7	10
		100.0	34.6	26.9	38.5
	うち独立自営業が副業	49	10	19	20
		100.0	20.4	38.8	40.8
主な仕事(問1-1)	事務関連	24	6	5	13
		100.0	25.0	20.8	54.2
	デザイン・映像製作関連	8	1	4	3
		100.0	12.5	50.0	37.5
	IT関連	14	0	6	8
		100.0	0.0	42.9	57.1
	専門関連業務(医療、技術、講師、芸能、演奏など)	49	14	14	21
		100.0	28.6	28.6	42.9
	生活関連サービス、理容・美容	38	13	12	13
		100.0	34.2	31.6	34.2
	現場作業関連(運輸、製造、修理、清掃など)	41	8	15	18
		100.0	19.5	36.6	43.9
独立自営業の経験年数(問30)	2年未満	69	18	19	32
		100.0	26.1	27.5	46.4
	2年以上15年未満	75	16	31	28
		100.0	21.3	41.3	37.3
	15年以上	30	8	6	16
		100.0	26.7	20.0	53.3
1週の平均作業時間(問3附問2)	10時間未満	51	13	14	24
		100.0	25.5	27.5	47.1
	10時間以上40時間未満	66	17	22	27
		100.0	25.8	33.3	40.9
	40時間以上	57	12	20	25
		100.0	21.1	35.1	43.9
独立自営業者の報酬総額(問2附問4)	200万円未満	98	21	35	42
		100.0	21.4	35.7	42.9
	200万円以上400万円未満	34	12	12	10
		100.0	35.3	35.3	29.4
	400万円以上600万円未満	18	6	3	9
		100.0	33.3	16.7	50.0
	600万円以上	24	3	6	15
		100.0	12.5	25.0	62.5

【Q25-1で12を選択した回答者を対象】12.その他(FA)
SA

		n	全て解決した	未解決のものもある	全く解決していない
全体		95	50	23	22
		100.0	52.6	24.2	23.2
性別(SC2)	男性	60	34	16	10
		100.0	56.7	26.7	16.7
	女性	35	16	7	12
		100.0	45.7	20.0	34.3
年齢(SC1)	15歳～29歳	4	4	0	0
		100.0	100.0	0.0	0.0
	30歳～39歳	16	10	2	4
		100.0	62.5	12.5	25.0
	40歳～49歳	30	11	12	7
		100.0	36.7	40.0	23.3
	50歳～59歳	26	12	7	7
		100.0	46.2	26.9	26.9
	60歳以上	19	13	2	4
		100.0	68.4	10.5	21.1
学歴(問52)	中学校・高校	26	15	5	6
		100.0	57.7	19.2	23.1
	各種専門学校	11	4	5	2
		100.0	36.4	45.5	18.2
	高等専門学校・短大	8	3	2	3
		100.0	37.5	25.0	37.5
	大学・大学院	50	28	11	11
		100.0	56.0	22.0	22.0
	その他	0	0	0	0
		0.0	0.0	0.0	0.0
既・未婚(問54)	既婚	53	28	10	15
		100.0	52.8	18.9	28.3
	未婚、離婚、死別	42	22	13	7
		100.0	52.4	31.0	16.7
居住地(問64)	23区・政令市	32	18	8	6
		100.0	56.3	25.0	18.8
	市(人口10万人以上)	37	18	11	8
		100.0	48.6	29.7	21.6
	市(人口10万人未満)	24	13	4	7
		100.0	54.2	16.7	29.2
	町村	2	1	0	1
		100.0	50.0	0.0	50.0
専業・兼業(SC7)	専業	47	24	11	12
		100.0	51.1	23.4	25.5
	兼業	48	26	12	10
		100.0	54.2	25.0	20.8
	うち独立自営業が本業	12	5	4	3
		100.0	41.7	33.3	25.0
	うち独立自営業が副業	36	21	8	7
		100.0	58.3	22.2	19.4
主な仕事(問1-1)	事務関連	13	7	1	5
		100.0	53.8	7.7	38.5
	デザイン・映像製作関連	10	3	6	1
		100.0	30.0	60.0	10.0
	IT関連	9	5	2	2
		100.0	55.6	22.2	22.2
	専門関連業務(医療、技術、講師、芸能、演奏など)	37	19	9	9
		100.0	51.4	24.3	24.3
	生活関連サービス、理容・美容	11	6	2	3
		100.0	54.5	18.2	27.3
	現場作業関連(運輸、製造、修理、清掃など)	15	10	3	2
		100.0	66.7	20.0	13.3
独立自営業の経験年数(問30)	2年未満	24	13	3	8
		100.0	54.2	12.5	33.3
	2年以上15年未満	48	26	13	9
		100.0	54.2	27.1	18.8
	15年以上	23	11	7	5
		100.0	47.8	30.4	21.7
1週の平均作業時間(問3附問2)	10時間未満	27	10	6	11
		100.0	37.0	22.2	40.7
	10時間以上40時間未満	38	25	8	5
		100.0	65.8	21.1	13.2
	40時間以上	30	15	9	6
		100.0	50.0	30.0	20.0
独立自営業者の報酬総額(問2附問4)	200万円未満	59	27	16	16
		100.0	45.8	27.1	27.1
	200万円以上400万円未満	16	9	4	3
		100.0	56.3	25.0	18.8
	400万円以上600万円未満	9	6	2	1
		100.0	66.7	22.2	11.1
	600万円以上	11	8	1	2
		100.0	72.7	9.1	18.2

Q25-3.経験のあったトラブルで、もっともよくあったトラブルをお答えください。
【Q25-1で1～13とした回答者を対象】
SA

		n	作業内容・範囲についてもめた	仕様を一方的に変更された	一方的に作業期間・納品日を変更された	作業途中で一方的に契約を打ち切られた	成果物・サービスの受け取りを拒否された	一方的に報酬が減額された	報酬が支払われなかった・期日に支払われなかった	報酬の支払いが遅れた・期日に	予定外の経費負担を求められた	自分の案が無断で使われた	取引相手と連絡がとれなくなった	セクハラ・パワハラ等の嫌がらせを受けた	その他（FA）	無回答
全体		4117	1036	556	470	201	89	251	443	362	164	296	137	91	21
		100.0	25.2	13.5	11.4	4.9	2.2	6.1	10.8	8.8	4.0	7.2	3.3	2.2	0.5
性別(SC2)	男性	2701	728	387	310	129	54	148	284	252	107	163	70	58	11
		100.0	27.0	14.3	11.5	4.8	2.0	5.5	10.5	9.3	4.0	6.0	2.6	2.1	0.4
	女性	1416	308	169	160	72	35	103	159	110	57	133	67	33	10
		100.0	21.8	11.9	11.3	5.1	2.5	7.3	11.2	7.8	4.0	9.4	4.7	2.3	0.7
年齢(SC1)	15歳～29歳	338	65	44	24	24	14	26	29	24	13	53	19	3	0
		100.0	19.2	13.0	7.1	7.1	4.1	7.7	8.6	7.1	3.8	15.7	5.6	0.9	0.0
	30歳～39歳	969	232	139	107	54	25	61	95	70	45	85	38	16	2
		100.0	23.9	14.3	11.0	5.6	2.6	6.3	9.8	7.2	4.6	8.8	3.9	1.7	0.2
	40歳～49歳	1239	334	156	151	45	33	83	123	112	37	84	44	29	8
		100.0	27.0	12.6	12.2	3.6	2.7	6.7	9.9	9.0	3.0	6.8	3.6	2.3	0.6
	50歳～59歳	949	251	131	115	45	13	48	112	87	38	50	27	25	7
		100.0	26.4	13.8	12.1	4.7	1.4	5.1	11.8	9.2	4.0	5.3	2.8	2.6	0.7
	60歳以上	622	154	86	73	33	4	33	84	69	31	24	9	18	4
		100.0	24.8	13.8	11.7	5.3	0.6	5.3	13.5	11.1	5.0	3.9	1.4	2.9	0.6
学歴(問52)	中学校・高校	894	251	113	100	34	17	46	91	70	32	68	41	25	6
		100.0	28.1	12.6	11.2	3.8	1.9	5.1	10.2	7.8	3.6	7.6	4.6	2.8	0.7
	各種専門学校	425	112	48	57	16	7	24	34	39	18	36	22	11	1
		100.0	26.4	11.3	13.4	3.8	1.6	5.6	8.0	9.2	4.2	8.5	5.2	2.6	0.2
	高等専門学校・短大	537	123	78	66	17	16	36	53	54	24	41	18	8	3
		100.0	22.9	14.5	12.3	3.2	3.0	6.7	9.9	10.1	4.5	7.6	3.4	1.5	0.6
	大学・大学院	2241	546	313	246	132	49	145	264	198	89	146	55	47	11
		100.0	24.4	14.0	11.0	5.9	2.2	6.5	11.8	8.8	4.0	6.5	2.5	2.1	0.5
	その他	3	0	2	0	1	0	0	0	0	0	0	0	0	0
		100.0	0.0	66.7	0.0	33.3	0.0	0.0	0.0	0.0	0.0	0.0	0.0	0.0	0.0
既婚・未婚(問54)	既婚	2439	642	357	295	115	49	128	252	211	97	169	61	50	13
		100.0	26.3	14.6	12.1	4.7	2.0	5.2	10.3	8.7	4.0	6.9	2.5	2.1	0.5
	未婚、離婚、死別	1678	394	199	175	86	40	123	191	151	67	127	76	41	8
		100.0	23.5	11.9	10.4	5.1	2.4	7.3	11.4	9.0	4.0	7.6	4.5	2.4	0.5
居住地(問64)	23区・政令市	1289	331	162	143	59	25	81	170	111	46	72	45	32	12
		100.0	25.7	12.6	11.1	4.6	1.9	6.3	13.2	8.6	3.6	5.6	3.5	2.5	0.9
	市(人口10万人以上)	1765	431	249	221	85	38	110	173	155	71	143	50	36	3
		100.0	24.4	14.1	12.5	4.8	2.2	6.2	9.8	8.8	4.0	8.1	2.8	2.0	0.2
	市(人口10万人未満)	739	186	103	73	42	20	41	72	65	36	57	20	21	3
		100.0	25.2	13.9	9.9	5.7	2.7	5.5	9.7	8.8	4.9	7.7	2.7	2.8	0.4
	町村	324	88	42	33	15	6	19	28	31	11	24	22	2	3
		100.0	27.2	13.0	10.2	4.6	1.9	5.9	8.6	9.6	3.4	7.4	6.8	0.6	0.9
専業・兼業(SC7)	専業	2003	541	265	232	86	39	110	229	168	77	123	75	46	12
		100.0	27.0	13.2	11.6	4.3	1.9	5.5	11.4	8.4	3.8	6.1	3.7	2.3	0.6
	兼業	2114	495	291	238	115	50	141	214	194	87	173	62	45	9
		100.0	23.4	13.8	11.3	5.4	2.4	6.7	10.1	9.2	4.1	8.2	2.9	2.1	0.4
	うち独立自営業が本業	735	183	110	76	40	11	53	80	61	28	55	21	11	6
		100.0	24.9	15.0	10.3	5.4	1.5	7.2	10.9	8.3	3.8	7.5	2.9	1.5	0.8
	うち独立自営業が副業	1379	312	181	162	75	39	88	134	133	59	118	41	34	3
		100.0	22.6	13.1	11.7	5.4	2.8	6.4	9.7	9.6	4.3	8.6	3.0	2.5	0.2
主な仕事(問1-1)	事務関連	860	203	134	109	64	31	50	89	56	17	70	22	12	3
		100.0	23.6	15.6	12.7	7.4	3.6	5.8	10.3	6.5	2.0	8.1	2.6	1.4	0.3
	デザイン・映像製作関連	372	73	60	46	19	7	31	47	21	26	24	7	10	1
		100.0	19.6	16.1	12.4	5.1	1.9	8.3	12.6	5.6	7.0	6.5	1.9	2.7	0.3
	IT関連	363	107	79	33	23	7	25	23	17	13	16	10	9	1
		100.0	29.5	21.8	9.1	6.3	1.9	6.9	6.3	4.7	3.6	4.4	2.8	2.5	0.3
	専門関連業務(医療、技術、講師、芸能、演奏など)	1462	359	173	155	64	30	103	199	138	67	93	37	34	10
		100.0	24.6	11.8	10.6	4.4	2.1	7.0	13.6	9.4	4.6	6.4	2.5	2.3	0.7
	生活関連サービス、理容・美容	388	100	31	39	10	5	20	29	50	15	48	28	11	2
		100.0	25.8	8.0	10.1	2.6	1.3	5.2	7.5	12.9	3.9	12.4	7.2	2.8	0.5
	現場作業関連(運輸、製造、修理、清掃など)	672	194	79	88	21	9	22	56	80	26	45	33	15	4
		100.0	28.9	11.8	13.1	3.1	1.3	3.3	8.3	11.9	3.9	6.7	4.9	2.2	0.6
独立自営業の経験年数(問30)	2年未満	1326	368	166	135	68	46	66	95	102	64	133	55	23	5
		100.0	27.8	12.5	10.2	5.1	3.5	5.0	7.2	7.7	4.8	10.0	4.1	1.7	0.4
	2年以上15年未満	2046	493	290	240	103	40	134	235	191	74	133	55	45	13
		100.0	24.1	14.2	11.7	5.0	2.0	6.5	11.5	9.3	3.6	6.5	2.7	2.2	0.6
	15年以上	745	175	100	95	30	3	51	113	69	26	30	27	23	3
		100.0	23.5	13.4	12.8	4.0	0.4	6.8	15.2	9.3	3.5	4.0	3.6	3.1	0.4
1週の平均作業時間(問3附問2)	10時間未満	1168	289	135	115	67	26	75	114	112	51	107	46	25	6
		100.0	24.7	11.6	9.8	5.7	2.2	6.4	9.8	9.6	4.4	9.2	3.9	2.1	0.5
	10時間以上40時間未満	1505	337	200	193	72	32	91	177	138	61	108	50	37	9
		100.0	22.4	13.3	12.8	4.8	2.1	6.0	11.8	9.2	4.1	7.2	3.3	2.5	0.6
	40時間以上	1444	410	221	162	62	31	85	152	112	52	81	41	29	6
		100.0	28.4	15.3	11.2	4.3	2.1	5.9	10.5	7.8	3.6	5.6	2.8	2.0	0.4
独立自営業者の報酬総額(問2附問4)	200万円未満	2523	611	329	281	130	60	170	256	212	111	216	77	56	14
		100.0	24.2	13.0	11.1	5.2	2.4	6.7	10.1	8.4	4.4	8.6	3.1	2.2	0.6
	200万円以上400万円未満	649	169	77	86	29	9	30	73	79	18	34	28	16	1
		100.0	26.0	11.9	13.3	4.5	1.4	4.6	11.2	12.2	2.8	5.2	4.3	2.5	0.2
	400万円以上600万円未満	449	129	69	52	23	9	22	46	34	14	24	15	9	3
		100.0	28.7	15.4	11.6	5.1	2.0	4.9	10.2	7.6	3.1	5.3	3.3	2.0	0.7
	600万円以上	496	127	81	51	19	11	29	68	37	21	22	17	10	3
		100.0	25.6	16.3	10.3	3.8	2.2	5.8	13.7	7.5	4.2	4.4	3.4	2.0	0.6

Q26.あなたは独立自営業者のお仕事でトラブルが起こった際、どのように対処しましたか。(いくつでも)
MA

		n	取引相手と直接交渉した	仲介組織(クラウドソーシングの会社や仲介会社など)を通じて交渉した	弁護士など第三者を通じて交渉した	交渉せず、こちらから取引を中止した	その他	特に何もしなかった	無回答
全体		8256	2958 35.8	570 6.9	156 1.9	440 5.3	280 3.4	4123 49.9	2 0.0
性別(SC2)	男性	5190	2058 39.7	346 6.7	110 2.1	275 5.3	160 3.1	2422 46.7	2 0.0
	女性	3066	900 29.4	224 7.3	46 1.5	165 5.4	120 3.9	1701 55.5	0 0.0
年齢(SC1)	15歳〜29歳	547	161 29.4	54 9.9	17 3.1	57 10.4	8 1.5	284 51.9	0 0.0
	30歳〜39歳	1745	595 34.1	172 9.9	48 2.8	107 6.1	38 2.2	858 49.2	0 0.0
	40歳〜49歳	2378	868 36.5	160 6.7	47 2.0	126 5.3	78 3.3	1185 49.8	1 0.0
	50歳〜59歳	2050	749 36.5	113 5.5	32 1.6	89 4.3	81 4.0	1035 50.5	1 0.0
	60歳以上	1536	585 38.1	71 4.6	12 0.8	61 4.0	75 4.9	761 49.5	0 0.0
学歴(問52)	中学校・高校	1733	633 36.5	94 5.4	26 1.5	85 4.9	75 4.3	858 49.5	0 0.0
	各種専門学校	871	321 36.9	64 7.3	12 1.4	41 4.7	27 3.1	436 50.1	0 0.0
	高等専門学校・短大	1121	377 33.6	80 7.1	16 1.4	65 5.8	30 2.7	586 52.3	0 0.0
	大学・大学院	4499	1618 36.0	331 7.4	101 2.2	245 5.4	148 3.3	2226 49.5	2 0.0
	その他	9	1 11.1	0 0.0	0 0.0	1 11.1	0 0.0	7 77.8	0 0.0
既・未婚 (問54)	既婚	5025	1816 36.1	342 6.8	99 2.0	250 5.0	163 3.2	2505 49.9	1 0.0
	未婚、離婚、死別	3231	1142 35.3	228 7.1	57 1.8	190 5.9	117 3.6	1618 50.1	1 0.0
居住地 (問64)	23区・政令市	2617	982 37.5	180 6.9	45 1.7	134 5.1	86 3.3	1293 49.4	1 0.0
	市(人口10万人以上)	3534	1262 35.7	253 7.2	80 2.3	175 5.0	126 3.6	1756 49.7	0 0.0
	市(人口10万人未満)	1511	514 34.0	99 6.6	25 1.7	93 6.2	47 3.1	766 50.7	0 0.0
	町村	594	200 33.7	38 6.4	6 1.0	38 6.4	21 3.5	308 51.9	1 0.2
専業・兼業 (SC7)	専業	4083	1593 39.0	224 5.5	76 1.9	200 4.9	147 3.6	1981 48.5	0 0.0
	兼業	4173	1365 32.7	346 8.3	80 1.9	240 5.8	133 3.2	2142 51.3	2 0.0
	うち独立自営業が本業	1335	501 37.5	103 7.7	37 2.8	85 6.4	39 2.9	627 47.0	2 0.1
	うち独立自営業が副業	2838	864 30.4	243 8.6	43 1.5	155 5.5	94 3.3	1515 53.4	0 0.0
主な仕事 (問1-1)	事務関連	1560	407 26.1	196 12.6	51 3.3	96 6.2	38 2.4	838 53.7	0 0.0
	デザイン・映像製作関連	731	312 42.7	34 4.7	14 1.9	35 4.8	21 2.9	338 46.2	0 0.0
	IT関連	705	278 39.4	67 9.5	11 1.6	35 5.0	19 2.7	331 47.0	0 0.0
	専門関連業務(医療、技術、講師、芸能、演奏など)	3266	1215 37.2	152 4.7	49 1.5	154 4.7	142 4.3	1646 50.4	2 0.1
	生活関連サービス、理容・美容	741	263 35.5	39 5.3	15 2.0	50 6.7	20 2.7	372 50.2	0 0.0
	現場作業関連(運輸、製造、修理、清掃など)	1253	483 38.5	82 6.5	16 1.3	70 5.6	40 3.2	598 47.7	0 0.0
独立自営業の経験年数 (問30)	2年未満	2572	709 27.6	223 8.7	29 1.1	147 5.7	72 2.8	1456 56.6	0 0.0
	2年以上15年未満	3962	1561 39.4	304 7.7	103 2.6	226 5.7	137 3.5	1802 45.5	2 0.1
	15年以上	1722	688 40.0	43 2.5	24 1.4	67 3.9	71 4.1	865 50.2	0 0.0
1週の平均作業時間 (問3附問2)	10時間未満	2688	696 25.9	202 7.5	37 1.4	119 4.4	94 3.5	1599 59.5	0 0.0
	10時間以上40時間未満	3070	1131 36.8	204 6.6	56 1.8	178 5.8	127 4.1	1481 48.2	1 0.0
	40時間以上	2498	1131 45.3	164 6.6	63 2.5	143 5.7	59 2.4	1043 41.8	1 0.0
独立自営業者の報酬総額 (問2附問4)	200万円未満	5289	1630 30.8	371 7.0	61 1.2	284 5.4	185 3.5	2880 54.5	2 0.0
	200万円以上400万円未満	1189	514 43.2	77 6.5	29 2.4	67 5.6	36 3.0	525 44.2	0 0.0
	400万円以上600万円未満	819	366 44.7	48 5.9	23 2.8	43 5.3	26 3.2	341 41.6	0 0.0
	600万円以上	959	448 46.7	74 7.7	43 4.5	46 4.8	33 3.4	377 39.3	0 0.0

Q27-1.あなたは、自分から契約を途中で打ち切ったり、
納品やサービス提供をしなかったりしたことはありましたか。
SA

		n	あった	なかった
全体		8256	873	7383
		100.0	10.6	89.4
性別(SC2)	男性	5190	587	4603
		100.0	11.3	88.7
	女性	3066	286	2780
		100.0	9.3	90.7
年齢(SC1)	15歳～29歳	547	84	463
		100.0	15.4	84.6
	30歳～39歳	1745	219	1526
		100.0	12.6	87.4
	40歳～49歳	2378	235	2143
		100.0	9.9	90.1
	50歳～59歳	2050	201	1849
		100.0	9.8	90.2
	60歳以上	1536	134	1402
		100.0	8.7	91.3
学歴(問52)	中学校・高校	1733	180	1553
		100.0	10.4	89.6
	各種専門学校	871	80	791
		100.0	9.2	90.8
	高等専門学校・短大	1121	114	1007
		100.0	10.2	89.8
	大学・大学院	4499	495	4004
		100.0	11.0	89.0
	その他	9	1	8
		100.0	11.1	88.9
既・未婚(問54)	既婚	5025	528	4497
		100.0	10.5	89.5
	未婚、離婚、死別	3231	345	2886
		100.0	10.7	89.3
居住地(問64)	23区・政令市	2617	266	2351
		100.0	10.2	89.8
	市(人口10万人以上)	3534	362	3172
		100.0	10.2	89.8
	市(人口10万人未満)	1511	174	1337
		100.0	11.5	88.5
	町村	594	71	523
		100.0	12.0	88.0
専業・兼業(SC7)	専業	4083	401	3682
		100.0	9.8	90.2
	兼業	4173	472	3701
		100.0	11.3	88.7
	うち独立自営業が本業	1335	165	1170
		100.0	12.4	87.6
	うち独立自営業が副業	2838	307	2531
		100.0	10.8	89.2
主な仕事(問1-1)	事務関連	1560	230	1330
		100.0	14.7	85.3
	デザイン・映像製作関連	731	65	666
		100.0	8.9	91.1
	IT関連	705	81	624
		100.0	11.5	88.5
	専門関連業務(医療、技術、講師、芸能、演奏など)	3266	306	2960
		100.0	9.4	90.6
	生活関連サービス、理容・美容	741	74	667
		100.0	10.0	90.0
	現場作業関連(運輸、製造、修理、清掃など)	1253	117	1136
		100.0	9.3	90.7
独立自営業の経験年数(問30)	2年未満	2572	302	2270
		100.0	11.7	88.3
	2年以上15年未満	3962	411	3551
		100.0	10.4	89.6
	15年以上	1722	160	1562
		100.0	9.3	90.7
1週の平均作業時間(問3附問2)	10時間未満	2688	240	2448
		100.0	8.9	91.1
	10時間以上40時間未満	3070	344	2726
		100.0	11.2	88.8
	40時間以上	2498	289	2209
		100.0	11.6	88.4
独立自営業者の報酬総額(問2附問4)	200万円未満	5289	526	4763
		100.0	9.9	90.1
	200万円以上400万円未満	1189	132	1057
		100.0	11.1	88.9
	400万円以上600万円未満	819	77	742
		100.0	9.4	90.6
	600万円以上	959	138	821
		100.0	14.4	85.6

Q27-2.Q27-1で「自分から契約を途中で打ち切ったり、納品やサービス提供をしなかった」とお答えの方にお伺いします。それはなぜですか。(いくつでも)
【Q27-1で1とした回答者を対象】
MA

		n	取引相手の態度がひどかったから	取引相手が契約不履行になる可能性があったから(報酬未払いなどのトラブル)	仕様や期日を一方的に変更されたから	取引相手と連絡が取れなくなったから	自分自身の都合が悪くなったから(体調不良、家庭問題など)	他に条件の良い取引相手が見つかったから	その他	特に理由はない
全体		873	339 38.8	230 26.3	164 18.8	117 13.4	180 20.6	40 4.6	38 4.4	75 8.6
性別(SC2)	男性	587	238 40.5	176 30.0	122 20.8	80 13.6	93 15.8	32 5.5	23 3.9	46 7.8
	女性	286	101 35.3	54 18.9	42 14.7	37 12.9	87 30.4	8 2.8	15 5.2	29 10.1
年齢(SC1)	15歳～29歳	84	30 35.7	22 26.2	12 14.3	17 20.2	27 32.1	4 4.8	0 0.0	9 10.7
	30歳～39歳	219	83 37.9	62 28.3	41 18.7	31 14.2	56 25.6	12 5.5	12 5.5	14 6.4
	40歳～49歳	235	102 43.4	53 22.6	49 20.9	30 12.8	48 20.4	10 4.3	9 3.8	21 8.9
	50歳～59歳	201	72 35.8	57 28.4	44 21.9	24 11.9	32 15.9	9 4.5	7 3.5	17 8.5
	60歳以上	134	52 38.8	36 26.9	18 13.4	15 11.2	17 12.7	5 3.7	10 7.5	14 10.4
学歴(問52)	中学校・高校	180	65 36.1	47 26.1	32 17.8	22 12.2	38 21.1	13 7.2	10 5.6	17 9.4
	各種専門学校	80	32 40.0	18 22.5	7 8.8	6 7.5	15 18.8	5 6.3	3 3.8	16 20.0
	高等専門学校・短大	114	45 39.5	23 20.2	23 20.2	11 9.6	21 18.4	5 4.4	3 2.6	12 10.5
	大学・大学院	495	195 39.4	141 28.5	102 20.6	78 15.8	105 21.2	17 3.4	21 4.2	30 6.1
	その他	1	0 0.0	0 0.0	0 0.0	0 0.0	1 100.0	0 0.0	0 0.0	0 0.0
既・未婚(問54)	既婚	528	186 35.2	138 26.1	108 20.5	72 13.6	107 20.3	24 4.5	24 4.5	42 8.0
	未婚、離婚、死別	345	153 44.3	92 26.7	56 16.2	45 13.0	73 21.2	16 4.6	14 4.1	33 9.6
居住地(問64)	23区・政令市	266	112 42.1	70 26.3	53 19.9	37 13.9	54 20.3	17 6.4	16 6.0	21 7.9
	市(人口10万人以上)	362	140 38.7	105 29.0	73 20.2	47 13.0	72 19.9	14 3.9	13 3.6	30 8.3
	市(人口10万人未満)	174	64 36.8	40 23.0	29 16.7	27 15.5	30 17.2	6 3.4	7 4.0	17 9.8
	町村	71	23 32.4	15 21.1	9 12.7	6 8.5	24 33.8	3 4.2	2 2.8	7 9.9
専業・兼業(SC7)	専業	401	181 45.1	114 28.4	69 17.2	57 14.2	62 15.5	15 3.7	18 4.5	34 8.5
	兼業	472	158 33.5	116 24.6	95 20.1	60 12.7	118 25.0	25 5.3	20 4.2	41 8.7
	うち独立自営業が本業	165	64 38.8	45 27.3	43 26.1	23 13.9	38 23.0	7 4.2	5 3.0	6 3.6
	うち独立自営業が副業	307	94 30.6	71 23.1	52 16.9	37 12.1	80 26.1	18 5.9	15 4.9	35 11.4
主な仕事(問1-1)	事務関連	230	69 30.0	51 22.2	48 20.9	28 12.2	63 27.4	9 3.9	14 6.1	21 9.1
	デザイン・映像製作関連	65	31 47.7	19 29.2	17 26.2	9 13.8	15 23.1	1 1.5	1 1.5	1 1.5
	IT関連	81	32 39.5	19 23.5	24 29.6	11 13.6	14 17.3	7 8.6	3 3.7	8 9.9
	専門関連業務(医療、技術、講師、芸能、演奏など)	306	125 40.8	94 30.7	52 17.0	43 14.1	58 19.0	13 4.2	12 3.9	27 8.8
	生活関連サービス、理容・美容	74	39 52.7	14 18.9	9 12.2	10 13.5	10 13.5	2 2.7	2 2.7	7 9.5
	現場作業関連(運輸、製造、修理、清掃など)	117	43 36.8	33 28.2	14 12.0	16 13.7	20 17.1	8 6.8	6 5.1	11 9.4
独立自営業の経験年数(問30)	2年未満	302	106 35.1	55 18.2	37 12.3	32 10.6	76 25.2	9 3.0	17 5.6	39 12.9
	2年以上15年未満	411	156 38.0	124 30.2	104 25.3	66 16.1	79 19.2	22 5.4	17 4.1	21 5.1
	15年以上	160	77 48.1	51 31.9	23 14.4	19 11.9	25 15.6	9 5.6	4 2.5	15 9.4
1週の平均作業時間(問3附問2)	10時間未満	240	74 30.8	45 18.8	26 10.8	25 10.4	63 26.3	11 4.6	18 7.5	34 14.2
	10時間以上40時間未満	344	136 39.5	93 27.0	69 20.1	45 13.1	78 22.7	15 4.4	11 3.2	17 4.9
	40時間以上	289	129 44.6	92 31.8	69 23.9	47 16.3	39 13.5	14 4.8	9 3.1	24 8.3
独立自営業者の報酬総額(問2附問4)	200万円未満	526	185 35.2	110 20.9	74 14.1	70 13.3	131 24.9	25 4.8	31 5.9	53 10.1
	200万円以上400万円未満	132	61 46.2	43 32.6	33 25.0	13 9.8	19 14.4	5 3.8	4 3.0	8 6.1
	400万円以上600万円未満	77	36 46.8	24 31.2	22 28.6	11 14.3	11 14.3	2 2.6	1 1.3	5 6.5
	600万円以上	138	57 41.3	53 38.4	35 25.4	23 16.7	19 13.8	8 5.8	2 1.4	9 6.5

Q27-3.Q27-1で「自分から契約を途中で打ち切ったり、納品やサービス提供をしなかった」とお答えの方にお伺いします。その結果、どうなりましたか。(いくつでも)
【Q27-1で1を選択した回答者を対象】
MA

		n	違約金を要求された	精神的苦痛を受けた	第三者(弁護士など)も加わり交渉、もしくは訴訟に発展した	仲介組織(クラウドソーシングの会社や仲介会社など)の登録を抹消された	作業報酬の一部、または、全部が支払われなかった	今後の取引を停止された	その他	特に何も問題にならなかった
全体		873	65 7.4	191 21.9	55 6.3	43 4.9	98 11.2	66 7.6	8 0.9	470 53.8
性別(SC2)	男性	587	52 8.9	130 22.1	43 7.3	38 6.5	75 12.8	43 7.3	6 1.0	293 49.9
	女性	286	13 4.5	61 21.3	12 4.2	5 1.7	23 8.0	23 8.0	2 0.7	177 61.9
年齢(SC1)	15歳～29歳	84	6 7.1	27 32.1	5 6.0	10 11.9	10 11.9	4 4.8	0 0.0	39 46.4
	30歳～39歳	219	22 10.0	50 22.8	21 9.6	13 5.9	21 9.6	19 8.7	0 0.0	113 51.6
	40歳～49歳	235	20 8.5	47 20.0	15 6.4	11 4.7	29 12.3	20 8.5	4 1.7	126 53.6
	50歳～59歳	201	13 6.5	39 19.4	9 4.5	9 4.5	23 11.4	15 7.5	3 1.5	109 54.2
	60歳以上	134	4 3.0	28 20.9	5 3.7	0 0.0	15 11.2	8 6.0	1 0.7	83 61.9
学歴(問52)	中学校・高校	180	14 7.8	32 17.8	8 4.4	6 3.3	12 6.7	10 5.6	3 1.7	112 62.2
	各種専門学校	80	5 6.3	18 22.5	3 3.8	2 2.5	9 11.3	6 7.5	0 0.0	45 56.3
	高等専門学校・短大	114	10 8.8	27 23.7	3 2.6	5 4.4	12 10.5	8 7.0	0 0.0	57 50.0
	大学・大学院	495	36 7.3	114 23.0	41 8.3	30 6.1	65 13.1	42 8.5	5 1.0	252 50.9
	その他	1	0 0.0	0 0.0	0 0.0	0 0.0	0 0.0	0 0.0	0 0.0	1 100.0
既・未婚 (問54)	既婚	528	39 7.4	111 21.0	37 7.0	30 5.7	62 11.7	37 7.0	5 0.9	278 52.7
	未婚、離婚、死別	345	26 7.5	80 23.2	18 5.2	13 3.8	36 10.4	29 8.4	3 0.9	192 55.7
居住地 (問64)	23区・政令市	266	21 7.9	49 18.4	14 5.3	10 3.8	32 12.0	21 7.9	2 0.8	163 61.3
	市(人口10万人以上)	362	21 5.8	86<>23.8	32 8.8	21 5.8	34 9.4	22 6.1	4 1.1	190 52.5
	市(人口10万人未満)	174	15 8.6	41 23.6	6 3.4	9 5.2	24 13.8	16 9.2	2 1.1	81 46.6
	町村	71	8 11.3	15 21.1	3 4.2	3 4.2	8 11.3	7 9.9	0 0.0	36 50.7
専業・兼業 (SC7)	専業	401	34 8.5	90 22.4	27 6.7	15 3.7	46 11.5	31 7.7	5 1.2	216 53.9
	兼業	472	31 6.6	101 21.4	28 5.9	28 5.9	52 11.0	35 7.4	3 0.6	254 53.8
	うち独立自営業が本業	165	17 10.3	31 18.8	16 9.7	17 10.3	17 10.3	13 7.9	1 0.6	84 50.9
	うち独立自営業が副業	307	14 4.6	70 22.8	12 3.9	11 3.6	35 11.4	22 7.2	2 0.7	170 55.4
主な仕事 (問1-1)	事務関連	230	25 10.9	53 23.0	19 8.3	18 7.8	26 11.3	11 4.8	1 0.4	113 49.1
	デザイン・映像製作関連	65	3 4.6	16 24.6	2 3.1	5 7.7	9 13.8	8 12.3	0 0.0	31 47.7
	IT関連	81	7 8.6	18 22.2	11 13.6	5 6.2	11 13.6	4 4.9	1 1.2	42 51.9
	専門関連業務(医療、技術、講師、芸能、演奏など)	306	14 4.6	56 18.3	16 5.2	6 2.0	32 10.5	31 10.1	4 1.3	186 60.8
	生活関連サービス、理容・美容	74	8 10.8	19 25.7	1 1.4	2 2.7	9 12.2	6 8.1	0 0.0	38 51.4
	現場作業関連(運輸、製造、修理、清掃など)	117	8 6.8	29 24.8	6 5.1	7 6.0	11 9.4	6 5.1	2 1.7	60 51.3
独立自営業 の経験年数 (問30)	2年未満	302	29 9.6	72 23.8	10 3.3	10 3.3	27 8.9	16 5.3	3 1.0	164 54.3
	2年以上15年未満	411	33 8.0	99 24.1	41 10.0	31 7.5	56 13.6	37 9.0	2 0.5	198 48.2
	15年以上	160	3 1.9	20 12.5	4 2.5	2 1.3	15 9.4	13 8.1	3 1.9	108 67.5
1週の平均作業時間 (問3附問2)	10時間未満	240	15 6.3	34 14.2	6 2.5	6 2.5	18 7.5	18 7.5	1 0.4	157 65.4
	10時間以上40時間未満	344	19 5.5	74 21.5	18 5.2	21 6.1	37 10.8	25 7.3	3 0.9	184 53.5
	40時間以上	289	31 10.7	83 28.7	31 10.7	16 5.5	43 14.9	23 8.0	4 1.4	129 44.6
独立自営業 者の報酬総額 (問2附問4)	200万円未満	526	33 6.3	106 20.2	18 3.4	16 3.0	52 9.9	35 6.7	4 0.8	306 58.2
	200万円以上400万円未満	132	12 9.1	41 31.1	13 9.8	8 6.1	20 15.2	14 10.6	1 0.8	53 40.2
	400万円以上600万円未満	77	5 6.5	19 24.7	7 9.1	4 5.2	11 14.3	6 7.8	1 1.3	39 50.6
	600万円以上	138	15 10.9	25 18.1	17 12.3	15 10.9	15 10.9	11 8.0	2 1.4	72 52.2

Q28.あなたは仕事を受ける際、納期や報酬支払いなどに関して、取引相手とトラブルを避けるために何らかの策を講じていましたか。(いくつでも)
MA

		n	取引が始まる前に、文書で合意していた(契約書など)	口頭で事前に合意していた	取引相手と定期的にコミュニケーションをとるようにしていた	クラウドソーシングの会社や仲介会社などの仲介組織に任せていた	その他	特に何もやっていなかった	わからない
全体		8256	2003 24.3	1840 22.3	1450 17.6	493 6.0	42 0.5	2842 34.4	1034 12.5
性別(SC2)	男性	5190	1306 25.2	1273 24.5	897 17.3	232 4.5	24 0.5	1814 35.0	583 11.2
	女性	3066	697 22.7	567 18.5	553 18.0	261 8.5	18 0.6	1028 33.5	451 14.7
年齢(SC1)	15歳～29歳	547	132 24.1	106 19.4	107 19.6	68 12.4	0 0.0	140 25.6	98 17.9
	30歳～39歳	1745	413 23.7	375 21.5	323 18.5	152 8.7	6 0.3	514 29.5	273 15.6
	40歳～49歳	2378	558 23.5	526 22.1	427 18.0	155 6.5	14 0.6	813 34.2	333 14.0
	50歳～59歳	2050	489 23.9	457 22.3	339 16.5	87 4.2	9 0.4	777 37.9	225 11.0
	60歳以上	1536	411 26.8	376 24.5	254 16.5	31 2.0	13 0.8	598 38.9	105 6.8
学歴(問52)	中学校・高校	1733	346 20.0	373 21.5	265 15.3	89 5.1	9 0.5	649 37.4	240 13.8
	各種専門学校	871	182 20.9	204 23.4	153 17.6	48 5.5	7 0.8	302 34.7	136 15.6
	高等専門学校・短大	1121	210 18.7	228 20.3	186 16.6	72 6.4	6 0.5	404 36.0	168 15.0
	大学・大学院	4499	1260 28.0	1026 22.8	842 18.7	282 6.3	20 0.4	1478 32.9	484 10.8
	その他	9	2 22.2	3 33.3	1 11.1	0 0.0	0 0.0	4 44.4	1 11.1
既・未婚(問54)	既婚	5025	1235 24.6	1138 22.6	867 17.3	294 5.9	22 0.4	1689 33.6	611 12.2
	未婚、離婚、死別	3231	768 23.8	702 21.7	583 18.0	199 6.2	20 0.6	1153 35.7	423 13.1
居住地(問64)	23区・政令市	2617	688 26.3	592 22.6	483 18.5	150 5.7	11 0.4	892 34.1	319 12.2
	市(人口10万人以上)	3534	872 24.7	800 22.6	621 17.6	203 5.7	21 0.6	1222 34.6	420 11.9
	市(人口10万人未満)	1511	332 22.0	329 21.8	252 16.7	101 6.7	8 0.5	540 35.7	176 11.6
	町村	594	111 18.7	119 20.0	94 15.8	39 6.6	2 0.3	188 31.6	119 20.0
専業・兼業(SC7)	専業	4083	1017 24.9	961 23.5	759 18.6	168 4.1	21 0.5	1409 34.5	508 12.4
	兼業	4173	986 23.6	879 21.1	691 16.6	325 7.8	21 0.5	1433 34.3	526 12.6
	うち独立自営業が本業	1335	338 25.3	327 24.5	246 18.4	53 4.0	7 0.5	438 32.8	170 12.7
	うち独立自営業が副業	2838	648 22.8	552 19.5	445 15.7	272 9.6	14 0.5	995 35.1	356 12.5
主な仕事(問1-1)	事務関連	1560	316 20.3	253 16.2	199 12.8	229 14.7	4 0.3	501 32.1	259 16.6
	デザイン・映像製作関連	731	154 21.1	193 26.4	174 23.8	34 4.7	5 0.7	267 36.5	58 7.9
	IT関連	705	237 33.6	170 24.1	136 19.3	44 6.2	1 0.1	208 29.5	85 12.1
	専門関連業務(医療、技術、講師、芸能、演奏など)	3266	891 27.3	772 23.6	657 20.1	123 3.8	21 0.6	1149 35.2	298 9.1
	生活関連サービス、理容・美容	741	156 21.1	179 24.2	119 16.1	19 2.6	3 0.4	253 34.1	132 17.8
	現場作業関連(運輸、製造、修理、清掃など)	1253	249 19.9	273 21.8	165 13.2	44 3.5	8 0.6	464 37.0	202 16.1
独立自営業の経験年数(問30)	2年未満	2572	510 19.8	408 15.9	328 12.8	269 10.5	4 0.2	852 33.1	494 19.2
	2年以上15年未満	3962	1138 28.7	980 24.7	824 20.8	194 4.9	20 0.5	1265 31.9	380 9.6
	15年以上	1722	355 20.6	452 26.2	298 17.3	30 1.7	18 1.0	725 42.1	160 9.3
1週の平均作業時間(問3附問2)	10時間未満	2688	532 19.8	472 17.6	351 13.1	223 8.3	13 0.5	998 37.1	443 16.5
	10時間以上40時間未満	3070	820 26.7	705 23.0	599 19.5	180 5.9	18 0.6	1044 34.0	311 10.1
	40時間以上	2498	651 26.1	663 26.5	500 20.0	90 3.6	11 0.4	800 32.0	280 11.2
独立自営業者の報酬総額(問2附問4)	200万円未満	5289	1103 20.9	1061 20.1	826 15.6	392 7.4	23 0.4	1878 35.5	761 14.4
	200万円以上400万円未満	1189	345 29.0	315 26.5	245 20.6	40 3.4	9 0.8	402 33.8	104 8.7
	400万円以上600万円未満	819	241 29.4	220 26.9	175 21.4	20 2.4	4 0.5	280 34.2	69 8.4
	600万円以上	959	314 32.7	244 25.4	204 21.3	41 4.3	6 0.6	282 29.4	100 10.4

Q29-1.独立自営業者の仕事が原因で、病気や怪我をしたことがありましたか。
SA

		n	病気や怪我をしたことはなかった	病気や怪我はしたが、独立自営業者としての仕事を中断したことはなかった	病気や怪我によって、独立自営業者としての仕事を中断したことがあった
全体		8256	6604	993	659
		100.0	80.0	12.0	8.0
性別(SC2)	男性	5190	4091	674	425
		100.0	78.8	13.0	8.2
	女性	3066	2513	319	234
		100.0	82.0	10.4	7.6
年齢(SC1)	15歳～29歳	547	422	77	48
		100.0	77.1	14.1	8.8
	30歳～39歳	1745	1381	197	167
		100.0	79.1	11.3	9.6
	40歳～49歳	2378	1869	318	191
		100.0	78.6	13.4	8.0
	50歳～59歳	2050	1624	263	163
		100.0	79.2	12.8	8.0
	60歳以上	1536	1308	138	90
		100.0	85.2	9.0	5.9
学歴(問52)	中学校・高校	1733	1342	213	178
		100.0	77.4	12.3	10.3
	各種専門学校	871	683	100	88
		100.0	78.4	11.5	10.1
	高等専門学校・短大	1121	887	150	84
		100.0	79.1	13.4	7.5
	大学・大学院	4499	3673	523	303
		100.0	81.6	11.6	6.7
	その他	9	7	1	1
		100.0	77.8	11.1	11.1
既・未婚(問54)	既婚	5025	4054	595	376
		100.0	80.7	11.8	7.5
	未婚、離婚、死別	3231	2550	398	283
		100.0	78.9	12.3	8.8
居住地(問64)	23区・政令市	2617	2141	292	184
		100.0	81.8	11.2	7.0
	市(人口10万人以上)	3534	2826	425	283
		100.0	80.0	12.0	8.0
	市(人口10万人未満)	1511	1193	203	115
		100.0	79.0	13.4	7.6
	町村	594	444	73	77
		100.0	74.7	12.3	13.0
専業・兼業(SC7)	専業	4083	3207	520	356
		100.0	78.5	12.7	8.7
	兼業	4173	3397	473	303
		100.0	81.4	11.3	7.3
	うち独立自営業が本業	1335	991	214	130
		100.0	74.2	16.0	9.7
	うち独立自営業が副業	2838	2406	259	173
		100.0	84.8	9.1	6.1
主な仕事(問1-1)	事務関連	1560	1270	175	115
		100.0	81.4	11.2	7.4
	デザイン・映像製作関連	731	577	98	56
		100.0	78.9	13.4	7.7
	IT関連	705	576	76	53
		100.0	81.7	10.8	7.5
	専門関連業務(医療、技術、講師、芸能、演奏など)	3266	2722	351	193
		100.0	83.3	10.7	5.9
	生活関連サービス、理容・美容	741	563	101	77
		100.0	76.0	13.6	10.4
	現場作業関連(運輸、製造、修理、清掃など)	1253	896	192	165
		100.0	71.5	15.3	13.2
独立自営業の経験年数(問30)	2年未満	2572	2151	212	209
		100.0	83.6	8.2	8.1
	2年以上15年未満	3962	3122	545	295
		100.0	78.8	13.8	7.4
	15年以上	1722	1331	236	155
		100.0	77.3	13.7	9.0
1週の平均作業時間(問3附問2)	10時間未満	2688	2292	211	185
		100.0	85.3	7.8	6.9
	10時間以上40時間未満	3070	2478	378	214
		100.0	80.7	12.3	7.0
	40時間以上	2498	1834	404	260
		100.0	73.4	16.2	10.4
独立自営業者の報酬総額(問2附問4)	200万円未満	5289	4351	544	394
		100.0	82.3	10.3	7.4
	200万円以上400万円未満	1189	940	151	98
		100.0	79.1	12.7	8.2
	400万円以上600万円未満	819	602	141	76
		100.0	73.5	17.2	9.3
	600万円以上	959	711	157	91
		100.0	74.1	16.4	9.5

Q29-2.病気や怪我の間、生活費をどのようにしてまかないましたか。(いくつでも)
【Q29-1で3とした回答者を対象】
MA

		n	他の仕事での収入でまかなった	自分の貯金を切り崩した	自分が加入していた保険を利用した	親・配偶者・子供の収入でまかなった	親戚や友人などの支援を受けた	その他
全体		659	122 18.5	270 41.0	133 20.2	123 18.7	105 15.9	32 4.9
性別(SC2)	男性	425	76 17.9	179 42.1	103 24.2	52 12.2	69 16.2	23 5.4
	女性	234	46 19.7	91 38.9	30 12.8	71 30.3	36 15.4	9 3.8
年齢(SC1)	15歳〜29歳	48	14 29.2	13 27.1	3 6.3	17 35.4	10 20.8	0 0.0
	30歳〜39歳	167	40 24.0	65 38.9	27 16.2	34 20.4	33 19.8	5 3.0
	40歳〜49歳	191	28 14.7	68 35.6	35 18.3	37 19.4	35 18.3	14 7.3
	50歳〜59歳	163	27 16.6	85 52.1	37 22.7	22 13.5	16 9.8	10 6.1
	60歳以上	90	13 14.4	39 43.3	31 34.4	13 14.4	11 12.2	3 3.3
学歴(問52)	中学校・高校	178	32 18.0	83 46.6	39 21.9	29 16.3	22 12.4	11 6.2
	各種専門学校	88	13 14.8	30 34.1	14 15.9	24 27.3	19 21.6	5 5.7
	高等専門学校・短大	84	6 7.1	37 44.0	17 20.2	11 13.1	17 20.2	3 3.6
	大学・大学院	303	69 22.8	120 39.6	61 20.1	58 19.1	46 15.2	13 4.3
	その他	1	0 0.0	0 0.0	1 100.0	0 0.0	0 0.0	0 0.0
既・未婚 (問54)	既婚	376	69 18.4	126 33.5	81 21.5	84 22.3	66 17.6	11 2.9
	未婚、離婚、死別	283	53 18.7	144 50.9	52 18.4	39 13.8	39 13.8	21 7.4
居住地 (問64)	23区・政令市	184	44 23.9	80 43.5	29 15.8	30 16.3	31 16.8	15 8.2
	市(人口10万人以上)	283	52 18.4	122 43.1	66 23.3	52 18.4	34 12.0	9 3.2
	市(人口10万人未満)	115	13 11.3	45 39.1	24 20.9	29 25.2	22 19.1	3 2.6
	町村	77	13 16.9	23 29.9	14 18.2	12 15.6	18 23.4	5 6.5
専業・兼業 (SC7)	専業	356	38 10.7	168 47.2	82 23.0	63 17.7	59 16.6	19 5.3
	兼業	303	84 27.7	102 33.7	51 16.8	60 19.8	46 15.2	13 4.3
	うち独立自営業が本業	130	23 17.7	54 41.5	30 23.1	25 19.2	13 10.0	7 5.4
	うち独立自営業が副業	173	61 35.3	48 27.7	21 12.1	35 20.2	33 19.1	6 3.5
主な仕事 (問1-1)	事務関連	115	21 18.3	35 30.4	20 17.4	26 22.6	29 25.2	7 6.1
	デザイン・映像製作関連	56	9 16.1	33 58.9	6 10.7	18 32.1	4 7.1	1 1.8
	IT関連	53	12 22.6	22 41.5	6 11.3	8 15.1	8 15.1	4 7.5
	専門関連業務(医療、技術、講師、芸能、演奏など)	193	39 20.2	97 50.3	39 20.2	38 19.7	14 7.3	11 5.7
	生活関連サービス、理容・美容	77	17 22.1	23 29.9	13 16.9	13 16.9	18 23.4	2 2.6
	現場作業関連(運輸、製造、修理、清掃など)	165	24 14.5	60 36.4	49 29.7	20 12.1	32 19.4	7 4.2
独立自営業の経験年数 (問30)	2年未満	209	51 24.4	52 24.9	29 13.9	33 15.8	54 25.8	11 5.3
	2年以上15年未満	295	53 18.0	131 44.4	61 20.7	65 22.0	39 13.2	13 4.4
	15年以上	155	18 11.6	87 56.1	43 27.7	25 16.1	12 7.7	8 5.2
1週の平均作業時間 (問3附問2)	10時間未満	185	44 23.8	44 23.8	24 13.0	34 18.4	45 24.3	15 8.1
	10時間以上40時間未満	214	38 17.8	95 44.4	47 22.0	54 25.2	26 12.1	7 3.3
	40時間以上	260	40 15.4	131 50.4	62 23.8	35 13.5	34 13.1	10 3.8
独立自営業者の報酬総額 (問2附問4)	200万円未満	394	88 22.3	142 36.0	64 16.2	90 22.8	68 17.3	16 4.1
	200万円以上400万円未満	98	12 12.2	49 50.0	25 25.5	12 12.2	10 10.2	9 9.2
	400万円以上600万円未満	76	11 14.5	35 46.1	28 36.8	8 10.5	10 13.2	3 3.9
	600万円以上	91	11 12.1	44 48.4	16 17.6	13 14.3	17 18.7	4 4.4

Q30.あなたが独立自営業に従事した経験年数はどのくらいですか。(中断がある場合は、その期間を除いて通算してください)
SA

		n	1年未満	2年以上3年未満	3年以上4年未満	4年以上5年未満	5年以上6年未満	6年以上7年未満	7年以上8年未満	8年以上9年未満	9年以上10年未満	10年以上11年未満	11年以上12年未満	12年以上
全体		8256	1759	813	654	524	424	453	273	237	161	286	401	129
		100.0	21.3	9.8	7.9	6.3	5.1	5.5	3.3	2.9	2.0	3.5	4.9	1.6
性別(SC2)	男性	5190	815	481	412	322	279	303	184	147	114	200	274	89
		100.0	15.7	9.3	7.9	6.2	5.4	5.8	3.5	2.8	2.2	3.9	5.3	1.7
	女性	3066	944	332	242	202	145	150	89	90	47	86	127	40
		100.0	30.8	10.8	7.9	6.6	4.7	4.9	2.9	2.9	1.5	2.8	4.1	1.3
年齢(SC1)	15歳～29歳	547	276	80	66	42	24	26	12	6	4	1	2	1
		100.0	50.5	14.6	12.1	7.7	4.4	4.8	2.2	1.1	0.7	0.2	0.4	0.2
	30歳～39歳	1745	610	265	172	144	98	97	52	47	22	50	62	16
		100.0	35.0	15.2	9.9	8.3	5.6	5.6	3.0	2.7	1.3	2.9	3.6	0.9
	40歳～49歳	2378	492	227	188	144	135	124	95	76	55	94	137	45
		100.0	20.7	9.5	7.9	6.1	5.7	5.2	4.0	3.2	2.3	4.0	5.8	1.9
	50歳～59歳	2050	262	140	127	110	91	113	57	59	34	90	101	38
		100.0	12.8	6.8	6.2	5.4	4.4	5.5	2.8	2.9	1.7	4.4	4.9	1.9
	60歳以上	1536	119	101	101	84	76	93	57	49	46	51	99	29
		100.0	7.7	6.6	6.6	5.5	4.9	6.1	3.7	3.2	3.0	3.3	6.4	1.9
学歴(問52)	中学校・高校	1733	394	168	124	92	62	98	59	45	24	50	86	22
		100.0	22.7	9.7	7.2	5.3	3.6	5.7	3.4	2.6	1.4	2.9	5.0	1.3
	各種専門学校	871	200	76	71	43	45	46	27	27	12	21	44	17
		100.0	23.0	8.7	8.2	4.9	5.2	5.3	3.1	3.1	1.4	2.4	5.1	2.0
	高等専門学校・短大	1121	274	109	84	71	61	45	36	27	17	39	61	15
		100.0	24.4	9.7	7.5	6.3	5.4	4.0	3.2	2.4	1.5	3.5	5.4	1.3
	大学・大学院	4499	881	457	375	314	254	263	151	137	108	174	210	75
		100.0	19.6	10.2	8.3	7.0	5.6	5.8	3.4	3.0	2.4	3.9	4.7	1.7
	その他	9	2	0	0	3	0	0	0	0	0	1	0	0
		100.0	22.2	0.0	0.0	33.3	0.0	0.0	0.0	0.0	0.0	11.1	0.0	0.0
既・未婚(問54)	既婚	5025	1088	480	394	333	249	279	160	138	103	162	258	82
		100.0	21.7	9.6	7.8	6.6	5.0	5.6	3.2	2.7	2.0	3.2	5.1	1.6
	未婚、離婚、死別	3231	671	333	260	191	175	174	113	99	58	124	143	47
		100.0	20.8	10.3	8.0	5.9	5.4	5.4	3.5	3.1	1.8	3.8	4.4	1.5
居住地(問64)	23区・政令市	2617	488	243	189	166	139	152	90	79	53	102	135	48
		100.0	18.6	9.3	7.2	6.3	5.3	5.8	3.4	3.0	2.0	3.9	5.2	1.8
	市(人口10万人以上)	3534	741	363	298	234	190	188	105	109	79	127	177	49
		100.0	21.0	10.3	8.4	6.6	5.4	5.3	3.0	3.1	2.2	3.6	5.0	1.4
	市(人口10万人未満)	1511	366	142	113	98	69	90	60	32	23	42	74	22
		100.0	24.2	9.4	7.5	6.5	4.6	6.0	4.0	2.1	1.5	2.8	4.9	1.5
	町村	594	164	65	54	26	26	23	18	17	6	15	15	10
		100.0	27.6	10.9	9.1	4.4	4.4	3.9	3.0	2.9	1.0	2.5	2.5	1.7
専業・兼業(SC7)	専業	4083	593	295	280	246	194	211	137	143	93	146	197	85
		100.0	14.5	7.2	6.9	6.0	4.8	5.2	3.4	3.5	2.3	3.6	4.8	2.1
	兼業	4173	1166	518	374	278	230	242	136	94	68	140	204	44
		100.0	27.9	12.4	9.0	6.7	5.5	5.8	3.3	2.3	1.6	3.4	4.9	1.1
	うち独立自営業が本業	1335	201	109	104	77	79	84	54	35	39	56	96	27
		100.0	15.1	8.2	7.8	5.8	5.9	6.3	4.0	2.6	2.9	4.2	7.2	2.0
	うち独立自営業が副業	2838	965	409	270	201	151	158	82	59	29	84	108	17
		100.0	34.0	14.4	9.5	7.1	5.3	5.6	2.9	2.1	1.0	3.0	3.8	0.6
主な仕事(問1-1)	事務関連	1560	677	205	130	95	84	60	39	20	21	31	54	9
		100.0	43.4	13.1	8.3	6.1	5.4	3.8	2.5	1.3	1.3	2.0	3.5	0.6
	デザイン・映像製作関連	731	107	68	67	54	34	45	15	26	12	21	28	12
		100.0	14.6	9.3	9.2	7.4	4.7	6.2	2.1	3.6	1.6	2.9	3.8	1.6
	IT関連	705	114	74	66	45	36	61	25	17	11	34	37	14
		100.0	16.2	10.5	9.4	6.4	5.1	8.7	3.5	2.4	1.6	4.8	5.2	2.0
	専門関連業務(医療、技術、講師、芸能、演奏など)	3266	469	280	245	197	173	165	124	119	78	131	161	75
		100.0	14.4	8.6	7.5	6.0	5.3	5.1	3.8	3.6	2.4	4.0	4.9	2.3
	生活関連サービス、理容・美容	741	153	72	59	49	44	47	30	20	15	28	55	7
		100.0	20.6	9.7	8.0	6.6	5.9	6.3	4.0	2.7	2.0	3.8	7.4	0.9
	現場作業関連(運輸、製造、修理、清掃など)	1253	239	114	87	84	53	75	40	35	24	41	66	12
		100.0	19.1	9.1	6.9	6.7	4.2	6.0	3.2	2.8	1.9	3.3	5.3	1.0
独立自営業の経験年数(問30)	2年未満	2572	1759	813	0	0	0	0	0	0	0	0	0	0
		100.0	68.4	31.6	0.0	0.0	0.0	0.0	0.0	0.0	0.0	0.0	0.0	0.0
	2年以上15年未満	3962	0	0	654	524	424	453	273	237	161	286	401	129
		100.0	0.0	0.0	16.5	13.2	10.7	11.4	6.9	6.0	4.1	7.2	10.1	3.3
	15年以上	1722	0	0	0	0	0	0	0	0	0	0	0	0
		100.0	0.0	0.0	0.0	0.0	0.0	0.0	0.0	0.0	0.0	0.0	0.0	0.0
1週の平均作業時間(問3附問2)	10時間未満	2688	983	314	210	146	119	130	71	50	38	86	102	25
		100.0	36.6	11.7	7.8	5.4	4.4	4.8	2.6	1.9	1.4	3.2	3.8	0.9
	10時間以上40時間未満	3070	495	296	280	200	189	193	112	113	74	115	170	54
		100.0	16.1	9.6	9.1	6.5	6.2	6.3	3.6	3.7	2.4	3.7	5.5	1.8
	40時間以上	2498	281	203	164	178	116	130	90	74	49	85	129	50
		100.0	11.2	8.1	6.6	7.1	4.6	5.2	3.6	3.0	2.0	3.4	5.2	2.0
独立自営業者の報酬総額(問2附問4)	200万円未満	5289	1574	652	466	327	271	272	155	127	77	167	220	56
		100.0	29.8	12.3	8.8	6.2	5.1	5.1	2.9	2.4	1.5	3.2	4.2	1.1
	200万円以上400万円未満	1189	95	77	87	85	78	84	50	47	31	47	69	19
		100.0	8.0	6.5	7.3	7.1	6.6	7.1	4.2	4.0	2.6	4.0	5.8	1.6
	400万円以上600万円未満	819	48	44	52	49	38	45	30	29	26	32	56	28
		100.0	5.9	5.4	6.3	6.0	4.6	5.5	3.7	3.5	3.2	3.9	6.8	3.4
	600万円以上	959	42	40	49	63	37	52	38	34	27	40	56	26
		100.0	4.4	4.2	5.1	6.6	3.9	5.4	4.0	3.5	2.8	4.2	5.8	2.7

Q30.あなたが独立自営業に従事した経験年数はどのくらいですか。(中断がある場合は、その期間を除いて通算してください)
SA

		n	1年以上～2年未満	2年以上～3年未満	3年以上～4年未満	4年以上～5年未満	5年以上～6年未満	6年以上～7年未満	7年以上～8年未満	8年以上～9年未満	9年以上～10年未満	10年以上～15年未満	15年以上～20年未満	20年以上
全体		8256				147	130	143	187	94	107	58	103	1173
		100.0				1.8	1.6	1.7	2.3	1.1	1.3	0.7	1.2	14.2
性別(SC2)	男性	5190				103	102	107	144	72	75	36	76	855
		100.0				2.0	2.0	2.1	2.8	1.4	1.4	0.7	1.5	16.5
	女性	3066				44	28	36	43	22	32	22	27	318
		100.0				1.4	0.9	1.2	1.4	0.7	1.0	0.7	0.9	10.4
年齢(SC1)	15歳～29歳	547				2	0	0	1	0	1	0	0	3
		100.0				0.4	0.0	0.0	0.2	0.0	0.2	0.0	0.0	0.5
	30歳～39歳	1745				19	12	19	20	10	8	6	5	11
		100.0				1.1	0.7	1.1	1.1	0.6	0.5	0.3	0.3	0.6
	40歳～49歳	2378				56	52	51	65	33	44	17	36	212
		100.0				2.4	2.2	2.1	2.7	1.4	1.9	0.7	1.5	8.9
	50歳～59歳	2050				47	43	38	61	35	36	22	42	504
		100.0				2.3	2.1	1.9	3.0	1.7	1.8	1.1	2.0	24.6
	60歳以上	1536				23	23	35	40	16	18	13	20	443
		100.0				1.5	1.5	2.3	2.6	1.0	1.2	0.8	1.3	28.8
学歴(問52)	中学校・高校	1733				27	19	35	43	20	18	9	23	315
		100.0				1.6	1.1	2.0	2.5	1.2	1.0	0.5	1.3	18.2
	各種専門学校	871				20	14	14	13	9	12	6	14	140
		100.0				2.3	1.6	1.6	1.5	1.0	1.4	0.7	1.6	16.1
	高等専門学校・短大	1121				18	15	20	27	9	19	6	11	157
		100.0				1.6	1.3	1.8	2.4	0.8	1.7	0.5	1.0	14.0
	大学・大学院	4499				82	82	74	102	56	57	37	55	555
		100.0				1.8	1.8	1.6	2.3	1.2	1.3	0.8	1.2	12.3
	その他	9				0	0	0	0	0	1	0	0	2
		100.0				0.0	0.0	0.0	0.0	0.0	11.1	0.0	0.0	22.2
既・未婚(問54)	既婚	5025				88	74	73	98	57	56	39	54	760
		100.0				1.8	1.5	1.5	2.0	1.1	1.1	0.8	1.1	15.1
	未婚、離婚、死別	3231				59	56	70	89	37	51	19	49	413
		100.0				1.8	1.7	2.2	2.8	1.1	1.6	0.6	1.5	12.8
居住地(問64)	23区・政令市	2617				47	44	47	59	30	43	19	29	415
		100.0				1.8	1.7	1.8	2.3	1.1	1.6	0.7	1.1	15.9
	市(人口10万人以上)	3534				60	66	65	84	43	42	21	45	448
		100.0				1.7	1.9	1.8	2.4	1.2	1.2	0.6	1.3	12.7
	市(人口10万人未満)	1511				33	18	24	35	16	13	13	21	207
		100.0				2.2	1.2	1.6	2.3	1.1	0.9	0.9	1.4	13.7
	町村	594				7	2	7	9	5	9	5	8	103
		100.0				1.2	0.3	1.2	1.5	0.8	1.5	0.8	1.3	17.3
専業・兼業(SC7)	専業	4083				97	84	88	125	50	80	43	72	824
		100.0				2.4	2.1	2.2	3.1	1.2	2.0	1.1	1.8	20.2
	兼業	4173				50	46	55	62	44	27	15	31	349
		100.0				1.2	1.1	1.3	1.5	1.1	0.6	0.4	0.7	8.4
	うち独立自営業が本業	1335				20	26	28	30	26	17	10	19	198
		100.0				1.5	1.9	2.1	2.2	1.9	1.3	0.7	1.4	14.8
	うち独立自営業が副業	2838				30	20	27	32	18	10	5	12	151
		100.0				1.1	0.7	1.0	1.1	0.6	0.4	0.2	0.4	5.3
主な仕事(問1-1)	事務関連	1560				12	11	9	18	5	6	6	5	63
		100.0				0.8	0.7	0.6	1.2	0.3	0.4	0.4	0.3	4.0
	デザイン・映像製作関連	731				15	10	19	16	7	18	6	18	133
		100.0				2.1	1.4	2.6	2.2	1.0	2.5	0.8	2.5	18.2
	IT関連	705				19	18	19	21	8	14	1	5	66
		100.0				2.7	2.6	2.7	3.0	1.1	2.0	0.1	0.7	9.4
	専門関連業務(医療、技術、講師、芸能、演奏など)	3266				66	62	57	80	52	48	34	51	599
		100.0				2.0	1.9	1.7	2.4	1.6	1.5	1.0	1.6	18.3
	生活関連サービス、理容・美容	741				8	10	13	11	5	5	5	5	100
		100.0				1.1	1.3	1.8	1.5	0.7	0.7	0.7	0.7	13.5
	現場作業関連(運輸、製造、修理、清掃など)	1253				27	19	26	41	17	16	6	19	212
		100.0				2.2	1.5	2.1	3.3	1.4	1.3	0.5	1.5	16.9
独立自営業の経験年数(問30)	2年未満	2572				0	0	0	0	0	0	0	0	0
		100.0				0.0	0.0	0.0	0.0	0.0	0.0	0.0	0.0	0.0
	2年以上15年未満	3962				147	130	143	0	0	0	0	0	0
		100.0				3.7	3.3	3.6	0.0	0.0	0.0	0.0	0.0	0.0
	15年以上	1722				0	0	0	187	94	107	58	103	1173
		100.0				0.0	0.0	0.0	10.9	5.5	6.2	3.4	6.0	68.1
1週の平均作業時間(問3附問2)	10時間未満	2688				32	22	33	33	20	14	11	15	234
		100.0				1.2	0.8	1.2	1.2	0.7	0.5	0.4	0.6	8.7
	10時間以上40時間未満	3070				55	53	37	74	38	38	23	40	421
		100.0				1.8	1.7	1.2	2.4	1.2	1.2	0.7	1.3	13.7
	40時間以上	2498				60	55	73	80	36	55	24	48	518
		100.0				2.4	2.2	2.9	3.2	1.4	2.2	1.0	1.9	20.7
独立自営業者の報酬総額(問2附問4)	200万円未満	5289				67	51	67	84	46	45	18	45	502
		100.0				1.3	1.0	1.3	1.6	0.9	0.9	0.3	0.9	9.5
	200万円以上400万円未満	1189				24	23	30	36	20	25	14	19	229
		100.0				2.0	1.9	2.5	3.0	1.7	2.1	1.2	1.6	19.3
	400万円以上600万円未満	819				25	24	17	38	11	12	8	24	183
		100.0				3.1	2.9	2.1	4.6	1.3	1.5	1.0	2.9	22.3
	600万円以上	959				31	32	29	29	17	25	18	15	259
		100.0				3.2	3.3	3.0	3.0	1.8	2.6	1.9	1.6	27.0

Q31-1.独立自営業のお仕事に必要なスキルや能力はどこで身につけられましたか。(いくつでも)
MA

		n	関連書籍等を使って自学自習で身につけた	通信教育やインターネット上の講習(eラーニング) で身につけた	会社(以前の会社を含め)で身につけた	同業者(仲間や友人を含む)との情報交換を通じて身につけた勉強会、講習会、セミナーなど	取引相手が実施している勉強会、講習会、セミナーに参加して身につけた	クラウドソーシングの会社や仲介会社などの仲介組織が主催する勉強会や講習会、セミナーに参加して身につけた	高校、専門学校、大学などの教育機関に通って身につけた	公共の職業訓練校に通って身につけた	業界団体・職業団体(協会等)の研修に通って身につけた	特にない	その他
全体		8256	2326 28.2	716 8.7	2835 34.3	1146 13.9	380 4.6	158 1.9	1228 14.9	152 1.8	566 6.9	2421 29.3	155 1.9
性別(SC2)	男性	5190	1572 30.3	468 9.0	2024 39.0	723 13.9	260 5.0	96 1.8	653 12.6	78 1.5	372 7.2	1411 27.2	92 1.8
	女性	3066	754 24.6	248 8.1	811 26.5	423 13.8	120 3.9	62 2.0	575 18.8	74 2.4	194 6.3	1010 32.9	63 2.1
年齢(SC1)	15歳~29歳	547	126 23.0	59 10.8	107 19.6	68 12.4	36 6.6	22 4.0	77 14.1	11 2.0	9 1.6	213 38.9	7 1.3
	30歳~39歳	1745	505 28.9	176 10.1	467 26.8	258 14.8	73 4.2	53 3.0	280 16.0	44 2.5	91 5.2	551 31.6	21 1.2
	40歳~49歳	2378	676 28.4	196 8.2	795 33.4	322 13.5	98 4.1	45 1.9	354 14.9	48 2.0	140 5.9	719 30.2	46 1.9
	50歳~59歳	2050	584 28.5	165 8.0	750 36.6	256 12.5	103 5.0	22 1.1	282 13.8	30 1.5	137 6.7	607 29.6	47 2.3
	60歳以上	1536	435 28.3	120 7.8	716 46.6	242 15.8	70 4.6	16 1.0	235 15.3	19 1.2	189 12.3	331 21.5	34 2.2
学歴(問52)	中学校・高校	1733	420 24.2	135 7.8	551 31.8	205 11.8	55 3.2	30 1.7	78 4.5	39 2.3	102 5.9	637 36.8	36 2.1
	各種専門学校	871	224 25.7	48 5.5	277 31.8	127 14.6	40 4.6	7 0.8	260 29.9	25 2.9	51 5.9	245 28.1	16 1.8
	高等専門学校・短大	1121	267 23.8	83 7.4	358 31.9	144 12.8	53 4.7	26 2.3	204 18.2	21 1.9	47 4.2	336 30.0	21 1.9
	大学・大学院	4499	1410 31.3	450 10.0	1638 36.4	667 14.8	230 5.1	95 2.1	685 15.2	63 1.4	365 8.1	1189 26.4	82 1.8
	その他	9	4 44.4	0 0.0	3 33.3	1 11.1	1 11.1	0 0.0	1 11.1	2 22.2	1 11.1	3 33.3	0 0.0
既・未婚(問54)	既婚	5025	1391 27.7	447 8.9	1813 36.1	726 14.4	238 4.7	99 2.0	740 14.7	87 1.7	360 7.2	1421 28.3	81 1.6
	未婚、離婚、死別	3231	935 28.9	269 8.3	1022 31.6	420 13.0	142 4.4	59 1.8	488 15.1	65 2.0	206 6.4	1000 31.0	74 2.3
居住地(問64)	23区・政令市	2617	776 29.7	214 8.2	960 36.7	386 14.7	119 4.5	47 1.8	368 14.1	46 1.8	199 7.6	757 28.9	59 2.3
	市(人口10万人以上)	3534	981 27.8	299 8.5	1237 35.0	475 13.4	162 4.6	74 2.1	552 15.6	64 1.8	231 6.5	997 28.2	55 1.6
	市(人口10万人未満)	1511	417 27.6	142 9.4	472 31.2	220 14.6	82 5.4	26 1.7	223 14.8	26 1.7	104 6.9	453 30.0	26 1.7
	町村	594	152 25.6	61 10.3	166 27.9	65 10.9	17 2.9	11 1.9	85 14.3	16 2.7	32 5.4	214 36.0	15 2.5
専業・兼業(SC7)	専業	4083	1148 28.1	331 8.1	1551 38.0	602 14.7	192 4.7	57 1.4	682 16.7	66 1.6	300 7.3	1090 26.7	85 2.1
	兼業	4173	1178 28.2	385 9.2	1284 30.8	544 13.0	188 4.5	101 2.4	546 13.1	86 2.1	266 6.4	1331 31.9	70 1.7
	うち独立自営業が本業	1335	389 29.1	135 10.1	468 35.1	220 16.5	68 5.1	31 2.3	218 16.3	35 2.6	119 8.9	348 26.1	26 1.9
	うち独立自営業が副業	2838	789 27.8	250 8.8	816 28.8	324 11.4	120 4.2	70 2.5	328 11.6	51 1.8	147 5.2	983 34.6	44 1.6
主な仕事(問1-1)	事務関連	1560	383 24.6	180 11.5	387 24.8	116 7.4	60 3.8	55 3.5	110 7.1	24 1.5	25 1.6	627 40.2	13 0.8
	デザイン・映像製作関連	731	245 33.5	40 5.5	283 38.7	80 10.9	16 2.2	7 1.0	166 22.7	15 2.1	20 2.7	165 22.6	21 2.9
	IT関連	705	300 42.6	89 12.6	358 50.8	87 12.3	37 5.2	24 3.4	70 9.9	18 2.6	16 2.3	128 18.2	10 1.4
	専門関連業務(医療、技術、講師、芸能、演奏など)	3266	1005 30.8	312 9.6	1288 39.4	596 18.2	162 5.0	44 1.3	706 21.6	46 1.4	393 12.0	685 21.0	83 2.5
	生活関連サービス、理容・美容	741	181 24.4	43 5.8	156 21.1	142 19.2	53 7.2	7 0.9	112 15.1	21 2.8	62 8.4	246 33.2	13 1.8
	現場作業関連(運輸、製造、修理、清掃など)	1253	212 16.9	52 4.2	363 29.0	125 10.0	52 4.2	21 1.7	64 5.1	28 2.2	50 4.0	570 45.5	15 1.2
独立自営業の経験年数(問30)	2年未満	2572	615 23.9	223 8.7	639 24.8	189 7.3	77 3.0	55 2.1	226 8.8	37 1.4	79 3.1	1076 41.8	28 1.1
	2年以上15年未満	3962	1204 30.4	398 10.0	1574 39.7	687 17.3	230 5.8	87 2.2	600 15.1	87 2.2	306 7.7	907 22.9	66 1.7
	15年以上	1722	507 29.4	95 5.5	622 36.1	270 15.7	73 4.2	16 0.9	402 23.3	28 1.6	181 10.5	438 25.4	61 3.5
1週の平均作業時間(問3附問2)	10時間未満	2688	677 25.2	172 6.4	688 25.6	290 10.8	75 2.8	48 1.8	354 13.2	41 1.5	171 6.4	1017 37.8	60 2.2
	10時間以上40時間未満	3070	921 30.0	317 10.3	1162 37.9	463 15.1	168 5.5	67 2.2	468 15.2	59 1.9	235 7.7	762 24.8	58 1.9
	40時間以上	2498	728 29.1	227 9.1	985 39.4	393 15.7	137 5.5	43 1.7	406 16.3	52 2.1	160 6.4	642<>25.7	37 1.5
独立自営業者の報酬総額(問2附問4)	200万円未満	5289	1468 27.8	449 8.5	1536 29.0	622 11.8	188 3.6	101 1.9	748 14.1	97 1.8	310 5.9	1758 33.2	103 1.9
	200万円以上400万円未満	1189	352 29.6	110 9.3	504 42.4	204 17.2	71 6.0	19 1.6	187 15.7	22 1.9	106<>8.9	269 22.6	18 1.5
	400万円以上600万円未満	819	216 26.4	62 7.6	369 45.1	142 17.3	52 6.3	14 1.7	135 16.5	16 2.0	74 9.0	190 23.2	19 2.3
	600万円以上	959	290 30.2	95 9.9	426 44.4	178 18.6	69 7.2	24 2.5	158 16.5	17 1.8	76 7.9	204 21.3	15 1.6

Q31-2.前問でお選びの中で独立自営業者の仕事を行う上で、最も役立っているスキルや能力はどこで身につけられましたか。
【Q31-1で1～9、11を選択した回答者を対象】
SA

		n	関連書籍等を使って自学自習で身につけた	通信教育やインターネット上の講習（eラーニング）で身につけた	会社（以前の会社を含め）での経験、研修及び勉強会で身につけた	同業者（仲間や友人を含む）との情報交換を通じて身につけた	取引相手が実施している勉強会、講習会、セミナーなどに参加して身につけた	クラウドソーシングの会社や仲介会社などの仲介組織が主催する勉強会や講習会、セミナーに参加して身につけた	高校、専門学校、大学などの教育機関に通って身につけた	公共の職業訓練校に通って身につけた	業界団体・職業団体（協会等）の研修に通って身につけた	その他（FA）
全体		5835	1410	323	2249	458	153	81	684	76	264	137
		100.0	24.2	5.5	38.5	7.8	2.6	1.4	11.7	1.3	4.5	2.3
性別(SC2)	男性	3779	954	214	1628	258	97	48	300	39	161	80
		100.0	25.2	5.7	43.1	6.8	2.6	1.3	7.9	1.0	4.3	2.1
	女性	2056	456	109	621	200	56	33	384	37	103	57
		100.0	22.2	5.3	30.2	9.7	2.7	1.6	18.7	1.8	5.0	2.8
年齢(SC1)	15歳～29歳	334	88	30	74	39	17	14	55	5	5	7
		100.0	26.3	9.0	22.2	11.7	5.1	4.2	16.5	1.5	1.5	2.1
	30歳～39歳	1194	316	92	350	115	32	32	172	21	47	17
		100.0	26.5	7.7	29.3	9.6	2.7	2.7	14.4	1.8	3.9	1.4
	40歳～49歳	1659	423	91	612	150	44	17	190	23	66	43
		100.0	25.5	5.5	36.9	9.0	2.7	1.0	11.5	1.4	4.0	2.6
	50歳～59歳	1443	352	64	615	88	36	10	152	16	66	44
		100.0	24.4	4.4	42.6	6.1	2.5	0.7	10.5	1.1	4.6	3.0
	60歳以上	1205	231	46	598	66	24	8	115	11	80	26
		100.0	19.2	3.8	49.6	5.5	2.0	0.7	9.5	0.9	6.6	2.2
学歴(問52)	中学校・高校	1096	298	64	465	88	24	16	32	23	53	33
		100.0	27.2	5.8	42.4	8.0	2.2	1.5	2.9	2.1	4.8	3.0
	各種専門学校	626	128	16	205	52	13	3	157	12	24	16
		100.0	20.4	2.6	32.7	8.3	2.1	0.5	25.1	1.9	3.8	2.6
	高等専門学校・短大	785	167	46	282	70	21	16	123	8	34	18
		100.0	21.3	5.9	35.9	8.9	2.7	2.0	15.7	1.0	4.3	2.3
	大学・大学院	3310	814	197	1287	247	94	46	372	30	153	70
		100.0	24.6	6.0	38.9	7.5	2.8	1.4	11.2	0.9	4.6	2.1
	その他	6	2	0	3	0	0	0	0	1	0	0
		100.0	33.3	0.0	50.0	0.0	0.0	0.0	0.0	16.7	0.0	0.0
既・未婚(問54)	既婚	3604	826	203	1452	286	97	47	414	45	162	72
		100.0	22.9	5.6	40.3	7.9	2.7	1.3	11.5	1.2	4.5	2.0
	未婚、離婚、死別	2231	584	120	797	172	56	34	270	31	102	65
		100.0	26.2	5.4	35.7	7.7	2.5	1.5	12.1	1.4	4.6	2.9
居住地(問64)	23区・政令市	1860	451	94	761	136	46	22	199	22	77	52
		100.0	24.2	5.1	40.9	7.3	2.5	1.2	10.7	1.2	4.1	2.8
	市(人口10万人以上)	2537	602	136	988	194	69	37	317	27	119	48
		100.0	23.7	5.4	38.9	7.6	2.7	1.5	12.5	1.1	4.7	1.9
	市(人口10万人未満)	1058	264	68	369	94	34	15	128	16	47	23
		100.0	25.0	6.4	34.9	8.9	3.2	1.4	12.1	1.5	4.4	2.2
	町村	380	93	25	131	34	4	7	40	11	21	14
		100.0	24.5	6.6	34.5	8.9	1.1	1.8	10.5	2.9	5.5	3.7
専業・兼業(SC7)	専業	2993	681	128	1260	221	80	28	359	30	134	72
		100.0	22.8	4.3	42.1	7.4	2.7	0.9	12.0	1.0	4.5	2.4
	兼業	2842	729	195	989	237	73	53	325	46	130	65
		100.0	25.7	6.9	34.8	8.3	2.6	1.9	11.4	1.6	4.6	2.3
	うち独立自営業が本業	987	214	70	366	83	25	14	124	15	52	24
		100.0	21.7	7.1	37.1	8.4	2.5	1.4	12.6	1.5	5.3	2.4
	うち独立自営業が副業	1855	515	125	623	154	48	39	201	31	78	41
		100.0	27.8	6.7	33.6	8.3	2.6	2.1	10.8	1.7	4.2	2.2
主な仕事(問1-1)	事務関連	933	286	112	305	60	34	36	66	9	13	12
		100.0	30.7	12.0	32.7	6.4	3.6	3.9	7.1	1.0	1.4	1.3
	デザイン・映像製作関連	566	165	17	235	31	5	2	76	9	6	20
		100.0	29.2	3.0	41.5	5.5	0.9	0.4	13.4	1.6	1.1	3.5
	IT関連	577	198	39	263	26	6	8	19	5	4	9
		100.0	34.3	6.8	45.6	4.5	1.0	1.4	3.3	0.9	0.7	1.6
	専門関連業務(医療、技術、講師、芸能、演奏など)	2581	499	102	1021	198	57	19	411	23	178	73
		100.0	19.3	4.0	39.6	7.7	2.2	0.7	15.9	0.9	6.9	2.8
	生活関連サービス、理容・美容	495	113	22	115	73	24	4	83	13	38	10
		100.0	22.8	4.4	23.2	14.7	4.8	0.8	16.8	2.6	7.7	2.0
	現場作業関連(運輸、製造、修理、清掃など)	683	149	31	310	70	27	12	29	17	25	13
		100.0	21.8	4.5	45.4	10.2	4.0	1.8	4.2	2.5	3.7	1.9
独立自営業の経験年数(問30)	2年未満	1496	429	136	532	99	33	31	149	24	39	24
		100.0	28.7	9.1	35.6	6.6	2.2	2.1	10.0	1.6	2.6	1.6
	2年以上15年未満	3055	692	163	1241	265	101	45	311	38	142	57
		100.0	22.7	5.3	40.6	8.7	3.3	1.5	10.2	1.2	4.6	1.9
	15年以上	1284	289	24	476	94	19	5	224	14	83	56
		100.0	22.5	1.9	37.1	7.3	1.5	0.4	17.4	1.1	6.5	4.4
1週の平均作業時間(問3附問2)	10時間未満	1671	451	89	537	124	33	29	232	30	94	52
		100.0	27.0	5.3	32.1	7.4	2.0	1.7	13.9	1.8	5.6	3.1
	10時間以上40時間未満	2308	529	143	929	179	67	28	253	23	106	51
		100.0	22.9	6.2	40.3	7.8	2.9	1.2	11.0	1.0	4.6	2.2
	40時間以上	1856	430	91	783	155	53	24	199	23	64	34
		100.0	23.2	4.9	42.2	8.4	2.9	1.3	10.7	1.2	3.4	1.8
独立自営業者の報酬総額(問2附問4)	200万円未満	3531	925	225	1198	271	82	56	465	54	164	91
		100.0	26.2	6.4	33.9	7.7	2.3	1.6	13.2	1.5	4.6	2.6
	200万円以上400万円未満	920	195	40	411	79	23	8	92	10	46	16
		100.0	21.2	4.3	44.7	8.6	2.5	0.9	10.0	1.1	5.0	1.7
	400万円以上600万円未満	629	130	19	296	50	21	6	60	6	23	18
		100.0	20.7	3.0	47.1	7.9	3.3	1.0	9.5	1.0	3.7	2.9
	600万円以上	755	160	39	344	58	27	11	67	6	31	12
		100.0	21.2	5.2	45.6	7.7	3.6	1.5	8.9	0.8	4.1	1.6

Q31-3.今後スキルアップをしていくために、最も必要だと思うものをお答えください。
SA

		n	関連書籍などを使って自学自習	通信教育やインターネット上の講習（eラーニング）	会社での経験、研修及び勉強会	同業者（仲間や友人を含む）との勉強会、セミナーなどでの情報交換	取引相手が実施している勉強会、講習会、セミナーへの参加	クラウドソーシングの会社や仲介会社などの仲介組織が主催する勉強会や講習会、セミナーへの参加	高校、専門学校、大学などの教育機関への通学	公共の職業訓練校への通学	業界・職業団体（協会など）の研修への参加	特にない	その他
全体		8256	1758	524	896	974	243	217	119	53	540	2810	122
		100.0	21.3	6.3	10.9	11.8	2.9	2.6	1.4	0.6	6.5	34.0	1.5
性別(SC2)	男性	5190	1118	324	590	521	150	108	71	30	362	1841	75
		100.0	21.5	6.2	11.4	10.0	2.9	2.1	1.4	0.6	7.0	35.5	1.4
	女性	3066	640	200	306	453	93	109	48	23	178	969	47
		100.0	20.9	6.5	10.0	14.8	3.0	3.6	1.6	0.8	5.8	31.6	1.5
年齢(SC1)	15歳～29歳	547	118	42	50	76	24	32	6	1	17	178	3
		100.0	21.6	7.7	9.1	13.9	4.4	5.9	1.1	0.2	3.1	32.5	0.5
	30歳～39歳	1745	401	148	192	235	53	73	35	19	83	485	21
		100.0	23.0	8.5	11.0	13.5	3.0	4.2	2.0	1.1	4.8	27.8	1.2
	40歳～49歳	2378	522	160	267	297	61	54	32	16	144	779	46
		100.0	22.0	6.7	11.2	12.5	2.6	2.3	1.3	0.7	6.1	32.8	1.9
	50歳～59歳	2050	408	108	219	221	54	41	23	7	133	805	31
		100.0	19.9	5.3	10.7	10.8	2.6	2.0	1.1	0.3	6.5	39.3	1.5
	60歳以上	1536	309	66	168	145	51	17	23	10	163	563	21
		100.0	20.1	4.3	10.9	9.4	3.3	1.1	1.5	0.7	10.6	36.7	1.4
学歴(問52)	中学校・高校	1733	330	106	187	170	46	45	12	14	87	711	25
		100.0	19.0	6.1	10.8	9.8	2.7	2.6	0.7	0.8	5.0	41.0	1.4
	各種専門学校	871	173	35	93	112	25	19	11	5	79	301	18
		100.0	19.9	4.0	10.7	12.9	2.9	2.2	1.3	0.6	9.1	34.6	2.1
	高等専門学校・短大	1121	214	66	125	139	39	33	17	8	60	406	14
		100.0	19.1	5.9	11.2	12.4	3.5	2.9	1.5	0.7	5.4	36.2	1.2
	大学・大学院	4499	1038	315	489	549	132	120	79	26	313	1375	63
		100.0	23.1	7.0	10.9	12.2	2.9	2.7	1.8	0.6	7.0	30.6	1.4
	その他	9	1	1	1	1	0	0	0	0	1	2	2
		100.0	11.1	11.1	11.1	11.1	0.0	0.0	0.0	0.0	11.1	22.2	22.2
既・未婚(問54)	既婚	5025	1052	343	584	573	156	137	70	32	350	1667	61
		100.0	20.9	6.8	11.6	11.4	3.1	2.7	1.4	0.6	7.0	33.2	1.2
	未婚、離婚、死別	3231	706	181	312	401	87	80	49	21	190	1143	61
		100.0	21.9	5.6	9.7	12.4	2.7	2.5	1.5	0.6	5.9	35.4	1.9
居住地(問64)	23区・政令市	2617	574	167	297	292	67	55	30	12	163	910	50
		100.0	21.9	6.4	11.3	11.2	2.6	2.1	1.1	0.5	6.2	34.8	1.9
	市(人口10万人以上)	3534	749	246	390	435	108	85	55	22	226	1170	48
		100.0	21.2	7.0	11.0	12.3	3.1	2.4	1.6	0.6	6.4	33.1	1.4
	市(人口10万人未満)	1511	331	88	151	186	49	55	27	10	97	503	14
		100.0	21.9	5.8	10.0	12.3	3.2	3.6	1.8	0.7	6.4	33.3	0.9
	町村	594	104	23	58	61	19	22	7	9	54	227	10
		100.0	17.5	3.9	9.8	10.3	3.2	3.7	1.2	1.5	9.1	38.2	1.7
専業・兼業(SC7)	専業	4083	826	197	461	517	105	71	51	22	294	1472	67
		100.0	20.2	4.8	11.3	12.7	2.6	1.7	1.2	0.5	7.2	36.1	1.6
	兼業	4173	932	327	435	457	138	146	68	31	246	1338	55
		100.0	22.3	7.8	10.4	11.0	3.3	3.5	1.6	0.7	5.9	32.1	1.3
	うち独立自営業が本業	1335	284	88	158	167	41	26	25	9	106	406	25
		100.0	21.3	6.6	11.8	12.5	3.1	1.9	1.9	0.7	7.9	30.4	1.9
	うち独立自営業が副業	2838	648	239	277	290	97	120	43	22	140	932	30
		100.0	22.8	8.4	9.8	10.2	3.4	4.2	1.5	0.8	4.9	32.8	1.1
主な仕事(問1-1)	事務関連	1560	330	184	156	103	62	94	17	15	30	565	4
		100.0	21.2	11.8	10.0	6.6	4.0	6.0	1.1	1.0	1.9	36.2	0.3
	デザイン・映像製作関連	731	209	40	70	96	14	13	11	1	33	228	16
		100.0	28.6	5.5	9.6	13.1	1.9	1.8	1.5	0.1	4.5	31.2	2.2
	IT関連	705	209	59	98	64	20	31	8	2	27	181	6
		100.0	29.6	8.4	13.9	9.1	2.8	4.4	1.1	0.3	3.8	25.7	0.9
	専門関連業務(医療、技術、講師、芸能、演奏など)	3266	741	163	362	458	81	57	65	13	332	918	76
		100.0	22.7	5.0	11.1	14.0	2.5	1.7	2.0	0.4	10.2	28.1	2.3
	生活関連サービス、理容・美容	741	115	33	72	134	33	5	8	13	56	263	9
		100.0	15.5	4.5	9.7	18.1	4.5	0.7	1.1	1.8	7.6	35.5	1.2
	現場作業関連(運輸、製造、修理、清掃など)	1253	154	45	138	119	33	17	10	9	62	655	11
		100.0	12.3	3.6	11.0	9.5	2.6	1.4	0.8	0.7	4.9	52.3	0.9
独立自営業の経験年数(問30)	2年未満	2572	557	235	243	231	68	114	29	23	110	937	25
		100.0	21.7	9.1	9.4	9.0	2.6	4.4	1.1	0.9	4.3	36.4	1.0
	2年以上15年未満	3962	870	235	490	545	149	92	52	25	285	1164	55
		100.0	22.0	5.9	12.4	13.8	3.8	2.3	1.3	0.6	7.2	29.4	1.4
	15年以上	1722	331	54	163	198	26	11	38	5	145	709	42
		100.0	19.2	3.1	9.5	11.5	1.5	0.6	2.2	0.3	8.4	41.2	2.4
1週の平均作業時間(問3附問2)	10時間未満	2688	563	163	216	269	64	94	37	23	156	1061	42
		100.0	20.9	6.1	8.0	10.0	2.4	3.5	1.4	0.9	5.8	39.5	1.6
	10時間以上40時間未満	3070	685	224	358	379	102	76	54	11	226	911	44
		100.0	22.3	7.3	11.7	12.3	3.3	2.5	1.8	0.4	7.4	29.7	1.4
	40時間以上	2498	510	137	322	326	77	47	28	19	158	838	36
		100.0	20.4	5.5	12.9	13.1	3.1	1.9	1.1	0.8	6.3	33.5	1.4
独立自営業者の報酬総額(問2附問4)	200万円未満	5289	1158	366	505	581	146	169	87	41	311	1854	71
		100.0	21.9	6.9	9.5	11.0	2.8	3.2	1.6	0.8	5.9	35.1	1.3
	200万円以上400万円未満	1189	248	62	161	148	40	21	11	3	101	370	24
		100.0	20.9	5.2	13.5	12.4	3.4	1.8	0.9	0.3	8.5	31.1	2.0
	400万円以上600万円未満	819	164	39	120	111	26	10	11	1	52	275	10
		100.0	20.0	4.8	14.7	13.6	3.2	1.2	1.3	0.1	6.3	33.6	1.2
	600万円以上	959	188	57	110	134	31	17	10	8	76	311	17
		100.0	19.6	5.9	11.5	14.0	3.2	1.8	1.0	0.8	7.9	32.4	1.8

Q32.あなたが現在持っている資格のうち独立自営業者としての仕事に役立っているものについて、役立っている順に3つまでご記入ください。
（なるべく正確な名称をご記入ください。）
MA

		n	1位あり	2位あり	3位あり	資格なし
全体		8256	2923 35.4	1329 16.1	649 7.9	5333 64.6
性別(SC2)	男性	5190	1807 34.8	828 16.0	431 8.3	3383 65.2
	女性	3066	1116 36.4	501 16.3	218 7.1	1950 63.6
年齢(SC1)	15歳～29歳	547	166 30.3	73 13.3	35 6.4	381 69.7
	30歳～39歳	1745	622 35.6	270 15.5	109 6.2	1123 64.4
	40歳～49歳	2378	799 33.6	350 14.7	166 7.0	1579 66.4
	50歳～59歳	2050	726 35.4	323 15.8	176 8.6	1324 64.6
	60歳以上	1536	610 39.7	313 20.4	163 10.6	926 60.3
学歴(問52)	中学校・高校	1733	515 29.7	243 14.0	130 7.5	1218 70.3
	各種専門学校	871	292 33.5	139 16.0	68 7.8	579 66.5
	高等専門学校・短大	1121	400 35.7	165 14.7	66 5.9	721 64.3
	大学・大学院	4499	1706 37.9	776 17.2	379 8.4	2793 62.1
	その他	9	3 33.3	2 22.2	2 22.2	6 66.7
既・未婚 (問54)	既婚	5025	1901 37.8	886 17.6	418 8.3	3124 62.2
	未婚、離婚、死別	3231	1022 31.6	443 13.7	231 7.1	2209 68.4
居住地 (問64)	23区・政令市	2617	886 33.9	415 15.9	183 7.0	1731 66.1
	市（人口10万人以上）	3534	1331 37.7	580 16.4	292 8.3	2203 62.3
	市（人口10万人未満）	1511	508 33.6	244 16.1	120 7.9	1003 66.4
	町村	594	198 33.3	90 15.2	54 9.1	396 66.7
専業・兼業 (SC7)	専業	4083	1434 35.1	645 15.8	329 8.1	2649 64.9
	兼業	4173	1489 35.7	684 16.4	320 7.7	2684 64.3
	うち独立自営業が本業	1335	475 35.6	211 15.8	97 7.3	860 64.4
	うち独立自営業が副業	2838	1014 35.7	473 16.7	223 7.9	1824 64.3
主な仕事 (問1-1)	事務関連	1560	516 33.1	208 13.3	94 6.0	1044 66.9
	デザイン・映像製作関連	731	122 16.7	55 7.5	24 3.3	609 83.3
	IT関連	705	174 24.7	73 10.4	35 5.0	531 75.3
	専門関連業務（医療、技術、講師、芸能、演奏など）	3266	1435 43.9	682 20.9	336 10.3	1831 56.1
	生活関連サービス、理容・美容	741	286 38.6	129 17.4	59 8.0	455 61.4
	現場作業関連（運輸、製造、修理、清掃など）	1253	390 31.1	182 14.5	101 8.1	863 68.9
独立自営業 の経験年数 (問30)	2年未満	2572	826 32.1	334 13.0	155 6.0	1746 67.9
	2年以上15年未満	3962	1515 38.2	729 18.4	360 9.1	2447 61.8
	15年以上	1722	582 33.8	266 15.4	134 7.8	1140 66.2
1週の平均作業時間 (問3附問2)	10時間未満	2688	907 33.7	404 15.0	192 7.1	1781 66.3
	10時間以上40時間未満	3070	1101 35.9	515 16.8	256 8.3	1969 64.1
	40時間以上	2498	915 36.6	410 16.4	201 8.0	1583 63.4
独立自営業者の報酬総額 (問2附問4)	200万円未満	5289	1792 33.9	800 15.1	374 7.1	3497 66.1
	200万円以上400万円未満	1189	440 37.0	203 17.1	110 9.3	749 63.0
	400万円以上600万円未満	819	292 35.7	135 16.5	63 7.7	527 64.3
	600万円以上	959	399 41.6	191 19.9	102 10.6	560 58.4

Q32.あなたが現在持っている資格のうち独立自営業者としての仕事に役立っているものについて、役立っている順に3つまでご記入ください。
（なるべく正確な名称をご記入ください。）
1.1位 SA

		n	語学系	コンピュータ・情報処理系	経営・計理・労務・司法系	建築・不動産系	事務系スペシャリスト	技術系スペシャリスト	運転系	デザイン系	栄養・調理・ファッション系	教育・保育系	医療・福祉・衛生	その他	不明
全体		2923	337	233	514	348	213	194	202	11	146	80	322	93	230
		100.0	11.5	8.0	17.6	11.9	7.3	6.6	6.9	0.4	5.0	2.7	11.0	3.2	7.9
性別(SC2)	男性	1807	162	134	316	308	133	184	170	4	35	23	158	47	133
		100.0	9.0	7.4	17.5	17.0	7.4	10.2	9.4	0.2	1.9	1.3	8.7	2.6	7.4
	女性	1116	175	99	198	40	80	10	32	7	111	57	164	46	97
		100.0	15.7	8.9	17.7	3.6	7.2	0.9	2.9	0.6	9.9	5.1	14.7	4.1	8.7
年齢(SC1)	15歳～29歳	166	34	24	33	3	18	3	10	0	10	3	13	3	12
		100.0	20.5	14.5	19.9	1.8	10.8	1.8	6.0	0.0	6.0	1.8	7.8	1.8	7.2
	30歳～39歳	622	94	54	118	26	38	18	31	3	70	13	90	18	49
		100.0	15.1	8.7	19.0	4.2	6.1	2.9	5.0	0.5	11.3	2.1	14.5	2.9	7.9
	40歳～49歳	799	80	72	155	89	45	47	65	2	37	24	97	22	64
		100.0	10.0	9.0	19.4	11.1	5.6	5.9	8.1	0.3	4.6	3.0	12.1	2.8	8.0
	50歳～59歳	726	78	54	112	109	54	68	62	2	17	19	69	21	61
		100.0	10.7	7.4	15.4	15.0	7.4	9.4	8.5	0.3	2.3	2.6	9.5	2.9	8.4
	60歳以上	610	51	29	96	121	58	58	34	4	12	21	53	29	44
		100.0	8.4	4.8	15.7	19.8	9.5	9.5	5.6	0.7	2.0	3.4	8.7	4.8	7.2
学歴(問52)	中学校・高校	515	16	38	76	87	37	68	73	2	24	3	22	11	58
		100.0	3.1	7.4	14.8	16.9	7.2	13.2	14.2	0.4	4.7	0.6	4.3	2.1	11.3
	各種専門学校	292	9	40	42	31	8	17	13	5	49	2	58	11	7
		100.0	3.1	13.7	14.4	10.6	2.7	5.8	4.5	1.7	16.8	0.7	19.9	3.8	2.4
	高等専門学校・短大	400	28	43	48	38	22	29	26	1	34	16	50	14	51
		100.0	7.0	10.8	12.0	9.5	5.5	7.3	6.5	0.3	8.5	4.0	12.5	3.5	12.8
	大学・大学院	1706	283	112	347	191	146	77	87	3	38	59	192	57	114
		100.0	16.6	6.6	20.3	11.2	8.6	4.5	5.1	0.2	2.2	3.5	11.3	3.3	6.7
	その他	3	0	0	0	1	0	2	0	0	0	0	0	0	0
		100.0	0.0	0.0	0.0	33.3	0.0	66.7	0.0	0.0	0.0	0.0	0.0	0.0	0.0
既・未婚(問54)	既婚	1901	221	135	324	241	161	142	114	6	97	59	202	55	144
		100.0	11.6	7.1	17.0	12.7	8.5	7.5	6.0	0.3	5.1	3.1	10.6	2.9	7.6
	未婚、離婚、死別	1022	116	98	190	107	52	52	88	5	49	21	120	38	86
		100.0	11.4	9.6	18.6	10.5	5.1	5.1	8.6	0.5	4.8	2.1	11.7	3.7	8.4
居住地(問64)	23区・政令市	886	133	69	164	100	65	34	54	3	40	21	104	29	70
		100.0	15.0	7.8	18.5	11.3	7.3	3.8	6.1	0.3	4.5	2.4	11.7	3.3	7.9
	市(人口10万人以上)	1331	146	109	238	155	95	104	83	5	64	41	143	42	106
		100.0	11.0	8.2	17.9	11.6	7.1	7.8	6.2	0.4	4.8	3.1	10.7	3.2	8.0
	市(人口10万人未満)	508	41	38	84	69	40	39	52	0	29	12	55	12	37
		100.0	8.1	7.5	16.5	13.6	7.9	7.7	10.2	0.0	5.7	2.4	10.8	2.4	7.3
	町村	198	17	17	28	24	13	17	13	3	13	6	20	10	17
		100.0	8.6	8.6	14.1	12.1	6.6	8.6	6.6	1.5	6.6	3.0	10.1	5.1	8.6
専業・兼業(SC7)	専業	1434	141	106	250	195	96	115	100	2	82	38	151	46	112
		100.0	9.8	7.4	17.4	13.6	6.7	8.0	7.0	0.1	5.7	2.6	10.5	3.2	7.8
	兼業	1489	196	127	264	153	117	79	102	9	64	42	171	47	118
		100.0	13.2	8.5	17.7	10.3	7.9	5.3	6.9	0.6	4.3	2.8	11.5	3.2	7.9
	うち独立自営業が本業	475	52	44	76	56	40	34	29	2	23	13	52	17	37
		100.0	10.9	9.3	16.0	11.8	8.4	7.2	6.1	0.4	4.8	2.7	10.9	3.6	7.8
	うち独立自営業が副業	1014	144	83	188	97	77	45	73	7	41	29	119	30	81
		100.0	14.2	8.2	18.5	9.6	7.6	4.4	7.2	0.7	4.0	2.9	11.7	3.0	8.0
主な仕事(問1-1)	事務関連	516	75	78	162	24	45	18	19	0	6	7	20	7	55
		100.0	14.5	15.1	31.4	4.7	8.7	3.5	3.7	0.0	1.2	1.4	3.9	1.4	10.7
	デザイン・映像製作関連	122	13	14	13	7	10	3	5	5	10	6	4	8	24
		100.0	10.7	11.5	10.7	5.7	8.2	2.5	4.1	4.1	8.2	4.9	3.3	6.6	19.7
	IT関連	174	25	89	29	2	7	5	5	0	2	1	0	0	9
		100.0	14.4	51.1	16.7	1.1	4.0	2.9	2.9	0.0	1.1	0.6	0.0	0.0	5.2
	専門関連業務(医療、技術、講師、芸能、演奏など)	1435	200	35	238	249	124	73	51	2	42	52	229	58	82
		100.0	13.9	2.4	16.6	17.4	8.6	5.1	3.6	0.1	2.9	3.6	16.0	4.0	5.7
	生活関連サービス、理容・美容	286	10	7	33	8	18	4	14	1	80	13	57	14	27
		100.0	3.5	2.4	11.5	2.8	6.3	1.4	4.9	0.3	28.0	4.5	19.9	4.9	9.4
	現場作業関連(運輸、製造、修理、清掃など)	390	14	10	39	58	9	91	108	3	6	1	12	6	33
		100.0	3.6	2.6	10.0	14.9	2.3	23.3	27.7	0.8	1.5	0.3	3.1	1.5	8.5
独立自営業の経験年数(問30)	2年未満	826	104	96	157	53	67	40	52	2	47	23	86	20	79
		100.0	12.6	11.6	19.0	6.4	8.1	4.8	6.3	0.2	5.7	2.8	10.4	2.4	9.6
	2年以上15年未満	1515	192	114	288	178	110	95	103	6	67	34	173	46	109
		100.0	12.7	7.5	19.0	11.7	7.3	6.3	6.8	0.4	4.4	2.2	11.4	3.0	7.2
	15年以上	582	41	23	69	117	36	59	47	3	32	23	63	27	42
		100.0	7.0	4.0	11.9	20.1	6.2	10.1	8.1	0.5	5.5	4.0	10.8	4.6	7.2
1週の平均作業時間(問3附問2)	10時間未満	907	126	79	148	85	64	42	37	5	45	36	120	36	84
		100.0	13.9	8.7	16.3	9.4	7.1	4.6	4.1	0.6	5.0	4.0	13.2	4.0	9.3
	10時間以上40時間未満	1101	138	83	217	114	95	65	76	3	42	26	118	41	83
		100.0	12.5	7.5	19.7	10.4	8.6	5.9	6.9	0.3	3.8	2.4	10.7	3.7	7.5
	40時間以上	915	73	71	149	149	54	87	89	3	59	18	84	16	63
		100.0	8.0	7.8	16.3	16.3	5.9	9.5	9.7	0.3	6.4	2.0	9.2	1.7	6.9
独立自営業者の報酬総額(問2附問4)	200万円未満	1792	238	154	317	149	129	90	109	10	108	67	194	70	157
		100.0	13.3	8.6	17.7	8.3	7.2	5.0	6.1	0.6	6.0	3.7	10.8	3.9	8.8
	200万円以上400万円未満	440	44	30	68	61	30	31	49	1	21	8	58	12	27
		100.0	10.0	6.8	15.5	13.9	6.8	7.0	11.1	0.2	4.8	1.8	13.2	2.7	6.1
	400万円以上600万円未満	292	24	22	48	58	22	34	23	0	7	2	30	2	20
		100.0	8.2	7.5	16.4	19.9	7.5	11.6	7.9	0.0	2.4	0.7	10.3	0.7	6.8
	600万円以上	399	31	27	81	80	32	39	21	0	10	3	40	9	26
		100.0	7.8	6.8	20.3	20.1	8.0	9.8	5.3	0.0	2.5	0.8	10.0	2.3	6.5

Q32.あなたが現在持っている資格のうち独立自営業者としての仕事に役立っているものについて、役立っている順に3つまでご記入ください。
(なるべく正確な名称をご記入ください。)
2.2位 SA

		n	語学系	コンピュータ・情報処理系	経営・計理・労務・司法系	建築・不動産系	事務系スペシャリスト	技術系スペシャリスト	運転系	デザイン系	栄養・調理・ファッション系	教育・保育系	医療・福祉・衛生	その他	不明
全体		1329	159	117	152	146	168	126	116	4	49	34	127	57	74
		100.0	12.0	8.8	11.4	11.0	12.6	9.5	8.7	0.3	3.7	2.6	9.6	4.3	5.6
性別(SC2)	男性	828	66	63	97	127	98	121	91	0	11	8	62	34	50
		100.0	8.0	7.6	11.7	15.3	11.8	14.6	11.0	0.0	1.3	1.0	7.5	4.1	6.0
	女性	501	93	54	55	19	70	5	25	4	38	26	65	23	24
		100.0	18.6	10.8	11.0	3.8	14.0	1.0	5.0	0.8	7.6	5.2	13.0	4.6	4.8
年齢(SC1)	15歳～29歳	73	12	11	9	3	13	3	3	0	5	2	6	0	6
		100.0	16.4	15.1	12.3	4.1	17.8	4.1	4.1	0.0	6.8	2.7	8.2	0.0	8.2
	30歳～39歳	270	47	24	29	11	35	15	20	1	27	4	36	10	11
		100.0	17.4	8.9	10.7	4.1	13.0	5.6	7.4	0.4	10.0	1.5	13.3	3.7	4.1
	40歳～49歳	350	44	42	39	41	41	25	33	1	6	14	34	14	16
		100.0	12.6	12.0	11.1	11.7	11.7	7.1	9.4	0.3	1.7	4.0	9.7	4.0	4.6
	50歳～59歳	323	40	26	40	36	38	40	37	0	7	7	33	10	9
		100.0	12.4	8.0	12.4	11.1	11.8	12.4	11.5	0.0	2.2	2.2	10.2	3.1	2.8
	60歳以上	313	16	14	35	55	41	43	23	2	4	7	18	23	32
		100.0	5.1	4.5	11.2	17.6	13.1	13.7	7.3	0.6	1.3	2.2	5.8	7.3	10.2
学歴(問52)	中学校・高校	243	7	26	29	34	22	43	38	0	6	0	14	7	17
		100.0	2.9	10.7	11.9	14.0	9.1	17.7	15.6	0.0	2.5	0.0	5.8	2.9	7.0
	各種専門学校	139	3	19	11	14	16	10	11	3	10	2	28	7	5
		100.0	2.2	13.7	7.9	10.1	11.5	7.2	7.9	2.2	7.2	1.4	20.1	5.0	3.6
	高等専門学校・短大	165	14	14	14	19	15	18	17	0	15	8	18	6	7
		100.0	8.5	8.5	8.5	11.5	9.1	10.9	10.3	0.0	9.1	4.8	10.9	3.6	4.2
	大学・大学院	776	135	58	98	79	115	53	47	1	17	24	67	37	45
		100.0	17.4	7.5	12.6	10.2	14.8	6.8	6.1	0.1	2.2	3.1	8.6	4.8	5.8
	その他	2	0	0	0	0	0	2	0	0	0	0	0	0	0
		100.0	0.0	0.0	0.0	0.0	0.0	100.0	0.0	0.0	0.0	0.0	0.0	0.0	0.0
既・未婚(問54)	既婚	886	91	68	93	106	125	93	79	1	32	24	85	34	55
		100.0	10.3	7.7	10.5	12.0	14.1	10.5	8.9	0.1	3.6	2.7	9.6	3.8	6.2
	未婚、離婚、死別	443	68	49	59	40	43	33	37	3	17	10	42	23	19
		100.0	15.3	11.1	13.3	9.0	9.7	7.4	8.4	0.7	3.8	2.3	9.5	5.2	4.3
居住地(問64)	23区・政令市	415	63	35	49	44	58	26	30	1	11	10	42	21	25
		100.0	15.2	8.4	11.8	10.6	14.0	6.3	7.2	0.2	2.7	2.4	10.1	5.1	6.0
	市(人口10万人以上)	580	67	47	63	56	82	62	49	2	20	20	55	20	37
		100.0	11.6	8.1	10.9	9.7	14.1	10.7	8.4	0.3	3.4	3.4	9.5	3.4	6.4
	市(人口10万人未満)	244	21	24	32	37	20	31	25	0	11	2	23	10	8
		100.0	8.6	9.8	13.1	15.2	8.2	12.7	10.2	0.0	4.5	0.8	9.4	4.1	3.3
	町村	90	8	11	8	9	8	7	12	1	7	2	7	6	4
		100.0	8.9	12.2	8.9	10.0	8.9	7.8	13.3	1.1	7.8	2.2	7.8	6.7	4.4
専業・兼業(SC7)	専業	645	63	55	73	69	80	68	68	2	22	14	57	29	45
		100.0	9.8	8.5	11.3	10.7	12.4	10.5	10.5	0.3	3.4	2.2	8.8	4.5	7.0
	兼業	684	96	62	79	77	88	58	48	2	27	20	70	28	29
		100.0	14.0	9.1	11.5	11.3	12.9	8.5	7.0	0.3	3.9	2.9	10.2	4.1	4.2
	うち独立自営業が本業	211	23	16	26	27	27	21	13	0	8	7	26	8	9
		100.0	10.9	7.6	12.3	12.8	12.8	10.0	6.2	0.0	3.8	3.3	12.3	3.8	4.3
	うち独立自営業が副業	473	73	46	53	50	61	37	35	2	19	13	44	20	20
		100.0	15.4	9.7	11.2	10.6	12.9	7.8	7.4	0.4	4.0	2.7	9.3	4.2	4.2
主な仕事(問1-1)	事務関連	208	35	44	34	11	30	14	7	0	3	2	11	2	15
		100.0	16.8	21.2	16.3	5.3	14.4	6.7	3.4	0.0	1.4	1.0	5.3	1.0	7.2
	デザイン・映像製作関連	55	3	1	3	4	8	3	7	2	5	5	3	4	7
		100.0	5.5	1.8	5.5	7.3	14.5	5.5	12.7	3.6	9.1	9.1	5.5	7.3	12.7
	IT関連	73	7	34	6	2	9	3	7	0	1	0	2	0	2
		100.0	9.6	46.6	8.2	2.7	12.3	4.1	9.6	0.0	1.4	0.0	2.7	0.0	2.7
	専門関連業務(医療、技術、講師、芸能、演奏など)	682	101	27	86	93	92	41	45	2	16	19	85	41	34
		100.0	14.8	4.0	12.6	13.6	13.5	6.0	6.6	0.3	2.3	2.8	12.5	6.0	5.0
	生活関連サービス、理容・美容	129	8	7	15	6	14	7	13	0	20	8	20	4	7
		100.0	6.2	5.4	11.6	4.7	10.9	5.4	10.1	0.0	15.5	6.2	15.5	3.1	5.4
	現場作業関連(運輸、製造、修理、清掃など)	182	5	4	8	30	15	58	37	0	4	0	6	6	9
		100.0	2.7	2.2	4.4	16.5	8.2	31.9	20.3	0.0	2.2	0.0	3.3	3.3	4.9
独立自営業の経験年数(問30)	2年未満	334	40	44	39	29	51	21	21	1	19	8	33	8	20
		100.0	12.0	13.2	11.7	8.7	15.3	6.3	6.3	0.3	5.7	2.4	9.9	2.4	6.0
	2年以上15年未満	729	97	61	88	79	95	74	54	0	22	19	72	33	35
		100.0	13.3	8.4	12.1	10.8	13.0	10.2	7.4	0.0	3.0	2.6	9.9	4.5	4.8
	15年以上	266	22	12	25	38	22	31	41	3	8	7	22	16	19
		100.0	8.3	4.5	9.4	14.3	8.3	11.7	15.4	1.1	3.0	2.6	8.3	6.0	7.1
1週の平均作業時間(問3附問2)	10時間未満	404	57	45	37	45	55	33	25	1	17	8	34	21	26
		100.0	14.1	11.1	9.2	11.1	13.6	8.2	6.2	0.2	4.2	2.0	8.4	5.2	6.4
	10時間以上40時間未満	515	68	39	69	46	68	44	42	1	12	17	54	27	28
		100.0	13.2	7.6	13.4	8.9	13.2	8.5	8.2	0.2	2.3	3.3	10.5	5.2	5.4
	40時間以上	410	34	33	46	55	45	49	49	2	20	9	39	9	20
		100.0	8.3	8.0	11.2	13.4	11.0	12.0	12.0	0.5	4.9	2.2	9.5	2.2	4.9
独立自営業者の報酬総額(問2附問4)	200万円未満	800	110	86	82	75	108	60	60	3	34	29	77	34	42
		100.0	13.8	10.8	10.3	9.4	13.5	7.5	7.5	0.4	4.3	3.6	9.6	4.3	5.3
	200万円以上400万円未満	203	15	9	27	29	23	23	23	1	9	2	21	9	12
		100.0	7.4	4.4	13.3	14.3	11.3	11.3	11.3	0.5	4.4	1.0	10.3	4.4	5.9
	400万円以上600万円未満	135	12	8	15	18	16	21	17	0	3	3	14	3	5
		100.0	8.9	5.9	11.1	13.3	11.9	15.6	12.6	0.0	2.2	2.2	10.4	2.2	3.7
	600万円以上	191	22	14	28	24	21	22	16	0	3	0	15	11	15
		100.0	11.5	7.3	14.7	12.6	11.0	11.5	8.4	0.0	1.6	0.0	7.9	5.8	7.9

Q32.あなたが現在持っている資格のうち独立自営業者としての仕事に役立っているものについて、役立っている順に3つまでご記入ください。
（なるべく正確な名称をご記入ください。）
3.3位　SA

		n	語学系	コンピュータ・情報処理系	経営・計理・労務・司法系	建築・不動産系	事務系スペシャリスト	技術系スペシャリスト	運転系	デザイン系	栄養・調理・ファッション系	教育・保育系	医療・福祉・衛生	その他	不明
全体		649	65	51	65	67	68	65	55	3	17	19	56	32	86
		100.0	10.0	7.9	10.0	10.3	10.5	10.0	8.5	0.5	2.6	2.9	8.6	4.9	13.3
性別(SC2)	男性	431	34	34	41	60	40	65	43	0	3	8	30	13	60
		100.0	7.9	7.9	9.5	13.9	9.3	15.1	10.0	0.0	0.7	1.9	7.0	3.0	13.9
	女性	218	31	17	24	7	28	0	12	3	14	11	26	19	26
		100.0	14.2	7.8	11.0	3.2	12.8	0.0	5.5	1.4	6.4	5.0	11.9	8.7	11.9
年齢(SC1)	15歳～29歳	35	5	5	5	1	7	1	0	0	1	0	4	1	5
		100.0	14.3	14.3	14.3	2.9	20.0	2.9	0.0	0.0	2.9	0.0	11.4	2.9	14.3
	30歳～39歳	109	7	13	16	5	7	5	17	2	8	2	9	7	11
		100.0	6.4	11.9	14.7	4.6	6.4	4.6	15.6	1.8	7.3	1.8	8.3	6.4	10.1
	40歳～49歳	166	18	15	18	15	13	13	16	1	3	8	16	12	18
		100.0	10.8	9.0	10.8	9.0	7.8	7.8	9.6	0.6	1.8	4.8	9.6	7.2	10.8
	50歳～59歳	176	22	11	14	16	19	22	14	0	4	7	20	7	20
		100.0	12.5	6.3	8.0	9.1	10.8	12.5	8.0	0.0	2.3	4.0	11.4	4.0	11.4
	60歳以上	163	13	7	12	30	22	24	8	0	1	2	7	5	32
		100.0	8.0	4.3	7.4	18.4	13.5	14.7	4.9	0.0	0.6	1.2	4.3	3.1	19.6
学歴(問52)	中学校・高校	130	5	3	11	18	9	31	15	1	5	0	5	5	22
		100.0	3.8	2.3	8.5	13.8	6.9	23.8	11.5	0.8	3.8	0.0	3.8	3.8	16.9
	各種専門学校	68	2	5	8	3	4	3	10	2	4	2	13	4	8
		100.0	2.9	7.4	11.8	4.4	5.9	4.4	14.7	2.9	5.9	2.9	19.1	5.9	11.8
	高等専門学校・短大	66	6	11	3	5	7	6	5	0	3	3	6	4	7
		100.0	9.1	16.7	4.5	7.6	10.6	9.1	7.6	0.0	4.5	4.5	9.1	6.1	10.6
	大学・大学院	379	52	32	43	41	46	25	23	0	5	14	31	18	49
		100.0	13.7	8.4	11.3	10.8	12.1	6.6	6.1	0.0	1.3	3.7	8.2	4.7	12.9
	その他	2	0	0	0	0	0	0	1	0	0	0	0	1	0
		100.0	0.0	0.0	0.0	0.0	0.0	0.0	50.0	0.0	0.0	0.0	0.0	50.0	0.0
既・未婚(問54)	既婚	418	36	29	42	51	42	48	26	2	7	15	38	19	63
		100.0	8.6	6.9	10.0	12.2	10.0	11.5	6.2	0.5	1.7	3.6	9.1	4.5	15.1
	未婚、離婚、死別	231	29	22	23	16	26	17	29	1	10	4	18	13	23
		100.0	12.6	9.5	10.0	6.9	11.3	7.4	12.6	0.4	4.3	1.7	7.8	5.6	10.0
居住地(問64)	23区・政令市	183	22	20	25	18	23	13	7	1	1	6	13	9	25
		100.0	12.0	10.9	13.7	9.8	12.6	7.1	3.8	0.5	0.5	3.3	7.1	4.9	13.7
	市(人口10万人以上)	292	30	16	25	30	28	29	33	2	8	8	26	14	43
		100.0	10.3	5.5	8.6	10.3	9.6	9.9	11.3	0.7	2.7	2.7	8.9	4.8	14.7
	市(人口10万人未満)	120	9	11	9	13	12	15	13	0	5	4	13	5	11
		100.0	7.5	9.2	7.5	10.8	10.0	12.5	10.8	0.0	4.2	3.3	10.8	4.2	9.2
	町村	54	4	4	6	6	5	8	2	0	3	1	4	4	7
		100.0	7.4	7.4	11.1	11.1	9.3	14.8	3.7	0.0	5.6	1.9	7.4	7.4	13.0
専業・兼業(SC7)	専業	329	34	18	35	34	33	33	34	1	7	8	21	20	51
		100.0	10.3	5.5	10.6	10.3	10.0	10.0	10.3	0.3	2.1	2.4	6.4	6.1	15.5
	兼業	320	31	33	30	33	35	32	21	2	10	11	35	12	35
		100.0	9.7	10.3	9.4	10.3	10.9	10.0	6.6	0.6	3.1	3.4	10.9	3.8	10.9
	うち独立自営業が本業	97	9	11	2	8	9	15	9	1	2	3	14	4	10
		100.0	9.3	11.3	2.1	8.2	9.3	15.5	9.3	1.0	2.1	3.1	14.4	4.1	10.3
	うち独立自営業が副業	223	22	22	28	25	26	17	12	1	8	8	21	8	25
		100.0	9.9	9.9	12.6	11.2	11.7	7.6	5.4	0.4	3.6	3.6	9.4	3.6	11.2
主な仕事(問1-1)	事務関連	94	12	16	14	3	13	7	2	0	0	2	6	3	16
		100.0	12.8	17.0	14.9	3.2	13.8	7.4	2.1	0.0	0.0	2.1	6.4	3.2	17.0
	デザイン・映像製作関連	24	1	1	3	0	1	2	3	2	1	2	0	2	6
		100.0	4.2	4.2	12.5	0.0	4.2	8.3	12.5	8.3	4.2	8.3	0.0	8.3	25.0
	IT関連	35	5	16	5	1	1	3	1	0	1	0	0	0	2
		100.0	14.3	45.7	14.3	2.9	2.9	8.6	2.9	0.0	2.9	0.0	0.0	0.0	5.7
	専門関連業務(医療、技術、講師、芸能、演奏など)	336	39	11	34	47	43	19	22	0	9	11	41	20	40
		100.0	11.6	3.3	10.1	14.0	12.8	5.7	6.5	0.0	2.7	3.3	12.2	6.0	11.9
	生活関連サービス、理容・美容	59	4	5	5	3	4	4	3	0	4	3	8	4	12
		100.0	6.8	8.5	8.5	5.1	6.8	6.8	5.1	0.0	6.8	5.1	13.6	6.8	20.3
	現場作業関連(運輸、製造、修理、清掃など)	101	4	2	4	13	6	30	24	1	2	1	1	3	10
		100.0	4.0	2.0	4.0	12.9	5.9	29.7	23.8	1.0	2.0	1.0	1.0	3.0	9.9
独立自営業の経験年数(問30)	2年未満	155	16	18	16	15	16	8	13	1	7	2	16	6	21
		100.0	10.3	11.6	10.3	9.7	10.3	5.2	8.4	0.6	4.5	1.3	10.3	3.9	13.5
	2年以上15年未満	360	35	28	39	39	40	36	33	1	8	13	28	22	38
		100.0	9.7	7.8	10.8	10.8	11.1	10.0	9.2	0.3	2.2	3.6	7.8	6.1	10.6
	15年以上	134	14	5	10	13	12	21	9	1	2	4	12	4	27
		100.0	10.4	3.7	7.5	9.7	9.0	15.7	6.7	0.7	1.5	3.0	9.0	3.0	20.1
1週の平均作業時間(問3附問2)	10時間未満	192	20	18	30	16	17	16	12	0	3	7	16	11	26
		100.0	10.4	9.4	15.6	8.3	8.9	8.3	6.3	0.0	1.6	3.6	8.3	5.7	13.5
	10時間以上40時間未満	256	33	21	19	19	32	26	20	1	6	7	25	17	30
		100.0	12.9	8.2	7.4	7.4	12.5	10.2	7.8	0.4	2.3	2.7	9.8	6.6	11.7
	40時間以上	201	12	12	16	32	19	23	23	2	8	5	15	4	30
		100.0	6.0	6.0	8.0	15.9	9.5	11.4	11.4	1.0	4.0	2.5	7.5	2.0	14.9
独立自営業者の報酬総額(問2附問4)	200万円未満	374	42	35	41	29	43	30	22	3	12	15	36	21	45
		100.0	11.2	9.4	11.0	7.8	11.5	8.0	5.9	0.8	3.2	4.0	9.6	5.6	12.0
	200万円以上400万円未満	110	10	7	9	18	6	15	10	0	2	1	12	7	13
		100.0	9.1	6.4	8.2	16.4	5.5	13.6	9.1	0.0	1.8	0.9	10.9	6.4	11.8
	400万円以上600万円未満	63	4	1	6	10	5	9	16	0	1	0	3	1	7
		100.0	6.3	1.6	9.5	15.9	7.9	14.3	25.4	0.0	1.6	0.0	4.8	1.6	11.1
	600万円以上	102	9	8	9	10	14	11	7	0	2	3	5	3	21
		100.0	8.8	7.8	8.8	9.8	13.7	10.8	6.9	0.0	2.0	2.9	4.9	2.9	20.6

Q33.あなたが独立自営業者になった理由は何でしたか。(いくつでも)
MA

		n	自分の夢の実現やキャリアアップのため	収入を増やしたかったから	自分のペースで働く時間を決めることができると思ったから	働く地域や場所を選べたから	働きたい仕事内容を選べたから	仕事の範囲や責任が明確だったから	専門的な技術や資格を活かせると思ったから	実務経験(事務、財務、貿易事務など)やキャリアを積みたかった	育児、看護、介護との両立が図れると思ったから	社会活動、趣味との両立が図れると思ったから	一つの会社に縛られなかったから	様々な仕事を体験できると思ったから
全体		8256	1793 21.7	2625 31.8	2963 35.9	1010 12.2	1482 18.0	628 7.6	1498 18.1	257 3.1	570 6.9	469 5.7	730 8.8	454 5.5
性別(SC2)	男性	5190	1028 19.8	1577 30.4	1652 31.8	548 10.6	872 16.8	395 7.6	937 18.1	151 2.9	103 2.0	245 4.7	501 9.7	236 4.5
	女性	3066	765 25.0	1048 34.2	1311 42.8	462 15.1	610 19.9	233 7.6	561 18.3	106 3.5	467 15.2	224 7.3	229 7.5	218 7.1
年齢(SC1)	15歳～29歳	547	153 28.0	240 43.9	206 37.7	73 13.3	100 18.3	39 7.1	53 9.7	28 5.1	46 8.4	40 7.3	34 6.2	38 6.9
	30歳～39歳	1745	502 28.8	723 41.4	661 37.9	267 15.3	326 18.7	123 7.0	251 14.4	72 4.1	215 12.3	116 6.6	160 9.2	137 7.9
	40歳～49歳	2378	531 22.3	781 32.8	849 35.7	286 12.0	395 16.6	172 7.2	371 15.6	71 3.0	161 6.8	116 4.9	196 8.2	123 5.2
	50歳～59歳	2050	376 18.3	554 27.0	683 33.3	220 10.7	360 17.6	153 7.5	394 19.2	44 2.1	103 5.0	91 4.4	212 10.3	96 4.7
	60歳以上	1536	231 15.0	327 21.3	564 36.7	164 10.7	301 19.6	141 9.2	429 27.9	42 2.7	45 2.9	106 6.9	128 8.3	60 3.9
学歴(問52)	中学校・高校	1733	313 18.1	577 33.3	613 35.4	187 10.8	274 15.8	118 6.8	200 11.5	37 2.1	102 5.9	84 4.8	145 8.4	69 4.0
	各種専門学校	871	220 25.3	270 31.0	342 39.3	106 12.2	166 19.1	68 7.8	190 21.8	28 3.2	69 7.9	35 4.0	87 10.0	56 6.4
	高等専門学校・短大	1121	260 23.2	340 30.3	408 36.4	142 12.7	190 16.9	83 7.4	192 17.1	38 3.4	95 8.5	64 5.7	83 7.4	70 6.2
	大学・大学院	4499	995 22.1	1429 31.8	1590 35.3	573 12.7	849 18.9	357 7.9	913 20.3	154 3.4	301 6.7	286 6.4	415 9.2	259 5.8
	その他	9	2 22.2	2 22.2	4 44.4	0 0.0	1 11.1	2 22.2	3 33.3	0 0.0	1 11.1	0 0.0	0 0.0	0 0.0
既・未婚(問54)	既婚	5025	1038 20.7	1690 33.6	1755 34.9	616 12.3	872 17.4	375 7.5	960 19.1	148 2.9	442 8.8	260 5.2	384 7.6	252 5.0
	未婚、離婚、死別	3231	755 23.4	935 28.9	1208 37.4	394 12.2	610 18.9	253 7.8	538 16.7	109 3.4	128 4.0	209 6.5	346 10.7	202 6.3
居住地(問64)	23区・政令市	2617	580 22.2	827 31.6	934 35.7	289 11.0	485 18.5	207 7.9	504 19.3	83 3.2	174 6.6	157 6.0	272 10.4	151 5.8
	市(人口10万人以上)	3534	779 22.0	1170 33.1	1278 36.2	474 13.4	663 18.8	258 7.3	657 18.6	115 3.3	251 7.1	201 5.7	306 8.7	210 5.9
	市(人口10万人未満)	1511	313 20.7	453 30.0	545 36.1	174 11.5	242 16.0	123 8.1	255 16.9	39 2.6	100 6.6	78 5.2	114 7.5	64 4.2
	町村	594	121 20.4	175 29.5	206 34.7	73 12.3	92 15.5	40 6.7	82 13.8	20 3.4	45 7.6	33 5.6	38 6.4	29 4.9
専業・兼業(SC7)	専業	4083	854 20.9	856 21.0	1616 39.6	527 12.9	783 19.2	359 8.8	870 21.3	109 2.7	299 7.3	197 4.8	411 10.1	198 4.8
	兼業	4173	939 22.5	1769 42.4	1347 32.3	483 11.6	699 16.8	269 6.4	628 15.0	148 3.5	271 6.5	272 6.5	319 7.6	256 6.1
	うち独立自営業が本業	1335	339 25.4	305 22.8	509 38.1	166 12.4	291 21.8	111 8.3	268 20.1	41 3.1	89 6.7	100 7.5	141 10.6	81 6.1
	うち独立自営業が副業	2838	600 21.1	1464 51.6	838 29.5	318 11.2	408 14.4	158 5.6	360 12.7	107 3.8	182 6.4	172 6.1	178 6.3	175 6.2
主な仕事(問1-1)	事務関連	1560	251 16.1	660 42.3	471 30.2	185 11.9	196 12.6	87 5.6	94 6.0	50 3.2	133 8.5	44 2.8	63 4.0	54 3.5
	デザイン・映像製作関連	731	223 30.5	186 25.4	310 42.4	90 12.3	157 21.5	59 8.1	153 20.9	18 2.5	54 7.4	60 8.2	89 12.2	57 7.8
	IT関連	705	136 19.3	265 37.6	278 39.4	110 15.6	131 18.6	56 7.9	99 14.0	20 2.8	38 5.4	30 4.3	86 12.2	40 5.7
	専門関連業務(医療、技術、講師、芸能、演奏など)	3266	828 25.4	887 27.2	1269 38.9	400 12.2	700 21.4	276 8.5	943 28.9	117 3.6	236 7.2	241 7.4	344 10.5	221 6.8
	生活関連サービス、理容・美容	741	190 25.6	235 31.7	252 34.0	100 13.5	135 18.2	60 8.1	98 13.2	22 3.0	67 9.0	38 5.1	58 7.8	38 5.1
	現場作業関連(運輸、製造、修理、清掃など)	1253	165 13.2	392 31.3	383 30.6	125 10.0	163 13.0	90 7.2	111 8.9	30 2.4	42 3.4	56 4.5	90 7.2	44 3.5
独立自営業の経験年数(問30)	2年未満	2572	554 21.5	1084 42.1	779 30.3	278 10.8	330 12.8	117 4.5	219 8.5	67 2.6	223 8.7	120 4.7	137 5.3	130 5.1
	2年以上15年未満	3962	877 22.1	1194 30.1	1517 38.3	553 14.0	801 20.2	364 9.2	809 20.4	151 3.8	246 6.2	261 6.6	371 9.4	229 5.8
	15年以上	1722	362 21.0	347 20.2	667 38.7	179 10.4	351 20.4	147 8.5	470 27.3	39 2.3	101 5.9	88 5.1	222 12.9	95 5.5
1週の平均作業時間(問3附問2)	10時間未満	2688	531 19.8	1044 38.8	805 29.9	263 9.8	388 14.4	164 6.1	395 14.7	71 2.6	207 7.7	157 5.8	150 5.6	136 5.1
	10時間以上40時間未満	3070	671 21.9	917 29.9	1270 41.4	439 14.3	594 19.3	227 7.4	627 20.4	89 2.9	249 8.1	205 6.7	282 9.2	169 5.5
	40時間以上	2498	591 23.7	664 26.6	888 35.5	308 12.3	500 20.0	237 9.5	476 19.1	97 3.9	114 4.6	107 4.3	298 11.9	149 6.0
独立自営業者の報酬総額(問2附問4)	200万円未満	5289	1150 21.7	1858 35.1	1832 34.6	629 11.9	850 16.1	335 6.3	818 15.5	144 2.7	442 8.4	347 6.6	355 6.7	272 5.1
	200万円以上400万円未満	1189	269 22.6	278 23.4	470 39.5	154 13.0	240 20.2	103 8.7	278 23.4	48 4.0	63 5.3	54 4.5	149 12.5	77 6.5
	400万円以上600万円未満	819	176 21.5	190 23.2	315 38.5	104 12.7	189 23.1	77 9.4	184 22.5	30 3.7	29 3.5	39 4.8	112 13.7	47 5.7
	600万円以上	959	198 20.6	299 31.2	346 36.1	123 12.8	203 21.2	113 11.8	218 22.7	35 3.6	36 3.8	29 3.0	114 11.9	58 6.0

Q33.あなたが独立自営業者になった理由は何でしたか。（いくつでも）
MA

		n	取引相手や以前の勤め先、知り合いに頼まれたから	精神的・肉体的な病気をかかえていたから	正社員として働きたいが、仕事が見つからなかったから	その時働いていた会社の倒産・リストラ	定年退職	その他	特段理由はない
全体		8256	459 5.6	305 3.7	283 3.4	317 3.8	384 4.7	210 2.5	1354 16.4
性別(SC2)	男性	5190	293 5.6	150 2.9	186 3.6	252 4.9	363 7.0	134 2.6	908 17.5
	女性	3066	166 5.4	155 5.1	97 3.2	65 2.1	21 0.7	76 2.5	446 14.5
年齢(SC1)	15歳～29歳	547	17 3.1	30 5.5	20 3.7	2 0.4	1 0.2	8 1.5	83 15.2
	30歳～39歳	1745	77 4.4	83 4.8	52 3.0	25 1.4	7 0.4	32 1.8	234 13.4
	40歳～49歳	2378	124 5.2	102 4.3	94 4.0	80 3.4	4 0.2	57 2.4	458 19.3
	50歳～59歳	2050	109 5.3	69 3.4	88 4.3	138 6.7	13 0.6	63 3.1	388 18.9
	60歳以上	1536	132 8.6	21 1.4	29 1.9	72 4.7	359 23.4	50 3.3	191 12.4
学歴(問52)	中学校・高校	1733	96 5.5	78 4.5	72 4.2	79 4.6	70 4.0	54 3.1	355 20.5
	各種専門学校	871	49 5.6	39 4.5	21 2.4	38 4.4	12 1.4	28 3.2	159 18.3
	高等専門学校・短大	1121	36 3.2	25 2.2	30 2.7	31 2.8	35 3.1	23 2.1	189 16.9
	大学・大学院	4499	275 6.1	161 3.6	160 3.6	166 3.7	266 5.9	104 2.3	646 14.4
	その他	9	2 22.2	1 11.1	0 0.0	1 11.1	1 11.1	1 11.1	0 0.0
既・未婚 (問54)	既婚	5025	282 5.6	124 2.5	119 2.4	177 3.5	344 6.8	117 2.3	767 15.3
	未婚、離婚、死別	3231	177 5.5	181 5.6	164 5.1	140 4.3	40 1.2	93 2.9	587 18.2
居住地 (問64)	23区・政令市	2617	172 6.6	91 3.5	88 3.4	127 4.9	122 4.7	71 2.7	419 16.0
	市(人口10万人以上)	3534	201 5.7	131 3.7	118 3.3	126 3.6	169 4.8	92 2.6	534 15.1
	市(人口10万人未満)	1511	68 4.5	65 4.3	51 3.4	52 3.4	76 5.0	38 2.5	258 17.1
	町村	594	18 3.0	18 3.0	26 4.4	12 2.0	17 2.9	9 1.5	143 24.1
専業・兼業 (SC7)	専業	4083	190 4.7	175 4.3	147 3.6	211 5.2	238 5.8	115 2.8	714 17.5
	兼業	4173	269 6.4	130 3.1	136 3.3	106 2.5	146 3.5	95 2.3	640 15.3
	うち独立自営業が本業	1335	90 6.7	53 4.0	65 4.9	64 4.8	78 5.8	31 2.3	212 15.9
	うち独立自営業が副業	2838	179 6.3	77 2.7	71 2.5	42 1.5	68 2.4	64 2.3	428 15.1
主な仕事 (問1-1)	事務関連	1560	51 3.3	62 4.0	45 2.9	28 1.8	40 2.6	25 1.6	311 19.9
	デザイン・映像製作関連	731	55 7.5	45 6.2	26 3.6	23 3.1	10 1.4	18 2.5	92 12.6
	IT関連	705	39 5.5	33 4.7	33 4.7	56 7.9	20 2.8	18 2.6	86 12.2
	専門関連業務(医療、技術、講師、芸能、演奏など)	3266	217 6.6	100 3.1	117 3.6	135 4.1	228 7.0	88 2.7	420 12.9
	生活関連サービス、理容・美容	741	30 4.0	27 3.6	18 2.4	21 2.8	12 1.6	27 3.6	156 21.1
	現場作業関連(運輸、製造、修理、清掃など)	1253	67 5.3	38 3.0	44 3.5	54 4.3	74 5.9	34 2.7	289 23.1
独立自営業の経験年数 (問30)	2年未満	2572	90 3.5	101 3.9	78 3.0	42 1.6	83 3.2	39 1.5	489 19.0
	2年以上15年未満	3962	266 6.7	164 4.1	159 4.0	212 5.4	270 6.8	107 2.7	500 12.6
	15年以上	1722	103 6.0	40 2.3	46 2.7	63 3.7	31 1.8	64 3.7	365 21.2
1週の平均作業時間 (問3附問2)	10時間未満	2688	150 5.6	78 2.9	62 2.3	50 1.9	109 4.1	65 2.4	536 19.9
	10時間以上40時間未満	3070	185 6.0	141 4.6	110 3.6	127 4.1	210 6.8	75 2.4	396 12.9
	40時間以上	2498	124 5.0	86 3.4	111 4.4	140 5.6	65 2.6	70 2.8	422 16.9
独立自営業者の報酬総額 (問2附問4)	200万円未満	5289	271 5.1	229 4.3	182 3.4	152 2.9	242 4.6	121 2.3	897 17.0
	200万円以上400万円未満	1189	79 6.6	46 3.9	55 4.6	79 6.6	75 6.3	39 3.3	166 14.0
	400万円以上600万円未満	819	62 7.6	16 2.0	26 3.2	46 5.6	26 3.2	18 2.2	133 16.2
	600万円以上	959	47 4.9	14 1.5	20 2.1	40 4.2	41 4.3	32 3.3	158 16.5

Q34. 現在、下記のような外部の組織や集まり、ネットワークに参加していますか。（いくつでも）
MA

		n	業界団体、経営者団体に参加している	協同組合・同業者組合に参加している	仲介組織（クラウドソーシングの会社や仲介会社など）に登録している	異業種交流会に参加している	専門家が主催するセミナーや講座、勉強会に参加している	私的な勉強会に参加している	その他	特に何も参加していない
全体		8256	730	361	546	433	792	648	36	5757
			8.8	4.4	6.6	5.2	9.6	7.8	0.4	69.7
性別(SC2)	男性	5190	525	268	297	311	504	392	24	3608
			10.1	5.2	5.7	6.0	9.7	7.6	0.5	69.5
	女性	3066	205	93	249	122	288	256	12	2149
			6.7	3.0	8.1	4.0	9.4	8.3	0.4	70.1
年齢(SC1)	15歳～29歳	547	42	26	70	35	40	34	0	366
			7.7	4.8	12.8	6.4	7.3	6.2	0.0	66.9
	30歳～39歳	1745	124	70	181	93	183	149	2	1158
			7.1	4.0	10.4	5.3	10.5	8.5	0.1	66.4
	40歳～49歳	2378	191	113	149	124	198	183	5	1688
			8.0	4.8	6.3	5.2	8.3	7.7	0.2	71.0
	50歳～59歳	2050	178	82	89	84	148	165	8	1506
			8.7	4.0	4.3	4.1	7.2	8.0	0.4	73.5
	60歳以上	1536	195	70	57	97	223	117	21	1039
			12.7	4.6	3.7	6.3	14.5	7.6	1.4	67.6
学歴(問52)	中学校・高校	1733	108	69	99	61	80	81	3	1339
			6.2	4.0	5.7	3.5	4.6	4.7	0.2	77.3
	各種専門学校	871	65	39	59	40	74	69	1	618
			7.5	4.5	6.8	4.6	8.5	7.9	0.1	71.0
	高等専門学校・短大	1121	68	48	70	48	89	77	3	807
			6.1	4.3	6.2	4.3	7.9	6.9	0.3	72.0
	大学・大学院	4499	489	205	316	284	546	419	29	2968
			10.9	4.6	7.0	6.3	12.1	9.3	0.6	66.0
	その他	9	0	0	1	0	1	0	0	7
			0.0	0.0	11.1	0.0	11.1	0.0	0.0	77.8
既・未婚(問54)	既婚	5025	505	263	323	271	523	404	24	3409
			10.0	5.2	6.4	5.4	10.4	8.0	0.5	67.8
	未婚、離婚、死別	3231	225	98	223	162	269	244	12	2348
			7.0	3.0	6.9	5.0	8.3	7.6	0.4	72.7
居住地(問64)	23区・政令市	2617	245	99	195	144	256	236	11	1825
			9.4	3.8	7.5	5.5	9.8	9.0	0.4	69.7
	市（人口10万人以上）	3534	313	153	228	189	366	275	17	2450
			8.9	4.3	6.5	5.3	10.4	7.8	0.5	69.3
	市（人口10万人未満）	1511	127	76	91	64	130	104	6	1053
			8.4	5.0	6.0	4.2	8.6	6.9	0.4	69.7
	町村	594	45	33	32	36	40	33	2	429
			7.6	5.6	5.4	6.1	6.7	5.6	0.3	72.2
専業・兼業(SC7)	専業	4083	405	205	204	184	363	276	15	2923
			9.9	5.0	5.0	4.5	8.9	6.8	0.4	71.6
	兼業	4173	325	156	342	249	429	372	21	2834
			7.8	3.7	8.2	6.0	10.3	8.9	0.5	67.9
	うち独立自営業が本業	1335	135	70	86	93	160	124	12	872
			10.1	5.2	6.4	7.0	12.0	9.3	0.9	65.3
	うち独立自営業が副業	2838	190	86	256	156	269	248	9	1962
			6.7	3.0	9.0	5.5	9.5	8.7	0.3	69.1
主な仕事(問1-1)	事務関連	1560	84	68	220	79	86	82	0	1074
			5.4	4.4	14.1	5.1	5.5	5.3	0.0	68.8
	デザイン・映像製作関連	731	43	18	52	39	42	43	1	564
			5.9	2.5	7.1	5.3	5.7	5.9	0.1	77.2
	IT関連	705	35	30	57	43	52	55	2	519
			5.0	4.3	8.1	6.1	7.4	7.8	0.3	73.6
	専門関連業務（医療、技術、講師、芸能など）	3266	454	130	166	189	483	345	28	2091
			13.9	4.0	5.1	5.8	14.8	10.6	0.9	64.0
	生活関連サービス、理容・美容	741	51	36	15	44	78	72	2	517
			6.9	4.9	2.0	5.9	10.5	9.7	0.3	69.8
	現場作業関連（運輸、製造、修理、清掃など）	1253	63	79	36	39	51	51	3	992
			5.0	6.3	2.9	3.1	4.1	4.1	0.2	79.2
独立自営業の経験年数(問30)	2年未満	2572	157	60	256	100	193	177	1	1839
			6.1	2.3	10.0	3.9	7.5	6.9	0.0	71.5
	2年以上15年未満	3962	392	201	247	266	458	376	22	2625
			9.9	5.1	6.2	6.7	11.6	9.5	0.6	66.3
	15年以上	1722	181	100	43	67	141	95	13	1293
			10.5	5.8	2.5	3.9	8.2	5.5	0.8	75.1
1週の平均作業時間(問3附問2)	10時間未満	2688	153	41	207	94	246	189	12	1989
			5.7	1.5	7.7	3.5	9.2	7.0	0.4	74.0
	10時間以上40時間未満	3070	298	123	201	179	324	256	17	2102
			9.7	4.0	6.5	5.8	10.6	8.3	0.6	68.5
	40時間以上	2498	279	197	138	160	222	203	7	1666
			11.2	7.9	5.5	6.4	8.9	8.1	0.3	66.7
独立自営業者の報酬総額(問2附問4)	200万円未満	5289	372	147	406	213	448	398	26	3800
			7.0	2.8	7.7	4.0	8.5	7.5	0.5	71.8
	200万円以上400万円未満	1189	136	78	59	68	130	103	5	800
			11.4	6.6	5.0	5.7	10.9	8.7	0.4	67.3
	400万円以上600万円未満	819	94	53	37	58	85	56	1	559
			11.5	6.5	4.5	7.1	10.4	6.8	0.1	68.3
	600万円以上	959	128	83	44	94	129	91	4	598
			13.3	8.7	4.6	9.8	13.5	9.5	0.4	62.4

独立自営業者としての仕事が、「兼業(本業)」、「兼業(副業)」とお答えの方にお伺いします。
Q35.2017年1月～12月のあなたの独立自営業以外の仕事先での就業形態は何でしたか。(いくつでも)
【SC7で2もしくは3とした回答者を対象】
MA

		n	会社役員	正社員	契約社員	パート・アルバイト	派遣社員	その他
全体		4173	179 4.3	1653 39.6	444 10.6	1387 33.2	248 5.9	376 9.0
性別(SC2)	男性	2462	130 5.3	1212 49.2	268 10.9	587 23.8	115 4.7	214 8.7
	女性	1711	49 2.9	441 25.8	176 10.3	800 46.8	133 7.8	162 9.5
年齢(SC1)	15歳～29歳	372	15 4.0	162 43.5	26 7.0	140 37.6	30 8.1	16 4.3
	30歳～39歳	1050	32 3.0	513 48.9	79 7.5	341 32.5	64 6.1	50 4.8
	40歳～49歳	1229	42 3.4	511 41.6	144 11.7	395 32.1	80 6.5	86 7.0
	50歳～59歳	937	54 5.8	367 39.2	97 10.4	289 30.8	52 5.5	101 10.8
	60歳以上	585	36 6.2	100 17.1	98 16.8	222 37.9	22 3.8	123 21.0
学歴(問52)	中学校・高校	832	30 3.6	257 30.9	80 9.6	347 41.7	57 6.9	85 10.2
	各種専門学校	423	15 3.5	138 32.6	44 10.4	164 38.8	37 8.7	38 9.0
	高等専門学校・短大	576	16 2.8	175 30.4	64 11.1	235 40.8	43 7.5	56 9.7
	大学・大学院	2325	118 5.1	1077 46.3	255 11.0	634 27.3	110 4.7	195 8.4
	その他	4	0 0.0	2 50.0	0 0.0	2 50.0	0 0.0	0 0.0
既・未婚 (問54)	既婚	2496	137 5.5	1025 41.1	239 9.6	786 31.5	109 4.4	251 10.1
	未婚、離婚、死別	1677	42 2.5	628 37.4	205 12.2	601<>35.8	139 8.3	125 7.5
居住地 (問64)	23区・政令市	1330	60 4.5	544 40.9	134 10.1	410 30.8	88 6.6	128 9.6
	市(人口10万人以上)	1800	71 3.9	717 39.8	197 10.9	615 34.2	93 5.2	149 8.3
	市(人口10万人未満)	736	34 4.6	286 38.9	79 10.7	244 33.2	48 6.5	68 9.2
	町村	307	14 4.6	106 34.5	34 11.1	118 38.4	19 6.2	31 10.1
専業・兼業 (SC7)	専業	0	0 0.0	0 0.0	0 0.0	0 0.0	0 0.0	0 0.0
	兼業	4173	179 4.3	1653 39.6	444 10.6	1387 33.2	248 5.9	376 9.0
	うち独立自営業が本業	1335	81 6.1	270 20.2	156 11.7	575 43.1	71 5.3	232 17.4
	うち独立自営業が副業	2838	98 3.5	1383 48.7	288 10.1	812 28.6	177 6.2	144 5.1
主な仕事 (問1-1)	事務関連	993	26 2.6	446 44.9	84 8.5	349 35.1	54 5.4	63 6.3
	デザイン・映像製作関連	358	14 3.9	137 38.3	40 11.2	133 37.2	20 5.6	23 6.4
	IT関連	313	15 4.8	159 50.8	35 11.2	73 23.3	22 7.0	21 6.7
	専門関連業務(医療、技術、講師、芸能、演奏など)	1540	87 5.6	556 36.1	185 12.0	478 31.0	89 5.8	186 12.1
	生活関連サービス、理容・美容	391	13 3.3	125 32.0	42 10.7	156 39.9	36 9.2	27 6.9
	現場作業関連(運輸、製造、修理、清掃など)	578	24 4.2	230 39.8	58 10.0	198 34.3	27 4.7	56 9.7
独立自営業の経験年数 (問30)	2年未満	1684	48 2.9	784 46.6	141 8.4	564 33.5	106 6.3	84 5.0
	2年以上15年未満	1961	87 4.4	740 37.7	237 12.1	660 33.7	113 5.8	178 9.1
	15年以上	528	44 8.3	129 24.4	66 12.5	163 30.9	29 5.5	114 21.6
1週の平均作業時間 (問3附問2)	10時間未満	1879	73 3.9	835 44.4	182 9.7	576 30.7	104 5.5	138 7.3
	10時間以上40時間未満	1522	48 3.2	561 36.9	172 11.3	532 35.0	103 6.8	161 10.6
	40時間以上	772	58 7.5	257 33.3	90 11.7	279 36.1	41 5.3	77 10.0
独立自営業者の報酬総額 (問2附問4)	200万円未満	3296	99 3.0	1341 40.7	334 10.1	1156 35.1	194 5.9	260 7.9
	200万円以上400万円未満	425	30 7.1	148 34.8	53 12.5	118 27.8	29 6.8	55 12.9
	400万円以上600万円未満	224	17 7.6	74 33.0	25 11.2	66 29.5	15 6.7	35 15.6
	600万円以上	228	33 14.5	90 39.5	32 14.0	47 20.6	10 4.4	26 11.4

注)Q35からQ43までは、SC7で2もしくは3とした回答者(4173人)が対象になる。

Q35-1.前問でお答えの、2017年1月～12月のあなたの独立自営業以外の仕事先での就業形態のうち、主なものをお答えください。
SA

		n	会社役員	正社員	契約社員	パート・アルバイト	派遣社員	その他（FA）	無回答
全体		4173	167	1635	421	1352	226	186	186
		100.0	4.0	39.2	10.1	32.4	5.4	4.5	4.5
性別(SC2)	男性	2462	122	1202	255	570	103	123	87
		100.0	5.0	48.8	10.4	23.2	4.2	5.0	3.5
	女性	1711	45	433	166	782	123	63	99
		100.0	2.6	25.3	9.7	45.7	7.2	3.7	5.8
年齢(SC1)	15歳～29歳	372	11	159	24	134	28	8	8
		100.0	3.0	42.7	6.5	36.0	7.5	2.2	2.2
	30歳～39歳	1050	30	509	72	331	58	28	22
		100.0	2.9	48.5	6.9	31.5	5.5	2.7	2.1
	40歳～49歳	1229	40	507	136	384	76	40	46
		100.0	3.3	41.3	11.1	31.2	6.2	3.3	3.7
	50歳～59歳	937	52	364	92	284	45	54	46
		100.0	5.5	38.8	9.8	30.3	4.8	5.8	4.9
	60歳以上	585	34	96	97	219	19	56	64
		100.0	5.8	16.4	16.6	37.4	3.2	9.6	10.9
学歴(問52)	中学校・高校	832	28	253	74	341	52	37	47
		100.0	3.4	30.4	8.9	41.0	6.3	4.4	5.6
	各種専門学校	423	15	135	39	160	36	17	21
		100.0	3.5	31.9	9.2	37.8	8.5	4.0	5.0
	高等専門学校・短大	576	16	174	62	229	39	25	31
		100.0	2.8	30.2	10.8	39.8	6.8	4.3	5.4
	大学・大学院	2325	108	1067	245	615	98	106	86
		100.0	4.6	45.9	10.5	26.5	4.2	4.6	3.7
	その他	4	0	2	0	2	0	0	0
		100.0	0.0	50.0	0.0	50.0	0.0	0.0	0.0
既・未婚(問54)	既婚	2496	131	1018	227	771	101	105	143
		100.0	5.2	40.8	9.1	30.9	4.0	4.2	5.7
	未婚、離婚、死別	1677	36	617	194	581	125	81	43
		100.0	2.1	36.8	11.6	34.6	7.5	4.8	2.6
居住地(問64)	23区・政令市	1330	58	540	129	395	81	63	64
		100.0	4.4	40.6	9.7	29.7	6.1	4.7	4.8
	市(人口10万人以上)	1800	66	711	187	606	83	74	73
		100.0	3.7	39.5	10.4	33.7	4.6	4.1	4.1
	市(人口10万人未満)	736	30	281	76	236	45	34	34
		100.0	4.1	38.2	10.3	32.1	6.1	4.6	4.6
	町村	307	13	103	29	115	17	15	15
		100.0	4.2	33.6	9.4	37.5	5.5	4.9	4.9
専業・兼業(SC7)	専業	0	0	0	0	0	0	0	0
		0.0	0.0	0.0	0.0	0.0	0.0	0.0	0.0
	兼業	4173	167	1635	421	1352	226	186	186
		100.0	4.0	39.2	10.1	32.4	5.4	4.5	4.5
	うち独立自営業が本業	1335	78	260	147	560	62	123	105
		100.0	5.8	19.5	11.0	41.9	4.6	9.2	7.9
	うち独立自営業が副業	2838	89	1375	274	792	164	63	81
		100.0	3.1	48.4	9.7	27.9	5.8	2.2	2.9
主な仕事(問1-1)	事務関連	993	23	437	77	344	49	30	33
		100.0	2.3	44.0	7.8	34.6	4.9	3.0	3.3
	デザイン・映像製作関連	358	13	136	38	129	19	9	14
		100.0	3.6	38.0	10.6	36.0	5.3	2.5	3.9
	IT関連	313	15	158	32	68	20	10	10
		100.0	4.8	50.5	10.2	21.7	6.4	3.2	3.2
	専門関連業務(医療、技術、講師、芸能、演奏など)	1540	80	550	175	467	83	97	88
		100.0	5.2	35.7	11.4	30.3	5.4	6.3	5.7
	生活関連サービス、理容・美容	391	13	125	42	153	32	13	13
		100.0	3.3	32.0	10.7	39.1	8.2	3.3	3.3
	現場作業関連(運輸、製造、修理、清掃など)	578	23	229	57	191	23	27	28
		100.0	4.0	39.6	9.9	33.0	4.0	4.7	4.8
独立自営業の経験年数(問30)	2年未満	1684	42	771	132	555	100	35	49
		100.0	2.5	45.8	7.8	33.0	5.9	2.1	2.9
	2年以上15年未満	1961	82	735	223	639	105	88	89
		100.0	4.2	37.5	11.4	32.6	5.4	4.5	4.5
	15年以上	528	43	129	66	158	21	63	48
		100.0	8.1	24.4	12.5	29.9	4.0	11.9	9.1
1週の平均作業時間(問3附問2)	10時間未満	1879	69	830	177	568	98	56	81
		100.0	3.7	44.2	9.4	30.2	5.2	3.0	4.3
	10時間以上40時間未満	1522	44	551	159	513	94	91	70
		100.0	2.9	36.2	10.4	33.7	6.2	6.0	4.6
	40時間以上	772	54	254	85	271	34	39	35
		100.0	7.0	32.9	11.0	35.1	4.4	5.1	4.5
独立自営業者の報酬総額(問2附問4)	200万円未満	3296	91	1325	317	1126	180	119	138
		100.0	2.8	40.2	9.6	34.2	5.5	3.6	4.2
	200万円以上400万円未満	425	28	146	53	117	26	29	26
		100.0	6.6	34.4	12.5	27.5	6.1	6.8	6.1
	400万円以上600万円未満	224	15	74	23	64	13	25	10
		100.0	6.7	33.0	10.3	28.6	5.8	11.2	4.5
	600万円以上	228	33	90	28	45	7	13	12
		100.0	14.5	39.5	12.3	19.7	3.1	5.7	5.3

Q35-2.前問で選択した主たる就業形態の勤続年数はどのくらいですか。
SA

		n	1年未満	2年以上～	3年以上～	4年以上～	5年以上～	6年以上～	7年以上～	8年以上～	9年以上～	10年以上～	11年以上～
全体		4173	719	407	389	320	235	235	166	126	89	182	220
		100.0	17.2	9.8	9.3	7.7	5.6	5.6	4.0	3.0	2.1	4.4	5.3
性別(SC2)	男性	2462	343	221	210	173	143	137	87	74	54	111	127
		100.0	13.9	9.0	8.5	7.0	5.8	5.6	3.5	3.0	2.2	4.5	5.2
	女性	1711	376	186	179	147	92	98	79	52	35	71	93
		100.0	22.0	10.9	10.5	8.6	5.4	5.7	4.6	3.0	2.0	4.1	5.4
年齢(SC1)	15歳～29歳	372	105	55	64	47	36	28	16	8	5	6	1
		100.0	28.2	14.8	17.2	12.6	9.7	7.5	4.3	2.2	1.3	1.6	0.3
	30歳～39歳	1050	216	107	101	88	74	59	45	46	39	56	70
		100.0	20.6	10.2	9.6	8.4	7.0	5.6	4.3	4.4	3.7	5.3	6.7
	40歳～49歳	1229	198	118	96	93	51	66	63	37	20	60	69
		100.0	16.1	9.6	7.8	7.6	4.1	5.4	5.1	3.0	1.6	4.9	5.6
	50歳～59歳	937	118	70	71	57	49	41	22	16	12	37	52
		100.0	12.6	7.5	7.6	6.1	5.2	4.4	2.3	1.7	1.3	3.9	5.5
	60歳以上	585	82	57	57	35	25	41	20	19	13	23	28
		100.0	14.0	9.7	9.7	6.0	4.3	7.0	3.4	3.2	2.2	3.9	4.8
学歴(問52)	中学校・高校	832	169	88	74	69	52	46	37	21	13	40	35
		100.0	20.3	10.6	8.9	8.3	6.3	5.5	4.4	2.5	1.6	4.8	4.2
	各種専門学校	423	93	43	42	31	31	23	18	9	8	17	20
		100.0	22.0	10.2	9.9	7.3	7.3	5.4	4.3	2.1	1.9	4.0	4.7
	高等専門学校・短大	576	112	63	54	45	21	29	17	16	13	23	39
		100.0	19.4	10.9	9.4	7.8	3.6	5.0	3.0	2.8	2.3	4.0	6.8
	大学・大学院	2325	342	211	219	173	129	136	93	80	54	102	124
		100.0	14.7	9.1	9.4	7.4	5.5	5.8	4.0	3.4	2.3	4.4	5.3
	その他	4	0	0	0	0	1	1	0	0	0	0	1
		100.0	0.0	0.0	0.0	0.0	25.0	25.0	0.0	0.0	0.0	0.0	25.0
既・未婚(問54)	既婚	2496	405	211	216	174	134	138	94	67	59	111	132
		100.0	16.2	8.5	8.7	7.0	5.4	5.5	3.8	2.7	2.4	4.4	5.3
	未婚、離婚、死別	1677	314	196	173	146	101	97	72	59	30	71	88
		100.0	18.7	11.7	10.3	8.7	6.0	5.8	4.3	3.5	1.8	4.2	5.2
居住地(問64)	23区・政令市	1330	204	122	130	92	72	84	53	42	22	58	74
		100.0	15.3	9.2	9.8	6.9	5.4	6.3	4.0	3.2	1.7	4.4	5.6
	市(人口10万人以上)	1800	309	168	169	143	108	101	81	56	42	75	94
		100.0	17.2	9.3	9.4	7.9	6.0	5.6	4.5	3.1	2.3	4.2	5.2
	市(人口10万人未満)	736	145	89	60	54	37	30	28	21	21	40	35
		100.0	19.7	12.1	8.2	7.3	5.0	4.1	3.8	2.9	2.9	5.4	4.8
	町村	307	61	28	30	31	18	20	4	7	4	9	17
		100.0	19.9	9.1	9.8	10.1	5.9	6.5	1.3	2.3	1.3	2.9	5.5
専業・兼業(SC7)	専業	0	0	0	0	0	0	0	0	0	0	0	0
		0.0	0.0	0.0	0.0	0.0	0.0	0.0	0.0	0.0	0.0	0.0	0.0
	兼業	4173	719	407	389	320	235	235	166	126	89	182	220
		100.0	17.2	9.8	9.3	7.7	5.6	5.6	4.0	3.0	2.1	4.4	5.3
	うち独立自営業が本業	1335	272	136	137	87	75	80	48	40	29	58	78
		100.0	20.4	10.2	10.3	6.5	5.6	6.0	3.6	3.0	2.2	4.3	5.8
	うち独立自営業が副業	2838	447	271	252	233	160	155	118	86	60	124	142
		100.0	15.8	9.5	8.9	8.2	5.6	5.5	4.2	3.0	2.1	4.4	5.0
主な仕事(問1-1)	事務関連	993	209	104	101	86	55	57	33	22	24	43	48
		100.0	21.0	10.5	10.2	8.7	5.5	5.7	3.3	2.2	2.4	4.3	4.8
	デザイン・映像製作関連	358	57	35	42	31	18	20	15	16	9	15	16
		100.0	15.9	9.8	11.7	8.7	5.0	5.6	4.2	4.5	2.5	4.2	4.5
	IT関連	313	42	38	24	24	12	13	10	14	6	16	15
		100.0	13.4	12.1	7.7	7.7	3.8	4.2	3.2	4.5	1.9	5.1	4.8
	専門関連業務(医療、技術、講師、芸能、演奏など)	1540	236	140	142	108	87	89	65	48	36	63	89
		100.0	15.3	9.1	9.2	7.0	5.6	5.8	4.2	3.1	2.3	4.1	5.8
	生活関連サービス、理容・美容	391	82	36	38	30	22	23	17	8	4	19	24
		100.0	21.0	9.2	9.7	7.7	5.6	5.9	4.3	2.0	1.0	4.9	6.1
	現場作業関連(運輸、製造、修理、清掃など)	578	93	54	42	41	41	33	26	18	10	26	28
		100.0	16.1	9.3	7.3	7.1	7.1	5.7	4.5	3.1	1.7	4.5	4.8
独立自営業の経験年数(問30)	2年未満	1684	459	227	152	117	88	76	53	50	35	57	59
		100.0	27.3	13.5	9.0	6.9	5.2	4.5	3.1	3.0	2.1	3.4	3.5
	2年以上15年未満	1961	200	148	212	185	127	137	99	67	51	107	139
		100.0	10.2	7.5	10.8	9.4	6.5	7.0	5.0	3.4	2.6	5.5	7.1
	15年以上	528	60	32	25	18	20	22	14	9	3	18	22
		100.0	11.4	6.1	4.7	3.4	3.8	4.2	2.7	1.7	0.6	3.4	4.2
1週の平均作業時間(問3附問2)	10時間未満	1879	361	176	160	136	104	89	67	49	41	82	101
		100.0	19.2	9.4	8.5	7.2	5.5	4.7	3.6	2.6	2.2	4.4	5.4
	10時間以上40時間未満	1522	227	162	140	103	87	96	65	52	38	77	66
		100.0	14.9	10.6	9.2	6.8	5.7	6.3	4.3	3.4	2.5	5.1	4.3
	40時間以上	772	131	69	89	81	44	50	34	25	10	23	53
		100.0	17.0	8.9	11.5	10.5	5.7	6.5	4.4	3.2	1.3	3.0	6.9
独立自営業者の報酬総額(問2附問4)	200万円未満	3296	612	331	310	245	185	179	126	96	72	158	164
		100.0	18.6	10.0	9.4	7.4	5.6	5.4	3.8	2.9	2.2	4.8	5.0
	200万円以上400万円未満	425	58	34	37	44	34	29	22	12	10	9	22
		100.0	13.6	8.0	8.7	10.4	8.0	6.8	5.2	2.8	2.4	2.1	5.2
	400万円以上600万円未満	224	27	25	16	17	10	17	8	8	3	7	17
		100.0	12.1	11.2	7.1	7.6	4.5	7.6	3.6	3.6	1.3	3.1	7.6
	600万円以上	228	22	17	26	14	6	10	10	10	4	8	17
		100.0	9.6	7.5	11.4	6.1	2.6	4.4	4.4	4.4	1.8	3.5	7.5

Q35-2.前問で選択した主たる就業形態の勤続年数はどのくらいですか。
SA

		n	1年以上2年未満	2年以上3年未満	3年以上4年未満	4年以上5年未満	5年以上6年未満	6年以上7年未満	7年以上8年未満	8年以上9年未満	9年以上20年未満	20年以上
全体		4173	86	73	70	69	87	34	46	23	49	548
		100.0	2.1	1.7	1.7	1.7	2.1	0.8	1.1	0.6	1.2	13.1
性別(SC2)	男性	2462	53	48	54	45	55	19	30	17	41	420
		100.0	2.2	1.9	2.2	1.8	2.2	0.8	1.2	0.7	1.7	17.1
	女性	1711	33	25	16	24	32	15	16	6	8	128
		100.0	1.9	1.5	0.9	1.4	1.9	0.9	0.9	0.4	0.5	7.5
年齢(SC1)	15歳～29歳	372	0	0	0	0	1	0	0	0	0	0
		100.0	0.0	0.0	0.0	0.0	0.3	0.0	0.0	0.0	0.0	0.0
	30歳～39歳	1050	29	33	26	16	22	7	3	2	2	9
		100.0	2.8	3.1	2.5	1.5	2.1	0.7	0.3	0.2	0.2	0.9
	40歳～49歳	1229	36	14	19	27	32	11	24	13	33	149
		100.0	2.9	1.1	1.5	2.2	2.6	0.9	2.0	1.1	2.7	12.1
	50歳～59歳	937	12	18	18	14	24	7	13	6	11	269
		100.0	1.3	1.9	1.9	1.5	2.6	0.7	1.4	0.6	1.2	28.7
	60歳以上	585	9	8	7	12	8	9	6	2	3	121
		100.0	1.5	1.4	1.2	2.1	1.4	1.5	1.0	0.3	0.5	20.7
学歴(問52)	中学校・高校	832	13	11	14	13	13	4	6	0	7	107
		100.0	1.6	1.3	1.7	1.6	1.6	0.5	0.7	0.0	0.8	12.9
	各種専門学校	423	11	6	9	5	7	1	3	2	8	36
		100.0	2.6	1.4	2.1	1.2	1.7	0.2	0.7	0.5	1.9	8.5
	高等専門学校・短大	576	15	11	5	12	14	7	6	4	7	63
		100.0	2.6	1.9	0.9	2.1	2.4	1.2	1.0	0.7	1.2	10.9
	大学・大学院	2325	47	45	41	39	53	22	31	17	27	340
		100.0	2.0	1.9	1.8	1.7	2.3	0.9	1.3	0.7	1.2	14.6
	その他	4	0	0	0	0	0	0	0	0	0	1
		100.0	0.0	0.0	0.0	0.0	0.0	0.0	0.0	0.0	0.0	25.0
既・未婚(問54)	既婚	2496	49	48	37	45	57	26	34	19	30	410
		100.0	2.0	1.9	1.5	1.8	2.3	1.0	1.4	0.8	1.2	16.4
	未婚、離婚、死別	1677	37	25	33	24	30	8	12	4	19	138
		100.0	2.2	1.5	2.0	1.4	1.8	0.5	0.7	0.2	1.1	8.2
居住地(問64)	23区・政令市	1330	26	31	22	25	29	10	17	7	18	192
		100.0	2.0	2.3	1.7	1.9	2.2	0.8	1.3	0.5	1.4	14.4
	市(人口10万人以上)	1800	33	24	31	28	40	18	18	8	19	235
		100.0	1.8	1.3	1.7	1.6	2.2	1.0	1.0	0.4	1.1	13.1
	市(人口10万人未満)	736	19	11	13	12	14	4	7	3	8	85
		100.0	2.6	1.5	1.8	1.6	1.9	0.5	1.0	0.4	1.1	11.5
	町村	307	8	7	4	4	4	2	4	5	4	36
		100.0	2.6	2.3	1.3	1.3	1.3	0.7	1.3	1.6	1.3	11.7
専業・兼業(SC7)	専業	0	0	0	0	0	0	0	0	0	0	0
		0.0	0.0	0.0	0.0	0.0	0.0	0.0	0.0	0.0	0.0	0.0
	兼業	4173	86	73	70	69	87	34	46	23	49	548
		100.0	2.1	1.7	1.7	1.7	2.1	0.8	1.1	0.6	1.2	13.1
	うち独立自営業が本業	1335	25	21	26	16	24	5	11	6	11	150
		100.0	1.9	1.6	1.9	1.2	1.8	0.4	0.8	0.4	0.8	11.2
	うち独立自営業が副業	2838	61	52	44	53	63	29	35	17	38	398
		100.0	2.1	1.8	1.6	1.9	2.2	1.0	1.2	0.6	1.3	14.0
主な仕事(問1-1)	事務関連	993	15	17	16	10	24	13	8	4	5	99
		100.0	1.5	1.7	1.6	1.0	2.4	1.3	0.8	0.4	0.5	10.0
	デザイン・映像製作関連	358	10	9	7	6	7	2	3	3	3	34
		100.0	2.8	2.5	2.0	1.7	2.0	0.6	0.8	0.8	0.8	9.5
	IT関連	313	5	10	9	7	11	2	4	2	8	41
		100.0	1.6	3.2	2.9	2.2	3.5	0.6	1.3	0.6	2.6	13.1
	専門関連業務(医療、技術、講師、芸能、演奏など)	1540	40	22	27	24	28	8	23	8	20	237
		100.0	2.6	1.4	1.8	1.6	1.8	0.5	1.5	0.5	1.3	15.4
	生活関連サービス、理容・美容	391	4	6	4	5	9	5	3	5	8	39
		100.0	1.0	1.5	1.0	1.3	2.3	1.3	0.8	1.3	2.0	10.0
	現場作業関連(運輸、製造、修理、清掃など)	578	12	9	7	17	8	4	5	1	5	98
		100.0	2.1	1.6	1.2	2.9	1.4	0.7	0.9	0.2	0.9	17.0
独立自営業の経験年数(問30)	2年未満	1684	29	23	21	27	25	13	8	7	21	137
		100.0	1.7	1.4	1.2	1.6	1.5	0.8	0.5	0.4	1.2	8.1
	2年以上15年未満	1961	47	45	35	32	36	13	20	11	18	232
		100.0	2.4	2.3	1.8	1.6	1.8	0.7	1.0	0.6	0.9	11.8
	15年以上	528	10	5	14	10	26	8	18	5	10	179
		100.0	1.9	0.9	2.7	1.9	4.9	1.5	3.4	0.9	1.9	33.9
1週の平均作業時間(問3附問2)	10時間未満	1879	35	38	29	40	30	15	23	14	22	267
		100.0	1.9	2.0	1.5	2.1	1.6	0.8	1.2	0.7	1.2	14.2
	10時間以上40時間未満	1522	37	29	28	20	42	12	16	4	19	202
		100.0	2.4	1.9	1.8	1.3	2.8	0.8	1.1	0.3	1.2	13.3
	40時間以上	772	14	6	13	9	15	7	7	5	8	79
		100.0	1.8	0.8	1.7	1.2	1.9	0.9	0.9	0.6	1.0	10.2
独立自営業者の報酬総額(問2附問4)	200万円未満	3296	73	58	51	53	69	27	31	17	39	400
		100.0	2.2	1.8	1.5	1.6	2.1	0.8	0.9	0.5	1.2	12.1
	200万円以上400万円未満	425	7	6	10	8	10	4	4	2	3	60
		100.0	1.6	1.4	2.4	1.9	2.4	0.9	0.9	0.5	0.7	14.1
	400万円以上600万円未満	224	4	6	2	4	4	2	4	1	4	38
		100.0	1.8	2.7	0.9	1.8	1.8	0.9	1.8	0.4	1.8	17.0
	600万円以上	228	2	3	7	4	4	1	7	3	3	50
		100.0	0.9	1.3	3.1	1.8	1.8	0.4	3.1	1.3	1.3	21.9

Q36.2017年1月～12月にかけて、独立自営業以外のお仕事から得た収入はどのくらいでしたか。
12月については、お答えいただいた時点で分かっている収入を算入してお答えください。＊税金・社会保険料などを差し引かれる前の額（額面）でお答えください。
SA

		n	50万円未満	50万円以上～150万円未満	150万円以上～200万円未満	200万円以上～250万円未満	250万円以上～300万円未満	300万円以上～400万円未満	400万円以上～500万円未満	500万円以上～600万円未満	600万円以上～700万円未満	700万円以上～800万円未満	800万円以上～900万円未満	900万円以上～1000万円未満	1000万円以上～1500万円未満	1500万円以上
全体		4173	1174	511	369	250	255	211	351	319	217	136	99	89	48	101	43
		100.0	28.1	12.2	8.8	6.0	6.1	5.1	8.4	7.6	5.2	3.3	2.4	2.1	1.2	2.4	1.0
性別(SC2)	男性	2462	565	236	176	137	128	133	221	239	168	120	86	82	44	89	38
		100.0	22.9	9.6	7.1	5.6	5.2	5.4	9.0	9.7	6.8	4.9	3.5	3.3	1.8	3.6	1.5
	女性	1711	609	275	193	113	127	78	130	80	49	16	13	7	4	12	5
		100.0	35.6	16.1	11.3	6.6	7.4	4.6	7.6	4.7	2.9	0.9	0.8	0.4	0.2	0.7	0.3
年齢(SC1)	15歳～29歳	372	86	63	37	26	34	27	45	30	12	6	2	3	0	1	0
		100.0	23.1	16.9	9.9	7.0	9.1	7.3	12.1	8.1	3.2	1.6	0.5	0.8	0.0	0.3	0.0
	30歳～39歳	1050	269	115	91	57	74	60	100	111	69	39	20	16	14	9	6
		100.0	25.6	11.0	8.7	5.4	7.0	5.7	9.5	10.6	6.6	3.7	1.9	1.5	1.3	0.9	0.6
	40歳～49歳	1229	323	136	107	65	69	54	114	98	76	50	44	37	12	30	14
		100.0	26.3	11.1	8.7	5.3	5.6	4.4	9.3	8.0	6.2	4.1	3.6	3.0	1.0	2.4	1.1
	50歳～59歳	937	261	126	67	67	37	41	58	56	38	35	23	28	22	57	21
		100.0	27.9	13.4	7.2	7.2	3.9	4.4	6.2	6.0	4.1	3.7	2.5	3.0	2.3	6.1	2.2
	60歳以上	585	235	71	67	35	41	29	34	24	22	6	10	5	0	4	2
		100.0	40.2	12.1	11.5	6.0	7.0	5.0	5.8	4.1	3.8	1.0	1.7	0.9	0.0	0.7	0.3
学歴(問52)	中学校・高校	832	283	120	90	71	43	43	62	51	29	14	12	5	2	6	1
		100.0	34.0	14.4	10.8	8.5	5.2	5.2	7.5	6.1	3.5	1.7	1.4	0.6	0.2	0.7	0.1
	各種専門学校	423	143	59	37	24	26	25	41	35	15	7	3	3	4	1	0
		100.0	33.8	13.9	8.7	5.7	6.1	5.9	9.7	8.3	3.5	1.7	0.7	0.7	0.9	0.2	0.0
	高等専門学校・短大	576	201	89	51	33	41	24	47	37	20	11	7	7	3	3	2
		100.0	34.9	15.5	8.9	5.7	7.1	4.2	8.2	6.4	3.5	1.9	1.2	1.2	0.5	0.5	0.3
	大学・大学院	2325	543	241	188	121	144	119	199	194	153	103	77	74	39	91	39
		100.0	23.4	10.4	8.1	5.2	6.2	5.1	8.6	8.3	6.6	4.4	3.3	3.2	1.7	3.9	1.7
	その他	4	0	0	2	0	0	0	0	2	0	0	0	0	0	0	0
		100.0	0.0	0.0	50.0	0.0	0.0	0.0	0.0	50.0	0.0	0.0	0.0	0.0	0.0	0.0	0.0
既・未婚(問54)	既婚	2496	741	295	207	109	123	101	182	196	140	89	75	73	45	86	34
		100.0	29.7	11.8	8.3	4.4	4.9	4.0	7.3	7.9	5.6	3.6	3.0	2.9	1.8	3.4	1.4
	未婚、離婚、死別	1677	433	216	162	141	132	110	169	123	77	47	24	16	3	15	9
		100.0	25.8	12.9	9.7	8.4	7.9	6.6	10.1	7.3	4.6	2.8	1.4	1.0	0.2	0.9	0.5
居住地(問64)	23区・政令市	1330	337	162	99	66	78	53	100	115	74	57	42	51	28	46	22
		100.0	25.3	12.2	7.4	5.0	5.9	4.0	7.5	8.6	5.6	4.3	3.2	3.8	2.1	3.5	1.7
	市(人口10万人以上)	1800	507	227	154	111	110	100	156	128	96	61	45	28	17	43	17
		100.0	28.2	12.6	8.6	6.2	6.1	5.6	8.7	7.1	5.3	3.4	2.5	1.6	0.9	2.4	0.9
	市(人口10万人未満)	736	231	80	74	54	50	39	67	57	34	18	10	8	1	11	2
		100.0	31.4	10.9	10.1	7.3	6.8	5.3	9.1	7.7	4.6	2.4	1.4	1.1	0.1	1.5	0.3
	町村	307	99	42	42	19	17	19	28	19	13	0	2	2	2	1	2
		100.0	32.2	13.7	13.7	6.2	5.5	6.2	9.1	6.2	4.2	0.0	0.7	0.7	0.7	0.3	0.7
専業・兼業(SC7)	専業	0	0	0	0	0	0	0	0	0	0	0	0	0	0	0	0
		0.0	0.0	0.0	0.0	0.0	0.0	0.0	0.0	0.0	0.0	0.0	0.0	0.0	0.0	0.0	0.0
	兼業	4173	1174	511	369	250	255	211	351	319	217	136	99	89	48	101	43
		100.0	28.1	12.2	8.8	6.0	6.1	5.1	8.4	7.6	5.2	3.3	2.4	2.1	1.2	2.4	1.0
	うち独立自営業が本業	1335	552	217	130	96	69	46	59	53	42	20	16	10	3	10	12
		100.0	41.3	16.3	9.7	7.2	5.2	3.4	4.4	4.0	3.1	1.5	1.2	0.7	0.2	0.7	0.9
	うち独立自営業が副業	2838	622	294	239	154	186	165	292	266	175	116	83	79	45	91	31
		100.0	21.9	10.4	8.4	5.4	6.6	5.8	10.3	9.4	6.2	4.1	2.9	2.8	1.6	3.2	1.1
主な仕事(問1-1)	事務関連	993	306	114	89	60	58	55	102	67	49	31	17	14	5	23	3
		100.0	30.8	11.5	9.0	6.0	5.8	5.5	10.3	6.7	4.9	3.1	1.7	1.4	0.5	2.3	0.3
	デザイン・映像製作関連	358	100	50	28	20	34	19	40	27	12	7	7	5	2	5	2
		100.0	27.9	14.0	7.8	5.6	9.5	5.3	11.2	7.5	3.4	2.0	2.0	1.4	0.6	1.4	0.6
	IT関連	313	75	37	20	14	22	12	28	29	18	20	9	9	9	8	3
		100.0	24.0	11.8	6.4	4.5	7.0	3.8	8.9	9.3	5.8	6.4	2.9	2.9	2.9	2.6	1.0
	専門関連業務(医療、技術、講師、芸能、演奏など)	1540	413	178	137	99	88	74	121	113	91	54	47	33	19	49	24
		100.0	26.8	11.6	8.9	6.4	5.7	4.8	7.9	7.3	5.9	3.5	3.1	2.1	1.2	3.2	1.6
	生活関連サービス、理容・美容	391	112	51	45	23	24	22	27	23	18	14	10	6	5	6	5
		100.0	28.6	13.0	11.5	5.9	6.1	5.6	6.9	5.9	4.6	3.6	2.6	1.5	1.3	1.5	1.3
	現場作業関連(運輸、製造、修理、清掃など)	578	168	81	50	34	29	29	33	60	29	10	9	22	8	10	6
		100.0	29.1	14.0	8.7	5.9	5.0	5.0	5.7	10.4	5.0	1.7	1.6	3.8	1.4	1.7	1.0
独立自営業の経験年数(問30)	2年未満	1684	506	187	137	95	106	95	168	140	84	52	34	30	13	30	7
		100.0	30.0	11.1	8.1	5.6	6.3	5.6	10.0	8.3	5.0	3.1	2.0	1.8	0.8	1.8	0.4
	2年以上15年未満	1961	487	254	181	131	124	95	151	149	107	68	52	45	30	59	28
		100.0	24.8	13.0	9.2	6.7	6.3	4.8	7.7	7.6	5.5	3.5	2.7	2.3	1.5	3.0	1.4
	15年以上	528	181	70	51	24	25	21	32	30	26	16	13	14	5	12	8
		100.0	34.3	13.3	9.7	4.5	4.7	4.0	6.1	5.7	4.9	3.0	2.5	2.7	0.9	2.3	1.5
1週の平均作業時間(問3附問2)	10時間未満	1879	516	186	150	101	115	103	177	159	97	68	51	51	25	52	28
		100.0	27.5	9.9	8.0	5.4	6.1	5.5	9.4	8.5	5.2	3.6	2.7	2.7	1.3	2.8	1.5
	10時間以上40時間未満	1522	436	208	143	94	100	73	116	104	71	51	32	29	19	37	9
		100.0	28.6	13.7	9.4	6.2	6.6	4.8	7.6	6.8	4.7	3.4	2.1	1.9	1.2	2.4	0.6
	40時間以上	772	222	117	76	55	40	35	58	56	49	17	16	9	4	12	6
		100.0	28.8	15.2	9.8	7.1	5.2	4.5	7.5	7.3	6.3	2.2	2.1	1.2	0.5	1.6	0.8
独立自営業者の報酬総額(問2附問4)	200万円未満	3296	1001	409	299	183	196	159	287	256	156	105	68	61	31	66	19
		100.0	30.4	12.4	9.1	5.6	5.9	4.8	8.7	7.8	4.7	3.2	2.1	1.9	0.9	2.0	0.6
	200万円以上400万円未満	425	88	54	35	39	40	31	39	20	18	9	11	9	7	20	5
		100.0	20.7	12.7	8.2	9.2	9.4	7.3	9.2	4.7	4.2	2.1	2.6	2.1	1.6	4.7	1.2
	400万円以上600万円未満	224	41	30	19	15	11	16	12	32	24	4	2	9	2	5	2
		100.0	18.3	13.4	8.5	6.7	4.9	7.1	5.4	14.3	10.7	1.8	0.9	4.0	0.9	2.2	0.9
	600万円以上	228	44	18	16	13	8	5	13	11	19	18	18	18	10	10	17
		100.0	19.3	7.9	7.0	5.7	3.5	2.2	5.7	4.8	8.3	7.9	7.9	7.9	4.4	4.4	7.5

Q37. 2017年1月から12月にかけて、独立自営業以外のお仕事では一週間に何時間くらい働いていましたか。平均的な労働時間を教えてください。
SA

		n	70時間以上	70時間未満～60時間以上	60時間未満～50時間以上	50時間未満～40時間以上	40時間未満～30時間以上	30時間未満～20時間以上	20時間未満～10時間以上	10時間未満～5時間以上	5時間未満～1時間以上	1時間未満
全体		4173	318	146	342	857	596	426	527	347	271	343
			100.0	7.6	3.5	8.2	20.5	14.3	10.2	12.6	8.3	6.5	8.2
性別(SC2)	男性	2462	198	96	264	582	323	213	271	179	144	192
			100.0	8.0	3.9	10.7	23.6	13.1	8.7	11.0	7.3	5.8	7.8
	女性	1711	120	50	78	275	273	213	256	168	127	151
			100.0	7.0	2.9	4.6	16.1	16.0	12.4	15.0	9.8	7.4	8.8
年齢(SC1)	15歳～29歳	372	31	18	35	85	60	44	42	23	13	21
			100.0	8.3	4.8	9.4	22.8	16.1	11.8	11.3	6.2	3.5	5.6
	30歳～39歳	1050	96	49	94	255	169	92	104	79	53	59
			100.0	9.1	4.7	9.0	24.3	16.1	8.8	9.9	7.5	5.0	5.6
	40歳～49歳	1229	91	36	123	286	171	131	135	95	75	86
			100.0	7.4	2.9	10.0	23.3	13.9	10.7	11.0	7.7	6.1	7.0
	50歳～59歳	937	69	36	69	180	126	104	130	73	63	87
			100.0	7.4	3.8	7.4	19.2	13.4	11.1	13.9	7.8	6.7	9.3
	60歳以上	585	31	7	21	51	70	55	116	77	67	90
			100.0	5.3	1.2	3.6	8.7	12.0	9.4	19.8	13.2	11.5	15.4
学歴(問52)	中学校・高校	832	66	27	60	139	125	85	105	81	62	82
			100.0	7.9	3.2	7.2	16.7	15.0	10.2	12.6	9.7	7.5	9.9
	各種専門学校	423	39	14	39	76	54	44	63	37	27	30
			100.0	9.2	3.3	9.2	18.0	12.8	10.4	14.9	8.7	6.4	7.1
	高等専門学校・短大	576	39	26	36	107	69	66	81	58	46	48
			100.0	6.8	4.5	6.3	18.6	12.0	11.5	14.1	10.1	8.0	8.3
	大学・大学院	2325	170	79	207	531	346	229	276	171	134	182
			100.0	7.3	3.4	8.9	22.8	14.9	9.8	11.9	7.4	5.8	7.8
	その他	4	0	0	0	2	1	0	1	0	0	0
			100.0	0.0	0.0	0.0	50.0	25.0	0.0	25.0	0.0	0.0	0.0
既・未婚(問54)	既婚	2496	213	85	198	506	310	255	327	214	166	222
			100.0	8.5	3.4	7.9	20.3	12.4	10.2	13.1	8.6	6.7	8.9
	未婚、離婚、死別	1677	105	61	144	351	286	171	200	133	105	121
			100.0	6.3	3.6	8.6	20.9	17.1	10.2	11.9	7.9	6.3	7.2
居住地(問64)	23区・政令市	1330	93	42	103	287	206	133	181	90	86	109
			100.0	7.0	3.2	7.7	21.6	15.5	10.0	13.6	6.8	6.5	8.2
	市(人口10万人以上)	1800	131	66	160	355	257	186	233	155	117	140
			100.0	7.3	3.7	8.9	19.7	14.3	10.3	12.9	8.6	6.5	7.8
	市(人口10万人未満)	736	65	27	58	156	97	72	79	79	46	57
			100.0	8.8	3.7	7.9	21.2	13.2	9.8	10.7	10.7	6.3	7.7
	町村	307	29	11	21	59	36	35	34	23	22	37
			100.0	9.4	3.6	6.8	19.2	11.7	11.4	11.1	7.5	7.2	12.1
専業・兼業(SC7)	専業	0	0	0	0	0	0	0	0	0	0	0
			0.0	0.0	0.0	0.0	0.0	0.0	0.0	0.0	0.0	0.0	0.0
	兼業	4173	318	146	342	857	596	426	527	347	271	343
			100.0	7.6	3.5	8.2	20.5	14.3	10.2	12.6	8.3	6.5	8.2
	うち独立自営業が本業	1335	92	41	59	123	135	155	246	160	144	180
			100.0	6.9	3.1	4.4	9.2	10.1	11.6	18.4	12.0	10.8	13.5
	うち独立自営業が副業	2838	226	105	283	734	461	271	281	187	127	163
			100.0	8.0	3.7	10.0	25.9	16.2	9.5	9.9	6.6	4.5	5.7
主な仕事(問1-1)	事務関連	993	87	33	90	216	128	89	116	75	68	91
			100.0	8.8	3.3	9.1	21.8	12.9	9.0	11.7	7.6	6.8	9.2
	デザイン・映像製作関連	358	30	14	38	72	52	40	52	22	19	19
			100.0	8.4	3.9	10.6	20.1	14.5	11.2	14.5	6.1	5.3	5.3
	IT関連	313	24	12	26	80	43	37	26	20	18	27
			100.0	7.7	3.8	8.3	25.6	13.7	11.8	8.3	6.4	5.8	8.6
	専門関連業務(医療、技術、講師、芸能、演奏など)	1540	96	42	116	312	236	166	195	143	102	132
			100.0	6.2	2.7	7.5	20.3	15.3	10.8	12.7	9.3	6.6	8.6
	生活関連サービス、理容・美容	391	32	19	27	78	63	41	51	31	23	26
			100.0	8.2	4.9	6.9	19.9	16.1	10.5	13.0	7.9	5.9	6.6
	現場作業関連(運輸、製造、修理、清掃など)	578	49	26	45	99	74	53	87	56	41	48
			100.0	8.5	4.5	7.8	17.1	12.8	9.2	15.1	9.7	7.1	8.3
独立自営業の経験年数(問30)	2年未満	1684	154	60	150	398	239	144	165	124	101	149
			100.0	9.1	3.6	8.9	23.6	14.2	8.6	9.8	7.4	6.0	8.8
	2年以上15年未満	1961	119	71	165	387	296	230	283	168	118	124
			100.0	6.1	3.6	8.4	19.7	15.1	11.7	14.4	8.6	6.0	6.3
	15年以上	528	45	15	27	72	61	52	79	55	52	70
			100.0	8.5	2.8	5.1	13.6	11.6	9.8	15.0	10.4	9.8	13.3
1週の平均作業時間(問3附問2)	10時間未満	1879	120	63	147	447	292	151	176	159	140	184
			100.0	6.4	3.4	7.8	23.8	15.5	8.0	9.4	8.5	7.5	9.8
	10時間以上40時間未満	1522	92	37	125	270	224	207	250	132	82	103
			100.0	6.0	2.4	8.2	17.7	14.7	13.6	16.4	8.7	5.4	6.8
	40時間以上	772	106	46	70	140	80	68	101	56	49	56
			100.0	13.7	6.0	9.1	18.1	10.4	8.8	13.1	7.3	6.3	7.3
独立自営業者の報酬総額(問2附問4)	200万円未満	3296	261	116	279	713	477	326	389	265	210	260
			100.0	7.9	3.5	8.5	21.6	14.5	9.9	11.8	8.0	6.4	7.9
	200万円以上400万円未満	425	28	13	35	71	62	50	64	35	29	38
			100.0	6.6	3.1	8.2	16.7	14.6	11.8	15.1	8.2	6.8	8.9
	400万円以上600万円未満	224	17	8	12	34	31	26	37	22	17	20
			100.0	7.6	3.6	5.4	15.2	13.8	11.6	16.5	9.8	7.6	8.9
	600万円以上	228	12	9	16	39	26	24	37	25	15	25
			100.0	5.3	3.9	7.0	17.1	11.4	10.5	16.2	11.0	6.6	11.0

Q38.2017年1月～12月の独立自営業以外の仕事先でのお仕事はどのような内容でしたか。(いくつでも)
MA

		n	専門・技術的な仕事	事務の仕事	販売の仕事	営業の仕事	サービスの仕事	製造の技能工	その他
全体		4173	1564 37.5	986 23.6	310 7.4	410 9.8	933 22.4	162 3.9	299 7.2
性別(SC2)	男性	2462	1068 43.4	438 17.8	161 6.5	332 13.5	517 21.0	108 4.4	163 6.6
	女性	1711	496 29.0	548 32.0	149 8.7	78 4.6	416 24.3	54 3.2	136 7.9
年齢(SC1)	15歳～29歳	372	103 27.7	109 29.3	53 14.2	40 10.8	89 23.9	14 3.8	10 2.7
	30歳～39歳	1050	370 35.2	287 27.3	98 9.3	104 9.9	252 24.0	48 4.6	41 3.9
	40歳～49歳	1229	459 37.3	304 24.7	89 7.2	127 10.3	265 21.6	52 4.2	72 5.9
	50歳～59歳	937	384 41.0	200 21.3	44 4.7	90 9.6	199 21.2	32 3.4	82 8.8
	60歳以上	585	248 42.4	86 14.7	26 4.4	49 8.4	128 21.9	16 2.7	94 16.1
学歴(問52)	中学校・高校	832	215 25.8	189 22.7	75 9.0	73 8.8	239 28.7	67 8.1	71 8.5
	各種専門学校	423	175 41.4	85 20.1	28 6.6	24 5.7	112 26.5	17 4.0	36 8.5
	高等専門学校・短大	576	193 33.5	139 24.1	52 9.0	42 7.3	148 25.7	16 2.8	46 8.0
	大学・大学院	2325	973 41.8	573 24.6	153 6.6	270 11.6	431 18.5	60 2.6	145 6.2
	その他	4	2 50.0	0 0.0	0 0.0	1 25.0	1 25.0	0 0.0	0 0.0
既・未婚 (問54)	既婚	2496	969 38.8	557 22.3	153 6.1	278 11.1	520 20.8	85 3.4	208 8.3
	未婚、離婚、死別	1677	595 35.5	429 25.6	157 9.4	132 7.9	413 24.6	77 4.6	91 5.4
居住地 (問64)	23区・政令市	1330	516 38.8	354 26.6	77 5.8	144 10.8	288 21.7	27 2.0	97 7.3
	市(人口10万人以上)	1800	703 39.1	393 21.8	146 8.1	171 9.5	388 21.6	73 4.1	126 7.0
	市(人口10万人未満)	736	248 33.7	168 22.8	57 7.7	76 10.3	171 23.2	44 6.0	53 7.2
	町村	307	97 31.6	71 23.1	30 9.8	19 6.2	86 28.0	18 5.9	23 7.5
専業・兼業 (SC7)	専業	0	0 0.0	0 0.0	0 0.0	0 0.0	0 0.0	0 0.0	0 0.0
	兼業	4173	1564 37.5	986 23.6	310 7.4	410 9.8	933 22.4	162 3.9	299 7.2
	うち独立自営業が本業	1335	525 39.3	208 15.6	91 6.8	106 7.9	352 26.4	50 3.7	136 10.2
	うち独立自営業が副業	2838	1039 36.6	778 27.4	219 7.7	304 10.7	581 20.5	112 3.9	163 5.7
主な仕事 (問1-1)	事務関連	993	240 24.2	388 39.1	81 8.2	78 7.9	203 20.4	48 4.8	57 5.7
	デザイン・映像製作関連	358	148 41.3	64 17.9	29 8.1	33 9.2	78 21.8	15 4.2	28 7.8
	IT関連	313	175 55.9	56 17.9	23 7.3	23 7.3	60 19.2	10 3.2	16 5.1
	専門関連業務(医療、技術、講師、芸能、演奏など)	1540	712 46.2	316 20.5	97 6.3	181 11.8	282 18.3	25 1.6	118 7.7
	生活関連サービス、理容・美容	391	104 26.6	80 20.5	38 9.7	34 8.7	149 38.1	10 2.6	24 6.1
	現場作業関連(運輸、製造、修理、清掃など)	578	185 32.0	82 14.2	42 7.3	61 10.6	161 27.9	54 9.3	56 9.7
独立自営業の経験年数 (問30)	2年未満	1684	571 33.9	466 27.7	125 7.4	154 9.1	389 23.1	64 3.8	88 5.2
	2年以上15年未満	1961	731 37.3	440 22.4	161 8.2	222 11.3	434 22.1	88 4.5	141 7.2
	15年以上	528	262 49.6	80 15.2	24 4.5	34 6.4	110 20.8	10 1.9	70 13.3
1週の平均作業時間 (問3附問2)	10時間未満	1879	679 36.1	527 28.0	129 6.9	168 8.9	391 20.8	70 3.7	132 7.0
	10時間以上40時間未満	1522	561 36.9	331 21.7	117 7.7	164 10.8	350 23.0	51 3.4	117 7.7
	40時間以上	772	324 42.0	128 16.6	64 8.3	78 10.1	192 24.9	41 5.3	50 6.5
独立自営業者の報酬総額 (問2附問4)	200万円未満	3296	1154 35.0	842 25.5	251 7.6	292 8.9	760 23.1	135 4.1	230 7.0
	200万円以上400万円未満	425	175 41.2	76 17.9	30 7.1	66 15.5	99 23.3	14 3.3	33 7.8
	400万円以上600万円未満	224	108 48.2	38 17.0	17 7.6	23 10.3	39 17.4	10 4.5	18 8.0
	600万円以上	228	127 55.7	30 13.2	12 5.3	29 12.7	35 15.4	3 1.3	18 7.9

Q38-1.前問でお答えのお仕事のうち、最もよく行なっていたお仕事についてお答えください。
SA

		n	専門・技術的な仕事	事務の仕事	販売の仕事	営業の仕事	サービスの仕事	製造の技能工	その他（FA）
全体		4173	1452	859	245	348	830	147	292
		100.0	34.8	20.6	5.9	8.3	19.9	3.5	7.0
性別(SC2)	男性	2462	988	362	120	284	451	98	159
		100.0	40.1	14.7	4.9	11.5	18.3	4.0	6.5
	女性	1711	464	497	125	64	379	49	133
		100.0	27.1	29.0	7.3	3.7	22.2	2.9	7.8
年齢(SC1)	15歳～29歳	372	97	94	44	33	80	14	10
		100.0	26.1	25.3	11.8	8.9	21.5	3.8	2.7
	30歳～39歳	1050	333	254	79	83	221	41	39
		100.0	31.7	24.2	7.5	7.9	21.0	3.9	3.7
	40歳～49歳	1229	432	260	69	114	235	50	69
		100.0	35.2	21.2	5.6	9.3	19.1	4.1	5.6
	50歳～59歳	937	360	176	36	78	180	26	81
		100.0	38.4	18.8	3.8	8.3	19.2	2.8	8.6
	60歳以上	585	230	75	17	40	114	16	93
		100.0	39.3	12.8	2.9	6.8	19.5	2.7	15.9
学歴(問52)	中学校・高校	832	194	164	60	60	222	61	71
		100.0	23.3	19.7	7.2	7.2	26.7	7.3	8.5
	各種専門学校	423	163	74	23	16	96	17	34
		100.0	38.5	17.5	5.4	3.8	22.7	4.0	8.0
	高等専門学校・短大	576	184	127	42	35	130	14	44
		100.0	31.9	22.0	7.3	6.1	22.6	2.4	7.6
	大学・大学院	2325	903	494	118	236	379	53	142
		100.0	38.8	21.2	5.1	10.2	16.3	2.3	6.1
	その他	4	2	0	0	1	1	0	0
		100.0	50.0	0.0	0.0	25.0	25.0	0.0	0.0
既・未婚(問54)	既婚	2496	902	491	124	234	464	77	204
		100.0	36.1	19.7	5.0	9.4	18.6	3.1	8.2
	未婚、離婚、死別	1677	550	368	121	114	366	70	88
		100.0	32.8	21.9	7.2	6.8	21.8	4.2	5.2
居住地(問64)	23区・政令市	1330	477	308	58	120	249	24	94
		100.0	35.9	23.2	4.4	9.0	18.7	1.8	7.1
	市(人口10万人以上)	1800	657	335	120	148	349	67	124
		100.0	36.5	18.6	6.7	8.2	19.4	3.7	6.9
	市(人口10万人未満)	736	228	154	44	63	156	39	52
		100.0	31.0	20.9	6.0	8.6	21.2	5.3	7.1
	町村	307	90	62	23	17	76	17	22
		100.0	29.3	20.2	7.5	5.5	24.8	5.5	7.2
専業・兼業(SC7)	専業	0	0	0	0	0	0	0	0
		0.0	0.0	0.0	0.0	0.0	0.0	0.0	0.0
	兼業	4173	1452	859	245	348	830	147	292
		100.0	34.8	20.6	5.9	8.3	19.9	3.5	7.0
	うち独立自営業が本業	1335	493	178	73	88	322	47	134
		100.0	36.9	13.3	5.5	6.6	24.1	3.5	10.0
	うち独立自営業が副業	2838	959	681	172	260	508	100	158
		100.0	33.8	24.0	6.1	9.2	17.9	3.5	5.6
主な仕事(問1-1)	事務関連	993	218	361	69	66	181	44	55
		100.0	22.0	36.3	6.9	6.6	18.2	4.4	5.5
	デザイン・映像製作関連	358	142	52	26	28	67	15	28
		100.0	39.7	14.5	7.3	7.8	18.7	4.2	7.8
	IT関連	313	162	45	16	19	52	5	14
		100.0	51.8	14.4	5.1	6.1	16.6	1.6	4.5
	専門関連業務(医療、技術、講師、芸能、演奏など)	1540	661	264	78	155	244	22	116
		100.0	42.9	17.1	5.1	10.1	15.8	1.4	7.5
	生活関連サービス、理容・美容	391	99	67	26	26	139	10	24
		100.0	25.3	17.1	6.6	6.6	35.5	2.6	6.1
	現場作業関連(運輸、製造、修理、清掃など)	578	170	71	30	54	147	51	55
		100.0	29.4	12.3	5.2	9.3	25.4	8.8	9.5
独立自営業の経験年数(問30)	2年未満	1684	532	418	101	139	349	59	86
		100.0	31.6	24.8	6.0	8.3	20.7	3.5	5.1
	2年以上15年未満	1961	672	376	126	182	389	78	138
		100.0	34.3	19.2	6.4	9.3	19.8	4.0	7.0
	15年以上	528	248	65	18	27	92	10	68
		100.0	47.0	12.3	3.4	5.1	17.4	1.9	12.9
1週の平均作業時間(問3附問2)	10時間未満	1879	631	461	99	143	352	65	128
		100.0	33.6	24.5	5.3	7.6	18.7	3.5	6.8
	10時間以上40時間未満	1522	525	291	94	142	311	44	115
		100.0	34.5	19.1	6.2	9.3	20.4	2.9	7.6
	40時間以上	772	296	107	52	63	167	38	49
		100.0	38.3	13.9	6.7	8.2	21.6	4.9	6.3
独立自営業者の報酬総額(問2附問4)	200万円未満	3296	1073	745	198	250	683	124	223
		100.0	32.6	22.6	6.0	7.6	20.7	3.8	6.8
	200万円以上400万円未満	425	159	57	20	55	88	13	33
		100.0	37.4	13.4	4.7	12.9	20.7	3.1	7.8
	400万円以上600万円未満	224	101	30	16	19	33	7	18
		100.0	45.1	13.4	7.1	8.5	14.7	3.1	8.0
	600万円以上	228	119	27	11	24	26	3	18
		100.0	52.2	11.8	4.8	10.5	11.4	1.3	7.9

Q39.独立自営業以外の仕事先での仕事内容と独立自営業者としての仕事内容は同じでしたか。
SA

		n	まったく同じだった	同じ部分が多かった	異なる部分が多かった	まったく異なっていた
全体		4173	371	1056	782	1964
		100.0	8.9	25.3	18.7	47.1
性別(SC2)	男性	2462	227	687	464	1084
		100.0	9.2	27.9	18.8	44.0
	女性	1711	144	369	318	880
		100.0	8.4	21.6	18.6	51.4
年齢(SC1)	15歳〜29歳	372	27	71	71	203
		100.0	7.3	19.1	19.1	54.6
	30歳〜39歳	1050	78	264	202	506
		100.0	7.4	25.1	19.2	48.2
	40歳〜49歳	1229	105	310	240	574
		100.0	8.5	25.2	19.5	46.7
	50歳〜59歳	937	83	233	177	444
		100.0	8.9	24.9	18.9	47.4
	60歳以上	585	78	178	92	237
		100.0	13.3	30.4	15.7	40.5
学歴(問52)	中学校・高校	832	88	189	133	422
		100.0	10.6	22.7	16.0	50.7
	各種専門学校	423	44	87	78	214
		100.0	10.4	20.6	18.4	50.6
	高等専門学校・短大	576	58	150	99	269
		100.0	10.1	26.0	17.2	46.7
	大学・大学院	2325	179	629	468	1049
		100.0	7.7	27.1	20.1	45.1
	その他	4	0	0	0	4
		100.0	0.0	0.0	0.0	100.0
既・未婚(問54)	既婚	2496	236	671	443	1146
		100.0	9.5	26.9	17.7	45.9
	未婚、離婚、死別	1677	135	385	339	818
		100.0	8.1	23.0	20.2	48.8
居住地(問64)	23区・政令市	1330	124	348	245	613
		100.0	9.3	26.2	18.4	46.1
	市(人口10万人以上)	1800	161	489	325	825
		100.0	8.9	27.2	18.1	45.8
	市(人口10万人未満)	736	53	163	152	368
		100.0	7.2	22.1	20.7	50.0
	町村	307	33	56	60	158
		100.0	10.7	18.2	19.5	51.5
専業・兼業(SC7)	専業	0	0	0	0	0
		0.0	0.0	0.0	0.0	0.0
	兼業	4173	371	1056	782	1964
		100.0	8.9	25.3	18.7	47.1
	うち独立自営業が本業	1335	168	383	245	539
		100.0	12.6	28.7	18.4	40.4
	うち独立自営業が副業	2838	203	673	537	1425
		100.0	7.2	23.7	18.9	50.2
主な仕事(問1-1)	事務関連	993	61	235	201	496
		100.0	6.1	23.7	20.2	49.9
	デザイン・映像製作関連	358	20	91	67	180
		100.0	5.6	25.4	18.7	50.3
	IT関連	313	37	101	67	108
		100.0	11.8	32.3	21.4	34.5
	専門関連業務(医療、技術、講師、芸能、演奏など)	1540	163	423	281	673
		100.0	10.6	27.5	18.2	43.7
	生活関連サービス、理容・美容	391	26	79	70	216
		100.0	6.6	20.2	17.9	55.2
	現場作業関連(運輸、製造、修理、清掃など)	578	64	127	96	291
		100.0	11.1	22.0	16.6	50.3
独立自営業の経験年数(問30)	2年未満	1684	131	369	309	875
		100.0	7.8	21.9	18.3	52.0
	2年以上15年未満	1961	157	556	403	845
		100.0	8.0	28.4	20.6	43.1
	15年以上	528	83	131	70	244
		100.0	15.7	24.8	13.3	46.2
1週の平均作業時間(問3附問2)	10時間未満	1879	132	403	332	1012
		100.0	7.0	21.4	17.7	53.9
	10時間以上40時間未満	1522	128	414	305	675
		100.0	8.4	27.2	20.0	44.3
	40時間以上	772	111	239	145	277
		100.0	14.4	31.0	18.8	35.9
独立自営業者の報酬総額(問2附問4)	200万円未満	3296	238	781	628	1649
		100.0	7.2	23.7	19.1	50.0
	200万円以上400万円未満	425	45	148	81	151
		100.0	10.6	34.8	19.1	35.5
	400万円以上600万円未満	224	38	62	41	83
		100.0	17.0	27.7	18.3	37.1
	600万円以上	228	50	65	32	81
		100.0	21.9	28.5	14.0	35.5

Q40.独立自営業以外の仕事先のお仕事と独立自営業者としてのお仕事は、必要なノウハウや職業能力において、どの程度関係がありましたか。
SA

		n	相互に役に立った	のが独立自営業以外の仕事で培われたも	独立自営業以外の仕事で役に立ったものが独立自営業の仕事で	どちらともいえない	関係性はなかった
全体		4173	1321	354	225	738	1535
		100.0	31.7	8.5	5.4	17.7	36.8
性別(SC2)	男性	2462	789	234	148	443	848
		100.0	32.0	9.5	6.0	18.0	34.4
	女性	1711	532	120	77	295	687
		100.0	31.1	7.0	4.5	17.2	40.2
年齢(SC1)	15歳～29歳	372	111	35	15	61	150
		100.0	29.8	9.4	4.0	16.4	40.3
	30歳～39歳	1050	351	101	49	184	365
		100.0	33.4	9.6	4.7	17.5	34.8
	40歳～49歳	1229	405	95	75	217	437
		100.0	33.0	7.7	6.1	17.7	35.6
	50歳～59歳	937	273	73	49	169	373
		100.0	29.1	7.8	5.2	18.0	39.8
	60歳以上	585	181	50	37	107	210
		100.0	30.9	8.5	6.3	18.3	35.9
学歴(問52)	中学校・高校	832	244	59	36	151	342
		100.0	29.3	7.1	4.3	18.1	41.1
	各種専門学校	423	128	27	23	86	159
		100.0	30.3	6.4	5.4	20.3	37.6
	高等専門学校・短大	576	177	40	36	121	202
		100.0	30.7	6.9	6.3	21.0	35.1
	大学・大学院	2325	768	228	128	378	823
		100.0	33.0	9.8	5.5	16.3	35.4
	その他	4	0	0	0	0	4
		100.0	0.0	0.0	0.0	0.0	100.0
既・未婚(問54)	既婚	2496	826	240	132	416	882
		100.0	33.1	9.6	5.3	16.7	35.3
	未婚、離婚、死別	1677	495	114	93	322	653
		100.0	29.5	6.8	5.5	19.2	38.9
居住地(問64)	23区・政令市	1330	452	115	70	198	495
		100.0	34.0	8.6	5.3	14.9	37.2
	市(人口10万人以上)	1800	582	151	91	348	628
		100.0	32.3	8.4	5.1	19.3	34.9
	市(人口10万人未満)	736	206	66	46	133	285
		100.0	28.0	9.0	6.3	18.1	38.7
	町村	307	81	22	18	59	127
		100.0	26.4	7.2	5.9	19.2	41.4
専業・兼業(SC7)	専業	0	0	0	0	0	0
		0.0	0.0	0.0	0.0	0.0	0.0
	兼業	4173	1321	354	225	738	1535
		100.0	31.7	8.5	5.4	17.7	36.8
	うち独立自営業が本業	1335	398	137	99	262	439
		100.0	29.8	10.3	7.4	19.6	32.9
	うち独立自営業が副業	2838	923	217	126	476	1096
		100.0	32.5	7.6	4.4	16.8	38.6
主な仕事(問1-1)	事務関連	993	233	98	52	176	434
		100.0	23.5	9.9	5.2	17.7	43.7
	デザイン・映像製作関連	358	116	34	23	65	120
		100.0	32.4	9.5	6.4	18.2	33.5
	IT関連	313	120	28	18	56	91
		100.0	38.3	8.9	5.8	17.9	29.1
	専門関連業務(医療、技術、講師、芸能、演奏など)	1540	597	127	80	242	494
		100.0	38.8	8.2	5.2	15.7	32.1
	生活関連サービス、理容・美容	391	114	20	19	76	162
		100.0	29.2	5.1	4.9	19.4	41.4
	現場作業関連(運輸、製造、修理、清掃など)	578	141	47	33	123	234
		100.0	24.4	8.1	5.7	21.3	40.5
独立自営業の経験年数(問30)	2年未満	1684	489	135	50	301	709
		100.0	29.0	8.0	3.0	17.9	42.1
	2年以上15年未満	1961	672	181	142	339	627
		100.0	34.3	9.2	7.2	17.3	32.0
	15年以上	528	160	38	33	98	199
		100.0	30.3	7.2	6.3	18.6	37.7
1週の平均作業時間(問3附問2)	10時間未満	1879	549	114	80	323	813
		100.0	29.2	6.1	4.3	17.2	43.3
	10時間以上40時間未満	1522	507	145	87	273	510
		100.0	33.3	9.5	5.7	17.9	33.5
	40時間以上	772	265	95	58	142	212
		100.0	34.3	12.3	7.5	18.4	27.5
独立自営業者の報酬総額(問2附問4)	200万円未満	3296	1003	251	152	607	1283
		100.0	30.4	7.6	4.6	18.4	38.9
	200万円以上400万円未満	425	145	55	31	64	130
		100.0	34.1	12.9	7.3	15.1	30.6
	400万円以上600万円未満	224	77	23	25	35	64
		100.0	34.4	10.3	11.2	15.6	28.6
	600万円以上	228	96	25	17	32	58
		100.0	42.1	11.0	7.5	14.0	25.4

独立自営業以外の主たる仕事先では、仕事の進め方や働く時間をどの程度あなたの裁量で決められましたか。

仕事の進め方

		n	全て自分の裁量で決められた	ある程度自分の裁量で決められた	あまり自分の裁量では決められなかった	全く自分では決められなかった
全体		4173	1144	1645	720	664
		100.0	27.4	39.4	17.3	15.9
性別(SC2)	男性	2462	714	973	399	376
		100.0	29.0	39.5	16.2	15.3
	女性	1711	430	672	321	288
		100.0	25.1	39.3	18.8	16.8
年齢(SC1)	15歳～29歳	372	83	150	78	61
		100.0	22.3	40.3	21.0	16.4
	30歳～39歳	1050	237	433	204	176
		100.0	22.6	41.2	19.4	16.8
	40歳～49歳	1229	303	486	221	219
		100.0	24.7	39.5	18.0	17.8
	50歳～59歳	937	288	355	148	146
		100.0	30.7	37.9	15.8	15.6
	60歳以上	585	233	221	69	62
		100.0	39.8	37.8	11.8	10.6
学歴(問52)	中学校・高校	832	241	300	141	150
		100.0	29.0	36.1	16.9	18.0
	各種専門学校	423	99	154	80	90
		100.0	23.4	36.4	18.9	21.3
	高等専門学校・短大	576	175	216	89	96
		100.0	30.4	37.5	15.5	16.7
	大学・大学院	2325	624	971	407	323
		100.0	26.8	41.8	17.5	13.9
	その他	4	0	2	1	1
		100.0	0.0	50.0	25.0	25.0
既・未婚(問54)	既婚	2496	756	1006	387	347
		100.0	30.3	40.3	15.5	13.9
	未婚、離婚、死別	1677	388	639	333	317
		100.0	23.1	38.1	19.9	18.9
居住地(問64)	23区・政令市	1330	368	549	219	194
		100.0	27.7	41.3	16.5	14.6
	市(人口10万人以上)	1800	493	714	308	285
		100.0	27.4	39.7	17.1	15.8
	市(人口10万人未満)	736	205	270	144	117
		100.0	27.9	36.7	19.6	15.9
	町村	307	78	112	49	68
		100.0	25.4	36.5	16.0	22.1
専業・兼業(SC7)	専業	0	0	0	0	0
		0.0	0.0	0.0	0.0	0.0
	兼業	4173	1144	1645	720	664
		100.0	27.4	39.4	17.3	15.9
	うち独立自営業が本業	1335	443	448	215	229
		100.0	33.2	33.6	16.1	17.2
	うち独立自営業が副業	2838	701	1197	505	435
		100.0	24.7	42.2	17.8	15.3
主な仕事(問1-1)	事務関連	993	267	391	167	168
		100.0	26.9	39.4	16.8	16.9
	デザイン・映像製作関連	358	71	139	81	67
		100.0	19.8	38.8	22.6	18.7
	IT関連	313	85	123	66	39
		100.0	27.2	39.3	21.1	12.5
	専門関連業務(医療、技術、講師、芸能、演奏など)	1540	467	629	235	209
		100.0	30.3	40.8	15.3	13.6
	生活関連サービス、理容・美容	391	88	156	78	69
		100.0	22.5	39.9	19.9	17.6
	現場作業関連(運輸、製造、修理、清掃など)	578	166	207	93	112
		100.0	28.7	35.8	16.1	19.4
独立自営業の経験年数(問30)	2年未満	1684	417	641	293	333
		100.0	24.8	38.1	17.4	19.8
	2年以上15年未満	1961	535	820	361	245
		100.0	27.3	41.8	18.4	12.5
	15年以上	528	192	184	66	86
		100.0	36.4	34.8	12.5	16.3
1週の平均作業時間(問3附問2)	10時間未満	1879	465	767	321	326
		100.0	24.7	40.8	17.1	17.3
	10時間以上40時間未満	1522	430	610	261	221
		100.0	28.3	40.1	17.1	14.5
	40時間以上	772	249	268	138	117
		100.0	32.3	34.7	17.9	15.2
独立自営業者の報酬総額(問2附問4)	200万円未満	3296	834	1313	586	563
		100.0	25.3	39.8	17.8	17.1
	200万円以上400万円未満	425	142	166	68	49
		100.0	33.4	39.1	16.0	11.5
	400万円以上600万円未満	224	74	85	35	30
		100.0	33.0	37.9	15.6	13.4
	600万円以上	228	94	81	31	22
		100.0	41.2	35.5	13.6	9.6

働く時間 SA

		n	全て自分の裁量で決められた	ある程度自分の裁量で決められた	あまり自分の裁量では決められなかった	全く自分では決められなかった
全体		4173	1131	1573	681	788
		100.0	27.1	37.7	16.3	18.9
性別(SC2)	男性	2462	676	931	412	443
		100.0	27.5	37.8	16.7	18.0
	女性	1711	455	642	269	345
		100.0	26.6	37.5	15.7	20.2
年齢(SC1)	15歳～29歳	372	97	135	51	89
		100.0	26.1	36.3	13.7	23.9
	30歳～39歳	1050	244	414	181	211
		100.0	23.2	39.4	17.2	20.1
	40歳～49歳	1229	309	461	223	236
		100.0	25.1	37.5	18.1	19.2
	50歳～59歳	937	273	340	150	174
		100.0	29.1	36.3	16.0	18.6
	60歳以上	585	208	223	76	78
		100.0	35.6	38.1	13.0	13.3
学歴(問52)	中学校・高校	832	251	291	114	176
		100.0	30.2	35.0	13.7	21.2
	各種専門学校	423	114	156	67	86
		100.0	27.0	36.9	15.8	20.3
	高等専門学校・短大	576	171	217	88	100
		100.0	29.7	37.7	15.3	17.4
	大学・大学院	2325	591	905	410	419
		100.0	25.4	38.9	17.6	18.0
	その他	4	0	1	1	2
		100.0	0.0	25.0	25.0	50.0
既・未婚(問54)	既婚	2496	740	980	376	400
		100.0	29.6	39.3	15.1	16.0
	未婚、離婚、死別	1677	391	593	305	388
		100.0	23.3	35.4	18.2	23.1
居住地(問64)	23区・政令市	1330	360	518	220	232
		100.0	27.1	38.9	16.5	17.4
	市(人口10万人以上)	1800	499	677	293	331
		100.0	27.7	37.6	16.3	18.4
	市(人口10万人未満)	736	188	278	117	153
		100.0	25.5	37.8	15.9	20.8
	町村	307	84	100	51	72
		100.0	27.4	32.6	16.6	23.5
専業・兼業(SC7)	専業	0	0	0	0	0
		0.0	0.0	0.0	0.0	0.0
	兼業	4173	1131	1573	681	788
		100.0	27.1	37.7	16.3	18.9
	うち独立自営業が本業	1335	432	482	210	211
		100.0	32.4	36.1	15.7	15.8
	うち独立自営業が副業	2838	699	1091	471	577
		100.0	24.6	38.4	16.6	20.3
主な仕事(問1-1)	事務関連	993	281	339	159	214
		100.0	28.3	34.1	16.0	21.6
	デザイン・映像製作関連	358	81	151	58	68
		100.0	22.6	42.2	16.2	19.0
	IT関連	313	89	117	58	49
		100.0	28.4	37.4	18.5	15.7
	専門関連業務(医療、技術、講師、芸能、演奏など)	1540	432	602	249	257
		100.0	28.1	39.1	16.2	16.7
	生活関連サービス、理容・美容	391	85	153	65	88
		100.0	21.7	39.1	16.6	22.5
	現場作業関連(運輸、製造、修理、清掃など)	578	163	211	92	112
		100.0	28.2	36.5	15.9	19.4
独立自営業の経験年数(問30)	2年未満	1684	439	583	261	401
		100.0	26.1	34.6	15.5	23.8
	2年以上15年未満	1961	511	811	338	301
		100.0	26.1	41.4	17.2	15.3
	15年以上	528	181	179	82	86
		100.0	34.3	33.9	15.5	16.3
1週の平均作業時間(問3附問2)	10時間未満	1879	471	699	292	417
		100.0	25.1	37.2	15.5	22.2
	10時間以上40時間未満	1522	416	602	254	250
		100.0	27.3	39.6	16.7	16.4
	40時間以上	772	244	272	135	121
		100.0	31.6	35.2	17.5	15.7
独立自営業者の報酬総額(問2附問4)	200万円未満	3296	845	1235	540	676
		100.0	25.6	37.5	16.4	20.5
	200万円以上400万円未満	425	118	183	72	52
		100.0	27.8	43.1	16.9	12.2
	400万円以上600万円未満	224	72	84	38	30
		100.0	32.1	37.5	17.0	13.4
	600万円以上	228	96	71	31	30
		100.0	42.1	31.1	13.6	13.2

Q42.独立自営業者としてのお仕事を持っていることを、独立自営業以外の仕事先へは知らせていましたか。
SA

		n	全て知らせていた	一部については知らせていた	全く知らせていなかった
全体		4173	1250	1089	1834
		100.0	30.0	26.1	43.9
性別(SC2)	男性	2462	762	659	1041
		100.0	31.0	26.8	42.3
	女性	1711	488	430	793
		100.0	28.5	25.1	46.3
年齢(SC1)	15歳～29歳	372	75	102	195
		100.0	20.2	27.4	52.4
	30歳～39歳	1050	272	278	500
		100.0	25.9	26.5	47.6
	40歳～49歳	1229	364	324	541
		100.0	29.6	26.4	44.0
	50歳～59歳	937	320	224	393
		100.0	34.2	23.9	41.9
	60歳以上	585	219	161	205
		100.0	37.4	27.5	35.0
学歴(問52)	中学校・高校	832	267	223	342
		100.0	32.1	26.8	41.1
	各種専門学校	423	135	117	171
		100.0	31.9	27.7	40.4
	高等専門学校・短大	576	153	172	251
		100.0	26.6	29.9	43.6
	大学・大学院	2325	691	572	1062
		100.0	29.7	24.6	45.7
	その他	4	1	1	2
		100.0	25.0	25.0	50.0
既・未婚(問54)	既婚	2496	750	641	1105
		100.0	30.0	25.7	44.3
	未婚、離婚、死別	1677	500	448	729
		100.0	29.8	26.7	43.5
居住地(問64)	23区・政令市	1330	409	341	580
		100.0	30.8	25.6	43.6
	市(人口10万人以上)	1800	567	456	777
		100.0	31.5	25.3	43.2
	市(人口10万人未満)	736	194	204	338
		100.0	26.4	27.7	45.9
	町村	307	80	88	139
		100.0	26.1	28.7	45.3
専業・兼業(SC7)	専業	0	0	0	0
		0.0	0.0	0.0	0.0
	兼業	4173	1250	1089	1834
		100.0	30.0	26.1	43.9
	うち独立自営業が本業	1335	572	384	379
		100.0	42.8	28.8	28.4
	うち独立自営業が副業	2838	678	705	1455
		100.0	23.9	24.8	51.3
主な仕事(問1-1)	事務関連	993	198	222	573
		100.0	19.9	22.4	57.7
	デザイン・映像製作関連	358	105	106	147
		100.0	29.3	29.6	41.1
	IT関連	313	90	90	133
		100.0	28.8	28.8	42.5
	専門関連業務(医療、技術、講師、芸能、演奏など)	1540	573	404	563
		100.0	37.2	26.2	36.6
	生活関連サービス、理容・美容	391	107	114	170
		100.0	27.4	29.2	43.5
	現場作業関連(運輸、製造、修理、清掃など)	578	177	153	248
		100.0	30.6	26.5	42.9
独立自営業の経験年数(問30)	2年未満	1684	333	380	971
		100.0	19.8	22.6	57.7
	2年以上15年未満	1961	671	584	706
		100.0	34.2	29.8	36.0
	15年以上	528	246	125	157
		100.0	46.6	23.7	29.7
1週の平均作業時間(問3附問2)	10時間未満	1879	464	418	997
		100.0	24.7	22.2	53.1
	10時間以上40時間未満	1522	484	419	619
		100.0	31.8	27.5	40.7
	40時間以上	772	302	252	218
		100.0	39.1	32.6	28.2
独立自営業者の報酬総額(問2附問4)	200万円未満	3296	888	818	1590
		100.0	26.9	24.8	48.2
	200万円以上400万円未満	425	157	137	131
		100.0	36.9	32.2	30.8
	400万円以上600万円未満	224	98	68	58
		100.0	43.8	30.4	25.9
	600万円以上	228	107	66	55
		100.0	46.9	28.9	24.1

Q43.独立自営業以外の仕事先での仕事の満足度について教えてください。
SA

		n	満足している	ある程度満足している	あまり満足していない	全く満足していない
全体		4173	850	1968	897	458
		100.0	20.4	47.2	21.5	11.0
性別(SC2)	男性	2462	457	1166	556	283
		100.0	18.6	47.4	22.6	11.5
	女性	1711	393	802	341	175
		100.0	23.0	46.9	19.9	10.2
年齢(SC1)	15歳～29歳	372	77	162	84	49
		100.0	20.7	43.5	22.6	13.2
	30歳～39歳	1050	205	480	234	131
		100.0	19.5	45.7	22.3	12.5
	40歳～49歳	1229	244	568	275	142
		100.0	19.9	46.2	22.4	11.6
	50歳～59歳	937	175	460	209	93
		100.0	18.7	49.1	22.3	9.9
	60歳以上	585	149	298	95	43
		100.0	25.5	50.9	16.2	7.4
学歴(問52)	中学校・高校	832	166	380	183	103
		100.0	20.0	45.7	22.0	12.4
	各種専門学校	423	88	179	95	61
		100.0	20.8	42.3	22.5	14.4
	高等専門学校・短大	576	136	269	121	50
		100.0	23.6	46.7	21.0	8.7
	大学・大学院	2325	457	1136	495	237
		100.0	19.7	48.9	21.3	10.2
	その他	4	0	1	2	1
		100.0	0.0	25.0	50.0	25.0
既・未婚(問54)	既婚	2496	562	1182	500	252
		100.0	22.5	47.4	20.0	10.1
	未婚、離婚、死別	1677	288	786	397	206
		100.0	17.2	46.9	23.7	12.3
居住地(問64)	23区・政令市	1330	262	652	264	152
		100.0	19.7	49.0	19.8	11.4
	市(人口10万人以上)	1800	393	860	386	161
		100.0	21.8	47.8	21.4	8.9
	市(人口10万人未満)	736	141	330	172	93
		100.0	19.2	44.8	23.4	12.6
	町村	307	54	126	75	52
		100.0	17.6	41.0	24.4	16.9
専業・兼業(SC7)	専業	0	0	0	0	0
		0.0	0.0	0.0	0.0	0.0
	兼業	4173	850	1968	897	458
		100.0	20.4	47.2	21.5	11.0
	うち独立自営業が本業	1335	302	612	270	151
		100.0	22.6	45.8	20.2	11.3
	うち独立自営業が副業	2838	548	1356	627	307
		100.0	19.3	47.8	22.1	10.8
主な仕事(問1-1)	事務関連	993	185	435	249	124
		100.0	18.6	43.8	25.1	12.5
	デザイン・映像製作関連	358	62	165	88	43
		100.0	17.3	46.1	24.6	12.0
	IT関連	313	60	147	73	33
		100.0	19.2	47.0	23.3	10.5
	専門関連業務(医療、技術、講師、芸能、演奏など)	1540	358	757	279	146
		100.0	23.2	49.2	18.1	9.5
	生活関連サービス、理容・美容	391	78	196	82	35
		100.0	19.9	50.1	21.0	9.0
	現場作業関連(運輸、製造、修理、清掃など)	578	107	268	126	77
		100.0	18.5	46.4	21.8	13.3
独立自営業の経験年数(問30)	2年未満	1684	317	715	406	246
		100.0	18.8	42.5	24.1	14.6
	2年以上15年未満	1961	394	999	396	172
		100.0	20.1	50.9	20.2	8.8
	15年以上	528	139	254	95	40
		100.0	26.3	48.1	18.0	7.6
1週の平均作業時間(問3附問2)	10時間未満	1879	383	857	417	222
		100.0	20.4	45.6	22.2	11.8
	10時間以上40時間未満	1522	296	747	323	156
		100.0	19.4	49.1	21.2	10.2
	40時間以上	772	171	364	157	80
		100.0	22.2	47.2	20.3	10.4
独立自営業者の報酬総額(問2附問4)	200万円未満	3296	630	1528	739	399
		100.0	19.1	46.4	22.4	12.1
	200万円以上400万円未満	425	86	228	76	35
		100.0	20.2	53.6	17.9	8.2
	400万円以上600万円未満	224	62	109	39	14
		100.0	27.7	48.7	17.4	6.3
	600万円以上	228	72	103	43	10
		100.0	31.6	45.2	18.9	4.4

独立自営業者としてのお仕事が、「専業」とお答えの方にお伺いします。
Q44.独立自営業者としてのお仕事を専業にする直前(前職)はどういう働き方をされていましたか。
【SC7で1を選択した回答者を対象】
SA

		n	正社員・正規職員	非正社員・非正規職員	高校、専門学校、大学などの教育機関に通う学生	公共の職業訓練校に通う訓練生	無職、専業主婦(夫)(3、4を除く)	その他
全体		4083	2612	586	274	31	475	105
		100.0	64.0	14.4	6.7	0.8	11.6	2.6
性別(SC2)	男性	2728	2057	310	168	19	106	68
		100.0	75.4	11.4	6.2	0.7	3.9	2.5
	女性	1355	555	276	106	12	369	37
		100.0	41.0	20.4	7.8	0.9	27.2	2.7
年齢(SC1)	15歳〜29歳	175	71	27	24	4	47	2
		100.0	40.6	15.4	13.7	2.3	26.9	1.1
	30歳〜39歳	695	335	143	65	5	137	10
		100.0	48.2	20.6	9.4	0.7	19.7	1.4
	40歳〜49歳	1149	703	194	74	15	136	27
		100.0	61.2	16.9	6.4	1.3	11.8	2.3
	50歳〜59歳	1113	780	126	78	5	96	28
		100.0	70.1	11.3	7.0	0.4	8.6	2.5
	60歳以上	951	723	96	33	2	59	38
		100.0	76.0	10.1	3.5	0.2	6.2	4.0
学歴(問52)	中学校・高校	901	535	169	40	1	130	26
		100.0	59.4	18.8	4.4	0.1	14.4	2.9
	各種専門学校	448	261	70	47	5	47	18
		100.0	58.3	15.6	10.5	1.1	10.5	4.0
	高等専門学校・短大	545	317	81	37	7	89	14
		100.0	58.2	14.9	6.8	1.3	16.3	2.6
	大学・大学院	2174	1491	264	148	18	206	47
		100.0	68.6	12.1	6.8	0.8	9.5	2.2
	その他	5	2	0	2	0	1	0
		100.0	40.0	0.0	40.0	0.0	20.0	0.0
既・未婚(問54)	既婚	2529	1670	299	138	18	347	57
		100.0	66.0	11.8	5.5	0.7	13.7	2.3
	未婚、離婚、死別	1554	942	287	136	13	128	48
		100.0	60.6	18.5	8.8	0.8	8.2	3.1
居住地(問64)	23区・政令市	1287	867	177	83	6	119	35
		100.0	67.4	13.8	6.4	0.5	9.2	2.7
	市(人口10万人以上)	1734	1106	269	101	11	202	45
		100.0	63.8	15.5	5.8	0.6	11.6	2.6
	市(人口10万人未満)	775	465	113	62	8	106	21
		100.0	60.0	14.6	8.0	1.0	13.7	2.7
	町村	287	174	27	28	6	48	4
		100.0	60.6	9.4	9.8	2.1	16.7	1.4
専業・兼業(SC7)	専業	4083	2612	586	274	31	475	105
		100.0	64.0	14.4	6.7	0.8	11.6	2.6
	兼業	0	0	0	0	0	0	0
		0.0	0.0	0.0	0.0	0.0	0.0	0.0
	うち独立自営業が本業	0	0	0	0	0	0	0
		0.0	0.0	0.0	0.0	0.0	0.0	0.0
	うち独立自営業が副業	0	0	0	0	0	0	0
		0.0	0.0	0.0	0.0	0.0	0.0	0.0
主な仕事(問1-1)	事務関連	567	264	108	16	7	164	8
		100.0	46.6	19.0	2.8	1.2	28.9	1.4
	デザイン・映像製作関連	373	225	62	43	2	34	7
		100.0	60.3	16.6	11.5	0.5	9.1	1.9
	IT関連	392	324	38	5	3	19	3
		100.0	82.7	9.7	1.3	0.8	4.8	0.8
	専門関連業務(医療、技術、講師、芸能、演奏など)	1726	1154	215	149	9	140	59
		100.0	66.9	12.5	8.6	0.5	8.1	3.4
	生活関連サービス、理容・美容	350	188	74	28	4	48	8
		100.0	53.7	21.1	8.0	1.1	13.7	2.3
	現場作業関連(運輸、製造、修理、清掃など)	675	457	89	33	6	70	20
		100.0	67.7	13.2	4.9	0.9	10.4	3.0
独立自営業の経験年数(問30)	2年未満	888	468	172	14	9	219	6
		100.0	52.7	19.4	1.6	1.0	24.7	0.7
	2年以上15年未満	2001	1365	304	91	18	182	41
		100.0	68.2	15.2	4.5	0.9	9.1	2.0
	15年以上	1194	779	110	169	4	74	58
		100.0	65.2	9.2	14.2	0.3	6.2	4.9
1週の平均作業時間(問3附問2)	10時間未満	809	429	117	35	5	206	17
		100.0	53.0	14.5	4.3	0.6	25.5	2.1
	10時間以上40時間未満	1548	960	250	105	12	185	36
		100.0	62.0	16.1	6.8	0.8	12.0	2.3
	40時間以上	1726	1223	219	134	14	84	52
		100.0	70.9	12.7	7.8	0.8	4.9	3.0
独立自営業者の報酬総額(問2附問4)	200万円未満	1993	1064	366	107	16	395	45
		100.0	53.4	18.4	5.4	0.8	19.8	2.3
	200万円以上400万円未満	764	529	113	62	3	36	21
		100.0	69.2	14.8	8.1	0.4	4.7	2.7
	400万円以上600万円未満	595	439	59	52	3	21	21
		100.0	73.8	9.9	8.7	0.5	3.5	3.5
	600万円以上	731	580	48	53	9	23	18
		100.0	79.3	6.6	7.3	1.2	3.1	2.5

Q44-1.正社員として雇われていたのは通算何年くらいでしたか。
【Q44で1を選択した回答者を対象】
SA

		n	1年未満	2年以上3年未満	3年以上4年未満	4年以上5年未満	5年以上6年未満	6年以上7年未満	7年以上8年未満	8年以上9年未満	9年以上10年未満	10年以上11年未満	11年以上
全体		2612	76	87	136	129	119	130	106	99	68	138	169
			100.0	2.9	3.3	5.2	4.9	4.6	5.0	4.1	3.8	2.6	5.3	6.5
性別(SC2)	男性	2057	61	61	79	79	71	88	71	70	50	97	126
			100.0	3.0	3.0	3.8	3.8	3.5	4.3	3.5	3.4	2.4	4.7	6.1
	女性	555	15	26	57	50	48	42	35	29	18	41	43
			100.0	2.7	4.7	10.3	9.0	8.6	7.6	6.3	5.2	3.2	7.4	7.7
年齢(SC1)	15歳～29歳	71	6	9	13	19	7	5	8	2	0	0	0
			100.0	8.5	12.7	18.3	26.8	9.9	7.0	11.3	2.8	0.0	0.0	0.0
	30歳～39歳	335	18	21	36	30	22	31	35	20	16	24	30
			100.0	5.4	6.3	10.7	9.0	6.6	9.3	10.4	6.0	4.8	7.2	9.0
	40歳～49歳	703	28	34	35	39	47	41	29	45	17	40	61
			100.0	4.0	4.8	5.0	5.5	6.7	5.8	4.1	6.4	2.4	5.7	8.7
	50歳～59歳	780	18	14	30	31	28	37	28	25	25	43	61
			100.0	2.3	1.8	3.8	4.0	3.6	4.7	3.6	3.2	3.2	5.5	7.8
	60歳以上	723	6	9	22	10	15	16	6	7	10	31	17
			100.0	0.8	1.2	3.0	1.4	2.1	2.2	0.8	1.0	1.4	4.3	2.4
学歴(問52)	中学校・高校	535	20	18	28	23	24	27	21	18	19	23	41
			100.0	3.7	3.4	5.2	4.3	4.5	5.0	3.9	3.4	3.6	4.3	7.7
	各種専門学校	261	10	9	18	25	11	15	16	11	8	17	24
			100.0	3.8	3.4	6.9	9.6	4.2	5.7	6.1	4.2	3.1	6.5	9.2
	高等専門学校・短大	317	9	11	17	8	18	16	10	10	9	23	25
			100.0	2.8	3.5	5.4	2.5	5.7	5.0	3.2	3.2	2.8	7.3	7.9
	大学・大学院	1491	37	48	72	73	66	72	59	60	32	74	78
			100.0	2.5	3.2	4.8	4.9	4.4	4.8	4.0	4.0	2.1	5.0	5.2
	その他	2	0	0	0	0	0	0	0	0	0	0	0
			100.0	0.0	0.0	0.0	0.0	0.0	0.0	0.0	0.0	0.0	0.0	0.0
既・未婚(問54)	既婚	1670	43	42	88	72	66	70	58	55	43	94	99
			100.0	2.6	2.5	5.3	4.3	4.0	4.2	3.5	3.3	2.6	5.6	5.9
	未婚、離婚、死別	942	33	45	48	57	53	60	48	44	25	44	70
			100.0	3.5	4.8	5.1	6.1	5.6	6.4	5.1	4.7	2.7	4.7	7.4
居住地(問64)	23区・政令市	867	22	30	36	37	45	43	40	33	17	46	61
			100.0	2.5	3.5	4.2	4.3	5.2	5.0	4.6	3.8	2.0	5.3	7.0
	市(人口10万人以上)	1106	29	40	64	59	39	48	37	46	33	56	71
			100.0	2.6	3.6	5.8	5.3	3.5	4.3	3.3	4.2	3.0	5.1	6.4
	市(人口10万人未満)	465	13	11	27	20	20	31	22	18	14	25	29
			100.0	2.8	2.4	5.8	4.3	4.3	6.7	4.7	3.9	3.0	5.4	6.2
	町村	174	12	6	9	13	15	8	7	2	4	11	8
			100.0	6.9	3.4	5.2	7.5	8.6	4.6	4.0	1.1	2.3	6.3	4.6
専業・兼業(SC7)	専業	2612	76	87	136	129	119	130	106	99	68	138	169
			100.0	2.9	3.3	5.2	4.9	4.6	5.0	4.1	3.8	2.6	5.3	6.5
	兼業	0	0	0	0	0	0	0	0	0	0	0	0
			0.0	0.0	0.0	0.0	0.0	0.0	0.0	0.0	0.0	0.0	0.0	0.0
	うち独立自営業が本業	0	0	0	0	0	0	0	0	0	0	0	0
			0.0	0.0	0.0	0.0	0.0	0.0	0.0	0.0	0.0	0.0	0.0	0.0
	うち独立自営業が副業	0	0	0	0	0	0	0	0	0	0	0	0
			0.0	0.0	0.0	0.0	0.0	0.0	0.0	0.0	0.0	0.0	0.0	0.0
主な仕事(問1-1)	事務関連	264	14	10	14	15	16	15	24	8	5	13	24
			100.0	5.3	3.8	5.3	5.7	6.1	5.7	9.1	3.0	1.9	4.9	9.1
	デザイン・映像製作関連	225	9	8	12	21	14	16	12	7	9	16	14
			100.0	4.0	3.6	5.3	9.3	6.2	7.1	5.3	3.1	4.0	7.1	6.2
	IT関連	324	4	14	17	14	11	15	10	15	6	22	23
			100.0	1.2	4.3	5.2	4.3	3.4	4.6	3.1	4.6	1.9	6.8	7.1
	専門関連業務(医療、技術、講師、芸能、演奏など)	1154	21	38	57	40	51	60	32	44	27	57	64
			100.0	1.8	3.3	4.9	3.5	4.4	5.2	2.8	3.8	2.3	4.9	5.5
	生活関連サービス、理容・美容	188	5	6	13	19	12	6	7	11	11	7	10
			100.0	2.7	3.2	6.9	10.1	6.4	3.2	3.7	5.9	5.9	3.7	5.3
	現場作業関連(運輸、製造、修理、清掃など)	457	23	11	23	20	15	18	21	14	10	23	34
			100.0	5.0	2.4	5.0	4.4	3.3	3.9	4.6	3.1	2.2	5.0	7.4
独立自営業の経験年数(問30)	2年未満	468	47	26	24	21	13	14	22	12	6	21	24
			100.0	10.0	5.6	5.1	4.5	2.8	3.0	4.7	2.6	1.3	4.5	5.1
	2年以上15年未満	1365	10	32	45	67	53	57	50	48	32	52	94
			100.0	0.7	2.3	3.3	4.9	3.9	4.2	3.7	3.5	2.3	3.8	6.9
	15年以上	779	19	29	67	41	53	59	34	39	30	65	51
			100.0	2.4	3.7	8.6	5.3	6.8	7.6	4.4	5.0	3.9	8.3	6.5
1週の平均作業時間(問3附問2)	10時間未満	429	24	12	25	18	18	13	17	10	7	15	20
			100.0	5.6	2.8	5.8	4.2	4.2	3.0	4.0	2.3	1.6	3.5	4.7
	10時間以上40時間未満	960	11	22	51	44	37	45	33	39	22	47	59
			100.0	1.1	2.3	5.3	4.6	3.9	4.7	3.4	4.1	2.3	4.9	6.1
	40時間以上	1223	41	53	60	67	64	72	56	50	39	76	90
			100.0	3.4	4.3	4.9	5.5	5.2	5.9	4.6	4.1	3.2	6.2	7.4
独立自営業者の報酬総額(問2附問4)	200万円未満	1064	42	50	70	61	47	44	40	28	25	54	57
			100.0	3.9	4.7	6.6	5.7	4.4	4.1	3.8	2.6	2.3	5.1	5.4
	200万円以上400万円未満	529	10	13	25	30	28	23	18	25	14	21	29
			100.0	1.9	2.5	4.7	5.7	5.3	4.3	3.4	4.7	2.6	4.0	5.5
	400万円以上600万円未満	439	9	10	12	20	19	26	20	23	19	25	39
			100.0	2.1	2.3	2.7	4.6	4.3	5.9	4.6	5.2	4.3	5.7	8.9
	600万円以上	580	15	14	29	18	25	37	28	23	10	38	44
			100.0	2.6	2.4	5.0	3.1	4.3	6.4	4.8	4.0	1.7	6.6	7.6

Q44-1.正社員として雇われていたのは通算何年くらいでしたか。
【Q44で1を選択した回答者を対象】
SA

		n	1年以上2年未満	2年以上3年未満	3年以上4年未満	4年以上5年未満	5年以上6年未満	6年以上7年未満	7年以上8年未満	8年以上9年未満	9年以上20年未満	20年以上
全体		2612	57	65	61	80	69	37	57	33	66	830
		100.0	2.2	2.5	2.3	3.1	2.6	1.4	2.2	1.3	2.5	31.8
性別(SC2)	男性	2057	46	49	47	65	55	30	52	29	53	778
		100.0	2.2	2.4	2.3	3.2	2.7	1.5	2.5	1.4	2.6	37.8
	女性	555	11	16	14	15	14	7	5	4	13	52
		100.0	2.0	2.9	2.5	2.7	2.5	1.3	0.9	0.7	2.3	9.4
年齢(SC1)	15歳〜29歳	71	1	0	0	0	0	0	0	0	0	1
		100.0	1.4	0.0	0.0	0.0	0.0	0.0	0.0	0.0	0.0	1.4
	30歳〜39歳	335	11	9	7	3	8	5	3	1	1	4
		100.0	3.3	2.7	2.1	0.9	2.4	1.5	0.9	0.3	0.3	1.2
	40歳〜49歳	703	18	24	22	33	20	12	26	10	21	101
		100.0	2.6	3.4	3.1	4.7	2.8	1.7	3.7	1.4	3.0	14.4
	50歳〜59歳	780	22	25	23	33	29	15	18	20	23	232
		100.0	2.8	3.2	2.9	4.2	3.7	1.9	2.3	2.6	2.9	29.7
	60歳以上	723	5	7	9	11	12	5	10	2	21	492
		100.0	0.7	1.0	1.2	1.5	1.7	0.7	1.4	0.3	2.9	68.0
学歴(問52)	中学校・高校	535	9	12	16	15	15	6	7	8	14	171
		100.0	1.7	2.2	3.0	2.8	2.8	1.1	1.3	1.5	2.6	32.0
	各種専門学校	261	7	7	5	7	9	1	7	5	5	44
		100.0	2.7	2.7	1.9	2.7	3.4	0.4	2.7	1.9	1.9	16.9
	高等専門学校・短大	317	9	11	10	8	8	7	7	7	11	83
		100.0	2.8	3.5	3.2	2.5	2.5	2.2	2.2	2.2	3.5	26.2
	大学・大学院	1491	31	35	30	50	37	23	35	13	36	530
		100.0	2.1	2.3	2.0	3.4	2.5	1.5	2.3	0.9	2.4	35.5
	その他	2	0	0	0	0	0	0	0	0	0	2
		100.0	0.0	0.0	0.0	0.0	0.0	0.0	0.0	0.0	0.0	100.0
既・未婚(問54)	既婚	1670	34	44	32	47	43	20	30	22	42	626
		100.0	2.0	2.6	1.9	2.8	2.6	1.2	1.8	1.3	2.5	37.5
	未婚、離婚、死別	942	23	21	29	33	26	17	27	11	24	204
		100.0	2.4	2.2	3.1	3.5	2.8	1.8	2.9	1.2	2.5	21.7
居住地(問64)	23区・政令市	867	19	29	18	32	28	18	20	9	29	255
		100.0	2.2	3.3	2.1	3.7	3.2	2.1	2.3	1.0	3.3	29.4
	市(人口10万人以上)	1106	24	30	26	27	31	10	22	14	29	371
		100.0	2.2	2.7	2.4	2.4	2.8	0.9	2.0	1.3	2.6	33.5
	市(人口10万人未満)	465	9	4	10	14	7	7	11	4	5	164
		100.0	1.9	0.9	2.2	3.0	1.5	1.5	2.4	0.9	1.1	35.3
	町村	174	5	2	7	7	3	2	4	6	3	40
		100.0	2.9	1.1	4.0	4.0	1.7	1.1	2.3	3.4	1.7	23.0
専業・兼業(SC7)	専業	2612	57	65	61	80	69	37	57	33	66	830
		100.0	2.2	2.5	2.3	3.1	2.6	1.4	2.2	1.3	2.5	31.8
	兼業	0	0	0	0	0	0	0	0	0	0	0
		0.0	0.0	0.0	0.0	0.0	0.0	0.0	0.0	0.0	0.0	0.0
	うち独立自営業が本業	0	0	0	0	0	0	0	0	0	0	0
		0.0	0.0	0.0	0.0	0.0	0.0	0.0	0.0	0.0	0.0	0.0
	うち独立自営業が副業	0	0	0	0	0	0	0	0	0	0	0
		0.0	0.0	0.0	0.0	0.0	0.0	0.0	0.0	0.0	0.0	0.0
主な仕事(問1-1)	事務関連	264	4	6	3	4	7	4	1	2	7	68
		100.0	1.5	2.3	1.1	1.5	2.7	1.5	0.4	0.8	2.7	25.8
	デザイン・映像製作関連	225	6	9	10	5	8	4	5	4	6	30
		100.0	2.7	4.0	4.4	2.2	3.6	1.8	2.2	1.8	2.7	13.3
	IT関連	324	8	11	13	13	9	8	6	10	9	86
		100.0	2.5	3.4	4.0	4.0	2.8	2.5	1.9	3.1	2.8	26.5
	専門関連業務(医療、技術、講師、芸能、演奏など)	1154	28	28	19	35	32	14	32	9	30	436
		100.0	2.4	2.4	1.6	3.0	2.8	1.2	2.8	0.8	2.6	37.8
	生活関連サービス、理容・美容	188	4	6	5	7	3	2	3	1	2	48
		100.0	2.1	3.2	2.7	3.7	1.6	1.1	1.6	0.5	1.1	25.5
	現場作業関連(運輸、製造、修理、清掃など)	457	7	5	11	16	10	5	10	7	12	162
		100.0	1.5	1.1	2.4	3.5	2.2	1.1	2.2	1.5	2.6	35.4
独立自営業の経験年数(問30)	2年未満	468	9	12	5	9	8	7	10	3	8	167
		100.0	1.9	2.6	1.1	1.9	1.7	1.5	2.1	0.6	1.7	35.7
	2年以上15年未満	1365	33	35	40	51	41	19	30	20	34	522
		100.0	2.4	2.6	2.9	3.7	3.0	1.4	2.2	1.5	2.5	38.2
	15年以上	779	15	18	16	20	20	11	17	10	24	141
		100.0	1.9	2.3	2.1	2.6	2.6	1.4	2.2	1.3	3.1	18.1
1週の平均作業時間(問3附問2)	10時間未満	429	7	10	8	9	9	3	6	8	6	184
		100.0	1.6	2.3	1.9	2.1	2.1	0.7	1.4	1.9	1.4	42.9
	10時間以上40時間未満	960	17	17	22	24	29	14	22	9	18	378
		100.0	1.8	1.8	2.3	2.5	3.0	1.5	2.3	0.9	1.9	39.4
	40時間以上	1223	33	38	31	47	31	20	29	16	42	268
		100.0	2.7	3.1	2.5	3.8	2.5	1.6	2.4	1.3	3.4	21.9
独立自営業者の報酬総額(問2附問4)	200万円未満	1064	18	24	17	29	25	9	18	11	22	373
		100.0	1.7	2.3	1.6	2.7	2.3	0.8	1.7	1.0	2.1	35.1
	200万円以上400万円未満	529	13	11	20	23	14	11	9	5	15	172
		100.0	2.5	2.1	3.8	4.3	2.6	2.1	1.7	0.9	2.8	32.5
	400万円以上600万円未満	439	9	17	9	13	10	8	14	3	14	120
		100.0	2.1	3.9	2.1	3.0	2.3	1.8	3.2	0.7	3.2	27.3
	600万円以上	580	17	13	15	15	20	9	16	14	15	165
		100.0	2.9	2.2	2.6	2.6	3.4	1.6	2.8	2.4	2.6	28.4

Q44-2.前職の仕事内容と現在の独立自営業者の仕事内容は同じでしたか。
【Q44で1もしくは2を選択した回答者を対象】
SA

		n	全く同じだった	同じ部分が多かった	異なる部分が多かった	全く異なっていた
全体		3198	555	1075	475	1093
		100.0	17.4	33.6	14.9	34.2
性別(SC2)	男性	2367	439	830	341	757
		100.0	18.5	35.1	14.4	32.0
	女性	831	116	245	134	336
		100.0	14.0	29.5	16.1	40.4
年齢(SC1)	15歳〜29歳	98	8	27	22	41
		100.0	8.2	27.6	22.4	41.8
	30歳〜39歳	478	80	129	87	182
		100.0	16.7	27.0	18.2	38.1
	40歳〜49歳	897	164	287	129	317
		100.0	18.3	32.0	14.4	35.3
	50歳〜59歳	906	167	312	121	306
		100.0	18.4	34.4	13.4	33.8
	60歳以上	819	136	320	116	247
		100.0	16.6	39.1	14.2	30.2
学歴(問52)	中学校・高校	704	130	214	101	259
		100.0	18.5	30.4	14.3	36.8
	各種専門学校	331	82	123	38	88
		100.0	24.8	37.2	11.5	26.6
	高等専門学校・短大	398	72	145	48	133
		100.0	18.1	36.4	12.1	33.4
	大学・大学院	1755	266	591	287	611
		100.0	15.2	33.7	16.4	34.8
	その他	2	1	0	1	0
		100.0	50.0	0.0	50.0	0.0
既・未婚(問54)	既婚	1969	355	705	290	619
		100.0	18.0	35.8	14.7	31.4
	未婚、離婚、死別	1229	200	370	185	474
		100.0	16.3	30.1	15.1	38.6
居住地(問64)	23区・政令市	1044	186	389	143	326
		100.0	17.8	37.3	13.7	31.2
	市(人口10万人以上)	1375	234	443	217	481
		100.0	17.0	32.2	15.8	35.0
	市(人口10万人未満)	578	100	185	78	215
		100.0	17.3	32.0	13.5	37.2
	町村	201	35	58	37	71
		100.0	17.4	28.9	18.4	35.3
専業・兼業(SC7)	専業	3198	555	1075	475	1093
		100.0	17.4	33.6	14.9	34.2
	兼業	0	0	0	0	0
		0.0	0.0	0.0	0.0	0.0
	うち独立自営業が本業	0	0	0	0	0
		0.0	0.0	0.0	0.0	0.0
	うち独立自営業が副業	0	0	0	0	0
		0.0	0.0	0.0	0.0	0.0
主な仕事(問1-1)	事務関連	372	37	102	80	153
		100.0	9.9	27.4	21.5	41.1
	デザイン・映像製作関連	287	65	106	37	79
		100.0	22.6	36.9	12.9	27.5
	IT関連	362	81	160	57	64
		100.0	22.4	44.2	15.7	17.7
	専門関連業務(医療、技術、講師、芸能、演奏など)	1369	245	497	194	433
		100.0	17.9	36.3	14.2	31.6
	生活関連サービス、理容・美容	262	49	57	27	129
		100.0	18.7	21.8	10.3	49.2
	現場作業関連(運輸、製造、修理、清掃など)	546	78	153	80	235
		100.0	14.3	28.0	14.7	43.0
独立自営業の経験年数(問30)	2年未満	640	100	164	116	260
		100.0	15.6	25.6	18.1	40.6
	2年以上15年未満	1669	260	600	259	550
		100.0	15.6	35.9	15.5	33.0
	15年以上	889	195	311	100	283
		100.0	21.9	35.0	11.2	31.8
1週の平均作業時間(問3附問2)	10時間未満	546	58	151	92	245
		100.0	10.6	27.7	16.8	44.9
	10時間以上40時間未満	1210	205	408	180	417
		100.0	16.9	33.7	14.9	34.5
	40時間以上	1442	292	516	203	431
		100.0	20.2	35.8	14.1	29.9
独立自営業者の報酬総額(問2附問4)	200万円未満	1430	183	410	243	594
		100.0	12.8	28.7	17.0	41.5
	200万円以上400万円未満	642	118	234	79	211
		100.0	18.4	36.4	12.3	32.9
	400万円以上600万円未満	498	115	186	60	137
		100.0	23.1	37.3	12.0	27.5
	600万円以上	628	139	245	93	151
		100.0	22.1	39.0	14.8	24.0

Q45.独立自営業者としての働き方に関する満足度についてお答えください。(矢印方向にそれぞれひとつだけ)

1.独立自営業者として得られる収入
SA

		n	満足している	ある程度満足している	あまり満足していない	全く満足していない
全体		8256	818	3185	2640	1613
		100.0	9.9	38.6	32.0	19.5
性別(SC2)	男性	5190	510	2027	1685	968
		100.0	9.8	39.1	32.5	18.7
	女性	3066	308	1158	955	645
		100.0	10.0	37.8	31.1	21.0
年齢(SC1)	15歳~29歳	547	59	181	185	122
		100.0	10.8	33.1	33.8	22.3
	30歳~39歳	1745	190	635	534	386
		100.0	10.9	36.4	30.6	22.1
	40歳~49歳	2378	227	879	762	510
		100.0	9.5	37.0	32.0	21.4
	50歳~59歳	2050	180	787	676	407
		100.0	8.8	38.4	33.0	19.9
	60歳以上	1536	162	703	483	188
		100.0	10.5	45.8	31.4	12.2
学歴(問52)	中学校・高校	1733	171	651	561	350
		100.0	9.9	37.6	32.4	20.2
	各種専門学校	871	77	296	292	206
		100.0	8.8	34.0	33.5	23.7
	高等専門学校・短大	1121	107	455	342	217
		100.0	9.5	40.6	30.5	19.4
	大学・大学院	4499	460	1776	1436	827
		100.0	10.2	39.5	31.9	18.4
	その他	9	1	3	2	3
		100.0	11.1	33.3	22.2	33.3
既・未婚(問54)	既婚	5025	566	2063	1564	832
		100.0	11.3	41.1	31.1	16.6
	未婚、離婚、死別	3231	252	1122	1076	781
		100.0	7.8	34.7	33.3	24.2
居住地(問64)	23区・政令市	2617	255	1061	832	469
		100.0	9.7	40.5	31.8	17.9
	市(人口10万人以上)	3534	370	1340	1129	695
		100.0	10.5	37.9	31.9	19.7
	市(人口10万人未満)	1511	133	593	493	292
		100.0	8.8	39.2	32.6	19.3
	町村	594	60	191	186	157
		100.0	10.1	32.2	31.3	26.4
専業・兼業(SC7)	専業	4083	417	1545	1333	788
		100.0	10.2	37.8	32.6	19.3
	兼業	4173	401	1640	1307	825
		100.0	9.6	39.3	31.3	19.8
	うち独立自営業が本業	1335	130	530	412	263
		100.0	9.7	39.7	30.9	19.7
	うち独立自営業が副業	2838	271	1110	895	562
		100.0	9.5	39.1	31.5	19.8
主な仕事(問1-1)	事務関連	1560	152	547	488	373
		100.0	9.7	35.1	31.3	23.9
	デザイン・映像製作関連	731	61	228	260	182
		100.0	8.3	31.2	35.6	24.9
	IT関連	705	70	294	229	112
		100.0	9.9	41.7	32.5	15.9
	専門関連業務(医療、技術、講師、芸能など)	3266	342	1308	1015	601
		100.0	10.5	40.0	31.1	18.4
	生活関連サービス、理容・美容	741	80	301	225	135
		100.0	10.8	40.6	30.4	18.2
	現場作業関連(運輸、製造、修理、清掃など)	1253	113	507	423	210
		100.0	9.0	40.5	33.8	16.8
独立自営業の経験年数(問30)	2年未満	2572	229	807	875	661
		100.0	8.9	31.4	34.0	25.7
	2年以上15年未満	3962	415	1704	1202	641
		100.0	10.5	43.0	30.3	16.2
	15年以上	1722	174	674	563	311
		100.0	10.1	39.1	32.7	18.1
1週の平均作業時間(問3附問2)	10時間未満	2688	256	924	825	683
		100.0	9.5	34.4	30.7	25.4
	10時間以上40時間未満	3070	288	1266	999	517
		100.0	9.4	41.2	32.5	16.8
	40時間以上	2498	274	995	816	413
		100.0	11.0	39.8	32.7	16.5
独立自営業者の報酬総額(問2附問4)	200万円未満	5289	422	1789	1764	1314
		100.0	8.0	33.8	33.4	24.8
	200万円以上400万円未満	1189	113	498	410	168
		100.0	9.5	41.9	34.5	14.1
	400万円以上600万円未満	819	94	404	251	70
		100.0	11.5	49.3	30.6	8.5
	600万円以上	959	189	494	215	61
		100.0	19.7	51.5	22.4	6.4

2.独立自営業者としての仕事1件当たり単価
SA

		n	満足している	ある程度満足している	あまり満足していない	全く満足していない
全体		8256	832	3499	2696	1229
		100.0	10.1	42.4	32.7	14.9
性別(SC2)	男性	5190	516	2208	1722	744
		100.0	9.9	42.5	33.2	14.3
	女性	3066	316	1291	974	485
		100.0	10.3	42.1	31.8	15.8
年齢(SC1)	15歳~29歳	547	42	203	198	104
		100.0	7.7	37.1	36.2	19.0
	30歳~39歳	1745	178	699	571	297
		100.0	10.2	40.1	32.7	17.0
	40歳~49歳	2378	241	960	785	392
		100.0	10.1	40.4	33.0	16.5
	50歳~59歳	2050	183	885	684	298
		100.0	8.9	43.2	33.4	14.5
	60歳以上	1536	188	752	458	138
		100.0	12.2	49.0	29.8	9.0
学歴(問52)	中学校・高校	1733	166	685	595	287
		100.0	9.6	39.5	34.3	16.6
	各種専門学校	871	76	355	282	158
		100.0	8.7	40.8	32.4	18.1
	高等専門学校・短大	1121	111	500	345	165
		100.0	9.9	44.6	30.8	14.7
	大学・大学院	4499	475	1952	1460	612
		100.0	10.6	43.4	32.5	13.6
	その他	9	1	2	4	2
		100.0	11.1	22.2	44.4	22.2
既・未婚(問54)	既婚	5025	555	2255	1558	657
		100.0	11.0	44.9	31.0	13.1
	未婚、離婚、死別	3231	277	1244	1138	572
		100.0	8.6	38.5	35.2	17.7
居住地(問64)	23区・政令市	2617	280	1138	842	357
		100.0	10.7	43.5	32.2	13.6
	市(人口10万人以上)	3534	363	1477	1179	515
		100.0	10.3	41.8	33.4	14.6
	市(人口10万人未満)	1511	136	661	488	226
		100.0	9.0	43.7	32.3	15.0
	町村	594	53	223	187	131
		100.0	8.9	37.5	31.5	22.1
専業・兼業(SC7)	専業	4083	433	1719	1346	585
		100.0	10.6	42.1	33.0	14.3
	兼業	4173	399	1780	1350	644
		100.0	9.6	42.7	32.4	15.4
	うち独立自営業が本業	1335	124	578	441	192
		100.0	9.3	43.3	33.0	14.4
	うち独立自営業が副業	2838	275	1202	909	452
		100.0	9.7	42.4	32.0	15.9
主な仕事(問1-1)	事務関連	1560	134	555	536	335
		100.0	8.6	35.6	34.4	21.5
	デザイン・映像製作関連	731	52	287	267	125
		100.0	7.1	39.3	36.5	17.1
	IT関連	705	81	301	246	77
		100.0	11.5	42.7	34.9	10.9
	専門関連業務(医療、技術、講師、芸能など)	3266	369	1488	994	415
		100.0	11.3	45.6	30.4	12.7
	生活関連サービス、理容・美容	741	88	339	227	87
		100.0	11.9	45.7	30.6	11.7
	現場作業関連(運輸、製造、修理、清掃など)	1253	108	529	426	190
		100.0	8.6	42.2	34.0	15.2
独立自営業の経験年数(問30)	2年未満	2572	236	863	902	571
		100.0	9.2	33.6	35.1	22.2
	2年以上15年未満	3962	419	1876	1223	444
		100.0	10.6	47.3	30.9	11.2
	15年以上	1722	177	760	571	214
		100.0	10.3	44.1	33.2	12.4
1週の平均作業時間(問3附問2)	10時間未満	2688	303	1068	799	518
		100.0	11.3	39.7	29.7	19.3
	10時間以上40時間未満	3070	297	1355	1025	393
		100.0	9.7	44.1	33.4	12.8
	40時間以上	2498	232	1076	872	318
		100.0	9.3	43.1	34.9	12.7
独立自営業者の報酬総額(問2附問4)	200万円未満	5289	458	2043	1800	988
		100.0	8.7	38.6	34.0	18.7
	200万円以上400万円未満	1189	124	548	393	124
		100.0	10.4	46.1	33.1	10.4
	400万円以上600万円未満	819	86	425	246	62
		100.0	10.5	51.9	30.0	7.6
	600万円以上	959	164	483	257	55
		100.0	17.1	50.4	26.8	5.7

Q45.独立自営業者としての働き方に関する満足度についてお答えください。(矢印方向にそれぞれひとつだけ)

3.独立自営業者としての仕事量
SA

		n	満足している	ある程度満足している	あまり満足していない	全く満足していない
全体		8256	978	3666	2529	1083
		100.0	11.8	44.4	30.6	13.1
性別(SC2)	男性	5190	624	2311	1588	667
		100.0	12.0	44.5	30.6	12.9
	女性	3066	354	1355	941	416
		100.0	11.5	44.2	30.7	13.6
年齢(SC1)	15歳～29歳	547	59	221	181	86
		100.0	10.8	40.4	33.1	15.7
	30歳～39歳	1745	205	722	558	260
		100.0	11.7	41.4	32.0	14.9
	40歳～49歳	2378	272	1016	733	357
		100.0	11.4	42.7	30.8	15.0
	50歳～59歳	2050	211	932	646	261
		100.0	10.3	45.5	31.5	12.7
	60歳以上	1536	231	775	411	119
		100.0	15.0	50.5	26.8	7.7
学歴(問52)	中学校・高校	1733	198	735	554	246
		100.0	11.4	42.4	32.0	14.2
	各種専門学校	871	79	359	293	140
		100.0	9.1	41.2	33.6	16.1
	高等専門学校・短大	1121	121	525	325	150
		100.0	10.8	46.8	29.0	13.4
	大学・大学院	4499	576	2038	1344	541
		100.0	12.8	45.3	29.9	12.0
	その他	9	2	2	3	2
		100.0	22.2	22.2	33.3	22.2
既・未婚(問54)	既婚	5025	650	2307	1496	572
		100.0	12.9	45.9	29.8	11.4
	未婚、離婚、死別	3231	328	1359	1033	511
		100.0	10.2	42.1	32.0	15.8
居住地(問64)	23区・政令市	2617	314	1205	788	310
		100.0	12.0	46.0	30.1	11.8
	市(人口10万人以上)	3534	427	1566	1058	483
		100.0	12.1	44.3	29.9	13.7
	市(人口10万人未満)	1511	177	663	488	183
		100.0	11.7	43.9	32.3	12.1
	町村	594	60	232	195	107
		100.0	10.1	39.1	32.8	18.0
専業・兼業(SC7)	専業	4083	496	1860	1238	489
		100.0	12.1	45.6	30.3	12.0
	兼業	4173	482	1806	1291	594
		100.0	11.6	43.3	30.9	14.2
	うち独立自営業が本業	1335	146	566	435	188
		100.0	10.9	42.4	32.6	14.1
	うち独立自営業が副業	2838	336	1240	856	406
		100.0	11.8	43.7	30.2	14.3
主な仕事(問1-1)	事務関連	1560	158	627	510	265
		100.0	10.1	40.2	32.7	17.0
	デザイン・映像製作関連	731	68	288	262	113
		100.0	9.3	39.4	35.8	15.5
	IT関連	705	92	331	218	64
		100.0	13.0	47.0	30.9	9.1
	専門関連業務(医療、技術、講師、芸能、演奏など)	3266	419	1499	962	386
		100.0	12.8	45.9	29.5	11.8
	生活関連サービス、理容・美容	741	99	350	208	84
		100.0	13.4	47.2	28.1	11.3
	現場作業関連(運輸、製造、修理、清掃など)	1253	142	571	369	171
		100.0	11.3	45.6	29.4	13.6
独立自営業の経験年数(問30)	2年未満	2572	261	986	824	501
		100.0	10.1	38.3	32.0	19.5
	2年以上15年未満	3962	508	1902	1159	393
		100.0	12.8	48.0	29.3	9.9
	15年以上	1722	209	778	546	189
		100.0	12.1	45.2	31.7	11.0
1週の平均作業時間(問3附問2)	10時間未満	2688	350	1033	814	491
		100.0	13.0	38.4	30.3	18.3
	10時間以上40時間未満	3070	363	1465	917	325
		100.0	11.8	47.7	29.9	10.6
	40時間以上	2498	265	1168	798	267
		100.0	10.6	46.8	31.9	10.7
独立自営業者の報酬総額(問2附問4)	200万円未満	5289	541	2153	1716	879
		100.0	10.2	40.7	32.4	16.6
	200万円以上400万円未満	1189	151	607	324	107
		100.0	12.7	51.1	27.2	9.0
	400万円以上600万円未満	819	107	420	246	46
		100.0	13.1	51.3	30.0	5.6
	600万円以上	959	179	486	243	51
		100.0	18.7	50.7	25.3	5.3

4.独立自営業者としての仕事内容・質
SA

		n	満足している	ある程度満足している	あまり満足していない	全く満足していない
全体		8256	1257	4288	1940	771
		100.0	15.2	51.9	23.5	9.3
性別(SC2)	男性	5190	786	2664	1250	490
		100.0	15.1	51.3	24.1	9.4
	女性	3066	471	1624	690	281
		100.0	15.4	53.0	22.5	9.2
年齢(SC1)	15歳～29歳	547	70	251	157	69
		100.0	12.8	45.9	28.7	12.6
	30歳～39歳	1745	246	854	446	199
		100.0	14.1	48.9	25.6	11.4
	40歳～49歳	2378	347	1183	596	252
		100.0	14.6	49.7	25.1	10.6
	50歳～59歳	2050	288	1111	476	175
		100.0	14.0	54.2	23.2	8.5
	60歳以上	1536	306	889	265	76
		100.0	19.9	57.9	17.3	4.9
学歴(問52)	中学校・高校	1733	234	886	429	184
		100.0	13.5	51.1	24.8	10.6
	各種専門学校	871	119	442	211	99
		100.0	13.7	50.7	24.2	11.4
	高等専門学校・短大	1121	176	593	248	104
		100.0	15.7	52.9	22.1	9.3
	大学・大学院	4499	725	2356	1040	378
		100.0	16.1	52.4	23.1	8.4
	その他	9	0	4	3	2
		100.0	0.0	44.4	33.3	22.2
既・未婚(問54)	既婚	5025	818	2682	1133	392
		100.0	16.3	53.4	22.5	7.8
	未婚、離婚、死別	3231	439	1606	807	379
		100.0	13.6	49.7	25.0	11.7
居住地(問64)	23区・政令市	2617	402	1412	597	206
		100.0	15.4	54.0	22.8	7.9
	市(人口10万人以上)	3534	561	1811	829	333
		100.0	15.9	51.2	23.5	9.4
	市(人口10万人未満)	1511	220	784	362	145
		100.0	14.6	51.9	24.0	9.6
	町村	594	74	281	152	87
		100.0	12.5	47.3	25.6	14.6
専業・兼業(SC7)	専業	4083	647	2191	906	339
		100.0	15.8	53.7	22.2	8.3
	兼業	4173	610	2097	1034	432
		100.0	14.6	50.3	24.8	10.4
	うち独立自営業が本業	1335	210	665	326	134
		100.0	15.7	49.8	24.4	10.0
	うち独立自営業が副業	2838	400	1432	708	298
		100.0	14.1	50.5	24.9	10.5
主な仕事(問1-1)	事務関連	1560	168	707	460	225
		100.0	10.8	45.3	29.5	14.4
	デザイン・映像製作関連	731	102	383	175	71
		100.0	14.0	52.4	23.9	9.7
	IT関連	705	105	353	199	48
		100.0	14.9	50.1	28.2	6.8
	専門関連業務(医療、技術、講師、芸能、演奏など)	3266	589	1806	643	228
		100.0	18.0	55.3	19.7	7.0
	生活関連サービス、理容・美容	741	136	382	160	63
		100.0	18.4	51.6	21.6	8.5
	現場作業関連(運輸、製造、修理、清掃など)	1253	157	657	303	136
		100.0	12.5	52.4	24.2	10.9
独立自営業の経験年数(問30)	2年未満	2572	326	1099	741	406
		100.0	12.7	42.7	28.8	15.8
	2年以上15年未満	3962	633	2229	844	256
		100.0	16.0	56.3	21.3	6.5
	15年以上	1722	298	960	355	109
		100.0	17.3	55.7	20.6	6.3
1週の平均作業時間(問3附問2)	10時間未満	2688	421	1273	634	360
		100.0	15.7	47.4	23.6	13.4
	10時間以上40時間未満	3070	488	1670	695	217
		100.0	15.9	54.4	22.6	7.1
	40時間以上	2498	348	1345	611	194
		100.0	13.9	53.8	24.5	7.8
独立自営業者の報酬総額(問2附問4)	200万円未満	5289	723	2615	1331	620
		100.0	13.7	49.4	25.2	11.7
	200万円以上400万円未満	1189	189	692	234	74
		100.0	15.9	58.2	19.7	6.2
	400万円以上600万円未満	819	144	471	170	34
		100.0	17.6	57.5	20.8	4.2
	600万円以上	959	201	510	205	43
		100.0	21.0	53.2	21.4	4.5

Q45.独立自営業者としての働き方に関する満足度についてお答えください。(矢印方向にそれぞれひとつだけ)
SA

5.独立自営業者としての就業時間

		n	満足している	ある程度満足している	あまり満足していない	全く満足していない
全体		8256	1427	4114	1889	826
		100.0	17.3	49.8	22.9	10.0
性別(SC2)	男性	5190	881	2567	1215	527
		100.0	17.0	49.5	23.4	10.2
	女性	3066	546	1547	674	299
		100.0	17.8	50.5	22.0	9.8
年齢(SC1)	15歳～29歳	547	93	253	137	64
		100.0	17.0	46.3	25.0	11.7
	30歳～39歳	1745	310	798	431	206
		100.0	17.8	45.7	24.7	11.8
	40歳～49歳	2378	383	1143	587	265
		100.0	16.1	48.1	24.7	11.1
	50歳～59歳	2050	312	1071	465	202
		100.0	15.2	52.2	22.7	9.9
	60歳以上	1536	329	849	269	89
		100.0	21.4	55.3	17.5	5.8
学歴(問52)	中学校・高校	1733	277	843	411	202
		100.0	16.0	48.6	23.7	11.7
	各種専門学校	871	149	407	200	115
		100.0	17.1	46.7	23.0	13.2
	高等専門学校・短大	1121	183	573	257	108
		100.0	16.3	51.1	22.9	9.6
	大学・大学院	4499	811	2281	1012	395
		100.0	18.0	50.7	22.5	8.8
	その他	9	2	4	1	2
		100.0	22.2	44.4	11.1	22.2
既・未婚 (問54)	既婚	5025	922	2558	1111	434
		100.0	18.3	50.9	22.1	8.6
	未婚、離婚、死別	3231	505	1556	778	392
		100.0	15.6	48.2	24.1	12.1
居住地 (問64)	23区・政令市	2617	456	1359	570	232
		100.0	17.4	51.9	21.8	8.9
	市(人口10万人以上)	3534	632	1730	821	351
		100.0	17.9	49.0	23.2	9.9
	市(人口10万人未満)	1511	252	767	342	150
		100.0	16.7	50.8	22.6	9.9
	町村	594	87	258	156	93
		100.0	14.6	43.4	26.3	15.7
専業・兼業 (SC7)	専業	4083	752	2064	878	389
		100.0	18.4	50.6	21.5	9.5
	兼業	4173	675	2050	1011	437
		100.0	16.2	49.1	24.2	10.5
	うち独立自営業が本業	1335	196	669	333	137
		100.0	14.7	50.1	24.9	10.3
	うち独立自営業が副業	2838	479	1381	678	300
		100.0	16.9	48.7	23.9	10.6
主な仕事 (問1-1)	事務関連	1560	230	673	433	224
		100.0	14.7	43.1	27.8	14.4
	デザイン・映像製作関連	731	114	365	170	82
		100.0	15.6	49.9	23.3	11.2
	IT関連	705	130	357	166	52
		100.0	18.4	50.6	23.5	7.4
	専門関連業務(医療、技術、講師、芸能、演奏など)	3266	616	1724	677	249
		100.0	18.9	52.8	20.7	7.6
	生活関連サービス、理容・美容	741	150	369	154	68
		100.0	20.2	49.8	20.8	9.2
	現場作業関連(運輸、製造、修理、清掃など)	1253	187	626	289	151
		100.0	14.9	50.0	23.1	12.1
独立自営業の経験年数 (問30)	2年未満	2572	392	1095	668	417
		100.0	15.2	42.6	26.0	16.2
	2年以上15年未満	3962	737	2116	844	265
		100.0	18.6	53.4	21.3	6.7
	15年以上	1722	298	903	377	144
		100.0	17.3	52.4	21.9	8.4
1週の平均作業時間 (問3附問2)	10時間未満	2688	518	1195	603	372
		100.0	19.3	44.5	22.4	13.8
	10時間以上40時間未満	3070	563	1669	634	204
		100.0	18.3	54.4	20.7	6.6
	40時間以上	2498	346	1250	652	250
		100.0	13.9	50.0	26.1	10.0
独立自営業者の報酬総額 (問2附問4)	200万円未満	5289	837	2559	1266	627
		100.0	15.8	48.4	23.9	11.9
	200万円以上400万円未満	1189	226	627	249	87
		100.0	19.0	52.7	20.9	7.3
	400万円以上600万円未満	819	150	452	172	45
		100.0	18.3	55.2	21.0	5.5
	600万円以上	959	214	476	202	67
		100.0	22.3	49.6	21.1	7.0

6.独立自営業者としての働きがい、やりがい

		n	満足している	ある程度満足している	あまり満足していない	全く満足していない
全体		8256	1706	4005	1812	733
		100.0	20.7	48.5	21.9	8.9
性別(SC2)	男性	5190	1038	2497	1195	460
		100.0	20.0	48.1	23.0	8.9
	女性	3066	668	1508	617	273
		100.0	21.8	49.2	20.1	8.9
年齢(SC1)	15歳～29歳	547	99	233	148	67
		100.0	18.1	42.6	27.1	12.2
	30歳～39歳	1745	366	784	399	196
		100.0	21.0	44.9	22.9	11.2
	40歳～49歳	2378	467	1128	548	235
		100.0	19.6	47.4	23.0	9.9
	50歳～59歳	2050	384	1038	454	174
		100.0	18.7	50.6	22.1	8.5
	60歳以上	1536	390	822	263	61
		100.0	25.4	53.5	17.1	4.0
学歴(問52)	中学校・高校	1733	336	814	412	171
		100.0	19.4	47.0	23.8	9.9
	各種専門学校	871	165	410	201	95
		100.0	18.9	47.1	23.1	10.9
	高等専門学校・短大	1121	227	567	230	97
		100.0	20.2	50.6	20.5	8.7
	大学・大学院	4499	975	2202	958	364
		100.0	21.7	48.9	21.3	8.1
	その他	9	1	5	2	1
		100.0	11.1	55.6	22.2	11.1
既・未婚 (問54)	既婚	5025	1065	2518	1059	383
		100.0	21.2	50.1	21.1	7.6
	未婚、離婚、死別	3231	641	1487	753	350
		100.0	19.8	46.0	23.3	10.8
居住地 (問64)	23区・政令市	2617	544	1311	545	217
		100.0	20.8	50.1	20.8	8.3
	市(人口10万人以上)	3534	753	1698	779	304
		100.0	21.3	48.0	22.0	8.6
	市(人口10万人未満)	1511	303	734	343	131
		100.0	20.1	48.6	22.7	8.7
	町村	594	106	262	145	81
		100.0	17.8	44.1	24.4	13.6
専業・兼業 (SC7)	専業	4083	891	2013	875	304
		100.0	21.8	49.3	21.4	7.4
	兼業	4173	815	1992	937	429
		100.0	19.5	47.7	22.5	10.3
	うち独立自営業が本業	1335	281	644	295	115
		100.0	21.0	48.2	22.1	8.6
	うち独立自営業が副業	2838	534	1348	642	314
		100.0	18.8	47.5	22.6	11.1
主な仕事 (問1-1)	事務関連	1560	184	686	456	234
		100.0	11.8	44.0	29.2	15.0
	デザイン・映像製作関連	731	168	369	140	54
		100.0	23.0	50.5	19.2	7.4
	IT関連	705	129	340	193	43
		100.0	18.3	48.2	27.4	6.1
	専門関連業務(医療、技術、講師、芸能、演奏など)	3266	849	1646	562	209
		100.0	26.0	50.4	17.2	6.4
	生活関連サービス、理容・美容	741	175	357	145	64
		100.0	23.6	48.2	19.6	8.6
	現場作業関連(運輸、製造、修理、清掃など)	1253	201	607	316	129
		100.0	16.0	48.4	25.2	10.3
独立自営業の経験年数 (問30)	2年未満	2572	406	1063	695	408
		100.0	15.8	41.3	27.0	15.9
	2年以上15年未満	3962	870	2076	794	222
		100.0	22.0	52.4	20.0	5.6
	15年以上	1722	430	866	323	103
		100.0	25.0	50.3	18.8	6.0
1週の平均作業時間 (問3附問2)	10時間未満	2688	535	1173	625	355
		100.0	19.9	43.6	23.3	13.2
	10時間以上40時間未満	3070	644	1556	660	210
		100.0	21.0	50.7	21.5	6.8
	40時間以上	2498	527	1276	527	168
		100.0	21.1	51.1	21.1	6.7
独立自営業者の報酬総額 (問2附問4)	200万円未満	5289	1007	2456	1239	587
		100.0	19.0	46.4	23.4	11.1
	200万円以上400万円未満	1189	271	623	224	71
		100.0	22.8	52.4	18.8	6.0
	400万円以上600万円未満	819	189	444	152	34
		100.0	23.1	54.2	18.6	4.2
	600万円以上	959	239	482	197	41
		100.0	24.9	50.3	20.5	4.3

Q45.独立自営業者としての働き方に関する満足度についてお答えください。(矢印方向にそれぞれひとつだけ)

7.独立自営業者の働きやすさ SA

		n	満足している	ある程度満足している	あまり満足していない	全く満足していない
全体		8256	1969	4117	1513	657
		100.0	23.8	49.9	18.3	8.0
性別(SC2)	男性	5190	1196	2608	975	411
		100.0	23.0	50.3	18.8	7.9
	女性	3066	773	1509	538	246
		100.0	25.2	49.2	17.5	8.0
年齢(SC1)	15歳〜29歳	547	137	231	125	54
		100.0	25.0	42.2	22.9	9.9
	30歳〜39歳	1745	431	812	341	161
		100.0	24.7	46.5	19.5	9.2
	40歳〜49歳	2378	532	1160	460	226
		100.0	22.4	48.8	19.3	9.5
	50歳〜59歳	2050	444	1073	377	156
		100.0	21.7	52.3	18.4	7.6
	60歳以上	1536	425	841	210	60
		100.0	27.7	54.8	13.7	3.9
学歴(問52)	中学校・高校	1733	387	840	344	162
		100.0	22.3	48.5	19.8	9.3
	各種専門学校	871	207	413	163	88
		100.0	23.8	47.4	18.7	10.1
	高等専門学校・短大	1121	244	568	220	89
		100.0	21.8	50.7	19.6	7.9
	大学・大学院	4499	1123	2286	777	313
		100.0	25.0	50.8	17.3	7.0
	その他	9	3	3	2	1
		100.0	33.3	33.3	22.2	11.1
既・未婚(問54)	既婚	5025	1231	2558	886	350
		100.0	24.5	50.9	17.6	7.0
	未婚、離婚、死別	3231	738	1559	627	307
		100.0	22.8	48.3	19.4	9.5
居住地(問64)	23区・政令市	2617	622	1348	464	183
		100.0	23.8	51.5	17.7	7.0
	市(人口10万人以上)	3534	858	1745	657	274
		100.0	24.3	49.4	18.6	7.8
	市(人口10万人未満)	1511	352	779	260	120
		100.0	23.3	51.6	17.2	7.9
	町村	594	137	245	132	80
		100.0	23.1	41.2	22.2	13.5
専業・兼業(SC7)	専業	4083	1042	2055	701	285
		100.0	25.5	50.3	17.2	7.0
	兼業	4173	927	2062	812	372
		100.0	22.2	49.4	19.5	8.9
	うち独立自営業が本業	1335	298	666	258	113
		100.0	22.3	49.9	19.3	8.5
	うち独立自営業が副業	2838	629	1396	554	259
		100.0	22.2	49.2	19.5	9.1
主な仕事(問1-1)	事務関連	1560	304	710	366	180
		100.0	19.5	45.5	23.5	11.5
	デザイン・映像製作関連	731	181	369	125	56
		100.0	24.8	50.5	17.1	7.7
	IT関連	705	163	357	144	41
		100.0	23.1	50.6	20.4	5.8
	専門関連業務(医療、技術、講師、芸能、演奏など)	3266	890	1675	501	200
		100.0	27.3	51.3	15.3	6.1
	生活関連サービス、理容・美容	741	182	370	133	56
		100.0	24.6	49.9	17.9	7.6
	現場作業関連(運輸、製造、修理、清掃など)	1253	249	636	244	124
		100.0	19.9	50.8	19.5	9.9
独立自営業の経験年数(問30)	2年未満	2572	524	1118	574	356
		100.0	20.4	43.5	22.3	13.8
	2年以上15年未満	3962	1013	2090	654	205
		100.0	25.6	52.8	16.5	5.2
	15年以上	1722	432	909	285	96
		100.0	25.1	52.8	16.6	5.6
1週の平均作業時間(問3附問2)	10時間未満	2688	630	1265	484	309
		100.0	23.4	47.1	18.0	11.5
	10時間以上40時間未満	3070	757	1585	555	173
		100.0	24.7	51.6	18.1	5.6
	40時間以上	2498	582	1267	474	175
		100.0	23.3	50.7	19.0	7.0
独立自営業者の報酬総額(問2附問4)	200万円未満	5289	1162	2587	1020	520
		100.0	22.0	48.9	19.3	9.8
	200万円以上400万円未満	1189	323	606	194	66
		100.0	27.2	51.0	16.3	5.6
	400万円以上600万円未満	819	219	444	125	31
		100.0	26.7	54.2	15.3	3.8
	600万円以上	959	265	480	174	40
		100.0	27.6	50.1	18.1	4.2

8.独立自営業者としての仕事全体 SA

		n	満足している	ある程度満足している	あまり満足していない	全く満足していない
全体		8256	1293	4317	1908	738
		100.0	15.7	52.3	23.1	8.9
性別(SC2)	男性	5190	786	2717	1217	470
		100.0	15.1	52.4	23.4	9.1
	女性	3066	507	1600	691	268
		100.0	16.5	52.2	22.5	8.7
年齢(SC1)	15歳〜29歳	547	84	257	143	63
		100.0	15.4	47.0	26.1	11.5
	30歳〜39歳	1745	274	859	429	183
		100.0	15.7	49.2	24.6	10.5
	40歳〜49歳	2378	353	1212	561	252
		100.0	14.8	51.0	23.6	10.6
	50歳〜59歳	2050	269	1093	516	172
		100.0	13.1	53.3	25.2	8.4
	60歳以上	1536	313	896	259	68
		100.0	20.4	58.3	16.9	4.4
学歴(問52)	中学校・高校	1733	260	880	418	175
		100.0	15.0	50.8	24.1	10.1
	各種専門学校	871	136	415	218	102
		100.0	15.6	47.6	25.0	11.7
	高等専門学校・短大	1121	176	581	260	104
		100.0	15.7	51.8	23.2	9.3
	大学・大学院	4499	718	2427	1002	352
		100.0	16.0	53.9	22.3	7.8
	その他	9	1	5	2	1
		100.0	11.1	55.6	22.2	11.1
既・未婚(問54)	既婚	5025	850	2704	1078	393
		100.0	16.9	53.8	21.5	7.8
	未婚、離婚、死別	3231	443	1613	830	345
		100.0	13.7	49.9	25.7	10.7
居住地(問64)	23区・政令市	2617	405	1408	597	207
		100.0	15.5	53.8	22.8	7.9
	市(人口10万人以上)	3534	586	1833	798	317
		100.0	16.6	51.9	22.6	9.0
	市(人口10万人未満)	1511	218	806	355	132
		100.0	14.4	53.3	23.5	8.7
	町村	594	84	270	158	82
		100.0	14.1	45.5	26.6	13.8
専業・兼業(SC7)	専業	4083	660	2169	933	321
		100.0	16.2	53.1	22.9	7.9
	兼業	4173	633	2148	975	417
		100.0	15.2	51.5	23.4	10.0
	うち独立自営業が本業	1335	211	673	331	120
		100.0	15.8	50.4	24.8	9.0
	うち独立自営業が副業	2838	422	1475	644	297
		100.0	14.9	52.0	22.7	10.5
主な仕事(問1-1)	事務関連	1560	176	723	454	207
		100.0	11.3	46.3	29.1	13.3
	デザイン・映像製作関連	731	114	378	177	62
		100.0	15.6	51.7	24.2	8.5
	IT関連	705	104	368	182	51
		100.0	14.8	52.2	25.8	7.2
	専門関連業務(医療、技術、講師、芸能、演奏など)	3266	592	1815	636	223
		100.0	18.1	55.6	19.5	6.8
	生活関連サービス、理容・美容	741	133	388	157	63
		100.0	17.9	52.4	21.2	8.5
	現場作業関連(運輸、製造、修理、清掃など)	1253	174	645	302	132
		100.0	13.9	51.5	24.1	10.5
独立自営業の経験年数(問30)	2年未満	2572	337	1118	724	393
		100.0	13.1	43.5	28.1	15.3
	2年以上15年未満	3962	650	2254	826	232
		100.0	16.4	56.9	20.8	5.9
	15年以上	1722	306	945	358	113
		100.0	17.8	54.9	20.8	6.6
1週の平均作業時間(問3附問2)	10時間未満	2688	434	1291	623	340
		100.0	16.1	48.0	23.2	12.6
	10時間以上40時間未満	3070	484	1685	689	212
		100.0	15.8	54.9	22.4	6.9
	40時間以上	2498	375	1341	596	186
		100.0	15.0	53.7	23.9	7.4
独立自営業者の報酬総額(問2附問4)	200万円未満	5289	728	2637	1326	598
		100.0	13.8	49.9	25.1	11.3
	200万円以上400万円未満	1189	204	672	243	70
		100.0	17.2	56.5	20.4	5.9
	400万円以上600万円未満	819	147	490	148	34
		100.0	17.9	59.8	18.1	4.2
	600万円以上	959	214	518	191	36
		100.0	22.3	54.0	19.9	3.8

Q46.独立自営業者としてのお仕事は、あなたの職業生活やキャリアにとってどの程度大切なお仕事ですか。
SA

		n	大切な仕事である	ある程度大切な仕事である	それほど大切な仕事ではない	大切な仕事ではない
全体		8256	3029	3271	1336	620
		100.0	36.7	39.6	16.2	7.5
性別(SC2)	男性	5190	1870	2111	812	397
		100.0	36.0	40.7	15.6	7.6
	女性	3066	1159	1160	524	223
		100.0	37.8	37.8	17.1	7.3
年齢(SC1)	15歳～29歳	547	155	208	120	64
		100.0	28.3	38.0	21.9	11.7
	30歳～39歳	1745	606	656	322	161
		100.0	34.7	37.6	18.5	9.2
	40歳～49歳	2378	919	892	380	187
		100.0	38.6	37.5	16.0	7.9
	50歳～59歳	2050	774	821	312	143
		100.0	37.8	40.0	15.2	7.0
	60歳以上	1536	575	694	202	65
		100.0	37.4	45.2	13.2	4.2
学歴(問52)	中学校・高校	1733	627	668	301	137
		100.0	36.2	38.5	17.4	7.9
	各種専門学校	871	351	328	128	64
		100.0	40.3	37.7	14.7	7.3
	高等専門学校・短大	1121	411	459	166	85
		100.0	36.7	40.9	14.8	7.6
	大学・大学院	4499	1632	1805	737	325
		100.0	36.3	40.1	16.4	7.2
	その他	9	2	4	1	2
		100.0	22.2	44.4	11.1	22.2
既・未婚(問54)	既婚	5025	1850	1994	823	358
		100.0	36.8	39.7	16.4	7.1
	未婚、離婚、死別	3231	1179	1277	513	262
		100.0	36.5	39.5	15.9	8.1
居住地(問64)	23区・政令市	2617	996	1054	391	176
		100.0	38.1	40.3	14.9	6.7
	市(人口10万人以上)	3534	1331	1387	561	255
		100.0	37.7	39.2	15.9	7.2
	市(人口10万人未満)	1511	516	606	278	111
		100.0	34.1	40.1	18.4	7.3
	町村	594	186	224	106	78
		100.0	31.3	37.7	17.8	13.1
専業・兼業(SC7)	専業	4083	1723	1561	531	268
		100.0	42.2	38.2	13.0	6.6
	兼業	4173	1306	1710	805	352
		100.0	31.3	41.0	19.3	8.4
	うち独立自営業が本業	1335	547	547	161	80
		100.0	41.0	41.0	12.1	6.0
	うち独立自営業が副業	2838	759	1163	644	272
		100.0	26.7	41.0	22.7	9.6
主な仕事(問1-1)	事務関連	1560	291	642	432	195
		100.0	18.7	41.2	27.7	12.5
	デザイン・映像製作関連	731	347	274	74	36
		100.0	47.5	37.5	10.1	4.9
	IT関連	705	244	298	119	44
		100.0	34.6	42.3	16.9	6.2
	専門関連業務(医療、技術、講師、芸能、演奏など)	3266	1491	1272	358	145
		100.0	45.7	38.9	11.0	4.4
	生活関連サービス、理容・美容	741	295	276	113	57
		100.0	39.8	37.2	15.2	7.7
	現場作業関連(運輸、製造、修理、清掃など)	1253	361	509	240	143
		100.0	28.8	40.6	19.2	11.4
独立自営業の経験年数(問30)	2年未満	2572	660	938	621	353
		100.0	25.7	36.5	24.1	13.7
	2年以上15年未満	3962	1505	1703	565	189
		100.0	38.0	43.0	14.3	4.8
	15年以上	1722	864	630	150	78
		100.0	50.2	36.6	8.7	4.5
1週の平均作業時間(問3附問2)	10時間未満	2688	744	987	625	332
		100.0	27.7	36.7	23.3	12.4
	10時間以上40時間未満	3070	1138	1321	446	165
		100.0	37.1	43.0	14.5	5.4
	40時間以上	2498	1147	963	265	123
		100.0	45.9	38.6	10.6	4.9
独立自営業者の報酬総額(問2附問4)	200万円未満	5289	1613	2138	1052	486
		100.0	30.5	40.4	19.9	9.2
	200万円以上400万円未満	1189	554	469	114	52
		100.0	46.6	39.4	9.6	4.4
	400万円以上600万円未満	819	388	312	82	37
		100.0	47.4	38.1	10.0	4.5
	600万円以上	959	474	352	88	45
		100.0	49.4	36.7	9.2	4.7

Q47.今後（約3年後）のあなたの独立自営業者としての働き方、キャリアについて、どのように考えていますか。
SA

		n	独立自営業者としての仕事を専業とする	独立自営業者としての仕事を兼業とする	独立自営業者としての仕事をやめる	分からない
全体		8256	2964	2384	713	2195
		100.0	35.9	28.9	8.6	26.6
性別(SC2)	男性	5190	2025	1478	430	1257
		100.0	39.0	28.5	8.3	24.2
	女性	3066	939	906	283	938
		100.0	30.6	29.5	9.2	30.6
年齢(SC1)	15歳〜29歳	547	118	194	69	166
		100.0	21.6	35.5	12.6	30.3
	30歳〜39歳	1745	484	614	147	500
		100.0	27.7	35.2	8.4	28.7
	40歳〜49歳	2378	840	694	176	668
		100.0	35.3	29.2	7.4	28.1
	50歳〜59歳	2050	817	586	131	516
		100.0	39.9	28.6	6.4	25.2
	60歳以上	1536	705	296	190	345
		100.0	45.9	19.3	12.4	22.5
学歴(問52)	中学校・高校	1733	648	410	160	515
		100.0	37.4	23.7	9.2	29.7
	各種専門学校	871	317	222	67	265
		100.0	36.4	25.5	7.7	30.4
	高等専門学校・短大	1121	371	315	107	328
		100.0	33.1	28.1	9.5	29.3
	大学・大学院	4499	1621	1433	373	1072
		100.0	36.0	31.9	8.3	23.8
	その他	9	3	1	2	3
		100.0	33.3	11.1	22.2	33.3
既・未婚(問54)	既婚	5025	1805	1504	475	1241
		100.0	35.9	29.9	9.5	24.7
	未婚、離婚、死別	3231	1159	880	238	954
		100.0	35.9	27.2	7.4	29.5
居住地(問64)	23区・政令市	2617	976	782	189	670
		100.0	37.3	29.9	7.2	25.6
	市（人口10万人以上）	3534	1250	1058	303	923
		100.0	35.4	29.9	8.6	26.1
	市（人口10万人未満）	1511	545	410	170	386
		100.0	36.1	27.1	11.3	25.5
	町村	594	193	134	51	216
		100.0	32.5	22.6	8.6	36.4
専業・兼業(SC7)	専業	4083	2161	529	334	1059
		100.0	52.9	13.0	8.2	25.9
	兼業	4173	803	1855	379	1136
		100.0	19.2	44.5	9.1	27.2
	うち独立自営業が本業	1335	447	463	113	312
		100.0	33.5	34.7	8.5	23.4
	うち独立自営業が副業	2838	356	1392	266	824
		100.0	12.5	49.0	9.4	29.0
主な仕事(問1-1)	事務関連	1560	271	553	194	542
		100.0	17.4	35.4	12.4	34.7
	デザイン・映像製作関連	731	302	204	44	181
		100.0	41.3	27.9	6.0	24.8
	IT関連	705	257	202	66	180
		100.0	36.5	28.7	9.4	25.5
	専門関連業務（医療、技術、講師、芸能、演奏など）	3266	1465	917	223	661
		100.0	44.9	28.1	6.8	20.2
	生活関連サービス、理容・美容	741	244	199	59	239
		100.0	32.9	26.9	8.0	32.3
	現場作業関連（運輸、製造、修理、清掃など）	1253	425	309	127	392
		100.0	33.9	24.7	10.1	31.3
独立自営業の経験年数(問30)	2年未満	2572	552	824	282	914
		100.0	21.5	32.0	11.0	35.5
	2年以上15年未満	3962	1501	1218	314	929
		100.0	37.9	30.7	7.9	23.4
	15年以上	1722	911	342	117	352
		100.0	52.9	19.9	6.8	20.4
1週の平均作業時間(問3附問2)	10時間未満	2688	503	958	282	945
		100.0	18.7	35.6	10.5	35.2
	10時間以上40時間未満	3070	1169	904	259	738
		100.0	38.1	29.4	8.4	24.0
	40時間以上	2498	1292	522	172	512
		100.0	51.7	20.9	6.9	20.5
独立自営業者の報酬総額(問2附問4)	200万円未満	5289	1349	1752	521	1667
		100.0	25.5	33.1	9.9	31.5
	200万円以上400万円未満	1189	601	274	89	225
		100.0	50.5	23.0	7.5	18.9
	400万円以上600万円未満	819	461	165	48	145
		100.0	56.3	20.1	5.9	17.7
	600万円以上	959	553	193	55	158
		100.0	57.7	20.1	5.7	16.5

Q47-1.今後はどのような働き方をお望みでしょうか。
【Q47で3を選択した回答者を対象】
SA

		n	会社を立ち上げたい	正社員として雇われたい	契約社員として雇われたい	パート・アルバイトとして雇われたい	派遣社員として働きたい	その他	仕事をするつもりはない	わからない
全体		713	53	212	40	108	11	12	179	98
		100.0	7.4	29.7	5.6	15.1	1.5	1.7	25.1	13.7
性別(SC2)	男性	430	34	128	27	35	5	9	129	63
		100.0	7.9	29.8	6.3	8.1	1.2	2.1	30.0	14.7
	女性	283	19	84	13	73	6	3	50	35
		100.0	6.7	29.7	4.6	25.8	2.1	1.1	17.7	12.4
年齢(SC1)	15歳〜29歳	69	7	32	3	14	0	0	2	11
		100.0	10.1	46.4	4.3	20.3	0.0	0.0	2.9	15.9
	30歳〜39歳	147	11	68	2	34	4	1	10	17
		100.0	7.5	46.3	1.4	23.1	2.7	0.7	6.8	11.6
	40歳〜49歳	176	21	71	13	27	3	5	13	23
		100.0	11.9	40.3	7.4	15.3	1.7	2.8	7.4	13.1
	50歳〜59歳	131	13	37	14	15	3	3	27	19
		100.0	9.9	28.2	10.7	11.5	2.3	2.3	20.6	14.5
	60歳以上	190	1	4	8	18	1	3	127	28
		100.0	0.5	2.1	4.2	9.5	0.5	1.6	66.8	14.7
学歴(問52)	中学校・高校	160	10	43	6	22	3	4	52	20
		100.0	6.3	26.9	3.8	13.8	1.9	2.5	32.5	12.5
	各種専門学校	67	7	22	2	15	3	0	9	9
		100.0	10.4	32.8	3.0	22.4	4.5	0.0	13.4	13.4
	高等専門学校・短大	107	5	34	9	19	1	1	23	15
		100.0	4.7	31.8	8.4	17.8	0.9	0.9	21.5	14.0
	大学・大学院	373	31	112	23	50	4	7	94	52
		100.0	8.3	30.0	6.2	13.4	1.1	1.9	25.2	13.9
	その他	2	0	0	0	0	0	0	0	2
		100.0	0.0	0.0	0.0	0.0	0.0	0.0	0.0	100.0
既・未婚(問54)	既婚	475	37	110	29	83	7	7	140	62
		100.0	7.8	23.2	6.1	17.5	1.5	1.5	29.5	13.1
	未婚、離婚、死別	238	16	102	11	25	4	5	39	36
		100.0	6.7	42.9	4.6	10.5	1.7	2.1	16.4	15.1
居住地(問64)	23区・政令市	189	15	53	14	27	3	8	49	20
		100.0	7.9	28.0	7.4	14.3	1.6	4.2	25.9	10.6
	市(人口10万人以上)	303	23	90	15	44	3	2	81	45
		100.0	7.6	29.7	5.0	14.5	1.0	0.7	26.7	14.9
	市(人口10万人未満)	170	13	53	10	28	4	2	37	23
		100.0	7.6	31.2	5.9	16.5	2.4	1.2	21.8	13.5
	町村	51	2	16	1	9	1	0	12	10
		100.0	3.9	31.4	2.0	17.6	2.0	0.0	23.5	19.6
専業・兼業(SC7)	専業	334	24	80	15	56	2	6	115	36
		100.0	7.2	24.0	4.5	16.8	0.6	1.8	34.4	10.8
	兼業	379	29	132	25	52	9	6	64	62
		100.0	7.7	34.8	6.6	13.7	2.4	1.6	16.9	16.4
	うち独立自営業が本業	113	9	38	8	11	5	0	23	19
		100.0	8.0	33.6	7.1	9.7	4.4	0.0	20.4	16.8
	うち独立自営業が副業	266	20	94	17	41	4	6	41	43
		100.0	7.5	35.3	6.4	15.4	1.5	2.3	15.4	16.2
主な仕事(問1-1)	事務関連	194	15	63	11	40	4	4	33	24
		100.0	7.7	32.5	5.7	20.6	2.1	2.1	17.0	12.4
	デザイン・映像製作関連	44	4	13	1	9	1	1	8	7
		100.0	9.1	29.5	2.3	20.5	2.3	2.3	18.2	15.9
	IT関連	66	5	24	2	5	2	2	19	7
		100.0	7.6	36.4	3.0	7.6	3.0	3.0	28.8	10.6
	専門関連業務(医療、技術、講師、芸能、演奏など)	223	19	55	14	25	3	3	69	35
		100.0	8.5	24.7	6.3	11.2	1.3	1.3	30.9	15.7
	生活関連サービス、理容・美容	59	3	21	1	13	1	1	12	7
		100.0	5.1	35.6	1.7	22.0	1.7	1.7	20.3	11.9
	現場作業関連(運輸、製造、修理、清掃など)	127	7	36	11	16	0	1	38	18
		100.0	5.5	28.3	8.7	12.6	0.0	0.8	29.9	14.2
独立自営業の経験年数(問30)	2年未満	282	20	115	19	54	8	3	27	36
		100.0	7.1	40.8	6.7	19.1	2.8	1.1	9.6	12.8
	2年以上15年未満	314	31	83	17	45	2	7	88	41
		100.0	9.9	26.4	5.4	14.3	0.6	2.2	28.0	13.1
	15年以上	117	2	14	4	9	1	2	64	21
		100.0	1.7	12.0	3.4	7.7	0.9	1.7	54.7	17.9
1週の平均作業時間(問3附問2)	10時間未満	282	19	83	17	48	4	6	65	40
		100.0	6.7	29.4	6.0	17.0	1.4	2.1	23.0	14.2
	10時間以上40時間未満	259	17	70	13	45	2	3	74	35
		100.0	6.6	27.0	5.0	17.4	0.8	1.2	28.6	13.5
	40時間以上	172	17	59	10	15	5	3	40	23
		100.0	9.9	34.3	5.8	8.7	2.9	1.7	23.3	13.4
独立自営業者の報酬総額(問2附問4)	200万円未満	521	34	154	29	98	8	8	123	67
		100.0	6.5	29.6	5.6	18.8	1.5	1.5	23.6	12.9
	200万円以上400万円未満	89	3	23	7	5	1	4	30	16
		100.0	3.4	25.8	7.9	5.6	1.1	4.5	33.7	18.0
	400万円以上600万円未満	48	6	17	1	3	2	0	12	7
		100.0	12.5	35.4	2.1	6.3	4.2	0.0	25.0	14.6
	600万円以上	55	10	18	3	2	0	0	14	8
		100.0	18.2	32.7	5.5	3.6	0.0	0.0	25.5	14.5

Q48.独立自営業者を続ける上での問題点は何だと思いますか。(いくつでも)
MA

		n	仕事を失った時の失業保険のようなものがない	仕事が原因で怪我や病気をした時の労災保険のようなものがない	本業先で副業が禁止されている	キャリア形成が難しい	能力を開発する機会が乏しい	トラブルが多い	立場が弱い	仕事が見つかりにくい	働く時間が長い、忙しい	収入が不安定、低い	事業を行う資金の確保が難しい	頼りになる同業者や仲間がいない
全体		8256	3324 40.3	2291 27.7	443 5.4	857 10.4	577 7.0	440 5.3	1561 18.9	1342 16.3	641 7.8	3757 45.5	563 6.8	630 7.6
性別(SC2)	男性	5190	2006 38.7	1397 26.9	280 5.4	492 9.5	338 6.5	236 4.5	940 18.1	773 14.9	365 7.0	2145 41.3	394 7.6	378 7.3
	女性	3066	1318 43.0	894 29.2	163 5.3	365 11.9	239 7.8	204 6.7	621 20.3	569 18.6	276 9.0	1612 52.6	169 5.5	252 8.2
年齢(SC1)	15歳～29歳	547	204 37.3	134 24.5	53 9.7	113 20.7	58 10.6	65 11.9	129 23.6	106 19.4	44 8.0	259 47.3	42 7.7	57 10.4
	30歳～39歳	1745	726 41.6	484 27.7	163 9.3	298 17.1	145 8.3	147 8.4	344 19.7	322 18.5	146 8.4	859 49.2	112 6.4	164 9.4
	40歳～49歳	2378	1076 45.2	705 29.6	128 5.4	249 10.5	158 6.6	124 5.2	447 18.8	395 16.6	204 8.6	1066 44.8	175 7.4	171 7.2
	50歳～59歳	2050	845 41.2	596 29.1	80 3.9	132 6.4	126 6.1	79 3.9	420 20.5	312 15.2	173 8.4	971 47.4	150 7.3	152 7.4
	60歳以上	1536	473 30.8	372 24.2	19 1.2	65 4.2	90 5.9	25 1.6	221 14.4	207 13.5	74 4.8	602 39.2	84 5.5	86 5.6
学歴(問52)	中学校・高校	1733	754 43.5	475 27.4	84 4.8	146 8.4	102 5.9	81 4.7	305 17.6	244 14.1	149 8.6	789 45.5	131 7.6	128 7.4
	各種専門学校	871	386 44.3	261 30.0	40 4.6	86 9.9	68 7.8	48 5.5	198 22.7	145 16.6	83 9.5	455 52.2	67 7.7	75 8.6
	高等専門学校・短大	1121	455 40.6	322 28.7	54 4.8	102 9.1	80 7.1	62 5.5	207 18.5	185 16.5	98 8.7	506 45.1	68 6.1	88 7.9
	大学・大学院	4499	1720 38.2	1222 27.2	264 5.9	521 11.6	327 7.3	248 5.5	844 18.8	763 17.0	310 6.9	1990 44.2	294 6.5	337 7.5
	その他	9	1 11.1	3 33.3	0 0.0	0 0.0	0 0.0	0 0.0	3 33.3	2 22.2	1 11.1	7 77.8	1 11.1	1 11.1
既・未婚 (問54)	既婚	5025	1896 37.7	1307 26.0	297 5.9	462 9.2	325 6.5	226 4.5	890 17.7	772 15.4	367 7.3	2128 42.3	318 6.3	322 6.4
	未婚、離婚、死別	3231	1428 44.2	984 30.5	146 4.5	395 12.2	252 7.8	214 6.6	671 20.8	570 17.6	274 8.5	1629 50.4	245 7.6	308 9.5
居住地 (問64)	23区・政令市	2617	1061 40.5	778 29.7	124 4.7	291 11.1	185 7.1	142 5.4	515 19.7	447 17.1	199 7.6	1208 46.2	185 7.1	203 7.8
	市(人口10万人以上)	3534	1438 40.7	959 27.1	210 5.9	349 9.9	263 7.4	184 5.2	665 18.8	566 16.0	268 7.6	1609 45.5	240 6.8	290 8.2
	市(人口10万人未満)	1511	597 39.5	406 26.9	80 5.3	174 11.5	90 6.0	81 5.4	280 18.5	238 15.8	122 8.1	675 44.7	107 7.1	103 6.8
	町村	594	228 38.4	148 24.9	29 4.9	43 7.2	39 6.6	33 5.6	101 17.0	91 15.3	52 8.8	265 44.6	31 5.2	34 5.7
専業・兼業 (SC7)	専業	4083	1825 44.7	1276 31.3	99 2.4	364 8.9	255 6.2	194 4.8	836 20.5	605 14.8	369 9.0	1916 46.9	274 6.7	332 8.1
	兼業	4173	1499 35.9	1015 24.3	344 8.2	493 11.8	322 7.7	246 5.9	725 17.4	737 17.7	272 6.5	1841 44.1	289 6.9	298 7.1
	うち独立自営業が本業	1335	548 41.0	413 30.9	58 4.3	134 10.0	108 8.1	64 4.8	231 17.3	218 16.3	84 6.3	571 42.8	113 8.5	100 7.5
	うち独立自営業が副業	2838	951 33.5	602 21.2	286 10.1	359 12.6	214 7.5	182 6.4	494 17.4	519 18.3	188 6.6	1270 44.7	176 6.2	198 7.0
主な仕事 (問1-1)	事務関連	1560	514 32.9	306 19.6	150 9.6	247 15.8	133 8.5	106 6.8	273 17.5	275 17.6	109 7.0	636 40.8	69 4.4	86 5.5
	デザイン・映像製作関連	731	361 49.4	246 33.7	28 3.8	87 11.9	54 7.4	52 7.1	199 27.2	174 23.8	89 12.2	428 58.5	75 10.3	66 9.0
	IT関連	705	353 50.1	227 32.2	28 4.0	95 13.5	74 10.5	41 5.8	183 26.0	150 21.3	45 6.4	305 43.3	53 7.5	80 11.3
	専門関連業務(医療、技術、講師、芸能、演奏など)	3266	1359 41.6	972 29.8	145 4.4	261 8.0	200 6.1	137 4.2	589 18.0	544 16.7	236 7.2	1624 49.7	217 6.6	255 7.8
	生活関連サービス、理容・美容	741	273 36.8	202 27.3	43 5.8	66 8.9	37 5.0	43 5.8	86 11.6	66 8.9	50 6.7	303 40.9	52 7.0	47 6.3
	現場作業関連(運輸、製造、修理、清掃など)	1253	464 37.0	338 27.0	49 3.9	101 8.1	79 6.3	61 4.9	231 18.4	133 10.6	112 8.9	461 36.8	97 7.7	96 7.7
独立自営業の経験年数 (問30)	2年未満	2572	875 34.0	555 21.6	187 7.3	343 13.3	187 7.3	155 6.0	434 16.9	444 17.3	166 6.5	1111 43.2	136 5.3	168 6.5
	2年以上15年未満	3962	1622 40.9	1164 29.4	229 5.8	418 10.6	291 7.3	220 5.6	751 19.0	646 16.3	304 7.7	1770 44.7	289 7.3	326 8.2
	15年以上	1722	827 48.0	572 33.2	27 1.6	96 5.6	99 5.7	65 3.8	376 21.8	252 14.6	171 9.9	876 50.9	138 8.0	136 7.9
1週の平均作業時間 (問3附問2)	10時間未満	2688	839 31.2	554 20.6	185 6.9	284 10.6	192 7.1	131 4.9	427 15.9	481 17.9	118 4.4	1163 43.3	152 5.7	175 6.5
	10時間以上40時間未満	3070	1278 41.6	884 28.8	149 4.9	324 10.6	224 7.3	165 5.4	595 19.4	515 16.8	180 5.9	1462 47.6	182 5.9	219 7.1
	40時間以上	2498	1207 48.3	853 34.1	109 4.4	249 10.0	161 6.4	144 5.8	539 21.6	346 13.9	343 13.7	1132 45.3	229 9.2	236 9.4
独立自営業者の報酬総額 (問2附問4)	200万円未満	5289	1940 36.7	1273 24.1	340 6.4	600 11.3	376 7.1	289 5.5	992 18.8	981 18.5	351 6.6	2561 48.4	336 6.4	401 7.6
	200万円以上400万円未満	1189	583 49.0	421 35.4	35 2.9	104 8.7	83 7.0	58 4.9	250 21.0	174 14.6	98 8.2	568 47.8	93 7.8	90 7.6
	400万円以上600万円未満	819	395 48.2	289 35.3	27 3.3	71 8.7	52 6.3	39 4.8	152 18.6	98 12.0	77 9.4	345 42.1	59 7.2	69 8.4
	600万円以上	959	406 42.3	308 32.1	41 4.3	82 8.6	66 6.9	54 5.6	167 17.4	89 9.3	115 12.0	283 29.5	75 7.8	70 7.3

Q48.独立自営業者を続ける上での問題点は何だと思いますか。（いくつでも）
MA

		n	仕事や事業について相談できるところがない	医療保険や年金などの社会保障が不十分である	税金、社会保障などの手続きがわからない、煩雑である	その他	特に課題はない
全体		8256	624 7.6	1546 18.7	815 9.9	92 1.1	1882 22.8
性別(SC2)	男性	5190	367 7.1	890 17.1	420 8.1	63 1.2	1303 25.1
	女性	3066	257 8.4	656 21.4	395 12.9	29 0.9	579 18.9
年齢(SC1)	15歳～29歳	547	46 8.4	87 15.9	85 15.5	2 0.4	102 18.6
	30歳～39歳	1745	155 8.9	353 20.2	245 14.0	8 0.5	310 17.8
	40歳～49歳	2378	171 7.2	468 19.7	260 10.9	21 0.9	488 20.5
	50歳～59歳	2050	166 8.1	408 19.9	138 6.7	17 0.8	476 23.2
	60歳以上	1536	86 5.6	230 15.0	87 5.7	44 2.9	506 32.9
学歴(問52)	中学校・高校	1733	119 6.9	300 17.3	167 9.6	19 1.1	424 24.5
	各種専門学校	871	75 8.6	191 21.9	98 11.3	6 0.7	186 21.4
	高等専門学校・短大	1121	80 7.1	196 17.5	103 9.2	12 1.1	249 22.2
	大学・大学院	4499	349 7.8	855 19.0	444 9.9	55 1.2	1013 22.5
	その他	9	1 11.1	1 11.1	1 11.1	0 0.0	2 22.2
既・未婚 (問54)	既婚	5025	334 6.6	835 16.6	431 8.6	59 1.2	1192 23.7
	未婚、離婚、死別	3231	290 9.0	711 22.0	384 11.9	33 1.0	690 21.4
居住地 (問64)	23区・政令市	2617	210 8.0	517 19.8	262 10.0	30 1.1	609 23.3
	市(人口10万人以上)	3534	256 7.2	678 19.2	347 9.8	38 1.1	784 22.2
	市(人口10万人未満)	1511	117 7.7	253 16.7	150 9.9	19 1.3	328 21.7
	町村	594	41 6.9	98 16.5	56 9.4	5 0.8	161 27.1
専業・兼業 (SC7)	専業	4083	327 8.0	921 22.6	417 10.2	53 1.3	925 22.7
	兼業	4173	297 7.1	625 15.0	398 9.5	39 0.9	957 22.9
	うち独立自営業が本業	1335	103 7.7	258 19.3	142 10.6	13 1.0	308 23.1
	うち独立自営業が副業	2838	194 6.8	367 12.9	256 9.0	26 0.9	649 22.9
主な仕事 (問1-1)	事務関連	1560	91 5.8	184 11.8	124 7.9	6 0.4	358 22.9
	デザイン・映像製作関連	731	69 9.4	178 24.4	99 13.5	7 1.0	109 14.9
	IT関連	705	76 10.8	160 22.7	85 12.1	9 1.3	138 19.6
	専門関連業務(医療、技術、講師、芸能、演奏など)	3266	261 8.0	681 20.9	340 10.4	43 1.3	708 21.7
	生活関連サービス、理容・美容	741	44 5.9	146 19.7	75 10.1	6 0.8	203 27.4
	現場作業関連(運輸、製造、修理、清掃など)	1253	83 6.6	197 15.7	92 7.3	21 1.7	366 29.2
独立自営業の経験年数 (問30)	2年未満	2572	167 6.5	366 14.2	286 11.1	16 0.6	647 25.2
	2年以上15年未満	3962	315 8.0	753 19.0	393 9.9	49 1.2	834 21.0
	15年以上	1722	142 8.2	427 24.8	136 7.9	27 1.6	401 23.3
1週の平均作業時間 (問3附問2)	10時間未満	2688	192 7.1	374 13.9	226 8.4	25 0.9	789 29.4
	10時間以上40時間未満	3070	215 7.0	599 19.5	304 9.9	48 1.6	641 20.9
	40時間以上	2498	217 8.7	573 22.9	285 11.4	19 0.8	452 18.1
独立自営業者の報酬総額 (問2附問4)	200万円未満	5289	402 7.6	875 16.5	521 9.9	55 1.0	1236 23.4
	200万円以上400万円未満	1189	100 8.4	277 23.3	113 9.5	13 1.1	225 18.9
	400万円以上600万円未満	819	65 7.9	181 22.1	75 9.2	13 1.6	173 21.1
	600万円以上	959	57 5.9	213 22.2	106 11.1	11 1.1	248 25.9

Q49.あなたはご自身のキャリアについて、カウンセリングやコンサルティングを受けてみたいと思いますか。
SA

		n	受けてみたい	受けたくない	わからない
全体		8256	1310	3704	3242
		100.0	15.9	44.9	39.3
性別(SC2)	男性	5190	691	2578	1921
		100.0	13.3	49.7	37.0
	女性	3066	619	1126	1321
		100.0	20.2	36.7	43.1
年齢(SC1)	15歳〜29歳	547	168	158	221
		100.0	30.7	28.9	40.4
	30歳〜39歳	1745	439	618	688
		100.0	25.2	35.4	39.4
	40歳〜49歳	2378	407	945	1026
		100.0	17.1	39.7	43.1
	50歳〜59歳	2050	224	1017	809
		100.0	10.9	49.6	39.5
	60歳以上	1536	72	966	498
		100.0	4.7	62.9	32.4
学歴(問52)	中学校・高校	1733	201	816	716
		100.0	11.6	47.1	41.3
	各種専門学校	871	131	335	405
		100.0	15.0	38.5	46.5
	高等専門学校・短大	1121	169	465	487
		100.0	15.1	41.5	43.4
	大学・大学院	4499	806	2073	1620
		100.0	17.9	46.1	36.0
	その他	9	1	4	4
		100.0	11.1	44.4	44.4
既・未婚 (問54)	既婚	5025	772	2328	1925
		100.0	15.4	46.3	38.3
	未婚、離婚、死別	3231	538	1376	1317
		100.0	16.7	42.6	40.8
居住地 (問64)	23区・政令市	2617	434	1145	1038
		100.0	16.6	43.8	39.7
	市(人口10万人以上)	3534	583	1595	1356
		100.0	16.5	45.1	38.4
	市(人口10万人未満)	1511	221	713	577
		100.0	14.6	47.2	38.2
	町村	594	72	251	271
		100.0	12.1	42.3	45.6
専業・兼業 (SC7)	専業	4083	500	1997	1586
		100.0	12.2	48.9	38.8
	兼業	4173	810	1707	1656
		100.0	19.4	40.9	39.7
	うち独立自営業が本業	1335	215	610	510
		100.0	16.1	45.7	38.2
	うち独立自営業が副業	2838	595	1097	1146
		100.0	21.0	38.7	40.4
主な仕事 (問1-1)	事務関連	1560	342	591	627
		100.0	21.9	37.9	40.2
	デザイン・映像製作関連	731	121	321	289
		100.0	16.6	43.9	39.5
	IT関連	705	136	292	277
		100.0	19.3	41.4	39.3
	専門関連業務(医療、技術、講師、芸能、演奏など)	3266	483	1558	1225
		100.0	14.8	47.7	37.5
	生活関連サービス、理容・美容	741	117	308	316
		100.0	15.8	41.6	42.6
	現場作業関連(運輸、製造、修理、清掃など)	1253	111	634	508
		100.0	8.9	50.6	40.5
独立自営業の経験年数 (問30)	2年未満	2572	529	921	1122
		100.0	20.6	35.8	43.6
	2年以上15年未満	3962	670	1802	1490
		100.0	16.9	45.5	37.6
	15年以上	1722	111	981	630
		100.0	6.4	57.0	36.6
1週の平均作業時間 (問3附問2)	10時間未満	2688	412	1139	1137
		100.0	15.3	42.4	42.3
	10時間以上40時間未満	3070	515	1406	1149
		100.0	16.8	45.8	37.4
	40時間以上	2498	383	1159	956
		100.0	15.3	46.4	38.3
独立自営業者の報酬総額 (問2附問4)	200万円未満	5289	914	2247	2128
		100.0	17.3	42.5	40.2
	200万円以上400万円未満	1189	178	549	462
		100.0	15.0	46.2	38.9
	400万円以上600万円未満	819	87	430	302
		100.0	10.6	52.5	36.9
	600万円以上	959	131	478	350
		100.0	13.7	49.8	36.5

Q50.独立自営業者がより働きやすくなるために今後、整備・充実すればいいなと思う事柄は何ですか。(いくつでも)
MA

		n	取引相手との契約内容の書面化の義務付け	取引相手との契約内容の決定や変更の手続き（プロセス）の明確化	仲間同士で集まり、取引相手と契約内容に関するルール	交渉し取り決めることができるルール	止取引相手からの報酬支払い時期の遅延や減額を禁止するルール	て、不利益な取り扱いを告発した独立自営業者に対し取引相手が、不正な取り扱いを禁止すること	として保護対象となるのか公的機関において、予め、自身が法律上の労働者	を確認できる制度	取引相手が、正当な理由なしに契約を終了させることを禁止するルール	独立自営業者に発注量や納期間に関する基準を定めたルール手に過重労働とならないよう、取引相	べき報酬額を定めたルール独立自営業者の仕事について、最低限支払われる	き独立自営業者の作業スペースの安全確保を行うことを定めたルール取引相手に対して、	加入する保険から補償を受けることができるルール作業中に生じた怪我や病気について、取引相手が	かトラブルがあった場合に、相談できる窓口やわずかな費用で解決できる制度	利益な取り扱いを禁止するルール妊娠中や育児・介護中の独立自営業者に対して不	その他	特に必要な事柄はない
全体		8256	1904 23.1	1568 19.0	795 9.6	1244 15.1	843 10.2	747 9.0	1124 13.6	614 7.4	1219 14.8	398 4.8	923 11.2	1697 20.6	589 7.1	77 0.9	3553 43.0
性別(SC2)	男性	5190	1161 22.4	993 19.1	518 10.0	755 14.5	511 9.8	443 8.5	672 12.9	360 6.9	683 13.2	243 4.7	565 10.9	960 18.5	174 3.4	52 1.0	2340 45.1
	女性	3066	743 24.2	575 18.8	277 9.0	489 15.9	332 10.8	304 9.9	452 14.7	254 8.3	536 17.5	155 5.1	358 11.7	737 24.0	415 13.5	25 0.8	1213 39.6
年齢(SC1)	15歳～29歳	547	131 23.9	117 21.4	73 13.3	125 22.9	74 13.5	76 13.9	106 19.4	67 12.2	109 19.9	48 8.8	70 12.8	135 24.7	91 16.6	0 0.0	182 33.3
	30歳～39歳	1745	463 26.5	366 21.0	188 10.8	321 18.4	240 13.8	192 11.0	270 15.5	154 8.8	292 16.7	113 6.5	211 12.1	403 23.1	259 14.8	13 0.7	586 33.6
	40歳～49歳	2378	544 22.9	443 18.6	247 10.4	358 15.1	269 11.3	213 9.0	305 12.8	194 8.2	356 15.0	107 4.5	277 11.6	499 21.0	150 6.3	26 1.1	1033 43.4
	50歳～59歳	2050	436 21.3	358 17.5	174 8.5	282 13.8	174 8.5	165 8.0	265 12.9	132 6.4	286 14.0	84 4.1	210 10.2	401 19.6	70 3.4	26 1.3	963 47.0
	60歳以上	1536	330 21.5	284 18.5	113 7.4	158 10.3	86 5.6	101 6.6	178 11.6	67 4.4	176 11.5	46 3.0	155 10.1	259 16.9	19 1.2	12 0.8	789 51.4
学歴(問52)	中学校・高校	1733	358 20.7	281 16.2	151 8.7	237 13.7	145 8.4	114 6.6	205 11.8	100 5.8	232 13.4	83 4.8	191 11.0	309 17.8	93 5.4	21 1.2	856 49.4
	各種専門学校	871	184 21.1	165 18.9	59 6.8	150 17.2	88 10.1	66 7.6	123 14.1	71 8.2	136 15.6	42 4.8	89 10.2	199 22.8	79 9.1	8 0.9	401 46.0
	高等専門学校・短大	1121	241 21.5	189 16.9	108 9.6	162 14.5	115 10.3	107 9.5	134 12.0	91 8.1	166 14.8	64 5.7	117 10.4	224 20.0	91 8.1	10 0.9	494 44.1
	大学・大学院	4499	1118 24.8	930 20.7	475 10.6	693 15.4	494 11.0	457 10.2	660 14.7	351 7.8	683 15.2	209 4.6	524 11.6	958 21.3	324 7.2	38 0.8	1783 39.6
	その他	9	1 11.1	0 0.0	2 22.2	1 11.1	1 11.1	0 0.0	1 11.1	0 0.0	0 0.0	0 0.0	0 0.0	3 33.3	0 0.0	0 0.0	5 55.6
既・未婚(問54)	既婚	5025	1137 22.6	937 18.6	488 9.7	708 14.1	455 9.1	413 8.2	616 12.3	318 6.3	647 12.9	199 4.0	507 10.1	956 19.0	367 7.3	35 0.7	2164 43.1
	未婚、離婚、死別	3231	767 23.7	631 19.5	307 9.5	536 16.6	388 12.0	334 10.3	508 15.7	296 9.2	572 17.7	199 6.2	416 12.9	741 22.9	222 6.9	42 1.3	1389 43.0
居住地(問64)	23区・政令市	2617	660 25.2	537 20.5	256 9.8	425 16.2	263 10.0	257 9.8	379 14.5	222 8.5	424 16.2	123 4.7	296 11.3	548 20.9	184 7.0	20 0.8	1102 42.1
	市(人口10万人以上)	3534	801 22.7	669 18.9	357 10.1	536 15.2	373 10.6	312 8.8	485 13.7	251 7.1	511 14.5	175 5.0	406 11.5	740 20.9	260 7.4	29 0.8	1514 42.8
	市(人口10万人未満)	1511	326 21.6	262 17.3	138 9.1	214 14.2	154 10.2	136 9.0	199 13.2	104 6.9	210 13.9	66 4.4	163 10.8	301 19.9	97 6.4	20 1.3	648 42.9
	町村	594	117 19.7	100 16.8	44 7.4	69 11.6	53 8.9	42 7.1	61 10.3	37 6.2	74 12.5	34 5.7	58 9.8	108 18.2	48 8.1	8 1.3	289 48.7
専業・兼業(SC7)	専業	4083	893 21.9	725 17.8	355 8.7	585 14.3	381 9.3	340 8.3	565 13.8	296 7.2	618 15.1	184 4.5	499 12.2	827 20.3	281 6.9	39 1.0	1843 45.1
	兼業	4173	1011 24.2	843 20.2	440 10.5	659 15.8	462 11.1	407 9.8	559 13.4	318 7.6	601 14.4	214 5.1	424 10.2	870 20.8	308 7.4	38 0.9	1710 41.0
	うち独立自営業が本業	1335	287 21.5	261 19.6	139 10.4	199 14.9	135 10.1	120 9.0	159 11.9	92 6.9	198 14.8	55 4.1	141 10.6	248 18.6	81 6.1	14 1.0	582 43.6
	うち独立自営業が副業	2838	724 25.5	582 20.5	301 10.6	460 16.2	327 11.5	287 10.1	400 14.1	226 8.0	403 14.2	159 5.6	283 10.0	622 21.9	227 8.0	24 0.8	1128 39.7
主な仕事(問1-1)	事務関連	1560	399 25.6	336 21.5	155 9.9	278 17.8	173 11.1	153 9.8	220 14.1	120 7.7	221 14.2	78 5.0	139 8.9	307 19.7	138 8.8	9 0.6	557 35.7
	デザイン・映像製作関連	731	192 26.3	174 23.8	75 10.3	157 21.5	103 14.1	91 12.4	152 20.8	85 11.6	162 22.2	41 5.6	100 13.7	188 25.7	84 11.5	7 1.0	277 37.9
	IT関連	705	229 32.5	196 27.8	94 13.3	146 20.7	114 16.2	102 14.5	128 18.2	97 13.8	131 18.6	55 7.8	119 16.9	201 28.5	67 9.5	14 2.0	237 33.6
	専門関連業務(医療、技術、講師、芸能、演奏など)	3266	754 23.1	597 18.3	279 8.5	437 13.4	295 9.0	253 7.7	429 13.1	200 6.1	493 15.1	123 3.8	337 10.3	671 20.5	203 6.2	29 0.9	1450 44.4
	生活関連サービス、理容・美容	741	127 17.1	101 13.6	68 9.2	82 11.1	56 7.6	67 9.0	68 9.2	36 4.9	73 9.9	30 4.0	77 10.4	145 19.6	55 7.4	5 0.7	374 50.5
	現場作業関連(運輸、製造、修理、清掃など)	1253	203 16.2	164 13.1	124 9.9	144 11.5	102 8.1	81 6.5	127 10.1	76 6.1	139 11.1	71 5.7	151 12.1	185 14.8	42 3.4	13 1.0	658 52.5
独立自営業の経験年数(問30)	2年未満	2572	632 24.6	465 18.1	250 9.7	392 15.2	277 10.8	229 8.9	331 12.9	189 7.3	372 14.5	133 5.2	250 9.7	536 20.8	273 10.6	22 0.9	1069 41.6
	2年以上15年未満	3962	940 23.7	836 21.1	423 10.7	607 15.3	437 11.0	385 9.7	565 14.3	308 7.8	603 15.2	196 4.9	477 12.0	824 20.8	241 6.1	36 0.9	1610 40.6
	15年以上	1722	332 19.3	267 15.5	122 7.1	245 14.2	129 7.5	133 7.7	228 13.2	117 6.8	244 14.2	69 4.0	196 11.4	337 19.6	75 4.4	19 1.1	874 50.8
1週の平均作業時間(問3附問2)	10時間未満	2688	566 21.1	474 17.6	215 8.0	361 13.4	244 9.1	204 7.6	346 12.9	165 6.1	344 12.8	110 4.1	231 8.6	532 19.8	217 8.1	28 1.0	1291 48.0
	10時間以上40時間未満	3070	709 23.1	599 19.5	298 9.7	468 15.2	298 9.7	303 9.9	420 13.7	210 6.8	478 15.6	147 4.8	337 11.0	636 20.7	227 7.4	32 1.0	1241 40.4
	40時間以上	2498	629 25.2	495 19.8	282 11.3	415 16.6	301 12.0	240 9.6	358 14.3	239 9.6	397 15.9	141 5.6	355 14.2	529 21.2	145 5.8	17 0.7	1021 40.9
独立自営業者の報酬総額(問2附問4)	200万円未満	5289	1220 23.1	988 18.7	481 9.1	798 15.1	532 10.1	471 8.9	701 13.3	375 7.1	813 15.4	260 4.9	527 10.0	1097 20.7	450 8.5	58 1.1	2299 43.5
	200万円以上400万円未満	1189	282 23.7	228 19.2	131 11.0	178 15.0	119 10.0	118 9.9	180 15.1	102 8.6	188 15.8	57 4.8	154 13.0	281 23.6	66 5.6	7 0.6	472 39.7
	400万円以上600万円未満	819	185 22.6	159 19.4	80 9.8	125 15.3	83 10.1	65 7.9	110 13.4	62 7.6	109 13.3	26 3.2	117 14.3	159 19.4	34 4.2	4 0.5	360 44.0
	600万円以上	959	217 22.6	193 20.1	103 10.7	143 14.9	109 11.4	93 9.7	133 13.9	75 7.8	109 11.4	55 5.7	125 13.0	160 16.7	39 4.1	8 0.8	422 44.0

Q50-1.前問でお答えの事柄のうち、最も整備・充実して欲しいと考えているものをお答えください。
【Q50で1~14を選択した回答者を対象】
SA

		n	取引相手との契約内容の書面化の義務付け	(プロセス)の明確化引相手との契約内容の決定や変更の手続き	仲間同士で集まり、取引相手と契約内容について交渉し決めることに関するルール	取引相手からの報酬支払い時期の遅延や減額を禁止するルール	利益な取り扱いを禁止すること引相手が、不正な取り扱いを告発した独立自営業者に対して、不	保護対象となるのかを、予め、自身が法律上の労働者として公的機関において確認できる制度	禁止するルール引相手が、正当な理由なしに契約を終了させることを	注文量や納期期間に関する基準を定めたルール独立自営業者が過重労働とならないよう、取引相手に発	酬額を定めたルール独立自営業者の仕事について、最低限支払われるべき報	を定めたルール取引相手に対して、作業スペースの安全確保を行うこと	る保険中に生じた怪我や病気について、取引相手が加入する保険から補償を受けることができるルール	トラブルがあった場合に、相談できる窓口やわずかな費用で解決できる制度	妊娠中や育児・介護中の独立自営業者に対して不利益な取り扱いを禁止するルール	その他(FA)
全体		4703	1012	554	261	371	172	176	277	126	531	40	231	701	178	73
		100.0	21.5	11.8	5.5	7.9	3.7	3.7	5.9	2.7	11.3	0.9	4.9	14.9	3.8	1.6
性別(SC2)	男性	2850	667	363	185	244	113	97	172	91	285	27	153	387	15	51
		100.0	23.4	12.7	6.5	8.6	4.0	3.4	6.0	3.2	10.0	0.9	5.4	13.6	0.5	1.8
	女性	1853	345	191	76	127	59	79	105	35	246	13	78	314	163	22
		100.0	18.6	10.3	4.1	6.9	3.2	4.3	5.7	1.9	13.3	0.7	4.2	16.9	8.8	1.2
年齢(SC1)	15歳~29歳	365	69	40	22	37	17	14	22	8	49	3	10	45	29	0
		100.0	18.9	11.0	6.0	10.1	4.7	3.8	6.0	2.2	13.4	0.8	2.7	12.3	7.9	0.0
	30歳~39歳	1159	249	128	60	90	51	47	62	30	123	11	37	153	105	13
		100.0	21.5	11.0	5.2	7.8	4.4	4.1	5.3	2.6	10.6	0.9	3.2	13.2	9.1	1.1
	40歳~49歳	1345	276	161	76	116	57	50	70	34	151	9	75	217	30	23
		100.0	20.5	12.0	5.7	8.6	4.2	3.7	5.2	2.5	11.2	0.7	5.6	16.1	2.2	1.7
	50歳~59歳	1087	239	121	62	83	32	37	68	32	131	8	57	183	9	25
		100.0	22.0	11.1	5.7	7.6	2.9	3.4	6.3	2.9	12.1	0.7	5.2	16.8	0.8	2.3
	60歳以上	747	179	104	41	45	15	28	55	22	77	9	52	103	5	12
		100.0	24.0	13.9	5.5	6.0	2.0	3.7	7.4	2.9	10.3	1.2	7.0	13.8	0.7	1.6
学歴(問52)	中学校・高校	877	193	102	46	69	33	24	62	24	98	9	56	118	22	21
		100.0	22.0	11.6	5.2	7.9	3.8	2.7	7.1	2.7	11.2	1.0	6.4	13.5	2.5	2.4
	各種専門学校	470	87	58	11	45	13	15	26	10	70	5	21	77	25	7
		100.0	18.5	12.3	2.3	9.6	2.8	3.2	5.5	2.1	14.9	1.1	4.5	16.4	5.3	1.5
	高等専門学校・短大	627	125	70	29	50	25	28	32	20	80	5	32	97	24	10
		100.0	19.9	11.2	4.6	8.0	4.0	4.5	5.1	3.2	12.8	0.8	5.1	15.5	3.8	1.6
	大学・大学院	2716	606	323	174	206	101	108	157	71	283	21	122	403	106	35
		100.0	22.3	11.9	6.4	7.6	3.7	4.0	5.8	2.6	10.4	0.8	4.5	14.8	3.9	1.3
	その他	4	0	0	1	1	0	0	0	0	0	0	0	2	0	0
		100.0	0.0	0.0	25.0	25.0	0.0	0.0	0.0	0.0	0.0	0.0	0.0	50.0	0.0	0.0
既・未婚(問54)	既婚	2861	638	352	174	220	99	101	159	80	287	22	144	412	138	35
		100.0	22.3	12.3	6.1	7.7	3.5	3.5	5.6	2.8	10.0	0.8	5.0	14.4	4.8	1.2
	未婚、離婚、死別	1842	374	202	87	151	73	75	118	46	244	18	87	289	40	38
		100.0	20.3	11.0	4.7	8.2	4.0	4.1	6.4	2.5	13.2	1.0	4.7	15.7	2.2	2.1
居住地(問64)	23区・政令市	1515	353	192	78	126	44	57	82	32	182	10	64	222	56	17
		100.0	23.3	12.7	5.1	8.3	2.9	3.8	5.4	2.1	12.0	0.7	4.2	14.7	3.7	1.1
	市(人口10万人以上)	2020	417	230	118	164	81	70	133	58	212	21	115	300	72	29
		100.0	20.6	11.4	5.8	8.1	4.0	3.5	6.6	2.9	10.5	1.0	5.7	14.9	3.6	1.4
	市(人口10万人未満)	863	182	92	49	59	37	35	51	29	105	4	38	132	30	20
		100.0	21.1	10.7	5.7	6.8	4.3	4.1	5.9	3.4	12.2	0.5	4.4	15.3	3.5	2.3
	町村	305	60	40	16	22	10	14	11	7	32	5	14	47	20	7
		100.0	19.7	13.1	5.2	7.2	3.3	4.6	3.6	2.3	10.5	1.6	4.6	15.4	6.6	2.3
専業・兼業(SC7)	専業	2240	464	241	114	160	63	76	148	65	271	19	143	359	79	38
		100.0	20.7	10.8	5.1	7.1	2.8	3.4	6.6	2.9	12.1	0.8	6.4	16.0	3.5	1.7
	兼業	2463	548	313	147	211	109	100	129	61	260	21	88	342	99	35
		100.0	22.2	12.7	6.0	8.6	4.4	4.1	5.2	2.5	10.6	0.9	3.6	13.9	4.0	1.4
	うち独立自営業が本業	753	159	101	53	74	38	30	38	17	90	9	35	71	26	12
		100.0	21.1	13.4	7.0	9.8	5.0	4.0	5.0	2.3	12.0	1.2	4.6	9.4	3.5	1.6
	うち独立自営業が副業	1710	389	212	94	137	71	70	91	44	170	12	53	271	73	23
		100.0	22.7	12.4	5.5	8.0	4.2	4.1	5.3	2.6	9.9	0.7	3.1	15.8	4.3	1.3
主な仕事(問1-1)	事務関連	1003	217	142	57	91	55	40	57	25	104	8	22	126	50	9
		100.0	21.6	14.2	5.7	9.1	5.5	4.0	5.7	2.5	10.4	0.8	2.2	12.6	5.0	0.9
	デザイン・映像製作関連	454	90	59	20	45	11	15	36	9	71	3	19	54	15	7
		100.0	19.8	13.0	4.4	9.9	2.4	3.3	7.9	2.0	15.6	0.7	4.2	11.9	3.3	1.5
	IT関連	468	120	65	26	27	13	19	17	20	43	4	25	62	15	12
		100.0	25.6	13.9	5.6	5.8	2.8	4.1	3.6	4.3	9.2	0.9	5.3	13.2	3.2	2.6
	専門関連業務(医療・技術、講師、芸能、演奏など)	1816	406	195	86	121	57	62	105	45	233	13	89	308	68	28
		100.0	22.4	10.7	4.7	6.7	3.1	3.4	5.8	2.5	12.8	0.7	4.9	17.0	3.7	1.5
	生活関連サービス、理容・美容	367	63	36	25	32	13	19	19	7	24	3	24	77	20	5
		100.0	17.2	9.8	6.8	8.7	3.5	5.2	5.2	1.9	6.5	0.8	6.5	21.0	5.4	1.4
	現場作業関連(運輸、製造、修理、清掃など)	595	116	57	47	55	23	21	43	20	56	9	52	74	10	12
		100.0	19.5	9.6	7.9	9.2	3.9	3.5	7.2	3.4	9.4	1.5	8.7	12.4	1.7	2.0
独立自営業の経験年数(問30)	2年未満	1503	347	165	72	116	55	60	72	35	165	15	55	212	112	22
		100.0	23.1	11.0	4.8	7.7	3.7	4.0	4.8	2.3	11.0	1.0	3.7	14.1	7.5	1.5
	2年以上15年未満	2352	503	313	146	184	102	81	143	69	259	19	115	336	50	32
		100.0	21.4	13.3	6.2	7.8	4.3	3.4	6.1	2.9	11.0	0.8	4.9	14.3	2.1	1.4
	15年以上	848	162	76	43	71	15	35	62	22	107	6	61	153	16	19
		100.0	19.1	9.0	5.1	8.4	1.8	4.1	7.3	2.6	12.6	0.7	7.2	18.0	1.9	2.2
1週の平均作業時間(問3附問2)	10時間未満	1397	285	161	70	112	49	48	84	30	159	10	47	234	81	27
		100.0	20.4	11.5	5.0	8.0	3.5	3.4	6.0	2.1	11.4	0.7	3.4	16.8	5.8	1.9
	10時間以上40時間未満	1829	378	234	93	131	68	83	118	47	210	13	96	259	69	30
		100.0	20.7	12.8	5.1	7.2	3.7	4.5	6.5	2.6	11.5	0.7	5.2	14.2	3.8	1.6
	40時間以上	1477	349	159	98	128	55	45	75	49	162	17	88	208	28	16
		100.0	23.6	10.8	6.6	8.7	3.7	3.0	5.1	3.3	11.0	1.2	6.0	14.1	1.9	1.1
独立自営業者の報酬総額【Q2附問4】	200万円未満	2990	636	348	152	236	108	119	166	68	376	25	112	439	149	56
		100.0	21.3	11.6	5.1	7.9	3.6	4.0	5.6	2.3	12.6	0.8	3.7	14.7	5.0	1.9
	200万円以上400万円未満	717	149	77	41	44	20	24	51	27	80	5	49	127	17	6
		100.0	20.8	10.7	5.7	6.1	2.8	3.3	7.1	3.8	11.2	0.7	6.8	17.7	2.4	0.8
	400万円以上600万円未満	459	105	54	31	39	23	13	26	13	43	4	35	65	5	3
		100.0	22.9	11.8	6.8	8.5	5.0	2.8	5.7	2.8	9.4	0.9	7.6	14.2	1.1	0.7
	600万円以上	537	122	75	37	52	21	20	34	18	32	6	35	70	7	8
		100.0	22.7	14.0	6.9	9.7	3.9	3.7	6.3	3.4	6.0	1.1	6.5	13.0	1.3	1.5

Q51.以下の問いについて正しいと思う答えを選択してください。分からない場合は、分からないとお答えください。
(矢印方向にそれぞれひとつだけ)

1.賃金は、法律で定める最低額を下回ってはならない
SA

		n	正しい	誤り	分からない
全体		8256 100.0	6472 78.4	318 3.9	1466 17.8
性別(SC2)	男性	5190 100.0	4000 77.1	243 4.7	947 18.2
	女性	3066 100.0	2472 80.6	75 2.4	519 16.9
年齢(SC1)	15歳～29歳	547 100.0	406 74.2	30 5.5	111 20.3
	30歳～39歳	1745 100.0	1342 76.9	74 4.2	329 18.9
	40歳～49歳	2378 100.0	1825 76.7	99 4.2	454 19.1
	50歳～59歳	2050 100.0	1596 77.9	83 4.0	371 18.1
	60歳以上	1536 100.0	1303 84.8	32 2.1	201 13.1
学歴(問52)	中学校・高校	1733 100.0	1310 75.6	62 3.6	361 20.8
	各種専門学校	871 100.0	647 74.3	25 2.9	199 22.8
	高等専門学校・短大	1121 100.0	857 76.4	46 4.1	218 19.4
	大学・大学院	4499 100.0	3639 80.9	185 4.1	675 15.0
	その他	9 100.0	6 66.7	0 0.0	3 33.3
既・未婚(問54)	既婚	5025 100.0	3983 79.3	193 3.8	849 16.9
	未婚、離婚、死別	3231 100.0	2489 77.0	125 3.9	617 19.1
居住地(問64)	23区・政令市	2617 100.0	2061 78.8	107 4.1	449 17.2
	市(人口10万人以上)	3534 100.0	2816 79.7	122 3.5	596 16.9
	市(人口10万人未満)	1511 100.0	1205 79.7	61 4.0	245 16.2
	町村	594 100.0	390 65.7	28 4.7	176 29.6
専業・兼業(SC7)	専業	4083 100.0	3168 77.6	154 3.8	761 18.6
	兼業	4173 100.0	3304 79.2	164 3.9	705 16.9
	うち独立自営業が本業	1335 100.0	1021 76.5	54 4.0	260 19.5
	うち独立自営業が副業	2838 100.0	2283 80.4	110 3.9	445 15.7
主な仕事(問1-1)	事務関連	1560 100.0	1182 75.8	77 4.9	301 19.3
	デザイン・映像製作関連	731 100.0	560 76.6	22 3.0	149 20.4
	IT関連	705 100.0	537 76.2	43 6.1	125 17.7
	専門関連業務(医療、技術、講師、芸能、演奏など)	3266 100.0	2701 82.7	93 2.8	472 14.5
	生活関連サービス、理容・美容	741 100.0	567 76.5	26 3.5	148 20.0
	現場作業関連(運輸、製造、修理、清掃など)	1253 100.0	925 73.8	57 4.5	271 21.6
独立自営業の経験年数(問30)	2年未満	2572 100.0	1914 74.4	94 3.7	564 21.9
	2年以上15年未満	3962 100.0	3198 80.7	168 4.2	596 15.0
	15年以上	1722 100.0	1360 79.0	56 3.3	306 17.8
1週の平均作業時間(問3附問2)	10時間未満	2688 100.0	2064 76.8	90 3.3	534 19.9
	10時間以上40時間未満	3070 100.0	2499 81.4	115 3.7	456 14.9
	40時間以上	2498 100.0	1909 76.4	113 4.5	476 19.1
独立自営業者の報酬総額(問2附問4)	200万円未満	5289 100.0	4138 78.2	176 3.3	975 18.4
	200万円以上400万円未満	1189 100.0	940 79.1	60 5.0	189 15.9
	400万円以上600万円未満	819 100.0	645 78.8	34 4.2	140 17.1
	600万円以上	959 100.0	749 78.1	48 5.0	162 16.9

2.経営者が労働者に残業をさせた場合には、割増賃金を支払う必要がある
SA

		n	正しい	誤り	分からない
全体		8256 100.0	6314 76.5	387 4.7	1555 18.8
性別(SC2)	男性	5190 100.0	3987 76.8	258 5.0	945 18.2
	女性	3066 100.0	2327 75.9	129 4.2	610 19.9
年齢(SC1)	15歳～29歳	547 100.0	398 72.8	39 7.1	110 20.1
	30歳～39歳	1745 100.0	1270 72.8	125 7.2	350 20.1
	40歳～49歳	2378 100.0	1761 74.1	92 3.9	525 22.1
	50歳～59歳	2050 100.0	1593 77.7	85 4.1	372 18.1
	60歳以上	1536 100.0	1292 84.1	46 3.0	198 12.9
学歴(問52)	中学校・高校	1733 100.0	1289 74.4	70 4.0	374 21.6
	各種専門学校	871 100.0	637 73.1	39 4.5	195 22.4
	高等専門学校・短大	1121 100.0	818 73.0	50 4.5	253 22.6
	大学・大学院	4499 100.0	3549 78.9	227 5.0	723 16.1
	その他	9 100.0	8 88.9	0 0.0	1 11.1
既・未婚(問54)	既婚	5025 100.0	3911 77.8	239 4.8	875 17.4
	未婚、離婚、死別	3231 100.0	2403 74.4	148 4.6	680 21.0
居住地(問64)	23区・政令市	2617 100.0	2010 76.8	104 4.0	503 19.2
	市(人口10万人以上)	3534 100.0	2750 77.8	174 4.9	610 17.3
	市(人口10万人未満)	1511 100.0	1164 77.0	79 5.2	268 17.7
	町村	594 100.0	390 65.7	30 5.1	174 29.3
専業・兼業(SC7)	専業	4083 100.0	3073 75.3	184 4.5	826 20.2
	兼業	4173 100.0	3241 77.7	203 4.9	729 17.5
	うち独立自営業が本業	1335 100.0	1001 75.0	68 5.1	266 19.9
	うち独立自営業が副業	2838 100.0	2240 78.9	135 4.8	463 16.3
主な仕事(問1-1)	事務関連	1560 100.0	1111 71.2	107 6.9	342 21.9
	デザイン・映像製作関連	731 100.0	539 73.7	38 5.2	154 21.1
	IT関連	705 100.0	527 74.8	44 6.2	134 19.0
	専門関連業務(医療、技術、講師、芸能、演奏など)	3266 100.0	2659 81.4	111 3.4	496 15.2
	生活関連サービス、理容・美容	741 100.0	564 76.1	31 4.2	146 19.7
	現場作業関連(運輸、製造、修理、清掃など)	1253 100.0	914 72.9	56 4.5	283 22.6
独立自営業の経験年数(問30)	2年未満	2572 100.0	1864 72.5	126 4.9	582 22.6
	2年以上15年未満	3962 100.0	3113 78.6	203 5.1	646 16.3
	15年以上	1722 100.0	1337 77.6	58 3.4	327 19.0
1週の平均作業時間(問3附問2)	10時間未満	2688 100.0	2031 75.6	113 4.2	544 20.2
	10時間以上40時間未満	3070 100.0	2419 78.8	144 4.7	507 16.5
	40時間以上	2498 100.0	1864 74.6	130 5.2	504 20.2
独立自営業者の報酬総額(問2附問4)	200万円未満	5289 100.0	4024 76.1	227 4.3	1038 19.6
	200万円以上400万円未満	1189 100.0	941 79.1	55 4.6	193 16.2
	400万円以上600万円未満	819 100.0	627 76.6	44 5.4	148 18.1
	600万円以上	959 100.0	722 75.3	61 6.4	176 18.4

Q51.以下の問いについて正しいと思う答えを選択してください。分からない場合は、分からないとお答えください。
（矢印方向にそれぞれひとつだけ）

3.育児休業は、女性労働者だけでなく男性労働者も取得できる
SA

		n	正しい	誤り	分からない
全体		8256	6537	232	1487
		100.0	79.2	2.8	18.0
性別(SC2)	男性	5190	4020	169	1001
		100.0	77.5	3.3	19.3
	女性	3066	2517	63	486
		100.0	82.1	2.1	15.9
年齢(SC1)	15歳～29歳	547	413	31	103
		100.0	75.5	5.7	18.8
	30歳～39歳	1745	1358	62	325
		100.0	77.8	3.6	18.6
	40歳～49歳	2378	1843	71	464
		100.0	77.5	3.0	19.5
	50歳～59歳	2050	1628	45	377
		100.0	79.4	2.2	18.4
	60歳以上	1536	1295	23	218
		100.0	84.3	1.5	14.2
学歴(問52)	中学校・高校	1733	1311	48	374
		100.0	75.6	2.8	21.6
	各種専門学校	871	673	20	178
		100.0	77.3	2.3	20.4
	高等専門学校・短大	1121	841	35	245
		100.0	75.0	3.1	21.9
	大学・大学院	4499	3695	128	676
		100.0	82.1	2.8	15.0
	その他	9	7	0	2
		100.0	77.8	0.0	22.2
既・未婚(問54)	既婚	5025	4020	156	849
		100.0	80.0	3.1	16.9
	未婚、離婚、死別	3231	2517	76	638
		100.0	77.9	2.4	19.7
居住地(問64)	23区・政令市	2617	2114	63	440
		100.0	80.8	2.4	16.8
	市(人口10万人以上)	3534	2815	110	609
		100.0	79.7	3.1	17.2
	市(人口10万人未満)	1511	1201	42	268
		100.0	79.5	2.8	17.7
	町村	594	407	17	170
		100.0	68.5	2.9	28.6
専業・兼業(SC7)	専業	4083	3195	106	782
		100.0	78.3	2.6	19.2
	兼業	4173	3342	126	705
		100.0	80.1	3.0	16.9
	うち独立自営業が本業	1335	1034	42	259
		100.0	77.5	3.1	19.4
	うち独立自営業が副業	2838	2308	84	446
		100.0	81.3	3.0	15.7
主な仕事(問1-1)	事務関連	1560	1177	71	312
		100.0	75.4	4.6	20.0
	デザイン・映像製作関連	731	575	18	138
		100.0	78.7	2.5	18.9
	IT関連	705	571	24	110
		100.0	81.0	3.4	15.6
	専門関連業務(医療、技術、講師、芸能、演奏など)	3266	2740	56	470
		100.0	83.9	1.7	14.4
	生活関連サービス、理容・美容	741	578	15	148
		100.0	78.0	2.0	20.0
	現場作業関連(運輸、製造、修理、清掃など)	1253	896	48	309
		100.0	71.5	3.8	24.7
独立自営業の経験年数(問30)	2年未満	2572	1931	88	553
		100.0	75.1	3.4	21.5
	2年以上15年未満	3962	3217	113	632
		100.0	81.2	2.9	16.0
	15年以上	1722	1389	31	302
		100.0	80.7	1.8	17.5
1週の平均作業時間(問3附問2)	10時間未満	2688	2103	59	526
		100.0	78.2	2.2	19.6
	10時間以上40時間未満	3070	2518	84	468
		100.0	82.0	2.7	15.2
	40時間以上	2498	1916	89	493
		100.0	76.7	3.6	19.7
独立自営業者の報酬総額(問2附問4)	200万円未満	5289	4206	137	946
		100.0	79.5	2.6	17.9
	200万円以上400万円未満	1189	966	32	191
		100.0	81.2	2.7	16.1
	400万円以上600万円未満	819	629	23	167
		100.0	76.8	2.8	20.4
	600万円以上	959	736	40	183
		100.0	76.7	4.2	19.1

4.労働者を解雇する場合には、30日前に予告する必要がある
SA

		n	正しい	誤り	分からない
全体		8256	5660	483	2113
		100.0	68.6	5.9	25.6
性別(SC2)	男性	5190	3563	329	1298
		100.0	68.7	6.3	25.0
	女性	3066	2097	154	815
		100.0	68.4	5.0	26.6
年齢(SC1)	15歳～29歳	547	338	47	162
		100.0	61.8	8.6	29.6
	30歳～39歳	1745	1122	116	507
		100.0	64.3	6.6	29.1
	40歳～49歳	2378	1589	144	645
		100.0	66.8	6.1	27.1
	50歳～59歳	2050	1432	114	504
		100.0	69.9	5.6	24.6
	60歳以上	1536	1179	62	295
		100.0	76.8	4.0	19.2
学歴(問52)	中学校・高校	1733	1141	94	498
		100.0	65.8	5.4	28.7
	各種専門学校	871	558	49	264
		100.0	64.1	5.6	30.3
	高等専門学校・短大	1121	729	68	324
		100.0	65.0	6.1	28.9
	大学・大学院	4499	3218	271	1010
		100.0	71.5	6.0	22.4
	その他	9	6	0	3
		100.0	66.7	0.0	33.3
既・未婚(問54)	既婚	5025	3518	301	1206
		100.0	70.0	6.0	24.0
	未婚、離婚、死別	3231	2142	182	907
		100.0	66.3	5.6	28.1
居住地(問64)	23区・政令市	2617	1852	132	633
		100.0	70.8	5.0	24.2
	市(人口10万人以上)	3534	2415	233	886
		100.0	68.3	6.6	25.1
	市(人口10万人未満)	1511	1049	81	381
		100.0	69.4	5.4	25.2
	町村	594	344	37	213
		100.0	57.9	6.2	35.9
専業・兼業(SC7)	専業	4083	2740	209	1134
		100.0	67.1	5.1	27.8
	兼業	4173	2920	274	979
		100.0	70.0	6.6	23.5
	うち独立自営業が本業	1335	891	87	357
		100.0	66.7	6.5	26.7
	うち独立自営業が副業	2838	2029	187	622
		100.0	71.5	6.6	21.9
主な仕事(問1-1)	事務関連	1560	995	133	432
		100.0	63.8	8.5	27.7
	デザイン・映像製作関連	731	488	41	202
		100.0	66.8	5.6	27.6
	IT関連	705	502	35	168
		100.0	71.2	5.0	23.8
	専門関連業務(医療、技術、講師、芸能、演奏など)	3266	2381	156	729
		100.0	72.9	4.8	22.3
	生活関連サービス、理容・美容	741	490	42	209
		100.0	66.1	5.7	28.2
	現場作業関連(運輸、製造、修理、清掃など)	1253	804	76	373
		100.0	64.2	6.1	29.8
独立自営業の経験年数(問30)	2年未満	2572	1677	167	728
		100.0	65.2	6.5	28.3
	2年以上15年未満	3962	2800	252	910
		100.0	70.7	6.4	23.0
	15年以上	1722	1183	64	475
		100.0	68.7	3.7	27.6
1週の平均作業時間(問3附問2)	10時間未満	2688	1833	155	700
		100.0	68.2	5.8	26.0
	10時間以上40時間未満	3070	2171	175	724
		100.0	70.7	5.7	23.6
	40時間以上	2498	1656	153	689
		100.0	66.3	6.1	27.6
独立自営業者の報酬総額(問2附問4)	200万円未満	5289	3629	293	1367
		100.0	68.6	5.5	25.8
	200万円以上400万円未満	1189	816	75	298
		100.0	68.6	6.3	25.1
	400万円以上600万円未満	819	572	50	197
		100.0	69.8	6.1	24.1
	600万円以上	959	643	65	251
		100.0	67.0	6.8	26.2

Q51.以下の問いについて正しいと思う答えを選択してください。分からない場合は、分からないとお答えください。
(矢印方向にそれぞれひとつだけ)

5.正当な理由がない解雇は、30日前に予告されても無効となる
SA

		n	正しい	誤り	分からない
全体		8256	4667	624	2965
		100.0	56.5	7.6	35.9
性別(SC2)	男性	5190	3056	428	1706
		100.0	58.9	8.2	32.9
	女性	3066	1611	196	1259
		100.0	52.5	6.4	41.1
年齢(SC1)	15歳～29歳	547	264	58	225
		100.0	48.3	10.6	41.1
	30歳～39歳	1745	906	152	687
		100.0	51.9	8.7	39.4
	40歳～49歳	2378	1319	170	889
		100.0	55.5	7.1	37.4
	50歳～59歳	2050	1197	140	713
		100.0	58.4	6.8	34.8
	60歳以上	1536	981	104	451
		100.0	63.9	6.8	29.4
学歴(問52)	中学校・高校	1733	869	132	732
		100.0	50.1	7.6	42.2
	各種専門学校	871	462	53	356
		100.0	53.0	6.1	40.9
	高等専門学校・短大	1121	567	78	476
		100.0	50.6	7.0	42.5
	大学・大学院	4499	2757	359	1383
		100.0	61.3	8.0	30.7
	その他	9	5	0	4
		100.0	55.6	0.0	44.4
既・未婚(問54)	既婚	5025	2909	391	1725
		100.0	57.9	7.8	34.3
	未婚、離婚、死別	3231	1758	233	1240
		100.0	54.4	7.2	38.4
居住地(問64)	23区・政令市	2617	1523	190	904
		100.0	58.2	7.3	34.5
	市(人口10万人以上)	3534	2039	274	1221
		100.0	57.7	7.8	34.6
	市(人口10万人未満)	1511	835	118	558
		100.0	55.3	7.8	36.9
	町村	594	270	42	282
		100.0	45.5	7.1	47.5
専業・兼業(SC7)	専業	4083	2267	281	1535
		100.0	55.5	6.9	37.6
	兼業	4173	2400	343	1430
		100.0	57.5	8.2	34.3
	うち独立自営業が本業	1335	732	108	495
		100.0	54.8	8.1	37.1
	うち独立自営業が副業	2838	1668	235	935
		100.0	58.8	8.3	32.9
主な仕事(問1-1)	事務関連	1560	826	145	589
		100.0	52.9	9.3	37.8
	デザイン・映像製作関連	731	387	49	295
		100.0	52.9	6.7	40.4
	IT関連	705	424	54	227
		100.0	60.1	7.7	32.2
	専門関連業務(医療、技術、講師、芸能、演奏など)	3266	1974	221	1071
		100.0	60.4	6.8	32.8
	生活関連サービス、理容・美容	741	388	60	293
		100.0	52.4	8.1	39.5
	現場作業関連(運輸、製造、修理、清掃など)	1253	668	95	490
		100.0	53.3	7.6	39.1
独立自営業の経験年数(問30)	2年未満	2572	1357	203	1012
		100.0	52.8	7.9	39.3
	2年以上15年未満	3962	2331	334	1297
		100.0	58.8	8.4	32.7
	15年以上	1722	979	87	656
		100.0	56.9	5.1	38.1
1週の平均作業時間(問3附問2)	10時間未満	2688	1518	183	987
		100.0	56.5	6.8	36.7
	10時間以上40時間未満	3070	1780	234	1056
		100.0	58.0	7.6	34.4
	40時間以上	2498	1369	207	922
		100.0	54.8	8.3	36.9
独立自営業者の報酬総額(問2附問4)	200万円未満	5289	2938	397	1954
		100.0	55.5	7.5	36.9
	200万円以上400万円未満	1189	685	81	423
		100.0	57.6	6.8	35.6
	400万円以上600万円未満	819	484	66	269
		100.0	59.1	8.1	32.8
	600万円以上	959	560	80	319
		100.0	58.4	8.3	33.3

6.労働者が労働組合に加入する場合、経営者の許可は不要である
SA

		n	正しい	誤り	分からない
全体		8256	4879	584	2793
		100.0	59.1	7.1	33.8
性別(SC2)	男性	5190	3259	374	1557
		100.0	62.8	7.2	30.0
	女性	3066	1620	210	1236
		100.0	52.8	6.8	40.3
年齢(SC1)	15歳～29歳	547	254	59	234
		100.0	46.4	10.8	42.8
	30歳～39歳	1745	880	175	690
		100.0	50.4	10.0	39.5
	40歳～49歳	2378	1347	159	872
		100.0	56.6	6.7	36.7
	50歳～59歳	2050	1296	112	642
		100.0	63.2	5.5	31.3
	60歳以上	1536	1102	79	355
		100.0	71.7	5.1	23.1
学歴(問52)	中学校・高校	1733	878	142	713
		100.0	50.7	8.2	41.1
	各種専門学校	871	417	74	380
		100.0	47.9	8.5	43.6
	高等専門学校・短大	1121	542	85	494
		100.0	48.3	7.6	44.1
	大学・大学院	4499	3029	277	1193
		100.0	67.3	6.2	26.5
	その他	9	5	1	3
		100.0	55.6	11.1	33.3
既・未婚(問54)	既婚	5025	3073	361	1591
		100.0	61.2	7.2	31.7
	未婚、離婚、死別	3231	1806	223	1202
		100.0	55.9	6.9	37.2
居住地(問64)	23区・政令市	2617	1610	150	857
		100.0	61.5	5.7	32.7
	市(人口10万人以上)	3534	2126	258	1150
		100.0	60.2	7.3	32.5
	市(人口10万人未満)	1511	867	130	514
		100.0	57.4	8.6	34.0
	町村	594	276	46	272
		100.0	46.5	7.7	45.8
専業・兼業(SC7)	専業	4083	2424	249	1410
		100.0	59.4	6.1	34.5
	兼業	4173	2455	335	1383
		100.0	58.8	8.0	33.1
	うち独立自営業が本業	1335	746	102	487
		100.0	55.9	7.6	36.5
	うち独立自営業が副業	2838	1709	233	896
		100.0	60.2	8.2	31.6
主な仕事(問1-1)	事務関連	1560	828	178	554
		100.0	53.1	11.4	35.5
	デザイン・映像製作関連	731	394	50	287
		100.0	53.9	6.8	39.3
	IT関連	705	447	43	215
		100.0	63.4	6.1	30.5
	専門関連業務(医療、技術、講師、芸能、演奏など)	3266	2148	169	949
		100.0	65.8	5.2	29.1
	生活関連サービス、理容・美容	741	380	51	310
		100.0	51.3	6.9	41.8
	現場作業関連(運輸、製造、修理、清掃など)	1253	682	93	478
		100.0	54.4	7.4	38.1
独立自営業の経験年数(問30)	2年未満	2572	1364	216	992
		100.0	53.0	8.4	38.6
	2年以上15年未満	3962	2453	285	1224
		100.0	61.9	7.2	30.9
	15年以上	1722	1062	83	577
		100.0	61.7	4.8	33.5
1週の平均作業時間(問3附問2)	10時間未満	2688	1568	185	935
		100.0	58.3	6.9	34.8
	10時間以上40時間未満	3070	1879	201	990
		100.0	61.2	6.5	32.2
	40時間以上	2498	1432	198	868
		100.0	57.3	7.9	34.7
独立自営業者の報酬総額(問2附問4)	200万円未満	5289	3038	378	1873
		100.0	57.4	7.1	35.4
	200万円以上400万円未満	1189	731	80	378
		100.0	61.5	6.7	31.8
	400万円以上600万円未満	819	509	56	254
		100.0	62.1	6.8	31.0
	600万円以上	959	601	70	288
		100.0	62.7	7.3	30.0

Q51.以下の問いについて正しいと思う答えを選択してください。分からない場合は、分からないとお答えください。
(矢印方向にそれぞれひとつだけ)

7.経営者は、正当な理由なく労働組合との交渉を拒否できない
SA

		n	正しい	誤り	分からない
全体		8256	5219	359	2678
		100.0	63.2	4.3	32.4
性別(SC2)	男性	5190	3423	246	1521
		100.0	66.0	4.7	29.3
	女性	3066	1796	113	1157
		100.0	58.6	3.7	37.7
年齢(SC1)	15歳〜29歳	547	288	37	222
		100.0	52.7	6.8	40.6
	30歳〜39歳	1745	971	104	670
		100.0	55.6	6.0	38.4
	40歳〜49歳	2378	1437	109	832
		100.0	60.4	4.6	35.0
	50歳〜59歳	2050	1357	69	624
		100.0	66.2	3.4	30.4
	60歳以上	1536	1166	40	330
		100.0	75.9	2.6	21.5
学歴(問52)	中学校・高校	1733	973	71	689
		100.0	56.1	4.1	39.8
	各種専門学校	871	466	38	367
		100.0	53.5	4.4	42.1
	高等専門学校・短大	1121	600	59	462
		100.0	53.5	5.3	41.2
	大学・大学院	4499	3164	190	1145
		100.0	70.3	4.2	25.5
	その他	9	7	0	2
		100.0	77.8	0.0	22.2
既・未婚(問54)	既婚	5025	3276	236	1513
		100.0	65.2	4.7	30.1
	未婚、離婚、死別	3231	1943	123	1165
		100.0	60.1	3.8	36.1
居住地(問64)	23区・政令市	2617	1696	93	828
		100.0	64.8	3.6	31.6
	市(人口10万人以上)	3534	2293	151	1090
		100.0	64.9	4.3	30.8
	市(人口10万人未満)	1511	930	86	495
		100.0	61.5	5.7	32.8
	町村	594	300	29	265
		100.0	50.5	4.9	44.6
専業・兼業(SC7)	専業	4083	2557	147	1379
		100.0	62.6	3.6	33.8
	兼業	4173	2662	212	1299
		100.0	63.8	5.1	31.1
	うち独立自営業が本業	1335	812	72	451
		100.0	60.8	5.4	33.8
	うち独立自営業が副業	2838	1850	140	848
		100.0	65.2	4.9	29.9
主な仕事(問1-1)	事務関連	1560	909	107	544
		100.0	58.3	6.9	34.9
	デザイン・映像製作関連	731	418	34	279
		100.0	57.2	4.7	38.2
	IT関連	705	464	39	202
		100.0	65.8	5.5	28.7
	専門関連業務(医療、技術、講師、芸能、演奏など)	3266	2277	87	902
		100.0	69.7	2.7	27.6
	生活関連サービス、理容・美容	741	405	34	302
		100.0	54.7	4.6	40.8
	現場作業関連(運輸、製造、修理、清掃など)	1253	746	58	449
		100.0	59.5	4.6	35.8
独立自営業の経験年数(問30)	2年未満	2572	1481	133	958
		100.0	57.6	5.2	37.2
	2年以上15年未満	3962	2616	185	1161
		100.0	66.0	4.7	29.3
	15年以上	1722	1122	41	559
		100.0	65.2	2.4	32.5
1週の平均作業時間(問3附問2)	10時間未満	2688	1688	100	900
		100.0	62.8	3.7	33.5
	10時間以上40時間未満	3070	2020	131	919
		100.0	65.8	4.3	29.9
	40時間以上	2498	1511	128	859
		100.0	60.5	5.1	34.4
独立自営業者の報酬総額(問2附問4)	200万円未満	5289	3293	216	1780
		100.0	62.3	4.1	33.7
	200万円以上400万円未満	1189	788	49	352
		100.0	66.3	4.1	29.6
	400万円以上600万円未満	819	518	39	262
		100.0	63.2	4.8	32.0
	600万円以上	959	620	55	284
		100.0	64.7	5.7	29.6

8.独立自営業者も、実際の働き方によっては、労働法のルールで保護される
SA

		n	正しい	誤り	分からない
全体		8256	4292	527	3437
		100.0	52.0	6.4	41.6
性別(SC2)	男性	5190	2772	395	2023
		100.0	53.4	7.6	39.0
	女性	3066	1520	132	1414
		100.0	49.6	4.3	46.1
年齢(SC1)	15歳〜29歳	547	273	41	233
		100.0	49.9	7.5	42.6
	30歳〜39歳	1745	844	129	772
		100.0	48.4	7.4	44.2
	40歳〜49歳	2378	1213	137	1028
		100.0	51.0	5.8	43.2
	50歳〜59歳	2050	1076	122	852
		100.0	52.5	6.0	41.6
	60歳以上	1536	886	98	552
		100.0	57.7	6.4	35.9
学歴(問52)	中学校・高校	1733	806	105	822
		100.0	46.5	6.1	47.4
	各種専門学校	871	404	48	419
		100.0	46.4	5.5	48.1
	高等専門学校・短大	1121	523	65	533
		100.0	46.7	5.8	47.5
	大学・大学院	4499	2546	308	1645
		100.0	56.6	6.8	36.6
	その他	9	5	1	3
		100.0	55.6	11.1	33.3
既・未婚(問54)	既婚	5025	2678	340	2007
		100.0	53.3	6.8	39.9
	未婚、離婚、死別	3231	1614	187	1430
		100.0	50.0	5.8	44.3
居住地(問64)	23区・政令市	2617	1402	144	1071
		100.0	53.6	5.5	40.9
	市(人口10万人以上)	3534	1869	247	1418
		100.0	52.9	7.0	40.1
	市(人口10万人未満)	1511	770	99	642
		100.0	51.0	6.6	42.5
	町村	594	251	37	306
		100.0	42.3	6.2	51.5
専業・兼業(SC7)	専業	4083	2010	240	1833
		100.0	49.2	5.9	44.9
	兼業	4173	2282	287	1604
		100.0	54.7	6.9	38.4
	うち独立自営業が本業	1335	669	110	556
		100.0	50.1	8.2	41.6
	うち独立自営業が副業	2838	1613	177	1048
		100.0	56.8	6.2	36.9
主な仕事(問1-1)	事務関連	1560	785	110	665
		100.0	50.3	7.1	42.6
	デザイン・映像製作関連	731	338	44	349
		100.0	46.2	6.0	47.7
	IT関連	705	362	54	289
		100.0	51.3	7.7	41.0
	専門関連業務(医療、技術、講師、芸能、演奏など)	3266	1814	199	1253
		100.0	55.5	6.1	38.4
	生活関連サービス、理容・美容	741	373	36	332
		100.0	50.3	4.9	44.8
	現場作業関連(運輸、製造、修理、清掃など)	1253	620	84	549
		100.0	49.5	6.7	43.8
独立自営業の経験年数(問30)	2年未満	2572	1264	165	1143
		100.0	49.1	6.4	44.4
	2年以上15年未満	3962	2163	276	1523
		100.0	54.6	7.0	38.4
	15年以上	1722	865	86	771
		100.0	50.2	5.0	44.8
1週の平均作業時間(問3附問2)	10時間未満	2688	1399	140	1149
		100.0	52.0	5.2	42.7
	10時間以上40時間未満	3070	1656	208	1206
		100.0	53.9	6.8	39.3
	40時間以上	2498	1237	179	1082
		100.0	49.5	7.2	43.3
独立自営業者の報酬総額(問2附問4)	200万円未満	5289	2747	298	2244
		100.0	51.9	5.6	42.4
	200万円以上400万円未満	1189	621	96	472
		100.0	52.2	8.1	39.7
	400万円以上600万円未満	819	442	59	318
		100.0	54.0	7.2	38.8
	600万円以上	959	482	74	403
		100.0	50.3	7.7	42.0

Q51.以下の問いについて正しいと思う答えを選択してください。分からない場合は、分からないとお答えください。
（矢印方向にそれぞれひとつだけ）

9.独立自営業者が物品の製造を行う際の工賃の最低額は法律で定められている
SA

		n	正しい	誤り	分からない
全体		8256	3221	790	4245
		100.0	39.0	9.6	51.4
性別(SC2)	男性	5190	2051	613	2526
		100.0	39.5	11.8	48.7
	女性	3066	1170	177	1719
		100.0	38.2	5.8	56.1
年齢(SC1)	15歳〜29歳	547	216	47	284
		100.0	39.5	8.6	51.9
	30歳〜39歳	1745	680	150	915
		100.0	39.0	8.6	52.4
	40歳〜49歳	2378	916	206	1256
		100.0	38.5	8.7	52.8
	50歳〜59歳	2050	779	208	1063
		100.0	38.0	10.1	51.9
	60歳以上	1536	630	179	727
		100.0	41.0	11.7	47.3
学歴(問52)	中学校・高校	1733	600	166	967
		100.0	34.6	9.6	55.8
	各種専門学校	871	281	68	522
		100.0	32.3	7.8	59.9
	高等専門学校・短大	1121	393	103	625
		100.0	35.1	9.2	55.8
	大学・大学院	4499	1938	452	2109
		100.0	43.1	10.0	46.9
	その他	9	3	0	6
		100.0	33.3	0.0	66.7
既・未婚(問54)	既婚	5025	2051	501	2473
		100.0	40.8	10.0	49.2
	未婚、離婚、死別	3231	1170	289	1772
		100.0	36.2	8.9	54.8
居住地(問64)	23区・政令市	2617	1031	235	1351
		100.0	39.4	9.0	51.6
	市(人口10万人以上)	3534	1409	345	1780
		100.0	39.9	9.8	50.4
	市(人口10万人未満)	1511	584	148	779
		100.0	38.6	9.8	51.6
	町村	594	197	62	335
		100.0	33.2	10.4	56.4
専業・兼業(SC7)	専業	4083	1476	391	2216
		100.0	36.1	9.6	54.3
	兼業	4173	1745	399	2029
		100.0	41.8	9.6	48.6
	うち独立自営業が本業	1335	514	121	700
		100.0	38.5	9.1	52.4
	うち独立自営業が副業	2838	1231	278	1329
		100.0	43.4	9.8	46.8
主な仕事(問1-1)	事務関連	1560	640	148	772
		100.0	41.0	9.5	49.5
	デザイン・映像製作関連	731	242	71	418
		100.0	33.1	9.7	57.2
	IT関連	705	249	88	368
		100.0	35.3	12.5	52.2
	専門関連業務(医療、技術、講師、芸能、演奏など)	3266	1340	297	1629
		100.0	41.0	9.1	49.9
	生活関連サービス、理容・美容	741	285	59	397
		100.0	38.5	8.0	53.6
	現場作業関連(運輸、製造、修理、清掃など)	1253	465	127	661
		100.0	37.1	10.1	52.8
独立自営業の経験年数(問30)	2年未満	2572	1015	221	1336
		100.0	39.5	8.6	51.9
	2年以上15年未満	3962	1601	393	1968
		100.0	40.4	9.9	49.7
	15年以上	1722	605	176	941
		100.0	35.1	10.2	54.6
1週の平均作業時間(問3附問2)	10時間未満	2688	1059	221	1408
		100.0	39.4	8.2	52.4
	10時間以上40時間未満	3070	1236	308	1526
		100.0	40.3	10.0	49.7
	40時間以上	2498	926	261	1311
		100.0	37.1	10.4	52.5
独立自営業者の報酬総額(問2附問4)	200万円未満	5289	2084	457	2748
		100.0	39.4	8.6	52.0
	200万円以上400万円未満	1189	446	132	611
		100.0	37.5	11.1	51.4
	400万円以上600万円未満	819	313	82	424
		100.0	38.2	10.0	51.8
	600万円以上	959	378	119	462
		100.0	39.4	12.4	48.2

10.下請け代金の支払が遅れるのを禁止する法律がある
SA

		n	正しい	誤り	分からない
全体		8256	3545	548	4163
		100.0	42.9	6.6	50.4
性別(SC2)	男性	5190	2465	389	2336
		100.0	47.5	7.5	45.0
	女性	3066	1080	159	1827
		100.0	35.2	5.2	59.6
年齢(SC1)	15歳〜29歳	547	217	45	285
		100.0	39.7	8.2	52.1
	30歳〜39歳	1745	647	131	967
		100.0	37.1	7.5	55.4
	40歳〜49歳	2378	952	149	1277
		100.0	40.0	6.3	53.7
	50歳〜59歳	2050	895	136	1019
		100.0	43.7	6.6	49.7
	60歳以上	1536	834	87	615
		100.0	54.3	5.7	40.0
学歴(問52)	中学校・高校	1733	616	122	995
		100.0	35.5	7.0	57.4
	各種専門学校	871	280	53	538
		100.0	32.1	6.1	61.8
	高等専門学校・短大	1121	379	87	655
		100.0	33.8	7.8	58.4
	大学・大学院	4499	2260	284	1955
		100.0	50.2	6.3	43.5
	その他	9	3	0	6
		100.0	33.3	0.0	66.7
既・未婚(問54)	既婚	5025	2325	314	2386
		100.0	46.3	6.2	47.5
	未婚、離婚、死別	3231	1220	234	1777
		100.0	37.8	7.2	55.0
居住地(問64)	23区・政令市	2617	1173	158	1286
		100.0	44.8	6.0	49.1
	市(人口10万人以上)	3534	1550	240	1744
		100.0	43.9	6.8	49.3
	市(人口10万人未満)	1511	629	101	781
		100.0	41.6	6.7	51.7
	町村	594	193	49	352
		100.0	32.5	8.2	59.3
専業・兼業(SC7)	専業	4083	1676	272	2135
		100.0	41.0	6.7	52.3
	兼業	4173	1869	276	2028
		100.0	44.8	6.6	48.6
	うち独立自営業が本業	1335	573	99	663
		100.0	42.9	7.4	49.7
	うち独立自営業が副業	2838	1296	177	1365
		100.0	45.7	6.2	48.1
主な仕事(問1-1)	事務関連	1560	649	132	779
		100.0	41.6	8.5	49.9
	デザイン・映像製作関連	731	272	52	407
		100.0	37.2	7.1	55.7
	IT関連	705	317	42	346
		100.0	45.0	6.0	49.1
	専門関連業務(医療、技術、講師、芸能、演奏など)	3266	1520	181	1565
		100.0	46.5	5.5	47.9
	生活関連サービス、理容・美容	741	274	49	418
		100.0	37.0	6.6	56.4
	現場作業関連(運輸、製造、修理、清掃など)	1253	513	92	648
		100.0	40.9	7.3	51.7
独立自営業の経験年数(問30)	2年未満	2572	1046	159	1367
		100.0	40.7	6.2	53.1
	2年以上15年未満	3962	1813	273	1876
		100.0	45.8	6.9	47.3
	15年以上	1722	686	116	920
		100.0	39.8	6.7	53.4
1週の平均作業時間(問3附問2)	10時間未満	2688	1129	140	1419
		100.0	42.0	5.2	52.8
	10時間以上40時間未満	3070	1390	203	1477
		100.0	45.3	6.6	48.1
	40時間以上	2498	1026	205	1267
		100.0	41.1	8.2	50.7
独立自営業者の報酬総額(問2附問4)	200万円未満	5289	2207	303	2779
		100.0	41.7	5.7	52.5
	200万円以上400万円未満	1189	499	97	593
		100.0	42.0	8.2	49.9
	400万円以上600万円未満	819	367	67	385
		100.0	44.8	8.2	47.0
	600万円以上	959	472	81	406
		100.0	49.2	8.4	42.3

Q52.最後に通った学校を選択してください。
SA

		n	中学	高校	高等専門学校・短大	大学	大学院	各種専門学校	その他	無回答
全体		8256	118	1615	1121	3929	570	871	9	23
		100.0	1.4	19.6	13.6	47.6	6.9	10.5	0.1	0.3
性別(SC2)	男性	5190	89	1009	477	2687	409	498	7	14
		100.0	1.7	19.4	9.2	51.8	7.9	9.6	0.1	0.3
	女性	3066	29	606	644	1242	161	373	2	9
		100.0	0.9	19.8	21.0	40.5	5.3	12.2	0.1	0.3
年齢(SC1)	15歳〜29歳	547	8	118	57	276	30	54	1	3
		100.0	1.5	21.6	10.4	50.5	5.5	9.9	0.2	0.5
	30歳〜39歳	1745	26	278	247	802	136	247	2	7
		100.0	1.5	15.9	14.2	46.0	7.8	14.2	0.1	0.4
	40歳〜49歳	2378	39	462	372	1045	155	296	2	7
		100.0	1.6	19.4	15.6	43.9	6.5	12.4	0.1	0.3
	50歳〜59歳	2050	20	417	297	976	134	201	1	4
		100.0	1.0	20.3	14.5	47.6	6.5	9.8	0.0	0.2
	60歳以上	1536	25	340	148	830	115	73	3	2
		100.0	1.6	22.1	9.6	54.0	7.5	4.8	0.2	0.1
学歴(問52)	中学校・高校	1733	118	1615	0	0	0	0	0	0
		100.0	6.8	93.2	0.0	0.0	0.0	0.0	0.0	0.0
	各種専門学校	871	0	0	0	0	0	871	0	0
		100.0	0.0	0.0	0.0	0.0	0.0	100.0	0.0	0.0
	高等専門学校・短大	1121	0	0	1121	0	0	0	0	0
		100.0	0.0	0.0	100.0	0.0	0.0	0.0	0.0	0.0
	大学・大学院	4499	0	0	0	3929	570	0	0	0
		100.0	0.0	0.0	0.0	87.3	12.7	0.0	0.0	0.0
	その他	9	0	0	0	0	0	0	9	0
		100.0	0.0	0.0	0.0	0.0	0.0	0.0	100.0	0.0
既・未婚(問54)	既婚	5025	59	942	692	2479	345	490	6	12
		100.0	1.2	18.7	13.8	49.3	6.9	9.8	0.1	0.2
	未婚、離婚、死別	3231	59	673	429	1450	225	381	3	11
		100.0	1.8	20.8	13.3	44.9	7.0	11.8	0.1	0.3
居住地(問64)	23区・政令市	2617	25	391	316	1422	228	227	1	7
		100.0	1.0	14.9	12.1	54.3	8.7	8.7	0.0	0.3
	市(人口10万人以上)	3534	60	702	481	1677	249	355	5	5
		100.0	1.7	19.9	13.6	47.5	7.0	10.0	0.1	0.1
	市(人口10万人未満)	1511	27	362	221	636	69	190	2	4
		100.0	1.8	24.0	14.6	42.1	4.6	12.6	0.1	0.3
	町村	594	6	160	103	194	24	99	1	7
		100.0	1.0	26.9	17.3	32.7	4.0	16.7	0.2	1.2
専業・兼業(SC7)	専業	4083	69	832	545	1944	230	448	5	10
		100.0	1.7	20.4	13.3	47.6	5.6	11.0	0.1	0.2
	兼業	4173	49	783	576	1985	340	423	4	13
		100.0	1.2	18.8	13.8	47.6	8.1	10.1	0.1	0.3
	うち独立自営業が本業	1335	22	279	177	609	104	140	1	3
		100.0	1.6	20.9	13.3	45.6	7.8	10.5	0.1	0.2
	うち独立自営業が副業	2838	27	504	399	1376	236	283	3	10
		100.0	1.0	17.8	14.1	48.5	8.3	10.0	0.1	0.4
主な仕事(問1-1)	事務関連	1560	11	325	235	746	88	150	2	3
		100.0	0.7	20.8	15.1	47.8	5.6	9.6	0.1	0.2
	デザイン・映像製作関連	731	5	112	119	335	23	130	2	5
		100.0	0.7	15.3	16.3	45.8	3.1	17.8	0.3	0.7
	IT関連	705	5	111	86	376	44	82	1	0
		100.0	0.7	15.7	12.2	53.3	6.2	11.6	0.1	0.0
	専門関連業務(医療、技術、講師、芸能、演奏など)	3266	22	492	381	1754	345	267	3	2
		100.0	0.7	15.1	11.7	53.7	10.6	8.2	0.1	0.1
	生活関連サービス、理容・美容	741	16	165	142	255	32	126	0	5
		100.0	2.2	22.3	19.2	34.4	4.3	17.0	0.0	0.7
	現場作業関連(運輸、製造、修理、清掃など)	1253	59	410	158	463	38	116	1	8
		100.0	4.7	32.7	12.6	37.0	3.0	9.3	0.1	0.6
独立自営業の経験年数(問30)	2年未満	2572	42	520	383	1188	150	276	2	11
		100.0	1.6	20.2	14.9	46.2	5.8	10.7	0.1	0.4
	2年以上15年未満	3962	43	700	509	1979	320	401	4	6
		100.0	1.1	17.7	12.8	49.9	8.1	10.1	0.1	0.2
	15年以上	1722	33	395	229	762	100	194	3	6
		100.0	1.9	22.9	13.3	44.3	5.8	11.3	0.2	0.3
1週の平均作業時間(問3附問2)	10時間未満	2688	28	473	405	1288	200	280	3	11
		100.0	1.0	17.6	15.1	47.9	7.4	10.4	0.1	0.4
	10時間以上40時間未満	3070	43	595	420	1520	221	261	4	6
		100.0	1.4	19.4	13.7	49.5	7.2	8.5	0.1	0.2
	40時間以上	2498	47	547	296	1121	149	330	2	6
		100.0	1.9	21.9	11.8	44.9	6.0	13.2	0.1	0.2
独立自営業者の報酬総額(問2附問4)	200万円未満	5289	79	1049	794	2416	354	575	5	17
		100.0	1.5	19.8	15.0	45.7	6.7	10.9	0.1	0.3
	200万円以上400万円未満	1189	15	256	144	561	79	130	2	2
		100.0	1.3	21.5	12.1	47.2	6.6	10.9	0.2	0.2
	400万円以上600万円未満	819	11	157	93	415	67	73	1	2
		100.0	1.3	19.2	11.4	50.7	8.2	8.9	0.1	0.2
	600万円以上	959	13	153	90	537	70	93	1	2
		100.0	1.4	16.0	9.4	56.0	7.3	9.7	0.1	0.2

Q53.最後に通った学校の状況をお答えください。
SA

		n	在学中	卒業	中退	無回答
全体		8256	38	7816	379	23
		100.0	0.5	94.7	4.6	0.3
性別(SC2)	男性	5190	20	4898	258	14
		100.0	0.4	94.4	5.0	0.3
	女性	3066	18	2918	121	9
		100.0	0.6	95.2	3.9	0.3
年齢(SC1)	15歳～29歳	547	5	517	22	3
		100.0	0.9	94.5	4.0	0.5
	30歳～39歳	1745	11	1643	84	7
		100.0	0.6	94.2	4.8	0.4
	40歳～49歳	2378	11	2252	108	7
		100.0	0.5	94.7	4.5	0.3
	50歳～59歳	2050	9	1939	98	4
		100.0	0.4	94.6	4.8	0.2
	60歳以上	1536	2	1465	67	2
		100.0	0.1	95.4	4.4	0.1
学歴(問52)	中学校・高校	1733	4	1663	66	0
		100.0	0.2	96.0	3.8	0.0
	各種専門学校	871	4	828	39	0
		100.0	0.5	95.1	4.5	0.0
	高等専門学校・短大	1121	3	1068	50	0
		100.0	0.3	95.3	4.5	0.0
	大学・大学院	4499	27	4253	219	0
		100.0	0.6	94.5	4.9	0.0
	その他	9	0	4	5	0
		100.0	0.0	44.4	55.6	0.0
既・未婚(問54)	既婚	5025	23	4806	184	12
		100.0	0.5	95.6	3.7	0.2
	未婚、離婚、死別	3231	15	3010	195	11
		100.0	0.5	93.2	6.0	0.3
居住地(問64)	23区・政令市	2617	11	2487	112	7
		100.0	0.4	95.0	4.3	0.3
	市(人口10万人以上)	3534	15	3358	156	5
		100.0	0.4	95.0	4.4	0.1
	市(人口10万人未満)	1511	8	1430	69	4
		100.0	0.5	94.6	4.6	0.3
	町村	594	4	541	42	7
		100.0	0.7	91.1	7.1	1.2
専業・兼業(SC7)	専業	4083	14	3856	203	10
		100.0	0.3	94.4	5.0	0.2
	兼業	4173	24	3960	176	13
		100.0	0.6	94.9	4.2	0.3
	うち独立自営業が本業	1335	11	1256	65	3
		100.0	0.8	94.1	4.9	0.2
	うち独立自営業が副業	2838	13	2704	111	10
		100.0	0.5	95.3	3.9	0.4
主な仕事(問1-1)	事務関連	1560	11	1484	62	3
		100.0	0.7	95.1	4.0	0.2
	デザイン・映像製作関連	731	2	683	41	5
		100.0	0.3	93.4	5.6	0.7
	IT関連	705	3	665	37	0
		100.0	0.4	94.3	5.2	0.0
	専門関連業務(医療、技術、講師、芸能、演奏など)	3266	17	3114	133	2
		100.0	0.5	95.3	4.1	0.1
	生活関連サービス、理容・美容	741	2	704	30	5
		100.0	0.3	95.0	4.0	0.7
	現場作業関連(運輸、製造、修理、清掃など)	1253	3	1166	76	8
		100.0	0.2	93.1	6.1	0.6
独立自営業の経験年数(問30)	2年未満	2572	16	2438	107	11
		100.0	0.6	94.8	4.2	0.4
	2年以上15年未満	3962	15	3776	165	6
		100.0	0.4	95.3	4.2	0.2
	15年以上	1722	7	1602	107	6
		100.0	0.4	93.0	6.2	0.3
1週の平均作業時間(問3附問2)	10時間未満	2688	14	2554	109	11
		100.0	0.5	95.0	4.1	0.4
	10時間以上40時間未満	3070	10	2908	146	6
		100.0	0.3	94.7	4.8	0.2
	40時間以上	2498	14	2354	124	6
		100.0	0.6	94.2	5.0	0.2
独立自営業者の報酬総額(問2附問4)	200万円未満	5289	26	5019	227	17
		100.0	0.5	94.9	4.3	0.3
	200万円以上400万円未満	1189	5	1126	56	2
		100.0	0.4	94.7	4.7	0.2
	400万円以上600万円未満	819	1	759	57	2
		100.0	0.1	92.7	7.0	0.2
	600万円以上	959	6	912	39	2
		100.0	0.6	95.1	4.1	0.2

Q54.あなたは結婚していますか。あてはまるものをお選びください。
SA

		n	未婚	既婚	離死別
全体		8256	2510	5025	721
		100.0	30.4	60.9	8.7
性別(SC2)	男性	5190	1599	3178	413
		100.0	30.8	61.2	8.0
	女性	3066	911	1847	308
		100.0	29.7	60.2	10.0
年齢(SC1)	15歳～29歳	547	311	228	8
		100.0	56.9	41.7	1.5
	30歳～39歳	1745	705	960	80
		100.0	40.4	55.0	4.6
	40歳～49歳	2378	840	1317	221
		100.0	35.3	55.4	9.3
	50歳～59歳	2050	523	1272	255
		100.0	25.5	62.0	12.4
	60歳以上	1536	131	1248	157
		100.0	8.5	81.3	10.2
学歴(問52)	中学校・高校	1733	505	1001	227
		100.0	29.1	57.8	13.1
	各種専門学校	871	293	490	88
		100.0	33.6	56.3	10.1
	高等専門学校・短大	1121	325	692	104
		100.0	29.0	61.7	9.3
	大学・大学院	4499	1379	2824	296
		100.0	30.7	62.8	6.6
	その他	9	2	6	1
		100.0	22.2	66.7	11.1
既・未婚(問54)	既婚	5025	0	5025	0
		100.0	0.0	100.0	0.0
	未婚、離婚、死別	3231	2510	0	721
		100.0	77.7	0.0	22.3
居住地(問64)	23区・政令市	2617	854	1510	253
		100.0	32.6	57.7	9.7
	市(人口10万人以上)	3534	1047	2202	285
		100.0	29.6	62.3	8.1
	市(人口10万人未満)	1511	431	950	130
		100.0	28.5	62.9	8.6
	町村	594	178	363	53
		100.0	30.0	61.1	8.9
専業・兼業(SC7)	専業	4083	1191	2529	363
		100.0	29.2	61.9	8.9
	兼業	4173	1319	2496	358
		100.0	31.6	59.8	8.6
	うち独立自営業が本業	1335	454	741	140
		100.0	34.0	55.5	10.5
	うち独立自営業が副業	2838	865	1755	218
		100.0	30.5	61.8	7.7
主な仕事(問1-1)	事務関連	1560	488	969	103
		100.0	31.3	62.1	6.6
	デザイン・映像製作関連	731	303	376	52
		100.0	41.5	51.4	7.1
	IT関連	705	264	388	53
		100.0	37.4	55.0	7.5
	専門関連業務(医療、技術、講師、芸能、演奏など)	3266	895	2065	306
		100.0	27.4	63.2	9.4
	生活関連サービス、理容・美容	741	248	419	74
		100.0	33.5	56.5	10.0
	現場作業関連(運輸、製造、修理、清掃など)	1253	312	808	133
		100.0	24.9	64.5	10.6
独立自営業の経験年数(問30)	2年未満	2572	812	1568	192
		100.0	31.6	61.0	7.5
	2年以上15年未満	3962	1237	2393	332
		100.0	31.2	60.4	8.4
	15年以上	1722	461	1064	197
		100.0	26.8	61.8	11.4
1週の平均作業時間(問3附問2)	10時間未満	2688	754	1729	205
		100.0	28.1	64.3	7.6
	10時間以上40時間未満	3070	900	1881	289
		100.0	29.3	61.3	9.4
	40時間以上	2498	856	1415	227
		100.0	34.3	56.6	9.1
独立自営業者の報酬総額(問2附問4)	200万円未満	5289	1653	3209	427
		100.0	31.3	60.7	8.1
	200万円以上400万円未満	1189	399	665	125
		100.0	33.6	55.9	10.5
	400万円以上600万円未満	819	233	497	89
		100.0	28.4	60.7	10.9
	600万円以上	959	225	654	80
		100.0	23.5	68.2	8.3

Q55.お子様はいらっしゃいますか。
SA

		n	いる	いない
全体		8256	4278	3978
		100.0	51.8	48.2
性別(SC2)	男性	5190	2774	2416
		100.0	53.4	46.6
	女性	3066	1504	1562
		100.0	49.1	50.9
年齢(SC1)	15歳～29歳	547	151	396
		100.0	27.6	72.4
	30歳～39歳	1745	738	1007
		100.0	42.3	57.7
	40歳～49歳	2378	1069	1309
		100.0	45.0	55.0
	50歳～59歳	2050	1107	943
		100.0	54.0	46.0
	60歳以上	1536	1213	323
		100.0	79.0	21.0
学歴(問52)	中学校・高校	1733	958	775
		100.0	55.3	44.7
	各種専門学校	871	405	466
		100.0	46.5	53.5
	高等専門学校・短大	1121	589	532
		100.0	52.5	47.5
	大学・大学院	4499	2308	2191
		100.0	51.3	48.7
	その他	9	7	2
		100.0	77.8	22.2
既・未婚 (問54)	既婚	5025	3794	1231
		100.0	75.5	24.5
	未婚、離婚、死別	3231	484	2747
		100.0	15.0	85.0
居住地 (問64)	23区・政令市	2617	1237	1380
		100.0	47.3	52.7
	市(人口10万人以上)	3534	1901	1633
		100.0	53.8	46.2
	市(人口10万人未満)	1511	825	686
		100.0	54.6	45.4
	町村	594	315	279
		100.0	53.0	47.0
専業・兼業 (SC7)	専業	4083	2178	1905
		100.0	53.3	46.7
	兼業	4173	2100	2073
		100.0	50.3	49.7
	うち独立自営業が本業	1335	621	714
		100.0	46.5	53.5
	うち独立自営業が副業	2838	1479	1359
		100.0	52.1	47.9
主な仕事 (問1-1)	事務関連	1560	800	760
		100.0	51.3	48.7
	デザイン・映像製作関連	731	273	458
		100.0	37.3	62.7
	IT関連	705	314	391
		100.0	44.5	55.5
	専門関連業務(医療、技術、講師、芸能、演奏など)	3266	1788	1478
		100.0	54.7	45.3
	生活関連サービス、理容・美容	741	373	368
		100.0	50.3	49.7
	現場作業関連(運輸、製造、修理、清掃など)	1253	730	523
		100.0	58.3	41.7
独立自営業 の経験年数 (問30)	2年未満	2572	1283	1289
		100.0	49.9	50.1
	2年以上15年未満	3962	2043	1919
		100.0	51.6	48.4
	15年以上	1722	952	770
		100.0	55.3	44.7
1週の平均作 業時間 (問3附問2)	10時間未満	2688	1453	1235
		100.0	54.1	45.9
	10時間以上40時間未満	3070	1596	1474
		100.0	52.0	48.0
	40時間以上	2498	1229	1269
		100.0	49.2	50.8
独立自営業 者の報酬総 額 (問2附問4)	200万円未満	5289	2695	2594
		100.0	51.0	49.0
	200万円以上400万円未満	1189	589	600
		100.0	49.5	50.5
	400万円以上600万円未満	819	423	396
		100.0	51.6	48.4
	600万円以上	959	571	388
		100.0	59.5	40.5

Q55-1.お子様が「いる」とお答えの方にお伺いします。15歳未満のお子様の人数をお答えください。
【Q55で1を選択した回答者を対象】
SA

		n	1人	2人	3人	4人以上
全体		4278	2508	1306	399	65
		100.0	58.6	30.5	9.3	1.5
性別(SC2)	男性	2774	1654	828	247	45
		100.0	59.6	29.8	8.9	1.6
	女性	1504	854	478	152	20
		100.0	56.8	31.8	10.1	1.3
年齢(SC1)	15歳〜29歳	151	97	38	13	3
		100.0	64.2	25.2	8.6	2.0
	30歳〜39歳	738	339	298	84	17
		100.0	45.9	40.4	11.4	2.3
	40歳〜49歳	1069	494	427	129	19
		100.0	46.2	39.9	12.1	1.8
	50歳〜59歳	1107	733	272	85	17
		100.0	66.2	24.6	7.7	1.5
	60歳以上	1213	845	271	88	9
		100.0	69.7	22.3	7.3	0.7
学歴(問52)	中学校・高校	958	564	284	100	10
		100.0	58.9	29.6	10.4	1.0
	各種専門学校	405	224	116	53	12
		100.0	55.3	28.6	13.1	3.0
	高等専門学校・短大	589	322	199	60	8
		100.0	54.7	33.8	10.2	1.4
	大学・大学院	2308	1386	703	185	34
		100.0	60.1	30.5	8.0	1.5
	その他	7	6	1	0	0
		100.0	85.7	14.3	0.0	0.0
既・未婚(問54)	既婚	3794	2169	1203	366	56
		100.0	57.2	31.7	9.6	1.5
	未婚、離婚、死別	484	339	103	33	9
		100.0	70.0	21.3	6.8	1.9
居住地(問64)	23区・政令市	1237	777	358	90	12
		100.0	62.8	28.9	7.3	1.0
	市(人口10万人以上)	1901	1114	587	170	30
		100.0	58.6	30.9	8.9	1.6
	市(人口10万人未満)	825	459	249	99	18
		100.0	55.6	30.2	12.0	2.2
	町村	315	158	112	40	5
		100.0	50.2	35.6	12.7	1.6
専業・兼業(SC7)	専業	2178	1304	650	190	34
		100.0	59.9	29.8	8.7	1.6
	兼業	2100	1204	656	209	31
		100.0	57.3	31.2	10.0	1.5
	うち独立自営業が本業	621	377	175	60	9
		100.0	60.7	28.2	9.7	1.4
	うち独立自営業が副業	1479	827	481	149	22
		100.0	55.9	32.5	10.1	1.5
主な仕事(問1-1)	事務関連	800	434	275	83	8
		100.0	54.3	34.4	10.4	1.0
	デザイン・映像製作関連	273	162	83	22	6
		100.0	59.3	30.4	8.1	2.2
	IT関連	314	174	104	33	3
		100.0	55.4	33.1	10.5	1.0
	専門関連業務(医療、技術、講師、芸能、演奏など)	1788	1113	506	139	30
		100.0	62.2	28.3	7.8	1.7
	生活関連サービス、理容・美容	373	214	111	43	5
		100.0	57.4	29.8	11.5	1.3
	現場作業関連(運輸、製造、修理、清掃など)	730	411	227	79	13
		100.0	56.3	31.1	10.8	1.8
独立自営業の経験年数(問30)	2年未満	1283	671	447	146	19
		100.0	52.3	34.8	11.4	1.5
	2年以上15年未満	2043	1210	626	178	29
		100.0	59.2	30.6	8.7	1.4
	15年以上	952	627	233	75	17
		100.0	65.9	24.5	7.9	1.8
1週の平均作業時間(問3附問2)	10時間未満	1453	808	487	140	18
		100.0	55.6	33.5	9.6	1.2
	10時間以上40時間未満	1596	1003	440	135	18
		100.0	62.8	27.6	8.5	1.1
	40時間以上	1229	697	379	124	29
		100.0	56.7	30.8	10.1	2.4
独立自営業者の報酬総額(問2附問4)	200万円未満	2695	1538	856	262	39
		100.0	57.1	31.8	9.7	1.4
	200万円以上400万円未満	589	368	163	53	5
		100.0	62.5	27.7	9.0	0.8
	400万円以上600万円未満	423	273	106	30	14
		100.0	64.5	25.1	7.1	3.3
	600万円以上	571	329	181	54	7
		100.0	57.6	31.7	9.5	1.2

Q56.同居している方を選択してください。(いくつでも)
MA

		n	一人暮らし	配偶者・パートナー	自分もしくは配偶者・パートナーの親	子供	その他
全体		8256	1632 19.8	4988 60.4	1679 20.3	2807 34.0	323 3.9
性別(SC2)	男性	5190	1130 21.8	3135 60.4	1012 19.5	1639 31.6	198 3.8
	女性	3066	502 16.4	1853 60.4	667 21.8	1168 38.1	125 4.1
年齢(SC1)	15歳～29歳	547	138 25.2	257 47.0	150 27.4	119 21.8	40 7.3
	30歳～39歳	1745	336 19.3	975 55.9	423 24.2	623 35.7	73 4.2
	40歳～49歳	2378	519 21.8	1300 54.7	545 22.9	866 36.4	95 4.0
	50歳～59歳	2050	426 20.8	1241 60.5	428 20.9	742 36.2	77 3.8
	60歳以上	1536	213 13.9	1215 79.1	133 8.7	457 29.8	38 2.5
学歴(問52)	中学校・高校	1733	348 20.1	992 57.2	367 21.2	588 33.9	100 5.8
	各種専門学校	871	177 20.3	488 56.0	201 23.1	285 32.7	40 4.6
	高等専門学校・短大	1121	185 16.5	698 62.3	238 21.2	411 36.7	38 3.4
	大学・大学院	4499	919 20.4	2790 62.0	864 19.2	1512 33.6	144 3.2
	その他	9	1 11.1	6 66.7	2 22.2	3 33.3	1 11.1
既・未婚 (問54)	既婚	5025	68 1.4	4794 95.4	578 11.5	2580 51.3	46 0.9
	未婚、離婚、死別	3231	1564 48.4	194 6.0	1101 34.1	227 7.0	277 8.6
居住地 (問64)	23区・政令市	2617	685 26.2	1511 57.7	398 15.2	802 30.6	80 3.1
	市(人口10万人以上)	3534	626 17.7	2190 62.0	732 20.7	1250 35.4	148 4.2
	市(人口10万人未満)	1511	236 15.6	927 61.4	378 25.0	551 36.5	70 4.6
	町村	594	85 14.3	360 60.6	171 28.8	204 34.3	25 4.2
専業・兼業 (SC7)	専業	4083	784 19.2	2507 61.4	851 20.8	1398 34.2	164 4.0
	兼業	4173	848 20.3	2481 59.5	828 19.8	1409 33.8	159 3.8
	うち独立自営業が本業	1335	290 21.7	740 55.4	288 21.6	343 25.7	52 3.9
	うち独立自営業が副業	2838	558 19.7	1741 61.3	540 19.0	1066 37.6	107 3.8
主な仕事 (問1-1)	事務関連	1560	257 16.5	967 62.0	329 21.1	597 38.3	60 3.8
	デザイン・映像製作関連	731	170 23.3	394 53.9	164 22.4	187 25.6	34 4.7
	IT関連	705	179 25.4	396 56.2	133 18.9	218 30.9	25 3.5
	専門関連業務(医療、技術、講師、芸能、演奏など)	3266	640 19.6	2018 61.8	631 19.3	1109 34.0	123 3.8
	生活関連サービス、理容・美容	741	158 21.3	425 57.4	155 20.9	254 34.3	27 3.6
	現場作業関連(運輸、製造、修理、清掃など)	1253	228 18.2	788 62.9	267 21.3	442 35.3	54 4.3
独立自営業の経験年数 (問30)	2年未満	2572	513 19.9	1557 60.5	496 19.3	957 37.2	88 3.4
	2年以上15年未満	3962	776 19.6	2377 60.0	818 20.6	1288 32.5	171 4.3
	15年以上	1722	343 19.9	1054 61.2	365 21.2	562 32.6	64 3.7
1週の平均作業時間 (問3附問2)	10時間未満	2688	471 17.5	1725 64.2	504 18.8	1016 37.8	100 3.7
	10時間以上40時間未満	3070	615 20.0	1864 60.7	580 18.9	1000 32.6	129 4.2
	40時間以上	2498	546 21.9	1399 56.0	595 23.8	791 31.7	94 3.8
独立自営業者の報酬総額 (問2附問4)	200万円未満	5289	960 18.2	3187 60.3	1117 21.1	1834 34.7	226 4.3
	200万円以上400万円未満	1189	299 25.1	660 55.5	248 20.9	350 29.4	38 3.2
	400万円以上600万円未満	819	191 23.3	493 60.2	142 17.3	245 29.9	32 3.9
	600万円以上	959	182 19.0	648 67.6	172 17.9	378 39.4	27 2.8

Q57.あなたは以下の健康保険のうち、どれに加入していますか。
SA

		n	国民健康保険（自分名義）	あなたの勤め先の健康保険・共済	配偶者、親、子供等の健康保険・共済	その他	分からない
全体		8256	4393	2283	1212	80	288
		100.0	53.2	27.7	14.7	1.0	3.5
性別(SC2)	男性	5190	3170	1598	185	62	175
		100.0	61.1	30.8	3.6	1.2	3.4
	女性	3066	1223	685	1027	18	113
		100.0	39.9	22.3	33.5	0.6	3.7
年齢(SC1)	15歳～29歳	547	194	178	128	3	44
		100.0	35.5	32.5	23.4	0.5	8.0
	30歳～39歳	1745	666	564	438	5	72
		100.0	38.2	32.3	25.1	0.3	4.1
	40歳～49歳	2378	1167	745	363	11	92
		100.0	49.1	31.3	15.3	0.5	3.9
	50歳～59歳	2050	1215	549	217	12	57
		100.0	59.3	26.8	10.6	0.6	2.8
	60歳以上	1536	1151	247	66	49	23
		100.0	74.9	16.1	4.3	3.2	1.5
学歴(問52)	中学校・高校	1733	997	401	237	15	83
		100.0	57.5	23.1	13.7	0.9	4.8
	各種専門学校	871	492	181	148	8	42
		100.0	56.5	20.8	17.0	0.9	4.8
	高等専門学校・短大	1121	577	254	244	5	41
		100.0	51.5	22.7	21.8	0.4	3.7
	大学・大学院	4499	2314	1439	576	51	119
		100.0	51.4	32.0	12.8	1.1	2.6
	その他	9	3	3	2	1	0
		100.0	33.3	33.3	22.2	11.1	0.0
既・未婚 (問54)	既婚	5025	2341	1485	1044	54	101
		100.0	46.6	29.6	20.8	1.1	2.0
	未婚、離婚、死別	3231	2052	798	168	26	187
		100.0	63.5	24.7	5.2	0.8	5.8
居住地 (問64)	23区・政令市	2617	1432	750	328	30	77
		100.0	54.7	28.7	12.5	1.1	2.9
	市(人口10万人以上)	3534	1859	999	524	36	116
		100.0	52.6	28.3	14.8	1.0	3.3
	市(人口10万人未満)	1511	809	389	252	10	51
		100.0	53.5	25.7	16.7	0.7	3.4
	町村	594	293	145	108	4	44
		100.0	49.3	24.4	18.2	0.7	7.4
専業・兼業 (SC7)	専業	4083	2773	479	624	53	154
		100.0	67.9	11.7	15.3	1.3	3.8
	兼業	4173	1620	1804	588	27	134
		100.0	38.8	43.2	14.1	0.6	3.2
	うち独立自営業が本業	1335	828	267	180	10	50
		100.0	62.0	20.0	13.5	0.7	3.7
	うち独立自営業が副業	2838	792	1537	408	17	84
		100.0	27.9	54.2	14.4	0.6	3.0
主な仕事 (問1-1)	事務関連	1560	574	512	391	4	79
		100.0	36.8	32.8	25.1	0.3	5.1
	デザイン・映像製作関連	731	416	177	107	7	24
		100.0	56.9	24.2	14.6	1.0	3.3
	IT関連	705	414	203	60	5	23
		100.0	58.7	28.8	8.5	0.7	3.3
	専門関連業務(医療、技術、講師、芸能、演奏など)	3266	1864	860	430	47	65
		100.0	57.1	26.3	13.2	1.4	2.0
	生活関連サービス、理容・美容	741	357	218	130	3	33
		100.0	48.2	29.4	17.5	0.4	4.5
	現場作業関連(運輸、製造、修理、清掃など)	1253	768	313	94	14	64
		100.0	61.3	25.0	7.5	1.1	5.1
独立自営業の経験年数 (問30)	2年未満	2572	925	964	525	28	130
		100.0	36.0	37.5	20.4	1.1	5.1
	2年以上15年未満	3962	2185	1066	547	37	127
		100.0	55.1	26.9	13.8	0.9	3.2
	15年以上	1722	1283	253	140	15	31
		100.0	74.5	14.7	8.1	0.9	1.8
1週の平均作業時間 (問3附問2)	10時間未満	2688	947	1064	531	20	126
		100.0	35.2	39.6	19.8	0.7	4.7
	10時間以上40時間未満	3070	1725	741	480	32	92
		100.0	56.2	24.1	15.6	1.0	3.0
	40時間以上	2498	1721	478	201	28	70
		100.0	68.9	19.1	8.0	1.1	2.8
独立自営業者の報酬総額 (問2附問4)	200万円未満	5289	2263	1680	1081	45	220
		100.0	42.8	31.8	20.4	0.9	4.2
	200万円以上400万円未満	1189	853	234	69	12	21
		100.0	71.7	19.7	5.8	1.0	1.8
	400万円以上600万円未満	819	608	149	29	9	24
		100.0	74.2	18.2	3.5	1.1	2.9
	600万円以上	959	669	220	33	14	23
		100.0	69.8	22.9	3.4	1.5	2.4

Q58.あなたは以下の年金のうち、どれに加入していますか。
【SC1で7以上(20歳)とした回答者を対象】
SA

		n	国民年金(自分名義)に加入している	あなたの会社で厚生年金保険(共済含む)に加入している	第3号被保険者として配偶者の保険に加入している	1～3のいずれかに加えて企業年金・個人年金等(民間年金保険を含む)に加入している	年金を受給している	分からない	その他	無回答
全体		8249	3606	2074	818	332	884	477	56	2
		100.0	43.7	25.1	9.9	4.0	10.7	5.8	0.7	0.0
性別(SC2)	男性	5189	2396	1415	85	210	746	292	44	1
		100.0	46.2	27.3	1.6	4.0	14.4	5.6	0.8	0.0
	女性	3060	1210	659	733	122	138	185	12	1
		100.0	39.5	21.5	24.0	4.0	4.5	6.0	0.4	0.0
年齢(SC1)	15歳～29歳	540	195	176	78	10	5	73	2	1
		100.0	36.1	32.6	14.4	1.9	0.9	13.5	0.4	0.2
	30歳～39歳	1745	711	515	319	56	17	126	1	0
		100.0	40.7	29.5	18.3	3.2	1.0	7.2	0.1	0.0
	40歳～49歳	2378	1145	694	254	99	22	151	12	1
		100.0	48.1	29.2	10.7	4.2	0.9	6.3	0.5	0.0
	50歳～59歳	2050	1159	517	152	104	15	87	16	0
		100.0	56.5	25.2	7.4	5.1	0.7	4.2	0.8	0.0
	60歳以上	1536	396	172	15	63	825	40	25	0
		100.0	25.8	11.2	1.0	4.1	53.7	2.6	1.6	0.0
学歴(問52)	中学校・高校	1730	787	382	144	44	211	144	18	0
		100.0	45.5	22.1	8.3	2.5	12.2	8.3	1.0	0.0
	各種専門学校	870	444	181	100	31	38	72	4	0
		100.0	51.0	20.8	11.5	3.6	4.4	8.3	0.5	0.0
	高等専門学校・短大	1119	501	235	190	38	84	66	4	1
		100.0	44.8	21.0	17.0	3.4	7.5	5.9	0.4	0.1
	大学・大学院	4498	1864	1268	380	218	548	190	29	1
		100.0	41.4	28.2	8.4	4.8	12.2	4.2	0.6	0.0
	その他	9	2	2	2	0	2	1	0	0
		100.0	22.2	22.2	22.2	0.0	22.2	11.1	0	0
既・未婚 (問54)	既婚	5021	1708	1330	790	217	719	229	28	0
		100.0	34.0	26.5	15.7	4.3	14.3	4.6	0.6	0.0
	未婚、離婚、死別	3228	1898	744	28	115	165	248	28	2
		100.0	58.8	23.0	0.9	3.6	5.1	7.7	0.9	0.1
居住地 (問64)	23区・政令市	2615	1188	670	206	111	285	137	17	1
		100.0	45.4	25.6	7.9	4.2	10.9	5.2	0.7	0.0
	市(人口10万人以上)	3532	1502	916	365	144	391	188	26	0
		100.0	42.5	25.9	10.3	4.1	11.1	5.3	0.7	0.0
	市(人口10万人未満)	1510	664	356	179	49	168	82	11	1
		100.0	44.0	23.6	11.9	3.2	11.1	5.4	0.7	0.1
	町村	592	252	132	68	28	40	70	2	0
		100.0	42.6	22.3	11.5	4.7	6.8	11.8	0.3	0.0
専業・兼業 (SC7)	専業	4081	2234	419	412	172	551	256	37	0
		100.0	54.7	10.3	10.1	4.2	13.5	6.3	0.9	0.0
	兼業	4168	1372	1655	406	160	333	221	19	2
		100.0	32.9	39.7	9.7	3.8	8.0	5.3	0.5	0.0
	うち独立自営業が本業	1335	689	219	113	50	166	90	7	1
		100.0	51.6	16.4	8.5	3.7	12.4	6.7	0.5	0.1
	うち独立自営業が副業	2833	683	1436	293	110	167	131	12	1
		100.0	24.1	50.7	10.3	3.9	5.9	4.6	0.4	0.0
主な仕事 (問1-1)	事務関連	1554	536	487	285	35	93	114	4	0
		100.0	34.5	31.3	18.3	2.3	6.0	7.3	0.3	0.0
	デザイン・映像製作関連	731	372	166	65	29	43	47	7	2
		100.0	50.9	22.7	8.9	4.0	5.9	6.4	1.0	0.3
	IT関連	705	360	182	47	29	50	36	1	0
		100.0	51.1	25.8	6.7	4.1	7.1	5.1	0.1	0.0
	専門関連業務(医療、技術、講師、芸能、演奏など)	3265	1424	763	286	159	485	119	29	0
		100.0	43.6	23.4	8.8	4.9	14.9	3.6	0.9	0.0
	生活関連サービス、理容・美容	741	330	197	80	35	44	51	4	0
		100.0	44.5	26.6	10.8	4.7	5.9	6.9	0.5	0.0
	現場作業関連(運輸、製造、修理、清掃など)	1253	584	279	55	45	169	110	11	0
		100.0	46.6	22.3	4.4	3.6	13.5	8.8	0.9	0.0
独立自営業の経験年数 (問30)	2年未満	2568	867	883	389	79	134	206	9	1
		100.0	33.8	34.4	15.1	3.1	5.2	8.0	0.4	0.0
	2年以上15年未満	3959	1779	970	362	156	486	186	19	1
		100.0	44.9	24.5	9.1	3.9	12.3	4.7	0.5	0.0
	15年以上	1722	960	221	67	97	264	85	28	0
		100.0	55.7	12.8	3.9	5.6	15.3	4.9	1.6	0.0
1週の平均作業時間 (問3附問2)	10時間未満	2686	748	982	386	112	257	188	13	0
		100.0	27.8	36.6	14.4	4.2	9.6	7.0	0.5	0.0
	10時間以上40時間未満	3065	1352	661	325	113	446	149	18	1
		100.0	44.1	21.6	10.6	3.7	14.6	4.9	0.6	0.0
	40時間以上	2498	1506	431	107	107	181	140	25	1
		100.0	60.3	17.3	4.3	4.3	7.2	5.6	1.0	0.0
独立自営業者の報酬総額 (問2附問4)	200万円未満	5283	1882	1550	748	178	551	334	38	2
		100.0	35.6	29.3	14.2	3.4	10.4	6.3	0.7	0.0
	200万円以上400万円未満	1189	695	199	30	56	151	50	8	0
		100.0	58.5	16.7	2.5	4.7	12.7	4.2	0.7	0.0
	400万円以上600万円未満	819	494	136	17	33	95	43	1	0
		100.0	60.3	16.6	2.1	4.0	11.6	5.3	0.1	0.0
	600万円以上	958	535	189	23	65	87	50	9	0
		100.0	55.8	19.7	2.4	6.8	9.1	5.2	0.9	0.0

Q59.あなたは2017年1月から12月の間に健康診断や人間ドックを受診しましたか。
SA

		n	自費で医療機関に申し込み受診した	自分の職場を通じて健康診断・人間ドックを利用した	配偶者の職場を通じて健康診断・人間ドックを利用した	市区町村が実施する健康診断を受診した	その他	受診しなかった	無回答
全体		8256	983	1938	293	1428	68	3540	6
		100.0	11.9	23.5	3.5	17.3	0.8	42.9	0.1
性別(SC2)	男性	5190	717	1342	54	920	45	2110	2
		100.0	13.8	25.9	1.0	17.7	0.9	40.7	0.0
	女性	3066	266	596	239	508	23	1430	4
		100.0	8.7	19.4	7.8	16.6	0.8	46.6	0.1
年齢(SC1)	15歳〜29歳	547	50	158	9	20	1	308	1
		100.0	9.1	28.9	1.6	3.7	0.2	56.3	0.2
	30歳〜39歳	1745	181	478	69	118	7	888	4
		100.0	10.4	27.4	4.0	6.8	0.4	50.9	0.2
	40歳〜49歳	2378	234	628	129	367	9	1010	1
		100.0	9.8	26.4	5.4	15.4	0.4	42.5	0.0
	50歳〜59歳	2050	235	475	74	403	14	849	0
		100.0	11.5	23.2	3.6	19.7	0.7	41.4	0.0
	60歳以上	1536	283	199	12	520	37	485	0
		100.0	18.4	13.0	0.8	33.9	2.4	31.6	0.0
学歴(問52)	中学校・高校	1733	211	341	41	279	17	844	0
		100.0	12.2	19.7	2.4	16.1	1.0	48.7	0.0
	各種専門学校	871	81	163	20	153	9	445	0
		100.0	9.3	18.7	2.3	17.6	1.0	51.1	0.0
	高等専門学校・短大	1121	124	216	80	178	5	517	1
		100.0	11.1	19.3	7.1	15.9	0.4	46.1	0.1
	大学・大学院	4499	564	1212	150	817	37	1714	5
		100.0	12.5	26.9	3.3	18.2	0.8	38.1	0.1
	その他	9	1	2	1	1	0	4	0
		100.0	11.1	22.2	11.1	11.1	0.0	44.4	0.0
既・未婚(問54)	既婚	5025	627	1255	285	925	47	1886	0
		100.0	12.5	25.0	5.7	18.4	0.9	37.5	0.0
	未婚、離婚、死別	3231	356	683	8	503	21	1654	6
		100.0	11.0	21.1	0.2	15.6	0.6	51.2	0.2
居住地(問64)	23区・政令市	2617	325	644	82	465	22	1079	0
		100.0	12.4	24.6	3.1	17.8	0.8	41.2	0.0
	市(人口10万人以上)	3534	422	849	146	566	25	1522	4
		100.0	11.9	24.0	4.1	16.0	0.7	43.1	0.1
	市(人口10万人未満)	1511	175	324	40	283	15	672	2
		100.0	11.6	21.4	2.6	18.7	1.0	44.5	0.1
	町村	594	61	121	25	114	6	267	0
		100.0	10.3	20.4	4.2	19.2	1.0	44.9	0.0
専業・兼業(SC7)	専業	4083	581	416	135	897	46	2007	1
		100.0	14.2	10.2	3.3	22.0	1.1	49.2	0.0
	兼業	4173	402	1522	158	531	22	1533	5
		100.0	9.6	36.5	3.8	12.7	0.5	36.7	0.1
	うち独立自営業が本業	1335	195	214	51	281	10	584	0
		100.0	14.6	16.0	3.8	21.0	0.7	43.7	0.0
	うち独立自営業が副業	2838	207	1308	107	250	12	949	5
		100.0	7.3	46.1	3.8	8.8	0.4	33.4	0.2
主な仕事(問1-1)	事務関連	1560	167	447	99	193	4	647	3
		100.0	10.7	28.7	6.3	12.4	0.3	41.5	0.2
	デザイン・映像製作関連	731	64	141	20	135	5	365	1
		100.0	8.8	19.3	2.7	18.5	0.7	49.9	0.1
	IT関連	705	96	163	12	121	1	312	0
		100.0	13.6	23.1	1.7	17.2	0.1	44.3	0.0
	専門関連業務(医療、技術、講師、芸能、演奏など)	3266	410	727	105	668	37	1318	1
		100.0	12.6	22.3	3.2	20.5	1.1	40.4	0.0
	生活関連サービス、理容・美容	741	86	176	29	93	4	352	1
		100.0	11.6	23.8	3.9	12.6	0.5	47.5	0.1
	現場作業関連(運輸、製造、修理、清掃など)	1253	160	284	28	218	17	546	0
		100.0	12.8	22.7	2.2	17.4	1.4	43.6	0.0
独立自営業の経験年数(問30)	2年未満	2572	256	805	95	237	15	1159	5
		100.0	10.0	31.3	3.7	9.2	0.6	45.1	0.2
	2年以上15年未満	3962	512	917	173	748	37	1574	1
		100.0	12.9	23.1	4.4	18.9	0.9	39.7	0.0
	15年以上	1722	215	216	25	443	16	807	0
		100.0	12.5	12.5	1.5	25.7	0.9	46.9	0.0
1週の平均作業時間(問3附問2)	10時間未満	2688	247	900	121	347	17	1053	3
		100.0	9.2	33.5	4.5	12.9	0.6	39.2	0.1
	10時間以上40時間未満	3070	378	623	121	624	31	1291	2
		100.0	12.3	20.3	3.9	20.3	1.0	42.1	0.1
	40時間以上	2498	358	415	51	457	20	1196	1
		100.0	14.3	16.6	2.0	18.3	0.8	47.9	0.0
独立自営業者の報酬総額(問2附問4)	200万円未満	5289	485	1413	251	803	42	2290	5
		100.0	9.2	26.7	4.7	15.2	0.8	43.3	0.1
	200万円以上400万円未満	1189	177	207	16	251	12	525	1
		100.0	14.9	17.4	1.3	21.1	1.0	44.2	0.1
	400万円以上600万円未満	819	123	126	13	193	6	358	0
		100.0	15.0	15.4	1.6	23.6	0.7	43.7	0.0
	600万円以上	959	198	192	13	181	8	367	0
		100.0	20.6	20.0	1.4	18.9	0.8	38.3	0.0

Q60.世帯での、月当たりの平均貯蓄額はいくらぐらいですか。
SA

		n	0円（貯蓄していない）	1万円未満	1万円以上2万円未満	2万円以上3万円未満	3万円以上4万円未満	4万円以上5万円未満	5万円以上6万円未満	6万円以上7万円未満	7万円以上8万円未満	8万円以上9万円未満	9万円以上10万円未満	10万円以上
全体		8256	2114	701	835	756	569	627	653	151	136	82	179	1453
		100.0	25.6	8.5	10.1	9.2	6.9	7.6	7.9	1.8	1.6	1.0	2.2	17.6
性別(SC2)	男性	5190	1490	415	445	450	340	383	416	85	82	48	104	932
		100.0	28.7	8.0	8.6	8.7	6.6	7.4	8.0	1.6	1.6	0.9	2.0	18.0
	女性	3066	624	286	390	306	229	244	237	66	54	34	75	521
		100.0	20.4	9.3	12.7	10.0	7.5	8.0	7.7	2.2	1.8	1.1	2.4	17.0
年齢(SC1)	15歳～29歳	547	84	64	73	54	48	44	49	16	13	8	20	74
		100.0	15.4	11.7	13.3	9.9	8.8	8.0	9.0	2.9	2.4	1.5	3.7	13.5
	30歳～39歳	1745	303	141	205	170	148	143	161	42	30	21	47	334
		100.0	17.4	8.1	11.7	9.7	8.5	8.2	9.2	2.4	1.7	1.2	2.7	19.1
	40歳～49歳	2378	558	217	251	230	166	170	195	47	39	22	47	436
		100.0	23.5	9.1	10.6	9.7	7.0	7.1	8.2	2.0	1.6	0.9	2.0	18.3
	50歳～59歳	2050	643	168	179	168	120	147	146	22	27	22	32	376
		100.0	31.4	8.2	8.7	8.2	5.9	7.2	7.1	1.1	1.3	1.1	1.6	18.3
	60歳以上	1536	526	111	127	134	87	123	102	24	27	9	33	233
		100.0	34.2	7.2	8.3	8.7	5.7	8.0	6.6	1.6	1.8	0.6	2.1	15.2
学歴(問52)	中学校・高校	1733	557	199	197	163	114	124	99	26	20	4	34	196
		100.0	32.1	11.5	11.4	9.4	6.6	7.2	5.7	1.5	1.2	0.2	2.0	11.3
	各種専門学校	871	232	92	111	85	64	58	58	17	13	5	24	112
		100.0	26.6	10.6	12.7	9.8	7.3	6.7	6.7	2.0	1.5	0.6	2.8	12.9
	高等専門学校・短大	1121	294	103	134	114	76	89	84	19	21	14	19	154
		100.0	26.2	9.2	12.0	10.2	6.8	7.9	7.5	1.7	1.9	1.2	1.7	13.7
	大学・大学院	4499	1023	298	391	389	313	356	410	89	81	59	102	988
		100.0	22.7	6.6	8.7	8.6	7.0	7.9	9.1	2.0	1.8	1.3	2.3	22.0
	その他	9	2	2	1	2	0	0	0	0	1	0	0	1
		100.0	22.2	22.2	11.1	22.2	0.0	0.0	0.0	0.0	11.1	0.0	0.0	11.1
既・未婚(問54)	既婚	5025	1183	383	538	481	359	421	401	90	83	53	123	910
		100.0	23.5	7.6	10.7	9.6	7.1	8.4	8.0	1.8	1.7	1.1	2.4	18.1
	未婚、離婚、死別	3231	931	318	297	275	210	206	252	61	53	29	56	543
		100.0	28.8	9.8	9.2	8.5	6.5	6.4	7.8	1.9	1.6	0.9	1.7	16.8
居住地(問64)	23区・政令市	2617	681	190	232	209	158	208	202	54	45	29	62	547
		100.0	26.0	7.3	8.9	8.0	6.0	7.9	7.7	2.1	1.7	1.1	2.4	20.9
	市(人口10万人以上)	3534	883	303	353	345	268	279	293	59	68	31	62	590
		100.0	25.0	8.6	10.0	9.8	7.6	7.9	8.3	1.7	1.9	0.9	1.8	16.7
	市(人口10万人未満)	1511	401	136	184	151	98	101	116	27	19	14	43	221
		100.0	26.5	9.0	12.2	10.0	6.5	6.7	7.7	1.8	1.3	0.9	2.8	14.6
	町村	594	149	72	66	51	45	39	42	11	4	8	12	95
		100.0	25.1	12.1	11.1	8.6	7.6	6.6	7.1	1.9	0.7	1.3	2.0	16.0
専業・兼業(SC7)	専業	4083	1202	337	390	353	240	311	317	72	59	36	85	681
		100.0	29.4	8.3	9.6	8.6	5.9	7.6	7.8	1.8	1.4	0.9	2.1	16.7
	兼業	4173	912	364	445	403	329	316	336	79	77	46	94	772
		100.0	21.9	8.7	10.7	9.7	7.9	7.6	8.1	1.9	1.8	1.1	2.3	18.5
	うち独立自営業が本業	1335	378	122	132	111	103	82	91	31	25	11	25	224
		100.0	28.3	9.1	9.9	8.3	7.7	6.1	6.8	2.3	1.9	0.8	1.9	16.8
	うち独立自営業が副業	2838	534	242	313	292	226	234	245	48	52	35	69	548
		100.0	18.8	8.5	11.0	10.3	8.0	8.2	8.6	1.7	1.8	1.2	2.4	19.3
主な仕事(問1-1)	事務関連	1560	332	161	182	159	133	122	129	40	17	15	47	223
		100.0	21.3	10.3	11.7	10.2	8.5	7.8	8.3	2.6	1.1	1.0	3.0	14.3
	デザイン・映像製作関連	731	184	69	80	90	44	59	58	13	18	8	17	91
		100.0	25.2	9.4	10.9	12.3	6.0	8.1	7.9	1.8	2.5	1.1	2.3	12.4
	IT関連	705	184	51	65	57	56	53	50	10	12	7	8	152
		100.0	26.1	7.2	9.2	8.1	7.9	7.5	7.1	1.4	1.7	1.0	1.1	21.6
	専門関連業務(医療、技術、講師、芸能、演奏など)	3266	837	224	311	285	210	242	278	59	57	34	67	662
		100.0	25.6	6.9	9.5	8.7	6.4	7.4	8.5	1.8	1.7	1.0	2.1	20.3
	生活関連サービス、理容・美容	741	171	68	86	64	50	60	55	15	15	11	18	128
		100.0	23.1	9.2	11.6	8.6	6.7	8.1	7.4	2.0	2.0	1.5	2.4	17.3
	現場作業関連(運輸、製造、修理、清掃など)	1253	406	128	111	101	76	91	83	14	17	7	22	197
		100.0	32.4	10.2	8.9	8.1	6.1	7.3	6.6	1.1	1.4	0.6	1.8	15.7
独立自営業の経験年数(問30)	2年未満	2572	641	292	313	238	188	176	184	36	36	25	61	382
		100.0	24.9	11.4	12.2	9.3	7.3	6.8	7.2	1.4	1.4	1.0	2.4	14.9
	2年以上15年未満	3962	952	287	366	381	277	311	345	96	69	48	90	740
		100.0	24.0	7.2	9.2	9.6	7.0	7.8	8.7	2.4	1.7	1.2	2.3	18.7
	15年以上	1722	521	122	156	137	104	140	124	19	31	9	28	331
		100.0	30.3	7.1	9.1	8.0	6.0	8.1	7.2	1.1	1.8	0.5	1.6	19.2
1週の平均作業時間(問3附問2)	10時間未満	2688	662	241	301	240	201	211	197	37	45	20	57	476
		100.0	24.6	9.0	11.2	8.9	7.5	7.8	7.3	1.4	1.7	0.7	2.1	17.7
	10時間以上40時間未満	3070	790	248	314	294	202	225	248	65	54	31	73	526
		100.0	25.7	8.1	10.2	9.6	6.6	7.3	8.1	2.1	1.8	1.0	2.4	17.1
	40時間以上	2498	662	212	220	222	166	191	208	49	37	31	49	451
		100.0	26.5	8.5	8.8	8.9	6.6	7.6	8.3	2.0	1.5	1.2	2.0	18.1
独立自営業者の報酬総額(問2附問4)	200万円未満	5289	1451	543	628	531	373	401	371	76	67	42	102	704
		100.0	27.4	10.3	11.9	10.0	7.1	7.6	7.0	1.4	1.3	0.8	1.9	13.3
	200万円以上400万円未満	1189	333	87	115	110	73	92	106	26	28	12	26	181
		100.0	28.0	7.3	9.7	9.3	6.1	7.7	8.9	2.2	2.4	1.0	2.2	15.2
	400万円以上600万円未満	819	178	38	60	68	72	70	84	22	19	12	19	177
		100.0	21.7	4.6	7.3	8.3	8.8	8.5	10.3	2.7	2.3	1.5	2.3	21.6
	600万円以上	959	152	33	32	47	51	64	92	27	22	16	32	391
		100.0	15.8	3.4	3.3	4.9	5.3	6.7	9.6	2.8	2.3	1.7	3.3	40.8

Q61.生活上の主な家計維持者は誰ですか。
SA

		n	主に自分の収入で生活している	自分と配偶者・パートナー双方の収入で生活している	主に配偶者・パートナーの収入で生活している	主に親・子供の収入で生活している	その他
全体		8256	4524	1953	1137	571	71
		100.0	54.8	23.7	13.8	6.9	0.9
性別(SC2)	男性	5190	3544	1201	117	283	45
		100.0	68.3	23.1	2.3	5.5	0.9
	女性	3066	980	752	1020	288	26
		100.0	32.0	24.5	33.3	9.4	0.8
年齢(SC1)	15歳～29歳	547	221	110	124	91	1
		100.0	40.4	20.1	22.7	16.6	0.2
	30歳～39歳	1745	779	390	381	187	8
		100.0	44.6	22.3	21.8	10.7	0.5
	40歳～49歳	2378	1334	508	334	179	23
		100.0	56.1	21.4	14.0	7.5	1.0
	50歳～59歳	2050	1217	488	225	92	28
		100.0	59.4	23.8	11.0	4.5	1.4
	60歳以上	1536	973	457	73	22	11
		100.0	63.3	29.8	4.8	1.4	0.7
学歴(問52)	中学校・高校	1733	929	434	220	131	19
		100.0	53.6	25.0	12.7	7.6	1.1
	各種専門学校	871	436	204	141	80	10
		100.0	50.1	23.4	16.2	9.2	1.1
	高等専門学校・短大	1121	536	272	230	72	11
		100.0	47.8	24.3	20.5	6.4	1.0
	大学・大学院	4499	2611	1034	540	283	31
		100.0	58.0	23.0	12.0	6.3	0.7
	その他	9	4	1	2	2	0
		100.0	44.4	11.1	22.2	22.2	0.0
既・未婚(問54)	既婚	5025	2065	1811	1092	45	12
		100.0	41.1	36.0	21.7	0.9	0.2
	未婚、離婚、死別	3231	2459	142	45	526	59
		100.0	76.1	4.4	1.4	16.3	1.8
居住地(問64)	23区・政令市	2617	1611	588	281	114	23
		100.0	61.6	22.5	10.7	4.4	0.9
	市(人口10万人以上)	3534	1902	837	526	242	27
		100.0	53.8	23.7	14.9	6.8	0.8
	市(人口10万人未満)	1511	749	363	233	152	14
		100.0	49.6	24.0	15.4	10.1	0.9
	町村	594	262	165	97	63	7
		100.0	44.1	27.8	16.3	10.6	1.2
専業・兼業(SC7)	専業	4083	2228	949	581	282	43
		100.0	54.6	23.2	14.2	6.9	1.1
	兼業	4173	2296	1004	556	289	28
		100.0	55.0	24.1	13.3	6.9	0.7
	うち独立自営業が本業	1335	744	328	152	101	10
		100.0	55.7	24.6	11.4	7.6	0.7
	うち独立自営業が副業	2838	1552	676	404	188	18
		100.0	54.7	23.8	14.2	6.6	0.6
主な仕事(問1-1)	事務関連	1560	677	357	386	134	6
		100.0	43.4	22.9	24.7	8.6	0.4
	デザイン・映像製作関連	731	390	175	91	66	9
		100.0	53.4	23.9	12.4	9.0	1.2
	IT関連	705	466	138	57	38	6
		100.0	66.1	19.6	8.1	5.4	0.9
	専門関連業務(医療、技術、講師、芸能、演奏など)	3266	1888	776	382	188	32
		100.0	57.8	23.8	11.7	5.8	1.0
	生活関連サービス、理容・美容	741	373	169	133	57	9
		100.0	50.3	22.8	17.9	7.7	1.2
	現場作業関連(運輸、製造、修理、清掃など)	1253	730	338	88	88	9
		100.0	58.3	27.0	7.0	7.0	0.7
独立自営業の経験年数(問30)	2年未満	2572	1263	599	499	198	13
		100.0	49.1	23.3	19.4	7.7	0.5
	2年以上15年未満	3962	2223	930	502	270	37
		100.0	56.1	23.5	12.7	6.8	0.9
	15年以上	1722	1038	424	136	103	21
		100.0	60.3	24.6	7.9	6.0	1.2
1週の平均作業時間(問3附問2)	10時間未満	2688	1325	588	552	197	26
		100.0	49.3	21.9	20.5	7.3	1.0
	10時間以上40時間未満	3070	1660	734	431	216	29
		100.0	54.1	23.9	14.0	7.0	0.9
	40時間以上	2498	1539	631	154	158	16
		100.0	61.6	25.3	6.2	6.3	0.6
独立自営業者の報酬総額(問2附問4)	200万円未満	5289	2501	1250	1005	476	57
		100.0	47.3	23.6	19.0	9.0	1.1
	200万円以上400万円未満	1189	767	306	60	48	8
		100.0	64.5	25.7	5.0	4.0	0.7
	400万円以上600万円未満	819	558	199	33	29	0
		100.0	68.1	24.3	4.0	3.5	0.0
	600万円以上	959	698	198	39	18	6
		100.0	72.8	20.6	4.1	1.9	0.6

Q62.あなたご自身、あなたの世帯全体の年収は、おおよそどのくらいですか。
仕事以外から得られる収入(年金、不動産、株等からの収入)も含めて、額面でお答えください。(矢印方向にそれぞれひとつだけ)
1.自分自身
SA

		n	50万円未満	50万円以上150万円未満	150万円以上210万円未満	210万円以上250万円未満	250万円以上320万円未満	320万円以上430万円未満	430万円以上540万円未満	540万円以上650万円未満	650万円以上760万円未満	760万円以上870万円未満	870万円以上980万円未満	980万円以上1900万円未満	1900万円以上
全体		8256	1149	607	611	531	590	561	942	860	555	368	276	226	150
		100.0	13.9	7.4	7.4	6.4	7.1	6.8	11.4	10.4	6.7	4.5	3.3	2.7	1.8
性別(SC2)	男性	5190	364	202	235	286	348	408	689	698	452	327	245	206	136
		100.0	7.0	3.9	4.5	5.5	6.7	7.9	13.3	13.4	8.7	6.3	4.7	4.0	2.6
	女性	3066	785	405	376	245	242	153	253	162	103	41	31	20	14
		100.0	25.6	13.2	12.3	8.0	7.9	5.0	8.3	5.3	3.4	1.3	1.0	0.7	0.5
年齢(SC1)	15歳～29歳	547	108	55	52	35	41	42	74	41	25	7	4	5	1
		100.0	19.7	10.1	9.5	6.4	7.5	7.7	13.5	7.5	4.6	1.3	0.7	0.9	0.2
	30歳～39歳	1745	386	120	148	100	115	110	168	164	102	63	38	32	22
		100.0	22.1	6.9	8.5	5.7	6.6	6.3	9.6	9.4	5.8	3.6	2.2	1.8	1.3
	40歳～49歳	2378	327	199	169	136	151	142	252	267	176	108	83	76	51
		100.0	13.8	8.4	7.1	5.7	6.3	6.0	10.6	11.2	7.4	4.5	3.5	3.2	2.1
	50歳～59歳	2050	229	143	141	136	136	113	227	215	139	100	94	78	47
		100.0	11.2	7.0	6.9	6.6	6.6	5.5	11.1	10.5	6.8	4.9	4.6	3.8	2.3
	60歳以上	1536	99	90	101	124	147	154	221	173	113	90	57	35	29
		100.0	6.4	5.9	6.6	8.1	9.6	10.0	14.4	11.3	7.4	5.9	3.7	2.3	1.9
学歴(問52)	中学校・高校	1733	256	157	142	149	148	131	205	177	99	60	45	18	15
		100.0	14.8	9.1	8.2	8.6	8.5	7.6	11.8	10.2	5.7	3.5	2.6	1.0	0.9
	各種専門学校	871	160	67	74	68	70	67	100	90	55	21	15	10	6
		100.0	18.4	7.7	8.5	7.8	8.0	7.7	11.5	10.3	6.3	2.4	1.7	1.1	0.7
	高等専門学校・短大	1121	207	122	118	76	81	67	132	95	56	42	27	17	15
		100.0	18.5	10.9	10.5	6.8	7.2	6.0	11.8	8.5	5.0	3.7	2.4	1.5	1.3
	大学・大学院	4499	519	259	273	237	288	294	503	495	343	244	189	181	113
		100.0	11.5	5.8	6.1	5.3	6.4	6.5	11.2	11.0	7.6	5.4	4.2	4.0	2.5
	その他	9	1	0	1	0	1	1	1	2	0	1	0	0	0
		100.0	11.1	0.0	11.1	0.0	11.1	11.1	11.1	22.2	0.0	11.1	0.0	0.0	0.0
既・未婚(問54)	既婚	5025	776	397	334	248	279	305	524	522	367	248	181	161	112
		100.0	15.4	7.9	6.6	4.9	5.6	6.1	10.4	10.4	7.3	4.9	3.6	3.2	2.2
	未婚、離婚、死別	3231	373	210	277	283	311	256	418	338	188	120	95	65	38
		100.0	11.5	6.5	8.6	8.8	9.6	7.9	12.9	10.5	5.8	3.7	2.9	2.0	1.2
居住地(問64)	23区・政令市	2617	268	184	161	139	166	156	304	312	201	136	120	116	78
		100.0	10.2	7.0	6.2	5.3	6.3	6.0	11.6	11.9	7.7	5.2	4.6	4.4	3.0
	市(人口10万人以上)	3534	494	259	274	236	252	261	393	360	218	167	116	86	57
		100.0	14.0	7.3	7.8	6.7	7.1	7.4	11.1	10.2	6.2	4.7	3.3	2.4	1.6
	市(人口10万人未満)	1511	267	113	116	115	123	102	183	141	102	52	29	19	12
		100.0	17.7	7.5	7.7	7.6	8.1	6.8	12.1	9.3	6.8	3.4	1.9	1.3	0.8
	町村	594	120	51	60	41	49	42	62	47	34	13	11	5	3
		100.0	20.2	8.6	10.1	6.9	8.2	7.1	10.4	7.9	5.7	2.2	1.9	0.8	0.5
専業・兼業(SC7)	専業	4083	701	328	322	285	280	289	466	450	281	184	132	108	70
		100.0	17.2	8.0	7.9	7.0	6.9	7.1	11.4	11.0	6.9	4.5	3.2	2.6	1.7
	兼業	4173	448	279	289	246	310	272	476	410	274	184	144	118	80
		100.0	10.7	6.7	6.9	5.9	7.4	6.5	11.4	9.8	6.6	4.4	3.5	2.8	1.9
	うち独立自営業が本業	1335	166	108	100	105	124	105	133	100	90	48	49	20	16
		100.0	12.4	8.1	7.5	7.9	9.3	7.9	10.0	7.5	6.7	3.6	3.7	1.5	1.2
	うち独立自営業が副業	2838	282	171	189	141	186	167	343	310	184	136	95	98	64
		100.0	9.9	6.0	6.7	5.0	6.6	5.9	12.1	10.9	6.5	4.8	3.3	3.5	2.3
主な仕事(問1-1)	事務関連	1560	366	152	145	99	81	80	177	118	78	44	32	29	12
		100.0	23.5	9.7	9.3	6.3	5.2	5.1	11.3	7.6	5.0	2.8	2.1	1.9	0.8
	デザイン・映像製作関連	731	107	54	57	52	59	62	93	77	50	24	14	12	7
		100.0	14.6	7.4	7.8	7.1	8.1	8.5	12.7	10.5	6.8	3.3	1.9	1.6	1.0
	IT関連	705	77	45	27	35	47	44	68	80	78	46	38	28	22
		100.0	10.9	6.4	3.8	5.0	6.7	6.2	9.6	11.3	11.1	6.5	5.4	4.0	3.1
	専門関連業務(医療、技術、講師、芸能、演奏など)	3266	349	201	223	211	229	226	386	344	237	180	143	109	77
		100.0	10.7	6.2	6.8	6.5	7.0	6.9	11.8	10.5	7.3	5.5	4.4	3.3	2.4
	生活関連サービス、理容・美容	741	108	77	71	53	78	55	76	49	42	21	14	13	7
		100.0	14.6	10.4	9.6	7.2	10.5	7.4	10.3	6.6	5.7	2.8	1.9	1.8	0.9
	現場作業関連(運輸、製造、修理、清掃など)	1253	142	78	88	81	96	94	142	192	70	53	35	35	25
		100.0	11.3	6.2	7.0	6.5	7.7	7.5	11.3	15.3	5.6	4.2	2.8	2.8	2.0
独立自営業の経験年数(問30)	2年未満	2572	575	210	182	158	175	145	301	223	142	77	55	46	27
		100.0	22.4	8.2	7.1	6.1	6.8	5.6	11.7	8.7	5.5	3.0	2.1	1.8	1.0
	2年以上15年未満	3962	427	267	304	244	271	290	441	440	278	206	153	127	85
		100.0	10.8	6.7	7.7	6.2	6.8	7.3	11.1	11.1	7.0	5.2	3.9	3.2	2.1
	15年以上	1722	147	130	125	129	144	126	200	197	135	85	68	53	38
		100.0	8.5	7.5	7.3	7.5	8.4	7.3	11.6	11.4	7.8	4.9	3.9	3.1	2.2
1週の平均作業時間(問3附問2)	10時間未満	2688	550	225	197	159	170	148	291	212	147	103	79	59	43
		100.0	20.5	8.4	7.3	5.9	6.3	5.5	10.8	7.9	5.5	3.8	2.9	2.2	1.6
	10時間以上40時間未満	3070	371	240	258	220	235	226	350	326	192	138	88	82	50
		100.0	12.1	7.8	8.4	7.2	7.7	7.4	11.4	10.6	6.3	4.5	2.9	2.7	1.6
	40時間以上	2498	228	142	156	152	185	187	301	322	216	127	109	85	57
		100.0	9.1	5.7	6.2	6.1	7.4	7.5	12.0	12.9	8.6	5.1	4.4	3.4	2.3
独立自営業者の報酬総額(問2附問4)	200万円未満	5289	1059	564	558	470	382	297	508	376	235	149	96	85	50
		100.0	20.0	10.7	10.6	8.9	7.2	5.6	9.6	7.1	4.4	2.8	1.8	1.6	0.9
	200万円以上400万円未満	1189	32	15	21	40	180	218	343	111	46	42	22	22	17
		100.0	2.7	1.3	1.8	3.4	15.1	18.3	28.8	9.3	3.9	3.5	1.9	1.9	1.4
	400万円以上600万円未満	819	28	11	18	12	13	23	59	315	203	28	25	21	7
		100.0	3.4	1.3	2.2	1.5	1.6	2.8	7.2	38.5	24.8	3.4	3.1	2.6	0.9
	600万円以上	959	30	17	14	9	15	23	32	58	71	149	133	98	76
		100.0	3.1	1.8	1.5	0.9	1.6	2.4	3.3	6.0	7.4	15.5	13.9	10.2	7.9

Q62.あなたご自身、あなたの世帯全体の年収は、おおよそどのくらいですか。
仕事以外から得られる収入(年金、不動産、株等からの収入)も含めて、額面でお答えください。(矢印方向にそれぞれひとつだけ)
1.自分自身
SA

		n	1150万円未満～1500万円未満	1500万円以上	無回答
全体		8256	259	150	421
		100.0	3.1	1.8	5.1
性別(SC2)	男性	5190	225	132	237
		100.0	4.3	2.5	4.6
	女性	3066	34	18	184
		100.0	1.1	0.6	6.0
年齢(SC1)	15歳～29歳	547	2	4	51
		100.0	0.4	0.7	9.3
	30歳～39歳	1745	23	20	134
		100.0	1.3	1.1	7.7
	40歳～49歳	2378	69	50	122
		100.0	2.9	2.1	5.1
	50歳～59歳	2050	113	59	80
		100.0	5.5	2.9	3.9
	60歳以上	1536	52	17	34
		100.0	3.4	1.1	2.2
学歴(問52)	中学校・高校	1733	17	13	101
		100.0	1.0	0.8	5.8
	各種専門学校	871	8	10	50
		100.0	0.9	1.1	5.7
	高等専門学校・短大	1121	9	3	54
		100.0	0.8	0.3	4.8
	大学・大学院	4499	224	123	214
		100.0	5.0	2.7	4.8
	その他	9	1	0	0
		100.0	11.1	0.0	0.0
既・未婚(問54)	既婚	5025	199	101	271
		100.0	4.0	2.0	5.4
	未婚、離婚、死別	3231	60	49	150
		100.0	1.9	1.5	4.6
居住地(問64)	23区・政令市	2617	116	60	100
		100.0	4.4	2.3	3.8
	市(人口10万人以上)	3534	106	57	198
		100.0	3.0	1.6	5.6
	市(人口10万人未満)	1511	30	22	85
		100.0	2.0	1.5	5.6
	町村	594	7	11	38
		100.0	1.2	1.9	6.4
専業・兼業(SC7)	専業	4083	111	76	0
		100.0	2.7	1.9	0.0
	兼業	4173	148	74	421
		100.0	3.5	1.8	10.1
	うち独立自営業が本業	1335	27	21	123
		100.0	2.0	1.6	9.2
	うち独立自営業が副業	2838	121	53	298
		100.0	4.3	1.9	10.5
主な仕事(問1-1)	事務関連	1560	38	11	98
		100.0	2.4	0.7	6.3
	デザイン・映像製作関連	731	11	9	43
		100.0	1.5	1.2	5.9
	IT関連	705	28	10	32
		100.0	4.0	1.4	4.5
	専門関連業務(医療、技術、講師、芸能、演奏など)	3266	139	73	139
		100.0	4.3	2.2	4.3
	生活関連サービス、理容・美容	741	19	20	38
		100.0	2.6	2.7	5.1
	現場作業関連(運輸、製造、修理、清掃など)	1253	24	27	71
		100.0	1.9	2.2	5.7
独立自営業の経験年数(問30)	2年未満	2572	49	21	186
		100.0	1.9	0.8	7.2
	2年以上15年未満	3962	151	79	199
		100.0	3.8	2.0	5.0
	15年以上	1722	59	50	36
		100.0	3.4	2.9	2.1
1週の平均作業時間(問3附問2)	10時間未満	2688	80	59	166
		100.0	3.0	2.2	6.2
	10時間以上40時間未満	3070	94	38	162
		100.0	3.1	1.2	5.3
	40時間以上	2498	85	53	93
		100.0	3.4	2.1	3.7
独立自営業者の報酬総額(問2附問4)	200万円未満	5289	94	38	328
		100.0	1.8	0.7	6.2
	200万円以上400万円未満	1189	32	11	37
		100.0	2.7	0.9	3.1
	400万円以上600万円未満	819	18	7	31
		100.0	2.2	0.9	3.8
	600万円以上	959	115	94	25
		100.0	12.0	9.8	2.6

Q62.あなたご自身、あなたの世帯全体の年収は、おおよそどのくらいですか。
仕事以外から得られる収入(年金、不動産、株等からの収入)も含めて、額面でお答えください。(矢印方向にそれぞれひとつだけ)
2.世帯全体
SA

		n	50万円未満	50万円以上150万円未満	150万円以上210万円未満	210万円以上250万円未満	250万円以上320万円未満	320万円以上430万円未満	430万円以上540万円未満	540万円以上650万円未満	650万円以上760万円未満	760万円以上870万円未満	870万円以上980万円未満	980万円以上1900万円未満	1900万円以上
全体		8256	333	170	262	308	402	530	901	1031	895	636	578	415	392
		100.0	4.0	2.1	3.2	3.7	4.9	6.4	10.9	12.5	10.8	7.7	7.0	5.0	4.7
性別(SC2)	男性	5190	218	110	155	173	254	323	544	648	570	409	350	265	264
		100.0	4.2	2.1	3.0	3.3	4.9	6.2	10.5	12.5	11.0	7.9	6.7	5.1	5.1
	女性	3066	115	60	107	135	148	207	357	383	325	227	228	150	128
		100.0	3.8	2.0	3.5	4.4	4.8	6.8	11.6	12.5	10.6	7.4	7.4	4.9	4.2
年齢(SC1)	15歳〜29歳	547	16	11	22	20	33	36	71	81	55	37	29	34	15
		100.0	2.9	2.0	4.0	3.7	6.0	6.6	13.0	14.8	10.1	6.8	5.3	6.2	2.7
	30歳〜39歳	1745	70	25	54	56	76	121	203	221	206	152	122	80	70
		100.0	4.0	1.4	3.1	3.2	4.4	6.9	11.6	12.7	11.8	8.7	7.0	4.6	4.0
	40歳〜49歳	2378	98	60	76	91	109	134	224	285	263	186	183	121	134
		100.0	4.1	2.5	3.2	3.8	4.6	5.6	9.4	12.0	11.1	7.8	7.7	5.1	5.6
	50歳〜59歳	2050	93	43	63	83	95	115	206	237	198	133	157	110	100
		100.0	4.5	2.1	3.1	4.0	4.6	5.6	10.0	11.6	9.7	6.5	7.7	5.4	4.9
	60歳以上	1536	56	31	47	58	89	124	197	207	173	128	87	70	73
		100.0	3.6	2.0	3.1	3.8	5.8	8.1	12.8	13.5	11.3	8.3	5.7	4.6	4.8
学歴(問52)	中学校・高校	1733	87	41	65	84	116	136	206	242	188	130	106	67	58
		100.0	5.0	2.4	3.8	4.8	6.7	7.8	11.9	14.0	10.8	7.5	6.1	3.9	3.3
	各種専門学校	871	42	24	33	40	52	70	119	120	101	70	47	24	27
		100.0	4.8	2.8	3.8	4.6	6.0	8.0	13.7	13.8	11.6	8.0	5.4	2.8	3.1
	高等専門学校・短大	1121	45	27	35	52	61	68	148	141	130	107	70	53	55
		100.0	4.0	2.4	3.1	4.6	5.4	6.1	13.2	12.6	11.6	9.5	6.2	4.7	4.9
	大学・大学院	4499	158	76	126	131	171	254	424	524	471	327	355	270	251
		100.0	3.5	1.7	2.8	2.9	3.8	5.6	9.4	11.6	10.5	7.3	7.9	6.0	5.6
	その他	9	0	0	1	0	0	1	0	3	1	2	0	0	0
		100.0	0.0	0.0	11.1	0.0	0.0	11.1	0.0	33.3	11.1	22.2	0.0	0.0	0.0
既・未婚(問54)	既婚	5025	143	73	90	98	148	252	506	624	610	463	425	299	287
		100.0	2.8	1.5	1.8	2.0	2.9	5.0	10.1	12.4	12.1	9.2	8.5	6.0	5.7
	未婚、離婚、死別	3231	190	97	172	210	254	278	395	407	285	173	153	116	105
		100.0	5.9	3.0	5.3	6.5	7.9	8.6	12.2	12.6	8.8	5.4	4.7	3.6	3.2
居住地(問64)	23区・政令市	2617	86	48	65	91	114	149	253	306	269	203	216	162	156
		100.0	3.3	1.8	2.5	3.5	4.4	5.7	9.7	11.7	10.3	7.8	8.3	6.2	6.0
	市(人口10万人以上)	3534	144	68	115	124	174	248	378	449	370	287	248	175	163
		100.0	4.1	1.9	3.3	3.5	4.9	7.0	10.7	12.7	10.5	8.1	7.0	5.0	4.6
	市(人口10万人未満)	1511	67	37	47	72	83	97	186	204	196	105	90	58	50
		100.0	4.4	2.4	3.1	4.8	5.5	6.4	12.3	13.5	13.0	6.9	6.0	3.8	3.3
	町村	594	36	17	35	21	31	36	84	72	60	41	24	20	23
		100.0	6.1	2.9	5.9	3.5	5.2	6.1	14.1	12.1	10.1	6.9	4.0	3.4	3.9
専業・兼業(SC7)	専業	4083	188	114	151	180	216	269	477	555	443	316	292	213	195
		100.0	4.6	2.8	3.7	4.4	5.3	6.6	11.7	13.6	10.8	7.7	7.2	5.2	4.8
	兼業	4173	145	56	111	128	186	261	424	476	452	320	286	202	197
		100.0	3.5	1.3	2.7	3.1	4.5	6.3	10.2	11.4	10.8	7.7	6.9	4.8	4.7
	うち独立自営業が本業	1335	74	22	54	59	90	97	134	136	143	92	77	51	55
		100.0	5.5	1.6	4.0	4.4	6.7	7.3	10.0	10.2	10.7	6.9	5.8	3.8	4.1
	うち独立自営業が副業	2838	71	34	57	69	96	164	290	340	309	228	209	151	142
		100.0	2.5	1.2	2.0	2.4	3.4	5.8	10.2	12.0	10.9	8.0	7.4	5.3	5.0
主な仕事(問1-1)	事務関連	1560	66	45	50	61	64	103	177	206	177	107	111	76	58
		100.0	4.2	2.9	3.2	3.9	4.1	6.6	11.3	13.2	11.3	6.9	7.1	4.9	3.7
	デザイン・映像製作関連	731	29	15	25	32	41	63	95	99	81	48	53	30	20
		100.0	4.0	2.1	3.4	4.4	5.6	8.6	13.0	13.5	11.1	6.6	7.3	4.1	2.7
	IT関連	705	30	12	19	23	37	39	65	96	90	53	51	38	44
		100.0	4.3	1.7	2.7	3.3	5.2	5.5	9.2	13.6	12.8	7.5	7.2	5.4	6.2
	専門関連業務(医療、技術、講師、芸能、演奏など)	3266	109	44	92	112	149	197	334	383	341	257	241	183	183
		100.0	3.3	1.3	2.8	3.4	4.6	6.0	10.2	11.7	10.4	7.9	7.4	5.6	5.6
	生活関連サービス、理容・美容	741	36	17	38	32	39	45	90	77	75	63	47	31	32
		100.0	4.9	2.3	5.1	4.3	5.3	6.1	12.1	10.4	10.1	8.5	6.3	4.2	4.3
	現場作業関連(運輸、製造、修理、清掃など)	1253	63	37	38	48	72	83	140	170	131	108	75	57	55
		100.0	5.0	3.0	3.0	3.8	5.7	6.6	11.2	13.6	10.5	8.6	6.0	4.5	4.4
独立自営業の経験年数(問30)	2年未満	2572	153	64	84	100	111	166	328	323	261	207	176	98	93
		100.0	5.9	2.5	3.3	3.9	4.3	6.5	12.8	12.6	10.1	8.0	6.8	3.8	3.6
	2年以上15年未満	3962	115	68	121	139	191	227	396	489	459	309	283	236	204
		100.0	2.9	1.7	3.1	3.5	4.8	5.7	10.0	12.3	11.6	7.8	7.1	6.0	5.1
	15年以上	1722	65	38	57	69	100	137	177	219	175	120	119	81	95
		100.0	3.8	2.2	3.3	4.0	5.8	8.0	10.3	12.7	10.2	7.0	6.9	4.7	5.5
1週の平均作業時間(問3附問2)	10時間未満	2688	133	60	78	93	110	165	297	310	286	191	204	126	136
		100.0	4.9	2.2	2.9	3.5	4.1	6.1	11.0	11.5	10.6	7.1	7.6	4.7	5.1
	10時間以上40時間未満	3070	96	60	107	118	159	208	339	401	338	245	203	152	140
		100.0	3.1	2.0	3.5	3.8	5.2	6.8	11.0	13.1	11.0	8.0	6.6	5.0	4.6
	40時間以上	2498	104	50	77	97	133	157	265	320	271	200	171	137	116
		100.0	4.2	2.0	3.1	3.9	5.3	6.3	10.6	12.8	10.8	8.0	6.8	5.5	4.6
独立自営業者の報酬総額(問2附問4)	200万円未満	5289	284	146	237	285	302	370	625	625	545	368	335	219	197
		100.0	5.4	2.8	4.5	5.4	5.7	7.0	11.8	11.8	10.3	7.0	6.3	4.1	3.7
	200万円以上400万円未満	1189	15	9	10	12	85	123	236	173	122	95	59	49	49
		100.0	1.3	0.8	0.8	1.0	7.1	10.3	19.8	14.6	10.3	8.0	5.0	4.1	4.1
	400万円以上600万円未満	819	14	9	7	9	10	19	23	191	180	78	64	50	40
		100.0	1.7	1.1	0.9	1.1	1.2	2.3	2.8	23.3	22.0	9.5	7.8	6.1	4.9
	600万円以上	959	20	6	8	2	5	18	17	42	48	95	120	97	106
		100.0	2.1	0.6	0.8	0.2	0.5	1.9	1.8	4.4	5.0	9.9	12.5	10.1	11.1

Q62.あなたご自身、あなたの世帯全体の年収は、おおよそどのくらいですか。
仕事以外から得られる収入(年金、不動産、株等からの収入)も含めて、額面でお答えください。(矢印方向にそれぞれひとつだけ)
2.世帯全体
SA

		n	1150 0万円未満～	1500万円以上	無回答
全体		8256	622	360	421
		100.0	7.5	4.4	5.1
性別(SC2)	男性	5190	431	239	237
		100.0	8.3	4.6	4.6
	女性	3066	191	121	184
		100.0	6.2	3.9	6.0
年齢(SC1)	15歳～29歳	547	21	15	51
		100.0	3.8	2.7	9.3
	30歳～39歳	1745	91	64	134
		100.0	5.2	3.7	7.7
	40歳～49歳	2378	188	104	122
		100.0	7.9	4.4	5.1
	50歳～59歳	2050	210	127	80
		100.0	10.2	6.2	3.9
	60歳以上	1536	112	50	34
		100.0	7.3	3.3	2.2
学歴(問52)	中学校・高校	1733	68	38	101
		100.0	3.9	2.2	5.8
	各種専門学校	871	31	21	50
		100.0	3.6	2.4	5.7
	高等専門学校・短大	1121	48	27	54
		100.0	4.3	2.4	4.8
	大学・大学院	4499	475	272	214
		100.0	10.6	6.0	4.8
	その他	9	0	1	0
		100.0	0.0	11.1	0.0
既・未婚(問54)	既婚	5025	478	258	271
		100.0	9.5	5.1	5.4
	未婚、離婚、死別	3231	144	102	150
		100.0	4.5	3.2	4.6
居住地(問64)	23区・政令市	2617	244	155	100
		100.0	9.3	5.9	3.8
	市(人口10万人以上)	3534	269	124	198
		100.0	7.6	3.5	5.6
	市(人口10万人未満)	1511	80	54	85
		100.0	5.3	3.6	5.6
	町村	594	29	27	38
		100.0	4.9	4.5	6.4
専業・兼業(SC7)	専業	4083	303	171	0
		100.0	7.4	4.2	0.0
	兼業	4173	319	189	421
		100.0	7.6	4.5	10.1
	うち独立自営業が本業	1335	78	50	123
		100.0	5.8	3.7	9.2
	うち独立自営業が副業	2838	241	139	298
		100.0	8.5	4.9	10.5
主な仕事(問1-1)	事務関連	1560	106	55	98
		100.0	6.8	3.5	6.3
	デザイン・映像製作関連	731	37	20	43
		100.0	5.1	2.7	5.9
	IT関連	705	51	25	32
		100.0	7.2	3.5	4.5
	専門関連業務(医療、技術、講師、芸能、演奏など)	3266	329	173	139
		100.0	10.1	5.3	4.3
	生活関連サービス、理容・美容	741	40	41	38
		100.0	5.4	5.5	5.1
	現場作業関連(運輸、製造、修理、清掃など)	1253	59	46	71
		100.0	4.7	3.7	5.7
独立自営業の経験年数(問30)	2年未満	2572	141	81	186
		100.0	5.5	3.1	7.2
	2年以上15年未満	3962	339	187	199
		100.0	8.6	4.7	5.0
	15年以上	1722	142	92	36
		100.0	8.2	5.3	2.1
1週の平均作業時間(問3附問2)	10時間未満	2688	197	136	166
		100.0	7.3	5.1	6.2
	10時間以上40時間未満	3070	228	114	162
		100.0	7.4	3.7	5.3
	40時間以上	2498	197	110	93
		100.0	7.9	4.4	3.7
独立自営業者の報酬総額(問2附問4)	200万円未満	5289	284	139	328
		100.0	5.4	2.6	6.2
	200万円以上400万円未満	1189	76	39	37
		100.0	6.4	3.3	3.1
	400万円以上600万円未満	819	70	24	31
		100.0	8.5	2.9	3.8
	600万円以上	959	192	158	25
		100.0	20.0	16.5	2.6

Q63. 世帯年収、生活全般についての満足度についてお答えください。(矢印方向にそれぞれひとつだけ)

1. 世帯全体の収入についてどの程度満足されていますか
SA

		n	満足している	ある程度満足している	あまり満足していない	全く満足していない
全体		8256	772	2931	2782	1771
		100.0	9.4	35.5	33.7	21.5
性別(SC2)	男性	5190	450	1794	1802	1144
		100.0	8.7	34.6	34.7	22.0
	女性	3066	322	1137	980	627
		100.0	10.5	37.1	32.0	20.5
年齢(SC1)	15歳～29歳	547	72	171	193	111
		100.0	13.2	31.3	35.3	20.3
	30歳～39歳	1745	182	605	577	381
		100.0	10.4	34.7	33.1	21.8
	40歳～49歳	2378	208	814	794	562
		100.0	8.7	34.2	33.4	23.6
	50歳～59歳	2050	170	698	680	502
		100.0	8.3	34.0	33.2	24.5
	60歳以上	1536	140	643	538	215
		100.0	9.1	41.9	35.0	14.0
学歴(問52)	中学校・高校	1733	140	554	615	424
		100.0	8.1	32.0	35.5	24.5
	各種専門学校	871	62	232	341	236
		100.0	7.1	26.6	39.2	27.1
	高等専門学校・短大	1121	102	400	369	250
		100.0	9.1	35.7	32.9	22.3
	大学・大学院	4499	466	1739	1444	850
		100.0	10.4	38.7	32.1	18.9
	その他	9	0	3	4	2
		100.0	0.0	33.3	44.4	22.2
既・未婚(問54)	既婚	5025	503	1957	1676	889
		100.0	10.0	38.9	33.4	17.7
	未婚、離婚、死別	3231	269	974	1106	882
		100.0	8.3	30.1	34.2	27.3
居住地(問64)	23区・政令市	2617	251	976	857	533
		100.0	9.6	37.3	32.7	20.4
	市(人口10万人以上)	3534	331	1284	1185	734
		100.0	9.4	36.3	33.5	20.8
	市(人口10万人未満)	1511	136	481	554	340
		100.0	9.0	31.8	36.7	22.5
	町村	594	54	190	186	164
		100.0	9.1	32.0	31.3	27.6
専業・兼業(SC7)	専業	4083	387	1444	1367	885
		100.0	9.5	35.4	33.5	21.7
	兼業	4173	385	1487	1415	886
		100.0	9.2	35.6	33.9	21.2
	うち独立自営業が本業	1335	125	426	462	322
		100.0	9.4	31.9	34.6	24.1
	うち独立自営業が副業	2838	260	1061	953	564
		100.0	9.2	37.4	33.6	19.9
主な仕事(問1-1)	事務関連	1560	154	531	537	338
		100.0	9.9	34.0	34.4	21.7
	デザイン・映像製作関連	731	50	222	275	184
		100.0	6.8	30.4	37.6	25.2
	IT関連	705	68	247	231	159
		100.0	9.6	35.0	32.8	22.6
	専門関連業務(医療、技術、講師、芸能、演奏など)	3266	336	1240	1050	640
		100.0	10.3	38.0	32.1	19.6
	生活関連サービス、理容・美容	741	74	265	252	150
		100.0	10.0	35.8	34.0	20.2
	現場作業関連(運輸、製造、修理、清掃など)	1253	90	426	437	300
		100.0	7.2	34.0	34.9	23.9
独立自営業の経験年数(問30)	2年未満	2572	249	801	879	643
		100.0	9.7	31.1	34.2	25.0
	2年以上15年未満	3962	386	1542	1323	711
		100.0	9.7	38.9	33.4	17.9
	15年以上	1722	137	588	580	417
		100.0	8.0	34.1	33.7	24.2
1週の平均作業時間(問3附問2)	10時間未満	2688	269	959	881	579
		100.0	10.0	35.7	32.8	21.5
	10時間以上40時間未満	3070	278	1145	1036	611
		100.0	9.1	37.3	33.7	19.9
	40時間以上	2498	225	827	865	581
		100.0	9.0	33.1	34.6	23.3
独立自営業者の報酬総額(問2附問4)	200万円未満	5289	426	1763	1797	1303
		100.0	8.1	33.3	34.0	24.6
	200万円以上400万円未満	1189	106	408	425	250
		100.0	8.9	34.3	35.7	21.0
	400万円以上600万円未満	819	80	325	299	115
		100.0	9.8	39.7	36.5	14.0
	600万円以上	959	160	435	261	103
		100.0	16.7	45.4	27.2	10.7

2. 生活全般についてどの程度満足されていますか
SA

		n	満足している	ある程度満足している	あまり満足していない	全く満足していない
全体		8256	875	3827	2407	1147
		100.0	10.6	46.4	29.2	13.9
性別(SC2)	男性	5190	484	2354	1567	785
		100.0	9.3	45.4	30.2	15.1
	女性	3066	391	1473	840	362
		100.0	12.8	48.0	27.4	11.8
年齢(SC1)	15歳～29歳	547	79	235	159	74
		100.0	14.4	43.0	29.1	13.5
	30歳～39歳	1745	200	793	508	244
		100.0	11.5	45.4	29.1	14.0
	40歳～49歳	2378	236	1044	712	386
		100.0	9.9	43.9	29.9	16.2
	50歳～59歳	2050	190	919	614	327
		100.0	9.3	44.8	30.0	16.0
	60歳以上	1536	170	836	414	116
		100.0	11.1	54.4	27.0	7.6
学歴(問52)	中学校・高校	1733	165	697	584	287
		100.0	9.5	40.2	33.7	16.6
	各種専門学校	871	76	366	271	158
		100.0	8.7	42.0	31.1	18.1
	高等専門学校・短大	1121	123	492	344	162
		100.0	11.0	43.9	30.7	14.5
	大学・大学院	4499	507	2263	1198	531
		100.0	11.3	50.3	26.6	11.8
	その他	9	2	3	3	1
		100.0	22.2	33.3	33.3	11.1
既・未婚(問54)	既婚	5025	588	2504	1374	559
		100.0	11.7	49.8	27.3	11.1
	未婚、離婚、死別	3231	287	1323	1033	588
		100.0	8.9	40.9	32.0	18.2
居住地(問64)	23区・政令市	2617	293	1237	730	357
		100.0	11.2	47.3	27.9	13.6
	市(人口10万人以上)	3534	373	1681	1038	442
		100.0	10.6	47.6	29.4	12.5
	市(人口10万人未満)	1511	154	668	461	228
		100.0	10.2	44.2	30.5	15.1
	町村	594	55	241	178	120
		100.0	9.3	40.6	30.0	20.2
専業・兼業(SC7)	専業	4083	423	1934	1161	565
		100.0	10.4	47.4	28.4	13.8
	兼業	4173	452	1893	1246	582
		100.0	10.8	45.4	29.9	13.9
	うち独立自営業が本業	1335	138	577	404	216
		100.0	10.3	43.2	30.3	16.2
	うち独立自営業が副業	2838	314	1316	842	366
		100.0	11.1	46.4	29.7	12.9
主な仕事(問1-1)	事務関連	1560	161	646	511	242
		100.0	10.3	41.4	32.8	15.5
	デザイン・映像製作関連	731	66	335	221	109
		100.0	9.0	45.8	30.2	14.9
	IT関連	705	71	314	222	98
		100.0	10.1	44.5	31.5	13.9
	専門関連業務(医療、技術、講師、芸能、演奏など)	3266	387	1635	857	387
		100.0	11.8	50.1	26.2	11.8
	生活関連サービス、理容・美容	741	91	351	195	104
		100.0	12.3	47.4	26.3	14.0
	現場作業関連(運輸、製造、修理、清掃など)	1253	99	546	401	207
		100.0	7.9	43.6	32.0	16.5
独立自営業の経験年数(問30)	2年未満	2572	293	1031	811	437
		100.0	11.4	40.1	31.5	17.0
	2年以上15年未満	3962	421	1986	1100	455
		100.0	10.6	50.1	27.8	11.5
	15年以上	1722	161	810	496	255
		100.0	9.3	47.0	28.8	14.8
1週の平均作業時間(問3附問2)	10時間未満	2688	317	1223	768	380
		100.0	11.8	45.5	28.6	14.1
	10時間以上40時間未満	3070	336	1477	870	387
		100.0	10.9	48.1	28.3	12.6
	40時間以上	2498	222	1127	769	380
		100.0	8.9	45.1	30.8	15.2
独立自営業者の報酬総額(問2附問4)	200万円未満	5289	536	2326	1583	844
		100.0	10.1	44.0	29.9	16.0
	200万円以上400万円未満	1189	118	555	363	153
		100.0	9.9	46.7	30.5	12.9
	400万円以上600万円未満	819	76	437	236	70
		100.0	9.3	53.4	28.8	8.5
	600万円以上	959	145	509	225	80
		100.0	15.1	53.1	23.5	8.3

Q63.世帯年収、生活全般についての満足度についてお答えください。(矢印方向にそれぞれひとつだけ)
3.仕事全般についてどの程度満足されていますか
SA

		n	満足している	ある程度満足している	あまり満足していない	全く満足していない
全体		8256	790	3658	2640	1168
		100.0	9.6	44.3	32.0	14.1
性別(SC2)	男性	5190	467	2296	1651	776
		100.0	9.0	44.2	31.8	15.0
	女性	3066	323	1362	989	392
		100.0	10.5	44.4	32.3	12.8
年齢(SC1)	15歳～29歳	547	60	201	199	87
		100.0	11.0	36.7	36.4	15.9
	30歳～39歳	1745	166	733	575	271
		100.0	9.5	42.0	33.0	15.5
	40歳～49歳	2378	208	1012	774	384
		100.0	8.7	42.6	32.5	16.1
	50歳～59歳	2050	167	912	660	311
		100.0	8.1	44.5	32.2	15.2
	60歳以上	1536	189	800	432	115
		100.0	12.3	52.1	28.1	7.5
学歴(問52)	中学校・高校	1733	146	696	603	288
		100.0	8.4	40.2	34.8	16.6
	各種専門学校	871	68	329	310	164
		100.0	7.8	37.8	35.6	18.8
	高等専門学校・短大	1121	119	485	357	160
		100.0	10.6	43.3	31.8	14.3
	大学・大学院	4499	454	2140	1358	547
		100.0	10.1	47.6	30.2	12.2
	その他	9	1	3	3	2
		100.0	11.1	33.3	33.3	22.2
既・未婚(問54)	既婚	5025	518	2378	1543	586
		100.0	10.3	47.3	30.7	11.7
	未婚、離婚、死別	3231	272	1280	1097	582
		100.0	8.4	39.6	34.0	18.0
居住地(問64)	23区・政令市	2617	261	1178	825	353
		100.0	10.0	45.0	31.5	13.5
	市(人口10万人以上)	3534	334	1613	1116	471
		100.0	9.5	45.6	31.6	13.3
	市(人口10万人未満)	1511	140	650	504	217
		100.0	9.3	43.0	33.4	14.4
	町村	594	55	217	195	127
		100.0	9.3	36.5	32.8	21.4
専業・兼業(SC7)	専業	4083	417	1827	1277	562
		100.0	10.2	44.7	31.3	13.8
	兼業	4173	373	1831	1363	606
		100.0	8.9	43.9	32.7	14.5
	うち独立自営業が本業	1335	127	582	409	217
		100.0	9.5	43.6	30.6	16.3
	うち独立自営業が副業	2838	246	1249	954	389
		100.0	8.7	44.0	33.6	13.7
主な仕事(問1-1)	事務関連	1560	119	599	561	281
		100.0	7.6	38.4	36.0	18.0
	デザイン・映像製作関連	731	69	304	251	107
		100.0	9.4	41.6	34.3	14.6
	IT関連	705	67	311	225	102
		100.0	9.5	44.1	31.9	14.5
	専門関連業務(医療、技術、講師、芸能、演奏など)	3266	357	1576	949	384
		100.0	10.9	48.3	29.1	11.8
	生活関連サービス、理容・美容	741	83	336	226	96
		100.0	11.2	45.3	30.5	13.0
	現場作業関連(運輸、製造、修理、清掃など)	1253	95	532	428	198
		100.0	7.6	42.5	34.2	15.8
独立自営業の経験年数(問30)	2年未満	2572	223	961	908	480
		100.0	8.7	37.4	35.3	18.7
	2年以上15年未満	3962	395	1914	1204	449
		100.0	10.0	48.3	30.4	11.3
	15年以上	1722	172	783	528	239
		100.0	10.0	45.5	30.7	13.9
1週の平均作業時間(問3附問2)	10時間未満	2688	247	1120	890	431
		100.0	9.2	41.7	33.1	16.0
	10時間以上40時間未満	3070	300	1429	949	392
		100.0	9.8	46.5	30.9	12.8
	40時間以上	2498	243	1109	801	345
		100.0	9.7	44.4	32.1	13.8
独立自営業者の報酬総額(問2附問4)	200万円未満	5289	423	2176	1798	892
		100.0	8.0	41.1	34.0	16.9
	200万円以上400万円未満	1189	123	568	365	133
		100.0	10.3	47.8	30.7	11.2
	400万円以上600万円未満	819	82	438	229	70
		100.0	10.0	53.5	28.0	8.5
	600万円以上	959	162	476	248	73
		100.0	16.9	49.6	25.9	7.6

Q64.あなたのお住まいの地域であてはまるものを選んでください。
SA

		n	東京23区・政令指定都市	人口10万人以上の市	人口10万人未満の市	町村
全体		8256	2617	3534	1511	594
		100.0	31.7	42.8	18.3	7.2
性別(SC2)	男性	5190	1702	2238	937	313
		100.0	32.8	43.1	18.1	6.0
	女性	3066	915	1296	574	281
		100.0	29.8	42.3	18.7	9.2
年齢(SC1)	15歳～29歳	547	130	246	126	45
		100.0	23.8	45.0	23.0	8.2
	30歳～39歳	1745	501	749	344	151
		100.0	28.7	42.9	19.7	8.7
	40歳～49歳	2378	758	1009	438	173
		100.0	31.9	42.4	18.4	7.3
	50歳～59歳	2050	712	851	339	148
		100.0	34.7	41.5	16.5	7.2
	60歳以上	1536	516	679	264	77
		100.0	33.6	44.2	17.2	5.0
学歴(問52)	中学校・高校	1733	416	762	389	166
		100.0	24.0	44.0	22.4	9.6
	各種専門学校	871	227	355	190	99
		100.0	26.1	40.8	21.8	11.4
	高等専門学校・短大	1121	316	481	221	103
		100.0	28.2	42.9	19.7	9.2
	大学・大学院	4499	1650	1926	705	218
		100.0	36.7	42.8	15.7	4.8
	その他	9	1	5	2	1
		100.0	11.1	55.6	22.2	11.1
既・未婚(問54)	既婚	5025	1510	2202	950	363
		100.0	30.0	43.8	18.9	7.2
	未婚、離婚、死別	3231	1107	1332	561	231
		100.0	34.3	41.2	17.4	7.1
居住地(問64)	23区・政令市	2617	2617	0	0	0
		100.0	100.0	0.0	0.0	0.0
	市(人口10万人以上)	3534	0	3534	0	0
		100.0	0.0	100.0	0.0	0.0
	市(人口10万人未満)	1511	0	0	1511	0
		100.0	0.0	0.0	100.0	0.0
	町村	594	0	0	0	594
		100.0	0.0	0.0	0.0	100.0
専業・兼業(SC7)	専業	4083	1287	1734	775	287
		100.0	31.5	42.5	19.0	7.0
	兼業	4173	1330	1800	736	307
		100.0	31.9	43.1	17.6	7.4
	うち独立自営業が本業	1335	433	567	237	98
		100.0	32.4	42.5	17.8	7.3
	うち独立自営業が副業	2838	897	1233	499	209
		100.0	31.6	43.4	17.6	7.4
主な仕事(問1-1)	事務関連	1560	425	686	317	132
		100.0	27.2	44.0	20.3	8.5
	デザイン・映像製作関連	731	263	313	103	52
		100.0	36.0	42.8	14.1	7.1
	IT関連	705	263	297	106	39
		100.0	37.3	42.1	15.0	5.5
	専門関連業務(医療、技術、講師、芸能、演奏など)	3266	1120	1402	565	179
		100.0	34.3	42.9	17.3	5.5
	生活関連サービス、理容・美容	741	215	303	150	73
		100.0	29.0	40.9	20.2	9.9
	現場作業関連(運輸、製造、修理、清掃など)	1253	331	533	270	119
		100.0	26.4	42.5	21.5	9.5
独立自営業の経験年数(問30)	2年未満	2572	731	1104	508	229
		100.0	28.4	42.9	19.8	8.9
	2年以上15年未満	3962	1291	1747	698	226
		100.0	32.6	44.1	17.6	5.7
	15年以上	1722	595	683	305	139
		100.0	34.6	39.7	17.7	8.1
1週の平均作業時間(問3附問2)	10時間未満	2688	822	1158	502	206
		100.0	30.6	43.1	18.7	7.7
	10時間以上40時間未満	3070	999	1334	543	194
		100.0	32.5	43.5	17.7	6.3
	40時間以上	2498	796	1042	466	194
		100.0	31.9	41.7	18.7	7.8
独立自営業者の報酬総額(問2附問4)	200万円未満	5289	1533	2312	1013	431
		100.0	29.0	43.7	19.2	8.1
	200万円以上400万円未満	1189	406	498	211	74
		100.0	34.1	41.9	17.7	6.2
	400万円以上600万円未満	819	293	336	147	43
		100.0	35.8	41.0	17.9	5.3
	600万円以上	959	385	388	140	46
		100.0	40.1	40.5	14.6	4.8

Q65.お住まいの市であてはまるものを選んでください。
【Q64で1を選択した回答者を対象】

SA

		n	東京23区	札幌市	仙台市	さいたま市	千葉市	横浜市	川崎市	相模原市	新潟市	静岡市	浜松市	名古屋市	京都市
全体		2617	1211	106	71	63	44	267	123	43	27	18	18	110	70
		100.0	46.3	4.1	2.7	2.4	1.7	10.2	4.7	1.6	1.0	0.7	0.7	4.2	2.7
性別(SC2)	男性	1702	759	62	42	44	31	179	78	31	21	14	14	69	46
		100.0	44.6	3.6	2.5	2.6	1.8	10.5	4.6	1.8	1.2	0.8	0.8	4.1	2.7
	女性	915	452	44	29	19	13	88	45	12	6	4	4	41	24
		100.0	49.4	4.8	3.2	2.1	1.4	9.6	4.9	1.3	0.7	0.4	0.4	4.5	2.6
年齢(SC1)	15歳~29歳	130	66	7	2	3	3	9	6	2	0	0	2	5	3
		100.0	50.8	5.4	1.5	2.3	2.3	6.9	4.6	1.5	0.0	0.0	1.5	3.8	2.3
	30歳~39歳	501	240	16	16	16	7	51	26	6	5	3	2	21	14
		100.0	47.9	3.2	3.2	3.2	1.4	10.2	5.2	1.2	1.0	0.6	0.4	4.2	2.8
	40歳~49歳	758	375	25	22	16	14	60	38	15	4	5	3	31	15
		100.0	49.5	3.3	2.9	2.1	1.8	7.9	5.0	2.0	0.5	0.7	0.4	4.1	2.0
	50歳~59歳	712	307	39	18	15	8	84	35	13	4	7	9	35	27
		100.0	43.1	5.5	2.5	2.1	1.1	11.8	4.9	1.8	0.6	1.0	1.3	4.9	3.8
	60歳以上	516	223	19	13	13	12	63	18	7	14	3	2	18	11
		100.0	43.2	3.7	2.5	2.5	2.3	12.2	3.5	1.4	2.7	0.6	0.4	3.5	2.1
学歴(問52)	中学校・高校	416	151	21	14	9	8	41	24	6	10	6	4	17	14
		100.0	36.3	5.0	3.4	2.2	1.9	9.9	5.8	1.4	2.4	1.4	1.0	4.1	3.4
	各種専門学校	227	100	12	7	3	3	21	12	4	0	1	2	14	4
		100.0	44.1	5.3	3.1	1.3	1.3	9.3	5.3	1.8	0.0	0.4	0.9	6.2	1.8
	高等専門学校・短大	316	136	18	12	5	10	41	13	7	2	3	2	17	6
		100.0	43.0	5.7	3.8	1.6	3.2	13.0	4.1	2.2	0.6	0.9	0.6	5.4	1.9
	大学・大学院	1650	820	55	37	46	23	162	74	26	15	8	10	62	45
		100.0	49.7	3.3	2.2	2.8	1.4	9.8	4.5	1.6	0.9	0.5	0.6	3.8	2.7
	その他	1	1	0	0	0	0	0	0	0	0	0	0	0	0
		100.0	100.0	0.0	0.0	0.0	0.0	0.0	0.0	0.0	0.0	0.0	0.0	0.0	0.0
既・未婚(問54)	既婚	1510	645	64	46	38	32	176	76	24	17	7	12	67	46
		100.0	42.7	4.2	3.0	2.5	2.1	11.7	5.0	1.6	1.1	0.5	0.8	4.4	3.0
	未婚、離婚、死別	1107	566	42	25	25	12	91	47	19	10	11	6	43	24
		100.0	51.1	3.8	2.3	2.3	1.1	8.2	4.2	1.7	0.9	1.0	0.5	3.9	2.2
居住地(問64)	23区・政令市	2617	1211	106	71	63	44	267	123	43	27	18	18	110	70
		100.0	46.3	4.1	2.7	2.4	1.7	10.2	4.7	1.6	1.0	0.7	0.7	4.2	2.7
	市(人口10万人以上)	0	0	0	0	0	0	0	0	0	0	0	0	0	0
		0.0	0.0	0.0	0.0	0.0	0.0	0.0	0.0	0.0	0.0	0.0	0.0	0.0	0.0
	市(人口10万人未満)	0	0	0	0	0	0	0	0	0	0	0	0	0	0
		0.0	0.0	0.0	0.0	0.0	0.0	0.0	0.0	0.0	0.0	0.0	0.0	0.0	0.0
	町村	0	0	0	0	0	0	0	0	0	0	0	0	0	0
		0.0	0.0	0.0	0.0	0.0	0.0	0.0	0.0	0.0	0.0	0.0	0.0	0.0	0.0
専業・兼業(SC7)	専業	1287	585	50	35	30	24	125	62	27	16	9	10	50	35
		100.0	45.5	3.9	2.7	2.3	1.9	9.7	4.8	2.1	1.2	0.7	0.8	3.9	2.7
	兼業	1330	626	56	36	33	20	142	61	16	11	9	8	60	35
		100.0	47.1	4.2	2.7	2.5	1.5	10.7	4.6	1.2	0.8	0.7	0.6	4.5	2.6
	うち独立自営業が本業	433	201	23	13	11	6	43	22	6	5	1	3	20	11
		100.0	46.4	5.3	3.0	2.5	1.4	9.9	5.1	1.4	1.2	0.2	0.7	4.6	2.5
	うち独立自営業が副業	897	425	33	23	22	14	99	39	10	6	8	5	40	24
		100.0	47.4	3.7	2.6	2.5	1.6	11.0	4.3	1.1	0.7	0.9	0.6	4.5	2.7
主な仕事(問1-1)	事務関連	425	194	14	10	11	4	48	23	9	4	4	2	16	14
		100.0	45.6	3.3	2.4	2.6	0.9	11.3	5.4	2.1	0.9	0.9	0.5	3.8	3.3
	デザイン・映像製作関連	263	151	12	5	5	5	20	11	3	1	1	0	7	3
		100.0	57.4	4.6	1.9	1.9	1.9	7.6	4.2	1.1	0.4	0.4	0.0	2.7	1.1
	IT関連	263	121	12	6	6	6	25	23	6	2	2	2	9	3
		100.0	46.0	4.6	2.3	2.3	2.3	9.5	8.7	2.3	0.8	0.8	0.8	3.4	1.1
	専門関連業務(医療、技術、講師、芸能、演奏など)	1120	508	36	33	31	16	127	40	19	14	6	7	53	29
		100.0	45.4	3.2	2.9	2.8	1.4	11.3	3.6	1.7	1.3	0.5	0.6	4.7	2.6
	生活関連サービス、理容・美容	215	103	13	4	2	5	20	6	0	2	1	4	11	8
		100.0	47.9	6.0	1.9	0.9	2.3	9.3	2.8	0.0	0.9	0.5	1.9	5.1	3.7
	現場作業関連(運輸、製造、修理、清掃など)	331	134	19	13	8	8	27	20	6	4	4	3	14	13
		100.0	40.5	5.7	3.9	2.4	2.4	8.2	6.0	1.8	1.2	1.2	0.9	4.2	3.9
独立自営業の経験年数(問30)	2年未満	731	325	30	23	16	9	72	48	15	5	4	5	29	17
		100.0	44.5	4.1	3.1	2.2	1.2	9.8	6.6	2.1	0.7	0.5	0.7	4.0	2.3
	2年以上15年未満	1291	598	60	35	38	30	131	51	19	12	8	11	46	35
		100.0	46.3	4.6	2.7	2.9	2.3	10.1	4.0	1.5	0.9	0.6	0.9	3.6	2.7
	15年以上	595	288	16	13	9	5	64	24	9	10	6	2	35	18
		100.0	48.4	2.7	2.2	1.5	0.8	10.8	4.0	1.5	1.7	1.0	0.3	5.9	3.0
1週の平均作業時間(問3附問2)	10時間未満	822	381	28	19	22	13	81	41	11	7	9	8	38	19
		100.0	46.4	3.4	2.3	2.7	1.6	9.9	5.0	1.3	0.9	1.1	1.0	4.6	2.3
	10時間以上40時間未満	999	456	36	21	29	15	120	49	14	16	7	8	42	33
		100.0	45.6	3.6	2.1	2.9	1.5	12.0	4.9	1.4	1.6	0.7	0.8	4.2	3.3
	40時間以上	796	374	42	31	12	16	66	33	18	4	2	2	30	18
		100.0	47.0	5.3	3.9	1.5	2.0	8.3	4.1	2.3	0.5	0.3	0.3	3.8	2.3
独立自営業者の報酬総額(問2附問4)	200万円未満	1533	660	70	49	36	27	161	69	27	18	12	13	72	39
		100.0	43.1	4.6	3.2	2.3	1.8	10.5	4.5	1.8	1.2	0.8	0.8	4.7	2.5
	200万円以上400万円未満	406	192	10	14	8	3	46	22	4	4	4	3	16	10
		100.0	47.3	2.5	3.4	2.0	0.7	11.3	5.4	1.0	1.0	1.0	0.7	3.9	2.5
	400万円以上600万円未満	293	163	11	0	7	6	28	12	4	1	0	0	7	11
		100.0	55.6	3.8	0.0	2.4	2.0	9.6	4.1	1.4	0.3	0.0	0.0	2.4	3.8
	600万円以上	385	196	15	8	12	8	32	20	8	4	2	2	15	10
		100.0	50.9	3.9	2.1	3.1	2.1	8.3	5.2	2.1	1.0	0.5	0.5	3.9	2.6

Q65.お住まいの市であてはまるものを選んでください。
【Q64で1を選択した回答者を対象】
▽
SA

		n	大阪市	堺市	神戸市	岡山市	広島市	北九州市	福岡市	熊本市
全体		2617	158	38	66	19	48	25	69	23
		100.0	6.0	1.5	2.5	0.7	1.8	1.0	2.6	0.9
性別(SC2)	男性	1702	103	26	48	13	36	19	50	17
		100.0	6.1	1.5	2.8	0.8	2.1	1.1	2.9	1.0
	女性	915	55	12	18	6	12	6	19	6
		100.0	6.0	1.3	2.0	0.7	1.3	0.7	2.1	0.7
年齢(SC1)	15歳〜29歳	130	9	2	2	1	2	1	2	3
		100.0	6.9	1.5	1.5	0.8	1.5	0.8	1.5	2.3
	30歳〜39歳	501	29	3	12	4	7	6	13	4
		100.0	5.8	0.6	2.4	0.8	1.4	1.2	2.6	0.8
	40歳〜49歳	758	41	15	18	4	19	7	25	6
		100.0	5.4	2.0	2.4	0.5	2.5	0.9	3.3	0.8
	50歳〜59歳	712	50	7	16	3	10	7	14	4
		100.0	7.0	1.0	2.2	0.4	1.4	1.0	2.0	0.6
	60歳以上	516	29	11	18	7	10	4	15	6
		100.0	5.6	2.1	3.5	1.4	1.9	0.8	2.9	1.2
学歴(問52)	中学校・高校	416	31	8	11	5	9	8	13	6
		100.0	7.5	1.9	2.6	1.2	2.2	1.9	3.1	1.4
	各種専門学校	227	19	6	4	1	4	3	6	1
		100.0	8.4	2.6	1.8	0.4	1.8	1.3	2.6	0.4
	高等専門学校・短大	316	19	5	6	0	4	3	5	2
		100.0	6.0	1.6	1.9	0.0	1.3	0.9	1.6	0.6
	大学・大学院	1650	89	19	45	13	31	11	45	14
		100.0	5.4	1.2	2.7	0.8	1.9	0.7	2.7	0.8
	その他	1	0	0	0	0	0	0	0	0
		100.0	0.0	0.0	0.0	0.0	0.0	0.0	0.0	0.0
既・未婚(問54)	既婚	1510	89	26	33	11	30	12	45	14
		100.0	5.9	1.7	2.2	0.7	2.0	0.8	3.0	0.9
	未婚、離婚、死別	1107	69	12	33	8	18	13	24	9
		100.0	6.2	1.1	3.0	0.7	1.6	1.2	2.2	0.8
居住地(問64)	23区・政令市	2617	158	38	66	19	48	25	69	23
		100.0	6.0	1.5	2.5	0.7	1.8	1.0	2.6	0.9
	市(人口10万人以上)	0	0	0	0	0	0	0	0	0
		0.0	0.0	0.0	0.0	0.0	0.0	0.0	0.0	0.0
	市(人口10万人未満)	0	0	0	0	0	0	0	0	0
		0.0	0.0	0.0	0.0	0.0	0.0	0.0	0.0	0.0
	町村	0	0	0	0	0	0	0	0	0
		0.0	0.0	0.0	0.0	0.0	0.0	0.0	0.0	0.0
専業・兼業(SC7)	専業	1287	77	22	35	11	19	13	41	11
		100.0	6.0	1.7	2.7	0.9	1.5	1.0	3.2	0.9
	兼業	1330	81	16	31	8	29	12	28	12
		100.0	6.1	1.2	2.3	0.6	2.2	0.9	2.1	0.9
	うち独立自営業が本業	433	26	6	8	3	11	3	7	4
		100.0	6.0	1.4	1.8	0.7	2.5	0.7	1.6	0.9
	うち独立自営業が副業	897	55	10	23	5	18	9	21	8
		100.0	6.1	1.1	2.6	0.6	2.0	1.0	2.3	0.9
主な仕事(問1-1)	事務関連	425	29	3	11	5	7	4	9	4
		100.0	6.8	0.7	2.6	1.2	1.6	0.9	2.1	0.9
	デザイン・映像製作関連	263	13	3	7	2	6	2	6	0
		100.0	4.9	1.1	2.7	0.8	2.3	0.8	2.3	0.0
	IT関連	263	12	3	6	0	7	1	7	4
		100.0	4.6	1.1	2.3	0.0	2.7	0.4	2.7	1.5
	専門関連業務(医療、技術、講師、芸能、演奏など)	1120	76	13	33	6	21	12	30	10
		100.0	6.8	1.2	2.9	0.5	1.9	1.1	2.7	0.9
	生活関連サービス、理容・美容	215	9	7	4	2	3	1	9	1
		100.0	4.2	3.3	1.9	0.9	1.4	0.5	4.2	0.5
	現場作業関連(運輸、製造、修理、清掃など)	331	19	9	5	4	4	5	8	4
		100.0	5.7	2.7	1.5	1.2	1.2	1.5	2.4	1.2
独立自営業の経験年数(問30)	2年未満	731	37	8	26	6	16	12	19	9
		100.0	5.1	1.1	3.6	0.8	2.2	1.6	2.6	1.2
	2年以上15年未満	1291	87	19	33	9	22	10	28	9
		100.0	6.7	1.5	2.6	0.7	1.7	0.8	2.2	0.7
	15年以上	595	34	11	7	4	10	3	22	5
		100.0	5.7	1.8	1.2	0.7	1.7	0.5	3.7	0.8
1週の平均作業時間(問3附問2)	10時間未満	822	50	18	18	5	17	8	22	7
		100.0	6.1	2.2	2.2	0.6	2.1	1.0	2.7	0.9
	10時間以上40時間未満	999	60	7	25	7	15	6	25	8
		100.0	6.0	0.7	2.5	0.7	1.5	0.6	2.5	0.8
	40時間以上	796	48	13	23	7	16	11	22	8
		100.0	6.0	1.6	2.9	0.9	2.0	1.4	2.8	1.0
独立自営業者の報酬総額(問2附問4)	200万円未満	1533	96	26	38	11	36	16	40	17
		100.0	6.3	1.7	2.5	0.7	2.3	1.0	2.6	1.1
	200万円以上400万円未満	406	28	6	9	5	5	2	13	2
		100.0	6.9	1.5	2.2	1.2	1.2	0.5	3.2	0.5
	400万円以上600万円未満	293	12	3	11	2	3	6	5	1
		100.0	4.1	1.0	3.8	0.7	1.0	2.0	1.7	0.3
	600万円以上	385	22	3	8	1	4	1	11	3
		100.0	5.7	0.8	2.1	0.3	1.0	0.3	2.9	0.8

Q66.独立自営業者としてのお仕事を法人化して行っていますか。
SA

		n	はい	いいえ
全体		8256	657	7599
		100.0	8.0	92.0
性別(SC2)	男性	5190	496	4694
		100.0	9.6	90.4
	女性	3066	161	2905
		100.0	5.3	94.7
年齢(SC1)	15歳～29歳	547	38	509
		100.0	6.9	93.1
	30歳～39歳	1745	120	1625
		100.0	6.9	93.1
	40歳～49歳	2378	188	2190
		100.0	7.9	92.1
	50歳～59歳	2050	173	1877
		100.0	8.4	91.6
	60歳以上	1536	138	1398
		100.0	9.0	91.0
学歴(問52)	中学校・高校	1733	115	1618
		100.0	6.6	93.4
	各種専門学校	871	60	811
		100.0	6.9	93.1
	高等専門学校・短大	1121	80	1041
		100.0	7.1	92.9
	大学・大学院	4499	400	4099
		100.0	8.9	91.1
	その他	9	0	9
		100.0	0.0	100.0
既・未婚(問54)	既婚	5025	457	4568
		100.0	9.1	90.9
	未婚、離婚、死別	3231	200	3031
		100.0	6.2	93.8
居住地(問64)	23区・政令市	2617	201	2416
		100.0	7.7	92.3
	市(人口10万人以上)	3534	308	3226
		100.0	8.7	91.3
	市(人口10万人未満)	1511	117	1394
		100.0	7.7	92.3
	町村	594	31	563
		100.0	5.2	94.8
専業・兼業(SC7)	専業	4083	372	3711
		100.0	9.1	90.9
	兼業	4173	285	3888
		100.0	6.8	93.2
	うち独立自営業が本業	1335	137	1198
		100.0	10.3	89.7
	うち独立自営業が副業	2838	148	2690
		100.0	5.2	94.8
主な仕事(問1-1)	事務関連	1560	103	1457
		100.0	6.6	93.4
	デザイン・映像製作関連	731	49	682
		100.0	6.7	93.3
	IT関連	705	58	647
		100.0	8.2	91.8
	専門関連業務(医療、技術、講師、芸能、演奏など)	3266	250	3016
		100.0	7.7	92.3
	生活関連サービス、理容・美容	741	78	663
		100.0	10.5	89.5
	現場作業関連(運輸、製造、修理、清掃など)	1253	119	1134
		100.0	9.5	90.5
独立自営業の経験年数(問30)	2年未満	2572	117	2455
		100.0	4.5	95.5
	2年以上15年未満	3962	373	3589
		100.0	9.4	90.6
	15年以上	1722	167	1555
		100.0	9.7	90.3
1週の平均作業時間(問3附問2)	10時間未満	2688	120	2568
		100.0	4.5	95.5
	10時間以上40時間未満	3070	229	2841
		100.0	7.5	92.5
	40時間以上	2498	308	2190
		100.0	12.3	87.7
独立自営業者の報酬総額(問2附問4)	200万円未満	5289	281	5008
		100.0	5.3	94.7
	200万円以上400万円未満	1189	112	1077
		100.0	9.4	90.6
	400万円以上600万円未満	819	109	710
		100.0	13.3	86.7
	600万円以上	959	155	804
		100.0	16.2	83.8

割付
SA

		n	専業 15～64歳	専業 65～99歳	兼業 15～64歳	兼業 65～99歳
全体		8256	3482	601	3819	354
		100.0	42.2	7.3	46.3	4.3
性別(SC2)	男性	5190	2213	515	2160	302
		100.0	42.6	9.9	41.6	5.8
	女性	3066	1269	86	1659	52
		100.0	41.4	2.8	54.1	1.7
年齢(SC1)	15歳～29歳	547	175	0	372	0
		100.0	32.0	0.0	68.0	0.0
	30歳～39歳	1745	695	0	1050	0
		100.0	39.8	0.0	60.2	0.0
	40歳～49歳	2378	1149	0	1229	0
		100.0	48.3	0.0	51.7	0.0
	50歳～59歳	2050	1113	0	937	0
		100.0	54.3	0.0	45.7	0.0
	60歳以上	1536	350	601	231	354
		100.0	22.8	39.1	15.0	23.0
学歴(問52)	中学校・高校	1733	747	154	746	86
		100.0	43.1	8.9	43.0	5.0
	各種専門学校	871	412	36	408	15
		100.0	47.3	4.1	46.8	1.7
	高等専門学校・短大	1121	490	55	542	34
		100.0	43.7	4.9	48.3	3.0
	大学・大学院	4499	1821	353	2108	217
		100.0	40.5	7.8	46.9	4.8
	その他	9	3	2	3	1
		100.0	33.3	22.2	33.3	11.1
既・未婚 (問54)	既婚	5025	2026	503	2191	305
		100.0	40.3	10.0	43.6	6.1
	未婚、離婚、死別	3231	1456	98	1628	49
		100.0	45.1	3.0	50.4	1.5
居住地 (問64)	23区・政令市	2617	1091	196	1215	115
		100.0	41.7	7.5	46.4	4.4
	市(人口10万人以上)	3534	1467	267	1640	160
		100.0	41.5	7.6	46.4	4.5
	市(人口10万人未満)	1511	664	111	676	60
		100.0	43.9	7.3	44.7	4.0
	町村	594	260	27	288	19
		100.0	43.8	4.5	48.5	3.2
専業・兼業 (SC7)	専業	4083	3482	601	0	0
		100.0	85.3	14.7	0.0	0.0
	兼業	4173	0	0	3819	354
		100.0	0.0	0.0	91.5	8.5
	うち独立自営業が本業	1335	0	0	1175	160
		100.0	0.0	0.0	88.0	12.0
	うち独立自営業が副業	2838	0	0	2644	194
		100.0	0.0	0.0	93.2	6.8
主な仕事 (問1-1)	事務関連	1560	518	49	951	42
		100.0	33.2	3.1	61.0	2.7
	デザイン・映像製作関連	731	347	26	343	15
		100.0	47.5	3.6	46.9	2.1
	IT関連	705	362	30	300	13
		100.0	51.3	4.3	42.6	1.8
	専門関連業務(医療、技術、講師、芸能、演奏など)	3266	1387	339	1363	177
		100.0	42.5	10.4	41.7	5.4
	生活関連サービス、理容・美容	741	317	33	372	19
		100.0	42.8	4.5	50.2	2.6
	現場作業関連(運輸、製造、修理、清掃など)	1253	551	124	490	88
		100.0	44.0	9.9	39.1	7.0
独立自営業の経験年数 (問30)	2年未満	2572	828	60	1637	47
		100.0	32.2	2.3	63.6	1.8
	2年以上15年未満	3962	1699	302	1743	218
		100.0	42.9	7.6	44.0	5.5
	15年以上	1722	955	239	439	89
		100.0	55.5	13.9	25.5	5.2
1週の平均作業時間 (問3附問2)	10時間未満	2688	664	145	1748	131
		100.0	24.7	5.4	65.0	4.9
	10時間以上40時間未満	3070	1231	317	1364	158
		100.0	40.1	10.3	44.4	5.1
	40時間以上	2498	1587	139	707	65
		100.0	63.5	5.6	28.3	2.6
独立自営業者の報酬総額 (問2附問4)	200万円未満	5289	1651	342	3047	249
		100.0	31.2	6.5	57.6	4.7
	200万円以上400万円未満	1189	635	129	370	55
		100.0	53.4	10.8	31.1	4.6
	400万円以上600万円未満	819	535	60	194	30
		100.0	65.3	7.3	23.7	3.7
	600万円以上	959	661	70	208	20
		100.0	68.9	7.3	21.7	2.1

性別
SA

		n	男性	女性
全体		8256	5190	3066
		100.0	62.9	37.1
性別(SC2)	男性	5190	5190	0
		100.0	100.0	0.0
	女性	3066	0	3066
		100.0	0.0	100.0
年齢(SC1)	15歳〜29歳	547	162	385
		100.0	29.6	70.4
	30歳〜39歳	1745	772	973
		100.0	44.2	55.8
	40歳〜49歳	2378	1463	915
		100.0	61.5	38.5
	50歳〜59歳	2050	1491	559
		100.0	72.7	27.3
	60歳以上	1536	1302	234
		100.0	84.8	15.2
学歴(問52)	中学校・高校	1733	1098	635
		100.0	63.4	36.6
	各種専門学校	871	498	373
		100.0	57.2	42.8
	高等専門学校・短大	1121	477	644
		100.0	42.6	57.4
	大学・大学院	4499	3096	1403
		100.0	68.8	31.2
	その他	9	7	2
		100.0	77.8	22.2
既・未婚 (問54)	既婚	5025	3178	1847
		100.0	63.2	36.8
	未婚、離婚、死別	3231	2012	1219
		100.0	62.3	37.7
居住地 (問64)	23区・政令市	2617	1702	915
		100.0	65.0	35.0
	市(人口10万人以上)	3534	2238	1296
		100.0	63.3	36.7
	市(人口10万人未満)	1511	937	574
		100.0	62.0	38.0
	町村	594	313	281
		100.0	52.7	47.3
専業・兼業 (SC7)	専業	4083	2728	1355
		100.0	66.8	33.2
	兼業	4173	2462	1711
		100.0	59.0	41.0
	うち独立自営業が本業	1335	871	464
		100.0	65.2	34.8
	うち独立自営業が副業	2838	1591	1247
		100.0	56.1	43.9
主な仕事 (問1-1)	事務関連	1560	676	884
		100.0	43.3	56.7
	デザイン・映像製作関連	731	430	301
		100.0	58.8	41.2
	IT関連	705	569	136
		100.0	80.7	19.3
	専門関連業務(医療、技術、講師、芸能、演奏など)	3266	2174	1092
		100.0	66.6	33.4
	生活関連サービス、理容・美容	741	308	433
		100.0	41.6	58.4
	現場作業関連(運輸、製造、修理、清掃など)	1253	1033	220
		100.0	82.4	17.6
独立自営業 の経験年数 (問30)	2年未満	2572	1296	1276
		100.0	50.4	49.6
	2年以上15年未満	3962	2636	1326
		100.0	66.5	33.5
	15年以上	1722	1258	464
		100.0	73.1	26.9
1週の平均作業時間 (問3附問2)	10時間未満	2688	1408	1280
		100.0	52.4	47.6
	10時間以上40時間未満	3070	1891	1179
		100.0	61.6	38.4
	40時間以上	2498	1891	607
		100.0	75.7	24.3
独立自営業者の報酬総額 (問2附問4)	200万円未満	5289	2802	2487
		100.0	53.0	47.0
	200万円以上400万円未満	1189	886	303
		100.0	74.5	25.5
	400万円以上600万円未満	819	669	150
		100.0	81.7	18.3
	600万円以上	959	833	126
		100.0	86.9	13.1

年齢

		n	平均値	標準偏差	中央値
全体		8256	47.67	12.30	47
性別(SC2)	男性	5190	50.84	11.77	51
	女性	3066	42.29	11.27	41
年齢(SC1)	15歳～29歳	547	26.71	2.33	27
	30歳～39歳	1745	34.80	2.83	35
	40歳～49歳	2378	44.44	2.84	44
	50歳～59歳	2050	54.09	2.84	54
	60歳以上	1536	66.17	4.54	66
学歴(問52)	中学校・高校	1733	48.48	12.63	48
	各種専門学校	871	44.60	10.77	44
	高等専門学校・短大	1121	46.80	11.17	46
	大学・大学院	4499	48.19	12.60	48
	その他	9	48.89	14.19	47
既・未婚(問54)	既婚	5025	49.76	12.57	50
	未婚、離婚、死別	3231	44.41	11.10	44
居住地(問64)	23区・政令市	2617	48.68	11.93	49
	市(人口10万人以上)	3534	47.62	12.38	47
	市(人口10万人未満)	1511	46.79	12.65	46
	町村	594	45.68	12.06	45
専業・兼業(SC7)	専業	4083	49.79	12.12	50
	兼業	4173	45.59	12.12	45
	うち独立自営業が本業	1335	48.86	12.00	49
	うち独立自営業が副業	2838	44.04	11.86	43
主な仕事(問1-1)	事務関連	1560	42.16	11.69	41
	デザイン・映像製作関連	731	44.57	11.53	44
	IT関連	705	46.84	10.80	47
	専門関連業務(医療、技術、講師、芸能、演奏など)	3266	50.30	12.26	50
	生活関連サービス、理容・美容	741	45.16	11.41	44
	現場作業関連(運輸、製造、修理、清掃など)	1253	51.41	11.62	51
独立自営業の経験年数(問30)	2年未満	2572	41.65	11.22	40
	2年以上15年未満	3962	48.25	12.03	47
	15年以上	1722	55.32	9.52	55
1週の平均作業時間(問3附問2)	10時間未満	2688	45.87	12.64	44
	10時間以上40時間未満	3070	49.04	12.75	49
	40時間以上	2498	47.91	11.05	48
独立自営業者の報酬総額(問2附問4)	200万円未満	5289	46.14	12.70	45
	200万円以上400万円未満	1189	50.25	11.94	50
	400万円以上600万円未満	819	50.36	10.89	51
	600万円以上	959	50.59	9.94	51

都道府県 SA		n	北海道	青森県	岩手県	宮城県	秋田県	山形県	福島県	茨城県	栃木県	群馬県	埼玉県	千葉県	東京都
全体		8256 100.0	368 4.5	46 0.6	51 0.6	164 2.0	34 0.4	51 0.6	76 0.9	115 1.4	96 1.2	100 1.2	492 6.0	411 5.0	1591 19.3
性別(SC2)	男性	5190 100.0	210 4.0	29 0.6	35 0.7	95 1.8	19 0.4	29 0.6	51 1.0	73 1.4	60 1.2	68 1.3	343 6.6	284 5.5	1040 20.0
	女性	3066 100.0	158 5.2	17 0.6	16 0.5	69 2.3	15 0.5	22 0.7	25 0.8	42 1.4	36 1.2	32 1.0	149 4.9	127 4.1	551 18.0
年齢(SC1)	15歳〜29歳	547 100.0	32 5.9	4 0.7	4 0.7	12 2.2	2 0.4	2 0.4	3 0.5	6 1.1	6 1.1	5 0.9	34 6.2	23 4.2	79 14.4
	30歳〜39歳	1745 100.0	82 4.7	9 0.5	15 0.9	45 2.6	10 0.6	13 0.7	21 1.2	18 1.0	23 1.3	17 1.0	101 5.8	70 4.0	297 17.0
	40歳〜49歳	2378 100.0	106 4.5	18 0.8	10 0.4	46 1.9	8 0.3	15 0.6	20 0.8	44 1.9	21 0.9	34 1.4	127 5.3	123 5.2	481 20.2
	50歳〜59歳	2050 100.0	107 5.2	8 0.4	13 0.6	34 1.7	8 0.4	11 0.5	18 0.9	28 1.4	31 1.5	24 1.2	121 5.9	96 4.7	412 20.1
	60歳以上	1536 100.0	41 2.7	7 0.5	9 0.6	27 1.8	6 0.4	10 0.7	14 0.9	19 1.2	15 1.0	20 1.3	109 7.1	99 6.4	322 21.0
学歴(問52)	中学校・高校	1733 100.0	105 6.1	14 0.8	15 0.9	34 2.0	17 1.0	13 0.8	29 1.7	26 1.5	18 1.0	20 1.2	113 6.5	91 5.3	208 12.0
	各種専門学校	871 100.0	45 5.2	7 0.8	6 0.7	20 2.3	3 0.3	6 0.7	7 0.8	12 1.4	14 1.6	11 1.3	50 5.7	42 4.8	137 15.7
	高等専門学校・短大	1121 100.0	65 5.8	6 0.5	7 0.6	28 2.5	4 0.4	7 0.6	7 0.6	15 1.3	20 1.8	13 1.2	56 5.0	59 5.3	176 15.7
	大学・大学院	4499 100.0	150 3.3	19 0.4	23 0.5	81 1.8	10 0.2	25 0.6	32 0.7	60 1.3	44 1.0	55 1.2	272 6.0	218 4.8	1065 23.7
	その他	9 100.0	1 11.1	0 0.0	0 0.0	0 0.0	0 0.0	0 0.0	1 11.1	2 22.2	0 0.0	0 0.0	0 0.0	0 0.0	1 11.1
既・未婚 (問54)	既婚	5025 100.0	199 4.0	29 0.6	33 0.7	103 2.0	27 0.5	31 0.6	46 0.9	71 1.4	59 1.2	65 1.3	306 6.1	255 5.1	892 17.8
	未婚、離婚、死別	3231 100.0	169 5.2	17 0.5	18 0.6	61 1.9	7 0.2	20 0.6	30 0.9	44 1.4	37 1.1	35 1.1	186 5.8	156 4.8	699 21.6
居住地 (問64)	23区・政令市	2617 100.0	106 4.1	0 0.0	0 0.0	71 2.7	0 0.0	0 0.0	0 0.0	0 0.0	0 0.0	0 0.0	63 2.4	44 1.7	1211 46.3
	市(人口10万人以上)	3534 100.0	163 4.6	31 0.9	22 0.6	38 1.1	9 0.3	18 0.5	44 1.2	60 1.7	52 1.5	63 1.8	289 8.2	283 8.0	313 8.9
	市(人口10万人未満)	1511 100.0	59 3.9	9 0.6	20 1.3	37 2.4	20 1.3	23 1.5	21 1.4	48 3.2	32 2.1	24 1.6	115 7.6	66 4.4	55 3.6
	町村	594 100.0	40 6.7	6 1.0	9 1.5	18 3.0	5 0.8	10 1.7	11 1.9	7 1.2	12 2.0	13 2.2	25 4.2	18 3.0	12 2.0
専業・兼業 (SC7)	専業	4083 100.0	169 4.1	28 0.7	15 0.4	84 2.1	15 0.4	29 0.7	39 1.0	53 1.3	54 1.3	57 1.4	248 6.1	209 5.1	780 19.1
	兼業	4173 100.0	199 4.8	18 0.4	36 0.9	80 1.9	19 0.5	22 0.5	37 0.9	62 1.5	42 1.0	43 1.0	244 5.8	202 4.8	811 19.4
	うち独立自営業が本業	1335 100.0	64 4.8	5 0.4	14 1.0	22 1.6	7 0.5	5 0.4	12 0.9	22 1.6	13 1.0	9 0.7	93 7.0	75 5.6	258 19.3
	うち独立自営業が副業	2838 100.0	135 4.8	13 0.5	22 0.8	58 2.0	12 0.4	17 0.6	25 0.9	40 1.4	29 1.0	34 1.2	151 5.3	127 4.5	553 19.5
主な仕事 (問1-1)	事務関連	1560 100.0	73 4.7	15 1.0	15 1.0	27 1.7	6 0.4	10 0.6	18 1.2	19 1.2	14 0.9	17 1.1	99 6.3	63 4.0	268 17.2
	デザイン・映像製作関連	731 100.0	31 4.2	3 0.4	1 0.1	14 1.9	2 0.3	1 0.1	8 1.1	7 1.0	8 1.1	9 1.2	38 5.2	41 5.6	204 27.9
	IT関連	705 100.0	25 3.5	0 0.0	3 0.4	12 1.7	1 0.1	4 0.6	5 0.7	7 1.0	9 1.3	9 1.3	48 6.8	35 5.0	157 22.3
	専門関連業務(医療、技術、講師、芸能、演奏など)	3266 100.0	145 4.4	20 0.6	13 0.4	65 2.0	12 0.4	26 0.8	27 0.8	56 1.7	38 1.2	34 1.0	179 5.5	176 5.4	652 20.0
	生活関連サービス、理容・美容	741 100.0	39 5.3	4 0.5	7 0.9	15 2.0	5 0.7	4 0.5	9 1.2	12 1.6	10 1.3	7 0.9	40 5.4	22 3.0	131 17.7
	現場作業関連(運輸、製造、修理、清掃など)	1253 100.0	55 4.4	4 0.3	12 1.0	31 2.5	8 0.6	6 0.5	9 0.7	14 1.1	17 1.4	24 1.9	88 7.0	74 5.9	179 14.3
独立自営業の経験年数 (問30)	2年未満	2572 100.0	125 4.9	14 0.5	23 0.9	61 2.4	11 0.4	18 0.7	31 1.2	29 1.1	24 0.9	26 1.0	157 6.1	112 4.4	422 16.4
	2年以上15年未満	3962 100.0	182 4.6	26 0.7	21 0.5	73 1.8	17 0.4	20 0.5	27 0.7	65 1.6	50 1.3	54 1.4	244 6.2	214 5.4	795 20.1
	15年以上	1722 100.0	61 3.5	6 0.3	7 0.4	30 1.7	6 0.3	13 0.8	18 1.0	21 1.2	22 1.3	20 1.2	91 5.3	85 4.9	374 21.7
1週の平均作業時間 (問3附問2)	10時間未満	2688 100.0	118 4.4	12 0.4	19 0.7	43 1.6	15 0.6	16 0.6	30 1.1	42 1.6	28 1.0	30 1.1	140 5.2	130 4.8	485 18.0
	10時間以上40時間未満	3070 100.0	123 4.0	16 0.5	20 0.7	59 1.9	6 0.2	20 0.7	27 0.9	42 1.4	38 1.2	37 1.2	207 6.7	154 5.0	611 19.9
	40時間以上	2498 100.0	127 5.1	18 0.7	12 0.5	62 2.5	13 0.5	15 0.6	19 0.8	31 1.2	30 1.2	33 1.3	145 5.8	127 5.1	495 19.8
独立自営業者の報酬総額 (問2附問4)	200万円未満	5289 100.0	253 4.8	34 0.6	38 0.7	110 2.1	24 0.5	31 0.6	52 1.0	78 1.5	65 1.2	62 1.2	323 6.1	243 4.6	874 16.5
	200万円以上400万円未満	1189 100.0	42 3.5	8 0.7	6 0.5	28 2.4	4 0.3	6 0.5	11 0.9	14 1.2	18 1.5	17 1.4	63 5.3	53 4.5	253 21.3
	400万円以上600万円未満	819 100.0	40 4.9	1 0.1	2 0.2	9 1.1	4 0.5	8 1.0	7 0.9	8 1.0	5 0.6	12 1.5	44 5.4	54 6.6	214 26.1
	600万円以上	959 100.0	33 3.4	3 0.3	5 0.5	17 1.8	2 0.2	6 0.6	6 0.6	15 1.6	8 0.8	9 0.9	62 6.5	61 6.4	250 26.1

都道府県
SA

		n	神奈川県	新潟県	富山県	石川県	福井県	山梨県	長野県	岐阜県	静岡県	愛知県	三重県	滋賀県
全体		8256	788	106	52	70	41	48	121	111	211	475	105	78
		100.0	9.5	1.3	0.6	0.8	0.5	0.6	1.5	1.3	2.6	5.8	1.3	0.9
性別(SC2)	男性	5190	528	71	25	40	19	26	87	73	135	286	59	47
		100.0	10.2	1.4	0.5	0.8	0.4	0.5	1.7	1.4	2.6	5.5	1.1	0.9
	女性	3066	260	35	27	30	22	22	34	38	76	189	46	31
		100.0	8.5	1.1	0.9	1.0	0.7	0.7	1.1	1.2	2.5	6.2	1.5	1.0
年齢(SC1)	15歳～29歳	547	36	9	5	3	2	3	8	8	13	36	9	6
		100.0	6.6	1.6	0.9	0.5	0.4	0.5	1.5	1.5	2.4	6.6	1.6	1.1
	30歳～39歳	1745	153	27	11	16	12	7	20	28	36	108	24	16
		100.0	8.8	1.5	0.6	0.9	0.7	0.4	1.1	1.6	2.1	6.2	1.4	0.9
	40歳～49歳	2378	202	19	12	26	8	16	28	33	57	149	33	20
		100.0	8.5	0.8	0.5	1.1	0.3	0.7	1.2	1.4	2.4	6.3	1.4	0.8
	50歳～59歳	2050	235	24	14	14	12	13	36	25	62	112	25	19
		100.0	11.5	1.2	0.7	0.7	0.6	0.6	1.8	1.2	3.0	5.5	1.2	0.9
	60歳以上	1536	162	27	10	11	7	9	29	17	43	70	14	17
		100.0	10.5	1.8	0.7	0.7	0.5	0.6	1.9	1.1	2.8	4.6	0.9	1.1
学歴(問52)	中学校・高校	1733	137	28	11	19	11	12	32	29	65	104	26	17
		100.0	7.9	1.6	0.6	1.1	0.6	0.7	1.8	1.7	3.8	6.0	1.5	1.0
	各種専門学校	871	81	12	7	8	4	6	15	11	26	53	10	8
		100.0	9.3	1.4	0.8	0.9	0.5	0.7	1.7	1.3	3.0	6.1	1.1	0.9
	高等専門学校・短大	1121	111	13	9	15	10	12	18	13	35	64	17	14
		100.0	9.9	1.2	0.8	1.3	0.9	1.1	1.6	1.2	3.1	5.7	1.5	1.2
	大学・大学院	4499	455	53	25	28	16	18	56	57	85	251	52	39
		100.0	10.1	1.2	0.6	0.6	0.4	0.4	1.2	1.3	1.9	5.6	1.2	0.9
	その他	9	0	0	0	0	0	0	0	0	0	1	0	0
		100.0	0.0	0.0	0.0	0.0	0.0	0.0	0.0	0.0	0.0	11.1	0.0	0.0
既・未婚(問54)	既婚	5025	510	65	36	43	29	35	72	70	135	297	78	46
		100.0	10.1	1.3	0.7	0.9	0.6	0.7	1.4	1.4	2.7	5.9	1.6	0.9
	未婚、離婚、死別	3231	278	41	16	27	12	13	49	41	76	178	27	32
		100.0	8.6	1.3	0.5	0.8	0.4	0.4	1.5	1.3	2.4	5.5	0.8	1.0
居住地(問64)	23区・政令市	2617	433	27	0	0	0	0	0	0	36	110	0	0
		100.0	16.5	1.0	0.0	0.0	0.0	0.0	0.0	0.0	1.4	4.2	0.0	0.0
	市(人口10万人以上)	3534	288	42	29	33	10	18	49	43	97	241	60	42
		100.0	8.1	1.2	0.8	0.9	0.3	0.5	1.4	1.2	2.7	6.8	1.7	1.2
	市(人口10万人未満)	1511	36	31	17	29	27	23	48	50	64	91	34	31
		100.0	2.4	2.1	1.1	1.9	1.8	1.5	3.2	3.3	4.2	6.0	2.3	2.1
	町村	594	31	6	6	8	4	7	24	18	14	33	11	5
		100.0	5.2	1.0	1.0	1.3	0.7	1.2	4.0	3.0	2.4	5.6	1.9	0.8
専業・兼業(SC7)	専業	4083	400	59	24	40	20	28	64	56	107	216	53	40
		100.0	9.8	1.4	0.6	1.0	0.5	0.7	1.6	1.4	2.6	5.3	1.3	1.0
	兼業	4173	388	47	28	30	21	20	57	55	104	259	52	38
		100.0	9.3	1.1	0.7	0.7	0.5	0.5	1.4	1.3	2.5	6.2	1.2	0.9
	うち独立自営業が本業	1335	129	19	6	6	7	6	24	15	35	79	15	20
		100.0	9.7	1.4	0.4	0.4	0.5	0.4	1.8	1.1	2.6	5.9	1.1	1.5
	うち独立自営業が副業	2838	259	28	22	24	14	14	33	40	69	180	37	18
		100.0	9.1	1.0	0.8	0.8	0.5	0.5	1.2	1.4	2.4	6.3	1.3	0.6
主な仕事(問1-1)	事務関連	1560	144	19	14	13	9	6	22	19	35	94	21	15
		100.0	9.2	1.2	0.9	0.8	0.6	0.4	1.4	1.2	2.2	6.0	1.3	1.0
	デザイン・映像製作関連	731	67	4	3	8	2	7	5	12	12	34	7	6
		100.0	9.2	0.5	0.4	1.1	0.3	1.0	0.7	1.6	1.6	4.7	1.0	0.8
	IT関連	705	92	9	1	6	3	3	11	7	17	26	9	10
		100.0	13.0	1.3	0.1	0.9	0.4	0.4	1.6	1.0	2.4	3.7	1.3	1.4
	専門関連業務(医療、技術、講師、芸能、演奏など)	3266	323	52	23	26	12	18	49	39	80	194	35	30
		100.0	9.9	1.6	0.7	0.8	0.4	0.6	1.5	1.2	2.4	5.9	1.1	0.9
	生活関連サービス、理容・美容	741	59	7	6	6	4	4	11	13	20	42	17	6
		100.0	8.0	0.9	0.8	0.8	0.5	0.5	1.5	1.8	2.7	5.7	2.3	0.8
	現場作業関連(運輸、製造、修理、清掃など)	1253	103	15	5	11	11	10	23	21	47	85	16	11
		100.0	8.2	1.2	0.4	0.9	0.9	0.8	1.8	1.7	3.8	6.8	1.3	0.9
独立自営業の経験年数(問30)	2年未満	2572	246	28	14	25	17	9	29	37	50	148	36	22
		100.0	9.6	1.1	0.5	1.0	0.7	0.3	1.1	1.4	1.9	5.8	1.4	0.9
	2年以上15年未満	3962	374	49	28	30	14	28	59	53	109	222	46	39
		100.0	9.4	1.2	0.7	0.8	0.4	0.7	1.5	1.3	2.8	5.6	1.2	1.0
	15年以上	1722	168	29	10	15	10	11	33	21	52	105	23	17
		100.0	9.8	1.7	0.6	0.9	0.6	0.6	1.9	1.2	3.0	6.1	1.3	1.0
1週の平均作業時間(問3附問2)	10時間未満	2688	252	32	26	26	18	12	35	36	71	166	39	26
		100.0	9.4	1.2	1.0	1.0	0.7	0.4	1.3	1.3	2.6	6.2	1.5	1.0
	10時間以上40時間未満	3070	322	46	17	24	18	20	49	39	79	162	35	35
		100.0	10.5	1.5	0.6	0.8	0.6	0.7	1.6	1.3	2.6	5.3	1.1	1.1
	40時間以上	2498	214	28	9	20	5	16	37	36	61	147	31	17
		100.0	8.6	1.1	0.4	0.8	0.2	0.6	1.5	1.4	2.4	5.9	1.2	0.7
独立自営業者の報酬総額(問2附問4)	200万円未満	5289	486	73	38	47	31	29	72	71	137	317	74	50
		100.0	9.2	1.4	0.7	0.9	0.6	0.5	1.4	1.3	2.6	6.0	1.4	0.9
	200万円以上400万円未満	1189	130	15	7	14	4	11	20	13	36	66	14	15
		100.0	10.9	1.3	0.6	1.2	0.3	0.9	1.7	1.1	3.0	5.6	1.2	1.3
	400万円以上600万円未満	819	74	7	3	4	5	6	17	15	14	39	9	8
		100.0	9.0	0.9	0.4	0.5	0.6	0.7	2.1	1.8	1.7	4.8	1.1	1.0
	600万円以上	959	98	11	4	5	1	2	12	12	24	53	8	5
		100.0	10.2	1.1	0.4	0.5	0.1	0.2	1.3	1.3	2.5	5.5	0.8	0.5

都道府県
SA

		n	京都府	大阪府	兵庫県	奈良県	和歌山県	鳥取県	島根県	岡山県	広島県	山口県	徳島県	香川県	愛媛県	高知県
全体		8256	198	640	369	100	48	21	20	94	175	64	39	52	63	23
		100.0	2.4	7.8	4.5	1.2	0.6	0.3	0.2	1.1	2.1	0.8	0.5	0.6	0.8	0.3
性別(SC2)	男性	5190	121	387	216	59	28	5	12	63	92	41	24	26	43	13
		100.0	2.3	7.5	4.2	1.1	0.5	0.1	0.2	1.2	1.8	0.8	0.5	0.5	0.8	0.3
	女性	3066	77	253	153	41	20	16	8	31	83	23	15	26	20	10
		100.0	2.5	8.3	5.0	1.3	0.7	0.5	0.3	1.0	2.7	0.8	0.5	0.8	0.7	0.3
年齢(SC1)	15歳〜29歳	547	20	60	23	6	3	0	1	7	20	8	3	3	2	0
		100.0	3.7	11.0	4.2	1.1	0.5	0.0	0.2	1.3	3.7	1.5	0.5	0.5	0.4	0.0
	30歳〜39歳	1745	56	122	82	20	11	8	7	19	40	12	11	10	23	4
		100.0	3.2	7.0	4.7	1.1	0.6	0.5	0.4	1.1	2.3	0.7	0.6	0.6	1.3	0.2
	40歳〜49歳	2378	38	198	108	24	14	5	6	35	56	15	8	19	13	9
		100.0	1.6	8.3	4.5	1.0	0.6	0.2	0.3	1.5	2.4	0.6	0.3	0.8	0.5	0.4
	50歳〜59歳	2050	52	156	88	21	13	6	4	14	25	18	14	9	17	9
		100.0	2.5	7.6	4.3	1.0	0.6	0.3	0.2	0.7	1.2	0.9	0.7	0.4	0.8	0.4
	60歳以上	1536	32	104	68	29	7	2	2	19	34	11	3	11	8	1
		100.0	2.1	6.8	4.4	1.9	0.5	0.1	0.1	1.2	2.2	0.7	0.2	0.7	0.5	0.1
学歴(問52)	中学校・高校	1733	41	138	72	18	10	5	6	22	36	17	14	9	20	2
		100.0	2.4	8.0	4.2	1.0	0.6	0.3	0.3	1.3	2.1	1.0	0.8	0.5	1.2	0.1
	各種専門学校	871	19	67	41	15	4	6	2	5	13	9	6	7	9	7
		100.0	2.2	7.7	4.7	1.7	0.5	0.7	0.2	0.6	1.5	1.0	0.7	0.8	1.0	0.8
	高等専門学校・短大	1121	21	90	46	13	6	4	4	10	31	8	5	8	5	2
		100.0	1.9	8.0	4.1	1.2	0.5	0.4	0.4	0.9	2.8	0.7	0.4	0.7	0.4	0.2
	大学・大学院	4499	116	342	210	54	28	6	8	57	93	29	14	28	29	12
		100.0	2.6	7.6	4.7	1.2	0.6	0.1	0.2	1.3	2.1	0.6	0.3	0.6	0.6	0.3
	その他	9	0	1	0	0	0	0	0	0	1	1	0	0	0	0
		100.0	0.0	11.1	0.0	0.0	0.0	0.0	0.0	0.0	11.1	11.1	0.0	0.0	0.0	0.0
既・未婚(問54)	既婚	5025	122	374	222	65	32	15	14	49	101	38	24	43	31	14
		100.0	2.4	7.4	4.4	1.3	0.6	0.3	0.3	1.0	2.0	0.8	0.5	0.9	0.6	0.3
	未婚、離婚、死別	3231	76	266	147	35	16	6	6	45	74	26	15	9	32	9
		100.0	2.4	8.2	4.5	1.1	0.5	0.2	0.2	1.4	2.3	0.8	0.5	0.3	1.0	0.3
居住地(問64)	23区・政令市	2617	70	196	66	0	0	0	0	19	48	0	0	0	0	0
		100.0	2.7	7.5	2.5	0.0	0.0	0.0	0.0	0.7	1.8	0.0	0.0	0.0	0.0	0.0
	市(人口10万人以上)	3534	78	342	205	46	18	10	9	46	97	39	16	24	37	6
		100.0	2.2	9.7	5.8	1.3	0.5	0.3	0.3	1.3	2.7	1.1	0.5	0.7	1.0	0.2
	市(人口10万人未満)	1511	38	76	71	34	22	9	7	20	13	19	9	19	20	13
		100.0	2.5	5.0	4.7	2.3	1.5	0.6	0.5	1.3	0.9	1.3	0.6	1.3	1.3	0.9
	町村	594	12	26	27	20	8	2	4	9	17	6	14	9	6	4
		100.0	2.0	4.4	4.5	3.4	1.3	0.3	0.7	1.5	2.9	1.0	2.4	1.5	1.0	0.7
専業・兼業(SC7)	専業	4083	92	316	173	54	27	8	6	53	82	34	21	26	23	13
		100.0	2.3	7.7	4.2	1.3	0.7	0.2	0.1	1.3	2.0	0.8	0.5	0.6	0.6	0.3
	兼業	4173	106	324	196	46	21	13	14	41	93	30	18	26	40	10
		100.0	2.5	7.8	4.7	1.1	0.5	0.3	0.3	1.0	2.2	0.7	0.4	0.6	1.0	0.2
	うち独立自営業が本業	1335	25	89	70	10	6	0	3	18	22	13	5	10	12	0
		100.0	1.9	6.7	5.2	0.7	0.4	0.0	0.2	1.3	1.6	1.0	0.4	0.7	0.9	0.0
	うち独立自営業が副業	2838	81	235	126	36	15	13	11	23	71	17	13	16	28	10
		100.0	2.9	8.3	4.4	1.3	0.5	0.5	0.4	0.8	2.5	0.6	0.5	0.6	1.0	0.4
主な仕事(問1-1)	事務関連	1560	45	119	74	21	12	6	3	25	38	15	5	7	15	4
		100.0	2.9	7.6	4.7	1.3	0.8	0.4	0.2	1.6	2.4	1.0	0.3	0.4	1.0	0.3
	デザイン・映像製作関連	731	16	61	37	6	3	2	1	5	14	5	2	6	3	2
		100.0	2.2	8.3	5.1	0.8	0.4	0.3	0.1	0.7	1.9	0.7	0.3	0.8	0.4	0.3
	IT関連	705	7	63	31	5	4	1	2	2	14	2	3	0	7	2
		100.0	1.0	8.9	4.4	0.7	0.6	0.1	0.3	0.3	2.0	0.3	0.4	0.0	1.0	0.3
	専門関連業務(医療、技術、講師、芸能、演奏など)	3266	76	242	140	43	16	7	6	38	59	33	19	21	20	9
		100.0	2.3	7.4	4.3	1.3	0.5	0.2	0.2	1.2	1.8	1.0	0.6	0.6	0.6	0.3
	生活関連サービス、理容・美容	741	19	56	40	10	3	5	4	11	23	2	4	7	5	3
		100.0	2.6	7.6	5.4	1.3	0.4	0.7	0.5	1.5	3.1	0.3	0.5	0.9	0.7	0.4
	現場作業関連(運輸、製造、修理、清掃など)	1253	35	99	47	15	10	0	4	13	27	7	6	11	13	3
		100.0	2.8	7.9	3.8	1.2	0.8	0.0	0.3	1.0	2.2	0.6	0.5	0.9	1.0	0.2
独立自営業の経験年数(問30)	2年未満	2572	62	226	125	35	15	10	10	32	70	21	16	18	22	9
		100.0	2.4	8.8	4.9	1.4	0.6	0.4	0.4	1.2	2.7	0.8	0.6	0.7	0.9	0.3
	2年以上15年未満	3962	95	294	181	45	21	8	8	42	77	27	16	16	31	9
		100.0	2.4	7.4	4.6	1.1	0.5	0.2	0.2	1.1	1.9	0.7	0.4	0.4	0.8	0.2
	15年以上	1722	41	120	63	20	12	3	2	20	28	16	7	18	10	5
		100.0	2.4	7.0	3.7	1.2	0.7	0.2	0.1	1.2	1.6	0.9	0.4	1.0	0.6	0.3
1週の平均作業時間(問3附問2)	10時間未満	2688	64	223	117	37	22	10	5	32	78	18	14	17	23	7
		100.0	2.4	8.3	4.4	1.4	0.8	0.4	0.2	1.2	2.9	0.7	0.5	0.6	0.9	0.3
	10時間以上40時間未満	3070	80	228	133	33	12	5	9	29	51	21	14	19	25	7
		100.0	2.6	7.4	4.3	1.1	0.4	0.2	0.3	0.9	1.7	0.7	0.5	0.6	0.8	0.2
	40時間以上	2498	54	189	119	30	14	6	6	33	46	25	11	16	15	9
		100.0	2.2	7.6	4.8	1.2	0.6	0.2	0.2	1.3	1.8	1.0	0.4	0.6	0.6	0.4
独立自営業者の報酬総額(問2附問4)	200万円未満	5289	128	420	249	68	39	19	14	64	131	41	28	35	46	13
		100.0	2.4	7.9	4.7	1.3	0.7	0.4	0.3	1.2	2.5	0.8	0.5	0.7	0.9	0.2
	200万円以上400万円未満	1189	29	99	39	8	6	2	6	16	20	8	7	7	8	3
		100.0	2.4	8.3	3.3	0.7	0.5	0.2	0.5	1.3	1.7	0.7	0.6	0.6	0.7	0.3
	400万円以上600万円未満	819	19	52	37	10	1	0	0	7	12	7	2	5	4	3
		100.0	2.3	6.3	4.5	1.2	0.1	0.0	0.0	0.9	1.5	0.9	0.2	0.6	0.5	0.4
	600万円以上	959	22	69	44	14	2	0	0	7	12	8	2	5	5	4
		100.0	2.3	7.2	4.6	1.5	0.2	0.0	0.0	0.7	1.3	0.8	0.2	0.5	0.5	0.4

都道府県
SA

		n	福岡県	佐賀県	長崎県	熊本県	大分県	宮崎県	鹿児島県	沖縄県	海外
全体		8256	277	20	36	60	44	32	28	43	9
		100.0	3.4	0.2	0.4	0.7	0.5	0.4	0.3	0.5	0.1
性別(SC2)	男性	5190	178	8	16	37	24	18	18	29	0
		100.0	3.4	0.2	0.3	0.7	0.5	0.3	0.3	0.6	0.0
	女性	3066	99	12	20	23	20	14	10	14	9
		100.0	3.2	0.4	0.7	0.8	0.7	0.5	0.3	0.5	0.3
年齢(SC1)	15歳～29歳	547	17	3	3	7	3	3	2	3	0
		100.0	3.1	0.5	0.5	1.3	0.5	0.5	0.4	0.5	0.0
	30歳～39歳	1745	71	6	5	12	17	11	6	11	2
		100.0	4.1	0.3	0.3	0.7	1.0	0.6	0.3	0.6	0.1
	40歳～49歳	2378	93	6	12	18	9	8	11	13	4
		100.0	3.9	0.3	0.5	0.8	0.4	0.3	0.5	0.5	0.2
	50歳～59歳	2050	55	3	5	10	7	4	4	11	3
		100.0	2.7	0.1	0.2	0.5	0.3	0.2	0.2	0.5	0.1
	60歳以上	1536	41	2	11	13	8	6	5	5	0
		100.0	2.7	0.1	0.7	0.8	0.5	0.4	0.3	0.3	0.0
学歴(問52)	中学校・高校	1733	57	3	12	14	11	13	8	10	1
		100.0	3.3	0.2	0.7	0.8	0.6	0.8	0.5	0.6	0.1
	各種専門学校	871	28	4	3	5	4	4	3	7	2
		100.0	3.2	0.5	0.3	0.6	0.5	0.5	0.3	0.8	0.2
	高等専門学校・短大	1121	30	4	4	10	8	4	6	6	2
		100.0	2.7	0.4	0.4	0.9	0.7	0.4	0.5	0.5	0.2
	大学・大学院	4499	161	9	17	31	21	10	11	20	4
		100.0	3.6	0.2	0.4	0.7	0.5	0.2	0.2	0.4	0.1
	その他	9	0	0	0	0	0	0	0	0	0
		100.0	0.0	0.0	0.0	0.0	0.0	0.0	0.0	0.0	0.0
既・未婚(問54)	既婚	5025	176	14	21	38	32	23	17	23	5
		100.0	3.5	0.3	0.4	0.8	0.6	0.5	0.3	0.5	0.1
	未婚、離婚、死別	3231	101	6	15	22	12	9	11	20	4
		100.0	3.1	0.2	0.5	0.7	0.4	0.3	0.3	0.6	0.1
居住地(問64)	23区・政令市	2617	94	0	0	23	0	0	0	0	0
		100.0	3.6	0.0	0.0	0.9	0.0	0.0	0.0	0.0	0.0
	市(人口10万人以上)	3534	105	8	21	16	13	20	17	19	5
		100.0	3.0	0.2	0.6	0.5	0.4	0.6	0.5	0.5	0.1
	市(人口10万人未満)	1511	47	10	9	10	24	6	4	18	3
		100.0	3.1	0.7	0.6	0.7	1.6	0.4	0.3	1.2	0.2
	町村	594	31	2	6	11	7	6	7	6	1
		100.0	5.2	0.3	1.0	1.9	1.2	1.0	1.2	1.0	0.2
専業・兼業(SC7)	専業	4083	141	10	18	32	25	9	11	18	4
		100.0	3.5	0.2	0.4	0.8	0.6	0.2	0.3	0.4	0.1
	兼業	4173	136	10	18	28	19	23	17	25	5
		100.0	3.3	0.2	0.4	0.7	0.5	0.6	0.4	0.6	0.1
	うち独立自営業が本業	1335	47	2	6	8	7	8	7	6	1
		100.0	3.5	0.1	0.4	0.6	0.5	0.6	0.5	0.4	0.1
	うち独立自営業が副業	2838	89	8	12	20	12	15	10	19	4
		100.0	3.1	0.3	0.4	0.7	0.4	0.5	0.4	0.7	0.1
主な仕事(問1-1)	事務関連	1560	54	3	10	13	12	7	6	10	1
		100.0	3.5	0.2	0.6	0.8	0.8	0.4	0.4	0.6	0.1
	デザイン・映像製作関連	731	18	2	1	1	3	2	4	2	1
		100.0	2.5	0.3	0.1	0.1	0.4	0.3	0.5	0.3	0.1
	IT関連	705	25	0	4	9	2	4	4	5	0
		100.0	3.5	0.0	0.6	1.3	0.3	0.6	0.6	0.7	0.0
	専門関連業務(医療、技術、講師、芸能、演奏など)	3266	110	8	14	21	20	12	5	18	5
		100.0	3.4	0.2	0.4	0.6	0.6	0.4	0.2	0.6	0.2
	生活関連サービス、理容・美容	741	22	6	2	5	5	2	1	4	2
		100.0	3.0	0.8	0.3	0.7	0.7	0.3	0.1	0.5	0.3
	現場作業関連(運輸、製造、修理、清掃など)	1253	48	1	5	11	2	5	8	4	0
		100.0	3.8	0.1	0.4	0.9	0.2	0.4	0.6	0.3	0.0
独立自営業の経験年数(問30)	2年未満	2572	101	7	8	20	18	9	5	18	1
		100.0	3.9	0.3	0.3	0.8	0.7	0.3	0.2	0.7	0.0
	2年以上15年未満	3962	127	10	18	25	18	17	15	18	5
		100.0	3.2	0.3	0.5	0.6	0.5	0.4	0.4	0.5	0.1
	15年以上	1722	49	3	10	15	8	6	8	7	3
		100.0	2.8	0.2	0.6	0.9	0.5	0.3	0.5	0.4	0.2
1週の平均作業時間(問3附問2)	10時間未満	2688	85	8	13	17	17	8	10	12	4
		100.0	3.2	0.3	0.5	0.6	0.6	0.3	0.4	0.4	0.1
	10時間以上40時間未満	3070	97	6	14	23	15	11	10	18	4
		100.0	3.2	0.2	0.5	0.7	0.5	0.4	0.3	0.6	0.1
	40時間以上	2498	95	6	9	20	12	13	8	13	1
		100.0	3.8	0.2	0.4	0.8	0.5	0.5	0.3	0.5	0.0
独立自営業者の報酬総額(問2附問4)	200万円未満	5289	180	15	26	41	33	29	21	30	7
		100.0	3.4	0.3	0.5	0.8	0.6	0.5	0.4	0.6	0.1
	200万円以上400万円未満	1189	34	3	5	9	3	0	3	6	0
		100.0	2.9	0.3	0.4	0.8	0.3	0.0	0.3	0.5	0.0
	400万円以上600万円未満	819	28	1	1	4	6	2	3	4	2
		100.0	3.4	0.1	0.1	0.5	0.7	0.2	0.4	0.5	0.2
	600万円以上	959	35	1	4	6	2	1	1	3	0
		100.0	3.6	0.1	0.4	0.6	0.2	0.1	0.1	0.3	0.0

JILPT　調査シリーズ　No.187
　　　　「独立自営業者」の就業実態

　　　　　　　　　　　　　　　　定価（本体 2,300 円＋税）

発行年月日　２０１９年３月２５日
編集・発行　　独立行政法人　労働政策研究・研修機構
　　　　　　〒177-8502　東京都練馬区上石神井 4-8-23
　（照会先）　研究調整部研究調整課　TEL：03-5991-5104
　（販　売）　研究調整部成果普及課　TEL：03-5903-6263
　　　　　　　　　　　　　　　　　FAX：03-5903-6115
印刷・製本　　株式会社相模プリント

© 2019　JILPT　ISBN978-4-538-86190-6　C3336　Printed in Japan
＊　調査シリーズ全文はホームページで提供しております。（URL:https://www.jil.go.jp/）